后浪

《宋代特殊群体研究》增订版

10世纪末至13世纪末的宗室、僧道、士兵

宋代社会的切面

游彪 著

天津出版传媒集团

天津古籍出版社

图书在版编目（CIP）数据

宋代社会的切面：10 世纪末至 13 世纪末的宗室、僧道、士兵 / 游彪著. -- 天津：天津古籍出版社，2025.6. -- ISBN 978-7-5528-1584-9

Ⅰ. K244.07

中国国家版本馆 CIP 数据核字第 2025SE8104 号

宋代社会的切面：10 世纪末至 13 世纪末的宗室、僧道、士兵
SONGDAI SHEHUI DE QIEMIAN: 10 SHIJI MO ZHI 13 SHIJI MO DE ZONGSHI、SENGDAO、SHIBING

游彪 / 著

出　　版	天津古籍出版社
出 版 人	任　洁
地　　址	天津市和平区西康路 35 号康岳大厦
邮政编码	300051
邮购电话	（022）23517902
选题策划	后浪出版公司
出版统筹	吴兴元
编辑统筹	张　鹏
策划编辑	张凤莲
责任编辑	王海燕
特约编辑	贾启博　王晓晓
责任印制	常会杰
装帧设计	墨白空间·陈威伸 ｜ mobai@hinabook.com

印　　刷	北京盛通印刷股份有限公司
经　　销	全国新华书店
开　　本	655 毫米 ×1000 毫米　1/16
印　　张	33.5
字　　数	497 千字
版次印次	2025 年 6 月第 1 版　2025 年 6 月第 1 次印刷
定　　价	138.00 元

版权所有　侵权必究

图书如出现印装质量问题，请致电联系调换（022-23517902）

游彪教授长期深耕宋代的荫补制度、寺院经济，成就丰硕。《宋代社会的切面：10世纪末至13世纪末的宗室、僧道、士兵》一书，是对宋代若干特殊群体的研究。作者别开生面，依借对于史事的特有体悟，深入观察不为人熟知的皇族后裔、官员子弟、出家人、士兵等群体，爬梳剖析其面对的朝廷制度及其生活状态。这些人物较少进入学界的关注圈层，但与其密切相关的荫补制度、宗教制度、军队制度关系着当时整体的政治结构与社会形态。从不同群体切面入手，揭示其背后的"大历史"，正是这部著作的重要贡献所在。

——北京大学博雅荣休教授　邓小南

不同历史时期的人物群体与社会阶层，是认识那个时代的主要载体之一。宋代是中国历史上魅力无限的历史时期，有高度发达的经济与思想文化、内容丰富的法律与制度、难以评判的军事与外交，更有广受关注的历史人物和群体。但同时，宋代也有更多不被关注、面貌模糊的社会阶层。比如，数量众多的皇家子弟、恩荫入仕的官员子弟、无所不在的僧人道士、仰仗国家养活的基层士兵等，他们的经济生活、政治权势、社会影响是什么样的？本书呈现的这些不同的"切面"，能极大地丰富我们对宋代历史复杂性的认识。

——河南大学历史文化学院教授、宋史学者　苗书梅

历史研究不应该是庙堂之上的学问,更不应该是专门为学术而学术的研究,抑或是大学里的教材和参考书,而应该是让每个中国人都了解的常识,至少从事研究的学者有义务朝着这样的方向努力。任何国家、民族,如果对自己的历史都缺乏基本认识,恐怕是难以持续发展的。

——游彪

自　序

　　学术之于我来说，无非是孜孜不倦地从事的职业而已，毕竟我与普通的人一样，需要一份还算是饭碗的工作，否则就成了社会的寄生虫了。作为一个四肢健全的人，我不想变成社会的累赘，更不愿意成为一个吃白食的废人。正因为如此，我于学术其实并无任何成名成家的念头，但既然选择了这样的职业，自当努力去做些事情。此次出版的这本书最初取名为"宋史论钞"，原本是想编录一部过往发表或见诸刊物的论文集。后来有一天，突然想到近年来所研究的都是生活在宋代社会的一些特殊人群，如皇族后裔、官员子弟、出家人、募兵制度下的士兵等。宋朝人口总数在徽宗时期已然突破了一亿，相对于这芸芸众生，我这数十年来探讨过的这几个群体无疑就是小众中的小众。

　　然而，对这些两宋时代具有独特身份的人群，要想宏观而全面地了解他们的生存状态显然是不太现实的，毕竟他们的生活是多姿多彩的，在此只是从他们的仕途状况入手来探讨他们在政治上的某些侧面。希望通过这种微观解析，能加深对他们生存境遇的认知。或许看到的只是一些片段，甚或是一个点，但将这些点一个个放大，至少可以扩张一些意识和想象的空间，进而展现宋代政治运作的某些独特层面。研究这些群体，可以说是从几个特殊的切面来观察宋代社会，从中发现一些有趣的东西。于是书稿在此次修订再版后，主书名定为"宋代社会的切面"。

　　出家人无疑是中国古代历史上一个具有特殊意义的群体，通常而言，他们是在寺院或道观中过着群居生活。然而，随着禅宗的流行，宋代出家人游方参学之风大盛。僧人每年有三个月时间（四月十五日至七月十五日）是禁止离开寺院外出的，其余九个月时间是自由的。然而，对大多数僧人、未剃度的童行和长发而言，他们依然要依靠寺院和道观，以保障其生活的稳定。为了维持寺院和道观的正常运转和开销，单单是出家人的衣食住行，恐怕就是一笔庞大的费用。因此，无论是寺院还是道观，都需要努力营生。事实上，宋朝政府对僧人的管理机制相当完善。通常情况下，僧人、道士的营生行为都需要在法定范围内进行，当然也不能否认会有例外出现。更重要的是，出家人是看破红尘的团体，其本质上是宗教人士。出家人与世俗之人有着很大的差别，其中最重要的是他们的经营活动多披有一层神秘的宗教外衣，但这并不能掩饰他们追逐利益的一面。

在中国古代历史上，宋朝是唯一一个完全实行募兵制的王朝。由于国家的主要武装力量——禁军和厢军都是由政府出钱招募的，所以他们都是拿俸禄（尽管因人而异且工资不高）的职业军人。正因为如此，士兵群体是宋代士大夫津津乐道的话题。一般而言，大多数读书人是以某种蔑视或不屑的口吻来谈论这些职业兵的。也因为如此，现存资料对宋代士兵的描述往往都带有浓厚的个人感情色彩。然而，作为宋朝国家武装力量的主体，职业兵有其存在的合理性与合法性，而且职业化的军队对促进士兵军事技能的提升无疑是大有裨益的。宋朝政府要想较为有效地控制这样一支素质良莠不齐而又数量众多的职业兵队伍，不仅需要制定严格的管理措施，还要妥善处理涉及士兵切身利益的诸多环节和问题。

职业兵给宋代社会带来的影响是难以估量的，特别是宋朝之"积弱"很大程度上与军人的素质之间存在密切关联。因此，作为宋朝社会一个有着特殊位置的群体，职业兵无疑是值得关注的课题。

以上文字仅仅触及宋代的几个特殊群体，从他们在当时现实生活的某些层面入手去探察其生存状况，并不能面面俱到，而只能是蜻蜓点水，对研究宋代历史而言，顶多也只能算是雾里看花。好在我还有自知之明，至少了解自己的浅薄与无知，但愿他日能逐渐开窍。

中国有文字的历史长达数千年之久，越是遥远的时代，留下来的谜团就会越多。要发现历史的真相，谈何容易。即便有历代流传下来的实物资料和未来不断出土的新材料，似乎也不足以做到这一点。至少我们对很多事实还是不清楚或是知之甚少的，甚至是完全未知的。正因为如此，才需要下功夫尽可能地恢复历史的本来面目，无论是好，还是坏，我们都必须将历史上出现过的事情本身尽可能弄清楚。

不知为什么，我们的研究似乎都停留在两个极端，中国古代的世界要么极好，要么极坏。举例而言，古代的政治体制通常被人为地以"专制""集权"等词加以界定。显而易见，类似这样的词多是近现代以来西方政治学理论语境下被发明出来并大量使用的，是中国近代以来一些留洋的知识分子翻译西方的各种政治学著作以后介绍到中国来的，与中国古代社会现实之间几乎毫无关联。更有甚者，一些近代资本主义国家兴起民主理论以后出现的新鲜概念，是从我们一衣带水的近邻日本"拿来"的。其间兜兜转转，不知道绕了多少圈才来到古老的中国。

如果我们认为古代的政治体制确实是专制、集权的，那么在这种体制下，腐败自然也是无法避免的——自从西方文明几乎统治世界之后，用来自西方近现代政治学的理论概念得出这样的结论无疑有其充分的合理性。于是，站在当今时代的高度，高扬科学、民主的旗帜，去审视古代社会，自然就会是另外一番景象了。

拉杂写了这些，姑且算作序言。

2024 年 1 月 17 日于北京师范大学寓所

目 录

上篇：赵宋宗室、官员子弟及其他

天族的尴尬：实权的丧失与"安全"之法
——以赵宋宗室子弟授官制度的变迁为例　003
　　第一节　赵氏宗子的任官制度　004
　　第二节　宗女荫补制度与宗女夫君的仕途　039
　　结束语　063

失败的尝试：庆历新政限制官员子弟特权的措施　067
　　第一节　宋仁宗亲政之前官员荫补制度的修正与调整　067
　　第二节　庆历荫补新制　073
　　第三节　庆历荫补新制的历史地位与无疾而终　080

"决定版"：宋神宗君臣对官员子弟入仕的压缩　088
　　第一节　熙宁荫补新制　088
　　第二节　神宗时期的其他荫补制度改革与北宋末期官员荫补制度的变化　098

致仕荫补：官员子弟入仕的机遇　107
　　第一节　宋代官员致仕荫补制度的变迁　107
　　第二节　致仕荫补的时限及其他　116

文化考试：提高非科举出身官员素质的努力 126
  第一节 非科举出身官员的入仕考试制度 126
  第二节 考试制度的约束力及相关问题 139

仕途的优与劣：宋代官员子弟的政治地位 150
  第一节 官员子弟仕途的独特优势 150
  第二节 官员子弟晋升途中的尴尬处境 167
  结束语 180

中篇：出家人的营生

政府管理法规：宋代有关僧尼的法条初探 185
  第一节 宋代对出家人资格的限制 186
  第二节 系帐与剃度的法条 192
  结束语 197

宋代寺观的田产买卖：法制与现实之间的差异 198
  第一节 基本史实的考订 198
  第二节 "禁寺观毋市田"新解 201
  第三节 寺院、道观购买田产的合法性 202
  第四节 寺院、道观购买田产禁令颁布的背景 204

赋税与徭役：政府调控寺院、道观经济的体制 207
  第一节 寺院、道观田产的赋税及其相关问题 208
  第二节 寺院、道观的徭役负担 221

商业与高利贷：出家人极端世俗的一面 234
  第一节 佛教寺院经营的手工业 234
  第二节 宋代寺院、僧人的商业运营 240
  第三节 寺院、僧人经营的高利贷 252

贫富悬殊：僧人生计的地域差异　262

第一节　寺院、僧尼分布的地域差异及其原因　262

第二节　寺院经济的地域差异问题　274

子院：佛教寺院特殊经济关系之一环　286

第一节　子院与母院的经济关系　286

第二节　子院出现的契机　293

《碛砂藏》宋人题记的史料价值初探　300

第一节　区域史研究的重要文献　300

第二节　宋代民众日常生活的史料　304

第三节　宋代民间宗教信仰的佐证　307

佛性与人性：宋代民间佛教信仰的真实状态　311

第一节　捐资人的身份与区域分布状况　311

第二节　利己与利他之间的神界与现实　316

结束语　324

宋代地方官与佛教界之间的关系论考

——以范成大蜀地任职为例　327

第一节　参与其间：宋代地方官员与民间佛事活动　328

第二节　游历佛教寺院：真实再现宋代地方官的业余生活　334

结束语　344

传说与事实之间：道教与宋代社会的融合　347

第一节　供奉道教神像　348

第二节　治病与"驱鬼"　351

第三节　斋醮仪式　354

第四节　丹药与长生　357

第五节　符水与咒术　361

结束语　363

下篇：士兵与国家政权

"优升"与"劣汰"：北宋军队将校与士兵的拣选制度　367
第一节　北宋军队拣选制度的确立　367
第二节　拣选制度在北宋军事中的具体表现形式　376
第三节　拣选制度运行的具体程序　391
第四节　不同时期的拣选制度　422
结束语　453

剩员制度：宋朝安置退伍职业兵措施透析　454
第一节　剩员制度的创置　454
第二节　剩员的职能及管理机构　457
第三节　剩员的编制及宋神宗对剩员制度的整顿和改革　461
第四节　宋代裁军充剩员的得与失　463
结束语　467

士兵逃亡：法律制度的完善与制裁机制　468
第一节　宋代士兵逃亡法的逐步健全　468
第二节　禁军逃亡法的演变　471
第三节　将官的责任　475
第四节　宋朝政府对士兵临阵脱逃的处罚法条　479
第五节　宋代士兵逃亡的首身法及其期限规定　481
第六节　士兵从军出征逃亡法　486

逃兵与国家财政：正常军费之外的负担　491
第一节　逃兵与国家的额外支出　491
第二节　重新招募之费用　494
第三节　捕捉逃兵的费用　496

"常胜军"：北宋末年一支雇佣军的始末　499
第一节　辽朝的怨军　499

第二节　常胜军的壮大及影响　502
第三节　汴京被困与常胜军的末日　507
结束语　509

后记　511
出版后记　513

上篇：赵宋宗室、官员子弟及其他

天族的尴尬：实权的丧失与"安全"之法

—— 以赵宋宗室子弟授官制度的变迁为例

按照中国古代传统的观念，帝王的亲属由于与最高统治者之间存在或远或近的血缘关系，通常都会拥有普通人无法企及的崇高地位，掌握相当的权力，尤其是皇帝的近亲，他们的权势会更大。与其他普通人不一样，他们是金枝玉叶，至少拥有当时最为高贵的血统。对于最高统治者——皇帝而言，出于血缘关系的考虑，他们自然会更多地信任自己的儿孙，于是便赋予其直系亲属巨大的实际职权。随着皇亲国戚权力的膨胀，为了自身的利益，其中一些人便产生了更大的野心。在中国古代历史上，皇室内部上演了一幕幕父子、夫妻、兄弟之间争斗甚至是相互残杀的悲剧。宋朝自然也不例外，宋太祖赵匡胤的"无疾而终"，就是具有典型意义的兄弟之间"情义"的表现。

然而，相对于中国历史上的其他王朝而言，宋朝皇室内部的争斗还是比较少的，这也是宋代士大夫津津乐道的话题。在他们看来，宋代之所以很少出现皇亲国戚之间的争权夺利，是因为"祖宗之法"的妙用。在宋代士大夫心目中，"祖宗之法"似乎包罗万象，凡是前朝的方针、政策、法令等，都可以纳入其中。为了防范皇亲国戚之间的争斗，宋朝历代皇帝可谓不遗余力。诸多举措中，最重要的环节就是赋予那些金枝玉叶以相应的待遇，因而赵宋宗室成员的任官制度就成为某种意义上对他们权力的限制与保障。也就是说，从宗室担任官职的层面去限制皇亲国戚的权力，进而建立起相对规范的制度体系，使他们很难有插手朝政的机会，这样就基本上排除了他们权力无限膨胀的可能性。

宋高宗赵构曾经对当朝宰相说过一番意味深长且耐人寻味的话:"本朝宗室,虽有贤才,不过侍从而止,乃所以安全之也。"[①]在他看来,宗室虽然不乏贤能之人,却难以施展其才华,其官位大体上就是止于"侍从"职位而已。之所以如此,是因为要保全赵氏宗族。此番言论,表面上看似合情合理,甚至给人以亲情至上的强烈感受,实则立论荒谬,很难令人信服。事实上,与其说这种方式是"安全"赵氏子孙之法,倒不如说是宋代皇帝防范亲族篡位夺权的最重要策略。

应该说,宋代皇亲国戚很少干预政治的局面并非单一因素形成的,而是有着极其复杂的社会背景,其中最为关键的环节就是制度的有力保障。此前,学界虽然有不少研究宋代宗室的成果[②],但专门讨论宋代宗室授官制度的论著却很少,下文将以赵宋子弟的官职及其仕途的变迁过程为线索来揭示其尴尬的地位。

第一节 赵氏宗子的任官制度

(一) 宗子袭封制度之演进

宋代爵位制度极为复杂,按照《宋史》卷一六九《职官志九》的记述,宋代的爵位分为十二等:"爵一十二:王、嗣王、郡王、国公、郡公、开国公、开国郡公、开国县公、开国侯、开国伯、开国子、开国男。右封爵,皇子、兄弟封国,谓之亲王。亲王之子承嫡者为嗣王。宗室近亲承

[①] 《建炎以来系年要录》(以下简称《系年要录》)卷九七,绍兴六年正月乙未,中华书局,1988年。

[②] 王善军:《宋代宗族和宗族制度研究》,河北教育出版社,2000年;汪圣铎:《宋朝宗室制度考略》,《文史》第33辑,中华书局,1990年;美国学者John.W.Chaffee也有一系列关于宗室研究的论文,如"From capital to countryside:changing residency patterns of the Sung imperial clan." *Proceedings of the international symposium on Sung history*, Chinese Culture University 1988, pp. 1–14; "The Marriage of Sung imperial clan's women", *Marriage and Inequality in Chinese Society*, University of California Press 1991。

袭，特旨者封郡王，遇恩及宗室祖宗后承袭及特旨者封国公。余宗室近亲并封郡公。"由此看来，皇帝之子、皇帝的兄弟为亲王，亲王之子为嗣王，亲王若无子而以近亲宗室为嗣者若得皇帝特旨批准可封郡王，此后逐级下降。

然而，《宋会要》却说宋代爵位分为九等："列爵有九：曰王，曰郡王，曰国公，曰郡公，曰县公，曰侯，曰伯，曰子，曰男。"①此处所谓九等爵位，似乎并不是单指授予宗室的爵位，而是包括了其他各色人等，凡是符合条件的都能得到相应的爵位。很显然，《宋史》和《宋会要》的记载存在矛盾之处，《宋史》在爵位制度后附有注释："嗣王、开国郡公、[开国]县公后不封。"②虽然还不清楚从何时开始不再封上述三种爵位，但基本上可以确定，《宋会要》的说法应该是更为准确的，且其明言记述来源于《神宗正史·职官志》。由此可以表明，至少在宋神宗时期，宋代的爵位制度就已经变成了九等，而非十二等。③

从以上史料记载来看，无论如何，宋代宗室成员可以袭封爵位是毫无疑问的。

一般情况下，宋代宗室的爵位均依据其与皇帝之间血缘亲属关系的远近而定。宋初由于赵匡胤家的直系亲属有限，所以皇帝的宗族关系比较简单，人数也少。但随着时间的推移，封爵制度就出现了问题。设若任由前代皇帝之子世世代代袭封下去，恐怕就不只是爵位不够的问题，更为严峻的是册封的数量会越来越多。正因为如此，宋仁宗庆历四年（1044），朝廷经过研究决定，宋朝的爵位只封于十王的后裔："制：以武胜军节度使、同中书门下平章事、冯翊郡公德文为东平郡王；宁江军节度[使允]让为汝南郡王；安化军节度观察留后允弼为北海郡王；镇国军节度观察留后允良为华原郡王；左屯卫大将军、达州刺史从蔼为颍国公；左屯卫大将军、雅州刺史从煦为安国公；左千牛卫大将军宗说为祁国公；昭成太子孙、右

---

① 《宋会要辑稿》（以下简称《会要》）职官九之一七，中华书局影印本，1987年。
② 《宋史》卷一六九《职官志九》，中华书局，1985年。
③ 不少学者依据《宋史》等相关记载将宋代爵制分为十二等，其实是存在问题的。

千牛卫大将军宗保为建安郡公；华王孙、右千牛卫将军宗达为恩平郡公；邢王孙、右屯卫将军宗望为清源郡公。"① 这十人分别袭封太祖弟廷美、太祖二子（德芳、德昭）、太宗七子之爵。显而易见，在中国古代，任何王朝的宗室袭封都是国家的大事，其主要目的在于选定主奉祖先祭祀之人，即上述十王之后代中之嫡长子，由他负责带领全族成员祭祀列祖列宗。宋神宗之前，宋代宗室通常都是聚族而居的，祭祖是非常要紧之事，是断然不可轻忽的。

袭爵封王的另一个目的是更加有效地处理皇室内部的各种具体事务。一方面，随着赵氏各支宗族人数的增加，族人的管理越来越难。对这些血统高贵的皇族，官府很难派官员去加以管理和约束，只好从各宗族中选择一人进行具体管理。宋仁宗时期，"宗室子孙众多，方聚居大第，故于祖宗后各择一人知宗正事，令敦睦之，违失则纠正焉。凡宗室奏陈，不得专达，先委详酌而后闻，小可过失并依理施行"②。由此可见，各宗所择之人实即为皇帝管理宗室的代言人，系皇帝与宗子之间的桥梁，小事即由各宗袭封之人处理，大事则上报朝廷。袭封之人因此既享有崇高的地位，同时还可以享有比其他宗族子弟多得多的俸禄。另一方面，宗室子弟之间虽然老祖宗相同，但各房子孙难免因利害关系而出现各种矛盾，尤其是在聚族而居的情况下，各房支之间的明争暗斗会更为激烈。为了和睦宗亲，由朝廷指定专人处理一族的具体事务是极其要紧的，更是不可或缺的重要措施。

在宋代，宗室袭封是一件非同寻常之事。宋仁宗之前，宗室袭封制度似乎并未得到严格的执行，"燕王薨而祖宗之后未有封王爵者"③。仁宗天圣五年（1027），右司谏刘随上奏："伏自皇家御极，但推至公。尊礼勋臣，谦抑宗族。亲王之子不封郡王，亲王既没，不立嗣王。阙典未行，属在继圣。今者臣僚迁擢，多至尊官，皇族丝联，未登显位。虽天地之道，义在

---

① 《会要》帝系四之七。
② 《会要》帝系四之四。
③ 《会要》帝系四之七。

无私。"①在刘随看来，宋朝皇帝是以至公之心来"尊礼勋臣，谦抑宗族"的。其实并非如此，不让皇室宗族"登显位"，其目的无非是巩固来之不易的皇权而已。从刘随的奏疏中也可以看出，宋仁宗以前宗室袭封制度并未真正执行。

至宋英宗治平二年（1065），朝廷进一步规定："诏宗室除已袭封外，今后生前封王者，方许子孙承袭。袭封者并转一官，止观察留后。"②也就是说，宗室生前封王者才能由子孙袭封，死后封王者禁止。尽管如此，宗室袭封者依然不少，而且袭封与否引起了宗室之间的矛盾。如宋仁宗以赵从蔼为冀王惟吉（燕王德昭子）的袭封者，从而引起了洺州团练使赵守巽的抗议，"初以从蔼为颍国公，而守巽自言冀王之后为最长"③，于是只好重新任命赵守巽为颍国公。由此看来，至宋仁宗时期，诸王之后裔谁长谁幼，连朝廷也难以辨别，足见宗族人数之多。同时，这一事件反映出宗室亲族之间存在相当尖锐的矛盾。从中也不难看出，袭封与否，对赵宋皇室的各支脉而言，关系甚为重大，至少涉及各自的切身利益和在宗族内部的地位，因为袭封者多数情况下就是各房的族长。

宋神宗熙宁二年（1069），朝廷开始改革宗室授官制度，宗室袭封制度自然也不例外，此次改革大大减少了宗室袭封者的数量。中书、枢密院官员认真讨论后认为："方今可行之制，宣祖、太祖、太宗之子，皆择其后一人为宗，令世世封公，补环卫之官，以奉祭祀，不以服属尽故杀其恩礼。"④也就是说，此后只有宣祖（赵弘殷）、太祖赵匡胤、太宗赵光义三人的后代可以世世代代袭封公爵，并授以环卫官官职，不因服属远近而降低袭封标准。显而易见，宋仁宗时所定各王之后不在裔封之列。"[熙宁]三年，太常礼院言：'本朝近制，诸王之后，皆用本宫最长一人封公继袭。

---

① 刘随：《上仁宗乞分王宗室壮观洪业》，《国朝诸臣奏议》卷三二《帝系门·宗室》，宋淳祐刻元明递修本。
② 《会要》帝系四之一六。
③ 《会要》帝系四之七。
④ 《续资治通鉴长编纪事本末》（以下简称《长编纪事本末》）卷六七《裁定宗室授官》，清嘉庆宛委别藏本。

去年诏祖宗之子皆择其后一人为宗，世世封公，即与旧制有异。"①太常礼院官员很清楚地看到了神宗改革的实质，其袭封制度显然发生了本质性的变化，相较于此前执行的封爵制度，改革后的袭封人数大幅度减少，这是宋神宗时期对宗室制度加以改革的重要举措之一。此后尽管宋代袭封制度有所变化，但基本上是按宋神宗时期颁布的制度执行的，只增加了安懿濮王后代的袭封权。南宋时期，"诸王之后，各以最长一人权主奉祠事，不改环卫官"②。其后宋孝宗、宋理宗均非皇子继承皇位，所以孝宗、理宗生父亦同英宗生父一样封王，其后代可以世袭封爵，但是，神宗时期的制度依然执行。

有些学者认为："宋朝封爵与官阶无必然联系，而物质待遇上又主要由官阶决定，故封爵与宗室的切身利益关系不甚密切，爵位高低亦不甚受时人重视，故记载多阙。"③这一结论是值得商榷的。在宋代，袭封本身已变成一种特权，是宗室地位的象征，尤其是宋神宗以后，非袭封宗室均补环卫官，而袭封者不补，其地位之尊崇远非其他宗室能比。如濮安懿王之后赵士輵，"淳熙三年正月除少傅，六年十月除少师，依前昭化军节度使，充醴泉观使。七年十二月上遗表，特赠太傅，追封安王"④。又如淳熙十六年（1189），"诏：皇伯伯圭已除少师，所有合得应干恩数、请给、人从、生日取赐等，并依昨除少保、少傅日前后已得指挥施行"⑤。若非袭封者，宗室能有如此高的官阶吗？而官阶升高后，其相应的待遇便随之而来，荫补子孙亲属入官数量也会随之增加，所得俸禄、额外赏赐等自然也格外优厚。相反，宗室担任环卫官者则待遇越来越差，尤其是其子孙，地位逐渐降低，因为他们的升迁非常慢。《清波杂志》的作者周煇曾经得到南宋绍兴年间娄寅亮的奏疏，其中有云："崇宁以来，谀臣进说，独推濮王子孙以为近属，余皆谓之同姓，致使昌陵[太祖]之后，寂寥无闻。奔

---

① 《宋史》卷二四四《宗室传》。
② 《系年要录》卷一四一，绍兴十一年八月乙亥。
③ 汪圣铎：《宋朝宗室制度考略》，《文史》第33辑。
④ 《会要》帝系二之三四。
⑤ 《会要》帝系二之五六。

逊蓝缕,仅同民庶。"① 由于宋仁宗无子嗣,继位者宋英宗乃是濮安懿王赵允让之子,因而皇位依然在太宗赵光义一系传承。自宋徽宗崇宁年间以后,皇帝唯独将濮王后代视为近亲,因而他们拥有了世代袭封权,其家族的地位才得以有保障,子孙世代繁衍,官高位隆,濮王之后成为宗室人数最多的一族。《会要》专门记录了濮王之后的各袭封者,其享有的特权之多,其家族之昌盛,不言而明。

若是男性子嗣稀少,则是另外一回事。《齐东野语》记载秀王的后裔多夭折②,但其袭封者皆封王。袭封既意味着地位的尊崇,也意味着子子孙孙可以享有高官厚禄。同时,袭封也与其本人,甚至本家族的兴衰有着直接的关系。袭封之后,本家族的各种利益均得以保障,尽管所得几乎都是虚职,而无实权,却是绝对实惠的。表面上看世袭封爵都是虚衔,但对于袭爵者而言却是干系重大,在赵姓近亲金枝玉叶都少有实权的情况下,拥有袭封特权的赵氏宗子可以获得诸多实际的利益,这对本房子孙的实际地位是大有益处的。宋神宗之后,能袭封的宗室支系仅有数人而已,所以记载自然就少了许多。

要而言之,宋代宗室世袭爵位的制度历经多次重大的变化,其中最重要的有两次:一次是在宋仁宗时期,规定只有十王的后裔可以世袭爵位;一次是自宋神宗以后,进一步减少了宗室爵位的世袭者,袭封制度此后基本上没有出现大的更张。

(二) 从低到高:宋朝皇子的授官

宋代宗室荫补入官制度异常复杂,但由于记载残缺不全,要彻底弄清宗室荫补制度是相当困难的。皇帝直系亲属的高贵身份自然有别于普通的官僚士大夫,他们享有的荫补特权无疑也是其他官僚无法比拟的。宋朝历代皇帝对同姓同宗的赵氏家族成员竭尽照顾之能事(但也采取了许多措施对宗室子弟加以严格管理和防范),其中,恩荫制度对于保证这些天之骄

---

① 《清波杂志校注》卷一《娄寅亮请立嗣》,中华书局,1994年。
② 《齐东野语》卷九《秀王嗣袭》,中华书局,1983年。

子的权益及世代为官的特殊地位起着极为重要的作用。

自开国后，宋代便开始实行宗室荫补为官的制度。建隆二年（961），范质上书太祖赵匡胤："光义、廷美皆品位未崇，典礼犹阙。伏乞并加封册，申锡命书。或列于公台，或委之方镇。皇子、皇女虽在襁褓者，亦乞下有司，许行恩制。"[①]作为当朝宰相，范质认为赵匡胤的兄弟赵光义、赵廷美官位太低，于是太祖给了他的弟弟光义和廷美以高官。更重要的是这一奏疏的后半部分，建议凡是皇子、皇女，虽在襁褓，亦要推行"恩制"。尽管不清楚此处所谓的"恩制"究竟包含哪些内容，但其定下了一种基调，并要求朝廷相关部门认真执行。

南宋史家李心传记载："祖宗故事，皇子初除防御使。太宗以后或封王，或封国公，其间亦有封郡王、郡公者。神宗诸子初除皆节度使，封国公，稍迁郡王，加平章事……视祖宗时恩数为优云。"[②]这一记载基本上反映了宋代皇帝之子的授官情况（兄弟也是如此）。如建隆元年（960），赵廷美"授嘉州防御使"[③]，赵光义也于建隆元年任"睦州防御使"[④]，此为太祖之弟授防御使的例子。秦王赵德芳乃是太祖之亲生子，开宝九年（976）"授贵州防御使"[⑤]。从上述数例可知，太祖时期，皇帝之子确实只授防御使官职，且宋太祖的两个弟弟也是如此，所授官职似乎不是很高，但都掌握实权。

太宗即位后，对部分赵姓宗室采取了压制的政策，尤其是对太祖的后裔，甚至可以说是不择手段地加以排挤打击，但对自己的儿子则加以高官厚禄。如太宗子商王元份于太平兴国八年（983）"授检校太保、同中书门下平章事，封冀王"[⑥]，镇王元偓于端拱元年（988）"授检校太保、

[①]《续资治通鉴长编》（以下简称《长编》）卷二，建隆二年七月壬午，中华书局，1979年。
[②]《建炎以来朝野杂记》（以下简称《朝野杂记》）甲集卷一二《皇子除官例》，中华书局，2000年。
[③]《会要》帝系一之二四。
[④]《会要》帝系一之四。
[⑤]《会要》帝系一之二七。
[⑥]《会要》帝系一之三〇。

左卫上将军,封徐国公"①。自宋仁宗以后,皇子开始授节度使官职,如夭折的仁宗子昕康定元年(1040)赐名,"授检校太尉、忠正军节度使,封寿国公"②。至宋神宗以后,皇帝子均授以节度使官职。如神宗子吴王佖元丰五年(1082)出生,次年,"赐名,授检校太尉、山南东道节度使,封仪国公"③。

表一　宋代皇子授官情况

	姓名	授官时间	荫补官职	封王	资料来源
太祖子	德昭	乾德二年	贵州防御使	燕王	《会要》帝系一之二七
	德芳	开宝九年	贵州防御使	秦王	一之二七
太宗子	元佐	太平兴国七年	检校太傅、同中书门下平章事,封卫王	汉王	一之二九
	元份	太平兴国八年	检校太保、同中书门下平章事,封冀王	商王	一之三〇
	元杰	太平兴国八年	检校太保、同中书门下平章事,封益王	越王	一之三〇
	元偓	端拱元年	检校太保、左卫上将军,封徐国公	镇王	一之三〇
	元偁	端拱元年	检校太尉、右卫上将军,封泾国公	楚王	一之三一
	元俨	至道三年	检校太保、左卫上将军,封曹国公	周王	一之三一
	元懿(亿)		早夭	崇王	一之三二
仁宗子	昕	康定元年	检校太尉、忠正军节度使,封寿国公	雍王	一之三六
	曦	庆历元年	武信军节度使、检校太尉、同中书门下平章事,封鄂王	荆王	一之三六
英宗子	颢	治平元年	检校太傅、同中书门下平章事、保宁军节度使,封东阳郡王	吴王	一之三六
	颜		早夭	润王	一之三七
	頵	治平元年	迁左卫上将军	益王	一之三七

---

① 《会要》帝系一之三〇。
② 《会要》帝系一之三六。
③ 《会要》帝系一之三九。

(续表)

	姓名	授官时间	荫补官职	封王	资料来源
神宗子	俊	熙宁七年	检校太尉、彰信军节度使，封永国公	唐王	一之三八
	价	元丰元年	武胜军节度使，封建国公	豫王	一之三八、三九
	倜		早夭	徐王	一之三九
	佖	元丰六年	检校太尉、山南东道节度使，封仪国公	吴王	一之三九
	俣	元丰七年	检校太尉、定武军节度使，封成国公	燕王	一之三九
	似	元丰七年	检校太尉、集庆军节度使，封和国公	楚王	一之四〇

（资料来源：《会要》帝系一之二七至四〇）

上表缺了宋真宗六子，而且也只列到宋神宗时期，但具有典型性和代表性。大体说来，自宋太宗时期开始，皇子授官制度基本固定下来，没有出现特别的变化，此后宋朝历代皇帝基本上都执行这一传统政策，尽管官名存在差异，封国也不尽相同，但本质是一致的。如徽宗诸子与神宗诸子所补官职便是一致的，如"荆王楫，徽宗子，崇宁二年二月生，五月赐名，授山南东道节度使、检校太尉，封楚国公"[①]，与上表所列完全吻合。

总而言之，宋太祖时期皇子所授官位很低，但拥有很大实权。太宗以后，皇子一授官便是地位尊崇的官职。但是，宋太宗时期诸皇子授官并不完全一致，有的一授官便封王，也有的封国公；而且所授官职也不尽相同，有检校太傅、太保、太尉等官称。宋仁宗、英宗时期大致如太宗时期。而宋神宗以后，皇子授官制度开始整齐划一，皇子出生后即授官为检校太尉、节度使，封国公。此后宋朝诸皇子授官大致按神宗时期的制度实施。

就实际情况而言，宋代皇帝子孙并不是十分繁盛，除了太宗、徽宗子嗣较多之外，其余皇帝尽管也有不少子嗣，但夭折者甚众。正因为如此，宋代皇位传承多次因皇帝无子而出现问题，如宋仁宗、宋高宗、宋宁宗等皆是。当然，这仅仅是问题的一个方面。尽管宋代皇位传承总体上还算是

① 《会要》帝系一之四一。

比较顺利，但太宗开创了宋代兄终弟及的先例，为了使皇位能够一直在太宗系传承，自然要提防他人觊觎大宝之位。因此，皇室内部便矛盾重重，尤其是太祖和廷美子孙受到人为的压制甚至是打击，其子嗣不昌也不显，也是势所必然。

自宋太宗始，皇帝诸子尽管官高位崇，位极人臣，但不领实职，都是荣誉性虚衔而已。这恐怕是皇帝鉴于唐代宗室之乱而采取的极为重要的措施之一，其本质是要加强皇权，防范宗室干政。

（三）宋真宗天禧年间：宗室授官制度的改革

太祖、太宗时期，宗室之间的血缘亲属关系尚近，即便是太宗以后的第三代皇帝真宗，于太祖、廷美诸子而言也还都是仅仅相隔一代的堂兄弟，所以，诸王之后自然会得到甚高的官位。在宋真宗天禧元年（1017）以前，诸王之子多为环卫官。有人认为："宗子授官，真宗天禧元年以前似无定制，临时取裁。"[1]但实际上，宋真宗天禧改制之前，宗子授官是有原则的。李焘记载："先是，诸王子初授官，即为诸卫将军，余以父官及族属亲疏差等。"[2]也就是说，天禧元年以前的基本原则是除皇子单独的授官制度外，诸王之子授官为诸卫将军。"故事，亲王之子，初除小将军，七迁为节度使。宣仁垂帘，吴、益王诸子例拜大将军、遥郡刺史，绍圣后不然。孝宗在御，诸王子初授亦大将军，而抦再迁封国公，用优礼也。"[3]这一记载基本上反映了宋代的实际情况，即诸王之子通常是荫补为诸卫将军，其余的宗子则是以其父亲的官职高低及亲属关系的远近等而下之，授以相应的官职，这实际上就是宋初宗子授官的制度。

尽管上述这些规定只是粗线条的，而且仅仅反映了某些基本原则，但由于此时宗子尚少，很容易分辨出高低贵贱、亲疏远近，有上述制度作为授官的大原则，已完全可以处理宗子的授官问题了。也就是说，北宋朝廷

---

[1] 汪圣铎：《宋朝宗室制度考略》，《文史》第33辑。
[2] 《长编》卷八十九，天禧元年二月壬午。
[3] 《朝野杂记》甲集卷一《吴兴郡王抦》。

自建立以后无疑是存在宗子授官制度的，并非只是"临时取裁"而已。无非因为宗室人数相对少，各宗室成员之间血缘关系很近，用粗线条的大原则即可较为圆满地解决该问题罢了。

宋太宗前期，诸王之子授官的职位尚各不相同。诸王之子似开始一律授环卫官，如秦王廷美（宋徽宗即位后改为魏王）子德隆太平兴国九年（984）"授濮州刺史，雍熙二年四月，加左武卫大将军，封长宁侯"①。淳化元年（990）以后，诸王之子开始统一授官为诸卫将军，如廷美诸子中，德雍"授右骁卫将军"，德钧"授左武卫将军"，德钦"授左屯卫将军"，德润"授右领军卫将军"。②以上数人均在这一年四月被授环卫官。廷美诸子系太宗侄辈，授官与太祖诸孙大致相同。德昭子惟吉"太平兴国八年十月，授右监门卫将军"，惟忠"授左千牛卫将军"，③等等，不一而足。诸卫将军均为从四品环卫官，系无实际职掌的官，只享有从四品武官的相应待遇。显而易见，小小年纪的宗室子孙就享有如此高的待遇，无疑已经是非常优厚的了。李心传曾解释环卫官说："祖宗时，其官不废，然无职事，但以处藩帅代还及宗室除拜而已。"④也就是说，宋初环卫官制度没有废除，不过是授予的人比较特别而已，即只有任满还朝的各地节度使和宗室成员这两种特权成员可以被授予环卫官官职。

宋太宗以后，宗室子女繁衍，人数逐渐增加。同时，太祖、太宗、廷美各宗子孙之间的亲属关系也越来越远，因此有必要对宗子授官制度进行调整。于是天禧元年（1017），"诏宗正卿赵安仁参议定制。安仁请以宣祖、太祖孙初荫授诸卫将军，曾孙授右侍禁，玄孙授右班殿直。内父爵高听从高荫。其事缘特旨者，不以为例。又诏中书、枢密院详定行之"⑤。按照这一新的宗子授官制度，宣祖、太祖子孙依旧荫补为诸卫将军，曾孙荫补为右侍禁，玄孙荫补为右班殿直，按受荫者父亲爵位的高低决定荫补官位，爵位高则

---

① 《会要》帝系一之二五。
② 《会要》帝系一之二五、二六。
③ 《会要》帝系一之二八。
④ 《朝野杂记》甲集卷一〇《环卫官》。
⑤ 《长编》卷八九，天禧元年二月壬午。《宋史》卷二四五《宗室传》也有相关的记载。

授高官。若皇帝特别任命某人为某官，是为皇帝的特殊旨意和恩典，他人不得援以为例。

事实上，天禧宗子授官新制初步确定了宗子荫补的范围及非常明确的授官标准，其中以宣祖、太祖之后裔为基准，实际上已经涵盖了宋代的所有宗子。对廷美等宗子而言，其子孙补官比太祖子孙要低一等，这是毫无疑问的。新制本质是依据亲属关系的亲疏确定授官标准，是宋代宗子授官的极为重要的制度。同时，宗子授官级别大大降低，除宣祖、太祖孙授予从四品的诸卫将军外，其余宗子所授官的级别均为三班使臣。按宋代官品令，右侍禁、右班殿直仅为正九品武官。这一举措似为抑制宗子势力，使其仅享有俸禄而已。而且，此时宗子没有固定的升官制度："故事，宗子无迁官法，唯遇稀旷大庆，则普迁一官。"①宗子只有在国家重大庆典时才普遍升一级官。"故事，宗室无吏职，其迁无常期。朝廷有大礼，辄推恩进阶策勋"，秦王廷美曾孙克协正是在"凡三加恩"的背景下，才得授"银青光禄大夫、检校国子祭酒兼御史大夫、轻车都尉"这样的虚衔②，廷美的后代官位尚且如此之低，可以想见其他宗子的境况了。

另外，宋真宗时期，宗子赐名授官年龄似远比仁宗以后要大，试举数例：秦王廷美孙赵承裔"生十五年，以胜衣冠召见，赐名，补右侍禁"③，赵承操"乾兴元年正月生广陵邸，天圣九年召见，赐名，遂以为右侍禁"④，廷美曾孙赵克温"以天禧二年十月十日生，生十余岁，赐名，补右班殿直，转左侍禁"⑤。上述诸例均为宋仁宗之堂兄弟或堂侄，其赐名授官平均

---

① 《梦溪笔谈》卷二《故事二》，中华书局，2015年。
② 《公是集》卷五二《皇侄故银青光禄大夫检校国子祭酒行右清道率府率兼御史大夫轻车都尉墓志铭》，《全宋文》卷一二九六，上海辞书出版社、安徽教育出版社，2006年。
③ 《公是集》卷五二《皇兄故金紫光禄大夫检校太子宾客使持节禄州诸军事均州刺史充本州防御使上柱国天水郡开国公食邑四千四百户食实封九百户赠昭化军节度使追封祁国公墓志铭》，《全宋文》卷一二九六。
④ 《公是集》卷五二《皇弟故金紫光禄大夫检校太子宾客左监门卫大将军使持节昌州诸军事行昌州刺史兼御史大夫柱国天水郡开国公食邑二千二百户食实封一千户赠泾州观察使安定侯墓志铭》，《全宋文》卷一二九六。
⑤ 《公是集》卷五二《皇侄故金紫光禄大夫检校国子祭酒右屯卫大将军兼御史大夫轻车都尉天水县开国伯食邑九百户赠洺州防御使广平侯墓志铭》，《全宋文》卷一二九六。

年龄为十岁以后，而且《公是集》同卷中所载其他宗子授官年龄亦大致相同。如前所述，宋太祖时期，范质提出的原则是"虽在襁褓者"，"许行恩制"，[1]显然这些案例中的授官年龄比宋初宗子授官年龄大得多。授官年龄的增加，意味着宗子升迁的时间自然就会延长。如果是婴儿时便有官职，到十岁左右大体上可以晋升两级，但从十岁才开始授官，其升迁自然要以得到官职的时间为基准。这似乎也是真宗天禧改制的重要成果之一。

（四）宋仁宗时期：宗子环卫官系统的确立与推行

宋仁宗在位前期，宋代宗子荫补入官法基本上沿袭宋真宗时期的制度执行，另外也颁布了一些相应的法律，限制宗子授官过程中的舞弊行为。天圣五年（1027），"诏：凡文武臣僚及宗室奏荐恩泽，有受贿而冒为亲戚者，听人告，其得实者与一官；不愿官，给钱五百千。已奏荐者限半年自陈，限外，虽会赦不以原"。[2]朝廷颁布这样的法令，至少表明在此之前存在通过行贿受贿等不法手段假冒宗室或文武官员的亲戚而混入官场的现象。诸如此类的措施的目的是维持现行制度的顺利执行，同时也是对既有宗室荫补授官法的进一步补充和调整，试图杜绝此前某些制度层面的漏洞。

宋仁宗时期对宗子荫补授官法的重大变更发生在景祐二年（1035），此时为宰相吕夷简当政时期，这次变革宗子授官制度的原因是多方面的。

一是宋仁宗以后，宗室数量快速增加，宗子族属之间的关系越来越复杂。若是按照宋真宗时期以与太祖、宣祖二人的亲属关系加以衡量，显然是越来越困难的，因而有必要对宗子授官制度加以整齐划一的调整。宋仁宗时期，张方平上书仁宗论及宗子赐名之事，其中涉及宗子数："近阅属籍文簿，仍是庆历七年八月臣所修进，及今二十年不曾复行编纂。庆历七年所进属籍，皇族已赐名授官。除前著籍外，其新立籍五百八十八员，其未赐名授官者犹有二百五人，共一千八十有余员。"[3]由此可见，至庆历七

---

[1]《长编》卷二，建隆二年七月壬午。
[2]《长编》卷一〇五，天圣五年十二月丁亥。
[3]《乐全集》卷二四《论宗室赐名事奏》，《全宋文》卷七九一。

年（1047）宗室户籍新增及未授官者就有700多人，过去的户籍尚不计算在内，其人口增长速度相当快。如此多的宗子要授官自然不是简单之事，肯定有不少宗子已不只是宣祖、太祖的玄孙了。

二是宗子没有固定的升官制度，而朝廷内外文武官员升迁制度已相当完备，所以宗子很难自低级武官升至高官，而众多宗室希望确立固定的升迁制度。景祐郊祀大礼时，宗子对自己的低官位表示强烈不满，联名上书皇帝，要求加官晋爵。"故事，宗子无迁官法，唯遇稀旷大庆，则普迁一官。景祐中，初定祖宗并配南郊，宗室欲缘大礼乞推恩，使诸王宫教授习约草表上闻。后约见丞相王沂公，公问：'前日宗室乞迁官表，何人所为？'……"① 李焘在记载这次变更的原因时也说："及南郊，并侑三圣。宗子皆上表乞推恩，故有此制。旧自借职十迁乃至诸司副使，今副率四迁即遥领刺史，八迁即为节度使云。"② 将此两处记载加以对照，即可明白真相。李焘的记载很隐晦，很难说明当时的实际情况。事实上，景祐中，为数众多的宗子对自己荫补为低级武官极为不满，其主要原因是升迁太慢，相应的俸禄、待遇便自然会受到限制。

更为严重的是，宋朝开国以后，太祖便逐渐开启了崇文抑武之风，之后又进一步从制度层面出台了诸多抑制武将的具体政策，如文官三年、武官五年一升迁的制度等。这些措施的实施，无疑严重地影响了武将的社会地位和生活待遇。在这种情况下，宋代武将的境遇是不言而喻的。到宋仁宗时期，包括宗室成员在内的武官的地位几乎已用严格的制度固化下来。于是宗亲联名上书朝廷，要求升官，并约见了当朝宰相谈论此事，足见宗子迁官问题已到了非解决不可的地步，于是朝廷只好对现行宗子授官制度加以调整。

三是宋代皇帝为了巩固和加强集权统治，需要宗室保持稳定。宋朝历代皇帝对宗室子弟的控制和管理是相当严格的，不许宗子握有实权，其原因不外乎防止他们有反抗朝廷之念；但同时，又必须提高宗子的物质

---

① 《梦溪笔谈》卷二《故事二》。
② 《长编》卷一一七，景祐二年十一月丙午。

待遇，以笼络宗室，借以凸显宗子与普通官僚之间的本质区别。"天子以谓宗室以服属为亲疏，其授之官，虽无事，当使位尊而秩优以宠嘉之。不当与庶姓等。"① 显而易见，皇帝改革宗子授官的指导思想是授予宗子之官既无实际职权，又要位高、受尊崇，待遇还必须要优厚。环卫官正好符合上述条件，于是让宗子担任环卫官便成了最佳的方案。然而，不可否认的是，由于这一方案，宗室子弟官位得以大大提升，其所得的俸禄和其他待遇自然就会水涨船高，所以势必成为朝廷不堪承受的沉重的财政负担，"吕夷简在仁宗时，宗室补环卫官，骤增廪给，其后费大而不可止"②。由此可见，宗子改授环卫官后，其俸禄和待遇大大提高了，对国家财政带来的危害是难以估量的。

景祐改革的核心是将宗子原有的官衔全部换成环卫官。③ 景祐二年（1035），"宗子诸司使领诸州刺史者十二人换诸卫大将军、领诸州团练使，诸司使十九人换诸卫大将军、领诸州刺史，诸司副使十九人换诸卫大将军，内殿承制以下一百三十人，并为将军、率府率、副率，用乙未赦书也"④。自宋初始，尤其是真宗以后，宗室子孙授官所依据的亲属关系并没有任何变化，只是将原来所授武官改为相应的环卫官而已。而此后赐名授官的宗子，则一律按环卫官序列荫补为官。

按景祐新制的规定，宗子原为诸司使领诸州刺史者换官为诸卫大将军、领诸州团练使（即诸司使、遥郡刺史改为诸卫大将军、遥郡团练使），原诸司使换为诸卫大将军、遥郡刺史，原诸司副使换为诸卫大将军，内殿承制以下分别按其原有官职的高低换为将军、率府率、率府副率。如

---

① 《公是集》卷五二《皇侄故金紫光禄大夫检校太子宾客右监门卫大将军使持节浔州诸军事浔州刺史兼御史大夫护军天水郡开国侯食邑一千八百户赠邠州观察使追封新平侯墓志铭》，《全宋文》卷一二九六。
② 《长编纪事本末》卷六七《裁定宗室授官》。
③ 《宋史》卷一六六《职官志六》"环卫官"条："左、右金吾卫上将军，大将军，将军，中郎将，郎将；左、右卫上将军，大将军，将军，中郎将，郎将；左、右骁卫上将军，大将军，将军；左、右武卫上将军，大将军，将军；左、右屯卫上将军，大将军，将军；左、右领军卫上将军，大将军，将军；左、右监门卫上将军，大将军，将军；左、右千牛卫上将军，大将军，将军，中郎将，郎将。"这就是宋代所谓的环卫官序列。
④ 《长编》卷一一七，景祐二年十一月丙午。

赵克构景祐改制前,"召见赐名,补右班殿直,再迁西头供奉官",改制后,"改右千牛卫将军",①赵宗默"历东头供奉官。景祐中,上以宗属名秩未称,遂改左千牛卫将军"②,此二例为改左、右千牛卫将军实例。赵世崇为赵德昭孙,"景祐初,以右侍禁改迁太子右卫率府率"③,赵世昌亦为赵德昭孙,"天圣七年,始颁名于朝,补右班殿直,累迁左侍禁。改太子右卫率府率"④,此为改右卫率府率实例。赵克萧为赵廷美曾孙,"君以天圣八年生,生数岁,补右班殿直,俄而改太子右监门率府副率"⑤,赵世英为赵德昭曾孙,"明道二年初赐名,为右班殿直,改太子右监门率府副率"⑥,此为右班殿直改太子右监门率府副率例。

至此,景祐改制的内容便十分清楚了。宗子诸司使、副使的改官法前文已述,而内殿承制以下武官的宗子改官法则是:内殿承制(内殿崇班)和东、西头供奉官改为诸卫将军,左、右侍禁改率府率,左、右班殿直改率府副率。《长编》对此记载极简单,且未加任何说明。通过上述所引各宗子的墓志铭,这一改官的具体措施才得以清楚地呈现出来。刘敞的《公是集》、王珪的《华阳集》所载众多宗室墓志铭中,除特旨改官的情况外,所载几乎无一例外。从中亦可看出,宋仁宗景祐时期已授官的宗子人数大约为180人。

---

① 《公是集》卷五二《皇侄故金紫光禄大夫检校太子宾客右监门卫大将军使持节浔州诸军事浔州刺史兼御史大夫护军天水郡开国侯食邑一千八百户赠邠州观察使追封新平侯墓志铭》,《全宋文》卷一二九六。
② 《华阳集》卷五二《宗室金紫光禄大夫检校太子宾客左监门卫大将军使持节昭州诸军事昭州刺史兼御史大夫上护军天水郡开国公食邑二千二百户赠金州观察使安康侯墓志铭》,《全宋文》卷一一五七。
③ 《华阳集》卷五三《宗室金紫光禄大夫检校国子祭酒右屯卫大将军兼御史大夫轻车都尉天水郡开国伯食邑九百户赠洺州防御使广平侯墓志铭》,《全宋文》卷一一五八。
④ 《华阳集》卷五四《宗室金紫光禄大夫检校国子祭酒右屯卫大将军使持节达州诸军事达州刺史兼御史大夫上护军天水郡开国公食邑二千一百户赠洋州观察使洋川侯墓志铭》,《全宋文》卷一一五八。
⑤ 《公是集》卷五二《皇侄故银青光禄大夫检校国子祭酒右监门卫将军兼御史大夫上护军天水县开国子食邑六百户赠右武卫大将军墓志铭》,《全宋文》卷一二九六。
⑥ 《华阳集》卷五四《宗室金紫光禄大夫检校国子祭酒右监门卫将军兼御史大夫上柱国天水郡开国侯食邑一千二百户赠右卫大将军墓志铭》,《全宋文》卷一一五八。

然而,《长编》在另一处记载的宗子改官数量与前一组数字有些差别:"御史台言:'诸卫大将军、将军并系三品,一行序立;诸卫率府率、副率并系四品,一行序立。今新除皇亲诸卫大将军、将军八十五员,诸卫率府率、副率五十一员,缘皇亲大将军以下,并内殿起居,员数稍多,殿庭难为排立,及非次曲宴,殿上窄隘,即重行。"①此处所载改官数为136人。不知何故,二者居然存在如此巨大的差别。未赐名授官的宗子不在其内,估计此时宗子人数在250人上下。此后赐名授官的宗子大多为亲属关系较远的宗族,故授官品级会越来越低,大都被荫补为最低一级环卫官。除皇帝之子外,其余宗子大体均如此。如赵德芳曾孙赵世复,"初赐名,授太子右内率府副率"②;再如"皇侄孙士衮,嘉祐五年五月十九日生,明年以宗室长子,既赐名,遂除太子内率府副率"③;再如赵令巍,"初赐名,补太子右内率府副率"④;等等,不一而足。

宋仁宗景祐年间改定的宗子荫补入官法应该是继承了宋初以来的制度并加以完善而形成的。如前所述,宋真宗以前,诸王之子荫补为环卫官。其后随着亲属关系的变化,天禧新制规定宣祖、太祖子孙授环卫官,其余子孙授三班使臣。宋仁宗景祐改制则将宗子荫补授官法加以整齐划一,一律荫补为环卫官。就荫补法本身而言,应该说是很大的进步,至少比以前环卫官、三班使臣并行的制度更容易执行,也便于操作。而且,景祐新制确立后,彻底剥夺了宗子参与政事的权力和可能性。原来宗子荫补为三班使臣,与普通武官无异,属于有职事的官称;新制颁布后,将宗子与外官加以彻底区分,宗子只能荫补为有相应待遇的环卫官。

宋仁宗以宗子任官名不副实("宗属名秩未称")为借口,对宗子授官制度加以调整,其本质是为了加强皇帝的集权统治,亦是为了提高宗子的物质待遇,使他们尽量多享受家庭生活,少参与外界之事。"自祖宗制天下,监于前世,惇叙纠合,以睦宗族,厚其爵禄,尊宠之而不任以事。

---

① 《长编》卷一一七,景祐二年十二月丁丑。
② 《范太史集》卷四五《右金吾卫大将军原州防御使墓志铭》,《全宋文》卷二一五六。
③ 《华阳集》卷六〇《宗室右监门率府率墓记》,《全宋文》卷一一六二。
④ 《范太史集》卷四五《右武卫大将军秀州团练使墓志铭》,《全宋文》卷二一五六。

故宗室得以无吏责自保,而材美亦无以见于世"①,实际上是以高官厚禄安抚宗室。宗室子弟得了钱财和没有职权的虚职,就必须要放弃拥有实际权力的职务。"公族之恩,殊于外朝。高爵重禄,不待兵戎之绩。陟明进秩,仍以岁月之务。我朝惇叙之美,迈于前古"②,这是宋朝著名史家刘攽对宋朝对待宗室举措的整体评价,得出的结论是赵宋皇室惇宗睦族的美德远远超越前代各朝。其中主要包含以下几层意思:一是朝廷对宗室的恩典,完全不同于对外朝的普通官员;二是宗室享高爵重禄而不需要有任何军功;三是宗室晋升职位有明文规定,主要依据入仕的资历而定。

然而,景祐新制实行没多久,新的矛盾便又出现了,即维持宗子待遇的费用大量增加,政府财政负担越来越大。随着宗室子孙的繁衍,这种情况愈益严重。景祐新制以前,宗室子弟大部分为三班使臣、诸司使、诸司副使,其官品极低,三班使臣中内殿承制(内殿崇班)为正八品,东、西头供奉官为从八品,左、右侍禁为正九品,左、右班殿直为从九品,他们能得到的俸禄等亦与其品级是相应的。

景祐新制以后,宗子官品级别大大提高,级别最低的副率环卫官亦为从八品,而且升迁亦按固定的制度进行,一般十年一迁。苏辙一再提道:"敕:具官某:凡予五宗之属,皆有十年之叙"③,"敕:朝廷笃于九族之恩,许以十载之叙"④。自率府副率一迁为率府率,即为从七品,再迁为诸卫将军,从四品。随着官品的升高,相应的待遇自然也大大提高。苏辙曾对宋仁宗皇祐年间到哲宗时期宗室任官情况做过比较:"宗室之众,皇祐节度使三人,今为九人矣;两使留后一人,今为八人矣;观察使一人,今为十五人矣;防御使四人,今为四十二人矣。"⑤尽管苏辙并未考虑到宗室人口自然增加等因素,但宗子担任高级官僚的人数大幅度增加是无可辩

---

① 《公是集》卷五二《皇兄故金紫光禄大夫检校太子宾客使持节禄州诸军事均州刺史充本州防御使上柱国天水郡开国公食邑四千四百户食实封九百户赠昭化军节度使追封祁国公墓志铭》,《全宋文》卷一二九六。
② 《彭城集》卷一九《皇伯右武卫大将军深州团练使叔兼防御使制》,齐鲁书社,2018年。
③ 《栾城集》卷二九《士鳣磨勘转右监门卫大将军》,《苏辙集》,中华书局,1990年。
④ 《栾城集》卷二九《仲浃转正任防御使》。
⑤ 《栾城后集》卷一五《收支叙》,《苏辙集》。

驳的事实，增长最少的节度使人数增长了两倍，观察使人数增长的比例最高，达到十四倍。宗子高官的大幅度增加无疑与仁宗时期的政策有着直接关系。仁宗以后，随着宗子数量的大量增加，必然加剧政府的财政危机，这是景祐新制最为严重的负面效应。

宋仁宗时期对宗子荫补授官制度的另一重要举措便是对宗子授官年龄做出了相应的规定。在宋代，宗子必须由朝廷命名方能授官，"今宗室之子，始名而官"①。也就是说，宗子之名均由朝廷决定，当宗子长到一定岁数时，便通过大宗正寺向朝廷汇报，然后由朝廷命名（实则是皇帝的御用文人起名），命名的同时，授予相应的官职。宋代宗子赐名授官年龄在宋仁宗宝元二年（1039）以前并没有严格的规定。"大宗正司言：'先朝故事，宗室子孙七岁始赐名授官。今在襁褓者已有恩泽，请自今遇乾元节、南郊，听官其一子。余须俟五岁方得陈乞。'"②由此可见，在宝元二年七月以前，宗室子孙一般授官年龄为七岁，但仁宗时期似乎并未严格要求年龄，宗子出生不久便可荫补为官。因此，知大宗正事赵允让建议自此以后若遇乾元节（仁宗诞节）和南郊大礼允许荫补一子为官，不限年龄，其余子孙必须五岁以后才能赐名授官。

然而，此文中的"先朝故事"究竟为何时的事情呢？如前所述，除宋太祖时范质曾建议太祖皇子、皇女一生下来便可为官外，宋代前期宗子荫补授官年龄似乎没有相关的规定。但就现有资料来看，宋太宗、真宗时期，宗室荫补授官年龄都在十岁左右，有的宗室成员甚至更大时方得以授官。现将《公是集》中各宗室墓志铭所记宗子授官年龄罗列于后：赵承裔，"生十五年，以胜衣冠召见，赐名，补右侍禁"；赵克温，"以天禧二年十月十日生，生十余岁，赐名，补右班殿直"；赵承操，"乾兴元年正月，生广陵邸，天圣九年召见，赐名，遂以为右侍禁"；赵克构，"生十余岁，召见赐名，补右班殿直"，赵克萧，"以天圣八年生，生数岁，补右班殿直"；赵克协，"生十余岁，方有诏赐以名，补右班殿直"。③上述诸例

---

① 《栾城集》卷二八《叔考等三十二人并除右班殿直》。
② 《会要》帝系四之六。
③ 《公是集》卷五二，《全宋文》卷一二九六。

均为宋真宗和宋仁宗天圣时期（刘后听政时期）宗室成员赐名授官的情况，授官者年龄均在十岁左右。由此可知，这里的"先朝故事"应为仁宗时期而非真宗时期的事情。

需要说明的是，宋代宗子授官虽分长幼，但各宗支长子荫补授官可以不受年龄的限制。宋仁宗皇祐五年（1053），"判大宗正司允让言：宗室养子，须五岁然后赐名受官，毋得依长子例不限年。从之"①。此条文应是对宝元二年（1039）收养制度的补充。也就是说，宗室因为各种情况收养养子（即使是因为无子），养子不能与长子一样没有年龄限制而荫补授官。由此可见，宋仁宗时期尽管规定了宗子荫补入官年龄，但宗室长子可以不受年龄限制，"凡以荫授官，率皆以其父祖合任之数授之。今则长男生逾年而受官，其下之男皆生五年而受官矣"②。由此可见，至少宋神宗时期依然执行这一制度，即各宗支长子满周岁授官，余子则须满五岁。此外，仁宗时期还规定了宗子开始计算转官时间的具体年龄。嘉祐六年（1061），"诏宗室赐名授官者，须年及十五，乃许计年转官"③，即宗子到十五岁以后，开始计算升官时间。

无论是限制宗子授官年龄，还是规定转官年龄的计算方式，都是为了防止宗室子弟迅速获得品级很高的官职。这些措施实际上是对景祐换授环卫官制度的调整和修正，有助于节省国家财政支出，显然是非常必要的。但这依旧无法根治苏辙所言的问题。宗子任高官者成数倍甚至十倍地增长，那么，他们的"高爵重禄"势必消耗大量的物质财富，这对本身就已经入不敷出的宋朝政府而言，无异于雪上加霜。

（五）熙丰变法：赵氏远房宗子的庶民化

1. 朝野上下整顿宗子授官制度的呼声

宋真宗以后，宗室子女人数进一步增加，至仁宗庆历四年（1044），

---

① 《长编》卷一七五，皇祐五年十月己亥。
② 杨绘：《上神宗乞酌古今之宜限服纪之礼》，《国朝诸臣奏议》卷三二《帝系门·宗室》。
③ 《长编》卷一九三，嘉祐六年二月丁巳。

由于宗子很长时间未升官,于是"自德文以下三百二十一人递进一官"①。宋英宗即位后,"以宗室自率府副率以上八百余人,其奉朝请者四百余人"②,准备对宗子问题加以调控。治平元年(1064)五月,宋英宗君臣就宗室问题有过一番非常简单的讨论:"帝问执政前代宗室。富弼曰:'唐时名臣多出宗室。'吴奎曰:'祖宗时,宗室皆近亲,然初授止于殿直、侍禁、供奉官,不如今之过也。朝廷必为无穷计,当有所裁损。'"③听了吴奎之话后,宋英宗的确有意整顿宗子授官制度,"至韩琦为相,尝议更之而不果"④。看来韩琦担任宰相时期,曾经有过改革宗子授官制度的讨论,大概是因为宋英宗在位的时间过短,没有来得及付诸实施。由此可见,此时已有不少士大夫意识到了宗子问题的严重性,他们不断地上书要求解决宗子任官所致的冗费问题。

神宗时期是宋代宗室制度变化最大的时期。自仁宗以后,宗室问题已相当突出,至英宗时期,由宗室引起的社会矛盾愈益尖锐。仁宗以后,便不断有士大夫向朝廷建议改革宗室制度,神宗即位以后,要求改革宗室制度的呼声进一步高涨。熙宁二年(1069),苏辙上书朝廷:"冗费之说曰……昔者太祖、太宗,敦睦九族,以先天下。方此之时,宗室之众无几也。是以合族于京师,久而不别。世历五圣而太平百年矣,宗室之盛,未有过于此时者也。禄廪之费,多于百官,而子孙之众,宫室不能受。无亲疏之差,无贵贱之等。自生齿以上皆养于县官,长而爵之,嫁娶、丧葬,无不仰给于上。日引月长,未有知其所止者。……故臣以为,凡今宗室,宜以亲疏贵贱为差,以次出之,使得从仕。比于异姓,择其可用而试之以渐。凡其禄秩之数,迁叙之等,黜陟之制,任子之令,与异姓均。临之以按察,持之以察吏,咸之以刑禁。"⑤这是当时具有代表性的看法。在苏辙看来,宋初宗室成员数量少,故合族聚居京师。随着时间的推移,宗

---

① 《会要》帝系四之七。
② 《会要》帝系四之一四。
③ 《会要》帝系四之一三、一四。
④ 《长编纪事本末》卷六七《裁定宗室授官》。
⑤ 《栾城集》卷二一《上神宗皇帝书》。

子越来越多，所有费用均由国家财政负担，是造成"冗费"的重要源头，其费用甚至"多于百官"，开销之大，不难想见。因此，宗子已成为政府巨大的财政负担甚至是包袱。他建议朝廷按宗子亲属关系的远近，让宗子担任外官，管理上与外官一视同仁。

事实上，宋初宗室聚居京师，官府出资为他们建设房屋、赡养其家族，其目的无非是对宗室严加管理，以防范出现唐代那样的宗室之乱。在苏辙上疏的同年，知制诰杨绘亦上书皇帝，建议朝廷改革宗室荫补和授官制度：

> 而自唐明皇而后，世丛于宫宅而不任以政，故本朝依其制也。然国初之制，凡以荫授官，率皆以其父祖合任之数授之。今则长男生逾年而受官，其下之男皆生五年而受官矣。旧制止授班行，今则皆授南班官矣。十年前止满数百，今则逾千人矣。又其间子孙众多者，数房而共一室者矣。安可不更张其事哉？欲乞陛下酌古今之宜，限服纪之礼，广采众议，裁其荫子之数，立其出官之制，设大宗、小宗之法以正其统，其余支庶之服纪尽者，并许出居于外。①

在此，杨绘比较了宋初与神宗时期宗子荫补、授官等具体政策的差异及其变迁过程，即荫补授官年龄越来越小；国初宗子人数仅有数百人，神宗初期则已达千人以上；且宗室子孙越来越多，合族而居，必然是问题；等等。他建议宋神宗召集朝廷上下的臣僚集思广益，商讨宗室荫补、授官等方面的政策。此外，作为神宗身边的近臣，杨绘也提出了一些改革的基本思路。在他看来，宗室应该按照血缘关系的远近，裁减宗子荫补子孙的数量，并确立宗子出任外官的制度；按大宗、小宗的原则允许直系亲属的子孙居住京师，其余宗子可以到京城睦亲宅之外的地方居住；等等。按照范祖禹给杨绘撰写的墓志铭的说法，神宗采纳了杨绘的建议，"宗室以服

---

① 杨绘：《上神宗乞酌古今之宜限服纪之礼》，《国朝诸臣奏议》卷三二《帝系门·宗室》。

属裁荫子之数,立出官之法。从之"①。应该说,杨绘的建议很具体,朝廷采纳其意见亦在情理之中,但宋神宗时期改革宗子制度是在迫不得已的情况下进行的。

其一,改革宗子制度已成为当时众多士大夫尤其是朝廷内外官员的共识,他们强烈要求改变现行的相关制度,限制宗室的特权。其二,现行的宗子荫补及授官制度确实已成为社会矛盾的焦点之一。由于宗子数量不断增加,其衣食住行的开销及其他费用愈益巨大,下一代需要荫补的子孙更多,如不加以解决,势必进一步激化社会对立情绪,并有可能引发各种各样的问题,危及皇帝的统治。其三,冗官、冗费问题是当时最严重的问题,更是士大夫津津乐道的政治话题,而宗子荫补则是使这一问题继续恶化的重要原因之一。"时京师百官月俸四万余缗,诸军十一万缗。而宗室七万余缗,其生日、婚嫁、丧葬及岁时补洗杂赐与四季衣不在焉"②,可见宗室花销费用之高,确已超过京师百官月俸很多,这是加深宋代财政危机的重要根源之一。

熙宁二年(1069)九月,宋神宗对当朝宰相陈升之、王安石说:"今赋入非不多,只是用度无节,如何节用?"陈升之、王安石"皆言兵及宗室之费"。③可见兵员及宗室之费已成为当时财政收支平衡最大的两种障碍。神宗要想富国强兵,必然要下大力气对宗子问题加以整顿和改革,以维护王朝统治的安定。在这种背景下,神宗即位不久,便开始认真策划并推进改革宗子荫补制度。当然,神宗时期宗子制度改革进行得并不顺利,尤其是在一些具体问题的处理上,但必须改革宗子制度已成为当时多数官员的共识。

2.熙丰改革宗子荫补制的具体方案

宋神宗曾在新的宗子制度出台之前征求司马光等反变法派官员的意见。作为反对王安石变法的核心人物,司马光对神宗说:"此诚当变更,

---

① 《范太史集》卷三九《天章阁待制杨公墓志铭》,《全宋文》卷二一五〇。
② 《长编纪事本末》卷六七《裁定宗室授官》。
③ 《长编纪事本末》卷六七《裁定宗室授官》。

当宜以渐，不可急耳。"① 在司马光看来，确实应当改革这一制度，只是应当从长计议，不可操之过急。此后不久，枢密院便出台了新的宗子授官法。为了反映熙宁宗子新法之全貌，在此全文抄录诏令内容：

> 臣等今议定方今可行之制，宣祖、太祖、太宗之子，皆择其后一人为宗，令世世封公，补环卫之官，以奉祭祀，不以服属尽故杀其恩礼。祖宗袒免亲将军以下愿出官者听，仍先令经大宗正司投状上闻，委大宗正选本官［官］尊长同大［太］学教授结罪保明，才行堪与不堪任使，复委大宗正审察闻奏。就试武官者，试读律，写家状，就试文官者，试说一中经，或论一首。将军换诸司副使、太常丞，正率换内殿崇班、太子中允，并与州郡监当一任，无败阙，与亲民。副率换西头供奉官、大理评事，监当一任满，如职事斡［干］集，操守修饰［饬］，即委本州长吏及监当同罪保明，与亲民差遣。无保明即依外官条例。祖宗袒免亲未赐名授官者，除右班殿直，年十五与请受。二十许出官，愿文资者与试衔知县，并令监当，考试及任满有无保明准上条。以上出官并特与支赐，愿锁厅应举者依外官条例。其袒免亲，更不赐名授官，只许令应举。应进士者止试策、论，明经者止习一大经，试大义及策。初试考退不成文理者，余令覆试。取合格者，以五分为限。人数虽多，毋过五十人。累经覆试不中，年长者当特推恩，量材录用。以上出官者，虽在外，俸钱依在京分数。许依审官、三班铨法指射差遣，仍许不拘远近差注。授文官者与进士出身同，锁厅应进士、明经举，有出身人至员外郎，与迁左曹。宗室不出官者，祖宗元系磨勘，至正观察使止，袒免亲至遥郡防御使止，非袒免亲至遥郡刺史止。袒免亲见任官合奏荐子孙者，许依外官例奏荐。袒免亲以下见任官不出官，父祖俱亡者，许在京置赁居第。仍许随处置产业，其出官者置田宅如外官之法。袒免女嫁，赐钱减半，婿与三班奉职。非袒免女，即量加给赐，更不与婿官。婿有官者，与免入远，许依审

---

① 《长编纪事本末》卷六七《裁定宗室授官》。

官、三班院、流内铨法指射差遣，班行仍免短使。其祖免亲娶妻，量加给赐。以上嫁娶，官司更不勘验、管勾。其非祖免亲嫁娶，即依庶姓之法，毋得与非士族之家为婚姻。祖免亲以外两世贫无官者，量赐田土。其孤幼无依及尤贫失所者，不以世数，所在具名闻奏，当议特加存恤。今所降新制内合具条件者，令所司议定闻奏。①

此条令包括以下几方面的内容：

（1）宣祖、太祖、太宗三人子孙可以袭封为公爵，荫补授为环卫官，不能因为血缘服亲关系而降低标准。由袭封之人主持祭祀祖先，实际上就是有意地将之委派为本支的族长。

（2）祖宗祖免亲（五世子孙）现担任环卫官，将军以下官阶者可以出外任官，但必须事先向大宗正司提交申请，然后由大宗正司选择本宗族尊者、长者以及太学教授做担保，证明出官宗子具备为官之才，然后再由大宗正司上报朝廷，由朝廷组织统一考试。担任武官的宗子，考试内容为诵读法律条文和写家状两项内容；担任文官者，考试内容为解读儒家经典一部，或考论一首。考试通过后，将军换官为武官诸司副使或文官太常丞，正率（率府率）换内殿崇班、太子中允，首先担任一任州郡监当官，如称职，即为亲民官。副率换西头供奉官、大理评事，担任一任监当官后，如任内称职，即可由本州长官及监当官做担保，委任为亲民官。若无人担保，即依据普通官僚的相应条例处置。

（3）祖宗祖免亲尚未赐名授官者，荫补入官为右班殿直，年满十五岁可领取俸禄，二十岁可出外任官。任文官者授予试衔知县，其考试程序、担任监当官、任满升迁等与将军等人一样。以上各类宗子出官时并给予一定的物质奖励，若愿应锁厅举，即依普通官员的相关条例施行。

（4）条例颁布以后出生的祖免亲，不再赐名授官，即不再享有荫补特权，只能参加科举考试。考进士者，只考试策和论，考明经科者只需要学习一部大经，考试内容为经文大义及策。初次考试文章不成样子而考不

---

① 《会要》帝系四之三二至三四。

中者，可以再参加考试，其合格比例只能达到50%。且不管人数多少，最多只录取五十人，多次参加考试均不合格而又年纪偏大者可以给予特别恩典，量才录用。

（5）以上各种出官宗子在外任职，俸钱均按在京城的标准支付。同时，宗子依照审官院、三班院的有关规定，可以不论远近差遣为官。以上考试合格之人，授文官者与进士出身待遇相同，锁厅合格与明经合格之人官升至员外郎改转左曹官。

（6）宗室不愿任外官者，祖宗直系子孙磨勘晋升至正任观察使为止，袒免亲至遥郡防御使为止，非袒免亲至遥郡刺史为止。宗子袒免亲升官至该荫补子孙之人的官位时，其荫补条例与普通官员一样。袒免亲以下宗子无论是出任外官还是不出任外官，若父祖都已去世，可以在京城买入或租赁住房，并可置办产业。其出任外官者，置办田宅之法同普通官僚无异。

（7）对宗女出嫁的相关规定，主要涉及宗女的丈夫即宗女婿的授官或任职。其中主要分为两大类，即袒免女和非袒免亲家的嫁娶对象。前者针对的是袒免女出嫁和袒免子娶妻，嫁娶基本上就与庶民嫁女儿、娶媳妇一样。唯一要求的就是，非袒免亲家庭的女儿不能与非士族之家联姻。

3. 变革宗子入仕途径的结果

应该说，宋神宗、王安石变革宗子授官荫补制度，确实触及了宗室子弟的切身利益，因而招致他们的强烈不满甚至是激烈的抗争。"王荆公作相，裁损宗室恩数，于是宗子相率马首陈状诉云：'均是宗庙子孙，且告相公看祖宗面。'荆公厉声曰：'祖宗亲尽亦须祧迁，何况贤辈？'于是皆散去。"[①] 可知当时失去往日特权的宗室子弟不仅向朝廷上书反映问题乃至恶意告状，甚至在汴京的街上拦住宰相的坐骑，在公众场所以所谓"陈状"的方式围攻王安石本人，足见他们的愤怒情绪之浓烈，但又无可奈何。

尽管宗室子弟对熙宁新制表现出极为强烈的抵触甚至是反抗情绪，但

---

① 《老学庵笔记》卷二，中华书局，1979年。

此举得到朝野上下的广泛支持和赞誉,就连激烈反对王安石变法的苏轼兄弟、富弼、司马光等人都认为此举深得民心,表示坚决拥护和支持。"熙宁诏裁宗室授官法及恩例,东坡亦以为然,曰:'此实陛下至明至断,所以深计远虑,割爱为民。'其后无戚疏少长,皆仰食县官。西、南两宗无赖者,至纵其婢,使与闾巷通,生子则认为己子而利其请给,此自古所无之弊例也。"①此记载后半部分所反映的是南宋的情况,前半部分所述的东坡之语可表明当时反对变法人士的鲜明态度和立场。

就熙宁新制的内容来看,将大部分宗室子弟庶民化是其最大的特色,亦是招致宗室子弟反对的最为重要的原因。按新制规定,除了宣祖、太祖、太宗三人的子孙可以由一人世世代代承袭爵位,其余的宗室袒免亲不再享有赐名授官的特权,与庶民无异。"五世袒免,杀同姓也。六世亲尽,无属名矣"②,意即皇室五服袒免亲即为同姓而已,六世血缘亲属即完全断绝,不能入宗室属籍。就宋朝而言,若按太祖、太宗兄弟计算,到神宗恰为第五代。因此,此时的宗子大都已是袒免亲,未授官袒免亲搭上了末班车,得受荫补为左班殿直。此后出生的宗子则完全成了平民百姓,彻底失去了以前金枝玉叶的身份,不仅不能在京城宗室诸宅居住,而且不能享有相应的特殊待遇。

据新制,此前的祖宗亲属从此以后不再为亲近的宗室子弟,唯有皇帝的五服亲为宗子。"上又问裁定亲疏之宜。[曾]公亮以为当从上身为亲疏。上曰:'当以祖宗为限断。'安石曰:'以陛下身即是以祖宗为限断也。'"③若按神宗之意,似乎无法排定宗亲的亲疏远近,于是只好以宋神宗本人为标准,即皇帝五服亲为宗子,余为平民。正因如此,此后宗子赐名授官的数量较之前大大减少。《长编》记载了熙宁三年(1070)及以后各年度末宗子赐名授官人数:

---

① 《齐东野语》卷八《宗子请给》。
② 《乐全集》卷二四《论宗室赐名事奏》,《全宋文》卷七九一。
③ 《长编纪事本末》卷六七《裁定宗室授官》。

表二　宋神宗时期宗子赐名授官人数

年份	熙宁						
	三年（1070）	四年（1071）	五年（1072）	六年（1073）	七年（1074）	八年（1075）	九年（1076）
《长编》卷数	二一八	二二八	二四一	二四八	二五八	二七一	二七九
人数	45	66	47	59	52	51	57

熙宁	元丰							
十年（1077）	元年（1078）	二年（1079）	三年（1080）	四年（1081）	五年（1082）	六年（1083）	七年（1084）	八年（1085）
二八六	二九五	三〇一	三一〇	三二一	三三一	三四一	三五〇	三六三
54	50	47	51	缺	35	47	49	8

表三　宋哲宗时期宗子赐名授官人数

年份	元祐						
	元年（1086）	二年（1087）	三年（1088）	四年（1089）	五年（1090）	六年（1091）	七年（1092）
《长编》卷数	三九三	四〇七	四二〇	四三六	四五三	四六八	四七九
人数	38	8	55	51	44	54	47

元祐	绍圣	元符	
八年（1093）	四年（1097）	元年（1098）	二年（1099）
四八四	四九三	五〇四	五一九
缺	39	40	41

由上述数字可见，熙宁新制实施以后，宗子赐名授官人数较过去要少得多。过去宗室的五服亲均可荫补为官，而后仅有皇帝一人的五服亲能赐名授官，因而大量宗子变成庶民。

远房宗室子弟的官僚化是熙宁新制的又一特色。如前所述，自仁宗以后，宗子官职一律变成环卫官，以示天族与庶官之间的差异，前文所引许多资料足以说明这一点，宗子享有高官厚禄而无实际职权。熙宁新制实施后，已任环卫官的宗室子弟可以换任相应的外任官，出外担任职务。新制主要是针对袒免亲以下宗室子弟,其任官程序相当严格,而且其管理制度、官职升迁与外官一样,必须勤于政事,没有差失,方能按吏部有关规定升官。如太祖五世孙赵令恳,"神宗之初,许宗室补外官,得召试学士院,换文资。初至北京,人谓宗子长于富贵,必不事事。君清慎廉勤,过于寒素,监司交荐之"①。在当时人们心目中,宗子生长于富贵之家,肯定不会处理政务。然而,赵令恳却以自己的实际行动表明,宗室子弟并非都如人们想象的那样不会处理政务,有些甚至比寒门出身的官员更为清正廉明,因而赢得了上司的广泛赞誉。

绝大部分宗室子弟均是如此。他们的各种待遇与普通官僚无异,他们必须靠自己的努力去争取良好的政绩,方能得到晋升的机会。"若乃服属之既竭,洎于才艺之并优。在随器以甄扬,使当官而勉懋。至于任子之令,通婚之仪。凡曰有司之常,一用外官之法。"②所谓"服属之既竭",就是指五世以外的宗室,他们必须依靠自身的"才艺",勤勉政事,才能升官。而且,宗室子弟在其他方面的待遇皆"用外官之法"来处理。正因为如此,许多原来享有特权的宗子逐渐变成了普通的官僚。

事实上,在熙宁新制之前,便有不少官僚要求朝廷允许宗子担任外官。"庆历中,富文忠公条上河北十三策,宗室子补外官,其一也。时虽未及用,迨神宗皇帝稽古制法,卒如公言。"③如真德秀所言,富弼曾于庆历年间要求朝廷允许宗子担任外官应该是事实。宋仁宗时期,建议远房宗室补官的官员似乎不在少数。沈起为监察御史时建议"宗室袒免亲令补外官"④,即让宗室袒免亲补任外官。其后范镇也提出了几乎相同的建议:"又乞令宗室疏属补外官,……虽不行,至熙宁初,卒如其言。"⑤看来仁宗时期要求远房宗子出外任官的呼声甚为高涨,并非只有个别官员提出类似的建议。但真正使远房宗子官僚化还是在神宗时期。远房宗子的官僚化意味

---

① 《范太史集》卷四五《左朝请郎通判亳州军州事墓志铭》,《全宋文》卷二一五六。
② 《长编纪事本末》卷六七《裁定宗室授官》。
③ 《西山文集》卷四四《赵邵武墓志铭》,《全宋文》卷七一九四。
④ 《宋史》卷三三四《沈起传》。
⑤ 《宋史》卷三三七《范镇传》。

着宗子特殊地位的动摇和改变。当然,宗子还享有"指射差遣"等方面的一部分特权,这是宋朝普通官僚所不能享有的特殊待遇。

宗子入官的科举化是熙宁新制的又一大特色。神宗以前,朝廷明令禁止宗子参加科举考试。仁宗宝元二年(1039),"赠太子右卫率府率世丰为左领军卫将军,仍赐进士及第。世丰少喜学,聚书。率励兄弟讲习。能为诗,有声宗室间……尤慕为进士学,尝曰:'吾安得预科举哉!'既卒,其父从霭上其诗二百篇,特追赐焉"[1],由这一记载不难看出,尽管宗子中亦有好学之人,但其没有资格参加科举考试,更与进士出身无缘,只好等死后才能满足其愿望。另外,从此例似亦可看出,宋代宗子的教育并不尽如人意。

熙宁新制实施以后,宗室袒免亲出外任官必须经过一些必要的考试,尽管考试比较简单,做武官者"试读律,写家状",做文官者"试说一中经,或论一首",但毕竟要经过文化考试。而且,很多宗子已不能荫补入官,只能参加科举考试,通过后获得相应的官职。如前所引熙宁法令:"愿锁厅应举者依外官条例。其袒免亲,更不赐名授官,只许令应举。"也就是说,有官宗子可以参加锁厅考试(有官职者举进士考试),无官宗子只能同寒门子弟一样,寒窗苦读,在科场上一较高低。

虽然神宗时期宗室子弟应举与普通举子应举尚存在差别,如宗室子弟是单独举行考试,录取比例为50%,每次考试最多可录取五十人,考试内容也相对很简单,但是,神宗以后,宗子入官必须经过考试是无疑的。考试必然存在竞争。这样,宗子便不可能全部入仕,只有部分才学出众者方能做官。这就迫使宗室子弟努力学习文化知识,否则便很难出官,即使有特恩出官之令,但毕竟不是光彩的事情。恰如蔡戡所言:"夫宗室之进身有三,曰进士,曰任子,曰特恩。特恩补官,授以右选之职,处以员外之任,已置之不用之域矣。"[2] 尽管蔡戡说得有些严重,但特恩授官的宗室不受重视是毋庸置疑的事实。

---

[1] 《长编》卷一二五,宝元二年十一月辛亥。
[2] 《定斋集》卷五《论选用宗室札子》,《全宋文》卷六二四九。

总而言之，宋神宗时期对宗室子弟荫补授官制度的改革措施，在中国古代历史上恐怕也是绝无仅有的。一方面，中国自古以来就有重家族、重血缘、重伦理的传统，宋神宗改革事实上是对这一传统的挑战，因而改革需要很大的胆量和魄力；另一方面，神宗改革的最终目的是"富国强兵"，改革宗室子弟授官制度，至少对减少宗室开支是很有好处的，且大大减少了入官宗室子弟的数量，从一定程度上缓和了北宋中期以来冗官、冗费等方面的危机。

然而，需要说明的是，宋神宗并未完全突破传统的束缚，宗室近亲依然享有荫补授官权。其授官原则与宋初以来大体相近，即依据与皇帝亲属关系的远近荫补为环卫官，从前所引熙宁三年（1070）以后宗子赐名授官数量即可知道这一点；其荫补入官宗子的升迁亦大致相同。熙宁七年（1074），"诏：宗室自赐名授官后，十五以上，理十年磨勘。大宗正司依审官院例检举，其经覃恩改官者，自覃恩后别理"①。也就是说，神宗以后宗室入仕大致有两条途径：一是科举考试，考中入仕为官，这是针对宗室远亲而言的；二是宗子继续执行仁宗以后的授官制度，入仕为环卫官。这两种方式此后成为固定的制度，一直持续到南宋时期。

宗子授官的基本原则是以与皇帝为亲属关系为基准，所授官即所谓南班官。宗室子弟补官依然自环卫官最低级开始。孝宗乾道六年（1170），"臣僚言：勘会南班宗臣，自太子右内率府副率至正任承宣使十阶。并用十年磨勘转行一官，至观察使，取旨施行"②。宗室子弟迁官自太子右内率府副率至承宣使，一共十阶，每十年转一官。宗子袒免亲以下即荫补外官，不在环卫官之列。这一点从孝宗时期的一个典型案例可知。隆兴元年（1163），臣僚上奏朝廷：

> 宗室在法，遇大礼、圣节赐名授官，其缌麻亲补率府副率，袒免亲补保义郎。居广系缌麻亲补，出官补率府副率。今其二男系袒免

---

① 《长编》卷二五四，熙宁七年七月乙巳。
② 《会要》帝系七之九。

亲，亦补率府副率，虽出陛下之特恩，然恐起例者众，诚有未安。袒免亲而补环卫官，其起例一也；非大礼、非圣节而特补官，其起例二也；权主奉而得补环卫官，其起例三也；权主奉而得之，非权者又必增加，其起例四也；居广今已不主奉矣，尚得恩数，异时权主奉者托故而去，又差权官，则陈乞无穷，其起例五也。陛下今补二人官，固不足惜，异时源源而来，无辞以却之，则今日之举深为可惜。故事，虽有不得已，于其远属，引而使之。近者，濮王之后至大观间，以其服尽，无赐名授官之制，贫乏困匮，不能自存，遂降升等指挥，以尽均一之义，固非特加于一二人者，然犹以为未安，乃续降诏，止作一时指挥，以杜扳援之请，则作事谋始，不可不谨。①

此一实例表明，宋代对宗室子弟补官的限制是相当严格的，制度亦较为健全。凡不符合法律的宗室子弟补官均要受到相当严格的审查，即便是得到皇帝的特许也未必能够通过。而且，孝宗时，宗室袒免亲荫补保义郎（即神宗时的左班殿直），缌麻亲荫补为环卫官的率府副率。高宗绍兴十六年（1146），"诏普安郡王二子赐名愉、恺，并补右内率府副率，用宗室缌麻亲授官格也"②。赵居广系缌麻亲，且权主奉益王祭祀，主奉祭祀即意味着袭封某王之爵，若主奉之人死，则差近亲权主奉。居广之子不当授环卫官，但孝宗却特批授环卫官，遭到了臣僚的坚决反对。由此可见，神宗确立起来的宗子入仕的双轨制在南宋也是一直执行的。

4. 宋哲宗以后宗子的教育与保州宗室子弟的特权

神宗时期已完全确立了宗室子弟授官入仕的基本框架，此后无大的调整。至哲宗时，对神宗时期颁布的政策一再加以强调，如元祐七年（1092），"诏：宗室袒免亲参选，常许不拘名次路分，陈乞指名差遣一次，并替任满阙。初任并与监当，须职事干集，操守修饬，有监司或长官同罪

---

① 《会要》帝系七之二、三。
② 《系年要录》卷一五五，绍兴十六年七月己丑。

保明，与亲民。内选人与录事参军，即别有县令举主二员，内一员职司，仍通注县令。其无保明者，并依外官条例"①。诸如此类的条文尚有很多，此不一一罗列。这些条文对神宗时期所颁法律条文中不清楚或是存在模糊的地方进行了必要的补充或修改，大的原则并无本质变化。

徽宗时期，蔡京当政，对神宗时期制度做了较大调整。徽宗时期，李夔"迁知大宗正丞事，因职事奏疏上四事，大略以谓缌麻亲宜有荫孙之法，非袒免以下小宗，有未食禄者，宜广流泽，特官之。宗室虽得以科举进，尚宜许之入学以养成其材。且罢刺史以上公使，以恤非袒免无官之孤。皆当时所宜行者，有旨送讲义司"②。显而易见，李夔所奏的四件事情，实际上是要扩大宗子荫补授官的范围，照顾那些非袒免亲，授予他们官职。李夔奏疏送讲义司后不久，朝廷便依据此动议对宗子制度进行了调整，其基本原则即为李夔的建议。《会要》帝系五之一五至一八记载了这次改革的内容，可供参考。

宋徽宗时期的改革似乎更注重宗子的教育和出官问题，实际上是放宽了宗子出官法，同时也对宗子考试内容做了某些改革，以照顾那些考试不合格之人。此时在荫补法上所做出的唯一改变是缌麻亲可以荫补子孙入官。尽管徽宗时期这些制度并未执行多长时间便作废了，但这一时期的某些措施却成了先例，影响到了南宋时代，尤其是宗子出官法的变更。南宋洪迈记道："吏部员多阙少，今为益甚。而选人当注职官簿尉，辄为宗室所夺，盖以尽压已到部人之故。案宣和七年八月，臣僚论：'祖宗时宗室无参选法，至崇宁初，大启侥幸，遂使任意出官，又优为之法，参选一日，即在阙选名次之上。以天支之贵，其间不为无人，而膏粱之习，贪淫纵恣，出为民害者不少。议者颇欲惩革，罢百十人之私恩，为亿万人之公利，诚为至当。若以亲爱未忍，姑乞与在部人通理名次。'从之。"③可见，在"员多阙少"的情况下，宗室享有优先权，这是极不公平的。宗子很容

---

① 《长编》卷四六九，元祐七年正月丙申。
② 《杨龟山先生集》卷三二《李修撰墓志铭》，《全宋文》卷二六九七。
③ 《容斋随笔·三笔》卷一三《宗室参选》，中华书局，2005年。

易出官，则是源于徽宗时期照顾宗子的政策。

至南宋孝宗时期，为了裁省冗官，进一步对宗子荫补制度进行调整，其中最重要的法令便是宗室袒免亲只能依据外官法荫补亲属。乾道四年（1168），"诏：'宗室袒免亲诸卫将军，武功大夫至武翼郎以上，遇大礼奏补亲属，并依外官法，著为令'"①。实际上，这是重申熙宁制度，但较熙宁制度更为严格。凡宗室袒免亲无论为环卫官，还是任外官，其荫补亲属为官一律依外官执行，并成为法律，这恐怕与北宋末年提高宗室子弟的地位后，袒免亲荫补有依环卫官例、有依外官法荫补的事实有密切关系。

宋代宗室子弟之中尚有远房宗子，即宣祖赵弘殷故里的赵姓宗族，同样也因赵匡胤当上皇帝而受到照顾。宋真宗咸平三年（1000），"保州民赵加超者，国之疏属，居保塞县丰归乡东安村，乃宣祖旧里也。上遣内殿崇班麦守恩召加超至阙。六月丙午朔，授左屯卫将军致仕，特给全俸绢缗，昆弟子侄并加宠秩，赐其妻女器币有差"②。作为赵弘殷的宗亲，他们自然也就成了宗室，尽管只是远房亲属，但仍可以因此而荫补入仕，赵加超"昆弟子侄并加宠秩"即是明证。

宋真宗开了这一先例后，保塞县赵氏宗族世代享有荫补权，但宋代对这一远支宗室的记载很少。徽宗大观二年（1108），"诏：保州皇族子孙于属虽远，然未有仁而遗其亲者也。比闻皇族之孙，未官者余三十人，或贫乏不能自存，已令置敦宗院，其六房内各择最长、年二十以上者与三班奉职二人，一房及六人以上者加一人，并添差监当差遣"③。至徽宗时期，保州赵氏远亲尚有三十余人无官，于是便在六房之中各荫补二人为三班奉职，若一房子孙在六人以上，则荫补三人，并为监当官。由此推测，保州宗子似可世代为官。但由于族人越来越多，无官者也就不断增加，估计宋朝皇帝是象征性地授这支赵姓宗室长子以官，或少量地荫补其子孙入仕。徽宗时三十人无官，大致可以补十二人为官（按六房计算）。

---

① 《宋史》卷一五九《选举志五》。
② 《长编》卷四七，咸平三年六月丙午。
③ 《会要》职官二〇之三五。

南宋时期，绍兴九年（1139），"诏保州宗室令吏部先次注官。时翼祖子孙渡江者十数人，有官者四人而已，宗正丞郑鬲乞权依两京宗室例注官，故有是命"①。由于资料的限制，宋代保州宗子具体的荫补制度已很难弄清，但有一点是可以肯定的，即皇室是将其视作远房宗族成员对待的，保州宗子应该是可以享有荫补权的。

宋代除宗子享有荫补权外，宗室子弟的夫人亦同样享有荫补亲属的权利。宋初宗室子弟之妇荫补亲属的情况不得而知，但肯定是可以授官的。真宗大中祥符五年（1012），"诏皇家诸亲有求在京职事者，自今令枢密院验其材质履历，堪任则授之"②。估计宋初宗妇亲属荫补不会有严密的制度，多由宗子向朝廷提出要求，然后朝廷荫补宗妇亲属入官。至仁宗景祐三年（1036），也就是在改革宗子授官制度的第二年，宋朝颁布了宗妇亲属荫补的具体规定："诏宗室诸卫大将军领刺史者，其妻遇南郊，许奏亲兄弟及兄弟之子，与茶酒班殿侍；未领刺史者，止许奏兄弟，与下班殿侍。"③由此看来，诸卫大将军领遥郡刺史者，其妻在郊礼时可以荫补兄弟或兄弟之子为茶酒班殿侍，系无品武官（元丰改制后为下班祗应），不领遥郡的大将军之妻只能荫补兄弟为下班殿侍。若将此记载与仁宗景祐二年（1035）改革宗子授官制度时的条令联系起来，即宗子任诸司使，其妻可荫补兄弟或兄弟之子，诸司副使之妻可荫补兄弟。

应该说，这一记载有许多不清楚的地方，在此只规定了能荫补的亲属关系，而未具体限制荫补人数。另外，只有两类宗子之妻荫补亲属的规定，官位比这两类宗子更高或更低的宗子之妻如何荫补亲属则不得而知。此后似曾对宗妇荫补亲属进行了裁减，"其皇亲大将军以上妻，再遇郊亦许之"④。很显然，此一资料与景祐三年诏令有所不同。景祐三年规定宗子大将军以上妻每遇郊礼，均可荫补亲属入仕，但此处规定两次郊礼方能奏补亲属为官。如笔者在拙著《宋代荫补制度研究》第八章后妃荫补中所作

---

① 《系年要录》卷一三三，绍兴九年十二月丁巳。
② 《长编》卷七八，大中祥符五年七月戊辰。
③ 《长编》卷一一八，景祐三年二月庚戌。
④ 《宋史》卷一五九《选举志五》。

论述，此制系仁宗嘉祐以后新制，也就是说，嘉祐以后，宗妇荫补亲属裁减了一半，而且每次只能奏补期亲一人。神宗时期，再一次裁减荫补，便取消了宗妇荫补亲属的权力："皇亲妻两遇郊，许奏期亲一人，后罢奏。"[1]由此看来，仁宗嘉祐新制规定宗妇（大将军以上妻）两次郊祀大礼可荫补期亲一人入官。至神宗时，宗妇完全失去了荫补亲属的特权，但亲王之妻的荫补权似仍被保留。一直到南宋时期，这种情况似并无大的变化。《建炎以来朝野杂记》记载："亲王妇之有服亲及有服亲之夫，皆许奏。"[2]由此可见，亲王之妇荫补亲属范围极广，包括有服亲及有服亲之夫，几乎涵盖了亲王之妇的所有亲属，这是亲王之妇亲属荫补授官的相关情况。

第二节　宗女荫补制度与宗女夫君的仕途

在宋代，宗女分为若干等级，"国朝沿汉唐故事，皇祖姑、皇姑为大长公主，皇姊妹为长公主，皇女为公主"[3]。可见宋代继承了唐朝的基本制度，大长公主、长公主、公主皆为外命妇，其区分的根本原则是与皇帝亲属关系的远近。

宋太祖开国至宋真宗时期，宗女荫补亲属并无严格而固定的制度可言。宋真宗咸平五年（1002），"先是，公主、郡县主以下诸外亲命妇之入内者，因诞节、郊祀，许奏戚属恩泽，初无定制。于是，有求补阁门祗候者。上以宣赞之职，非恩泽可授。乙亥，诏自今叙迁者，至殿直止"[4]。由此可见，宋初宗女荫补随意性很大，都是宗女进宫时顺便向皇帝申请，甚至是伸手要官。究其原因，一是宋初至真宗时期，宗女数量还不多，皇帝随意给她们的亲属官职并不是什么问题；二是当时亲属关系都很近，就算开国皇帝赵匡胤的子孙，与宋真宗之间仍然是堂兄弟姐妹关系，或堂叔伯

---

[1]《宋史》卷一五九《选举志五》。
[2]《朝野杂记》乙集卷一四《妃主亲王所奏亲属》。
[3]《会要》帝系八之一。
[4]《长编》卷五三，咸平五年十二月乙亥。

侄的关系，委任这些至亲为官，既是人情之常，也在事理之中，同时也可以博得"亲亲"的美誉。荫补逐渐法制化是宋真宗以后的事情，以下分别加以叙述。

（一）公主亲属的仕途

1.公主出嫁：驸马都尉及其亲属授官

宋代不管是大长公主，还是长公主，均为历代皇帝之女。"帝女号公主，婿为驸马都尉，近亲号郡主、县主，而婿俗呼郡马、县马，甚无义理。"①皇帝的千金小姐出嫁，自然会受到格外关注，无论嫁到哪门哪户，男方均是满门大喜，至少成了皇帝的亲戚，其身份和地位自非普通百姓或官僚所能比。公主的夫君被称为驸马都尉。公主一出嫁，其夫即被任命为环卫官，一般为左、右卫将军。宋太祖开宝三年（970），"以忠武军节度使、同中书门下平章事王审琦子、内殿供奉官都知承衍为左卫将军、驸马都尉，选尚昭庆公主"②。这是公主夫君任左卫将军的实例。太平兴国八年（983），"以故永兴节度使吴廷祚次子元扆为右卫将军、驸马都尉，选尚蔡国公主"③。太祖、太宗两朝驸马都尉似亦担任实职，如石守信之子石保吉即为驸马都尉，再如"［赵］普子承宗，娶燕国长公主女，承宗适知潭州，受诏归阙成婚。礼未逾月，［卢］多逊白遣归任，普由是愤怒。会如京使柴禹锡等告秦王廷美骄恣，将有阴谋窃发"④。

由此可见，太祖、太宗两朝对驸马都尉还是委以重任的。其中重要原因之一就是宋初草创，需要调动各方面的人力、物力以保障政权的稳定，如赵普之子赵承宗知潭州，这是周行逢政权曾经的统治中心之一。宋太宗的这种人事安排，恐怕另有用意，其目的大概是利用皇亲国戚镇守那些有可能对新王朝构成严重威胁的地区。另外，当时皇室儿女亲家多为与太祖、太宗一道打江山的人物，如石守信、赵普、吴廷祚等，几乎没有例

---

① 《萍洲可谈》卷一，中华书局，2007年。
② 《会要》帝系八之四六。
③ 《会要》帝系八之四六。
④ 《长编》卷二二，太平兴国六年九月丙午。

外。这些人毕竟是皇室的儿女亲家,他们和他们的家族至少在当时还是可以依赖和信任的,或者可以说是一种无可奈何的选择。随着版图的扩大,皇帝需要派人去管理新纳入的区域,与其差遣那些存在某种风险的人,倒不如用沾亲带故的。这无疑是历代帝王非常常见的心态,宋朝皇帝自然也不例外。

然而,随着宋朝政权的逐渐稳定,宋真宗以后,驸马都尉尽管官位甚高,而且升迁也快,但仅仅是虚衔而已,很少被委以实职了。宋真宗大中祥符二年(1009),"以左龙武将军、驸马都尉李遵勖领澄州刺史……上谓王旦等曰:'……且柴宗庆历环卫不久为刺史,遵勖宜循例,可校其月日以闻。'旦等言:'宗庆授将军始七月,遇郊祀恩,遂领郡。遵勖未遇恩,然亦七月矣。'故有是命"①,足见驸马升官之快。随着官位的上升,其相应的待遇也就迅速提高。但是,为了防范他们掌握过多的权力,驸马很难得到实际差遣。宋真宗大中祥符八年(1015),"驸马都尉王贻贞表求试领郡政,上曰:'世家子未尝历事,遽任以州郡,或致扰民。'不许"②。宋真宗以驸马没有经历过事情和担心他们骚扰百姓为借口拒绝了王贻贞的请求,这在太祖、太宗两朝是很难想象的。姑且不管宋真宗如此做是出于何种目的,有一点可以肯定,即此后宋代驸马罕有出任实际职务的例子。

宋神宗以后明确规定驸马七年一迁官:"国朝武臣,正任十年一迁官。熙宁八年特诏驸马都尉七年一迁官,仍著于令。非独示优,亦所以杜其非理干请也。元丰六年二月癸未,诏吏部七年磨勘,更不取旨。"③由此可见,驸马升官的年限虽然较普通高级武官要短几年,以示朝廷优遇,但这也从制度层面杜绝了他们无理的升官请求。在宋神宗上述诏令的背后,似乎不难发现,宋初后驸马虽然罕有掌握实际权力的机会,但可以用各种借口向皇帝要求加官晋爵。虽只能提升其虚衔,但至少可以保证他们具有很高的级别,享有更为丰厚的俸禄。

---

① 《长编》卷七一,大中祥符二年六月庚寅。
② 《长编》卷八五,大中祥符八年十二月癸巳。
③ 《燕翼诒谋录》卷四,中华书局,1981年。

公主出嫁后，除夫君连连升官外，其子女亲属亦可因此沾光。宋真宗时期，鉴于"每有朝庆，皇族皆过希宠泽"的实际情况，真宗对陈尧叟等人说："若尽遂所请，即勤劳王事之臣，能不以此为辞？自今有越例者，即令尚书、内省勿下。"于是陈尧叟等人回答说："顷岁，陈国长公主为男求近地刺史，已有官者求岁岁改转，诸院回图舟车求免抽税。去年，程继宗掌致远务，坐事制鞫，晋国长公主为奏求代。凡似此事，臣等以其国戚，但取进止，陛下皆寝而不报。自此，所保任亲戚有官者，限以品秩，各定所止。中外之人，尽知国家推公以待臣下。"① 从真宗君臣的议论来看，皇亲国戚每遇重大节日，均可向朝廷要求恩泽，年年为子女申请升官。朝廷大臣因其"国戚"身份而无法处置，毕竟这是涉及皇帝家事的重大问题，于是只好交给宋真宗自己去处理。

此后陆续出台了一些措施以限制皇亲国戚的过分要求，似乎是规定"国戚"保任其有官亲属只能到一定的级别，超越规定的范围，就会遭到拒绝。然而，这些措施似乎推行得并不顺利。皇帝的"诸亲中"就有人引用太祖、太宗朝对皇亲特加眷顾的故事来向宋真宗"进言"。对此，宋真宗的回答颇为巧妙："祖宗功业至大，安可比拟？况庶事皆有制度，朕遵守之，何敢失坠？"于是这些皇亲国戚才逐渐"各安其分"。② 景德四年（1007），"封驸马都尉石保吉庶女为乐陵郡君。初，上以无例，令中书详讨故事，晋国长公主亟为乞恩，故特加郡号"③。公主不遗余力地为其亲属要官，皇帝碍于情面，只好答应。

当然，公主们的要求也有得不到满足的时候。例如，"秦国长公主尝为子六宅使世隆求正刺史，真宗曰：'正刺史系朝廷公议，不可。'"。再如，"鲁国长公主为翰林医官使赵自化求尚食使兼医官院事。上谓王继英曰：'雍王元份亦尝为自化求遥郡，朕以遥郡非医官所领，此固不可也。'"。④ 尽管此二例中公主均未达到目的，但从中可看出公主伸手向皇帝要官的具

---

① 《长编》卷六七，景德四年十一月戊子。
② 《长编》卷六七，景德四年十一月戊子。
③ 《长编》卷六七，景德四年十二月壬寅。
④ 《涑水记闻》卷六，中华书局，1989年。

体情况，即不仅为亲属，还为亲信或是为自己服务之人要官。驸马都尉去世时，亦可向朝廷大量要官。大中祥符四年（1011），山南东道节度使、驸马都尉吴元扆去世，"子弟进秩者五人"①。天禧元年（1017），保平节度使、同平章事、驸马都尉魏咸信死，"录其子、孙、侄，迁官者七人"②。

驸马都尉官职甚高，甚至可做到使相，位极人臣。南宋绍兴四年（1134），秦国康懿长公主（哲宗女）上奏皇帝，"祖宗以来，驸马都尉石保吉、魏咸信、柴宗庆皆除使相"③，以此为借口请求高宗为其夫潘正夫加使相之官。

在此，需要对有些问题加以澄清。宋初公主之号似亦加于诸王之女。如韩崇业"以荫补供奉官，选尚秦王廷美女云阳公主，授左监门卫将军、驸马都尉"④，赵廷美与太祖、太宗为兄弟，仅封王而已，其女居然也称公主，韩崇业亦称驸马都尉，授右监门卫将军，与左、右卫将军相同。

2. 公主亲属授官法的出台

宋真宗以后，逐渐开始制定相应法规，以限制皇族的荫补为官。咸平五年（1002），宋朝最早限制公主、郡主等外命妇在皇帝生日、郊祀等重大庆典时荫补亲属的法令出台了，规定公主、郡县主申请升官最高只能到殿直，"诏自今叙迁者，至殿直止"⑤。很显然，此时所限制的只是公主等外命妇的有官亲属。殿直为品级很低的武官，仅仅是正九品而已，与从九品的最低武官相比，只有一级之差，这实际上意味着公主等外命妇只能申请一次。次年，朝廷进一步颁布诏令："外命妇遇承天节乞录用子弟者，自今不得施行；遇大礼陈乞者，亦具已奏过人数以闻。"⑥事实上，两道诏令

---

① 《长编》卷七六，大中祥符四年六月癸卯。
② 《长编》卷九〇，天禧元年七月甲子。
③ 《宋史》卷二四八《公主传》。
④ 《宋史》卷二五〇《韩崇业传》。
⑤ 《长编》卷五三，咸平五年十二月乙亥。
⑥ 《长编》卷五四，咸平六年正月戊午。

颁布的时间相差仅仅一个月左右,看来应该不是无的放矢的,而是相互关联的政策。这也从一个侧面反映出宋真宗时期外命妇亲属任官、荫补等问题已十分严重,到了不得不加以解决的地步。后一诏令是对荫补外命妇无官亲属的限制,即皇帝诞节时,外命妇申请荫补无官亲属被禁止,郊祀大礼时若有申请,则必须申报已经荫补过的亲属人数,要是人数已较多,须加以限制。

景德二年(1005),禁止公主等为落第亲属求赐科举出身:"诏诸王、公主、近臣无得以下第亲族、宾客求赐科名。时毕士安、寇准各以所亲为请,上不得已而从之。因有是诏。"①

上述诏令很零碎,并非系统的针对公主等特殊阶层荫补亲属的法令,无非是针对朝廷政策的漏洞而进行的补救而已。尽管如此,宋代皇族任官制度却正在逐渐走向规范的轨道,制定出台了一些初步的荫补为官原则。

宋代较为系统的皇族授官法颁布于宋真宗景德四年(1007):"令枢密院条上南郊、承天节皇族诸亲延赏恩例。先是,每有朝庆,皇族皆过希宠泽。"宋真宗要求枢密院制定相应的荫补法,以限制皇族恩荫之滥,并对执政大臣们说:"自今有越例者,即令尚书、内省勿下。"当时陈尧叟对宋真宗说:"自此,所保任亲戚有官者,限以品秩,各定所止。中外之人,尽知国家推公以待臣下。"但宋真宗对大臣们说:"诸亲中亦有引太祖、太宗朝故事为言者,朕但答以祖宗功业至大,安可比拟?况庶事皆有制度,朕遵守之,何敢失坠?迩来渐亦知非,各安其分矣。"② 由宋真宗与执政大臣的议论来看,此次所颁皇族荫补法应该是比较严格的,继承了真宗以来已经颁布的各项法令。陈尧叟所谓"所保任亲戚有官者,限以品秩,各定所止",与咸平五年(1002)诏令有着直接的关系,至少是异曲同工的。此次授官制度的调整与改革,触犯了皇族的切身利益,遭到了皇亲的强烈反对,甚至有人引授太祖、太宗朝事实公开与宋真宗理论。由于宋真宗态度坚决,顶住了来自皇族的巨大压力,皇族荫补制度才逐渐执行下去,并

---

① 《长编》卷五九,景德二年三月辛酉。
② 《长编》卷六七,景德四年十一月戊子。

为宗室慢慢接受，使宗室"各安其分"。遗憾的是，此处并未说明枢密院所定皇族荫补恩例的具体办法及详细的补官原则。

3. 公主子孙的授官制度

宋代公主亲属授官的法令似为渐次出台，并经过多次修订。公主各类亲属授官法颁布的时间差距很大，与公主亲属荫补授官相关的法令亦是多种多样。南宋史家李心传记录了公主子孙授官的具体方法："国朝故事，公主子始命为武翼郎，迁遥刺，孙宣义郎，曾孙承奉郎，四世孙承务郎，女封郡主，孙女封恭人云。"①在此李心传将这一荫补原则视为"国朝故事"，即宋朝一直执行的制度。由此可知，宋代公主子荫补为从七品的武阶武翼郎，孙为从八品文阶宣义郎，曾孙为正九品文阶承奉郎，四世孙为从九品文阶承务郎；公主之女封郡主，孙女封恭人。但这条文献所记录官称均为元丰官制改革后的称谓，至少可以确定这是南宋执行的荫补法则。如宋高宗绍兴五年（1135），"诏吴国长公主二子并补武节郎，赐名，令中书舍人训选。近岁公主子例补副使，一迁即领遥郡，孙、曾皆京秩云"②。此处所述南宋初年公主子孙荫补情况恰与李心传所记载的情况相吻合，同时也是宋代公主荫补子孙法具体实施的表现。但此处所载还不算详细，如公主女婿、孙女婿如何荫补并不清楚，而且对宋初以来公主子孙荫补情况也只字未提。应该说，元丰官制改革前后的荫补制度是一脉相承的，只是官称有了整齐划一的标准而已。

北宋时期，公主之子似乎都担任武官，如王世隆，"以公主子为如京副使，历洛苑、六宅二使，领平州刺史"③。元丰官制改革前，公主、长公主、大长公主之子开始任官便为诸司副使（从七品），应该说级别不低，但所补副使名目并不完全相同。如哲宗绍圣元年（1094），"三省言：'冀国大长公主言，长男右骐骥副使张秉渊欲赴朝参，乞依李端懿恩例，特与

---

① 《朝野杂记》甲集卷一《秦国康懿大长公主》，《系年要录》卷一五四，绍兴十五年十一月癸卯。
② 《系年要录》卷八五，绍兴五年二月己亥。
③ 《宋史》卷二五〇《王审琦传附王世隆传》。

对改使额。'诏张秉渊除右骐骥使,令赴朝参,免吏部试并短使差遣"[1]。绍圣二年(1095),"秦国大长公主男赐名楸,亦除庄宅副使"[2]。宋神宗元丰七年(1084),"诏以韩国大长公主长男为庄宅副使,赐名忱"[3]。此类实例尚有许多,在此不一一罗列。尽管公主子荫补官都是从七品的诸司副使,但官名不太一致,如前引王世隆为如京副使。一般而言,宋代官僚的荫补均在郊祀、诞节等重大节日时实施,而公主子孙似并无相应的时间规定,赐名即是从七品的武官官职,这种情况无疑是对他们的非常优待。

通常情况下,公主之子一赐名便授从七品的武官,然后沿着武官的固定迁转路线逐级升官,只是因为他们地位特殊,属于皇亲国戚,升迁特别快而已。例如,张秉渊自元丰元年(1078)到绍圣元年(1094),短短十余年时间,其官位已上升了三阶,由最初的如京副使晋升为右骐骥使,平均五年多升迁一次,显然比其他武官要快得多。北宋宣和四年(1122),"诏茂德帝姬长男蔡愉,依例合奏补武节郎,可特与文资内安排,补授通直郎"[4]。这应该是极为特殊的例子,本来蔡愉应该授武官,即从七品的武节郎,因为蔡愉系朝廷重臣蔡京之孙,所以特恩授文官。

事实上,北宋前期,公主子孙是可以荫补为文官的。宋神宗熙宁五年(1072),"检正中书五房公事曾布等言:'近奉诏详定恩例。今具条上,公主子与殿中丞,孙光禄寺丞,婿太常寺太祝,外孙试衔知县……'"[5]。也就是说,熙宁五年以后,公主子孙荫补为文官有了整齐划一的标准,子为殿中丞(正八品),孙为光禄寺丞(从八品),婿为太常寺太祝(正九品),外孙为试衔知县(北宋前期选人四等七阶中的第三等第六阶,后改为修职郎,从九品)。其中,子孙、婿为京官,外孙为选人。《朝野杂记》所述公主孙所任之宣义郎,正是元丰官制改革前的光禄寺丞,应该说与《长编》的这

---

[1] 《会要》帝系八之二九。
[2] 《会要》帝系八之二九。
[3] 《会要》帝系八之一八。
[4] 《会要》帝系八之四一。
[5] 《长编》卷二三九,熙宁五年十月癸未。

条记载是完全吻合的。

但此条任职规定中明言是公主亲属，未包括大长公主及长公主。《宋史·选举志五》也记载了熙宁五年（1072）改革公主等各色人荫补亲属的制度，并颁布了具体的授官条令。《长编》在上述文字的最后尚有一道诏令："诏除公主、亲王外孙等条别具详定外，余并从之。"①也就是说，有关公主、亲王等的具体荫补政策此时尚未决定。两个月以后，即熙宁五年十月，曾布等人奉皇帝之命制定公主、亲王荫补亲属条令，这就是前引《长编》熙宁五年十月上呈朝廷的荫补条制，其中前半部分为公主荫补子、孙、婿、外孙的条令，后半部分为亲王女婿等荫补的规定。至此问题已很清楚，《宋史·选举志五》是将两次颁布的法令混在一起了。应该说，曾布等人所讨论制定的公主荫补法应该是包括大长公主、长公主在内的，而并非专指公主而言。但是，此处法令所规定荫补官职均为文官，似在补充宋初以来皇女的荫补制度。此令后似成为定制，至南宋亦执行。

如前所引，不少公主子孙所荫补的均为武官。按照熙宁五年八月的条制，文武官可以互换，所有后妃、公主等的亲属均可依据相关制度换授，"已上愿就右职，依新定换官法，幕职官左班殿直，知、令、录右班殿直，判、司、主簿、尉奉职，试监簿借职"②。事实上，宋代大长公主、长公主与公主子孙的荫补尚有一些微妙的区别。宋代大长公主之子受荫即可为庄宅副使。如宋神宗元丰七年（1084），"诏韩国大长公主钱氏长子赐名忱，为庄宅副使"③。又如绍圣二年（1095），"秦国大长公主男赐名楸，亦除庄宅副使"④。庄宅副使与公主之子所荫之如京副使一样，同为从七品武官。

南宋绍兴元年（1131），鲁国大长公主要求荫补子孙，"司封检准大观条，特推恩。大长公主子庄宅副使，今系武节郎，孙东头供奉官，今系从义郎。女之夫右班殿直，今系保义郎。勘会除有大长公主子孙并女之子入

---

① 《长编》卷二三七，熙宁五年八月丁亥。
② 《长编》卷二三七，熙宁五年八月丁亥。
③ 《长编》卷三四八，元丰七年九月庚申。
④ 《会要》帝系八之二九。

条格外，即无大长公主曾孙比附推恩入官条格"①。也就是说，大长公主之子任官为庄宅副使，孙为东头供奉官，婿为右班殿直，这是徽宗大观年间的授官条格。绍兴二十三年（1153），"吏部言：吴国长公主奏有男合赐名授官，女二人合封郡主，并支破请给。诏依例施行。照例，系令中书舍人训撰名讫，依格合补武节郎，合命词给告。从之"②。可见南宋时期大长公主子的授官与北宋时期是一致的，但缺曾孙以下荫补入官的具体规定，尽管宋代公主很少有曾孙及以下的子孙，这是因为宋代时人们的平均寿命不太长。

南宋当时实行的北宋徽宗大观荫补条令，显然是继承熙宁条制而来的。曾布等人制定的荫补文官的公主亲属范围包括子、孙、婿、外孙，与熙宁时代公主之子孙荫补文官的条令相对应。而从前引《朝野杂记》的记载来看，唯有公主子荫补为武官，余孙皆补文官，这就意味着公主子孙荫补官职时可以混补，即既可为文官，也可为武官。相对地，宋代的普通官员子弟只能依据其父祖辈的身份确定其是文官还是武官，完全没有任何改变的可能性。

在此，需要对公主之子女及其亲属授官荫补制度略加说明。宋哲宗元祐五年（1090），"诏：大长公主、长公主女出适，其女夫授官未曾修立条贯，自今白身人武臣与左班殿直，已有官人与转两官，文臣授假承事郎"③。这里说"其女夫授官未曾修立条贯"，颇令人费解。如前所引，熙宁五年（1072）十月的法令中明确规定了公主女婿荫补为太常寺太祝，怎么能说"未修立条贯"呢？但这一新制不久便被废除。绍兴三年（1133），"诏公主女之子依旧条推恩。其元祐五年六月八日指挥不得行。先是，吏部特推恩格：公主女之夫补承奉郎。元祐五年六月八日敕：公主女适夫，与左班殿直，愿就文资者授假承事郎。其已有官人即依旧法。至是，三省奏以秦国惠和公主亲女永嘉郡主王氏亲男初子通，乞依格施行，而有

---

① 《会要》帝系八之二〇。
② 《会要》帝系八之三六。
③ 《长编》卷四四三，元祐五年六月乙巳。

司以女之子，未敢用特恩格，故有是诏"①。根据这一记载，所谓没有制度（"条贯"），是指元祐更化时期没有对公主女婿的授官问题做相应的规定和调整，于是决定公主女婿荫补武官为左班殿直，若文官则为假承事郎，若已有官职则可升迁两官，但没有规定公主女之子荫补什么官职。于是绍圣三年（1096）便下令废除了元祐新令，恢复了熙宁旧制。

至北宋末依然如此，公主之女出嫁，"女之夫右班殿直，今系保义郎"②。另外，宋代公主的孙女出嫁后，其夫君亦有相应的待遇。宋高宗绍兴二十五年（1155），"少保、泸川军节度使、充中太一宫使、荣国公钱忱奏：契勘大长公主孙女出适白身，例封恭人，女夫有官人转一官，选人循两资。今贤穆大长公主幼孙恭人钱氏已出适杨存中长男偰，缘用别恩，已封恭人，欲乞将出适恩例，并臣昨自绍兴十三年至二十二年四遇大礼合得陈乞封邑两项恩例，特与加恩郡夫人，杨偰依例与转行一官"③。将此记载与《朝野杂记》的记载相对照，则公主孙女按惯例封为恭人，出嫁时，其夫可以升官。由此可见，公主孙子、孙女婿的荫补是存在很大差别的，孙子明文规定了荫补官职，而孙女只能为其夫转官，这反映了宋代皇族荫补重男轻女的现象。

在宋代，公主娘家的亲戚均为皇帝近亲，自然得享高官厚禄；其夫家的亲戚因公主的下嫁亦可获得相应的官职。事实上，宋代公主荫补亲属可分成两部分：一是公主的子孙，如上所述；一是其夫家的亲属，或亲信之人。公主荫补子孙似不受时间和人数限制，而荫补夫家亲属等则只能同其他官员一样，在郊祀大礼或皇帝诞节时才行。宋代公主在重大庆典时荫补亲属入官自宋初即无严格的制度加以约束，所以荫补人数非常多。

宋仁宗嘉祐元年（1056），对皇族的荫补才制定了相应的政策和制度。公主荫补亲属为官的条制最早见于熙宁元年（1068）翰林学士王珪等人讨论制定的授官原则，其中提到了"旧制"："旧制：公主每遇圣节、郊礼许

---

① 《会要》帝系八之二七。
② 《会要》帝系八之二○。
③ 《会要》帝系八之二四。

奏夫之亲属一人,并遇公主生日许奏一人。今定大长公主、长公主、公主生日更不许奏,其遇圣节并郊礼,所奏依治平三年九月二十九日条贯,须于有服之亲。"①也就是说,在宋神宗改革公主荫补制度之前,公主遇圣节、大礼可以奏补夫君的亲属一人,生日时再奏一人,算起来即是三年可以奏补七人。王珪等人的初步意见取消了公主生日奏荐亲属的特权,即三年可奏补四人,而且进一步严格了受荫人的亲属关系,即按治平三年(1066)九月条例执行。治平三年九月,知谏院傅卞上奏朝廷:"风闻贵戚奏荐恩泽,未经减定,或托以亲戚,滥及高赀商贩之徒。"针对这一严重情况,"诏:自今妃嫔、公主以下,非有服亲若有服亲之夫,无得奏荐"。②也就是说,只有公主的服属亲戚才能授予官职。

熙宁二年(1069),进一步裁减了公主奏荫亲属的人数:"诏近降宗室授官条制外,其后妃、公主臣僚荫补亲属例有当裁定者。"依据这一方针,朝廷规定:"诸妃、大长公主至公主遇南郊许奏有服亲两人,圣节更不许奏。"③熙宁二年所颁布公主亲属荫补制度比王珪等人所制定的条例更进了一步,取消了公主诞节奏补亲属的惯例,规定公主只能在郊祀大礼时荫补亲属二人。熙宁五年(1072),中书门下给皇帝的上书中亦提到公主的任官原则:"诸妃、大长公主、长公主、公主每遇南郊,许奏有服亲及有服亲之夫二人……大长公主及公主奏夫之期亲判、司、主簿或尉,余试监簿。"④至此,宋代公主荫补夫君亲属的制度明确固定下来。其中引人注目之处在于,宗女亲属荫补授官的人数大幅度减少了,由仁宗以来每三年七人,减至熙宁二年的每三年两人。另外规定了这些亲属具体的荫补亲属官职,公主夫君的期亲受荫为判、司、主簿或县尉,即后来的选人四等中最后一等的迪功郎,其余的亲属为"试监簿"。这一授官法成为此后有宋一代的成文法,一直执行。如宋神宗元丰元年(1078),"诏枢密院:'大长公主大礼奏荐夫之期亲,与判、司、簿、尉。'以枢密院奏拟韩国大长

---

① 《长编纪事本末》卷六七《裁抑臣僚奏荐》。
② 《长编》卷二〇八,治平三年九月庚辰。
③ 《长编纪事本末》卷六七《裁抑臣僚奏荐》。
④ 《长编》卷二三七,熙宁五年八月丁亥。

公主奏驸马都尉钱景臻兄景勋、[景]素等恩泽，与中书不同也"①。由此可见，熙宁二年（1069）之制是一直执行的，即夫之期亲授官为判、司、簿、尉，且只许荫补两人为官。宋哲宗元符二年（1099），"诏：定国长公主元符元年南郊合得亲属恩泽二人，特许回授与勾当本宅入内东头供奉官王承矩、贤妃宋氏亲弟良哲各一官，内王承矩与寄资"②。可见，公主大礼所奏依然为两人。

南宋时期，李心传说："凡妃、主许奏缌麻亲之子。从一品许奏缌麻亲。"③这里所言亲属关系，系有服亲，与北宋时期荫补亲属的原则亦是一致的。"渡江后，……亲王、公主、诸妃遇大礼各奏二人，昭仪至才人各一人。"④

总而言之，宋神宗时期，大幅度裁减了公主荫补夫君亲属的人数，同时简化了荫补的名目，将原来数种名目单一化为大礼奏荐，既易于操作，又多少抑制了冗官局面的持续恶化，且对皇亲国戚的特权有所裁削。

4. 其他类型的荫补授官

除夫君、子女享受恩荫之外，宋代公主还享有其他荫补权。实际上，宋代皇亲国戚几乎毫无例外地在婚、丧、嫁、娶等重大仪式中均可获得相应的荫补机会。郊祀大礼时，公主除了以上所述荫补夫君亲属二人之外，尚可荫补医生一人。在没有制度的情况下，宋代公主因便于入宫，常借机陈乞皇帝给自己的亲信或负责自己健康的医生谋取一官半职。这在宋初至宋神宗时期是相当普遍的现象。宋真宗时期，"鲁国长公主为翰林医官使赵自化求尚良使兼医官院事"⑤。后来，公主奏荐医生似成为惯例，可在大礼时奏荐医生一人为官。如韩维曾给越国大长公主府邸的医生李宗元写过制词："敕某：汝以方技，给事主家，览邑司之抗言，即成均而命秩。钦

---

① 《会要》帝系八之五一。
② 《长编》卷五一八，元符二年十一月辛未。
③ 《朝野杂记》乙集卷一四《妃主亲王所奏亲属》。
④ 《朝野杂记》乙集卷一四《后妃王主奏荐格》。
⑤ 《涑水记闻》卷六。

服荣渥，益茂乃勤，可。"①此诰命即以皇帝诏旨荫补公主的医生为"试国子四门助教，不理选限"，即为散官，有待遇，无实职。一般情况下，没有特旨，不能出官，即"不理选限"。宋神宗时期，"诏妃、主、臣僚为医官乞恩，毋得至直翰林医官院以上。先是，陈国长公主奏乞太医丞李永昌迁直翰林医官院，诏与一子医学，仍别立法，遂定此制"②。此一记载表明，公主等可以合法奏补医生，但不能奏荐直翰林医官院以上的官职，以下的官职大体上是被允许的。

宋代皇后等可荫补门客入仕，虽尚未发现公主荫补门客的史料，但估计是可以的。宋仁宗天圣四年（1026），"陈王元份女华原县主为门客郑谏求补斋郎，不许。诏入内内侍省提举郡县主诸院公事所，自今无例而乞恩泽者，勿以闻"③。县主居然都向朝廷提出荫补门客的要求，尽管因无先例而未得批准，但毕竟只是县主，其级别和与皇帝的亲属关系远不及公主等，由此似可以做出上述推测。元丰六年（1083），"中书省奏：驸马都尉曹诗乞以南郊合得骨肉恩泽一名与门客李汉臣理选一官，诏特与郊社斋郎（后诏吏部毋得为例）"④。在宋代，尽管各级官僚收养门客成风，但非宰相、执臣门客不得荫补为官。按曹诗的官职，显然不能荫补门客为官，何况是可以出任实际职务的官。门客李汉臣却已是不理选限的官了，极可能是由公主之荫而补的。此时曹诗又以自己的恩荫陈乞一官，于是其门客得以成为郊社斋郎。

此外，宋代公主下嫁时，亦可荫补夫君家亲属，宋神宗元丰六年（1083），"三省奏：'今后大长公主、长公主、公主下降，驸马都尉骨肉恩例令尚书省立法。'从之。以郭献卿选尚冀国大长公主，其父乞恩例故也"⑤。也就是说，公主出嫁之时，驸马家属可以得荫补授官。之后，此一

---

① 《南阳集》卷一八《越国长公主奏大方脉医人李宗元可试国子四门助教不理选限制》，《全宋文》卷一〇六〇。
② 《长编》卷二三三，熙宁五年五月壬辰。
③ 《长编》卷一〇四，天圣四年五月辛丑。
④ 《会要》帝系八之五二。
⑤ 《会要》帝系八之五二。

授官亦明确立法加以规范。

公主的另一种荫补方式是晋封恩荫。宋代皇帝的女儿一般被封为某国公主，随着时间的推移，公主逐渐由小国晋封为大国公主，或由公主晋升为长公主、大长公主，此时亲属亦可获得荫补。宋哲宗元祐元年（1086），"宣州防御使、驸马都尉张敦礼为密州观察使，以冀国大长公主进封，故恩及之"①。这是公主晋封时亲属升官的特例，受荫之人为驸马都尉。宋徽宗崇宁元年（1102），"秦、魏国大长公主奏：'近封秦、魏两国，出于陛下亲睦之厚。乞依亲王移镇例推恩。'诏与恩泽三人"②。此处虽然未言明三个人的恩例究竟是什么，但事实是很清楚的。宋代亲王变换节镇（换授大镇节度使）之际也可以享受皇帝赐予的官职，与公主晋封时一样。看来公主晋封得到的官职可以给自己已经拥有官衔的亲属加官晋爵。

在宋代，公主还享有遗表恩。公主的遗表恩似只有亲属能享有，多数情况下均是给有官亲属加官晋爵。宋神宗元丰元年（1078），大长公主的孙子李评去世，"评少颇涉书传，尝以公主遗奏。召试学士院，改殿中丞。评意不满，辞之。后二年，再召试，复止迁一官，评愈不悦，至上书辨论"③。李评受公主遗恩，迁官为殿中丞，但究其本意，无非是想得进士出身而已。两次考试均只是升官，显然未满足其获得进士出身的强烈愿望。陈国长公主（后追封燕国大长公主）去世后，"陈国长公主子王殊、王殖可转五资"④，"东染院使王殊为皇城使、成州团练使，六宅副使王殖为六宅使、利州团练使。殊、殖以故燕国大长公主子也"⑤。公主死后，其子官升五级，其遗表恩不能说不厚。兖国大长公主死后，"迁其二子晔、昑，皆领团练使"⑥。

南宋绍兴十五年（1145），"秦、鲁国贤穆大长公主上遗表：男降授舒

---

① 《长编》卷三六六，元祐元年二月乙亥。
② 《会要》帝系八之一九。
③ 《长编》卷三三五，元丰六年六月戊申。
④ 《长编》卷三〇四，元丰三年五月甲申。
⑤ 《长编》卷三五四，元丰八年四月癸未。
⑥ 《宋史》卷二四八《公主传》。

州团练使、知阁门事兼客省四方馆事钱恺与叙元官,仍转行一官。已有官孙四人、曾孙三人并转一官,未有官孙四人补宣义郎,曾孙三人并补承奉郎。女夫魏端臣补忠训郎,恺妻王氏特封感义郡夫人,孙女二人并封恭人,元[玄]孙荣祖补承务郎,孙女夫刘度补保义郎,本宗异姓白身亲属共与文武恩泽各三人"①。此次所补人数之多,令人瞠目,大概属特例,而非正常制度的规定。遗表恩涉及亲属范围之广,亦当是宋代之冠,于此可见公主遗表恩荫之滥。宋孝宗隆兴二年(1164),"诏:'故秦国大长公主孙潘昌光、昌辉、昌简、昌锜并特授右宣义郎,曾孙志、恕并特授右承奉郎。'大长公主遗表来上,从其请也"②。

宋代公主的荫补名目繁多,在此列其大者而述之,尚有不少特殊的荫补方式未涉及,如通过回授或其他方式获得的荫补等,不一而足。

(二)郡主、县主亲属的荫补制度

在宋代,郡主、县主一般是指亲王、公主之女。李心传记载:"国朝故事公主……女封郡主,孙女封恭人云。"③宋太宗太平兴国七年(982)三月,"封燕国长公主女高氏为高平县主,次女为真宁县主"④。亲王之女也同样被封为郡主、县主。宋神宗元丰二年(1079),"封允宁女吴承裔妻安康郡君为安福县主,允迪女曹识妻仁寿安福郡君为寿光县主,仍不俟大礼给牒"⑤。宋真宗天禧三年(1019),"长清郡主卒,秦悼王之长女也,适庄宅使田守信"⑥。洪迈说:"戚里、宗妇封郡国夫人,宗女封郡、县主,皆有月俸钱米,春冬绢绵,其数甚多。"⑦可知宗女封郡主、县主应该是很常见的。北宋时期,"京师富人如大桶张家,至有三十余县主"⑧。京城汴京的一

---

① 《会要》帝系八之二四。
② 《会要》帝系八之三八。
③ 《朝野杂记》甲集卷一《秦国康懿大长公主》。
④ 《长编》卷二三,太平兴国七年二月辛卯。
⑤ 《长编》卷二九八,元丰二年五月庚辰。
⑥ 《长编》卷九三,天禧三年六月甲寅。
⑦ 《容斋随笔·三笔》卷一四《夫人、宗女请受》。
⑧ 《萍洲可谈》卷一。

户富人居然娶了三十余位县主入门,可见郡主、县主的数量不在少数。

事实上,宋代除了皇子外,一些功勋卓著的官员生前也可封王。因此,郡主、县主偶尔也用于加封功臣之女。"故事,亲王女皆封郡、县主。赵普以元勋,诸女封郡主。高怀德二女特封县主"①,这是北宋初年封功臣女为郡主、县主的实例。南宋时期,"绍兴十六年,和王[杨沂中]女乐平县主当出适。时庶事草创,乃命大宗正司主婚"②。由此可知,南宋时少数功臣之女亦可被封为郡主、县主。

宋代郡主、县主享有荫补亲属入官的权利。与公主一样,宋初郡主、县主亲属授官似乎并无固定制度,郡主、县主大多利用其特殊身份向朝廷伸手要官。"先是,公主、郡县主以下诸外亲命妇之入内者,因诞节、郊祀,许奏戚属恩泽,初无定制。"③她们多在诞节、郊祀入宫见皇帝时当面要官。宋真宗东封西祀,"公主、郡县主以下诸亲,外命妇入内者,亦有恩庆"④。这是临时性的恩典,虽然不是常例,但不难看出,凡是进入大内的公主、郡主以下的外命妇都有"恩庆"。宋真宗天禧元年(1017),"免内殿承制、带御器械符承谅,削一任。承谅,昭寿子,嘉兴县主婿。主,楚王元佐女也。先是,求外任,遂诏落职为黄州都监。既,复因主入奏请京师。上怒其反覆,故责之"⑤。符承谅虽然受到了相应的惩罚,但这一事实反映出来的情况表明,郡主、县主可以为自己的亲属伸手向皇帝要官做,甚至要来的官不满意,还会要求别的事情。

宋真宗以后,逐渐对郡主、县主亲属授官做出一些具体的规定。与公主一样,自咸平五年(1002)以后,若郡主、县主陈乞亲属升官,"诏自今叙迁者,至殿直止"⑥。咸平六年(1003)进一步下令,对郡主、县主亲属补官加以限制,"诏郡、县主为婿之亲属求补职,至殿直者,不在迁转

---

① 《渑水燕谈录》卷五,中华书局,1981年。
② 《朝野杂记》甲集卷一《郡县主》。
③ 《长编》卷五三,咸平五年十二月壬申。
④ 《宋史》卷一五九《选举志五》。
⑤ 《长编》卷八九,天禧元年正月戊辰。
⑥ 《长编》卷五三,咸平五年十二月乙亥。

之限"①。宋神宗之前,"郡、县主遇郊礼,方许奏亲生子与右班殿直;其夫之亲属及庶子须两遇郊礼,许奏荐一名,与借职",熙宁时改为:"今定郡、县主遇郊礼许奏亲子一人,只举幕职。若奏孙及庶子,即两遇郊礼,许奏一人,更不许奏夫之亲属。"②据相关文献记载,此制系由吕公绰之子吕希道建议而颁布的,希道"入判登闻鼓院。宗室女之子例得官,无嫡庶辨。公上疏请杀庶子官爵,至今以为定法"③。

按熙宁荫补新制的规定,郡主、县主遇郊礼,可以荫补亲生子一人为幕职官。如果荫补孙或庶子,则需两次郊礼即六年才能荫补一人,不允许再奏补丈夫的亲属。显然,郡主、县主荫补比公主要严格得多,所补人数也要少得多,而且严格区分嫡庶,嫡子可以在大礼时荫补,孙及庶子必须两遇大礼才能补一人。熙宁五年(1072)进一步规定:"亲王婿大理评事,外孙初等职官、监当,女之子婿试监簿。"④即郡、县主夫君受荫文官为大理评事,子为初等职官,女婿为"试监簿"。

宋哲宗元祐五年(1090),"定亲王女郡主荫补法"⑤,"诏:'亲王女郡主遇大礼,许荫亲属一人,奏所生子与右班殿直。两遇,奏子或孙与奉职。即奏子孙,若回授与外服亲之夫及夫之有服,有官者转一官,不得转升朝官;选一人循一资,白身者,期以下亲与借职。'以徐王府长女京兆郡主申请,故有是诏"⑥。这里只规定了郡主子孙的授官条例,而未包括县主。更为重要的是,与此前郡主亲属荫补为文官不同的是,元祐五年规定只能授予武官之职。这实际上是进一步完善了郡主等外命妇的荫补制度,也统一了宋朝国家实施的荫补政策。

南宋时期,李心传记载:"凡郡、县主两遇郊皆推任子恩,郡主四人,县主一人。郡主得奏期以上亲,县主止奏子孙。"⑦即将郡主、县主加以分

---

① 《长编》卷五五,咸平六年十一月甲寅。
② 《长编纪事本末》卷六七《裁抑臣僚奏荐》。
③ 《范太史集》卷四二《左中散大夫守少府监吕公墓志铭》,《全宋文》卷二一五三。
④ 《长编》卷二三九,熙宁五年十月癸未。
⑤ 《宋史》卷一五九《选举志五》。
⑥ 《长编》卷四三七,元祐五年正月庚寅。
⑦ 《朝野杂记》乙集卷一四《宗室封女之制》。

别，郡主六年可荫补亲属四人，即每三年可补二人，可荫补期亲以上亲属；而县主则六年只能荫补一人，且只能荫补直系的子孙。由此可见，郡主地位显然比县主要高得多。但北宋时期似并未有此差别，郡主、县主荫补是完全一样的，至少神宗时期及以前是如此。郡主、县主荫补亲属人数出现如此巨大的差别，应该是宋神宗以后制度调整和变化的结果。

除了大礼荫补外，郡主、县主也有身后恩泽。宋真宗天禧三年（1019），"长清郡主卒，秦悼王之长女也，适庄宅使田守信。有司言，小功服礼当降杀，上特临奠废朝。先天节群臣上寿，不举乐。录其二子，并迁秩"①，这是宋代较早的郡主身后恩荫例。郡主、县主的身后荫补后来似乎逐渐成为一种制度。宋神宗熙宁元年（1068），"诏自今郡、县主亡，陈乞有官亲属迁官，无得迁至内殿崇班"②。由此可见，郡主、县主死后，其亲属可受荫迁官，只是不许迁官到内殿崇班（正八品），正八品以下的官是完全可以的，这与侍奉宫廷的宦官的任职基本相同。李心传记载，"凡宗女、郡主至安人身亡，皆任子孙一人；淑人以下未有子食禄者，惟听任所生子"③，足见南宋时郡主、县主依然可以得到身后荫补。

（三）其他宗女亲属的荫补制度

相对而言，宋代公主、郡主、县主毕竟人数很少，因而宗女的主体来自与皇室亲属关系较远的支系。这些宗女尽管亦有封号，享有俸禄，但其社会地位远不及公主和郡、县主。宋代规定："凡宗室封女之制，使相女封淑人，节度使硕人，观察使令人，团练使恭人，遥郡团练使宜人，大将军安人。"④因此，依据父辈官职的高低，朝廷给予其女以相应的外命妇封号，有封号的宗女也享有朝廷规定的相应待遇。随着时间的推移，宗女越来越多，且与皇室的亲属关系越来越远。宋代宗女的授官主要涉及其夫君，也就是如何荫补宗室女夫入仕的问题。

---

① 《长编》卷九三，天禧三年六月甲寅。
② 《长编》卷二四五，熙宁六年五月癸亥。
③ 《朝野杂记》乙集卷一四《宗室封女之制》。
④ 《朝野杂记》乙集卷一四《宗室封女之制》。

正因为如此，宋代宗女的婚配问题是至关重要的，其夫家的各种社会背景将受到较为严格的审查。宋仁宗天圣七年（1029），"诏宗正寺：应宫宅皇属男年十八、女年十五，令管勾宫宅所申本寺，牒入内内侍省差勾当婚姻人计会本宫宅，寻访衣冠士族非工商杂类及曾犯罪恶之家。人材、年几相当，即具姓名、乡贯、住止并三代衔回牒本寺，本寺更切审访诣实以闻。候得旨，即送入内内侍省引见"①。宗室的婚姻由大宗正寺负责，大宗正寺根据宗室子女的相关情况差派媒人，选择对象为"衣冠士族非工商杂类及曾犯罪恶之家"。此后宋朝又颁布了很多相关的规定，如嘉祐四年（1059）"诏宗正寺：自今白身人娶宗室女，须三代有官，或父祖曾任升朝官而告敕见存者，仍召京朝官委保之。其在任者，三代虽不尽有官亦听"②；宋哲宗元祐三年（1088）规定"宗室不得与内臣之家为亲"③；等等。

尽管宋朝颁布了很多相关规定，但宗室婚姻仍经常出现各种各样的问题。宋仁宗皇祐四年（1052），包拯上奏朝廷："窃闻旧开矾铺、进纳授官人李绶男与故申王宫承俊为亲……又太常礼院敕大宗正司奏：不是工商伎术之家，听许为亲。其李绶男正碍条制。……岂可更冒渎国姻，尘黩公族。使天支之秀，下偶非类。汩紊彝制，亏损朝美。臣请罢其婚媾，别求德阀。仍乞申命有司，今后国亲并须依敕选定。"④李绶家是在京城开设矾铺的，而他家要与赵承俊家联姻，因而招致了包拯的竭力反对。

另外，宋代宗室婚姻规定尚有许多漏洞，并不十分完善、周密。宋哲宗元祐三年，彭汝砺上奏便谈及这一问题："体问宗正司条制，虽言袒免亲不得与非士族之家为婚，然不知如何遂为士族。又有不得与诸司出职、工商杂类、进纳、恶逆为婚之文，止绝于缌麻亲以上，则既容袒免亲与工商、进纳、杂类为亲矣……夫豪商大贾，以财擅于乡。今输金至三千及五千缗，入为助教、监簿，而窃士族之名。又捐数千缗求为宫亲，而遂得

---

① 《会要》职官二〇之四。
② 《长编》卷一八七，嘉祐三年五月乙酉。
③ 《会要》帝系五之七。
④ 《包拯集校注》卷三《论李绶冒国亲事》，黄山书社，1999年。

列于官户。窃宠蠹国,依威陵弱,岂止为国辱哉?"① 彭汝砺在此提出了一系列问题,如应当如何界定"士族"等,这显然是宋代法律条文的巨大漏洞。而且,宋代法律似只对宗室缌麻以上亲的婚姻做了严格规定,而未涉及袒免亲。

正因为如此,许多有钱人看到有机可乘,往往利用捐纳金钱等看似合法的手段获得一官半职,装点门面,从而获得与宗女联姻的机会。"先是,宗室祖[袒]免女听编民通婚,皆予官,民争市婚为官户。公言:'入赘得承务郎以上,犹不为官户。盖嫌其逃赋役,困平民也。今遴僻贱人,争以国姻自召,商较财币,仅同贸易,坐堂而拜者为舅姑,同牢而食者为夫妇,非以尊国示民范也。'朝廷始严其法。"② 可知,普通百姓争先恐后地与宗女结婚,明显是带有极浓的功利主义色彩,他们无非是希望成为官户。而宗女也乐得嫁个有钱人家,衣食不愁,生活富足,二者一拍即合,宋代似存在不少类似的情况。

《萍洲可谈》记载:"近世宗女既多,宗正立官媒数十人,掌议婚。初不限阀阅,富家多赂宗室求婚。苟求一官,以庇门户,后相引为亲。京师富人如大桶张家,至有三十余县主。"③ 可见宗室女与富家结亲在宋代是十分普遍的现象,就连皇帝近亲县主也是如此。大桶张家竟然娶了三十余位县主过门,其势力之强,可以想见。又如石叔献,"南城巨室也,娶濮王宫诸孙女得官。干仆吴荣者,为之掌钱谷出纳,积为欺弊,诉于单[军]。军守赵不流子和,其妇近族也,穷治其罪,杖而编隶泉州"④。石叔献娶了宗室之女,地方官赵不流显然也是宗室,自然要保护其利益。可见,在宋代与皇亲国戚攀上亲好处多多。

宋代宗室女性下嫁后,其夫君可依据宗女与皇帝亲属关系的远近而获得相应的官职。宋英宗以后,开始逐渐改变在此之前的宗女荫补制度。

---

① 彭汝砺:《上仁宗乞详定袒免亲婚姻条贯》,《国朝诸臣奏议》卷三三《帝系门·郡县主》。
② 《鸡肋集》卷六二《朝散郎充集贤殿修撰提举西京嵩山崇福公杜公行状》,《全宋文》卷二七四一。
③ 《萍洲可谈》卷一。
④ 《夷坚志·支志》甲卷五《石叔献》,中华书局,1981年。

"宗室婚姻，治平中，宗正司言：'宗室女舅姑、夫族未立仪制，皆当创法。'诏：'婿家有二世食禄，即许娶宗室女，未仕者与判、司、簿、尉，已任者随资序推恩。即婿别祖、女别房，旧为婚姻而于今卑尊不顺者，皆许。……宗室女事舅姑及见夫之族亲，皆如臣庶之家。'其后又令宗室女再嫁者，祖、父有二代任殿直若州县官已上，即许为婚姻。"①其中规定凡宗室女的夫君，没有官职的可授官为判、司、簿、尉。

宋神宗熙宁二年（1069）十一月，朝廷正式出台了宗女夫授官的相关法令："袒免女嫁，赐钱减半，婿与三班奉职。非袒免女，即量加给赐，更不与婿官。婿有官者，与免入远，许依审官、三班院、流内铨法指射差遣，班行仍免短使。其袒免亲娶妻，量加给赐。以上嫁娶，官司更不勘验、管勾。其非袒免亲嫁娶即依庶姓之法，毋得与非士族之家为姻婚。"②这一新法明确规定，宗室袒免亲以外的宗女夫不再授官，非袒免亲嫁娶与普通百姓相同，不再由官府统一管理。值得注意的是，似乎所有宗女之夫，授官均分为两类，一是无官人，二是有官人。如是远房宗室女的夫君，只是赐给一些钱物而已。

宋神宗熙宁三年（1070），朝廷讨论缌麻、袒免亲宗女夫荫补问题："诏：'宗室袒免婿与三班奉职，已有官者转官、循资、堂除免选及听就文资并锁厅举进士，悉如治平二年十月十五日诏书。'先是，大宗正司奏：'缌麻婿有官者，京朝官与转一官，职官与循资。袒免婿止云与奉职，乃无有官循资指挥。'王安石议可，并依缌麻法行之。曾公亮曰：'转官宜有降杀。'安石曰：'与循资不可杀，则转官亦不可杀。且白身得一官，有官者转一官不为过。此所以劝有官者肯与宗室为婚，而亦省入官之一道也。'上是安石议，故有是诏。"③王安石主张，有官者转一官、循资。由此可见，对于宗女夫的荫补问题，当时出现过激烈的争论，最后宋神宗采纳了王安石的意见。

---

① 《宋史》卷一一五《礼志十八》。
② 《长编纪事本末》卷六七《裁定宗室授官》。
③ 《长编》卷二一三，熙宁三年七月丁酉。《会要》帝系四之二三、二四，文字与《长编》略有不同。

熙宁五年（1072），检正中书五房公事曾布等人奉命修订宗室女的亲属授官法，于是做出了以下规定："应宗室缌麻以上女婿，试衔知县，袒免判、司、主簿或尉。"①也就是说，宗女为缌麻亲，其夫可受荫为"试衔知县"；宗女为袒免亲，其夫为判、司、主簿或尉。此制一直持续执行，至南宋时，洪迈说："本朝宗室袒免亲女出嫁，如婿系白身人，得文解者为将仕郎，否则承节、承信郎。妻虽死，夫为官如故……乃知婿官不停者，恩厚于唐世多矣。绍兴中，高士䶑尚伪福国长公主，至观察使，及公主事发诛死，犹得故官，可谓优渥。"②将仕郎为未出官选人，承节、承信郎分别是元丰官制改革前的三班奉职、三班借职，均为从九品武官。若将这一记载与熙宁时期袒免宗女夫荫补为三班奉职的制度相对比，应该说是完全一致的，可见南宋时期仍然执行宋神宗熙宁年间制定颁布的制度。

在此尚须做一点说明，宋代宗女夫荫补文武官是有限制的，并非由受荫人随意选择文武，但不知此制源于何时。宋神宗时期，公主等荫补亲属是可以文武互换的，但南宋以后的诸多史料表明，宗女夫荫补为文官受到极其严格的限制。宋高宗绍兴元年（1131），中侍大夫、宣州观察使干办秦鲁国大长公主宅郭永锡奏："大长公主孙钱端英、端䌷、端䌷并曾孙钱符并各长立，乞依荫补条格比附，并于文臣内安排。"但负责办理的司封官员辩解说："……自来公主遇大礼合荫补亲属，若换文资者，如三代内曾任朝奉郎以上，或身曾预文贡士，依条听于文资内安排，亦无比附荫补格换文资法，诏令吏部依条施行。"③由此可见，公主之子尚不能随意荫补文官，其他亲属便可想而知了。宋代宗女夫荫补文官必须符合两个条件：一是三代之内曾为朝奉郎（正七品）以上文官，即出身文臣世家；二是宗女夫本人参加过科举考试并通过，然后由地方逐级发解到更高一级机构参加考试。这一规定在两宋时期一直执行。

南宋孝宗时期，韩元吉的奏议亦可证明这一点："缘在法：诸后妃、诸王公主、内命妇荫补亲属，如父祖曾仕文资（谓朝奉郎以上），或身曾

---

① 《长编》卷二三九，熙宁五年十月癸未。
② 《容斋随笔·三笔》卷一六《郡县主婿官》。
③ 《会要》帝系八之二〇、二一。

得文解（免解同）而愿就文资者听，余并于班行内安排。"①由此可知，宋代宗女夫荫补文官、武官是受到严格限制的。正因为如此，宋神宗熙宁时期，对宗室子弟制定了两套荫补制度，一文一武，符合条件者荫补为文官，否则为武官，这与宋代重文轻武有着直接关系。所以，宋代宗女夫多为武官，少为文官。从前引洪迈所言南宋宗女夫荫补情况来看，得过文解的人荫补为选人将仕郎，否则为武官承节郎。

事实上，宋代宗女夫在宋英宗之前是不能参加科举考试的。宋仁宗嘉祐三年（1058）"诏礼部贡院：宗室婿不许锁厅应举"②，宋英宗治平元年（1064）六月"贡院奏：准皇祐四年诏，娶宗室女补官者不得应举……从之"③。宋神宗进一步改革宗室制度，宗女夫方得以自由参加科举考试。

而且，宗女夫受荫补的限制越来越多。宋哲宗元祐六年（1091），"三省言：'宗室婿授官，合随宗室服纪立止法。'诏：'今后因娶宗室女授官人，系祖宗缌麻亲，文臣至朝请大夫、武臣皇城使止。'"④。乾道以前，包括宗女夫在内的七类人可根据官位的高低获得相应的荫补子孙的权利，乾道初年，朝廷讨论后决定，"七色补官人止令奏一子"⑤。宋宁宗嘉泰初年，"言者以官冗恩滥，请凡娶宗室女授官者仍旧法，终身止任一子（乾道二年六月集议止任一子，九年改，不作非泛）"⑥。恐怕是宗女夫得官太易，升迁也快，招致了非议。

此外，宗女还可以得到死后恩泽："凡宗女、郡主至安人身亡，皆任子孙一人，淑人以下未有子食禄者，惟听任所生子。"⑦宋代外命妇除公主、郡主、县主外，分为国夫人、郡夫人、淑人、硕人、令人、恭人、宜人、

---

① 《南涧甲乙稿》卷九《集议繁冗虚伪弊事状》，《全宋文》卷四七八七。
② 《长编》卷一八七，嘉祐三年八月甲辰。
③ 《长编》卷二〇二，治平元年六月癸卯。
④ 《长编》卷四五八，元祐六年五月庚辰。
⑤ 《朝野杂记》乙集卷一四《乾道、淳熙裁损任子法（沿革附）》。所谓"七色补官者"，"宗室女夫，一也；戚里女夫及捧香，二也；异姓恩泽，三也；阵亡人女夫，四也；上书献颂，文理可采，五也；随奉使补官，六也；给使减年，七也"。
⑥ 《朝野杂记》甲集卷六《嘉泰减奏荐》。
⑦ 《朝野杂记》乙集卷一四《宗室封女之制》。

安人、孺人九等。郡主、县主至安人享有死后荫补子孙的权利，淑人以下若无子孙为官，可以荫补亲生子一人为官。

以上所述为宋代宗室女性亲属的授官情况。就其制度的变化过程而言，宋神宗时期是宋代宗女夫授官制度变化最大的时期，宋代宗女荫补子孙的制度在此时得以确立并逐渐固定，使宗女子孙的荫补纳入了有序的法制轨道，这不能不说是值得高度肯定的措施。神宗时期改革的制度，除元祐时期有过一些小幅度的调整外，直至宋亡，一直得以遵循。

结束语

作为一个特殊群体，宋代宗室子弟有着天姓、天族、天支等不同凡响的称谓。他们属于赵氏的皇族，与最高统治者——皇帝之间存在或远或近的血缘关系，其"高贵"的血统和身份远非普通人所能比。正因为如此，处理宗室成员之间的矛盾、协调皇室成员相互之间的利益，对于统治者而言，便成为相当程度的难题。

宋初，在特殊的历史环境下，皇帝尚要倚重宗室成员，此乃不得已而为之，并不具有普遍意义。宋太宗以后，皇帝对宗室的防范甚至是打击明显加强。此后，宋朝历代皇帝的策略基本上是使宗室远离政治、经济、军事等各种权势，更不用说进入权力核心了。然而，为了亲亲睦族，宋朝皇帝又不得不做出某种姿态，以凸显宗室成员的重要地位，毕竟他们不同于皇帝任用的其他官员或是其统治的亿万庶民。因此，宋朝处理宗室问题的策略就是在这种矛盾的心态下逐渐展开的。也就是说，在权力与亲情之间，以皇帝为首的当政者必须做出必要而合理的抉择，否则会影响到皇室本身的稳定，同时也会波及社会的其他层面，这是当权者需要慎重对待的事情。

宋朝开国以后，尤其是太祖在位时期，赵匡胤对其兄弟、子侄还是加以重用的，虽然所授官位不高，但赋予的权力非常大。然而，经过"斧声烛影"的极端事件之后，宋太宗赵光义大概是因为心虚，不仅大力剪除其兄弟房支的势力，就连对亲生的儿子也心存猜忌，于是采取了特别的措施，表面上提高宗室子弟的官爵，实际上却不让他们掌握与其官称相应的权力。因此，笔者以为，宋代对皇帝近亲宗室子弟采取"高爵重禄"的政策，大体上应该是起源于太宗时期。

宋真宗即位以后，基本上是沿着宋太宗的路线前行的。然而，面对数量越来越多的宗室子女，朝廷只能采取措施以规范这些金枝玉叶的权利和义务，一方面使他们尽可能地在物质待遇方面享受祖宗恩惠和浩荡皇恩，但另一方面又越来越严格地限制他们插手朝廷政治。至宋仁宗后半期，随着宗室巨大的开销逐渐成为朝廷上下必须要加以解决的财政难题，越来越多的士大夫要求改变现状，但这些设想或建议绝大多数未能成为现实。

宋神宗登上皇位以后，在总结前代经验的基础上，开始对宗室问题进行大刀阔斧的改革，从而确立了此后宗室子弟所享有待遇的基调和原则。虽然这些措施影响到了大部分赵宋"祖宗"后裔的利益，但最终还是推行下去，成为南宋时期一直沿用的政策。当然，不能排除某些特殊情况，如由于皇帝的直接干预或是其他意外而偏离甚至违反以前制定的原则。

具体而言，宋代宗室子弟在政治方面，除了宋朝开国后的一段时间外，总体说来是无所作为的，甚至可以说是被禁止干预朝政的。然而，要达成上述目的，仅仅依靠"高爵重禄"的政策和手段似乎并不现实。一方面，即便是给予"高爵重禄"，也未必能够完全控制或消弭宗室子弟想要掌握权力的野心。另一方面，随着时间的推移，宗室子弟数量呈几何倍数增长，显然不可能做到每个宗室成员都能得享"高爵重禄"。因此，朝廷开始以严密的制度来规范宗室子弟的职务，约束其所作所为。

大体说来，宋代宗室子弟入仕为官有三种途径。一是考取进士，这是宋神宗以后较为常见的入仕方式。虽然宗室成员在科场中占有一定的优势，而且凡是考中均可升甲，但这也意味着他们需要有些真才实学，才能入仕为官。二是最常见的荫补授官，这种方式在宋代一直存在，是宗室成员入仕最多的途径。虽然宋神宗以后规定皇帝五服以外的亲属不再直接授官，但符合条件的宗室依然享有这一待遇。因此，通过这种方式为官的宗室子弟仍然不少，每年也有数十人之多。三是皇帝特恩授官，这种方式是临时性的恩典，总体说来，得官人数在两宋时期并不是很多。

应该说，宋代宗室授官制度侧重于制度的建设。然而，要完善规范各项政策，并不是轻而易举的事情，更何况随时会出现意想不到的特殊情况。因此，确立宗室授官法则的进程持续的时间相当长，大体可以分为三个阶段：宋真宗在位时期是宗室授官制度草创期，宋仁宗时期为改制期，宋神宗时期为定型期。这三个皇帝在位期间，都颁布了颇具特色的宗室子弟授官条例。宋真宗虽然没有出台后来那种系统的规定，但将宗室授官的大原则基本确立起来。直到南宋时期，宋代宗室子弟授官制度依旧遵循宋神宗时期确立的法规。

将宗室与普通官员区分开来加以管理，这是宋代宗室子弟授官制度最为重要的特色。宋真宗以后，宗室子弟数量尚不算多，多授俸禄高但无实际职掌的环卫官。至宋仁宗景祐年间颁布新的授官法后，宗室成员所授之官全部改为环卫官，这种政策可以说是宋太宗"高爵重禄"政策的延续。此举将宗室与普通官员彻底分割开来，宗室子弟只能按照环卫官序列升迁，而其他官员则是依据官、职、差遣结合的原则授予不同的职事。

然而，这种体系最大的弊端在于，宗室成员不论与皇帝亲属关系远近，都能得到很高的俸禄，实际上是朝廷负担了所有宗室成员的日常费用。随着宗室子弟数量的不断增加，巨额的负担成为难以承载的财政包袱。在这种情况之下，宋神宗不得已采取措施，将亲属关系疏远的宗子、宗女纳入庶民范畴。确立起以皇帝本人为参照系的授官坐标，凡是皇帝五服以外的亲属一律不再授官，符合直接授官标准的宗室成员按照亲疏授予相应的环卫官官职，这实质上依然是将近亲宗室隔离起来。终两宋时代，这一分别处置的授官法则都没有本质的变化，无非是做过一些适当的调整而已。

宋朝政府执行这种政策，其最根本的目的在于最大程度上防止宗室成员对皇权构成威胁，宗室成员单独授予环卫官仅仅是外在表现形式之一而已。然而，宗室担任的环卫官只是虚衔，他们根本不可能掌握实权，即便到宋神宗以后，近亲宗室依然如此。宋代宗室授官法从制度层面保障了宗室子弟难以掌握实权。同时，宗室成员由宗正寺、大宗正司管理，从很大程度上阻断了宗室成员与外朝官员之间的联系，防止他们相互勾结，紊乱朝纲。南宋初年，宋高宗赵构对宰相赵鼎说过这样的话："唐用宗室，至为宰相。本朝宗室，虽有贤才，不过侍从而止，乃所以安全之也。"[①] 显而易见，赵构以唐代为鉴，道出了宋朝皇帝防范宗室的本质，就是不让他们掌握行政权，同时这也是保障宗室成员安全的妙法。

当然，即便朝廷颁布了严密的法规，如果不能得到有效执行，也只是一纸具文。事实上，宋朝应该是较为认真地颁布授官条制的，从上文所引用的众多事例完全可以看出这一点。通常而言，史书记录的多数是那些与朝廷制度不相吻合的事例，而那些依据法令进行的授官都是按部就班地操作，往往很难留下痕迹，至少流传至今的官方资料是如此，或许当时也曾记录在案，但后来因各种缘由散失了。宋朝历史上虽然也存在不少违反法制的授官事例，但应该不是占主导地位的。正是因为相应的法规得到了贯彻执行，宋代宗室授官制度才能发挥其应有的作用，这也是宋朝没有出现宗室之乱的重要原因。

---

① 《系年要录》卷九七，绍兴六年正月乙未。

失败的尝试：庆历新政限制官员子弟特权的措施

宋仁宗在位时期面临日趋严重的内忧外患，其中冗官便是当时士大夫经常议论的重要话题，也是宋代社会矛盾的集中表现之一。庆历年间，宋仁宗在范仲淹等人的辅佐下推行新政，试图限制官员子弟入仕的特权，但由于各种复杂的原因，最终还是失败了。

第一节 宋仁宗亲政之前官员荫补制度的修正与调整

宋仁宗继位后初期，实际上是宋真宗皇后刘氏执政。就官员子弟入仕制度而言，在宋仁宗亲政之前似乎更多的是沿袭真宗时期的既定政策，但也对官员荫补政策进行了一些必要的调整。尽管此时已有些官员开始提出对荫补加以限制的建议，如判吏部南曹丁度曾建议"补荫用大功以上亲"[1]等，但这些建议并未引起当政者的足够重视，因而官员子弟为官者不断增加。

宋仁宗天圣元年（1023），朝廷颁布诏令，"诏文武官奏荫子弟者各从本资"[2]。这就意味着宋代官员荫补亲属为官开始严格区分文武，文官亲属

---

[1] 《长编》卷一〇〇，天圣元年四月辛丑。
[2] 《长编》卷一〇〇，天圣元年四月癸丑。

只能荫补为文官，武官亲属只能荫补为武官。此前，宋真宗大中祥符八年（1015）所颁布的官员荫补制度并无严格的文武之别，官员子弟都荫补为三班使臣。实行文武分别荫补，使荫补制更趋规范，也更加合理。毕竟，宋代官僚阶层不能只有武官，也需要大量的文官，于是荫补便也区分文武。但是，宋真宗时期的荫补官制的其他规定依旧执行。现将日本学者梅原郁教授所作宋代文武荫补官的对应表列出来，以供参考。①

表一　宋代文武荫补官职对应表

	文官（选人 京官）	武官
下级选人	试衔、太庙斋郎、郊社斋郎	三班借职
	判司簿尉（三考以上）	三班奉职
中级选人	初等职官、知令录（三考以下）	右班殿直
	初等职官、知令录	左班殿直
上级选人	两使职官、防团判官、令录	右侍禁
京官从九品	秘书省校书郎、正字、将作监主簿	右侍禁
	太常寺太祝、奉礼郎	左侍禁
上级选人	节度掌书记、观察支使	西头供奉官
京官正九品	大理评事	
上级选人	节度、观察判官	东头供奉官
京官从八品	诸寺监丞	

按照上列文武官职对应表，自宋仁宗天圣元年（1023）以后，文官之子荫补为相应的文官，如原来宰臣之子荫补为东头供奉官，天圣之后则为诸寺监丞的京官，而非选人。然而，这一诏令明显存在模糊含混之处。天圣四年（1026），"诏天禧中举人补三班使臣者，听换文资"②。荫补文武有了时间界限，即宋真宗天禧年间参加过科举考试的官员子弟可以换授相应的文官。天圣五年（1027），"诏武臣弟、侄、子孙之习文艺者，听奏文资"③。这两道诏令实际上是对天圣元年诏令的修正和补充。估计天圣元年

---

① 梅原郁：《宋代官僚制度研究》第五章，同朋舍，1985年。
② 《长编》卷一〇四，天圣四年十一月甲辰。
③ 《长编》卷一〇五，天圣五年五月辛丑。

诏令执行后遇到了某些质疑甚至是阻力，在崇文抑武的背景下应是遭到了武官及其子弟的强烈反对，于是才又出台了上述修正案。

凡是武官子孙之习文艺者均可荫补为文官，这一修正弹性极大。天圣五年（1027），"翰林侍讲学士、刑部侍郎孙奭奏：'臣有孙男四人：雍、雄、维、雅，即今并是右班殿直。窃闻近敕，今后文官只许奏荫文资。臣之四孙虽是条贯以前奏荫，其如尚属幼稚，虚请奉钱，幸处公朝，实不遑息。欲望并与改无料钱京官，所冀克遵明诏，不坠素风。'诏从之"①。从孙奭四名孙子的荫补情况来看，与宋真宗大中祥符荫补法完全吻合。孙奭职为翰林侍讲学士，官为刑部侍郎，其孙理所当然荫补为右班殿直。由此似亦可以肯定，宋真宗大中祥符八年以后，文官子孙亦被统统授予武官之位。朝廷同意了孙奭为其换官的要求，表明天圣四年、五年的诏书是认真执行了的。

天圣七年（1029）闰二月又进一步规定："诏文臣换右职者，听任子弟为文资。"②如果文官在此之前按其相应级别换授成了武官，其子孙将不受影响，仍然荫补为文官。此后，荫补官员限制文武的条令越来越严密。天圣七年七月，"诏殿直以上，自今不得换文资"③。这种一刀切的办法似乎过于绝对，于是第二年又颁布了新规定："诏三班使臣本文吏子孙年二十五以上，许量试笔札、读律，与换文资。"④也就是说，凡是符合上述条件的荫补武官都可以通过考试后换授文官。由于原来已荫补为武官的文官子弟都想换成文官，如孙奭之例，而武官子孙也尽可能想办法改成文官，于是朝廷才做出了担任殿直以上武官的人不得换授文资的规定。后一年又改变规定，凡文臣子孙年龄在二十五岁以上，可以通过考试换成文官。这两道诏令的目的似在解决宋真宗遗留下来的问题，因为自天圣元年以后文臣子孙均可荫补为文官，并不存在换授文资与否的问题。

宋仁宗天圣年间，还对各级官员在荫补制度中的亲属关系进一步做

---

① 《长编》卷一〇五，天圣五年十月。
② 《长编》卷一〇七，天圣七年闰二月甲辰。
③ 《长编》卷一〇八，天圣七年七月乙亥。
④ 《长编》卷一〇九，天圣八年五月乙卯。

了明确的规定。天圣三年（1025），朝廷颁布诏令："臣僚奏荐子弟，并须言服纪亲疏，即不得奏无服之亲。其冒奏者，虽遇赦降，不原。"这一诏令颁布的背景是："初，谏议大夫赵湘以孙为子，奏授京官，已而自陈。殿中侍御史李纮言：湘若不自陈，则朝廷莫究其弊，请条约之，而降是诏。"①也就是说，各级官员在荫补亲属时必须向朝廷说明与被荫人之间的亲属关系，严禁荫补无服之亲，若违反这一原则，将严惩不贷。宋人对仁宗时期的这一禁令予以了高度评价，认为是很了不起的办法："国初，奏荐之制甚宽，不拘服属远近。天圣四年，始诏臣僚奏荐子弟须言服纪。不许奏无服之亲，冒奏者不以赦原。其后又以服属之亲疏，为奏官之高下，可谓良法。"②

确如王栐所言，宋仁宗天圣时期，一方面严格禁止官员荫补无服之亲为官，另一方面又逐渐开始按血缘亲属关系的远近来决定荫补官职的高低。其实，这并非宋仁宗时期的独特发明，宋真宗时期所颁布的荫补法即已有了服属远近的差别，子与弟、侄、孙之间荫补就存在显著的不同，只是真宗时期的法制显得有些粗线条，所荫补的亲属关系比较简单，不够严密而已。天圣四年（1026），"诏臣僚奏房从子弟恩泽，降旧例一等"③。这一诏令将官员的侄辈亲属从原来的荫补条例（真宗时为弟、侄、孙荫补同样的官职）中单列出来，在原来的基础上降一等授官，如原来授三班奉职，此后便只能授三班借职。这就表明，宋代荫补制度越来越完善，漏洞越来越少，同时也标志着宋代官员荫补制度本身愈加复杂，官员荫补亲属的等级关系越分越细，授官等级也由此而定，这是宋代荫补制发展的重要趋势，是具有很大进步意义的，至少使很多官僚的远房亲属降低了授官品级，从某种程度上抑制了宋代的冗官趋势。

天圣七年（1029），"又诏文武官奏荐别房子弟及异姓亲，年幼未得俸而本房无人食禄者，具以名闻"④。这就意味着朝廷对官员别房子弟及异姓

---

① 《长编》卷一○三，天圣三年五月己酉。
② 《燕翼诒谋录》卷三。
③ 《长编》卷一○四，天圣四年十一月戊午。
④ 《长编》卷一○八，天圣七年七月乙亥。

亲中已荫补为官而尚未成为官员的受荫人有了相应的规定。此后，对官员异姓亲属的荫补限制越来越严格，唯有高级官员方能享有荫补异姓亲属的权利。同年，"诏龙图阁待制以上，自今非任要剧，毋得奏异姓亲"①，规定从四品以上的高级官员若不是担任重要的职务，不能荫补异姓亲属。明道二年（1033），"诏文臣待制、武臣团练使以上，遇大礼已尝奏荐异姓者，毋得再有陈乞"②。当时有资格荫补异姓亲属的官员中，文官最低为待制，武官最低为团练使，这一诏令规定待制、团练使以上官员若已经荫补过异姓亲属，不能再次要求同样的荫补。

与此同时，宋仁宗时官员荫补子弟的范围继续扩大。宋真宗时享有法定荫补权的文官最低官职是带职员外郎，仁宗时扩大到普通员外郎。天圣九年（1031），"诏诸路转运判官员外郎以上，遇南郊听任子弟"③，规定转运判官官职在员外郎以上便可在南郊大礼时荫补子弟为官，而此前，地方官中只有转运使、转运副使才可以荫补子孙为官。景祐二年（1035），"诏员外郎以上知谏院，自今遇大礼，许任子一人"④。根据员外郎担任职务的性质，可以在郊祀大礼时荫补其子孙为官，员外郎荫子的范围便大大扩大了。宋仁宗时期官员荫补扩大的最重要表现是享有致仕荫补权的官员范围大大放宽，甚至连三丞（大理、卫尉、将作监丞）这样的从八品文官都能在退休时荫补其子为官。关于这一点，将在后面另做说明。

在扩大荫补范围的同时，宋仁宗时期亦对官员荫补做出了一些限制措施。天圣四年（1026），"诏臣僚因南郊或乾元节奏荐亲属，自今毋得乞进士及第并出身"⑤，禁止官员用圣节或郊祀所得恩荫为亲属换取进士及第或进士出身头衔。但是，此后官员们仍以种种借口为亲属求取科名。如天圣九年，"赐殿中丞范亢同进士出身。亢，枢密副使雍之兄，尝举进士，得

---

① 《长编》卷一〇七，天圣七年三月庚申。
② 《长编》卷一一二，明道二年六月甲辰。
③ 《长编》卷一一〇，天圣九年正月辛亥。
④ 《长编》卷一一七，景祐二年九月辛卯。
⑤ 《长编》卷一〇四，天圣四年六月乙未。

同学究出身。时审官院考课当迁，雍为纳所迁官求科名，特赐之"①。再如景祐元年（1034），"赐光禄寺丞刘玘同进士出身，其妻父枢密副使李谘为请也。仍诏自今献文及恩例与试者，更不赐及第，但赐出身、同出身。玘，综孙也"②。由此可见，官员子弟通过各种手段获取同进士出身头衔仍有一定的普遍性，尤其当他们的父祖是执政之类的高级官员时，如范雍、李谘均为枢密副使。但就制度而言，以荫补方式获得进士及第或进士出身头衔的限制越来越严，制度也愈加规范化、严格化。

由于高级官员享有的荫补机会比普通官员更多，一年一次的圣节，三年一次的郊祀，还有其他各种名目的荫补，于是宋仁宗初期进一步严格限制高级官员重复荫补子弟。景祐元年（1034），"诏：'待制以上岁遇乾元节，已奏荐子弟恩泽。其除外任，非益、梓、秦、延、并、广等六处，毋得更有陈乞。其再经郊祀，欲以恩例奏异姓者，听之。'"③按照这一新规定，高级官员只有担任边远地区六州地方长官时才能荫补，而且还允许高级官员每两次郊祀可以将直系亲属荫补变为异姓亲属荫补。皇祐二年（1050），"诏观察使已上，自今依大两省、待制例，经两次郊礼，许一次将弟侄、子孙恩泽奏补异姓骨肉"④。朝廷原则上允许高级官员用郊祀恩荫奏补异姓亲属，前提是官员本人有此意愿，表明高级官员荫补异姓亲属的制度逐渐放宽。这似乎也说明当时高级官员荫补太滥，人数太多，同姓亲属荫补完后，还有富余的荫补名额，因而允许他们荫补异姓亲属。

此外，宋仁宗时期还颁布了对武官荫补进行相应限制的一些措施。天圣六年（1028），"诏武臣毋得补富民为教练使，衙内、知客、子城使，其随行人听补"⑤。由此可知，宋代不少武将以各种名义荫补有钱人为衙前，此诏令颁布后，这种行为就被视为非法。

---

① 《长编》卷一一〇，天圣九年八月丙申。
② 《长编》卷一一四，景祐元年四月辛丑。
③ 《长编》卷一一四，景祐元年六月甲寅。
④ 《长编》卷一六九，皇祐二年十一月。
⑤ 《长编》卷一〇六，天圣六年十月丁丑。

第二节　庆历荫补新制

由于宋太宗以后入仕人数大量增加，真宗时期便已出现了冗官与冗费的巨大危机。至仁宗时期，冗官局面愈益严重。为了缓和这一局势，巩固宋王朝的统治，不断有朝野官员上书朝廷，要求改革官员的各项荫补制度。景祐年间，知制诰李淑上奏："太平兴国初，文武朝官班簿才二百人。至咸平初，四百人。天圣元年，逾千人。自去年覃恩，又轶天圣之数矣。"[①]李淑还只是言及官员大量增加的事实，可见宋代官员几乎是在成倍地增加。

宋仁宗亲政以后，庆历元年（1041），右正言孙沔上书朝廷，矛头直接对准了朝廷执行的各项荫补制度：

> 国朝自景德、祥符间，屡行大礼，旁流庆泽。凡文资自带职员外郎，武职自诸司副使以上，每遇南郊；及知杂御史、刺史以上，逐年圣节，并许奏荫子孙弟侄。虽推恩至深，而永式未立。今臣僚之家及皇亲、母后外族皆奏荐，略无定数，多至一二十人，少不下五七人，不限才愚，尽居禄位，未离襁褓，已列簪绅。或自田亩而来，或从市井而起，官常之位已著，而仆隶之态犹存。是则将国家有数之品名，给人臣无厌之私惠，故使父兄不敢教训，子弟不修艺业，俾之从政，徒只害民。若不急为更张，已见积成弊幸。欲乞今后带职员外正郎只许荫叙一名子弟，少卿、给谏与二人，丞郎三人，尚书四人，仆射以上与五人，致仕及物故各更与一人，武职等比类官品，皇亲、母后之族及两府大臣，亦乞约束人数。伏乞特差近上臣僚定其久制，以为万世之法。[②]

孙沔的意见和建议无疑代表了当时一大批要求革新政治的官员的共同心声。就其内容而言，他认为宋真宗以后，官员及其他特权阶层的荫补过

[①]《长编》卷一一四，景祐元年二月乙未。
[②]《长编》卷一三二，庆历元年五月壬戌。

滥过多，荫补子孙人数众多，不仅使冗官危机愈益加深，而且也使官僚队伍素质大大降低，势必祸国殃民。最后他提出了自己的改革主张，主要是要求依据官位的高低限制官员荫补亲属人数，并以此为契机，重新确立官员荫补法。事实上，这段时间内，包括欧阳修、张方平、曾公亮、蔡襄、王素、范仲淹、韩琦等此后非常活跃的政治家也都要求宋仁宗改弦更张，改革现行的荫补制度，以澄清吏治。

此后，朝廷尽管出台了一些限制官员子弟荫补的政策，如庆历二年（1042）"诏自今南郊，臣僚在假不赴朝参者，无得奏乞骨肉恩泽"①、"诏管军臣僚非乾元节及大礼不得非次陈乞亲属恩泽"②，但这些都是对官员荫补制度的具体修正，并未从根本上改变宋真宗以来的荫补法令。宋真宗以后，官员荫补范围不断扩大，再加上朝廷频繁举行重大祭典，如东封、西祀等，官员子弟大量荫补为官。由于官员子弟可以荫补方式为官，所以多数官宦子弟不学无术，从而腐蚀了整个宋代官僚集团。自此以后，要求改革官员荫补制度的呼声愈益高涨。

至庆历三年（1043），范仲淹当政，宋仁宗要求朝野官员对当时政治弊端加以陈述，以备改革之用。于是，身为执政大臣的范仲淹率先垂范，向宋仁宗上了《答手诏条陈十事》的奏章，用很大篇幅对官员荫补制度进行了抨击：

> 二曰抑侥幸，臣闻先王赏延于世，诸侯有世子袭国，公卿以德而任，有袭爵者，《春秋》讥之。及汉之公卿，有封爵而殁，立一子为后者，未闻余子皆有爵命。其次宠待大臣，赐一子官者有之，未闻每岁有自荐其子弟者。祖宗之朝，亦不过此，自真宗皇帝以太平之乐与臣下共庆，恩意渐广。大两省至知杂御史以上，每遇南郊并圣节，各奏一子充京官。少卿、监奏一子充试衔。其正郎、带职员外郎并诸路提点刑狱以上差遣者，每遇南郊，奏一子充斋郎。其大两省等官，既

---

① 《长编》卷一三五，庆历二年正月甲子。
② 《长编》卷一三六，庆历二年五月丁卯。

奏得子充京官，明异于庶僚，大示区别，复更每岁奏荐，积成冗官。假有任学士以上官经二十年者，则一家兄弟子孙出京官二十人，仍接次升朝，此滥进之极也。今百姓贫困，冗官至多，授任既轻，政事不举，俸禄既广，刻剥不暇，审官院常患充塞，无缺可补。①

范仲淹的批评是切中时弊的。他首先对官员荫补子弟现象进行了客观的分析，认为官员荫补子弟过多、过滥，而高级官员子弟荫补所得官职过高，很快便能升为中高级官员，继而拥有再荫补的特权，由此，官员数量必然会大量增加，形成了严重的冗官局面。更为严重的是，荫补官员政治、文化等方面的素质不高，必然不利于政治的清明廉洁。范仲淹提出了自己的改革主张，但这一建议只涉及文官，至于武官亲属的荫补，范仲淹则要求枢密院做出相应的调整。根据范仲淹等人的建议，宋仁宗于庆历三年（1043）十一月颁布了《任子诏》，其中对各类官员荫补亲属的制度做出了具体而明确的规定。由于诏书文字冗长，今摘录其大概如下：

> 宰相、使相，旧制除子将作监丞，期亲太祝、奉礼郎，自今子并期亲并如旧，其余亲属等第除试衔。枢密副使、参知政事除子太祝、奉礼郎，期亲校书郎，自今子孙并期亲尊属如旧制，其余亲属等除试衔。仆射、尚书，除子校书郎或正字，期亲寺、监主簿，自今子孙并期亲尊属并如旧，其余亲属等第除试衔。三司使、翰林学士、龙图阁枢密直学士、丞郎，除子正字，期亲寺、监主簿，自今子并期亲尊属并如旧，其余亲属等第除试衔或斋郎。龙图阁直学士、给事中、谏议、舍人、知制诰、龙图天章阁待制、大卿监、三司副使、知杂，除子寺、监主簿，期亲试衔，自今惟长子听如旧，其余亲属等第除试衔或斋郎。正郎及省府推判官并馆阁官，旧制遇南郊许奏荐者，自今若曾犯赃至去官，后未复官至正郎及员外郎带职者，只得奏子孙亲属一名。若别有殊绩或领重寄者，勿拘此。其降监当者，即不许陈乞。诸

---

① 《范文正公政府奏议》卷上《答手诏条陈十事》，《全宋文》卷三七二。

路转运使副、提点刑狱遇南郊，非正卿［疑为"郎"字之误］及带馆职员外郎，并须于郊礼日前到任一年者，方得奏荐……

……其武臣使相，旧制除子东头供奉官，期亲者左侍禁，自今子并期亲并如旧，其余亲属自左班殿直以下安排。枢密使副、宣徽使、见任节度使，除子西头供奉官，期亲右侍禁，自今子孙并期亲尊属并如旧，其余所属自右班殿直以下安排。六统军、诸卫上将军、节度观察留后、观察使、内客省使，除子右侍禁，期亲右班殿直，自今子孙及期亲尊属并如旧，其余亲属自三班奉职已下安排。客省使、引进使、防御使、团练使、四方馆使、枢密都承旨、阁门使，除子右班殿直，期亲三班奉职，自今子孙并期亲尊属并如故，其余亲属自三班借职以下安排。正任刺史并差使殿侍、诸卫大将军、内诸司使、枢密院诸房副承旨，除子三班奉职，期亲三班借职，自今子孙并期亲尊属并如故，其余亲属与下班殿侍。侍卫诸将军、内诸司副使、枢密院逐方［房］副承旨，只［子］除三班借职，今更不减。若曾犯入己赃，后来至诸司副使、诸卫将军，只得奏子孙一人，其降监当者，即不得陈乞。诸路提点刑狱官未该奏荐而合该奏荐路分者，须郊祀前到任及一周年，方得奏陈；其川、广、福建七路初授差遣者，恩泽听如旧。①

根据上述记载，兹制成庆历三年文、武官荫补表：

表二　庆历三年文官荫补表

文官官名	亲属关系	荫补官职
宰相、使相	子	将作监丞
	期亲	太祝、奉礼郎
	余属	试衔
枢密副使、参知政事	子	太祝、奉礼郎
	期亲	校书郎
	余属	试衔

① 《宋大诏令集》卷一六一《任子诏》，中华书局，1962年。

(续表)

文官官名	亲属关系	荫补官职
仆射、尚书	子	校书郎或正字
	期亲	寺、监主簿
	余属	试衔
三司使、翰林学士、龙图阁枢密直学士、丞郎	子	正字
	期亲	寺、监主簿
	余属	试衔或斋郎
龙图阁直学士、给事中、谏议、舍人、知制诰、龙图天章阁待制、大卿监、三司副使、知杂	长子	寺、监主簿
	余属	试衔或斋郎
正郎、省府推判官、馆阁官	子孙亲属一人	斋郎？
诸路转运使副、提点刑狱		？

表三 庆历三年武官荫补表

武官官名	亲属关系	荫补官职
使相	子	东头供奉官
	期亲	左侍禁
	余属	左班殿直以下
枢密使副、宣徽使、见任节度使	子	西头供奉官
	期亲	右侍禁
	余属	右班殿直以下
六统军、诸卫上将军、节度观察留后、观察使、内客省使	子	右侍禁
	期亲	右班殿直
	余属	三班奉职以下
客省使、引进使、防御使、团练使、四方馆使、枢密都承旨、閤门使	子	右班殿直
	期亲	三班奉职
	余属	三班借职以下
正任刺史、差使殿侍、诸卫大将军、内诸司使、枢密院诸房副承旨	子	三班奉职
	期亲	三班借职
	余属	下班殿侍
侍卫诸将军、内诸司副使、枢密院逐房副承旨	子	三班借职

上述二表是根据《宋大诏令集》卷一六一《任子诏》而列的。此外，《长编》卷一四五和《宋史》卷一五九《选举志五》亦有相应的记载。三

处记载歧异互见，其中《宋史》记述最简，而问题最大，可谓一笔糊涂账。而《宋大诏令集》和《长编》则比较详细，在此姑且不对各处记载的歧义做细致比较。

首先需要弄清的是，上述诏令中的"旧制"究竟为何时之制？如前所述，宋真宗时期所定的荫补制度仅有荫补武官的规定，即不论文官，还是武官，其亲属均荫补为武官，而庆历三年（1043）《任子诏》中有关官员子弟荫补文官的"旧制"当为宋仁宗天圣元年（1023）以后的制度。从上述两表可以看出，文官、武官子弟荫补官职是完全吻合的，也就是说，庆历新制中官员近亲荫补官职与真宗时期是完全一致的。然而庆历新制与宋真宗时期的官员荫补制度相比较，仍存在着相当大的差异，其不同点主要有以下几点：

其一，庆历新制严格区分文武，而宋真宗时期似并无严格的文武之别。这一点也反映出宋初文武官员之间的荫补差别并不十分大，而庆历新制则非常强调官员的文武之别，表明此时宋朝崇文抑武的政策已深入人心。

其二，官员荫补的亲属关系越分越细。宋真宗时期只区分了子弟、侄孙两大类亲属，庆历新制吸收了已有法律条文，将亲属关系划分为子、期亲、余属三大类，各类亲属授官层次、级别迥然不同。据新制，很大一部分官员只能荫补直系子孙为官，如龙图阁直学士、给事中等官员荫补子弟时，唯长子"听如旧"，余子与其他亲属处于同一级别的荫补。这实际上限制了官员荫补人数，同时也是中国古代嫡长子继承制等观念和传统在宋代的集中体现。（下页列出中国古代服属关系图，可资参考。）

其三，法定荫补范围明显扩大。宋真宗时，文官荫补的最低级别是带职员外郎，庆历新制将南郊和圣节荫补的文官范围扩大到路一级地方行政长官。尽管规定转运使、副使和提点刑狱等地方官员必须在郊礼之前已经到任一年以上方能享有荫补子弟的特权，但毕竟他们拥有了法定荫补权，在此之前只是以诏令形式规定他们可以荫补子孙。馆阁官也被赋予了荫补子孙的权利，这些在宋真宗时是没有的。庆历新制中武官的荫补范围则与真宗时基本相同。这就表明，文官在宋代的社会地位不断提高，而武官的

				高祖父母 齐衰 三月				
			曾伯叔祖父母 缌麻	曾祖父母 齐衰 五月	曾祖姑 在室缌麻 出嫁无服			
		从伯叔祖父母 缌麻	伯叔祖父母 小功	祖父母 齐衰 杖期	祖姑 在室小功 出嫁缌麻	从祖姑 在室缌麻 出嫁无服		
	从堂伯叔父母 缌麻	堂伯叔父母 小功	伯叔父母 期年	父母 斩衰 三年	姑 在室期年 出嫁大功	堂姑 在室小功 出嫁缌麻	从堂姑 在室缌麻 出嫁无服	
族兄弟 缌麻 族兄弟妻 无服	从堂兄弟 小功 从堂兄弟妻 无服	堂兄弟 大功 堂兄弟妻 小功	兄弟 期年 兄弟妻 小功	己身	姊妹 在室期年 出嫁大功	堂姊妹 在室大功 出嫁小功	从堂姊妹 在室小功 出嫁缌麻	族姊妹 在室缌麻 出嫁无服
	从堂侄 小功 从堂侄妇 缌麻	堂侄 小功 堂侄妇 缌麻	侄 大功 侄妇 小功	长子 期年 长子妇 期年 众子 期年 长子妇 大功	侄女 在室期年 出嫁缌麻	堂侄女 在室大功 出嫁小功	从堂侄女 在室缌麻 出嫁无服	
		堂侄孙 缌麻 堂侄孙妇 无服	侄孙 小功 侄孙妇 缌麻	嫡孙 期年 嫡孙妇 小功 众孙 大功 众孙妇 缌麻	侄孙女 在室小功 出嫁缌麻	堂侄孙女 在室缌麻 出嫁无服		
			曾侄孙 缌麻 曾侄孙妇 无服	曾孙 缌麻 曾孙妇 无服	曾侄孙女 在室缌麻 出嫁无服			
				玄孙 缌麻 玄孙妇 无服				

图一 本宗九族五服之图

社会地位却明显存在下降的趋势。

其四，庆历新制中对犯罪官员的荫补做出了特殊的处理，而宋真宗时则没有这方面的规定。庆历新制规定，文官员正郎以下级别官员"自今若曾犯赃至去官，后未复官至正郎及员外郎带职者，只得奏子孙亲属一名。若别有殊绩或领重寄者，勿拘此。其降监当者，即不许陈乞"。①武官亦大体如此。这说明对犯罪官员，尤其犯赃罪的官员，处罚是相当严厉的。

其五，庆历新制中，荫补官员的出官考试制度比以前更为严格，也更加明确，如对考试内容和规则都进行了较为详细的限定。这有利于提高官员自身的素养，同时也利于提高官僚机构的行政效率。

其六，庆历新制还限制了官员荫补亲属的年龄，并对违反规定的官员处以重罚，而宋真宗时期却没有这样的限制措施。庆历荫补法规定："以上文武官僚合该奏荐者，内长子孙皆不限年，虽非长子孙，见居长者同。其诸子孙须年十五以上，弟侄须年二十已上。仍须五服内亲，方得奏荐。如妄冒服纪及虚增年，并以上书诈不实论。"②也就是说，官员子孙中唯有长子、长孙不限年龄，生下来即可荫补为官，其余子孙必须十五岁以上，弟、侄必须二十岁以上，方能荫补。如果弄虚作假，一经发现，即以上书欺诈不实罪论处。这实际上迫使大部分官员子弟必须到达法定荫补年龄才能奏补，从而大大遏制了很多乳臭小儿为官的现象。

第三节　庆历荫补新制的历史地位与无疾而终

关于庆历三年（1043）颁布的官员子弟荫补新制，日本学者梅原郁教授认为，宋仁宗采纳了范仲淹的建议，"颁布了新条制，也可以说是宋代恩荫制度的决定版"③。这一结论显然是可以商榷的，因为不符合宋朝历

---

① 《宋大诏令集》卷一六一《任子诏》。
② 《宋大诏令集》卷一六一《任子诏》。
③ 梅原郁:《宋代官僚制度研究》第五章。

史实际。范仲淹在《答手诏条陈十事》中陈述了改革官员荫补制度的基本设想：

> 臣请特降诏书，今后两府并两省官等，遇大礼许奏一子充京官，如奏弟侄骨肉，即与试衔外，每年圣节更不得陈乞。如别有勋劳，著闻于外，非时赐一子官者，系自圣恩。其转运使及边任文臣，初除授后，合得奏子弟身事者，并候到任二年无遗阙，方许陈乞，如二年内非次移改者，即许通计三年陈乞。三司副使、知杂御史、少卿、监以上，并同两省，遇大礼各奏荐子孙。其正郎、带馆职员外郎并省府推、判官，外任提点刑狱以上，遇大礼，合该奏荐子孙者，须是在任及二周年，方得陈乞。已上有该说不尽者，委有司比类闻奏。①

将范仲淹的上述意见与庆历三年（1043）所颁布的官员荫补新制稍做比较，则很显然，二者之间的差距很大。庆历年间颁布的荫补新条制根本不是出于范仲淹的原意，如范仲淹要求废除官员圣节荫补，但这在庆历新制中根本没有任何反映；范仲淹要求地方官任满两周年方许荫补，而新制规定则是一年。显而易见，庆历新制是对范仲淹等人的意见大打折扣之后出台的。从某种意义上说，庆历新制大多是继承宋真宗以来固有的荫补制度，就其本质而言，只是综合前代的制度而已。

也许正是范仲淹想要比较彻底地改变这一时期的冗官冗费局面，提出的限制荫补的建议过于激进，才招致了朝野上下的不满和愤怒，致使庆历新政不久便以失败而告终了。据史书记载，"仲淹以天下为己任，裁削幸滥，考覆官吏，日夜谋虑兴致太平。然更张无渐，规摹阔大，论者以为不可行。及按察使出，多所举劾，人心不悦。自任子之恩薄，磨勘之法密，侥幸者不便，于是谤毁稍行，而朋党之论浸闻上矣"②。南宋时期，刘克庄在总结历史经验教训时上书皇帝，"庆历议减任子，任子不可减，而仲淹、

---

① 《范文正公政府奏议》卷上《答手诏条陈十事》，《全宋文》卷三七二。
② 《宋史》卷三一四《范仲淹传》。

琦罢"①。由此可见，范仲淹等所提议的裁减官员荫补之法触犯了大部分中高级官员的既得利益，从而招致了他们的强烈反对。

事实上，庆历新制的思路远非范仲淹本人的初衷，即便是在对范仲淹的初始建议大打折扣的情况下，新制依然很难推行。张方平当时的上奏就足以证明这一点：

> 臣窃闻近有恩旨，将来圣节自大卿、监已上，陈乞恩泽，并令依旧者。庆历四年，范仲淹奏定臣僚任子弟之制，其间难行，如国子监、尚书省锁试等事，并已冲改，只是恩例见行。今自知杂御史以上，何勤于国？岁任京官一员，祖宗之时，未有此事。近岁积累侥幸，为此弊法。范仲淹新请略从裁损，考之理道，已是过宜。②

在张方平看来，范仲淹裁减荫补建议本身还是可行的。尽管庆历新制已将范仲淹建议中被认为很难执行的部分做了适当的修改甚至是删减，但在范仲淹等人下台后，庆历荫补新制仍屡经更改，可以说根本未被执行下去。张方平奏疏中言及规定大卿、监以上官员圣节荫补并遵照旧制执行的圣旨，就是对庆历荫补新制中文臣荫补条例之否定。

其后，庆历五年（1045），"又诏补荫选人，自今止令吏部流内铨候该参选日，量试所习艺业注官，其庆历三年十一月条制勿行"③。这一诏令是对庆历荫补新制中关于官员荫补子弟考试内容和制度的否定。庆历六年（1046），"诏使相、节度使以下，正刺史、殿前都指挥使至龙神卫、四厢都指挥使、带遥郡团练使以上，奏荐班行恩例，自今并依旧制，余依前后条贯施行"。李焘在此条下做了注解："此据《会要》，《实录》无之，必是改三年十一月范仲淹等所定条贯，但史不详尔。"④由此可见，庆历荫补新制中的武官荫补条例亦被彻底否定了，仍按照以前的制度执行。至此，庆历荫补

---

① 《刘克庄集笺校》卷五一《轮对札子》，中华书局，2011年。
② 《乐全集》卷二五《请裁减资任恩例奏》，《全宋文》卷七九二。
③ 《长编》卷一五五，庆历五年三月己卯。
④ 《长编》卷一五八，庆历六年四月戊午。

新制中的三项核心内容，即文官荫补条例、武官荫补制度、荫补子弟考试制度，均不再执行。

当庆历新政失败以后，不仅反对范仲淹改革的官员大肆反扑，而且原来支持范仲淹的一些官员也对庆历荫补新制提出了不少异议。庆历五年（1045），原来支持范仲淹的余靖上奏："臣伏睹近降中书札子，今后臣僚奏荐子孙亲属，内长子、长孙不拘年甲，诸子、诸孙须年十五以上，弟、侄等并须年二十以上，方得奏荐，所荐亲属并须在五服内者。窃以朝廷推恩延赏，比要嗣续门户，其有老登郎署，晚得职司，亲的子孙尚多，限以年幼，不得陈乞，而乃旁荫疏远房从年长之人，则是舍亲而用疏，遗近而取远。殆非国家善善及子孙之意，伏乞自来奏荫幼年子弟，并须二十五岁以上，方许出官。虽授京官，亦不破官中请受，于国家别无妨碍。兼臣今来奏臣亲弟年已及格，不碍新条，但缘年老臣僚不得奏其亲的，而旁奏疏属，于理不便。伏乞特降指挥，应合奏荫亲属臣僚，听奏子孙、弟侄，特令不拘年甲，以广赏延之典。"[①] 在余靖的建议下，庆历新制中官员子弟荫补限定年龄的规定也同样被否定了。由此可见，梅原郁教授所谓庆历荫补新条例为宋代官员荫补制度的"决定版"的说法是不符合历史事实的。

尽管如此，庆历荫补新制在宋代荫补制度法变迁的历史进程中仍有着非常重要的积极意义。

首先，庆历新制尽管是范仲淹与各种政见妥协的产物，而且并未执行多长时间，但仍限制了各级官员的荫补特权，至少范仲淹等人锐意改革的精神是可取的。

其次，庆历新制总结了宋初以来，尤其是宋真宗以后的各种荫补法律条文，并根据当时的实际情况对荫补制度加以综合创新，形成了一套前所未有的系统而完整的法律条文。应该说，庆历新制是集大成的荫补法规，较宋真宗时代的荫补法规，无论从哪个方面看，均有着巨大的进步。尤其是对于以前法律未做具体而明确规定的荫补方式，庆历新制均有了详尽而严密的条文。因此，在宋代荫补制度变迁过程中，庆历新制具有举足

[①] 《长编》卷一五四，庆历五年二月辛卯。

轻重的历史地位。

再次，尽管庆历新制几乎被逐条否定了，但其本质和立法的基本精神具有深远的影响。可以说，宋仁宗以后宋代荫补法的变迁是围绕庆历新制的基本原则而发展的。新制的不少条文后来又被改头换面之后重新颁布，尽管重新颁布的条令与新制条文并不完全吻合，但亦可以从中看出庆历新制的痕迹。如庆历五年（1045）三月废除了庆历三年（1043）新制中荫补子弟的考试制度，同年五月，朝廷又出台了一套新的考试制度："诏吏部流内铨：'自今试初入官选人，其习文辞者，试省题诗或赋、论一首，习经者试墨义十道，并注合入官。如所试纰缪，试墨义凡九不中，令守选。候放选再试，又不中，与远地判、司。其年四十以上，依旧格读律通，即与注官，仍命两制一员同考试之。'"① 若将此新的考试方案与庆历新制的考试制度做一对比，便可一目了然，其基本精神和原则应该是一致的。因此，庆历荫补新法对此后宋代官员荫补制度的变迁起到了至关重要的作用，具有巨大而深远的影响。

此外，庆历新制尽管从某种程度上限制了官员荫补亲属的特权，但与宋真宗时期的制度相比，这种限制是相当有限的，甚至可以说是很小的。庆历荫补法令并未明确规定官员荫补亲属的数量，所以基本上还是按宋真宗时期的既定方针，南郊、圣节均可荫补，而且所荫补直系亲属的官职基本上没有任何变化，只是其余亲属受荫官职有所调整，普遍降低一等。李焘在《长编》中对庆历新制的评价还是比较公允的："自是，任子之恩杀矣，然犹未大艾也。"② 庆历荫补新制并未从根本上改变宋代官员任子冗滥的局面，对各级享有荫补权官员的切身利益的影响不是很大。也正是因为庆历新制并未取得预期的效果，此后一系列针对官员荫补制度的改革措施才不断出台。

庆历新制失败之后，宋代冗官局面继续恶化，几乎没有任何改善的迹象，而朝野上下要求改变荫补现状的呼声持续高涨。皇祐二年（1050），

---

① 《长编》卷一五五，庆历五年五月癸未。
② 《长编》卷一四五，庆历三年十一月丁亥。

殿中侍御史何郯上书朝廷，要求改革官员等特权阶级的荫补法。由于何郯的意见具有典型性和代表性，现摘录如下：

> 臣伏见朝廷以文武官入流无限，审官、三班院、流内铨皆除注不行。故尝诏群臣博讲利害，以求省官之荣［策］。今选人改官，已增立年考。胥吏出职，又议塞他歧。唯贵势奏荐子弟不加裁损，则除弊之源，有所未尽。臣检会文武臣僚奏荐亲属条制，文臣自御史知杂已上，武臣自阁门使已上，每岁遇乾元节，得奏亲属一人。诸路转运使、提点刑狱、三司判官、开封府判官推官，郎中至带馆职员外郎，诸司使至副使，遇郊禋，得奏亲属一人。总计员数，自公卿下至庶官，子弟以荫得官及他横恩，每三年为率，不减千余人。旧制虽以服纪亲疏等降推恩，然未立年月远近为限，所以恩例频数，臣僚荫补近亲外，多及疏属，遂致入仕之门，不知纪极……
>
> 今本朝沛恩至广，人臣多继世不绝，恩固甚厚。然事久则弊，亦当改张，以救其失。臣欲乞今后文武臣僚官序合每岁遇乾元节得奏荐亲属之人，除子孙依旧外，期亲候遇郊禋，许奏一人，其余亲属，再遇郊禋，许奏一人。其官序每遇郊禋得奏荐亲属之人，除子孙依旧外，期亲候再遇郊禋，许奏一人，其余亲属，候三次遇郊禋，许奏一人。如此等级裁减，一年内可省入官数十人，积年而计，所省渐多，则仕路之冗，不澄汰而自清矣。朝廷向来已曾更改资荫条制，然而亲子孙亦以限年厘革，是致人心怨嗟，遂即复故。臣今所请，以奏荐亲疏为等降，皆缘人情。盖人情于近亲则恩甚厚，于疏属则恩渐薄。今既许近亲依旧制，其疏属止以年月远近为限，不尽隔绝，酌于众心，计亦无怨。惟圣明断而行之，则官滥之源，庶或可塞。其边臣及路分合得恩例，即乞依旧。如许施行，仍乞候过今秋大飨后为始。[①]

何郯首先分析了形成宋代冗官局面的原因。他认为，在现行官员荫补

---

① 何郯：《上仁宗乞臣僚奏荫亲属以年月远近为限》，《国朝诸臣奏议》卷七四《百官门·荫补》。

制度的执行过程中，官员荫补子弟人数太多，平均每三年即有上千名官员子弟被荫补为官。尽管荫补要按照服属远近依等级，但由于没有从时间上进行限制，官员依旧可以荫补很多亲属为官。同时，他还对此前的庆历荫补新制进行了相当深刻的剖析和回顾，认为新制有碍人情，因而才引起了"人心怨嗟"的不良后果，朝廷只好下令恢复旧制。而何郯所提方案，主要是依据官员级别延长其荫补其他亲属的时间间隔，从而大大地减少了入仕的人数。

何郯上书之后不久，朝廷根据他的建议对官员荫补法进行了相应的调整：

> 诏："今后文武臣僚每遇乾元节合奏得亲属者，除期亲依旧外，大功亲候遇郊禋许奏一名，小功已下再遇郊禋许奏一名。其每遇郊禋合奏得亲属者，除子孙依旧外，其余期亲候再遇郊禋许奏一名，其大功已下三遇郊禋许奏一名。"从御史中丞王举正与两制、台谏等所定夺也。①

这一制度是由御史中丞王举正与两制官、台谏官一起商讨研究之后制定的，主要是依据亲属关系的远近而限制官员荫补亲属的人数。圣节得荫补的高级官员，期亲以上按旧制执行，仍然可以荫补；大功亲，则只能在南郊大礼时荫补一人；小功以下亲属，则两次郊祀方能荫补一人。只享有郊祀荫补亲属权的官员，子孙可以依旧在每次郊祀时得荫补，其余期亲经历两次郊祀才能奏补一人，大功以下亲属经历三次郊祀才能荫补一人。很显然，这一法令的核心宗旨是保障官员直系亲属（子孙及期亲）的荫补权，而大大限制其他亲属的荫补权。这一诏令尽管不是完全按照何郯的建议而拟定出台的，但对限制官员荫补人数还是有一定积极作用的。

实际上，若按在此之前的荫补法，武官刺史，文官带职少卿、监以上的官员既享有圣节荫补权，也可以在郊祀祭典时荫补子弟。正常情况下，每三年可以荫补四人，九年即为十二人。官员任职时间越长，所得荫补便会随之不断增加。若无限制，官员亲属便可由此大量入仕。官员的子孙、

---

① 《长编》卷一七三，皇祐四年九月甲辰。

期亲毕竟是有限的,此法令颁布后,直系亲属荫补完之后,其余亲属就得经历二次或三次郊祀方能荫补一人。因此,这一政策在一定程度上裁减了官员荫补亲属的数量,但裁减的幅度是相当有限的。

此后一年,知谏院李兑上书朝廷,认为皇祐四年(1052)之制存在不合理之处:"臣伏睹皇祐四年九月二日敕文,今后文武臣僚每遇郊禋合奏得亲属者,除子孙依旧外,余期亲候再遇郊禋许奏一名,大功已下三遇郊禋许奏一名。伏缘文武臣僚,内有于郊禋前方转官,该得奏荫亲属,或以衰朽,又无子孙,虽有期亲,未得奏荫,若须再遇郊禋,窃恐难沾恩泽。臣欲特降指挥,今后文武臣僚有初该奏荫,而年老无子孙,郊禋许奏期亲一名,取进止。"于是朝廷下诏:"文武官遇南郊,得奏荐子孙。而年老无子孙者,听奏期亲一人。从知谏院李兑所请也。"[①] 这是对年老而无子孙的官员的照顾措施,允许他们在第一次得郊祀荫补时荫补期亲一人。应该说,宋仁宗皇祐时期对官员荫补制度的调整是换汤不换药,对官员荫补亲属的限制是很有限的。因为,这一政策只是对子孙弟侄少的官员起到一定的限制作用,而通常情况下,官员子孙并不少,他们可以照常荫补为官。

> 原刊于《史学论衡》下编,北京师范大学出版社,2002年,第398—409页,题目为《论庆历荫补新制》

[①]《长编》卷一七四,皇祐五年二月戊子。

"决定版"：宋神宗君臣对官员子弟入仕的压缩

宋神宗在位时期，是继宋仁宗以后宋代又一个变革时期。宋初以来的各项制度至此时已是弊端丛生，加之社会新问题的不断出现，致使社会矛盾愈加复杂，因而诸多制度均在被改革之列，官员荫补制度自然也不例外。宋神宗君臣对荫补制度进行了全面而系统的整顿，尤其是对后妃、宗室、公主等皇亲国戚的荫补制度的改革，具有较为深远的意义。

第一节 熙宁荫补新制

尽管嘉祐荫补新制在一定程度上抑制了官员荫补过滥的局面，然而，各级官员有权荫补亲属的依然不在少数，官员子弟荫补所得官职几乎未发生任何变更，一得荫补便是地位不低的官职。宋神宗刚继位，便有四名臣僚上书朝廷，要求改革现行的荫补制度。熙宁元年（1068），"先是，殿中御史里行张唐英言：'仁宗以来，屡革京官之授。'知谏院吴申言：'今卿、监七十余员，将来子孙尽奏京官。少卿、监、郎中、带职员郎共五百余员，员外郎八百员。数年之后，尽迁郎中，将来奏荐，复倍于今。'同知谏院吴充言：'宫掖妃嫔恩例亦乞裁酌。'都官员外郎庞元英言：'入官之弊，独诸副使未甚裁损。'四状并批送学士院，集两制同详定"[①]。上述四位官员的四

---

① 《长编纪事本末》卷六七《裁抑臣僚奏荐》。

道奏章中，三道是针对官员荫补制度的，一道是针对后妃荫补制度的。由于记载较为简略，很难窥其全貌，但不难看出，其中张唐英和吴申的奏章针对的是官员子弟授官标准太高。经宋神宗下令，翰林学士承旨王珪等人制定了一套官员和其他特权阶层的具体荫补办法，其基本内容如下：

> 旧制，宰相、使相子除将作监丞，弟、兄、孙、侄并授太祝、奉礼郎，亲堂弟侄与守校书郎。今定宰相、使相奏亲堂弟侄只与试校书郎。
>
> 旧制，大卿、监子与在京主簿，弟、兄、孙、侄与试校书郎。今定大卿、监每次郊礼，亲子与试校书郎一人，候该参选，并与注初等职官，弟、兄、孙、侄降一等，内曾任知杂、省府副非责降者依旧。少卿、监子并与试校书郎，兄、弟、孙、侄与斋郎。今定少卿、监每两次郊礼许奏一人，内曾任知杂、省副非责降者依旧制。谏议大夫、待制、观察使以上两遇郊礼，许奏子侄亲一人。今定三遇郊礼许奏一人。……
>
> 旧制，诸卫将军、诸司副使、枢密院诸房副承制以上自转授后两遇郊礼，方许奏荐，今定累奏不得过两人。如被奏人亡没，许别奏。其将军、副使、路分都监以上，须入仕及三十年以上，系亲民差遣，其见任监当，但曾历亲民非责降者亦同。①

这是宋神宗首次对官员荫补制度进行改革，其中大部分规定是针对文官的，其侧重点在于降低荫补子弟的授官标准。原来宰相亲堂弟侄授守校书郎官，熙宁更制后，只允许授试校书郎官职，降低一级。原来大卿、监之子授在京主簿，似即为寺监主簿。庆历新制中大卿、监长子荫补为寺、监主簿，弟、兄、孙、侄授试校书郎。熙宁新制改为每次郊祀大礼授子一人为试校书郎，参选出官时担任初等职官，弟、兄、孙、侄再降一等授官，似授官斋郎（案：宋代试校书郎官之下似即为斋郎）。其中曾经担任过知杂御史等官职而不是责降官的大卿、监，其弟、兄、孙、侄依旧授官试校书郎，但其子是否依旧授寺、监主簿，仍有待进一步研究。原来少卿、监

---

① 《长编纪事本末》卷六七《裁抑臣僚奏荐》。

子授试校书郎，弟兄等为斋郎，熙宁新制改为少卿、监每两次郊礼方能荫补一人，官职却不得而知，似未做调整。其中曾担任过知杂御史等职务而未受过责降处分的少卿、监依旧制实施荫补。原来谏议大夫、待制、观察使以上官员两次郊祀大礼可以荫补"子侄亲"一人，熙宁新制改为三次郊礼才能荫补一人。此处的"子侄亲"含义甚为模糊，笔者个人以为，"子侄亲"当是指异姓亲属。宋仁宗皇祐二年（1050），"诏观察使已上，自今依大两省、待制例，经两次郊礼，许一次将弟侄子孙恩泽奏补异姓骨肉"①。若将此令与熙宁新制比较，指异姓亲属应该是较为合理的解释。

就武官而言，原来诸卫将军、诸司副使转官后两次郊礼才能荫补亲属为官，熙宁新制规定这些武官毕生只能荫补两名亲属，如受荫之人死亡，允许重新荫补。此外，将军、副使级武官必须入仕达到三十年以上，而且必须是亲民官，或曾经担任过亲民官而非受处分降为监当官者。这一政策得到后世政治家的高度评价，宋元之际著名的史家马端临在《文献通考》中引述止斋陈氏（陈傅良）之话说："至熙宁始裁定：诸卫将军、诸司副使累奏不得过二人；非任路分都监差遣，即须入仕三十年，方听奏荐。而限年限员之法立。"②由此可见，熙宁元年制度中，官员荫补亲属的前提条件更为苛刻，限制也更多。更为重要的是，熙宁新制依据亲属关系的远近大大降低了文官子弟的授官标准，但不知何故，对武官子弟授官却并无具体规定。熙宁元年（1068）荫补新制还对后妃、公主等的荫补做出了相应的规定，"诏并从之"，③看来这些制度是认真执行了的。

熙宁荫补新制还对两府官僚的荫补做了相应的改革，这是新制最突出之处，在很大程度上限制了高级官员荫补之滥。"旧制，两府遇郊礼，奏医人一名，与四［试］国子、四门助教，不理选限。及教练使一名宪衔，逐次奉圣旨依理例。内教练使多奏作试衔，不理选限。及奏荐试衔、不理选限人多，却用陈乞奏换三班差使、殿侍。旧许将合得转官及其余恩泽若

---

① 《长编》卷一六九，皇祐二年十一月。
② 《文献通考》卷三四《选举考七》，中华书局，2011年。
③ 《长编纪事本末》卷六七《裁抑臣僚奏荐》。

人吏等出职，陈乞回授与亲戚官者，今并乞不许回授。两府初除及转官罢任各奏门下人吏恩泽，旧例多至十人以上，并乞减半。"① 由此可见宋代两府官员享有的荫补特权之多，就连自己的家庭医生、教练使等，均可荫补为官，尽管只是"不理选限"之官。

两府官员可以荫补自己的家庭医生或对自己有贡献的医师为官。这种荫补由来已久，也是为法律所允许的。宋仁宗时期，蔡襄曾向朝廷要求荫补给自己治过病的李端为官："臣伏见建州李端，素习医方，久敦善行，尽心博济，为众所称。兼臣抱病闽中，仰其药石。敢援近例，辄冀推恩，伏望朝廷特与试秩，以劝辈流。"② 也就是说，凡是担任过两府官职的高级官员均有资格荫补医生一人为试国子四门助教。在蔡襄的文集中还保存有一道任官制词："敕：某挟方伎之学，游近侍之门。言达予闻，命试尔秩。脱迹民版，足为光荣。"③ 宋神宗熙宁以后，依然允许两府官员荫补医生一人为官。《宋史》在记述臣僚大礼荫补时说："宰相、执政官：本宗、异姓、门客、医人各一人。"④ 只是医生仅具有官的身份，而不能正式担任实际职务，即"不理选限"。而且，两府官员还可以荫补教练使一员为官。熙宁以后规定，每次荫补医生、教练使都必须向皇帝请示，其中教练使多用陈乞恩例改换为三班差使、殿侍等武官，但仍不能出官任职。

熙宁元年（1068）以前，允许两府官员将自己可以晋升的官职或其他各种恩泽回授给自己的亲属。事实上，两府大臣由于均系朝廷的重臣，经常会有加官晋爵的机会，有时甚至会因一些微不足道的小事如监修书籍、处理外交事务等得到升官的奖赏。但这些官职于权高位重的宰相、执政等已经毫无意义，因而他们往往要求皇帝将自己应得的官职转手，或荫补亲属为官，或让有官亲属晋升官职，等等。甚至连宰执手下办事的吏人出职的机会，也会被宰臣挪用于荫补自己的亲属为官。熙宁元年条制禁止两府大臣以转官或其他形式的恩荫荫补亲属为官，看来此前这种现象应该是相

---

① 《长编纪事本末》卷六七《裁抑臣僚奏荐》。
② 《蔡忠惠集》卷二一《奏乞李端恩泽状》，《全宋文》卷一〇〇六。
③ 《蔡忠惠集》卷一一《刘元瑜奏医人孙士龙试国子四门助教制》，《全宋文》卷九九八。
④ 《宋史》卷一七〇《职官志十》。

当普遍的。

两府官员初任、迁官、转厅、罢任时均可以奏荐吏人为官，所荐人数甚至多达十余人，熙宁新制规定在原来的基础上减去一半。至熙宁六年（1073），朝廷进一步下令限定这一荫补的人数，"诏：'定两府初除、迁官、转厅、解罢陈乞使臣公人，并袞同推恩，止令中书施行。宰臣［案：《会要》选举二五之二一作'宰臣、枢密使相七人'］、枢密使、知枢密院五人，参知政事、枢密副使、同知枢密院四人，签书枢密院三人［案：《会要》选举二五之二一作'枢密副使、同知枢密院四人'，缺'参知政事''签书枢密院三人'］。'"①从而将两府官员荫补吏人为官纳入了法制化轨道。宋哲宗元祐三年（1088），进一步减少了执政官员奏补门下吏人的人数，"宰臣、执政官给使人应得恩例，并四分减一"②。自熙宁元年（1068）以后，两府大臣荫补直系亲属以外的其他亲属以及其医人、吏人的特权便受到了很大的限制，尤其是荫补吏人的人数，相对而言比之前减少了许多。由此可见，整顿两府高级官员的荫补是熙宁新制的重要内容之一。

在此附带谈一下宋代宰相、执政等高级官员给使人的荫补问题。《石林燕语》记载："唐末、五代武选，有东西头供奉，左右班侍禁、殿直，本朝又增内殿承制、崇班，皆禁廷奉至尊之名。然宰执及戚里，当时得奏乞给使恩泽，皆例受此官，沿习既久，不以为过。政和中，改武官名，有拱卫、亲卫大夫等职，宰相给使有至此官者。"③由此可见，宋代三班使臣本为侍候皇帝的武官，其后宰相、戚里等特殊的特权阶层也可以奏补给使之人为三班使臣，从而逐渐形成惯例，甚至可以说是不成文的法律。"宋参政绶，常患仕路人色多冗。其在政府，例得奏奴隶补班行，公独不奏，议者佳之。"④也就是说，凡两府高官按惯例均可荫补自己的仆人为三班使臣，只是当时身为参知政事的宋绶不愿荫补其仆人为官，因而得到了社会舆论的广泛赞誉，但如宋绶一样的高官毕竟是凤毛麟角。

---

① 《长编》卷二四六，熙宁六年八月戊午。
② 《长编》卷四一七，元祐三年十一月乙丑。
③ 《石林燕语》卷五，中华书局，1984年。
④ 《能改斋漫录》卷一二《宋参政不奏补奴隶》，四库全书本。

宋仁宗庆历二年（1042），有官员上书朝廷，建议禁止执政大臣仆从荫补为三班使臣，得到皇帝批准。但此法令刚颁布不久，前宰相吕夷简的仆人便荫补为三班奉职。此事遭到欧阳修的猛烈攻击："臣闻去年［庆历二年］十月中曾有臣僚上言：乞今后大臣厮仆不得奏荐班行，敕旨颁下才三四月已，却用吕夷简仆人袁宗二人为奉职。夷简身为大臣，坏乱陛下朝政多矣。苟有利于其私，虽败天下事，尚无所顾……但朝廷自宜如何，今一法才出，而大臣先坏之，则其次臣僚仆人，岂可不与？不与则是行法有二，与之则近降敕旨今后又废。有司为陛下守法者，不思国体，但徇人情。或云二仆得旨与官在降敕前，奈何授官在降敕后。凡出命令，本为厘革前弊，法家以后敕冲前敕，今袁宗等虽曾得旨，而未授命间，已该新制，自合厘革。夷简不能止绝，而恣其侥幸，朝廷又不举行近敕，而自骤典法，今后诏令，何以遵行？其袁宗等，伏乞特追奉职之命，别与一军将之类名目，足示优恩，不可为无功之臣私宠仆奴而乱国法。"① 庆历二年以前，宰相、执政的仆人可以荫补为三班奉职等名目的三班使臣，估计是宋初以来的惯例。庆历二年十月以后，朝廷禁止宰相、执政的仆人荫补为三班使臣。吕夷简的两名仆人早在颁布禁令之前便已得到荫补旨令，只是尚未实施而已，因而欧阳修建议荫此二人为军将之类无品武官。

此后，宰执荫补仆人的制度可能有了变化。至熙宁改制时，如前所述，宰相、执政可以荫补教练使一人加宪衔，这表明宰执荫补私人仆从制度已经发生了变化。南宋时，韩元吉上书说："凡曰给使，不许其货卖"，"其给使补官，系宰相、执政官，反依执政官合得入流、减年之人。淳熙三年十二月十六日，已降指挥，并依旧法，缘今来所请，系谓以贿赂得之者，乞令法寺检坐条法约束，如今后有犯，务在必行。"② 按韩元吉之说，朝廷禁止宰执买卖给使荫补名额，荫补给使特权只有宰相、执政方能享有。一直到南宋时期，宰执依然享有此项特权，只是按规定，不得以给使荫补者作为宰执应该得到的入流与减年之人。

---

① 欧阳修：《上仁宗论吕夷简仆人受官》，《国朝诸臣奏议》卷六九《百官门·谨名器》。
② 《南涧甲乙稿》卷九《集议繁冗虚伪弊事状》，《全宋文》卷四七八七。

此外，熙宁元年（1068）新制还对两省以上官僚子孙荫补为京官的制度进行调整："其两省以上奏补子孙京官难减省，切缘有出身选人例须五人与［举］主方得改转京官。今奏补人便充京官，迁转更无限碍，但监当六年，便入亲民。比之有出身选人，实为优幸。今乞奏补京官并须本部通判、知州、职司及内外两省以上官四人奏举，内仍有本辖官一人，两任实满六年，方入亲民差遣，若奏补颁［似应为"班"字］行入监当，有举主二人，两任六年者准此。诏并从之。"①按照宋代官员荫补法的规定，两省以上高级官员子孙可以直接荫补为京官，出官后只需做两任监当官，无论其政绩优劣，均可改转亲民官，即知县、县令等，这显然是不合理的。熙宁新制规定两省以上官员子孙任官后必须有任职地区的地方官等四人保举，才能改转亲民官。熙宁初，张唐英、吴申二人的奏折论及了官员子弟荫补为京官之事，上述政策似为对二人改革建议的具体实施。

宋神宗熙宁二年（1069）十二月，朝廷对宗室子孙授官制度进行改革，同时又对官员子弟等的荫补授官制度加以相应的整顿："使相子，西头供奉官，亲孙、弟、侄与右侍禁，大功以下亲三班奉职。枢密使、副使、宣徽、节度使，子右侍禁，亲孙、弟、侄右班殿直，大功奉职，小功以下亲借职。六统军、诸卫上将军、节度观察留后、观察使、内客省使，子左班殿直，亲孙、弟、侄右班殿直，大功以下亲借职。诸卫大将军、内诸司使、枢密院诸房副承旨子奉职，亲孙、弟、侄借职，大功以下亲三班差使、殿直，缌麻以下亲更不许奏。"②据上述条令制成表：

表一　熙宁二年武官亲属荫补表

武官官名	亲属关系	荫补官职	政和后官称	官品
使相	子	西头供奉官	秉义郎	从八品
	亲孙、弟、侄	右侍禁	忠翊郎	正九品
	大功以下亲	三班奉职	承节郎	从九品

---

① 《长编纪事本末》卷六七《裁抑臣僚奏荐》。
② 《长编纪事本末》卷六七《裁抑臣僚奏荐》。

（续表）

武官官名	亲属关系	荫补官职	政和后官称	官品
枢密使、副使，宣徽、节度使	子	右侍禁	忠翊郎	正九品
	亲孙、弟、侄	右班殿直	保义郎	正九品
	大功	奉职	承节郎	从九品
	小功以下亲	借职	承信郎	从九品
六统军、诸卫上将军、节度观察留后、观察使、内客省使	子	左班殿直	成忠郎	正九品
	亲孙、弟、侄	右班殿直	保义郎	正九品
	大功以下亲	借职	承信郎	从九品
诸卫大将军、内诸司使、枢密院诸房副承旨	子	奉职	承节郎	从九品
	亲孙、弟、侄	借职	承信郎	从九品
	大功以下亲	三班差使、殿直	进武校尉	无品

上表表明，宋神宗熙宁二年（1069）以后，武官子弟荫补官职普遍降低了。将上表与宋真宗大中祥符八年（1015）及宋仁宗庆历三年（1043）颁布的荫补授官标准比较，同样级别武官的亲属荫补官职的级别，熙宁新制要低一级。尽管官品并没有大的变化，如庆历新制中使相期亲授左侍禁，为正九品，熙宁新制为右侍禁，亦为正九品；庆历新制使相子授东头供奉官，熙宁新制为西头供奉官，均为从八品。

对于文官子孙荫补制度，熙宁二年（1069）亦做了相应的规定："宰相、使相子大理评事，余依旧。宰相、枢密使、参知政事、枢密副使许奏有服外亲，其待制、观察使以上，三次南郊许奏异姓准此。郎中以下该奏荐者，四次南郊许奏大功以下亲一人。少卿、监以下更不许奏缌麻亲。又照应省府及职司等诸般职任差遣，各随正资序奏荐亲属外，其权及权发遣者，班序、衣赐、杂给、支赐等并依正权官例，即不得依正入资序人例奏荐恩泽。"[①] 这一诏令最引人注目的是文官宰相、使相之子荫补授官比原来降低了一级。按照宋仁宗以来的官僚荫补制度，宰相之子荫补为将作监丞，熙宁二年以前荫补为大理评事。其他文官亲属荫补官职，则基本遵行宋仁宗以来的制度执行。

---

① 《长编纪事本末》卷六七《裁抑臣僚奏荐》。

与此同时，朝廷对各级官员荫补亲属的范围做了进一步规定，如少卿、监以下官员不得荫补现缌麻亲，郎中以下官员经过四次郊祀大礼才能荫补大功以下亲一人，等等。此外，宋代官僚制度越来越复杂，权官、权发遣官等名目的官员很多，但他们的级别一般比正式官员低，诸如权某官之类的官员不能荫补亲属。自此以后，宋代官员荫补制度基本固定下来，直至南宋，大体上仍然执行熙宁改制后的荫补法。尽管元丰三年（1080）以后，宋代阶官名称发生了变化，但官员荫补制度基本上没有大的变化。《宋史》卷一七〇《职官志十》记录了以元丰官制改革后的官名为依据的官员荫补情况，由于文官只有宰相子的授官标准变了，而武官荫补授官则变化很大，故制成表，以反映武官荫补授官情况：

表二　元丰改制后武官荫补表

武官官名	亲属关系	荫补官名	元丰前官名
枢密使、开府仪同三司	子	秉义郎	西头供奉官
	孙及期亲	忠翊郎	右侍禁
	大功以下亲	承节郎	三班奉职
	异姓亲	承信郎	三班借职
知枢密院事、同知枢密院事、枢密副使、太尉、节度使	子	忠训郎	左侍禁
	孙及期亲	成忠郎	左班殿直
	大功	承节郎	三班奉职
	小功以下及异姓亲	承信郎	三班借职
诸卫上将军、承宣使、观察使、通侍大夫	子	成忠郎	左班殿直
	孙及期亲	保义郎	右班殿直
	大功以下及异姓亲	承节郎	三班借职
枢密都承旨、正侍大夫至右武大夫、防御使、团练使、延福宫使至昭宣使任入内内侍省都知以上	子	保义郎	右班殿直
	孙及期亲	承节郎	三班奉职
	大功以下亲（内各奏异姓亲者同）	承信郎	三班借职
刺史	子	承节郎	三班奉职
	孙及期亲	承信郎	三班借职
	大功以下	进武校尉	三班差使

(续表)

武官官名	亲属关系	荫补官名	元丰前官名
诸卫大将军、武功至武翼大夫、枢密承旨至诸房副承旨	子	承节郎	三班奉职
	孙及期亲	承信郎	三班借职
	大功以下	进武校尉	三班差使
诸卫将军、正侍至右武郎、武功至武翼郎	子	承信郎	三班借职
	孙	进武校尉	三班差使
	期亲	进义校尉	三班借差
枢密院逐房副承旨	子	承信郎	三班借职
训武、修武郎及阁门祗候	子	进义校尉	三班借差
忠佐带遥郡者，每两遇大礼荫补	（刺史）子	进武校尉	三班差使
	（团练使、防御使）子	承信郎	三班借职

从上表看，《宋史》的记载是相当繁杂的，比大中祥符八年（1015）、庆历年间、熙宁年间的荫补制度都要详细，几乎涵盖了所有享有荫补权的宋代武官。由此可知，宋神宗改革的荫补制度大致成为此后的定制。

日本学者梅原郁教授将宋仁宗庆历三年（1043）颁布的官员子弟荫补标准视为宋代官员荫补法的"决定版"，又依据庆历三年的荫补规定制成"庆历三年以后文臣（武臣）恩荫表"，[1]并将其延伸至政和以后，使庆历与政和以后官名对应起来，但表格中的文武官是无法对应的。如宰相之子在宋神宗熙宁二年（1069）以前荫补为将作监丞（元丰后为从八品宣义郎），而熙宁二年以后荫补为大理评事（元丰后为承事郎）。使相之子在熙宁二年以前荫补官职为东头供奉官（元丰后为从八品从义郎），而熙宁二年以后只能荫补为西头供奉官（元丰后为秉义郎）。

究其原因，梅原郁教授似乎并未对宋神宗时期官员荫补制度的诸多变化予以足够的重视，才将仁宗庆历新制视为宋代一直通行的制度。若将前面所列熙宁二年武官荫补表与庆历三年武官荫补表作一对照，事实便更清楚了。如庆历三年武官使相子荫补东头供奉官（元丰后为从义郎）、期亲左侍禁（元丰后为忠训郎），而熙宁二年后武官使相子荫补西头供奉官

---

[1] 梅原郁：《宋代官僚制度研究》第五章。

（元丰后为秉义郎），期亲荫补为右侍禁（元丰后为忠翊郎）。庆历时，枢密使副、宣徽使、见任节度使子荫为西头供奉官（元丰后为秉义郎），期亲为右侍禁（元丰后为忠翊郎），而熙宁二年以后，武官枢密使副等之子荫补为右侍禁（元丰后为忠翊郎），期亲为右班殿直（元丰后为保义郎）。

第二节　神宗时期的其他荫补制度改革与北宋末期官员荫补制度的变化

宋神宗时期，除颁布和实施熙宁荫补新条外，还对官员荫补制度其他环节做了一些相应的调整。

宋神宗之前，两府之一的枢密院长官的亲属通常情况下被荫补为武官，尽管枢密院长贰大都是文官。宋神宗时期加以改变，《清波杂志》卷二说："元丰前，枢密院奏荐子弟，皆补班行。"《挥麈前录》卷二说："旧制，枢密使、知枢密院奏荐子弟，皆补班行。故富郑公之子绍京、文潞公之子贻庆皆为阁门祗候，元丰后方授文资。"①文彦博上奏说："伏蒙圣恩，除臣男供备库副使兼通事舍人、同勾当军头引见司贻庆充奉议郎、尚书都官员外郎并赐绯鱼袋者。仍睹告词，谓臣弼亮三世，粗有微勤，以愚息乞换文资，特擢宠命。举族知幸，受恩若惊。"②在这一大套谦辞的背后，我们可以发现，文彦博以其特殊的三朝元老的身份向朝廷提出了为其子以武换文的要求，皇帝不得不同意其请求，于是枢密院长官的子弟自此以后便被授官为文资。

宋神宗时，也给予了一些重要职能部门官员荫补亲属权。熙宁七年（1074），朝廷颁布诏令，"诏中书检正公事官、司门员外郎依正提点刑狱例奏子孙"③。熙宁八年（1075），"权检正中书户房公事吕嘉问言：'近制，

---

① 《清波杂志校注》卷二《右府太尉》。
② 《文彦博集校注》卷一〇《谢男贻庆换授文资及章服表》，中华书局，2016年。
③ 《长编》卷二五七，熙宁七年十月丁丑。

检正官至员外郎，许奏荐。缘检正官止是差遣，见行条例无不计资序奏荐者，乞于奏荐条删去检正官。'诏检正官转员外郎、通判以上资序者，许奏荐"①。在此之前，中书检正官之职多由吏人担任。王安石变法时，新设的中书检正官开始享有荫补权，只要中书检正官转官至员外郎，其官资在通判以上，即可荫补子弟为官。吕嘉问所谓的"近制"应即是熙宁七年朝廷所颁布的诏令。据《宋史》记载，"中书检正官、枢密院检详官至员外郎，在职及二年，遇大礼许补亲属。中书堂后官、提点五房官，虽未至员外，听奏补"②。

按照宋神宗熙宁二年（1069）的规定，省府及各职能部门的权官或权发遣官等只能享有与正任官员几乎相同的物质待遇，但不能同正任官员一样按其级别荫补亲属为官。熙宁七年（1074），朝廷对这一制度进行了修正，"诏差官权在京职任，如大理少卿之类，知州以上资序，即许奏荐"③。也就是说，凡担任权官，只要具有知州以上资序，即可以荫补亲属为官。

在中国古代社会，为照顾某一个官员或某些官员而修改制度的情况是经常出现的。宋哲宗元祐五年（1090），御史中丞苏辙猛烈攻击以韩维为首的政治势力："本朝势家，莫如韩氏之盛。子弟姻娅，布满中外。朝之要官，多其亲党者。"他揭露韩维党羽杜纯、杜纮二人暗度陈仓，徇私枉法："故纯以荫补得为侍御史，朝廷察其奸妄，寻即罢去。旧法，曾任侍御史非责降者，每遇大礼许荫补。内中散大夫以上依见任人，朝议大夫依本官。及纮详定元祐敕，为纯曾任侍御史而官止朝奉郎，即改旧法，于朝议大夫下添'以下'二字，意欲使纯由此得奏荐子弟。去年明堂，纯即坐新条乞奏其子。是时，臣权吏部尚书，亲见其奸，即申尚书省改正旧法。按纯、纮皆法官进用，不为不知条贯。至于添改敕文，以济其私，其为欺罔，未见其比。"④杜纮在修订法律条文时，随意在原来的条文中增加了两个字，便将杜纯圈入了荫补之列，这应是人治社会的通病。

---

① 《长编》卷二六三，熙宁八年闰四月丁巳。
② 《宋史》卷一五九《选举志五》。
③ 《长编》卷二五四，熙宁七年七月甲寅。
④ 《长编》卷四五三，元祐五年十二月壬子。

宋神宗时期朝廷还对偏远地区地方官的荫补制度进行了一些调整。仁宗时期，广南西路邕州、宜州两州知州官员荫补子孙或期亲为官，至神宗元丰五年（1082），"上批：'钦州极边烟瘴，知州许依邕、宜二州奏子孙一人恩泽，著为令。'"①。其后经略安抚司言："邕、廉、钦等州水土恶地，凡得替未出本路，赴任未入，若待阙本路身亡者。副使以上与子孙一名三班差使，崇班以上与借差，殿直以上与殿侍，余支赐如法。""从之。"②这就意味着广南西路偏远州的在任、或将上任、待缺、任满未出广西路而死亡的官员，均可荫补其子孙一人为官，副使官阶以上荫补为三班差使（元丰后为进武校尉）等。这是对这些官员担任穷乡僻壤地区地方官的一种补偿。

宋神宗时期对官员荫补制度改革的又一重要措施是严禁将荫补名额分授亲属。岳珂在《愧郯录》中对此事进行了较为详细的记述："旧制，任子许分貤，遍及支庶，才稍降资秩而已。后乃不复然。珂尝考《续会要》：'熙宁五年四月二十二日，辰州团练使致仕郭化言："乞将合得一子恩泽，分减与子熙、恭二人，近下班行内安排。"诏郭熙与右班殿直。旧例，与子恩泽，许降资分授。上以一子官，朝廷之特恩，分授非古，且长徼幸，遂命罢之。'然则此制盖袭用已久，革而当。人心虽各私其子，亦莫之敢议，今世鲜复有知此故事者。"③《长编》卷二三二亦记载了此事，但远不及岳珂所记详细。在宋神宗熙宁五年（1072）以前，宋代官员荫补子孙时可以将一个名额分成两名以上，只是在授官时降低级别安排而已。如郭化致仕只能荫补一名子孙入官，若按照之前的惯例可荫补二人，这显然会大大增加入官人数，有悖于宋朝政府减少荫补人数的基本指导思想。于是宋神宗下令禁止执行这一存在弊端的制度，此后宋朝便一直遵循神宗改革的制度，乃至南宋时期已经很少有人知道北宋时期曾经存在过"降资分授"制度，更不用说向朝廷提出类似的要求了。

---

① 《长编》卷三二五，元丰五年四月甲子。
② 《长编》卷三三〇，元丰五年十月庚申。
③ 《愧郯录》卷五《任子分授》，中华书局，2016年。

宋哲宗即位后，太后高氏执掌朝政，改废神宗变法条令，史称"元祐更化"。此时，朝野上下官员对国家实施已久的荫补制度进行了猛烈抨击，以监察御史上官均之言为例："今之寄禄官，自大夫以上，初升大夫，即奏补子弟一人。其后两经郊恩与致仕之日，皆许奏荫。其为大夫以上，岁月深久，往往奏荐多至数人。夫廉谨无过，积日叙迁而为大夫者，未必有功而贤者也，官其子弟一二人，以宠其后，固已厚矣。臣欲乞自两省、两制以下至大夫奏补之数，宜加裁减，限以多少，则可以革资荫之滥矣。"①在上官均看来，此时官员荫补依然甚多、甚滥，因而建议朝廷再次裁减荫补，并限制官员荫补子弟的最高数额。太后下令让朝官讨论削减荫补的具体办法。

右司谏王觌说："臣伏见给、舍、左右司郎官等见准朝旨，相度裁减入流人数，臣窃见文臣与武臣任子之法，殊有未均。文臣承议郎班列既在武臣诸司副使之上，而诸司副使虽常调皆得任子，承议郎以上至朝请郎非带职者，皆不得任子。以品秩言之，武臣视文臣若皆常调，虽诸司使犹未可以任子也，况副使哉？盖前日诸司副使员少，任子不多，而入流之人未冗也，推恩稍广，无所不可，今副使员多，任子者众，而入流之人冗甚，则理当比类文臣，重别立法。伏望圣慈指挥下有司，与前项裁减入流事一处相度施行。"②在他看来，文武官荫补品级应该一刀切。在此之前，文官从六品、武官从七品（副使）享有荫补权，显然不合理。但文武官升迁的周期存在巨大差别，怎么能以品级来衡量呢？武官升迁极慢，不可能与文官一样，到六品以上才能荫补亲属。但上述提议还是起到了一定作用的，使朝廷出台了一些限制官员荫补的措施。元祐元年（1086），"又诏职事官卿、监以下应任子者，寄禄官至朝奉郎方听，余依旧条"③。所谓职事官，按照南宋时期的解释，"寺监丞簿、学官、大理司直、密院编修之类，谓之职事官"④，即上述各类官员必须寄禄官阶达到朝奉郎级别，才能荫补子孙。

---

① 上官均：《上哲宗乞清入仕之源》，《国朝诸臣奏议》卷七〇《百官门·省官》。
② 《长编》卷三九一，元祐元年十一月庚申。
③ 《长编》卷三七六，元祐元年四月辛亥。
④ 《皇宋中兴两朝圣政辑校》卷四七，中华书局，2019年。

在综合官员的讨论后，元祐三年（1088）颁布了新的荫补制度："宰臣、执政官荫补，初遇大礼，奏本宗及异姓亲各一人。次遇大礼，许奏本宗或异姓无官人授官，有官人转官、循资。或陈乞差遣各一人，仍不能转入朝官，循入支、掌，即应奏承务郎、殿直以上，许换升一任，不得升入通判。其余官应遇大礼合荫补者，初遇、次遇并依旧，三遇许奏有官人，旧条应奏两人止者，次遇止奏有官人。后遇大礼荫补，其隔间资次并准此。即被荫白身人未出官亡没，许以应奏有官人恩泽补奏。已致政官遇大礼合荫补者，不得过两次。宰臣、执政官给使人应得恩例，并四分减一。"① 总体说来，元祐新制基本上还是继续宋神宗时裁减荫补的方针，但其最突出的特点则是将原来允许官员荫补白丁为官，改成允许他们用荫补名额为已经有官职的亲属换取相应的好处。上述诏令规定，宰相、执政在第二次郊祀大礼时可以用荫补名额为有官亲属升官、循资，只是规定升官不得升为通判以上的官，选人循资不得为观察支使和节度掌书记。其他官员第三次郊礼时便可以奏补有官亲属。这些对应的换官原则，视官员自己的愿望而定，因而对官僚集团荫补子弟的影响并不大。同时还规定，已经致仕的官员享受荫补最多不得超过两次。上述原则的出台与修订，仅仅是一时之举，并未执行太长时间。哲宗亲政后，便又基本上恢复了神宗时的旧制。

关于宰相、执政给使人的荫补问题，早在宋仁宗时期，就有不少官员认为荫补人数过多，要求加以裁减。宋仁宗嘉祐四年（1059），"谏官吴及言：'执政之臣，每因迁拜，奏所带人吏数多，以至补班行，尚留私家给使。请自今宰臣至枢密使以上，奏本厅人吏五人，枢密使以下三人，止升名次，无得过三人。'从之"②。由此可见，从宋仁宗时期已开始逐渐出台政策限制宰相、执政荫补吏人为官。至宋神宗时期，进一步对执政大臣荫补吏人的制度加以规范。宋哲宗元祐时期，再度裁减了宰相、执政官荫补吏人的人数。

---

① 《长编》卷四一七，元祐三年十一月乙丑。
② 《长编》卷一八九，嘉祐四年三月辛丑。

然而，宋哲宗时期，似乎改变了宋神宗时的一些制度。宋神宗时期规定禁止宰相、执政将吏人、门客等荫补名额改授给亲属。哲宗绍圣二年（1095），"三省请同知枢密院以上用门客、医人恩泽乞改授者，拟假承务郎。不理选限，从之"①。按法律规定，宰相、执政每次郊礼可荫补医生、门客各一名。绍圣二年以后，宰执可以不荫补门客、医人，而将这两个荫补名额授予亲属或其他人，授官为假承务郎。这一改变意味着宰执可以荫补更多的亲属为官，此一制度一直延续到南宋。

宋哲宗时期，尤其是元祐更化时期，尽管对官员荫补制度进行了一些调整，但真正被后世沿袭的制度并不多。很多规定的执行时间很短，这与宋哲宗以后政治局势的不断变化有着密切关系。但也有些制度是合理的，因而成为固定的法律条文。其中郎中、带职员外郎初次遇郊礼只能荫补亲生子的制度被废除，"正郎初遇郊，止得荫子，不及他亲，法也。元祐中，黄鲁直应任子，特请于朝，舍子而先侄，后遂为例"②。宋哲宗以前，法律规定，郎中、带职员外郎只能荫补子孙为官，不能荫补其他亲属。按照宋仁宗嘉祐新制规定，"郎中、带职员外郎，初遇郊听荫子若孙，再遇郊荫期亲，四遇郊荫大功以下亲"③。但元祐年间，黄庭坚为带职员外郎，初次遇郊礼，却向朝廷提出申请，要求先荫补其侄为官。朝廷批准了他的申请，此后遂成惯例。黄庭坚所写的申请书被保留下来："修实录院检讨官、朝散郎、秘书省著作佐郎、充集贤校理黄某奏：臣见任职名，今遇明堂大礼，该得奏补子孙一名。臣早年未有子息，有兄之子朴，自襁褓过臣房下，抱携教养，于今年二十二，学问稍已知方。后来臣有子相，生才六岁，以臣于朴私恩实均父子，重以老母年今七十，钟爱在朴，不胜白发抱孙之情，扶仗［杖］假息，愿及见朴之阶仕籍也。……欲望圣慈许以合得恩例，先与臣兄之子朴，使臣待罪官次，幸而免于旷败，将来两遇大礼，合奏期亲日，即以奏臣子。某于恩例诏条，别无侥幸，伏望圣慈

---

① 《会要》职官六一之一六。
② 《清波杂志校注》卷六《遇郊任子》。
③ 《长编》卷一八二，嘉祐元年四月丙辰。

特赐开允。"①据黄㽦《山谷先生年谱》卷二五所述，此事发生在元祐四年（1089）。宋哲宗这一法外特许开恩此后便相沿成俗，正郎、带职员外郎第一次遇郊礼可以荫补期亲。

至南宋初期，高宗绍兴二年（1132），"左中大夫致仕胡谷瑞卒。谷瑞，寿昌人，尝为尚书吏部郎中。建炎间请老，卒年五十三。谷瑞为郎时，初得任子恩，先官其弟，朝廷许之。因著令，初遇大礼，有子者听荫补期亲"②。后来甚至又将这一条令写进了法律："诸初遇大礼，应荫补子孙而陈乞荫补期亲者，听（谓见有子或孙白身者，皆有官者非）。"③魏了翁记载："某伏睹庆元重修令：带职朝奉郎以上，初遇大礼应荫补子孙而陈乞荫补期亲，谓见有子或孙白身者。"魏了翁之所以引用庆元时期的法律条文，是因为其父被过继给了其祖母高氏之兄高黄中，后魏了翁归籍，其胞兄仍属高家："了翁伏见本生父嫡长子，奉议郎高载与了翁系同胞兄弟，辛勤一第，官未及员郎而卒。有子斯谋，在了翁为本生父之嫡孙，亲兄之嫡长子。前一次明堂大礼，了翁合该奏荫，缘丁本生母丧，有碍陈乞。今再遇大礼，了翁虽有二男并系白身，若论人情，岂不欲先任其子？缘本生之恩未报，私心实有未安。今来妄意欲将合得恩泽一资，奏补亲兄之子高斯谋，庶几凭藉寸禄，以奉本生父母祭祀，则上以彰圣朝孝治之意，下以慰人子报亲之心。"④由此可见，郎中以上官员首次荫补可以荫补期亲为官，这在法律上是允许的。

宋代官员荫补制度不断变化，经常会出现新问题、新情况，是以前法律条文所未做出明确规定的，因而朝廷只能依据这些特殊情况而临时做出决定。有些临时决定是合理的，便保留下来，一直沿用。宋哲宗元祐年间对黄庭坚荫补的特殊决定，实际上是对宋仁宗以来官员荫补法的补充和完善，放宽了荫补亲属关系的规定，这表明宋代官员荫补制度中有关直系近亲的法律条文有所变化。

---

① 《山谷全书·别集》卷五《乞奏补侄朴状》，《全宋文》卷二二八〇。
② 《系年要录》卷六〇，绍兴二年十一月丁卯。
③ 《庆元条法事类》卷一二《职制门九》，民国三十七年燕京大学刻本。
④ 《鹤山先生大全文集》卷二三《申尚书省乞荫补表侄高斯谋状》，《全宋文》卷七〇六六。

宋徽宗时期，政治黑暗，但官员荫补子弟的基本制度和原则仍然沿袭宋神宗以来的制度，各种形式的恩荫层出不穷，法外用荫的事例屡见不鲜。据《宋史》记载，"崇宁以来，类多泛赏"，"由此任子百倍"[1]，可见北宋末期荫补之滥。此时官员升迁远不如从前严格，所以很多官员一旦得势或攀上得势高官，其升官如坐火箭，青云直上，非常之快。陆游记载："王黼作相，其子闳孚作待制，造朝财十四岁，都人目为'胡孙待制'。"[2] 权相王黼之子年仅十四岁便已成为侍从高官。官位升至一定级别，又可依据相关规定再荫补亲属入官，导致了北宋末期荫补之滥愈演愈烈。

针对这种严重情况，宋徽宗也采取了一些相应的措施。宣和元年（1119），侍御史张汝舟上奏朝廷："奏补之法，有太滥者，有太吝者。今法所该奏补与先朝同，而所从该奏者异。昔之官至大夫，历官不下三五十年，而今之出官，有阅三五年间已至大夫者矣。文武官至大夫既易且速，其来日众而奏补未尝限年，此所以为太滥也……欲乞文武官虽遇郊当荫，文入官不及十五年，武入官不及二十年，皆未许荫补，以抑其太滥……""诏除寺、监长贰至开封少尹系用职事荫补，不合限年，余悉从之。"[3] 张汝舟此奏反映了一个基本事实，即北宋末年官员升迁太快，从而导致了荫补之滥。于是他建议依据入官时间长短来限制荫补，即文官入官十五年、武官二十年以上的官员才能荫补，如果不符合此标准，即使升迁到了可以荫补亲属的官位，也不能荫补。张汝舟的建议基本得到实施，但纵使如此，蔡京的子孙也是年纪轻轻便升至高官，若按之前的荫补制度，蔡京荫补的子孙只会更多，由此亦可看出北宋末年官场之黑暗。其后，谏官李会又上书朝廷："比年大臣子弟仅能胜衣，即簉从列，遇大礼亦得奏补。其稚年显贵，身既滥矣，未有子而移荫他人，是叠滥矣。请待制以上，无出身人须年及三十，通历任及十年者，遇郊许奏。""从之。"[4] 这是对官员荫补年龄的具体规定，即没有出身者必须年龄在三十岁以上，有官身者需有

---

[1]《宋史》卷一五九《选举志五》。
[2]《老学庵笔记》卷十。
[3]《文献通考》卷三四《选举考七》。
[4]《文献通考》卷三四《选举考七》。

十年以上官龄，方能有荫补的资格。

事实上，北宋末年限制年龄和任官年限的法令主要是针对被荫补官员的。通常情况下，通过正常的科举考试而入官的官员不太可能三十岁即升迁至能荫补亲属的官职，当然，个别情况例外。恰如李会所言，官员子弟"尚嬉竹马，已获荷囊。未应娶妇，已得任子"，"时亦觉其太滥"。[①]官员子弟自己尚未娶媳妇，便可荫补子弟为官了，岂不是非常荒唐之事？然而，北宋末年的历史事实确是如此，大概也只有在政治极端黑暗的时期才能出现此类离谱的现象。无论如何，宋徽宗对北宋末年官员子弟荫补之滥也并非听之任之，还是想了些办法加以解决的，但成效甚微，根本无法改变冗官的现实。

宋徽宗时代所制定的限制被荫补官员年龄的政策似乎并未继续执行，但限制官员入官年限的制度被继承下来，成为此后一直执行的固定原则，甚至写进了法律条文。《庆元条法事类》规定："诸遇大礼应荫补者，中大夫至带职朝奉郎入官十五年（承务郎以上入官自参选日，不曾参选授差遣以授付身日，选人改官以选人参选日，见充三省都录事或出职并以补书令史日理。武臣换授自武臣入官日理），及诸卫大将军、武功至武翼大夫（遥郡同）入官二十年，军班换授及十年（入官依诸卫将军至武翼郎法），各理亲民资序者，并听荫补（见从军曾立战功，虽非亲民，资序亦听）。其持服、分司致、寻医侍养、随侍行指教、勒停假满、落籍月日，皆除之。"[②]由此可见，文官入官十五年、武官入官二十年方能荫补子弟的原则自宋徽宗时代确立后便一直执行，并成为荫补法令的重要内容之一。

原刊于《漆侠先生纪念文集》，河北大学出版社，2002年，第205—217页，题目为《论宋神宗至北宋末期的官员荫补制度》

---

① 《文献通考》卷三四《选举考七》。
② 《庆元条法事类》卷一二《职制门九》。

致仕荫补：官员子弟入仕的机遇

第一节　宋代官员致仕荫补制度的变迁

宋代致仕荫补即是官员在退休之时可以根据其级别荫补其子孙为官。宋人章如愚说："国初，无致仕之制。官给事而致仕者，其子同学究。知制诰而致仕者，其子试校书。给事、知制诰皆曰侍从，且特恩也。明道初，员外郎致仕者，其子试校书。三丞致仕者，其子为三丞郎。是今之朝奉、奉议皆得官其子矣。又其甚也，有易簀而请者，有停服而请者，致仕之恩，何其滥也。"[①]章如愚的结论是正确的，他指出了宋代致仕荫补之滥，但宋初"无致仕之制"之说显然是错误的。章如愚一方面说宋初无致仕之制，另一方面却又说给事中致仕时，其子赐同学究出身，知制诰退休时，其子荫补为试校书郎，并认为这是特殊恩典。这种看法明显是相互矛盾而难以自圆其说的。

官员致仕，历代帝王多会考虑给他们适当的奖赏，使他们安度晚年。"凡文武朝官、内职引年辞疾者，多增秩从其请，或加恩其孙。"[②]开宝九年（976），"以国子博士周维简为虞部郎中致仕，仍以其子缮为盩厔县主簿"[③]，这是荫补致仕官员子孙的实例，致仕者官位仅为国子博士。宋太宗太平兴国六年（981），刘载告老，"改工部侍郎致仕，乃赐一子出身"[④]。由

---

① 《山堂群书考索·续集》卷三九《官制门·任子》，四库全书本。
② 《宋史》卷一七〇《职官志十·致仕》。
③ 《会要》职官七七之二九。
④ 《宋史》卷二六二《刘载传》。

于宋初荫补制度尚不规范,除直接任命官员子弟为官外,官员致仕时,更多的是授予官员子弟出身的头衔,即给予官员子弟以官的身份。如孔承恭于太宗时"授将作监致仕,以其子玢同学究出身,为登封县尉,俾就禄养"①,孔承恭之子被授出身后马上又被任命了官职。通常情况下,高级官员子弟授进士出身,中低级官员子弟授诸科出身,宋真宗以前的情况大体上是如此。可见宋初官员致仕时,其子孙是可以荫补为官的,即宋初已存在致仕荫补的事实。

事实上,宋初致仕荫补子孙并非特恩,而属于正常情况。宋真宗天禧元年(1017),"以祠部郎中胡旦为秘书少监致仕,又以其子粲书试秘书省校书郎。旦自陈目疾,求授其子官,故特有是命"②。胡旦仅仅是郎中级官员,致仕时尚可荫补其子为试校书郎官,其他高级官员的情况便可想而知了。宋真宗之前,郎中以上官员似乎均可申请致仕荫补。咸平四年(1001),"翰林学士、吏部郎中、知制诰朱昂罢为工部侍郎,致仕。昂有清节,澹于荣利,初为洗马,十五年不迁,不以屑意。及在内署,非公事不至两府。上知其素守,故骤加褒进。昂累章告老,上不得已从之……又命其子正辞知公安县,使得就养"③。宋真宗之前官员致仕荫补子孙的资料相当有限,但据现在的一些记载推测,当时存在致仕荫补是无疑的,只是致仕荫补制度尚不规范而已。

宋真宗以后,官员致仕荫补制度逐渐由惯例走向规范化。"自祥符以后,始有郊祀大礼、致仕、遗表之例"④,也就是说,自大中祥符年间以后,致仕、遗表等荫补制度便正式确立起来。宋仁宗时,沿着宋真宗之后的方针,致仕荫补的范围大为扩张,使这一荫补形式达到巅峰。章献刘后听政的天圣四年(1026),"诏郎中以上致仕者,自今与一子官。时都官郎中熊同文请老,自言更不愿分司监当,止乞录二子各末科出身。既许同文守本

---

① 《宋史》卷二七六《孔承恭传》。
② 《会要》职官七七之三三。
③ 《长编》卷四八,咸平四年五月庚辰。
④ 《山堂群书考索·后集》卷一七《官制门·任子》。

官致仕，仍特补其一子太庙斋郎，因著为例"①。从此，文官郎中以上官员退休时便可荫补一子为官，授官太庙斋郎，这是宋代首次出现的致仕荫补法律。宋初郎中以上文官致仕即可以申请荫补，只是荫补方式不同而已，存在授官、赐出身等的差别。天圣四年（1026）法令是将宋初以来致仕荫补制度加以法律化、规范化，以防止官员提出过分的要求。如上所举，熊同文希望朝廷赐给他两个孩子末科出身，"庶沾禄仕，以养残朽"，但结果只授给他一个儿子太庙斋郎官职。但是，此规定只限定文官，而无武官的相应规定，只是粗线条的原则而已，并无更为详细的法令；又，此规定也未将官员分等，只说郎中以上官员可以荫补一人，没有明确规定宰相以上高官的致仕荫补政策。

宋仁宗明道元年（1032）颁布了新诏令，大幅度扩大了文官中享有致仕荫补官员的范围："诏员外郎以上致仕者，录其子为秘书省校书郎。三丞以上为太庙斋郎。"② 至此，将致仕荫补范围扩大到了从七品的三丞（宗正寺丞、太常寺丞、秘书省丞），而且荫补官职也大大提高。原来郎中以上文官子孙荫补为太庙斋郎，而此时规定员外郎以上文官子荫补为试秘书省校书郎，三丞之子为太庙斋郎。这实际上就保证了除八品、九品之外所有官员均能在致仕时荫补一子为官。明道二年（1033）又进一步规定："诏三丞以上致仕无子者，听官其嫡孙若弟、侄一人，仍降子一等。"③ 其目的无非是要确保三丞以上官员都享有荫补亲属的权利，无子者可以荫补弟、侄、孙，只是授官时降一等而已。明道诏令将原来的致仕荫补官员的范围连降了两级，自从六品降为从七品，享有致仕荫补的官员自然会成倍地增长，可见当时致仕荫补之滥。

宋仁宗时期，一方面扩大了致仕荫补的范围，招致了无穷后患；另

---

① 《长编》卷一〇四，天圣四年十月壬辰，《会要》职官七七之三六作"天圣三年十月"，略异。
② 《长编》卷一一一，明道元年二月甲子。其中"秘书省校书郎"，《宋史》卷一七〇《职官志十》作"试秘书省校书郎"，似得其实。考宋官制，太庙斋郎之上应为"试秘书省校书郎"等，另据《郧溪集》卷三中有《职方郎中冯沆致仕，一子可试校书郎制》，可见《长编》此处所记有误。
③ 《长编》卷一一二，明道二年正月庚寅。

一方面，也对致仕荫补的细节做了相应的规定，尤其是以官员在任期间的政绩和是否清廉为衡量标准，以此决定是否予以致仕荫补。宝元元年（1038），"比部员外郎师仲说致仕。故事，当有一子官。上以仲说尝知金州，失入死罪，特罢之"①，由于师仲说任职期间失职，宋仁宗以特旨取消了他荫补子孙的权利。次年，即宝元二年（1039），"诏朝官尝犯赃而乞致仕者，自今止与转官，更不推恩子孙"②，规定取消在任期内犯过赃罪的官员的荫补权。

随着仁宗时期致仕荫补的扩大化，荫补入仕之官越来越多。因此，要求整顿致仕荫补制度的官员不断上书朝廷，建议改革现行体制。景祐三年（1036），工部郎中兼侍御史知杂事司马池上奏说："文武官年及七十者，乞并令自陈致仕，依旧敕与一子官，如分司官给全俸。若不自陈，许御史台纠察以闻，特令致仕，更不与子官及全俸。其已曾自陈，有诏特留者，不在此限。所贵减冗员，励旷职。仍乞文臣下审官院，依旧逐旋供报年几、家状赴台，武臣下枢密、宣徽院准此。其外处以敕到日为始，限满不陈乞者，亦许御史台纠举，诏榜朝堂。"③司马池呼吁采取切实有效的措施，强制那些年过七十的官员退休，若官员到年龄就退休，可以按规定荫补其一子为官，若成为分司官，则全数发放俸禄。如果到年头不退，御史台可以予以纠察、弹劾，并责令其退休。若系检举揭发出来的不退休官员，即不许荫补子弟为官和发给全部俸禄。这一措施对裁减冗官并无多大帮助，只要官员自己主动退休，其子孙即可荫补为官，退去一老人，又进一年轻人，官员数量不会得到有效的控制，但上述措施对官僚队伍的新陈代谢无疑是大有裨益的。

庆历年间，范仲淹尽管尚未当政，但他对官员致仕荫补制度已提出了相当尖锐的批评："右，臣伏睹先降敕命指挥，乞致仕官三丞以上与一子身事。后来甚有朝官，因此陈乞，自赞善大夫以下文武官即未有殊恩，鲜

---

① 《长编》卷一二一，宝元元年正月丁卯。
② 《会要》职官七七之三六。
③ 《长编》卷一一八，景祐三年六月甲戌。

闻致政。臣切见外处勾当文武臣僚、幕职州县,每有疾患昏耄之人,百姓无告。本路转运使、长吏欲行体量,或闻贫虚,不忍废罢……伏望圣慈,应致仕、分司官,今后每遇郊禋,各与进秩。耆耄盖寡,优渥何伤?内致仕官,并乞与折支全俸。况国家折支物色,朽腐无算,又所估太高,久宜制置,庶能周济,以养衰残。其文资未有朝散阶者,仍乞就加,庶明尚齿之恩,异于班列。其三班使臣、判司、簿尉,以其非大夫之等,未有致仕条例,亦乞与南班上佐等第,别降指挥。所贵休官之人,不甚失所,劝臣下廉退之节,彰君亲存覆之仁,遂其优闲,免于穷困。如允臣所奏,即乞特出圣恩指挥。"① 由此可见,一些官员为了达到荫补子孙的目的,尽管已年老,仍贪恋官位,不肯离任,其最终目标无非是混到三丞官阶。范仲淹的方案是用俸禄换官员致仕,即政府采取适当的措施安排好官员的晚年生活,从而达到裁减冗员的目的,但这实际上是不可能实现的。因此,范仲淹主持庆历新政时,荫补新制中完全没有涉及官员的致仕荫补问题。但在庆历三年(1043),为了限制内殿崇班以上武官的荫补,规定非特殊情况禁止换授环卫官:"诏内殿崇班以上,非有边功及捕剧贼而尝历知州军、同提点刑狱者,不许换诸卫将军,将军品第三,每郊祀得任子孙。而愿换秩者,皆老疾无状之人,故厘革之。"② 这就禁止了武官中的老人以换授环卫官而获得荫补。

皇祐四年(1052),"诏御史台,臣僚年七十,因体量罢官或分司、致仕者,更不推恩子孙"③。在此之前,只规定犯有赃罪的官员不能荫补子孙,至此,致仕而不能荫补的官员范围扩大了。皇祐五年(1053),朝廷更进一步对致仕荫补制度进行了调整:"中书检会:'自来因事方乞致仕者,所有合得与子恩泽,内殿崇班更不推恩,诸司副使则于所得上降等安排。今后副使致仕,历任无赃罪,子孙并未有官者,许奏子孙或弟侄一名,内殿崇班、承制更不推恩。副使以下虽犯赃,但曾立战功,或因捕获疆[强]

---

① 《范文正公集》卷一八《奏致仕分司官乞与折支全俸状》,《全宋文》卷三七〇。
② 《长编》卷一四一,庆历三年五月壬午。
③ 《长编》卷一七二,皇祐四年正月戊辰。

恶贼用酬奖改官者,并系随龙及化外人之子,并依旧例。'从之。"①这一诏令虽然仅仅是有关武官致仕荫补的规定,但从中可以看出,明道元年(1032)诏令颁布以后,武官致仕荫补的范围扩大了,从原来的正使降至内殿承制、内殿崇班(正八品武官),与文官三丞完全对应起来。至皇祐五年(1053),方将享有致仕荫补权的武官范围加以缩小。

根据上述诏令,凡因自身过错才提出退休申请的内殿崇班不允许再荫补子孙;相同的情况,若是诸司副使级别,则其子孙可以降等荫补。正常情况下,诸司副使致仕,若在任期间没有犯过赃罪,且子孙又无官,可以荫补子孙或弟侄一人为官。副使以下,即使犯过赃罪,其中几类人仍享有荫补子孙的权利,如曾立过战功,或曾捕获过强恶盗贼,或系随龙人,或是"化外人"的子孙,等等。由此可见,副使以上官员的致仕荫补并未因犯过赃罪而完全取消,而是按照原来的条例执行。皇祐四年、五年诏令实质上是在规范文武官员致仕荫补制度,但荫补范围并没有太大的变化,未曾犯赃的文官三丞、武官内殿崇班依然享有合法的致仕荫补权。

宋仁宗在位时期,官员致仕荫补除了直接任命子孙为官外,还继承了宋初以来的各种荫补形式,如官员可以申请给有官子孙加官晋爵。庆历三年(1043),宰相吕夷简致仕,谏官欧阳修上书说:"今虽陛下推广仁恩,厚其礼数。然臣料夷简必不敢当,理须陈让。臣乞因其来让,便与寝罢。别检自来宰相致仕,祖宗旧例,与一合受官名。然臣犹恐夷简不识廉耻,便受国家过分之恩,仍虑更乞子弟恩泽。缘夷简子弟,因父侥幸,恩典已极。"②尽管欧阳修建议宋仁宗顺水推舟,取消吕夷简的致仕荫补,但到皇祐五年(1053),"翰林侍读学士吕公绰言:弟都官员外郎、知单州公著,顷因先臣致仕恩例乞试,蒙候得替取旨,后经三任十年,未曾有所干请。诏公著充崇文院检讨"③。由此可见,宰相等官员致仕时,可以用致仕恩荫申请考试其有官子弟,然后视情况授予出身头衔或其他相应的官职。

---

① 《会要》职官七七之三九。
② 《欧阳修全集》卷一〇〇《论吕夷简札子》,中华书局,2001年。
③ 《长编》卷一七五,皇祐五年八月壬子。

宋仁宗时期，尽管一再颁布诏令禁止官员子弟陈乞出身头衔，但纵观两宋时期，高级官员子孙很多被授予进士出身头衔。这种现象大概与各类荫补有着密切关系，毕竟仅仅是通过走过场式的考试，即可拥有进士头衔，得来全不费功夫。

如前所述，宋仁宗嘉祐元年（1056），对文武官员荫补制度进行了相应的整顿，大幅度裁减官员荫补名额，致仕恩荫当然也不例外。嘉祐新制对文武官致仕荫补做了如下规定：文官"尝任两府分司致仕，遇郊奏听旨。分司大两省官以上降一等，郎中以上子孙未有官，许荫一人止。凡致仕恩，大两省以上降一等，郎中、员外郎许奏子孙若弟侄一人，毋得奏同宗无服之亲。三丞以上，止与亲属徙优便官"；武官"诸司使除诸卫大将军致仕，听荫子若孙一人，如无子孙，降等荫期亲，或子孙已有官，愿升资者亦听"[①]。在此，首先要弄清楚何为"大两省官"，"国朝官称，谓……散骑常侍、给事、谏议为'大两省'"[②]，可知"大两省"是指级别较高的官员。

嘉祐新制将文官的致仕荫补分成两部分。一是已经致仕的高级官员享有大礼荫补权。按规定，曾任中书、枢密院官职的文官分司致仕后，郊礼荫补由皇帝临时决定；分司的大两省以上官员在原来的基础上降一等授予受荫人官职；郎中以上没有子孙任官者可以在郊祀大礼时荫补一人为官，但只能荫补一次。二是针对将来致仕官员的荫补条文，致仕荫补是一次性的，但高级官员除了致仕时的一次性荫补外，还涉及其他恩荫。致仕时，大两省以上官员荫补比原来降一等授官；郎中、员外郎可以荫补子孙或弟侄一人，禁止荫补同宗无服亲属；三丞以上只允许其有官亲属担任与其职务相当的"优便官"。与此相对应，武官诸司使除授大将军致仕的官员可以荫补子孙一人，若无子孙，则降等荫补期亲，若子孙已有官职，可以用致仕恩荫为其升官。显而易见，关于武官的致仕荫补条令极为简略，很不清楚。

嘉祐致仕荫补新制缩小了文武官致仕荫补的范围，对削减官员荫补数

---

① 《长编》卷一八二，嘉祐元年四月丙辰。
② 《容斋随笔·三笔》卷一二《侍从两制》。

量是有积极意义的。从此以后，文官员外郎、武官副使以上级别的官员才能享有致仕荫补权，并成为之后固定不变的制度。"国之甲令，自尚书外郎引年而祈去者，咸得官其一子。"①南宋时期，叶适也说："至于任子，则有数害，自员郎致仕即得荫补为一害。"②嘉祐新制规定的致仕荫补范围是采取折中方法决定的。宋仁宗天圣四年（1026）诏令规定郎中以上官员致仕时可以荫补一子，至明道年间放宽到三丞等，至嘉祐新制又不偏不倚，既不恢复天圣旧制，又摒弃明道制度，将享有致仕荫补权的官员品级提高一级。

嘉祐致仕荫补新制将致仕官与在任官加以严格区分，同时还将文武官员的致仕荫补官职大大降低。其中规定已经退休和将要退休的大两省以上官员荫补亲属的官职较原来降了一级，从而使官员的致仕荫补从某种程度上受到了一定的限制，还明确规定了各类官员荫补亲属的范围。

然而关于武官致仕荫补的最低品级，嘉祐新制未做出明文规定，只说"余并依累降条约"③。按照宋代官员荫补的惯例，文官员外郎与武官诸司副使是属于同一等级的，因而武官诸司副使无疑也享有致仕荫补权。如吴燠，南宋淳熙十一年（1184）"除尚书郎，典吏部右铨。有副使致仕，应官其子，吏格以策名未三十年，公折之曰：'此今谓身在官而任其子者，今致仕矣，岂得援此？'"④由此可见，诸司副使是享有法定致仕荫补权的。

嘉祐三年（1058）进一步规定："年七十而居官犯事，或以不治为所属体量，若冲替而未致仕者，更不推恩子孙。"⑤皇祐四年（1052）诏令仅仅规定了罢官解职或致仕的官员不能荫补子孙，此时进一步扩大为在任官员犯了错误的也同样不能荫补。此后到宋神宗时，对武官大使臣（内殿崇班、承制）所得恩泽亦逐渐加以限制。治平四年（1067），"枢密院言：'……欲今后有年七十已上大使臣得替并体量、差替、冲替者，并令赴院

---

① 《郧溪集》卷六《屯田郎中致仕王希男博古可试秘书省校书郎制》，《全宋文》卷一四五六。
② 《水心别集》卷一二《法度总论三》，《叶适集》，中华书局，1961年。
③ 《长编》卷一八二，嘉祐元年四月丙辰。
④ 《诚斋集》卷一二五《朝奉大夫、起居郎吴公墓志铭》，《全宋文》卷五三六九。
⑤ 《长编》卷一八八，嘉祐三年十二月辛酉。

体亮[量]。如精神筋力堪任勾当，即与闲慢监当差遣，委是年老昏昧、病患及有体量事迹，具姓名取旨，直除致仕。其合得子孙恩泽，即依至和中诏约施行，有曾经朝廷选任近上委寄或曾著劳效者取旨，仍仰阁门晓示。'从之"①。熙宁二年（1069），"枢密院言：'见在外任年七十已上大使臣，即令逐路转运、提刑体量以闻，及今日已后直除致仕者，更不与子孙恩泽。'从之"②。事实上，大使臣官员荫补子孙的权利早就被取消了。上述规定无非是针对大使臣熬官的侥幸心理，如果到年龄不主动致仕，就连为亲属谋得一件好差事的权利也将被取消。

宋神宗时期，对文武官致仕荫补制度进行了部分调整。熙宁元年（1068），王珪等人起草新的荫补法时，对致仕荫补亦做了相应的改革："其两省以上致仕，遇郊礼比分司官更降一等，并大两省致仕依见任官所奏亲疏施行，其降等与恩泽，即依旧制。今定分司致仕，两省以上不许奏缌麻以下。"③应该说，宋神宗时期官员致仕荫补较仁宗时期而言并无大的变更，其中最引人注目的是确定了高级官员致仕荫补亲属的范围，即必须是缌麻以上亲属才能荫补。这一原则确立后，一直到南宋时期，依然执行。

南宋基本上仍按北宋的致仕荫补制度实施。《庆元条法事类》卷一二《职制门九·荫补》对官员致仕荫补做了如下规定：

> 诸内侍官授武功大夫至武翼郎者，荫补依所授官法，累奏不得过二人（曾奏殿侍或下班祗应者，亦理为数），即不许奏补内侍官（亲属见充内侍官乞转官减年同），其致仕及应得遗表愿以荫补恩与子孙见为内侍转官者听。
>
> 诸武功至武翼大夫曾任入内内侍省并内侍省押班以上致仕者，两遇大礼听荫补子壹名止。
>
> 诸武臣分司致仕，若因责降及特旨并历任曾犯入己赃者，遇大礼

---

① 《会要》职官七七之四一。
② 《会要》职官七七之四三。
③ 《长编纪事本末》卷六七《裁抑臣僚奏荐》。

不许荫补。

诸厢都军都指挥使带遥郡曾立战功者，虽以老疾直令致仕，亦听荫补。

…………

诸陈乞致仕应荫补者，但生前乞致仕，虽亡殁在出敕前，须历任无入己赃及不曾犯私罪徒，听依致仕荫补法；若亡殁在出敕后，或已致仕，见任者并历任无入己赃，听行荫补。

诸中大夫、武功大夫以下历任有入己赃及见责降并年柒拾，因不职已被体量及推劾或冲替方乞致仕（若昏昧疾病及虽已体量推劾冲替而经根究无实状者非），并未柒拾，因过犯特令致仕者，并不得乞荫补恩泽。其大使臣虽有以上事故，而从龙或曾立战功或因获盗转官及化外人，除犯入己赃外听奏乞。

诸致仕应荫补缌麻以上亲，曾任权六曹侍郎以上及侍御史曾经降黜未复旧官者依见任官，其陈乞缌麻以上亲恩泽准此。

诸朝奉郎、武翼郎以上（训武、修武郎系从龙或立战功，或因获盗捕官并转官及化外人者同，余条称获盗转官应得荫补恩泽而不言，因获盗补官者准此）丁忧，以疾病危笃陈乞，候服阕日守官本致仕者，依见任官法（训武、修武郎仍于状内指定系从龙或立战功，或因获盗补官并转官及化外人）。

上述各条是南宋时期致仕荫补的具体条令，除前两条是专门针对宦官的规定外，后六条是专门针对各色文武官员的致仕荫补法令。除官称不同外，荫补内容与北宋时期是吻合的。

第二节　致仕荫补的时限及其他

宋仁宗之前，致仕荫补已有了严格的限制，即致仕官必须接到朝廷颁布的准许致仕的诏令后，才能荫补其子为官。至宋仁宗景祐四年（1037），这种规定在执行时有了例外。"中书言：'虞部郎中鲁傑九月七日请致仕，十月七日降敕，录其子九龄为试校书郎，而傑以九月二十五日卒。屯田郎中唐冕四月二十二日请致仕，五月七日降敕，录其子人鉴为试校书郎，而冕以闰四月十一日卒，当追还所录恩。'诏特与之。"① 也就是说，官员在接到致仕敕书之前去世，严格来说是不能享有致仕荫补权的，但宋仁宗特批可以荫补，实际上就放宽了官员致仕荫补的时间限制。"臣僚有请致仕，未及录其子孙而遽亡者，命既出，辅臣皆谓法当追收。仁宗悯之，竟官其后。"② 致仕官员在朝廷颁布敕书之前身亡，这种情况荫补也可以，不荫补也有道理，执政官主张追还荫补，而宋仁宗却特批予以荫补。因为是特批，尚未成为固定的制度，所以这一问题尚悬而未决。

宋哲宗时期，更进一步放宽了官员致仕荫补的时间限制。宋哲宗元祐元年（1086），两个月之中两次出现类似情况："吏部言：'故朝散郎致仕李肖男进士孟回状言：父肖致仕敕牒附递留滞，致碍奏荐。'诏李肖特与致仕恩泽"③；"吏部言：'故驾部郎中王温恭乞致仕，青州发奏留滞，不及亲受。'诏特与致仕恩泽"④。上述两例有一个共同点，即致仕的官员之所以未能亲手接到致仕敕书，均是由于官方颁发的"致仕敕牒"没有及时送达，而国家的致仕法条中并没有对这种情形做出严格规定，具体负责办理官员致仕工作的吏部官员根本无法处理这种情况，不得已只能向更上级的主管部门请示。尽管最终结果还是有利于致仕官员家属的，但毕竟是通过特例方式解决的。这种情况表明，当时的荫补法制是存在漏洞或不足之处，更为重要的是，宋代官员的素质无疑是相当高的，他们的头脑相当聪明，发现了官方法条的这些问题所在。

由于这类事实越来越多，朝廷不得不放宽原来的致仕荫补时间限制。元祐四年（1089），"诏应乞致仕而不愿转官者，授敕后，本州二百日内取索陈乞文状，保明缴奏。如递铺违滞，致出限者，更展五分日限，限满不

---

① 《长编》卷一二〇，景祐四年十一月己亥。
② 《宋史》卷一七〇《职官志十》。
③ 《长编》卷三八二，元祐元年七月甲子。
④ 《长编》卷三八五，元祐元年八月癸卯。

到而亡殁，委所属保明诣实以闻，当与推恩。中大夫至朝奉郎及诸司使陈乞本宗有服亲一人荫补恩泽，横行、诸司副使见有身自荫补人，及内殿承制、崇班、阁门祗候见理亲民，并承议、奉议郎许陈乞有服亲一人恩例，中大夫、中散大夫、诸司使带遥郡者荫补外准此。即朝奉郎以上及诸司使虽未授敕而身亡者，在外以乞致仕状到门下省日，在京以得旨日，亦许陈乞有服亲一人恩例"①。这一新规规定了官员致仕荫补生效的时间。通常情况下，不愿转官的官员在二百天之内将陈乞荫补的文状送交朝廷。若隶属官方的"递铺"出了差错，导致敕书未在时限内送达，则将时间宽限到三百天之内。在这个期限内，如果致仕敕书未送到，而当事官员却在规定期限之后死亡，可以荫补其子孙。从此以后，致仕荫补办理有了具体的时间限制，从而避免了官府与当事官员及家属之间互相扯皮的现象。

按照这一规定，文官正五品中大夫至正七品朝奉郎、武官正六品可以荫补本宗有服亲一人为官，武官横行、诸司副使、内殿崇班等，文官承议、奉议郎可以申请有服亲一人恩例。同时还规定：若朝奉郎以上及诸司使没有亲自接到朝廷敕令便已经死亡，在外官员以致仕申请到达门下省之日为限，在京官员以得到朝廷颁发的敕书日为限，可以申请有服亲一人恩例。核心内容无非是放宽致仕荫补的时间限制，同时进一步明确致仕荫补的各项程序和规定。从上述所列荫补内容来看，哲宗时期的官员致仕荫补制度基本上沿袭仁宗嘉祐改制以后的制度。

至宋徽宗时期，围绕官员致仕荫补的时间期限问题又进行了一些改制。崇宁四年（1105），"尚书省言：'朝请、朝散、朝奉郎因病致仕，须亲授敕，方许任子。有不幸地远、不及亲授者，乞身亡在合给敕之后，亦听奏补。'从之"②。这一规定似修改了宋哲宗元祐四年（1089）诏令最后一条法令，即朝奉郎等文官致仕若逾朝廷所定期限，就只能申请有服亲恩例，而不能享有荫补。此后致仕荫补以朝廷发出敕令之日为准，只要朝廷颁降了致仕敕令，不管当事官员是否亲自接到，均可以荫补亲属为官，比

---

① 《会要》职官七七之五七。
② 《会要》职官七七之五九。

哲宗时期又放宽了荫补标准。

大观年间,朝廷采纳了吏部尚书张克恭的意见,凡员外郎致仕即可荫补:"著令:朝奉郎至朝请郎致仕,则得任子。疾困及暴卒者,往往旋求致仕,至有匿哀或诈为日前文书,冒法狼狈。大观初,吏部尚书张克恭建言,员郎亡即与推恩,遂革此风。"[①] 在此只规定了员外郎致仕荫补没有时间限制,而对员外郎以上官员的致仕荫补则未做相应规定,似应继续执行以前的制度。

至政和二年(1112),进一步明确了文官员外郎和武官诸司副使致仕荫补的原则:"至徽宗朝,始放行员外致仕恩泽。政和二年,张克公[恭]乞依武官副使非降黜中身亡者,听荫补。从之。"[②] 由此看来,武官诸司副使似在此之前便已执行一死就荫补的原则,而文官员外郎则是后来仿行武官之制。至此,文官员外郎、武官诸司副使致仕即可荫补的制度基本固定下来。

宣和元年(1119),侍御史张汝舟上书朝廷,对北宋末年荫补之滥提出了强烈批评,同时也对官员致仕荫补的时间限制进行了抨击:"朝请至朝奉郎得致仕恩,虽亡殁在给敕后,皆得荫补。至若中大夫以下及武功、武翼大夫已求致仕,而受敕不在生前者,乃格其恩不与,于是有以疾危而致仕,身谢而未受敕者,则其家往往匿哀须限,仍以不及亲授,不与沾恩者多矣,此所以为太吝也。"因此他建议:"至于文武官及大夫以上,尝乞休致,而身谢在出敕前,并许奏荫,以补其所不及。"[③] 由此可见,宋徽宗崇宁四年(1105)和大观年间仅仅是放宽了文官员外郎、武官诸司副使等官员的致仕荫补期限,而中大夫以下及武功、武翼大夫等中级官员因不能亲自受理朝廷敕令而没有得到荫补的官员不在少数,于是朝廷采纳了张汝舟的建议,使上述官员亦同朝奉郎等一样,凡朝廷颁发致仕敕令后,官员均可荫补子弟为官。

宣和七年(1125),更进一步放宽了四川地区官员致仕荫补的时间限

---

① 《萍洲可谈》卷一。
② 《燕翼诒谋录》卷五。
③ 《文献通考》卷三四《选举考七》。

制。"臣僚言：'川路文武升朝官以疾陈乞致仕，依条有司勘验，入递闻奏。在法：须候奏状计程到关［阙］，方授致仕恩泽。间有暴疾沦殁，其家匿丧不举，以俟程限，殡殓失时。欲望圣慈出自宸衷，川路臣僚陈乞致仕，以申状到所属，就许令授致仕恩泽，庶使远方存殁受赐。'从之。"①由于古代交通极不发达，像四川这样离都城开封极远的地区，公文传递难免延误时间，于是宋徽宗对四川地区官员的致仕荫补予以特殊处理，凡官员的致仕申请送到当地州县主管部门，再由当地核实之后即可生效。

南宋孝宗乾道七年（1171），又将宋徽宗时代确定的上述致仕荫补原则扩大到军官："中书门下省言：'在法：陈乞致仕应荫补者，若历任无入己赃，及不曾犯私罪徒。但生曾前乞致仕，虽亡殁出在［在出］敕前，听依致仕荫补法。访闻诸军将应荫补官以病乞致仕者，其家匿丧，以俟致仕文字，或经旬月，殓殡失时，深可怜悯。'诏：诸军因疾病陈乞致仕之人，仰本军即时保明申所属，纵亡殁在出敕前，听依上条荫补。"②此可算是对宋徽宗时规定的补充。

总而言之，宋徽宗时期对官员致仕荫补的时间限制进行了一系列调整，表明宋代中低级官员致仕荫补制度受到的限制越来越少，从而保证了官员致仕荫补子孙的权利。然而致仕荫补比较特殊，涉及面广，其中营私舞弊行为层出不穷，根本不可能完全加以杜绝。

南宋时期，高宗一再重申致仕荫补的期限问题。绍兴元年（1131），"诏：'朝奉郎以上陈乞致仕，未受敕而身亡者，许任子。'以中书有请也"③。绍兴十一年（1141），"诏文武官陈乞致仕身亡，虽在给敕之前，并听荫补，用考功员外郎游损请也"④。宋高宗时期对官员致仕荫补制度所做的最大调整是将致仕荫补中犯罪官员的范围扩大了。绍兴二十八年（1158），"诏：'文臣中大夫至朝奉郎、武臣武功大夫至武翼大夫（正侍至武翼郎见无身自荫补人者，同），陈乞致仕，亡殁在出敕前，而不曾犯入

---

① 《会要》职官七七之六二。
② 《会要》职官七七之八三。
③ 《系年要录》卷四五，绍兴元年六月乙亥。
④ 《系年要录》卷一四一，绍兴十一年七月庚申。

己赃及私罪徒者，许荫补。即亡殁在致仕后，或已致仕而未亡殁之人，但不犯入己赃，即许荫补。'用权吏部尚书王师心请也。旧法惟赃罪不许任子，绍兴新法并及私罪徒，师心以为拘碍者多，故有此请。自是犯私罪徒之人，皆得以遗恩任子矣"[1]。北宋时期，中大夫等文官唯有犯赃罪才会被取消致仕荫补权。宋高宗时期，犯私罪徒以上的上述官员亦不能得到致仕荫补，至绍兴二十八年才又恢复了旧制。

其后，宋高宗还进一步规范了对在任期间曾犯过错误的官员的致仕荫补制度。绍兴三十一年（1161），"诏：'带职正郎因事夺职而不降资，或虽降资而非犯入己赃、私罪徒以上，及臣僚因言者而无赃、私罪者，虽非得宫观，并许以致仕恩泽任子。带职员郎未经奏荐而落职未复者亦如之。'以给事中黄祖舜等看详有请也"[2]。由此可见，带职正郎虽被夺去官职，但只要官品级别不降，或虽然受到降级处分而未犯过赃罪、私罪的，均可在致仕时荫补子孙为官。绍兴三十二年（1162），"诏：'中大夫以下，因推勘、案劾放罢，而非赃罪及私罪徒者，虽未得宫观，以致仕恩降等荫补。'用吏部侍郎兼权尚书凌景夏请也"[3]。可见，宋高宗在位时期对犯罪官员的致仕荫补做了更详细的规定。

应该说，宋代官员致仕荫补制度是比较严格的。宋朝执行致仕荫补制度，是为保证官僚队伍的年轻化，使官僚集团能不断地新陈代谢，实现良性循环。宋人王栐一针见血地指出，宋代官员退休时荫补其子孙为官，"凡此者，皆以利诱之也"，如果官员到法定退休年龄尚贪恋官位，将取消其荫补子孙的资格，"凡此者，皆以法绳之也"[4]。

宋朝政府实行优厚的致仕荫补制度，也是为了以法律形式保障各级官员的切身利益。官员为赵宋王朝做贡献，皇帝总得给他们一些必要而适当的补偿，而荫补其子孙为官即是最佳的回报方式之一，其用意是昭然若揭的：只要忠实地为朝廷效力，就会得到相应的奖赏；而一旦犯了错误乃至

---

[1] 《系年要录》卷一七九，绍兴二十八年四月丙申。
[2] 《系年要录》卷一九二，绍兴三十一年九月丁丑。
[3] 《系年要录》卷一九九，绍兴三十二年四月乙酉。
[4] 《燕翼诒谋录》卷五。

贪赃枉法，不仅自己要丢乌纱帽，还会殃及子孙后代的前程。

然而，宋代致仕制度本身执行得并不顺利，许多官员到该致仕的年龄仍贪恋官位，拒绝致仕，这种现象在宋代绝不是个别的，而是具有一定普遍性。宋神宗熙宁二年（1069），翰林学士吕公著上书朝廷："臣窃以古之仕者，七十而致仕……自本朝以来，凡致仕者，虽例改官资，或推恩子弟，年及而愿退者常少。议者以疲癃老疾之人，其精神筋力不足以任职，则或至于蠹政而害民。故著令应年及而不退者，自知州以下皆降为监当。然比年以来，致仕者亦不加多矣。昔为守倅而今厘务，虽至愚之人，岂不以为辱？"①由此可见，真正主动提出致仕要求的官员在宋代并不多见，往往都是被迫致仕。究其原因，无非是权力和金钱的无穷魅力作祟而已。"士大夫登朝廷，年七十，上书去其位，天子官其一子而听之，亦可谓荣矣。然而有若不释然者……今一日辞事还其庐，徒御散矣，宾客去矣。百物之顺其欲者不足，人之群嬉属好之交不与。约居而独游，散弃乎山墟林莽、陋巷穷间之间。如此，其于长者薄也，亦曷能使其不欿然于心邪？"②也就是说，官员在其位，万事皆顺意可心，一旦致仕，便无人理会。此乃宦海沉浮之必然，官场之人岂能不耿耿于怀？刘敞也说："自顷有司屡言：士大夫过七十而不致仕，请引籍校年而却之……今之人则不然，仕非为道也，而为食也；非为君也，而为己也；非为国也，而为家也。是以进不知止，而困不知耻也。"③由此可见，官僚士大夫不致仕完全出于自私自利的想法。因此，尽管宋朝实行了优厚的致仕荫补制度，但贪恋权势的官员依然不在少数。

对于低级官员而言，他们权势有限，必须千方百计熬到员外郎（武官诸司副使）级别方能荫补其子孙为官。"自改官至外员郎，有禄以传其子，所以备一身之事尔"④，官位高低的重要性由此可见一斑。随着宋代限制官员恩荫制度的不断出台，许多中低级官员或被取消了荫补子孙的特权，或大大延长了大礼荫补子孙的周期。尤其是知州、员外郎这一级别的官员，

---

① 吕公著：《上神宗乞致仕官给四分俸钱》，《国朝诸臣奏议》卷七四《百官门·致仕》。
② 《曾巩集》卷一四《送周屯田序》，中华书局，1984年。
③ 《公是集》卷三七《致仕义》。
④ 《水心文集》卷一二《送刘茂实序》，《叶适集》。

也许他们一生之中只能获得一次荫补机会,那就是致仕荫补,故他们无论如何也不想失去这个最为宝贵的机会。有一则故事十分形象地表露了宋代官员的这种心态:

> 廖子孟大夫知磁州,疾病。有幼子方五六岁,极爱之,欲授以致政恩例。然于法,亲授告方得恩泽。既奏而病加剧,药饮不下,但心口微温,棺敛之具已备,凡如此几十余日,人皆以为死矣。一日致仕告至,适会一权州者非人,遣一廖素不喜官亲往,令面付。郡官颇为忧之,无以为计。既至床下,白以致仕告至。廖辄开目,遽自起坐,含笑,两手授之。受毕复卧,遂长往。①

这个故事淋漓尽致地反映了致仕荫补对中下级官员是何等重要。由于宋朝此时致仕荫补程序极其繁杂,廖子孟居然硬撑到双手亲自接过致仕告敕才瞑目。像廖子孟这样的官员,好歹合理合法地得到了荫补,而大多数官员及其家属为了谋求致仕荫补,不惜以身试法,违反朝廷有关致仕荫补的法规。

宋徽宗简化致仕荫补程序和放宽时间限制之前,许多员外郎级别的官员死后,其家人往往秘不发丧。这种有违古代传统伦理道德的情况在宋代极为常见,至南宋初年,这一风气依然十分严重。宋高宗曾对朝中大臣说:"士风陵夷,以一官之故,父死匿丧以俟命,盖立法有未尽也。朕谓滥与人官,虽害法,其体犹轻。若风教不立,使人饰诈苟得,弃灭天理,其害甚大。况在法所当得乎?"②于是宋高宗下令致仕官员即使在得到告敕之前死亡,亦可荫补子孙。

朝廷放宽致仕荫补期限等政策的实施,虽然遏止了秘不发丧等行为,但同时也带来了另外的问题。一是官员不及时提出致仕申请,即便是病入膏肓,无药可治,反正朝廷已用法律保证了自己的权益,何不在官场上

---

① 《杨公笔录》,四库全书本。
② 《系年要录》卷一四一,绍兴十一年七月庚申。

多混些日子呢？甚至于有些官员死后才向朝廷提出致仕要求，无非是生前准备好申请书而已。"大夫七十而致事，谓之得谢，美名也……宣和以前，盖未有既死而方乞致仕者。南渡之后，故实散亡，于是朝奉、武翼郎以上，不以内外高卑，率为此举。其最甚而无理者，虽宰相辅臣，考终于位，其家发哀即服，降旨声钟给赙。既已阅日，方且为之告廷出命，纶书之中，不免有亲医药、介寿康之语。"①由此可见，南宋时期中低级官员死后才提交致仕申请的官员甚多，总归是在位一天多领一天俸禄，说不定还能赶上其他好事，何乐而不为呢？这就严重影响了致仕制度的顺利实施，从而加剧了宋代冗官局面。

二是员外郎以下的官员之家在当事官员死后仍会秘不发丧，尤其是即将磨勘转员外郎的官员，其家更是要等到转官敕书下达后，才开始办理丧事。宋孝宗隆兴二年（1164），"臣僚言：'承议郎自来无申乞致仕之限，以其无利害也。身没之后，子孙匿丧以待时，及合该磨勘日，则寅［夤］缘保明转员外郎下致仕，故其子孙滥沾恩泽。乞今后承议郎已下或遇身亡，必令即时申所在州军县镇照会，如隐匿，许人陈告，重赏，其保明官司及保官并置典宪。'从之"②。承议郎等官员本来不享有致仕荫补权，但其家属为了得以荫补，往往在官员死后秘不发丧，也不向当地政府报告。等到转员外郎的敕书下达以后，便可自然而然地得到致仕荫补子孙的权利。

尽管有不少官员建议严惩上述违法行为，但仍然禁而不止，甚至愈演愈烈。南宋时期，这类事情突然多了起来，有名的奸相汤思退即是通过这种方式荫补入官的：

> 汤举者，处州缙云人。与先人太学同舍生，有才名于宣、政间。登第之后，累任州县，积官至承议郎。居乡邑，以疾不起。举适上课，当迁员郎而纶轴未颁。有王令洙者，南都人，文安尧臣之后，为缙云令。告其家云：未须发丧，少俟命下。举妻惧，不敢。令洙力勉

---

① 《容斋随笔》卷一〇《致仕之失》。
② 《会要》职官七七之七三。

之，且为亟遣价疾驰入都，趣取告身。越旬日始到，然后举哀。令洙为保任申郡，遗泽遂沾其子，即进之思退也。后中词科，赐出身。尽历华要，位登元台，震耀一时。亦异事也，故书之。①

宰相汤思退传奇般的入仕经历表明，南宋时期，员外郎以下官员之家为了求得荫补而做出违法之事的现象并不罕见，更有甚者与地方官相互勾结，蒙骗朝廷。汤思退若非当地县令王令洙出谋划策，便极有可能仅仅是一介平民而已。由此可见，宋代致仕荫补弊端丛生，根本不太可能根治。

南宋著名思想家叶适曾对员外郎致仕荫补提出了强烈批评："何谓'自员郎致仕即得荫补为一害'？人臣之子任官，亦国之重事也。其与之，宜当于义而称于恩，使朝廷录功记旧之意有所表见。今自举主而改官，率十余年而至员郎，由常调入仕，不过佐郡而止，其功业未有以异，然且从而官其子。岂以为是庸庸无所短长之士，而必使继世为之邪？且又其仕而显者，职任功效或见称于天下，而不幸其官止员郎，则所以得任其子弟者，亦无异于常调而至此者，此所谓其义不当而其恩不称也。"② 在叶适看来，大多数官员不过是论资排辈而升至员外郎，其人并无特殊的才能，亦无特别的大功于国，因而朝廷荫补其子为官极不合理，而那些有政绩的官员却也因此受到限制。叶适的批评是极富见地的。但就实际情况而言，在官本位的中国古代社会，官员享有各种特权是天经地义的，官员子弟仗恃其父祖辈的地位而顺理成章地成为官员，无疑是中国封建社会的重要特色。宋代官员致仕荫补制度正是官员特权的重要表现和载体，也是维系专制政权的必要手段，不可能根本改变。

原载《宋史研究论文集》第十辑，兰州大学出版社，2004年，第129—149页，题目为《宋代官员致仕荫补制度》

---

① 《玉照新志》卷二，明沈士龙刊本。
② 《水心别集》卷一三《任子》。

文化考试：提高非科举出身官员素质的努力

第一节　非科举出身官员的入仕考试制度

宋朝科举制度发达，通过考试选拔官员的制度早已深入人心。荫补官员在进入官场之前，大多要经过较为严格的文化考试，才能成为正式官员。

宋朝开国以后，荫补官员考试制度基本上沿袭唐五代以来的旧制。据李焘记载，宋太祖乾德元年（963），"诏：兵部、礼部每岁所补千牛、进马，太庙、郊社斋郎，旧左右仗千牛十二员，各令减二员，斋郎每岁以十五员为额。取年貌合格、诵书精熟者，覆试不如所奏，主司坐之"[1]。由此可见，宋初文武荫补官员入官之前要经过考试。文武官的考试分别由礼部和兵部主持，这与唐代制度完全相同。马端临在《文献通考》中引述了陈傅良之说："唐制：礼部简试太庙斋郎、郊社斋郎，文资也；兵部简试千牛备身及太子千牛，武资也。"[2]《唐会要》卷五九亦说："斋郎等简试，并于礼部集。"[3] 宋初荫补文武官的考试内容为"诵书"，这一概念显得有些模糊不清，大概应该与明经科的帖经、墨义类似。另外，还必须"年貌合格"，应该是指荫补官员的年龄和相貌，看来荫补官员的外表形象还是

---

[1]《长编》卷四，乾德元年六月庚子。
[2]《文献通考》卷三四《选举考七》。
[3]《唐会要》卷五九《尚书省诸司下》，中华书局，1960年。

相当重要的。

至宋太宗淳化元年（990），"诏：兵部所补荫千牛、进马、斋郎等，自今须年十五已上、二十已下即得投状"，规定了荫补官员参加考试的年龄。同年十一月，"诏：考试千牛、进马只令念《论语》十卷，逐卷取五科充试，以五十科为终场。六通为合格，随科写上净本，不通者即于卷内亲书念某科不通字"。① 这是宋太宗时期荫补武官考试的具体办法，他们只要熟悉儒家经典《论语》即可通过考试。

对荫补选人，宋太祖建隆三年（962），"诏：吏部流内铨，选人并试判三道，只于正律及疏内出判题，定为上、中、下三等。其超降准元敕指挥，仍限敕出后一年，依此施行，流外出身不在此限"②。也就是说，选人在担任官职之前必须考试"判"三道，以《唐律疏议》为出题范本，据其成绩分为三等。此后，试判制度一直执行到宋仁宗时期才有所改变。

事实上，宋初荫补官员考试制是继承了唐五代以来的旧制。五代后唐天成三年（928），和凝要求改革荫补官员入仕制度时指出："按《六典》，所补斋郎，并试两小经，取粗通文义者充。奏补之后，非久为官，若不达经书，则难通吏理。请自今后，斋郎所投文字状，并须亲书，仍须念得十卷书者，即得补奏。"③ 若将宋初荫补官员的考试制度与五代时期的制度比较，就会发现二者大同小异，甚至可以说如出一辙。由此可以看出，宋初荫补官员考试时要遵循以下一些基本原则：一是必须"投状"，即向中央有关部门提出考试申请，并详细介绍本人的情况，后来演变为"家状"，即介绍本人及家族情况；二是考试有较为明确的年龄限制，出官亦同；三是考试内容由政府规定，出题范围以儒家经典为基础；四是文武荫补官员考试分别进行，并由不同的部门主持。

宋真宗在位时期，进一步修订了荫补官员考试制度。大中祥符二年（1009），"诏：'应以门资授京官年二十五已上求差使者，当令于国学听习

---

① 《会要》职官一四之一、二。
② 《会要》选举二四之九。
③ 《五代会要》卷一六《礼部》，中华书局，1998年。

经书，以二年为限，仍令审官院与判监官考试讫，以名闻。'是秋，当引对者九人，大理评事钱象中、奉礼郎陈宗纪以学业未精，令且习读，俟次年引对"①。这一规定是专门针对高级官僚子弟的，因为只有侍从以上文武官员的亲属方能直接荫补为京官，而中低级官员子弟没有这种特权。

同一件事，《会要》职官二八之二则说："诏：凡补应出身求差遣者，须先于国学听读二年，满日具名牒审官院试验，如年及二十五以上不愿在监听读者，依敕考试所业，具名以闻。"在此明确规定所有荫补官员都要到国子监学习两年，通过考试后，才能正式走马上任。马端临在《文献通考》卷三四《选举考七》中所述与《长编》的记载基本一致。章如愚在《山堂群书考索·后集》卷一七《官制门》中则持与《会要》相同的看法。《长编》和《会要》的记载截然不同，不知孰是，有待进一步求证，但其基本精神是有相通之处的：一是荫补官员出任正式官之前必须赴国子监接受两年的培训；二是荫补官员可以担任实际职务的年龄在二十五岁以上，若加上两年学习时间，则为二十七岁以上。

事实上，宋真宗时期荫补文武官考试基本上仍按太祖、太宗朝制度执行。咸平三年（1000），校书郎张褒上书朝廷："文武臣僚荫补子孙，殁于王事亲属授官者莅事不学，动成过咎，持禄自满，岂知民情？欲望自今并令先具所习文武书计事业，差官考试，随其所长，量才任使。若无可采者，乞授散官，且令习业，假有所立，许上书求试。考较中程，即与等第差遣。"②宋真宗接受了这一建议，于是命令枢密直学士冯拯、陈尧叟等人制定相应的考试规则。随后冯拯等人向宋真宗提出了如下意见："准礼部令式，所补斋郎须两经粗通文艺，今奏补多是不经考试，便授京秩、州县官，及诸色出身，若依式求文艺粗通，然后补署，又虑难顿改更，欲望自今文武臣僚奏补及殁于王事子孙骨肉，内京官候至求差遣时，审官院官员亲写家状，仍令读一经，家状取书札稍堪、读书取精熟无误者，方为合格。依例且与监当……其直授州县官等委铨司依此考试，候合格方得给

---

① 《长编》卷七一，大中祥符二年四月壬子。
② 《山堂群书考索·后集》卷一七《官制门·任子》。

签符、历子，发遣赴任。"① 这一记载表明，荫补官员考试内容在宋真宗时期有了不小的变化，改为在考试现场书写"家状"和"读一经"。咸平三年的考试的确将荫补文官分成两大部分：一是高级官僚子弟，即荫补的京官；二是中下级官员的子弟，即荫补的州县官。京官考试由审官院主持，州县官考试由铨司主持，考试内容基本一致。

综上所述，宋真宗时期逐渐开始改变宋初以来的考试办法和内容，由原来的只读经，改为亲自写"家状"，按其文笔量才录用，同时还按荫补官职的高低采取不同的考试规则。由此看来，对于大中祥符二年（1009）所颁诏令，《长篇》的记载似更可信些。

宋仁宗庆历新政时期，对荫补官员考试制度进行了很大的调整。范仲淹等人改革的主要目的之一是整肃吏治，扭转日趋严重的冗官局面。宋仁宗在庆历三年（1043）颁布了《任子诏》，其中荫补官员考试制度是相当重要的内容："应奏荫选人，年二十五已上，遇南郊，限半年许赴铨投状，差两制已上三员于尚书省锁院置誊录封弥司考试。内习辞业者试论一首或诗、赋各一首，词理可采，不犯考式者为及格。习经业者，《春秋》《礼记》《毛诗》《周易》《尚书》，人专一经，并兼习律文，试墨义一十道，只问正文，五通为合格。其及格者并放选，其不中者且令守选。七选已上经两试，九选已上经三试，至选满日，如有京朝官三人同罪保举，与注远小判司簿尉。如无人举，注司士参军，或不赴试，又无人举者，吏不理选限。"② 这是荫补选人的具体考试规则。

对于高级官员子弟则有另外一套考试方法："奏荫京官，年二十五已上，每年春季赴国子监投状，差两制以上三人，于大学锁院，依选人考试。其合格者方与差遣，后两任无私罪，有本路转运、提点刑狱、知州、通判同罪保举，即入亲民。如经三试，有三人朝官同罪保举者，亦与小处监当。后两任无私罪，本路转运、提点刑狱、知州、通判有五人同罪保举，方得亲民。其不赴试，又无人举，虽曾三就试，而辞业纰缪、对义不

---

① 《山堂群书考索·后集》卷一七《官制门·任子》。
② 《宋大诏令集》卷一六一《任子诏》。

合格者，并不得与差遣。如愿换班行者，与等第安排。"① 这是荫补京官的具体考试出官办法。

与此同时，对于荫补武官亦做了相应的考试出官规定："凡奏荫三班参班日，先于军头司试弓七斗力或弩两硕五斗力，施放有条道者为合格，更不试书算。会书算者，于三班院试写家状一本，错三字已上，并算钱谷五件，通三者为合格，更不试弓弩。不合格者，且令习学，皆能习《孙》《吴》《六韬》三家兵书。内试义五道，三通为中，更会弓弩为优等。如愿试策，亦试五道，以三通为中。或善五般武艺，鞍马精熟，更通书算者，亦为优等，二项与免短使、边上权外寨监押或权诸寨巡检。如武艺不群及答策设［详］备者为异等，即引见听旨。阵亡之家子孙，不试武艺书算，如无子孙，其弟侄得录用者亦不试，应降指挥后已及十八岁者，亦免之。"② 这是荫补武官考试的具体规定。

就制度而言，庆历新政中的荫补官员考试规定相当详细。考试分文武进行，并由不同的部门主持。文官考试分为两类，即京官和选人，考试内容大致相同，吸收并采用了科举考试的惯例，分为"习辞业"（与进士科类同）和"习经业"（与诸科考试类似）两类；武官考试则分武艺和书算两大类，由荫补官员自己挑选拿手的项目进行统一考试。考试内容因所选项目的不同而有具体的规定，如考试辞业的荫补官员，需"试论一首或诗、赋各一首"。应该说，庆历荫补官员考试制度是宋初以来最为系统而严密的考试规定。

值得注意的是，庆历考试荫补官员新制不仅考试项目大大增加，而且考试内容也有了很大的变化。在此之前，荫补官员只需要熟悉儒家经典即可通过考试，而庆历制度考试形式多样，内容也远比宋初要丰富。这就要求受荫人必须具备更大的知识面和更为开阔的视野，否则很难过关。由此，迫使受荫人努力学习文化知识，至少多读些书。另外，庆历新制中增加了考试法律条文的内容，这实质上是想要提高受荫人的法制意识，增加

---

① 《宋大诏令集》卷一六一《任子诏》。
② 《宋大诏令集》卷一六一《任子诏》。

他们依法办事的能力,从而为他们正式上任后处理政务创造较为有利的条件。也就是说,荫补文官不仅要饱读诗书,同时还必须熟悉国家的有关法律。这是此前考试制度中完全没有的新内容,无疑是具有进步意义的,应当予以充分肯定。

庆历荫补官员考试制度颁布,迫使许多纨绔的官员子弟用心念书,为整顿吏治创造了较为有利的环境。包拯对此予以高度评价,他认为自从新的考试制度颁布后,"天下士大夫之子弟莫不靡然向风,笃于学问。诏书所谓'非唯为国造士,是乃为臣立家',实诲人育材之本也。近闻有臣僚上言,欲议罢去,是未之熟思尔。且国家推恩之典,其弊尤甚,因循日久,训择未精。今诏命方行,遽欲厘革,则务学者日以怠惰。一旦俾临民政,懵然于其间,不知治道之所出,犹未能操刀而使之割也,所伤实多"①。可见,庆历新的考试制度的确起到了督促和鞭策荫补子弟潜心读书的作用,这对提高宋代官僚队伍的总体素质无疑是有一定积极意义的。

然而,庆历荫补官员考试制度并非完美无缺。其作为庆历新政的一项重要内容,是范仲淹等人为整肃吏治而采取的必要手段之一。然而,在专制体制下,各级官员的荫补特权不可能完全取消,一大批素质低下的官员子弟仍可以名正言顺地入仕为官。因而,即使实行考试入官制度,仍不能从根本上改变荫补官员的整体素质,仅是对荫补官员进行必要的限制而已。

更重要的是,荫补官员并不是考试不合格便会取消其做官的特权,而是给他们留下了很大的余地。如条令规定,荫补官员若经过两次、三次考试仍不能过关,只要有人推荐保举,仍可成为正式官员,就连根本没有参加考试的荫补子弟也仍然可以保有其"官"的身份,他们只要找到举主便可入仕,这为荫补官员跑关系、走后门大开方便之门。很明显,这种现象是专制社会的产物。按理而论,考试不过关,便当取消入官资格,以儆效尤,然而,不管荫补官员素质多么低,他们仍可以各种名义入仕为官。同时,庆历新制并没有真正贯彻落实下去,至庆历五年(1045),"又诏补荫选人,自今止令吏部流内铨候该参选日量试所习艺业注官,其庆历三年

---

① 《包拯集校注》卷一《请依旧考试荫子弟》。

十一月条制勿行"①，可见庆历新制被彻底否定了。尽管有不少官员并不赞成废除这一制度，如前所引包拯便竭力反对朝廷的动议，但由于反变法势力过于强大，庆历新政很快便以失败而告终。

尽管如此，庆历荫补官员考试新制的基本原则还是被保留了下来。至庆历五年（1045），宋仁宗颁布诏令，"诏吏部流内铨：自今试初入官选人，其习文辞者试省题诗或赋、论一首，习经者试墨义十道，并注合入官。如所试纰缪，试墨义凡九不中，令守选，候放选再试。又不中，与远地判司。其年四十以上，依旧格读律通，即与注官，仍命两制一员同考试之"②。这一制度明显地放宽了考试标准和要求，甚至有些考试不合格的荫补官员只要认字，能读通法律条文，即可成为官员。可以肯定，在如此宽松的入仕条件下，几乎所有的荫补官员均可顺利为官。

这种类似走过场的考试遭到了不少士大夫的强烈反对。宋英宗治平年间，司马光上书皇帝："臣窃见国家旧制，资荫出身人初授差遣者，并令审官院、流内铨试省格诗或赋或论一首，或五经墨义十道，各从其便。其赋、论、墨义，徒有其名，无人愿试。大率皆乞试诗，其间甚有假手于人，真伪难辨。就使自能作诗，辞采高妙，施于治民，亦无所用，不可以此便为殿最。"③由此可见，庆历以后荫补官员考试制度确实存在不少弊端。对受荫者而言，考试内容过于简单，因此入仕为官相当容易。这不但不利于提高宋代官员队伍的素质，而且还助长了弄虚作假之风。

宋神宗即位后不久，在王安石主持下，开始了变法活动，对宋初以来的很多制度和政策都进行了相应的调整。当时，有不少官员上书朝廷，要求对荫补官员考试制度进行整顿。熙宁三年（1070），审官院主簿蔡奕建言："门荫初调试诗，不若试经若律义为有补于政，诸路荐举宜裁限员数资序，所谓亲民者，必历知县，议皆施行。"④可见朝中官员要求对宋仁宗以来荫补官员考试制度加以改革的呼声相当强烈。朝廷在综合上述意见后，于

---

① 《长编》卷一五五，庆历五年三月己卯。
② 《长编》卷一五五，庆历五年五月癸未。
③ 《司马温公集编年笺注》卷三五《选人试经义札子》，巴蜀书社，2009年。
④ 《忠肃集》卷一二《直龙图阁蔡君墓志铭》，中华书局，2002年。

熙宁四年（1071）颁布了新的荫补官员考试制度，其基本内容如下：

> 中书言：选人每因恩赦，例与放选，以致奏补初仕之人年二十五以上试诗一首，方许注官，犹为无取。其间有才能者，须俟及年，颇为淹滞。中才以下亦未尝试其所能，使之厘务，往往废职。及铨曹合注官人，例须试判三道，因循积弊，遂成虚文。今欲应得替合守选人，岁限二月八日以前流内铨投状，试断案二道，或律令大义五道，或议三道，差官同铨曹主判官撰式同考试。第为三等，申中书。上等免选注官，入优等者依判超例升资，无出身者赐出身。如试不中，或不能就试者，及三年与注官，即不得入县令、司理、司法。其录事参军、司理、司法仍自今更不试判，亦不免选……奏补京朝官、选人，初出官罢试诗，年二十以上许投状乞试，如所试依得放选等第，即与差遣，优等赐出身。试不中，或不能就试，如年及三十者，即与差遣。其授官年已三十，即更三年听出官。京朝官展三年，监当如历任于合用举主外，更有二人即免展年。其今年以前奏授，见年十五以上，不能就试者依旧条，京朝官依上条展年。①

中书认为，荫补选人年龄到二十五岁方能考试诗一首后入仕任官，这一方面使才能出类拔萃之人不能迅速从政为官，施展才华；另一方面，才能不高之人的实际能力也没有得到测试，若让他们担任官职，往往会出现"废职"的现象。因而，有必要对荫补官员考试制度进行改革。由此亦可看出，宋神宗之前，受荫官员考试时大多选择试诗一首，在正式任命官职之前，往往还要"试判三道"。按照宋人的说法，唐代荫补文官出官要考试身言书判，"四曰判，文理优长。凡试判登科，谓之入等；甚拙者，谓之蓝缕"②。由此看来，"试判三道"即要求官员写三篇判词之类的公文，"文理优长"即为合格，宋代似基本继承了这一做法。

---

① 《长编》卷二二七，熙宁四年十月壬子。
② 《容斋随笔》卷一〇《唐书判》。

宋神宗时期荫补文官考试制度与宋仁宗时期的相比，明显存在很大的差别：第一，荫补官员考试出官年龄提前了五年，即由原来的二十五岁变为二十岁；第二，考试内容迥然不同，原来的考试内容以儒家经典为主，而宋神宗时期却以灵活性更强的法律制度为主考内容；第三，考试奖惩明确，神宗时期考试优等者可以赐予出身，与科举出身一样，这是非常优渥的奖励，也是在此之前未曾有过的规定；第四，神宗废除了以前的一些考试内容，如录事参军等不再考试"判"，荫补文官不再考试诗；第五，屡考不中或未参加考试的官员得到实际职务的年龄由原来的四十岁降为三十岁。司马光治平年间要求改革荫补官员考试制度时曾提到，"若年四十以上者，即听依旧制，只写家状、读律"①。李焘也记载荫补官员"其年四十以上，依旧格读律通，即与注官"②。由此可见，宋仁宗时期，荫补官员到四十岁后，通过极为简单的考试即可为官，这是对无能官僚子弟的照顾政策。

宋神宗时期除了对荫补文官考试制度进行改革之外，同时还对荫补武官考试制度进行了相应的调整。在颁布荫补文官考试条例后，监察御史蔡确上书说："朝廷患官冗而事不举，其弊在于任官不考其能，故近者补京朝官、选人皆立试法，而独未及使臣，则任官之弊未为尽革。伏望指挥枢密院详议立法以闻。"于是宋神宗"诏都承旨曾孝宽详议试格具奏"③，其后曾孝宽果然制定出了相应的荫补武官考试规则。李焘记载："诏：大小使臣因恩泽奏授得官合出官者，并于三等试条各随所习呈试，上等、中等内七事，下等内八事，试中一事以上，皆为合格，等第擢用。岁二月八日以前具乞试人数，奏差军官同主管官引试。内武艺即送武学，所试兵书大义、策略、算计并依春秋试文臣法，具等第及封试卷申纳枢密院。如累试不中或不能就试者，于出官岁数外更增五年。"④上述条令表明，曾孝宽所定荫补武官考试出官制度是相当详细的：考试分为三等，由受荫武官量力自行选择，然后由相应的主管部门主持考试；考试内容包括武艺、兵书大义、

---

① 《司马温公集编年笺注》卷三五《选人试经义札子》。
② 《长编》卷一五五，庆历五年五月癸未。
③ 《长编》卷二三六，熙宁五年闰七月丙辰。
④ 《长编》卷二三七，熙宁五年八月己巳。

策略、算计等。但此处并未具体说明考试方法和内容，只说上等、中等考试"七事"，下等考试"八事"，其中一项合格即可。

至元丰元年（1078），"立《大小使臣呈试弓马艺业出官试格》"①。这是对熙宁时期曾孝宽等人所定考试制度的综合，是以"格"的形式将熙宁以来的考试制度加以固定化，估计不会有什么创新。元年格内容颇为详备，据《会要》选举二五之一一记载，荫补武官考试分成三等："第一等步射一石，发两矢，射亲十中三，马射七斗，发三矢，马上五种武艺，问《孙》《吴》大义十通七，时务、边防策五道成文理优长，律令大义十通七"；"第二等步射八斗，射亲十中二，马射六斗，马上三种武艺，《孙》《吴》义十通五，策三道成文理，律令义十通五"；"第三等步射六斗，射亲十中一，马射五斗，马上两种武艺，《孙》《吴》义十通三，策三道成文理，律令义十通三，计算钱谷文书五通三"。

上述记载表明，元丰格与熙宁时期的制度是一脉相承的，如熙宁考试制度中的"七事"与元丰元年格的具体条文是吻合的。荫补武官的考试大致可分为两大部分：一是武艺，包括射箭和马上功夫；二是文化考试，包括兵书、策问和律令知识。若按熙宁时期的规定，七项考试内容中只要有一项以上成绩合格，即可出任官职。当然，合格得越多越好，合格越多便有越多的相应的奖励措施。②

上述政策表明宋神宗时期荫补文武官员考试制度更为规范。尽管文武官考试内容和主持考试的机关完全不同，但考试过程中一些基本原则是相同的：一是荫补文武官都必须达到法定的年龄才能报名参加考试；二是应试文武官员必须在报名时说明自己报考的科目和家族情况；三是荫补官员必须考试合格后才能担任差遣，而且要根据考试成绩的优劣来决定官职；四是对屡考不中或因特殊原因未参加考试的荫补官员都有照顾性措施；等等。这些共同的准则对此后荫补官员考试制度的变迁有着很大的影响。

---

① 《长编》卷二九五，元丰元年十二月癸亥。
② 参见赵冬梅：《北宋的武选官及其选任制度研究》，北京大学博士学位论文，1998年。

文化考试：提高非科举出身官员素质的努力　135

就这一时期的制度而言，可以肯定，决策者的主观愿望无疑是想改变宋代的冗官局面。一方面，神宗君臣千方百计地想把一些才能出众的荫补官员通过考试选拔出来，充实到实际工作岗位上，使他们充分发挥其聪明才智，从而达到整顿吏治的目的。另一方面，通过考试淘汰一些确实文不能文、武不能武的庸才、蠹材，从而净化官僚队伍，保证各级官僚机构的行政效率。这些都是值得肯定的。

应该说，宋神宗时期荫补官员考试比宋初要严格得多。宋仁宗时期，荫补武官"先于军头司试弓七斗力或弩两硕五斗力，施放有条道者为合格"[1]。若将这一要求与宋神宗时期对武艺的考核相比，宽严对比是不言而喻的。宋神宗以后，武官出官考试愈益严格，而且武艺并非一朝一夕便可掌握，必须日积月累方能有所成就，这迫使官员子弟勤学苦练，练成一些真本事。另外，这一时期考试内容远远比宋初以来要多，荫补武官考试内容多达七项，尽管并不是每个人都要考完所有项目，但考试的难度明显比原来要高得多了。

王安石变法期间，荫补官员考试制度的另一显著特点是更注重测试官员的实际操作能力和应变处理政事的能力。其中最引人注目之处是考试法律的内容大大增加，文官荫补要考试对国家法律条文的熟悉程度。宋仁宗时期，考试经学的荫补官员才兼习法律条文，而宋神宗时期，几乎所有的荫补官员都必须要考试法律，连武官也不例外。同时，文官还必须考试"断案"，即现场根据法律处理一些案件，这就迫使荫补官员不仅要记诵国家的法律条文，而且必须灵活运用法律去处理实际问题，即要求荫补官员既要懂法，也要会用法。

总之，宋初以来的荫补官员考试到神宗时，从以儒家经典为主转变为以法律为主且形式灵活多样，这是王安石变法期间的重要成就之一。

当然，宋神宗时期荫补官员考试制度也存在不少弊端。苏辙元祐年间曾上书朝廷，论及宋神宗时期改革荫补官员考试制度这一问题："臣伏见祖宗旧法，凡荫补子弟，皆限二十五岁，然后出官。及进士、诸科释褐

---

[1]《宋大诏令集》卷一六一《任子诏》。

合守选人并州县选人，除司理、司法、县尉外，得替日皆合守选。逢恩放选，乃得注官。所从来久远，仕者习以为常。虽经涉岁月，不以为怪。及先朝患天下官吏不习法令，欲诱之读法，乃令荫补子弟不复限二十五岁出官，应系选人皆不复守选，并许令试法，通者注官。自是天下官吏皆争诵律令，于事不为无益。然人既习法则试无不中，故荫补者例减五年，而选人无复选限，遂令吏部员多阙少，差注不行。访闻见今已使元祐四年夏秋季阙，官冗之患，亦云极矣"①。苏辙首先回顾了宋初以来的所谓"祖宗旧法"，在他看来，宋神宗时期的改革本身是存在问题的，主要是荫补官员出官年龄大大提前，从二十五岁提前至二十岁，这必然增加入官人数，从而加剧吏部"员多阙少"的矛盾。应该说，抛开苏辙政见不论，荫补官员二十岁便可参加考试，合格后便可成为正式官员，这倒是符合官员年轻化的要求，但二十岁出头的年轻人并无多少为官治民的经验可言，使其为官一方，确实有些让人怀疑其能否胜任。更为严重的是，宋神宗时期，那些考试不过关或因故未参加考试的荫补官员出官年龄限制从四十岁提前至三十岁，这使不少碌碌庸才久居官位，势必加重宋朝的冗官危机。

尽管宋哲宗元祐更化时期全盘否定了神宗时期的政策，但时间不长，绍圣以后，又逐渐恢复了宋神宗时期的制度。绍圣二年（1095）规定，荫补文官"每春秋试时议三道，或刑统大义五道，或断案二道，断案七分以上，时议、刑统、经义辞理俱优为优等。断案六分以上，时议两通一粗，刑统、经义各四通为中等。断案三分以上，时议两通，刑统、经义各三通为下等"②。这一考试规定与宋神宗时期的制度如出一辙。至北宋末期，尽管政治黑暗，政局动荡不安，但文武荫补官员考试制度基本上还是继承宋神宗以来制定的原则。

南宋时期，尽管荫补文武官考试制度由于政治的原因而屡经变革，但其还是坚持下来了。宋高宗建炎二年（1128），"初立《大小使臣呈试弓马出官格》，凡五等。自今武臣荫补亲属，必于状内称某人或习韬钤，或便

---

① 《栾城集》卷四〇《乞复选人选限状》。
② 《会要》选举二四之一四。

文化考试：提高非科举出身官员素质的努力　　137

弓马，委自本州先行阅试，然后保明申奏补官。用议者请也"①。这是南宋初年对荫补武官考试制度的重申和修改，将考试分成五个等级，分别予以考试。至于荫补文官的考试，由于宋高宗立脚未稳，至绍兴二年（1132）以后才又继续进行。绍兴元年（1131），"诏自今春试选人及京官初出官人，铨试如故事，后不果试。明年秋，乃克行之"②。南宋初年执行的大致是宋神宗时期的考试制度。绍兴六年（1136），"左司谏陈公辅请奏荫无出身人，并令铨试经义或诗赋、论、策三场，以十分为率，取五分合格。虽累试不中，不许参选，亦不许用恩泽陈乞差遣，诏吏部措置。其后吏部请试律外，止益以经义或诗赋一场，年三十五以上，累试不中之人，许注残零差遣，余如公辅所奏。从之"③。由此可见，南宋初年荫补文官考试分为法律、诗赋、经义等三种内容。其中最引人注目之处是录取荫补官员时有了比例，即50%的荫补官员可以出官。

至绍兴十一年（1141）以后，荫补文官考试改为两场："言者乞命有官人铨试并兼习两场。故事，铨试有官人分五场：曰经义，曰诗赋，曰时义，曰断案，曰律义，愿试一场者听。议者谓试之以经义、诗赋、时义者，欲使之通古今，试之以断案、律义者，欲使之明法令。乞令二者各兼一场，庶使人人明古今、通法令，而无一偏之失。事下吏部，乃命任子如所请。"④由此可见，南宋时期荫补文官的考试内容与宋神宗时期的是基本一致的。

南宋时期，有官人铨试制度采取了按比例录取的原则。史书记载："故事，春秋再试，十人而取七，乾道二年后上［疑为"止"字之误］春试，二人而取一。绍熙末，议者病其寡学，乃请三人而取一。后三年，谢用光为吏部侍郎，上言：今世禄之家已留意学问，请复旧制。诏许焉。"⑤由此可知，南宋时期铨试录取比例由70%降低为50%，又降至33%左右，

---

① 《系年要录》卷一四，建炎二年三月丁酉。
② 《系年要录》卷五〇，绍兴元年十二月壬辰。
③ 《系年要录》卷一〇四，绍兴六年八月癸亥。
④ 《系年要录》卷一四一，绍兴十一年九月癸亥。
⑤ 《文献通考》卷三四《选举考七》。

后来才固定为录取50%。应该说,参加铨试的有官人并不全是荫补官员,也包括同进士出身的科举出身者,但可以肯定一点,荫补出身者人数所占比例要比科举出身者大得多。马端临在《文献通考》卷三四中说:"铨试者,旧有之,凡任子若同进士出身之人皆赴。"按比例录用官员本身就是极不合理的制度,不论其考试成绩如何,只要参加考试,每年总会有相对固定的有官人可以成为正式官员,这大大削弱了考试的严肃性和公正性,使得一些无德无能的官员得以上任,对宋代吏治无疑是极不利的。

南宋时期,铨试制度中尚有一点值得注意。北宋时期,无论荫补官员,还是同进士出身者,都必须集中到京城同场竞技。南宋时期,由于四川地区距离都城临安过于遥远,且交通极不方便,所以四川地区荫补官员的入官考试由当地地方政府主持,而不是统一由中央各主管部门主持。这种特殊地区,南宋初年还包括两广地区。至宋孝宗乾道八年(1172),两广地区的荫补官员也必须集中到都城参加统一考试,而四川地区则一直未加改变。

第二节 考试制度的约束力及相关问题

在中国古代专制社会环境下,任何制度的执行和实施都可能产生负面的效应。也可以说,即便是好的制度,在人治社会中亦会出现这样那样的弊端,宋代荫补官员考试制度自然也不例外。

宋代荫补官员考试制度应该说是越来越规范,然而,应考者多是颇有来头的官宦子弟,因而,考场舞弊之风愈刮愈烈。宋太祖即位不久,便于乾德二年(964)颁布诏令,要求主管考试荫补子弟的官员务必严格执法。但就在颁布禁令的同年,"库部员外郎王贻孙、《周易》博士奚屿同考试品官子弟,翰林学士承旨陶谷属其子戬于屿。戬诵书不通,屿以合格闻,补殿中省进马。俄为人所发,下御史府按之。九月甲戌朔,屿坐受请求,责乾州司户参军。贻孙不知觉,责赞善大夫"[①]。可见宋初便已有此类高级官

---

① 《长编》卷五,乾德二年九月甲戌。

员为其子弟求情游说，甚至公然凭借其权势要主考官对其子弟网开一面这类舞弊案件了。无独有偶，乾德五年（967），"虞部郎中赵元拱、国子监丞高延绪坐试斋郎念经不实，覆试差互。元拱责授仓部员外郎，延绪国子监主簿"①。在宋初荫补官员考试制度不甚健全、考试内容极为简单的情况下，主考官拥有对应考者通过与否的决策权，他们营私舞弊便不足为怪了。

宋代荫补子弟大多系不学无术之辈，"彼贵游子弟，恃其父兄之荫补，类多骄惰不学"②，他们要以其才学通过考试是相当困难的，要正式成为官员，只有另辟蹊径，乃至采取不光彩的手段来取得官职。宋初至宋仁宗时期，荫补子弟出官除要求念书合格外，还要"并试判三道"，但很多官员子弟根本写不好判词，只好请人捉刀代笔。这使宋仁宗下决心矫正此弊，将写判词改为铨试："至景祐元年正月，遂废书判为铨试。议者以为奏补人多令假手，故更新制，曾不思书判犹如今之帘引，虽有假手，不可代书。若铨试之弊，则又甚矣，虽他人代书可也，省试犹可，况铨试乎？承平时，假手者用薄纸书所为文，揉成团，名曰纸球，公然货卖，亦由朝廷施刑浸宽故也。"③由此可见，尽管宋仁宗为避免"试判"中的作弊行为而以铨试形式考试荫补官员，但仍无法根除这种现象，甚至一些捉刀之人将写有答案的"纸球"卖给应考的荫补官员。

洪迈记载："法禁益烦，奸伪滋炽，唯科场最然，其尤者莫如铨试。代笔有禁也，禁之愈急，则代之者获略谢愈多。其不幸而败者，百无一二，正使得之，元未尝致法。"④在宋代，官员子弟一般家境富裕，拿出些钱财，甚至是高价请人代考，恐怕都不成问题，更何况他们走马上任后，便可大肆搜刮民脂民膏，捞取更多的钱财。国家法令尽管严禁代考，然而，越是禁止，代考之人越能得到高额报酬。由此可见，宋代科举考试中最黑暗的就是有荫补官员参加的"铨试"了。南宋时期，四川地区铨试

---

① 《会要》职官二二之一九。
② 《长编》卷三八六，元祐元年八月辛亥。
③ 《燕翼诒谋录》卷一。
④ 《容斋随笔·四笔》卷一三《科举之弊不可革》。

由地方自己主持，"今蜀中铨试甚宽，凡假手者率费七百缗"①。也就是说，四川地区的铨试非常宽松，凡是请人代考就要花费七百贯钱，其报酬之高，令人瞠目。

除请人代考外，宋代荫补官员还有其他各式各样的花招蒙混过关。如前所引司马光的奏折所述，宋神宗以前荫补官员考试诗赋，荫补官员"大率皆乞试诗，其间甚有假手于人，真伪难辨"②，也就是说，应试的荫补官员事先找人写好诗，背诵下来再去应试。这种考试方法确实难以选拔到真正的人才。再如南宋时期，荫补官员参加考试时，"有自外传稿而入者"③。这些官宦子弟自知实力不济，于是只好在歪门邪道上大下功夫。由于考场管理较严，不能夹带，于是便通过各种方法将答案传入考场内。诸如此类的违规作弊行为在宋代荫补官员考试过程中经常出现，这就为一些素质低下的官宦子弟提供了为官从政的绝好机会，同时也使考试的公正性大打折扣。归根结底，这是中国古代人治社会的必然结果，也是官僚阶层势力和特权的具体表现。

在宋代，荫补子弟还可以通过免试特权或简单的考试正式为官，尤其是一些高级官员的亲属，他们直接成为官员的机会要比普通官员子弟多得多，这种现象自宋朝开国后便已存在。宋太宗淳化元年（990），"以乡贡进士吕蒙叟为鄄城县主簿、蒙庄楚邱县主簿、蒙巽沈邱县主簿，皆宰相蒙正诸弟，从其请而命之"④。宰相吕蒙正诸兄弟均为白丁之身，并无科举功名，仅仅是具有"乡贡进士"的头衔，但由于吕蒙正位高权重，其三个弟弟应该早就通过荫补制度而拥有了官员的身份，他们根本未经过任何考试，仅仅是根据吕蒙正的请求，便一跃而成朝廷命官。可见，荫补子弟免试入官的现象在宋初已大量存在。在宋代，官僚特权阶层总是利用各种借口和机会使自己的亲属免试注官。南宋淳熙年间，有官员上书朝廷："比年铨试，有以国戚而与宫观，有以勋阀而与差遣。问尝中铨乎，曰：未

---

① 《文献通考》卷三四《选举考七》。
② 《司马温公集编年笺注》卷三五《选人试经义札子》。
③ 《会要》选举二六之九。
④ 《长编》卷三一，淳化元年九月戊寅。

文化考试：提高非科举出身官员素质的努力　　141

也。臣闻古之行法，必自贵近始，舍贵近而行于疏远，则天下不服，法行而天下不服，则法废矣。"①南宋时期特权阶层免试注官之严重，由此可见一斑。

宋代荫补子弟免试注官的途径名目繁多，五花八门。一是大赦之年免试注官。按宋代惯例，皇帝每三年举行一次南郊大礼。大礼之后，总会伴有各式各样的恩惠广施天下臣民，以示皇帝恩德与圣明。对荫补子弟而言，大赦敕书中往往会有允许其免试注官的优遇，"南郊赦书，勘会旧法，初官补授及三十年并年三十到部与免试"②。也就是说，凡是拥有三十年"官龄"或年龄达到三十岁到吏部参选的官员均可免试注官。这些官员绝大多数系荫补出身，也只有官僚子弟才具有从孩提时代便拥有官籍的条件。尽管这一免试注官条例在南宋孝宗时被废除，但在此之前一直执行。

二是"恩例"免试，这种形式的免试注官多用于高级官员、宗室、外戚等极具特权的阶层。自北宋神宗时期以后，宰相、枢密使、参知政事等官员均享有法定的陈乞亲属差遣的权力，可荫补人数相当多。《庆元条法事类》规定："诸前宰相、执政官（致仕同）每贰年听陈乞亲属恩泽壹次。"③这是南宋时期的法律条文，所谓"恩泽"，亦是形式各样，其中便有要求为自己不学无术的亲属免除考试的。宋孝宗刚即位，为了抑制冗官局面恶性发展，下令严格铨试制度，其诏令中有如下规定："自今初官不许用恩例免铨试、呈试，并候一任回方许收使。虽宰执亦不许用恩例陈乞、回授初官免试。"④这段文字意味深长。宰执等高级官员当然会经常得到加官晋爵的机会，而于他们自身，官位已然毫无实际意义，于是他们便以此为儿孙谋利，将官爵"回授"亲属，其中便包括申请子孙免试注官。

三是屡考不中或因故未参加考试的荫补官员，当其年龄达到国家法定标准后便可免试注官。如前所引，宋仁宗庆历时期规定，"七选已上经两

---

① 《文献通考》卷三四《选举考七》。
② 《会要》选举二六之四。
③ 《庆元条法事类》卷一二《职制门九》。
④ 《会要》选举二六之一。

试,九选已上经三试"①的荫补官员可以免试注官。庆历五年(1045)又以荫补官员的年龄作为衡量是否免试的标准:"其年四十以上,依旧格读律通,即与注官。"②意即荫补文官只要到四十岁,便可以不参加国家组织的统一考试就得到实际差遣。宋神宗时代文官放宽到三十岁,后又有所增加。这种以年龄为界限的入官制度一直持续到南宋,只是不同时期年龄限制不一样而已。

至南宋时期,基本上按照文官四十岁、武官三十岁的条件执行。宋孝宗乾道七年(1171),"诏:今后武臣每半年一呈试,呈试不中年三十,文臣铨试不中年四十,选出官,仍令敕令所参酌旧法修立"③。宋孝宗为了裁减冗官,有段时间甚至将官员免试年龄提高到五十岁,"吏部侍郎薛良用乞将初受官年满五十之人特免铨试,许令参部受残零阙一次。从之"④,但执行的时间很短。随着宋代荫补官员考试难度的增加,有不少纨绔子弟根本无法过关,于是只好熬年头,到岁数才可免试注官。

四是"殁于王事"官员的亲属荫补可以免试注官。也就是说,宋代官员凡以身殉职或战死沙场,其子孙荫补,可以不经过考试而直接为官。这一原则在两宋时期似乎一直执行,甚至成了法律。"诸殁于王事被录用之亲,候年贰拾免试出官。其捕罪人斗敌而死者之子孙准此。无子孙而余亲授官者,听最亲从上一名免试。"⑤宋代为"王事"而死的大小官员不计其数,其子孙无论素质如何,均可享受法定的考试豁免权。这是对这些官员的奖励和补偿,也是政府鼓励各级官员对皇帝和朝廷尽忠尽责的重要策略。

五是特旨与堂除官可以免试。在中国古代,皇帝的意志就是法律,甚至可以凌驾于法律之上,因而皇帝的金口玉言不论对与错,都必须无条件地执行。荫补官员只要有皇帝的特许,就可以不参加任何形式的考试而直接为官。南宋孝宗时代,严格铨试制度,许多荫补官员过去享有的考试豁

---

① 《宋大诏令集》卷一六一《任子诏》。
② 《长编》卷一五五,庆历五年五月癸未。
③ 《会要》选举二六之六。
④ 《会要》选举二六之四。
⑤ 《庆元条法事类》卷一二《职制门九》。

文化考试:提高非科举出身官员素质的努力   143

免权如高级官员的"陈乞回授"等都被取消了,但又申明"应荫补及初出官人除因许乞特旨与差遣外"①,即皇帝可以特许某人不参加考试。这种免试往往取决于皇帝个人的好恶,在政治稍微清明的时期,可能相对少些,而在政治昏暗的时期,免试注官的特旨便大量涌现,如北宋末期特旨免试就尤为突出。

此外,宋孝宗乾道元年(1165)以前,堂除官员是可以免试的。所谓堂除差遣,即不由吏部按正常渠道和原则而除授的官职。宋代堂除官员多由二府决定,抑或是皇帝特批,"荫补初出官人,法当铨试。承前堂除辄许免试",即只要是堂除差遣,便可免试,这是北宋以来一直执行的原则。乾道元年以后,禁止未参加考试的官员成为堂除官,"诏:自今应初出官人未经铨试,并不许陈乞堂除条,入敕令为定法"。②

六是其他形式的免试,这类免试非常不规范,且多系临时性的举措。如宋孝宗乾道年间规定:"若补京官、选人如两经铨试不中,愿就二广州县合入京差遣者,许赴吏部投状,权行注授一次,任满依条施行。"③可能由于当时两广地区生活条件艰苦,不少官员不愿到这一地区任职,两广地区州县官不足,故临时允许荫补子弟免试注授这一地区的差遣。再如淳熙五年(1178),侍御史谢廓然上书皇帝:"小使臣初官呈试,宜与铨试一体。今乃不然,凡曰出疆、曰接伴、曰馆伴、曰使相、宰执奏辟使臣。一或占此,不三数月或旬日间,便可作经任人暗免呈试参选。孤寒无力乃始就试,往往试人绝少。"④由此可见,这些荫补武官亦是找各种借口逃避考试,而真正必须参加考试的荫补子弟多为"孤寒无力"者,自然而然是指中下级官员子弟了。诸如此类的免试出官尚有许多,此不一一罗列。

应该说,两宋时期各类享有免试权的荫补官员相当多,不管是合法的,还是非法的,这是不争的事实。然而,多数情况下,免试与否,都按制度或惯例执行,并非毫无章法,而且宋朝在这方面的立法是很细致的。

————————

① 《会要》选举二六之二。
② 《会要》选举二六之二。
③ 《会要》选举二六之六。
④ 《会要》选举二六之一〇。

如淳熙十五年（1188），给事中郑侨封驳王良辅要求免除呈试出官时指出："其间亦有免呈试者，谓江海船立功补官之人，则法许免呈试。诸军拣汰离军之人，则法许免呈试。"① 可见宋代官员免试注官的法律相当齐备，基本上是有章可循的。然而无论如何，宋代荫补子弟免试等制度都反映出一个基本事实，即荫补子弟文化水准普遍相当低。宋朝依靠这样一批官宦子弟来治理国家、管理社会，其后果是不言而喻的。

宋朝政府实行荫补官员考试制度，其原因是多方面的。

第一，荫补官员子弟考试制度的推行是维护和加强专制集权统治的重要手段之一。如前所述，荫补子弟考试内容尽管屡经变迁，但儒家经典一直是考试的重要内容之一，也可以说是最为重点的内容。中国历代封建王朝均将儒家思想奉为圭臬，儒家伦理道德学说的教化作用是很大的，它所提倡的伦理道德观等是封建皇帝统治臣民的极重要的思想工具。宋朝廷要求官员子弟读些儒书，无非是要这些官员子弟恪尽职守，忠于皇帝。

北宋时期，强至要求荫补唐代名相魏徵后裔为官时曾说："闻异代忠贤之后，犹蒙奖录。则今日能忠于朝廷者，诚有所劝也。"② 其用心显而易见——他们是要培育朝廷的忠实奴仆，从而维护赵宋王朝的专制统治。宋人对荫补官员考试制度做过这样的评价："夫既命而铨，既铨而爵。此非拒其来也，盖所以勉其学而养其材也。"③ 考试制度的目的很明确，无非是为封建统治培养更多高素质的有用人才。无论是考试儒家经典，还是考试法律，其宗旨都在于培养、输送合格之人到各领域，加强朝廷的集权统治。

封建统治者除了在思想上以奴化方式教育、训导官员子弟外，还要求他们掌握一些为官的知识，尤其是法律。这恰恰反映了统治者的一种强烈意愿，皇帝寄希望于百官，假如他们无一技之长，势必伤及无辜百姓，导致民怨沸腾，甚至揭竿而起，这对赵宋王朝的威胁无疑是巨大的。包拯在北宋中期上书皇帝，要求严格荫补官员考试制度时指出："一旦俾

---

① 《会要》选举二六之一六。
② 《祠部集》卷一三《代唐公乞录用魏郑公裔孙札子》，《全宋文》卷一四二八。
③ 《古今源流至论续集》卷九《任子》，四库全书本。

临民政，懵然于其间，不知治道之所出，犹未能操刀而使之割也，所伤实多。"①可见考试荫补子弟对赵宋王朝是何等重要，如果统治一方的官员出了差错，必然会危及封建统治，这一点历代统治者洞若观火。因此，朝廷要尽量选拔一些能干得力的官员出来，以免引起乱子，其目的也是维护专制集权统治。

第二，荫补子弟考试入官制度是宋朝试图缓解冗官危机的重要措施之一。宋代冗官危机自宋真宗以后日甚一日，如南宋孝宗时期，有官员说："今日官冗之弊极矣，欲清入仕之源，莫若减任子之法。"②可见宋代冗官问题的主要原因在于官员亲属的荫补之泛滥。大体上说，宋代冗官危机有两层含义：一是官员数量众多，人浮于事，差注不行，形成了十羊九牧的局面；二是官员政治和文化素质普遍低下，因而导致贪污腐败盛行，渎职现象非常严重。在宋代，有不少头脑清醒的士大夫早就认识到，朝廷上下无处不在的不学无术的荫补子弟是造成冗官危机的罪魁祸首。宋宁宗庆元年间，臣僚言："比年以来，世禄子弟不务力学，但以货取。假手传义，冒名入试。至有全不识字而侥冒中选者，异时使之临政，不能书判。则委之吏手，必为民害。"③可见世家子弟胸无点墨对宋代中央和地方的政事与治理带来的影响之恶劣。

事实上，宋代官员子弟凭借其父祖辈之荫庇而入仕为官，他们生而显贵，自然不会在意修身之道。张方平在宋仁宗时期曾说："今仕任之涂益广，顾教育之道未施。且世禄之家，鲜克由礼；膏粱之族，子弟易骄。夫其生享丰余之养，习见逸欲之靡，而不淬砺以先王道德恭俭之言，陶染以古贤孝友祗庸之训，是使立身之道不笃，莅官之法不修，罔知小人作业之劳，不念稼穑艰难之勤，家绪速沦，世美鲜济，故宜然矣。"④在他看来，官员子弟不知礼法，先天就具有比常人更骄贵的心态，若不严加教育管束，必然会成为碌碌无为的庸才。因而他建议朝廷让官宦子弟入学读书，

---

① 《包拯集校注》卷一《请依旧考试荫子弟》。
② 《会要》选举二六之一。
③ 《会要》选举二六之二一。
④ 《乐全集》卷八《凡资任子弟隶名国子监立格试业补用论》，《全宋文》卷八〇八。

以修其身，养其性。有鉴于此，宋朝政府实施考试制度，提高荫补子弟的文化素养，进而使他们了解为官治民之道，为其入仕做官打下些基础。

与此同时，宋代官员"员多阙少"的矛盾异常突出。苏轼在元祐年间曾说："国家自近岁以来，吏多而阙少，率一官而三人共之，居者一人，去者一人，而伺之者又一人。"① 至南宋时期，这种情况没有丝毫改善的迹象，反而愈益严重。刘克庄曾上书朝廷，说当时的宋朝有小使臣近一万四千人，"已参注者二千一百余人，来者源源未已，皆注监当。而监当阙，皆十二年以上，六七人共守一阙"②。正是因为如此，宋代差注不行的现象十分严重。归根结底，主要还是荫补入仕过多过滥的必然结果。

因此，为了减少入仕人数，朝廷不得不采取较为严格的考试制度，淘汰一批不合格的官员。"凡任子已补，欲出身仕者，从其所能而试之。或以一经，或以礼学，或以法律，或以文辞。武臣则试武伎，或以策略。每岁二月集于有司，如试进士、武举法。差官糊名较实，中程乃得仕，如此则得仕者必少，而所取者才，子弟各相勉强，于学又有功焉。"③ 宋代将考试作为量才录用官员标准的目的之一就是减少入官人数，从而缓和员多缺少的矛盾。南宋孝宗隆兴元年（1163），臣僚言："欲清入仕之源，莫若减任子之法。"故诏："臣僚任子见遵祖宗法度，理难遽改。可令吏部严铨试之法。"④ 由此亦可知考试为裁减冗官之一途。尽管收效不大，但作为不得已之法，两宋一直采用考试制度对荫补子弟加以限制，试图缓解冗官局面的日趋恶化。

第三，荫补子弟考试制度是科举制与荫补制对立统一的产物。确如著名宋史专家王曾瑜先生所言："荫补考试也多少体现了科举制对荫补制的渗透。"⑤ 就实际情况而言，科举制自出现之后，便与荫补制形成鲜明的对比，二者本质上冰炭不容，但随着科举制逐渐深入人心，通过考试选拔

---

① 《苏轼文集》卷八《策别课百官二》，中华书局，1986年。
② 《刘克庄集笺校》卷五一《轮对札子》。
③ 《鄮溪集》卷一二《论冗官状》，《全宋文》卷一四七二。
④ 《宋史全文》卷二四，中华书局，2016年。
⑤ 王曾瑜先生在批阅我的博士论文时曾作此案语，谨此致谢。

官员早已成为人们的共识。尤其是门阀制度解体以后,世家大族最终退出了历史舞台,大批的中小地主粉墨登场,但在"千年田换八百主"的社会背景下,其经济、社会地位并不牢固,因而他们让亲属子弟念书,若中了科举,便可为官,从而保障其既得利益,可谓一种"投资"。

由于科举制的推行,数目不少的寒门子弟成为官僚集团的成员。如以天下为己任的范仲淹,"二岁而孤",因其母改嫁而改姓朱氏,成年后"去之应天府,依戚同文学。昼夜不息,冬月惫甚,以水沃面,食不给,至以糜粥继之,人不能堪,仲淹不苦也"。① 范仲淹为改变自身命运而孜孜于学的精神颇具代表性。宋代著名文学家欧阳修,"四岁而孤,母郑,守节自誓,亲诲之学,家贫,至以荻画地学书"②。有类似范仲淹、欧阳修经历的士大夫自然不会少。他们通过自身的努力考取功名,待掌握政权后,他们对荫补入官的纨绔子弟们势必心怀不满,从范、欧二人言论中即可看出这一点。因此,他们有要求改革恩荫制度的心态就不足为怪了。

另外,这些科举出身的官宦一旦成为新贵,就又成了官僚集团的代言人,同时还得考虑自己子孙后代的命运。因而,他们对荫补子弟又爱又恨,爱其血浓于水的同胞亲情,恨其不争气,不能考中科举。毕仲游在《试荫补人议》一文中一面猛烈抨击恩荫制度,称"荫补之格,犹未若本朝之滥也",同时又袒护荫补制度,认为若取消荫补,必然招致官宦之家的强烈反抗,造成社会动荡,"士大夫绝望于荫补,沮事之议,将不可止。非所以顺人心,助和气。而官冗之弊,又未必能去。为今之策,莫若因仍岁数远近,而渐实其试法。试而中于法者,然后入仕,则是第存荫补之旧名而已,无入仕之新患"。③ 从毕仲游的议论来看,宋代科举出身的士大夫对恩荫入仕普遍感到愤怒,但他们又要为自身的利益着想,在这种矛盾的心态下,只能通过考试来缓和科举出身和荫补入仕的矛盾。

因此,荫补官员考试制度是缓和科举制与荫补制矛盾的必然结果。从

---

① 《宋史》卷三一四《范仲淹传》。
② 《宋史》卷三一九《欧阳修传》。
③ 《西台集》卷四《试荫补人议》,《全宋文》卷二四〇〇。

宋代荫补考试的内容来看，不论荫补文官考试，还是武官考试，其考试内容和科目几乎与科举考试完全一样。二者逐渐合流的过程表明：科举制的公平竞争理念已逐渐渗透到了荫补制。如果说科举制调和了寒门与士族之间的纷争，那么，荫补考试则缓和了官僚集团内部的矛盾，二者对稳定封建统治的作用均不可忽视。

宋代实施荫补考试的原因是多方面的，有待进一步探讨。从实际效果来看，荫补考试总比不考试要好，至少可以让宋代官宦子弟多读些书，学些艺。然而，由于免试等特权的制约，荫补考试成效势必大打折扣，因而不可能从根本上扭转两宋冗官之局面。

仕途的优与劣：宋代官员子弟的政治地位

第一节　官员子弟仕途的独特优势

以往人们的印象中，由于宋代科举制极其发达，且活跃于两宋政治舞台的高级官员多为科举出身，所以研究者的目光往往集中于科举制，忽视了对其他出身官员的研究。然而，宋代官员的大部分并非科举出身，荫补出身的官员才是官僚集团的主体，这一点应该引起高度重视。

毫无疑问，宋代荫补出身官员的数量要远远超过科举出身者。南宋著名史家李心传在《朝野杂记》乙集卷一四《嘉定四选总数》中记载了当时吏部各种出身官员的数量：尚书左选2392人，荫补出身者1381人，占58%弱；尚书右选3866人，荫补出身者2105人，占54%强；侍郎左选17006人，荫补出身者6926人，占41%弱；侍郎右选15606人，荫补出身者11702人，占75%左右。四选荫补出身官员平均占57%左右，此尚不包含其他非科举出身的官员在内，可见荫补出身的官员所占比例之高。就四选具体情况而言，各选荫补出身官员所占比重差距甚大，其中东西头供奉官以下的低级武官多达75%是荫补出身。总体而言，荫补出身官员多为武官，这是宋代崇文抑武政策的结果，也是加强皇权的必然。

需要说明的是，上述统计数字包括宗室在内。可以肯定，绝大部分宗室是通过荫补入仕的。这一比例恐怕能够反映宋代官员出身的基本情况。南宋晚期，刘克庄在担任吏部官员时曾说："窃见本选在籍小使臣一万三千九百余人，内奏补五百［千？］五百余人，宗室三千六百余人，吏职、军班各千人，而武举不满五百，军功不满千，以恩泽入仕者如此之多。"① 刘克庄当时负责吏部铨选,其言应该是可信的。可见,官员荫补出身和宗室在小使臣中所占比例在65%以上,而武举出身者仅占4%弱。尽管此时武举出身者所占比例已远比嘉定时期要高,但亦可说明李心传的记载大体上能反映两宋时期官员构成的实际状况,也就是说,60%左右的宋代官员是荫补出身。

宋代如此多的官宦子弟凭借父祖辈的权势和地位成为官僚,这对宋代社会的影响是不言而喻的。而且,作为中高级官员的子弟,他们在仕途上的优势绝非普通官员或寒门子弟所能比,因而荫补子弟在升迁、改官等方面占了很多先机。

(一)荫补子弟与进士出身

宋代有出身,尤其是有进士出身的官员与无出身者之间是存在天壤之别的。有出身与否,不仅是官员身份和地位的象征,也是他们仕途成败得失的关键所在。正因为如此,宋代官宦之家总是绞尽脑汁为其子孙谋求出身,从而改变其命运。在崇文抑武的社会背景下,不少官宦子弟都梦想成为文学之士,以求得大好前程,但这只是他们异想天开而已。因为绝大多数官员子弟从小娇生惯养,长大后不学无术,胸无文墨,要他们以才学在科场上与其他举子一较高下,显然不太现实。在这种情况下,官僚们只好采取其他手段为其子弟谋取进士出身。

一是皇帝特赐出身,这种方式在两宋时期一直存在,只是各时期数量多寡、表现方式不同而已。《会要》选举九之一至十九记录了宋代赐出身的情况,从太宗年间至孝宗乾道九年(1173),共有250人左右通过这一方式得到了出身。官员以各种借口为其子孙谋取进士出身。比较常见的方式是所谓"献文召试",即官员将自己亲属书写的文章呈给皇帝或当朝高官审阅,若被他们看中,皇帝便派人在舍人院或学士院组织走过场式的考试。如天禧三年(1019),"赐大理寺丞王质进士及第(质,故相旦之侄,献文召试命之)"②。

---

① 《刘克庄集笺校》卷五一《轮对札子》。
② 《会要》选举九之二。

宋初至宋神宗时期,这种形式很常见,如宰相张齐贤之孙张宪"以献文赐同进士出身"①。姑且不论这些高官子孙考试成绩如何,献文本身就是特权的表现,若非高官,别的举子文采再好,也不可能把文章送到皇帝手中,更何况文章是否为官员子弟亲自所写也是很难判断的。实际上,估计是皇帝有意要赐给某位官员子弟出身,考试无非是掩人耳目而已。

此外,还有更为荒唐的事,如一些官僚的后代将祖先的文集或前代皇帝的墨宝上交朝廷,也可以得到出身。《会要》所记载的宋朝赐出身的史实,绝大部分是官僚亲属,只有极个别的是所谓的"草泽",即普通平民,而这些人也非寻常之辈。如至道元年(995),"诏布衣潘阆对,赐进士及第、试国子四门助教(阆卖药京师,好交结贵近。有言其能诗者,因召见而有是命,未几追还诏书)"②。若无皇帝身边的人推荐其才能,恐怕卖药之人无论如何是不可能得到出身的。可见即便是布衣,能得到出身,也是靠着与高层人物之间千丝万缕的联系,如宰相贾昌朝就曾对一荫补官员说:"我荐士可得进士出身。"③可见只要得到朝廷大员的鼎力相助,无出身者也可获得出身。

因此,宋代不经过科举考试而被赐出身者,大都是有来头的,甚至是颇有"背景"的,当然也有确有非凡才干的,如南宋大诗人陆游、著名史家李心传等都是特赐出身。这些人绝非泛泛之辈,其中多为高级官僚的亲属。毫无疑问,这种赐出身的方式实质上是官僚特权的体现,根本不可能反映官员子弟的真实水平。官员子弟一旦得到出身,社会地位和政治前途便会发生巨大的变化,升迁改官与进士无异。正因为如此,官员们才千方百计为其子弟谋求出身,尽管后来尤其是宋仁宗以后这种制度逐渐被禁止,但仍有不少荫补子弟通过这种方式得到了出身。

二是与其他举子一样参加科举考试,考取功名,相对而言,这还是公平竞争。然而,与寒门子弟相比,官宦之家家境殷实,供其子弟求学根本

---

① 《宋史》卷二六五《张宗诲传》。
② 《会要》选举九之一。
③ 《彭城集》卷三七《内殿崇班康君墓志铭》。

不存在任何问题,而家境贫寒的举子求学路之艰难,远非官僚子弟能比。如前文所述范仲淹早年的经历便颇具代表性,是宋代寒门子弟求学生涯的缩影。通常情况下,官宦子弟不会有如此艰辛的经历,至少不会饿着肚子读书,因为他们到一定年龄便可从官府领取俸禄,衣食有余,过着悠闲自在的读书生活。

另外,很多荫补子弟从小便已有官籍,科场成功与否并不影响其官员的身份。即便科场失败,他们仍然可以做官,只是仕途受到影响而已。对绝大多数寒门子弟而言,科场是改变命运的唯一机会与路径,一旦失手,便只能成为一介布衣。二者的不同结局,何止天上地下。

此外,不少荫补官员子弟一边做官,一边应试,如宋代科学家沈括"以父任为沭阳主簿"①,后来考中进士。翻开《宋史》,不难发现有许多这样的实例,宋代宰相、执政、枢密院高官中有不少人是先荫补,后又考中进士的。而且,官宦之家一般都有一定的家学渊源,家中亦有藏书,使其子弟至少有书可读,加之他们熟悉朝廷情况,很容易在考试中占得先机:"近岁宰执子弟多占科名。章惇作相,子持、孙佃甲科;许将任门下侍郎,子份甲科;薛昂任尚书左丞,子尚友甲科;郑居中作相,子亿年甲科。或疑糊名之法稍疏,非也。廷试策问朝廷近事,远方士人未能知,宰执子弟素熟议论,所以辄中尔。"②基于上述原因,官宦子弟在科场上占有非常明显的优势,他们与寒门子弟并不站在同一起跑线上,考试的公平性只能是相对的。

三是参加制科、铨试等考试以后得到进士出身。制科是皇帝为选拔人才而组织的考试,考试合格即可得到进士出身。宋哲宗绍圣二年(1095),设立宏词科,允许荫补子弟参加,"任子中选者,赐进士第"。洪迈兄弟三人均中此科,因此他详细记录了南宋绍兴三年(1133)至绍熙年间荫补子弟考中制科的情况:"自乙卯至于绍熙癸丑二十榜,或三人,或二人,或一人,并之三十三人……其以任子进者,汤岐公至宰相,王日严至翰林

---

① 《宋史》卷三三一《沈括传》。
② 《萍洲可谈》卷一。

仕途的优与劣:宋代官员子弟的政治地位　153

承旨，李献之学士，陈子象兵部侍郎，汤朝美右史，陈岘方进用，而予兄弟居其间，文惠公至宰相，文安公至执政，予冒处翰苑，此外皆系已登科人。"①其中有九人为荫补出身，得赐进士及第后，这些官员均成为高官。

所谓铨试，是有官人的入仕出官考试。宋神宗以后，铨试中优等者也可授予出身，参加者中尽管有考中进士之人，但多为荫补官员，如曾吉父，"以荫入仕，大观初以铨试合格，五百人为魁，用故事赐进士出身"②。

应该说，通过制科、铨试获得出身相当困难，大概与荫补官员本身的素质有关。此外，官员子弟还可以通过其他途径获得出身，如三舍法推行后，上舍出身亦与进士出身相同，等等。

总之，荫补子弟有不少途径可以得到进士出身，获得出身后他们便享受有出身人的所有待遇，仕途上也变得一帆风顺。荫补子弟有许多优越条件是其他举子不具备的，因而官宦子弟在科场占有明显的优势，一旦得到出身，他们的地位便会产生质的变化。"诸荫补、进纳因锁试并赐出身者，并同有出身，理为磨勘"③，这是有宋一代的典制。正因为如此，宋代有些官宦子弟并不愿意接受荫补，真宗时期的宰相陈尧叟"子孙仕宦满朝"，但其孙子思拒绝荫补："吾学从科举，所以为官也。斋郎、监簿，只辱吾志。"于是他将荫补名额"让其兄子之孤者。家人强之，子思终不肯受。子思既长，举进士，十余年不第，治平元年，再举进士，就试尚书省，复不得第。乃退曰：'吾老矣，不可犹举进士。'……治宅种田，往来于山中"④。但像他这样的官宦子弟毕竟只是凤毛麟角，绝大多数官宦子弟都是先荫补，然后再求仕途的发展。因而他们能在仕途上游刃有余，比起别的举子来，自然要优越得多。

（二）荫补与馆职

众所周知，宋代"职以待文学之选"，也就是说，只有文人学士才能

---

① 《容斋随笔·三笔》卷一〇《词学科目》。
② 《挥麈录·后录》卷一一，四部丛刊本。
③ 《永乐大典》卷一四六二九。
④ 《西台集》卷六《陈子思传》，《全宋文》卷二四〇二。

带职。宋代馆职名目繁多,"其高者,曰集贤殿修撰、史馆修撰、直龙图阁、直昭文馆、史馆、集贤院、秘阁,次曰集贤、秘阁校理,官卑者曰馆阁校勘、史馆检讨,均谓之馆职"[1]。凡带职者都是有学识之人,其地位和身份与普通官员完全不同,"按祖宗朝馆职者,指昭文、集贤、史馆之职也。在内多升修注,出外则为带职。凡转官、奏补恩数皆厚,故难其选,必试而后除,亦以限止无能之人"[2],可见馆职在宋代是何等重要,不管在朝中为官,还是出外任职,都有别于普通官职。更重要的是,带职官员在晋升、荫补等关系到仕途前景和子孙后代等重大问题上有着很大的优势。洪迈也说"国朝馆阁之选,皆天下英俊,然必试而后命。一经此职,遂为名流","官至员外郎则任子,中外皆称为学士"。[3] 带职之人既是社会名流,同时也享有很高待遇。宋代享有大礼荫补的最低级别的文官是带职员外郎,而不带职的员外郎尽管级别相同,却不享有荫补子弟为官的特权,这对于官员的实际利益而言,其差别之大是不难想见的。

正因为如此,各级官僚才想方设法为其亲属谋取馆阁之任。宋真宗以后,皇帝身边的高级官僚为其亲属陈乞馆职的记载逐渐多了起来。天禧五年(1021),"以光禄寺丞谢绛为秘阁校理;大理寺丞王质,大理评事石居简、李丕谅,奉礼郎李昭遘并充馆阁校勘"[4]。上述诸人皆是当朝高官子弟,经过简单的考试便成为带职官员,待遇也随之提高,此后便不断有官员效仿,以各种借口为其子弟谋取馆职。至和元年(1054),"宰臣刘沆子太常寺太祝瑾,令学士院召试馆职。温成皇后既葬,赐后阁中金器数百两。沆力辞,而为瑾请之"[5]。宰相连大量的金银珠宝都不要,却拼命为其子换取馆职,足见馆职之重要性,也可从中窥见官员以各种借口为其子弟谋取馆职史实之一斑。

不仅高官,皇亲国戚也不甘落后,纷纷加入争夺馆职的行列。宋真宗

---

[1] 《容斋随笔》卷一六《馆职名存》。
[2] 《文忠集》卷一七六,四库全书本。
[3] 《容斋随笔》卷一六《馆职名存》。
[4] 《长编》卷九七,天禧五年二月壬戌。
[5] 《长编》卷一七七,至和元年十一月辛巳。

死后，刘太后垂帘听政，"以光禄寺丞尉氏马季良，家本茶商，刘美女婿也。于是召试馆职，太后遣内侍赐食，促令早了。主试者分为作之。（此据江休复《杂记》。主试者，学士晏殊也。）"[1]。刘美乃太后之兄，其婿本为商人，估计文化素养不高，要其参加馆职考试，实在太难为他了。太后深知其底细，于是才派人以送食物为名要求主考官赶快结束考试。为了掩人耳目，主考官只好代替茶商作答。此次主试的官员是晏殊，答卷一定文采飞扬，可惜并不是马季良本人所为，但无论如何他得到了馆职，这是不争的事实。数年以后，"以太常丞、直史馆马季良为龙图阁待制。先是，太后欲擢季良侍从，王曾难之。会曾移疾，太后谕中书，令亟行除命，执政承顺且遽，故季良止以三丞充待制。盖三丞未有预内阁清职者，朝论哗然"[2]。刘太后想任命其侄婿为侍从，遭到宰相的坚决抵制，只好趁宰相生病时迅速颁布任命决定。尽管舆论哗然，但马季良确以很低的官位得到了地位极高的龙图阁待制之职。由此可见，当时凡是有条件的官员几乎都千方百计为自己的亲属谋求馆职，致使馆阁之职泛滥成灾。

正因为官僚子弟通过得到馆职捞取了过多的实际利益，所以此事遭到朝中一些有志之士的强烈反对。如参知政事鲁宗道，"执政多任子于馆阁读书，宗道曰：'馆阁育天下英才，岂纨绔子弟得以恩泽处邪？'……自贵戚用事者皆惮之，目为'鱼头参政'"[3]。鲁宗道刚直不阿，敢于抵制权贵的无理要求，因而被朝廷上下的"贵戚"视为眼中钉、肉中刺，非去之而后快。庆历新政时期，欧阳修等人对朝廷滥授馆职也提出了尖锐的批评："臣窃见近年外任发运、转运使、大藩知州等，多以馆职授之，不择人才，不由文学，但依例以为恩典。朝廷本意，以其当要剧之任，欲假此清职以为重。然而授者既多，不免冒滥。本欲取重，人反轻之。加又比来馆阁之中，大半膏粱之子。材臣干吏，羞与比肩，亦有得之以为耻者。"[4]滥授馆职本就引起了不少官员的非议，加之所授馆职多为膏粱子弟所得，更增

---

① 《长编》卷九八，乾兴元年四月壬寅。
② 《长编》卷一〇六，天圣六年六月丁亥。
③ 《宋史》卷二八六《鲁宗道传》。
④ 《欧阳修全集》卷一〇二《论举馆阁之职札子》。

加了他们的不满。

在这种情况下，宋仁宗只好下令禁止高官子弟担任馆职：

> 国家考汉唐之制，盛图书之府，以待贤俊，而备讨论，地望素清，官曹伾峻。比来公卿之族，多以恩泽为请，凭养资望，坐致显荣，寝成浇冒之风，殊匪详延之意。特推严禁，以示至公。自今见任前任两府及大两省以上官不得陈乞子弟亲戚于馆阁职任，其进士及第三人以上，一任回无过犯者须进经术十卷，下两制看详可否，召试入优等，得除馆职。或馆职阙人，即以尝有两府臣僚二人，或大两省已上三人尝保荐者，亦令进文字，然后试补之。[①]

尽管颁布了上述禁令，而且规定了除授馆职相应的具体条件，但是随着庆历新政的失败，这一诏令成为一纸空文，高级官僚、皇亲国戚凭借权势和地位变本加厉地抢夺馆职的现象更加严重，很多高官子弟也因为得到馆职而加官晋爵，引起了朝中官员的强烈不满。皇祐元年（1049），监察御史陈旭上书皇帝："窃以三馆职事，文儒之高选。近时无复典故，用人益轻，遂为贵游进取之津要。"因而宋仁宗再次颁布诏令："今后近上臣僚援例奏乞子孙得试者，如试中，只与转官或出身，更不除馆阁。"[②]也就是说，禁止官员子弟申请担任馆职，如果考试合格，只能升官或得到出身。

与此同时，宋仁宗时期还进一步严格了馆职官员的考试制度。庆历八年（1048），殿中侍御史何郯言："近年大臣罢两府任，便陈乞子弟召试充馆职或出身，用为恩例。望自今后，馆阁不许臣僚陈乞子弟外，其陈乞及奏举召试出身，候有科场，与免取解及南省试，令赴御前与举人同试，以塞私幸。"于是朝廷颁布诏令："今后臣僚奏子孙、弟侄等乞出身及馆职，如有合该恩例者，类聚一处，候及三五人，送学士院试诗、赋、论三题，仍弥封、誊录考试。其试官，令中书具学士姓名进呈点定。仍精加考试，

---

① 《宋大诏令集》卷一九三《诫约两府、两省不得陈乞子弟亲戚馆阁职任诏》。
② 《长编》卷一六六，皇祐元年六月丁亥。

候定到等第，临时取旨。"①由此可见，宋仁宗以后，逐渐规范了官员子弟担任馆职考试的程序和内容，以此限制官员子弟的特权。

然而，政府的这些措施似乎并未得到严格执行，尤其是在北宋末期，政治的腐败使馆职滥授现象达到登峰造极的地步。"政和以后，增修撰、直阁贴职为九等，于是材能治办之吏、贵游乳臭之子，车载斗量，其名益轻"②，如权相蔡京之子六人、孙四人得职后成为执政、侍从官。滥授馆职导致馆阁官地位大大下降，声名远不如从前。尽管如此，官僚子弟因此而得到了各种各样的实惠，这是千真万确的事实。

至南宋时，高官子弟滥得职名的现象依然长期存在。尽管宋高宗曾想拨乱反正，削除了北宋末年以来高官（如蔡京、郑居中、余深等人）子弟的职名，但由于一些大臣不断请求，又有不少官僚子弟得到了馆职。"建炎以后，子弟得职名者，汪伯彦子名［召］嗣直徽猷阁，吕颐浩二子抗、摭，秦桧兄梓并为直秘阁，张浚兄滉亦直徽猷阁，李纲弟维亦直秘阁。幸门复起，盖诸公不为国家计也。"③可知终宋之世，官员子弟滥得职名的现象都未能真正彻底地被禁止过，这也是专制社会的必然结果。

不仅文官职名被巧取豪夺，武官职名同样如此。当然，宋代武官职名只有阁门祗候、阁门宣赞舍人两种，远不如文官多，但凡带职名的武官在阶官迁转、差遣除授等方面都有许多特别的优遇，因而也成为权贵竞相争夺的对象。宋真宗以后，武官带职者大量增加，宰相向敏中对宋真宗说："太祖、太宗朝，阁门祗候不过三五员，宣导赞谒而已。今逾数百，而除授未已，禄廪至厚，地望亦优，其间不无滥被升擢者，愿赐裁损。"但真宗回答说："此盖相承为例，当渐减省之。"④可见武官带职者增加之快，但真宗并未接受宰相的建议而加以裁减。至天圣六年（1028），有官员上书皇帝："阁门祗候，太宗朝其员至少，真宗置提点刑狱副使，因诏近臣举历官有劳者授之。其后又益举者至七人，以艰其进。今权要之家，比援恩

---

① 《长编》卷一六五，庆历八年九月己未。
② 《容斋随笔》卷一六《馆职名存》。
③ 《系年要录》卷五五，绍兴二年六月辛卯。
④ 《长编》卷九○，天禧元年九月戊戌。

例,而滥进者多,请一切罢之。"①即便这一政策实行了,此前得到职名的权贵子弟数量也已相当多,更何况在专制社会中,这种措施是不可能彻底贯彻执行的。

宋代皇亲国戚多荫补为武官,因而武官职名的争夺尤为激烈。据笔者的初步研究,宋代外戚的很大一部分都为带职武官②,表明武官职名亦非有能力者任之,而是多以权势谋求。南宋初年,杜范说:"且文臣之有贴职,武臣之领阁卫,皆朝廷以是优贤劝功,而非贤与功者不在此选。祖宗朝于此最谨,至政和以后滥矣。南渡之初,稍加厘正。近者大臣徇私市恩,或以加诸世家之乳臭,或以授之臣僚之罢免,曷尝论其贤与功哉?"③因而宋代武官职名的滥授比文官有过之而无不及。

(三) 荫补与荐举

宋代官员升迁改官等几乎都实行荐举制度。也就是说,文武官员,尤其是低级官员,要想升官、改官,除自身条件符合法定要求外,还必须有符合条件的高级官员的推荐才能实现,由此可见举主的重要性。而法令对举主的限制比较严格,其中足额的举主人数、举主的资格和身份等最为重要,且举主与被举者荣辱与共,若被举者犯法受到处罚,举主也要担负相应的责任。

对于中高级官僚的亲属而言,由于其父祖辈官高位隆,关系网非常发达,要凑足法定的举主人数并非难事。如陈宝之,"庆历元年,以外舅庞颖公籍任为太庙斋郎,后为雍丘县主簿。荐改官者凡十七人,廷见,仁宗怪其多。时颖公为枢密使,仁宗务抑势家,特不与改。再授忠武军节度推官。既罢,举者亦十余人。乃止以五名应格"④,由此可见荐举人数之多。姑且不论陈宝之个人能力、品质如何,其舅为朝中重臣乃是事实,因而推荐他的官员远远超过了法令的规定。尽管宋仁宗并未给他改官,但从中不

---
① 《长编》卷一〇六,天圣六年正月庚申。
② 参见笔者有关宋代后妃荫补的相关论述。
③ 《清献集》卷一三《相位五事奏札》,《全宋文》卷七三四九。
④ 《鸡肋编》卷下,中华书局,1983年。

难发现，推荐朝廷大员子弟的官员不在少数。

应该说，关系网、裙带网在宋代官员荐举过程中起到了至关重要的作用。文莹记录了唐介的一段逸事："唐质肃公介一日自政府归，语诸子曰：'吾备位政府，知无不言。桃李固未尝为汝辈栽培，而荆棘则甚多矣。然汝等穷达莫不有命，惟自勉而已。'"[1]如唐介这样知无不言的官僚毕竟少之又少，绝大多数官僚还是要尽最大努力为其子孙留下桃李芬芳的未来的。许多高官子弟尽管并无政绩可言，有些在任时甚至贪赃枉法、劣迹斑斑，但仍然不乏推荐之人。

相反，很多并无多少背景的低级官员要找到举主却是困难重重，宋仁宗天圣二年（1024），"吏部铨引对选人九人，前束鹿县尉王得说历官寡过，书考最多而无保任者。上察其孤贫，特擢为大理寺丞。他日又引对选人，有贾积善者，十四考无公私过，虽无举主，特擢为京官"[2]。有些选人尽管自身条件相当好，且任官时间很长，却无人保举，只能寄希望于皇帝本人为他们改官。尤其是文官选人、武官小使臣等低级官员，其中有很多是中下级官员的子弟，他们的父祖辈本身官职就不高，关系网相对欠发达，因而他们要跳出选海，成为京官，无疑是非常艰难的。宋朝就有这样的说法——"判司簿尉不可说，未免棰楚尘埃间"[3]，可见选人升官之难；又说"寒士改官，视为再第"[4]，可见没有背景的低级官员改官，如同再次中进士一样，其难度之大，可想而知。

然而，选人只有升为京官，仕途方有显达的希望和可能性。"承直郎以下选人在任，须俟得本路帅抚、监司、郡守举主保奏堪与改官状五纸，即趋赴春班改官，谢恩则换承务郎以上官序，谓之京官，方有显达。且举主各有格法、限员，故求改官奏状最为艰得，如得则称门生。"[5]由此可见，

---

[1]《湘山野录》卷中，中华书局，1984年。
[2]《长编》卷一〇二，天圣二年正月戊申。
[3]《清波杂志校注》卷一〇《县尉》。
[4]《南涧甲乙稿》卷二〇《资政殿大学士左通议大夫致仕贺公墓志铭》，《全宋文》卷四八〇二。
[5]《朝野类要》卷三《改官》，中华书局，2007年。

选人改官推荐书相当难得，若得到上司的推荐，被荐官员则自称门生。

正因为如此，不少求荐无门的低级官员只好向有荐举权的官员写信请求荐举，或请人代写求荐书。宋人文集中保留下来很多这样的书信，有的文辞非常凄婉、哀伤，令人不忍卒读。南宋时期，周必大曾为其舅代写过此类信函："伏见舅氏右从政郎王符年十六受官，二十而入仕，今六十矣，犹皇皇于选调。身贱地远，无当路者为之知；守常抱义，无游谈者助之说。分于圣代，没齿无闻。"① 周必大的舅舅尽管已经是六十岁的老人了，但依然还是选人，仍旧在选海中沉浮，原因在于没有得到朝中要人的推荐。周必大作为其外甥，被迫利用自己的声名亲自写信给宰相汤思退，请求其为自己年迈的舅舅写荐举状。该文可谓情真意切，读之令人伤感和动容。也有求荐书充满奉迎巴结之词。徐积曾多次替人写过求荐书，其中之一写道："某尝自计，以谓平生所见公卿大夫不可胜计，至于方正长厚，公于朝廷，鄙薄势利，汲引寒贱，未见有如阁下者，舍阁下将安之乎？"② 此文读来让人肉麻，同时也反映出低级官员求荐之无奈。总之，宋人文集中留下来各式各样的求荐书信，从侧面亦可说明许多没有太大背景的官员升官时，要找到合适的推荐人并非易事。因而，当时出现了这样的说法："选人得初举状谓之破白，末后一纸揍足，谓之合尖，如造塔上顶之意。"③ 这从一定程度上说明了宋代荐举制度的实际情况。

应该说，宋代官员荐举制度存在很明显的缺陷和漏洞。宋真宗以后，随着冗官局面的逐渐形成，便已出现了"有穷经潦倒之士、下位沉滞之人，常增浩叹"④ 的现象。由于官多职位少，所以得到荐举才可顺利升官，反之则难，在这种情况下，势必出现荐举中的腐败现象："凡上之所以进退天下之士者，一切出于保任荐举……保任荐举之法行，则奔竞驰骛之风作，此理之自然，势之必致也。"⑤ 也就是说，实行荐举制度而无限制之

---

① 《文忠集》卷一八九《为舅氏求汤丞相举状》。
② 《节孝集》卷三〇《代人求荐书》，《全宋文》卷一六一六。
③ 《朝野类要》卷五《破白合尖》。
④ 《长编》卷七八，大中祥符五年八月甲子。
⑤ 《唐先生文集》卷一五《上宪使书》，《全宋文》卷三〇〇八。

法，必然会滋长跑关系、走后门之风。

在宋代，荐举中的不正之风表现形式多种多样。一是或迫于权势，或为自身利益考虑，很多有荐举权的高官主要举荐对自己仕途有所帮助者的后辈。宋仁宗宝元年间，直史馆苏绅说："今有位多援亲旧，或迫于权贵，甚非荐贤助国，为官择人之义。"① 宋代拥有荐举权的多是中高级官僚，对担任地方行政长官的中级官员而言，他们自身也需要朝廷要员的提携和帮助，因而对在自己辖区内任职的官僚子弟总是要予以适当照顾。宋神宗元丰二年（1079），御史何正臣说："近日举官，鲜以寒士为意。利禄所厚，多在贵游之家，而市易为甚。"② 可见，被举者大多为权贵子弟。

二是官员之间互相推荐亲朋故旧。这种现象在宋代相当普遍，尽管朝廷颁布了许多措施加以限制，但根本不可能制止住这股歪风。在中国古代，官官相护，官员之间很容易在幕后达成某种默契或交易。如太祖乾德元年（963），"翰林学士、中书舍人扈蒙，以仆夫扈继远为从子，属之同年生淮南转运使仇华，使厘务"③。宋代官员这种相互之间以亲属的仕途相托之事可谓比比皆是。有的官员甚至"公报私恩"，照顾于自己有恩的官僚的子弟。南宋末期，刘克庄曾给一个担任提点刑狱的徐姓官员写信："某怀郑公知遇，终身不敢忘。南剑司户郑邻，郑公犹子，受其奏荐。犹有先世典刑，前得两小状，皆某之力。"刘克庄已经托人为郑邻弄了两份推荐书，此时又托徐姓官员弄第三份，以"使某他日有以见郑公于地下"。④ 由此可见，官僚之间相互利用，相互"周济"，为彼此的亲朋故旧调动所有能够利用的关系，争取早日升官、改官。

三是通过行贿，千方百计买通拥有荐举权的官员。这种通过非法手段博取上司赏识从而得到推荐的现象，在宋代无疑是司空见惯的，其手段之卑鄙，令人瞠目。"可以缔交子弟，结好门客。黄金赂亲信，脂泽及奴婢。媚文侈颂，赞咏功德。便谓是周孔以上人，余子碌碌不足数也。复有侦刺

---

① 《长编》卷一二五，宝元二年闰十二月壬子。
② 《会要》选举二八之一二、一三。
③ 《长编》卷四，乾德元年十月丁未。
④ 《刘克庄集笺校》卷一三三《与徐宪书》。

事机，逆射除目，喜为耳目枭狗以愚弄权贵。大者斗，小者伤，遂得志于其间"①，这反映了北宋末期官僚为结交权贵而使出的种种卑劣手段，从侧面说明很多人为了达到升官发财的目的而使尽浑身解数的事实，贿赂高官子弟、门客，甚至奴婢等，这些都是常用的方式。因此，宋代官员荐举制度尽管有积极有效的一面，但也有极为负面的影响，至少是助长了官场内部的投机钻营、行贿受贿行为，从而导致官场更加腐败、黑暗。宋人对此亦有清醒的认识："以荐举之多者而用之欤？则头钻肘刺、巧于经营者或得以售其欺。"②不仅如此，这种"经营"的风气一旦形成，便会不断滋长蔓延，势必腐蚀整个官僚群体，招致全国上下贪腐风气的盛行。

南宋初年，御史中丞何铸"论荐举改官之弊，以为多以亲故势力贿赂得之，而有治行之人，终老选调，徒长奔竞，无补得人"③。荐举改官名额多为官僚子弟等特权阶层所把持，而不少有能力的官员反而因为无人推荐而终身只能做低级官员，素质即便再好，也得不到施展。在这种情况下，一些本来还算廉洁的官员也被迫投机行贿，否则他们难以生存。"贿径多蹊，前者得而后者慕，名藩巨镇视如探囊，好官美职争欲染指。无耻之顽，因应澜倒，尝自爱者亦复效尤。"④为了达到升官发财的目的，官员们可以放弃自尊、自爱和人格，与投机钻营者同流合污，这对宋代官僚队伍的危害是不言而喻的。南宋末期，"自绍定以来，官名混于流品，格法坏于私门。凡所欲为之官，皆可由经营而得"⑤。只要善于经营，想做什么官都能达到目的，这恐怕是中国古代官场固有的特色。

宋代员多缺少的矛盾异常尖锐，这是宋代冗官的直接后果。正因为存在荐举升官、改官的制度，不同阶层的官员在仕途上的命运完全不同。高级官僚子弟、皇亲国戚等凭借其父祖辈发达的关系网和人脉，自然不愁没

---

① 《跨鳌集》卷二三《上郑枢相书》，《全宋文》卷二八八六。
② 《东涧集》卷一〇《宗学私试策问》，《全宋文》卷六九二九。
③ 《系年要录》卷一三八，绍兴十年十一月辛酉。
④ 《文溪集》卷九《宗正卿上殿奏札》，《全宋文》卷七九三九。
⑤ 《鹤林集》卷二一《缴阁门宣赞舍人许堪充荆湖制司参议官兼知枣阳军录黄》，《全宋文》卷七二四一。

官做。相反，对于普通官员子弟和以真才实学考中科举的平民子弟而言，待缺是必然的，这并不是因为他们没有才能，而是因为他们缺乏可靠而有效的关系。北宋中期，欧阳修说："铨司近年选人倍多，员阙常少，待阙者多是孤寒贫乏之人。"①在这种情况下，他们被迫走上邪路："今朝廷之患正在官吏猥多而吏员有限，是以阙一官则争之者至数十人，注一阙则待之者至六七岁，从仕者居闲之日多而任事之日少，仰禄者资费之用繁而奉廪之入薄。借令二十而入官，逮七十而致仕，四十年之间，不过四五更代而老矣，其流安得无奔竞之风？选曹安得无卖官之吏？"②因此，很多低级官吏去跑官、买官也就在所难免了。

（四）荫补与差遣

宋代官僚，尤其是高级官僚子弟在担任差遣（实际职务）过程中亦明显占有很大的优势。他们不仅可以很快得到差遣，而且能够合法地占有条件更为优越的职位，这就是宋代所谓的"恩泽"。应该说，宋代恩泽包括的范围相当广泛，按照规定，"诸臣僚非遇大礼而应荫补子孙及陈乞恩泽者（谓乞有官人差遣，或占射差遣，或减磨勘年，或循资，或免试，余条称陈乞恩泽准此）限伍年，遗表致仕（谓荫补及因遗表致仕，应陈乞亲属恩泽者）限拾年（遗表致仕应荫补及乞而身亡后所生子孙在限内者同）并听于所在官司自陈"③。可见恩泽主要有五种，其中两种涉及官员亲属的差遣问题。关于宋代恩泽的演变过程，笔者拟另具文论述，在此只讨论荫补官与差遣的关系。如上所述，宋代官僚可以按法定的原则为亲属申请实际职务，其中包括两种情况：

一是"乞有官人差遣"，即为已经具有官籍的亲属要官。这种情况恐怕以初次担任实际职务的荫补子弟居多，因为若是有出身的官僚子弟，大致上不用陈乞也可以担任实际职务。通常情况下，官员按法定手续到

---

① 《欧阳修全集》卷一〇八《论权贵子弟冲移选人札子》。
② 《太仓稊米集》卷四八《策问第七》，《全宋文》卷三五二三。
③ 《庆元条法事类》卷一二《职制门九》。

吏部报到注册后，即由吏部根据相应的法律为他们安排职务，但权贵子弟完全可以不接受吏部的派遣，而是利用恩泽申请某一职位，实际上是将特权凌驾于法制之上。皇祐元年（1049），监察御史陈旭说："近来所差接伴及入国使、副，多是权贵之家未尝历事年少子弟，或缘恩例陈请。"① 由此可见，权贵子弟即使并未担任过任何职务，也可直接申请担任外交使节。而且，官员们总是为其子弟申请悠闲自在、地位清望、升迁极快的职务。蔡襄在宋仁宗时上书朝廷："臣窃见常朝官致仕，例得一子恩泽，又许陈乞差遣者，并是指射有职田优便去处。伏缘朝官致仕，日日有之，在铨选人稍有优阙，多被指射，不无嗟怨。"② 也就是说，好官位、好地方等都被官僚子弟事先抢占了。

二是"占射差遣"，似主要针对在任官员子弟而言，即官员子弟前一任差遣任满后，接着又用恩泽申请第二任，有些甚至尚未任满便又得到了下一任差遣。如三朝元老文彦博的家庙建在西京洛阳，为祭祀等事，其亲属有不少在西京地区任职，"今以臣诸子并丁母忧，解官持服，并无子弟在西京守官奉祀，今月臣亲堂弟朝请郎大同，近因相州签判得替，欲望圣慈乞差充西京一合入差遣，所贵家庙岁时得人奉祀，取进止"③。文彦博的堂弟尚未任满，文彦博便已为他安排好下任工作。

在宋代，宗室、高官子弟、阵亡官员亲属等都可以享有占射差遣的特权。南宋时期，洪迈说：

> 吏部员多阙少，今为益甚。而选人当注职官簿、尉，辄为宗室所夺，盖以尽压已到部人之故。案，宣和七年八月，臣僚论："祖宗时，宗室无参选法。至崇宁初，大启侥幸，遂使任意出官。又优为之法，参选一日，即在阖选名次之上。以天支之贵，其间不为无人，而膏粱之习，贪淫纵恣，出为民害者不少。"④

---

① 《长编》卷一六六，皇祐元年三月庚子。
② 《蔡忠惠集》卷二二《乞致仕郎官已得恩泽更不得陈乞差遣札子》，《全宋文》卷一〇〇八。
③ 《文彦博集校注》卷三二《陈乞堂弟大同西京差遣》。
④ 《容斋随笔·三笔》卷一三《宗室参选》。

宗室子弟只要一参选，便自然而然排在其他人前面，可以优先注官，无疑会得到条件优厚的职位。以身殉职的官员子弟亦是如此，"阵亡补官，得占射差遣。而在部常调人，守待不能注授，且有短使重难"①。由此可见，吏部不少好的职位在安排之前已被各特权阶层瓜分了。

在员多缺少的情况下，陈乞、占射差遣的后果不言而喻，普通官吏待缺时间动辄数年，甚至更长。南宋中后期，刘克庄担任吏部官员，负责小使臣的职务安排，当时共有将近14000名低级武官，"已参注者二千一百余人，来者源源未已，皆注监当。而监当阙，皆十二年以上，六七人共守一阙"②，这应该是能够说明当时实际情况的。而宋代官员升官、改官尤重资历，只有担任了差遣，有了工作阅历，才能逐级往上升官。特权阶层子弟凭借占射差遣，任满后很快便又得到实际职务，他们升官自然比普通官员要快得多。如陈琪改京官的时候，宋仁宗对负责流内铨工作的官员说："琪虽无他过，而历三任皆因缘陈乞，不由有司奏拟。"③荫补子弟所得的职务都是条件优越的好官美职，挤占了普通官员的晋升空间，此其一。

占射差遣干扰和影响了吏部差注的正常秩序，使本已十分严重的差注不行的矛盾雪上加霜。有的职位已经注授出去，但如果有人陈乞，吏部便只好改派其他职务，蔡襄在宋仁宗时期要求朝廷改变这一极不合理的现象："臣窃见选人注官，各归外待阙。其间已有经一年已上，或被臣僚陈乞指射，冲却差遣。虽有指挥，依到铨月日须移文外州射阙路分。文状往复，动经时月，选人至有经一二年不得赴者。"④本来选人已从吏部得到职位，在等待上任时，职位却为特权阶层看中，吏部不得不另行改派，因而使选人长时间无法上任，这无疑会影响此官员的仕途。更为严重的是，有些官员已经上任，一旦该职位被占射，该官员不得不再到吏部重新注官，"或已前去赴任，却被冲改，虽在远方，不免依前再赴铨院，别候阙

---

① 《宋史》卷三七九《韩肖胄传》。
② 《刘克庄集笺校》卷五一《轮对札子》。
③ 《长编》卷一七八，至和二年二月乙卯。
④ 《蔡忠惠集》卷二二《乞选人注官经一季者臣僚陈乞与免冲注札子》，《全宋文》卷一〇〇八。

次。孤寒久旅之人，宁不嗟怨？朝廷既有恩例，许令指射优便差遣，已是优恩。岂可更容冲夺已使员阙，甚无谓也"①。因此，指射差遣对吏部差注产生了极其恶劣的影响，也不利于宋代官僚机构的正常运转，此其二。

占射差遣是权贵特权的具体表现，但是只有高级官僚、皇亲国戚等少数阶层可以享有，大多数官员子弟只能按照正常途径升迁，因而他们势必对高官的特权心存不满。宋代诸多士大夫的议论便能充分说明这一点，"或已注授，却令待阙。或才到任者，即被对移。只就权贵干当家私，不问孤寒便与不便。兼臣所见臣僚陈乞，多非急切事故……"②。他们的不懈努力，迫使朝廷陆续出台了一些限制高官亲属指射差遣的措施。这一过程表明，宋代官僚集团内部亦是矛盾重重。毫无疑问，高官占射差遣之类的特权更进一步激化了官僚集团内部的矛盾和斗争，此其三。

综上所述，宋代高官亲属在仕途上享有诸多优先权，这是普通官员子弟和寒门子弟根本无法比拟的。应该说，上述仅仅是官僚子弟的部分特权，并非全部，其他有形的和无形的特权尚有许多。尽管宋代出台了不少措施限制官宦之家滥得恩泽的现象，但在专制体制下，这些措施的作用是会大打折扣甚至是全然无效的。

第二节　官员子弟晋升途中的尴尬处境

尽管宋代荫补子弟享有许多特权，然而，为了加强中央集权，维护君主的专制统治，皇帝不可能允许臣子家族势力无限膨胀。如果对荫补子弟毫无约束，那么高官子弟便可迅速又升为高官，逐渐形成世代为高官的家族，势必对皇权构成极大的威胁，这是专制皇帝无论如何也不能容忍的。正因为如此，宋朝统治者制定了很多措施限制官员子弟的晋升，进而抑制官僚和皇亲国戚等家族势力的膨胀。

---

① 《古灵先生文集》卷一八《乞止绝权贵非次陈乞恩例札子》，《全宋文》卷一〇八一。
② 《历代名臣奏议》卷一四二《论臣僚陈乞子弟差遣疏》，《全宋文》卷四三〇三。

宋朝非常重视官员的出身，不同出身的官员在升迁、改官等方面的待遇是完全不同的，这就是宋人所谓的"别流品"。有些宋人认为，这种政策是沿袭唐制而来的："祖宗因唐旧，分别流品，不相混淆。故有出身、无出身及进士上三名，贤良方正，曾任馆阁、省府之类，迁转皆不同，犯赃及流外、纳粟，尤不使污士流，盖不待分左右也。"①不少士大夫对这种分别出身的政策予以高度评价："祖宗官制，于流品最精。凡迁、改悉不同制，举进士、门荫、流外及曾任清望、曾犯赃罪之类，色色有别。"②在陆游看来，宋代官制最为精妙之处在于分别流品，即依据出身而制定相应的升官、改官制度。秦观也基本上持同样的看法："盖入仕之门有制策、进士、明经诸科，任子、杂色之异。历官之途有台省、寺监、漕刑、郡县之殊，非铢铢而较之，色色而别之，则牛骥同皂，贤不肖混淆，而天下皆将泛泛然。"③由此可见，宋人对这一政策的执行大多持肯定的态度。

事实上，宋代力矫唐末五代藩镇割据之弊，为了剪除武将势力，势必要重用文人。正因为如此，出身显得格外重要。岳珂曾对宋代地方的书记、支使做过一番考证："铨曹见行之制，凡天下节镇、观察府书记、支使共职，均为郡职官，所以设名者，徒以为有无出身之辨耳。珂尝考事之始，乾德元年七月诏曰：'管记之任，资序颇优，自前藩镇荐人，多自初官除授，自今历职两任已上有文学者，即许节度使、观察、留后奏充。'"④也就是说，只有有文学之人方能出任书记之职。姑且不管岳珂的考证是否准确，有一点是可以肯定的，官员有文学与否，所任官职不一样。

至太宗时期，更进一步规定："南北省及宪官不可以它官循资迁授，惟登进士第、有文学者可膺是选也……而诸科登第者，所选官亦不得与进士比，其严如此。"⑤可见自宋初以来便开始严格分别出身，同样是以"有文学"作为标准。此后这一制度越来越严密，官员升迁过程中，严格

---

① 《皇宋中兴两朝圣政辑校》卷五三。
② 《家世旧闻》卷上，中华书局，1993年。
③ 《淮海集》卷一五《官制下》，《全宋文》卷二五八〇。
④ 《愧郯录》卷九《书记支使》。
⑤ 《历代名臣奏议》卷七〇《进两朝圣范札子》，《全宋文》卷六三一四。

区分进士和"其余"出身，不同出身之人升官路线、时间、所任职务等完全不同。关于这些问题，不少学者有过深入的研究。[①]通常情况下，升到同一级别官职所花费的时间，荫补出身官员比进士出身官员要长得多。"盖祖宗旧制，有出身人自郎中三迁至秘书监，荫补人自郎中五迁至秘书监"[②]，也就是说，科举出身的官员九年即可晋升到秘书监的职位，而无出身的则需要十五年。因此，荫补出身的官宦子弟要很快成为高级官员是相当困难的，当然也有例外，如蔡京当政时，其子孙年纪轻轻便已担任侍从高官，但这绝非正常情况。

元丰官制改革后，统一以寄禄官代替以前的阶官，是否有出身对官员的影响不是很大，"元丰官制行，始一之。然犹有一官而分左、右者，徒以少优进士出身而已"[③]。但这一政策并未执行多长时间，至元祐三年（1088），一改元丰制度，将寄禄官分左、右，有出身者带左字，无出身带右字："其后朝廷于朝议、中散加'左''右'字，无出身者皆自右为左，以别异之。又分朝议至金紫光禄为左、右，皆细转，以应旧制。承务郎以上，亦以有无出身分左、右。"[④]实际上，寄禄官分左、右的制度无非是恢复了原来的旧制，进士和"其余"严格区分流品，应该是对宋初以来政策的继续。"自是以出身为重"[⑤]，因而有出身的官员在仕途上比荫补出身者升迁要快得多，而各级官僚也"以带左字为荣"[⑥]。这一政策一直执行到宋孝宗淳熙初年才被废除，尽管执行的时间不是很长，但它表明宋代分别流品的政策基本上是连贯的。

不管是将官员分成进士和"其余"，还是将寄禄官分左右，其意旨是要限制以荫补官员为主的其他途径出身官员的晋升。在这一原则指导下，

---

① 梅原郁：《宋代官僚制度研究》；邓小南：《宋代文官选任制度诸层面》，河北教育出版社，1993年；苗书梅：《宋代官员选任和管理制度》，河南大学出版社，1996年；龚延明：《宋代官制辞典》，中华书局，1997年。
② 《文献通考》卷六四《职官考十八》。
③ 《皇宋中兴两朝圣政辑校》卷五三。
④ 《长编》卷四〇八，元祐三年二月癸未。
⑤ 《挥麈录·前录》卷二。
⑥ 《齐东野语》卷二〇《文臣带左右》。

荫补官升迁缓慢，不太容易成为高官，且宋代官宦子弟荫补官职级别远远低于唐代，要是逐级往上升迁，到退休年龄也不过是中级官僚。而且，在重视进士出身的时代，荫补官员总会受到相应的歧视，官分左右实际上就是歧视荫补官员的具体表现。正因为如此，宋代一些官僚子弟宁愿不接受荫补也要拼命考取进士，无非是想摆脱荫补出身的尴尬地位和处境。尽管这样的官宦子弟并不是很多，但它反映了当时荫补子弟的一种理念，那就是荫补并非光彩之事。

宋初，为防止唐代武将跋扈局面的再现，积极推行崇文抑武政策，这种政策对荫补子弟产生了极大的影响。如前所述，大部分荫补子弟都担任武官，因而他们的社会地位整体上明显要低于文官。《默记》卷上记载了韩琦与名将狄青的一段逸事，颇能说明宋代崇文抑武的实际情况："韩魏公帅定，狄青为总管……后青旧部曲焦用押兵过定州，青留用饮酒，而卒徒因诉请给不整，魏公命擒焦用，欲诛之。青闻而趋就客次救之。魏公不召，青出立于子阶之下，恳魏公曰：'焦用有军功，好儿。'魏公曰：'东华门外以状元唱出者乃好儿，此岂得为好儿耶！'立青而面诛之。青甚战灼，久之，或曰：'总管立久。'青乃敢退，盖惧并诛也。其后，魏公还朝，青位枢密使……青每语人曰：'韩枢密功业、官职与我一般，我少一进士及第耳。'"战功赫赫的名将狄青为了救自己的爱将而去恳求韩琦，遭到了冷遇，韩琦根本不召见他，而且当着狄青的面诛杀了焦用，这个故事形象地反映了宋代武官的地位远不如文官高。狄青自认为功绩和官位与韩琦一般，无非是少一个进士出身而已。作为北宋时期最著名的将领之一，狄青的遭遇颇能反映当时武官的整体处境。就连地位甚高的总管也受到文官如此冷落，其他武官的境遇就可想而知了。

除了崇文抑武的政策以外，宋代武官的升迁也远远比文官要慢："祖宗多为武臣等级，责其边功。非有奇功殊勋，无因超越。故文臣正郎、员郎各止于三转，而武臣正使、副使必各九转。"[①]宋代文官员外郎与武官副使级别相同，都有资格荫补子弟为官，但是武官要升迁到这个级别需要九次转

---

① 《燕翼诒谋录》卷四。

官才行，而文官只需要三次，表明武官的升迁要比文官慢。而且，文武官磨勘转官的时间和周期完全不同，武官转官时间要比文官长得多，通常情况下文官是三年，而武官需要五年。因此，武官要成为高官是非常困难的，除非有特殊的功绩或者在战争年代曾立下汗马功劳。如岳飞、韩世忠，他们的官位很高，社会地位也不比文官低，这大概是宋金战争的结果，并不代表两宋时期都是如此。实际情况正好相反，两宋绝大多数时候武官的地位都不高，甚至可以说是很低，因而许多荫补子弟的仕途并不尽如人意。

宋朝开国以后，宋太祖深知"贵家子弟，唯知饮酒弹琵琶耳，安知民间疾苦"①，在他看来，权贵子弟极不中用，而此时的权贵恐怕是以武将为主体，要依靠他们的子弟治理国家，显然是大成问题的。因此，太祖曾对人说："宰相须用读书人。"②在这一既定方针的指导下，宋代很多要害部门的官职都由文臣担任。北宋中期，蔡襄曾说："今世用人，大率以文词进。大臣，文士也；近侍之臣，文士也；钱谷之司，文士也；边防大帅，文士也；天下转运使，文士也；知州郡，文士也。"③蔡襄虽然说得过于绝对，但亦在一定程度上反映了宋代的实际情况，即武官难以掌握实权。尽管武官人数远比文官多，但在两宋时期，只有为数不多的几位武官担任过二府职位，且名将狄青担任枢密使没多长时间，便被朝中官员以违背祖宗之制为由赶下了台，因而，武官几乎不可能决定国家的大政方针。宋代武官绝大部分是荫补出身，由此可见，在崇文抑武的社会环境下，武官的地位很难得到有效的保障。当然，宋朝执行这样的政策，其最终目的无非是巩固赵宋王朝的统治而已。

除分别流品和崇文抑武政策外，宋朝还制定了一系列针对荫补官员的特殊政策，现举其大略分别述之。

第一，荫补人不得为状元。张世南认为这是宋代的法律："萧公登科岁，第一人本丞相忠定赵公。故事，设科以待草茅士，凡预属籍、挂仕板

---

① 《涑水记闻》卷一。
② 《范太史集》卷一四《劝学札子》，《全宋文》卷二一二九。
③ 《蔡忠惠集》卷一八《国论要目十二事疏》，《全宋文》卷一〇〇三。

者，法当逊避。"① 笔者以为，这似为宋代一种不成文的规矩，不足以成为固定不变的法制，只是按惯例行事而已。关于这一惯例的起源，宋人有不同的看法。李心传说："锁厅人不为状元，非故事也。祥符二年，梁固廷试第一，固，翰林学士灏之子，景德初已赐进士出身矣。皇祐初，沈文通以斋郎对策为第一，宰相陈恭公疑巳仕者，不当为第一人，乃降为第二。"②在他看来，宋代荫补人不为状元应从梁固榜开始，梁固虽廷试第一，但本人早已有了进士出身，因而没有成为状元。但也有人认为，"本朝殿试，有官人不为第一人，自沈文通始。迄今循之，以为故事"③，在此说得非常明确，是从沈文通开始。叶梦得则说："然至和中，沈文通以太庙斋郎廷试考第一，大臣犹疑有官不应为，遂亦降为第二，以冯当世为魁。"④很显然，此处将时间完全弄错了，按《文献通考》卷三二《选举考五》所载，宋仁宗至和年间（共三年）并未进行科举考试，而皇祐元年（1049）状元为冯京，字当世。由此可见，李心传所记时间才是准确的。

无论如何，宋朝有官人不为状元的原则基本上是一直执行的，如庆元二年（1196）榜，"赐礼部奏名进士邹应龙等四百九十有九人及第、出身有差。进士第一人本莫子纯，以曾受荫补，降居其次"⑤。当然，也有乱点状元的时候，宋徽宗时期，"嘉王楷第一人，登仕郎王昂第二人，颜天选第三人。徽宗宣谕：'嘉王楷，有司考在第一，不欲以魁天下，以第二人为榜首。'是岁昂以有官人为殿魁，以此知有司亦失于契勘也"⑥。此亦可知宋徽宗之昏庸，他居然连看都没看清楚，便将第二人圈定为状元，且文武百官亦无人提出异议，足见当时政治黑暗之一斑。科举状元为文人之魁，至少名义上如此，其声名、社会地位极高，升迁也快。宋朝原则上禁止荫补出身者为状元，实际上是对他们的限制。

---

① 《游宦纪闻》卷四，中华书局，1981年。
② 《朝野杂记》甲集卷一三《锁厅人不为状元》。
③ 《能改斋漫录》卷二《殿试有官人不为第一》。
④ 《石林燕语》卷八。
⑤ 《续编两朝纲目备要》卷四，中华书局，1995年。案：点校者误断此文后半部分，似不明宋代此制之故。
⑥ 《能改斋漫录》卷二《殿试有官人不为第一》。

第二，荫补官通常不得任台谏官。宋代台谏官包括御史台官员和谏官，号称天子耳目之官，拥有风闻言事的权力。台谏官社会地位很高，且是执政官的候选人。[①] 正因为如此，宋代原则上不允许荫补官员担任台谏官。靖康元年（1126），御史中丞陈过庭说："自祖宗以来定令，本台僚属非有出身，未尝除授。近者唐恕除监察御史，恕实有行业，士类推许。倘使分领六察，固优为之。然以荫补入仕，有违祖宗条例……欲乞改除一等差遣。""诏以恕为郎官。"[②] 尽管唐恕本人并非无能之辈，且得到士大夫的广泛赞誉，但因其出身荫补，故其只能改任其他差遣，而且陈过庭还声称这是宋朝祖宗定下的规矩，是不能违背的。一些荫补出身者即便是被任命为台谏官，也会遭到强烈攻击，如杜纯担任侍御史，"言者诋其不由科第，改右司郎中，寻知相州"[③]。宋代诸如此类的史实尚有不少，此不一一列举。应该说，宋代这一祖宗之法基本上还是贯彻执行了的。

正因为如此，在某些特殊情况下，为了任命荫补官员为台谏官，皇帝只好临时赐给他们出身，这也不失为一种变通的办法。绍兴二年（1132），"御笔：'右谏议大夫徐俯可赐进士出身。'故事，任子不为台谏官，故有是命"，又"赐新除殿中侍御史曾统进士出身"。[④] 但这种赐出身之后除台谏官的方式有时亦会招致反对，孝宗下旨"谢廓然可赐出身，除殿中侍御史"，中书舍人林光朝认为"此在公论有所未安"[⑤]，于是行使了封驳权。南宋时期这类史实较北宋要多，表明宋代荫补官不任台谏官的制度出现了一些变化。但荫补官要赐进士出身后方能担任台谏官，说明宋代还是坚持祖宗之法的，即便是临时赐出身也罢，总之得有出身方能担任台谏官。

第三，荫补官不得担任两制、二史、经筵等官职。所谓两制，是指翰林学士和中书舍人，"国朝官称……谓翰林学士、中书舍人为'两制'"[⑥]。

---

① 贾玉英：《宋代监察制度》，河南大学出版社，1996年。
② 《会要》职官五五之一六、一七。
③ 《宋史》卷三三〇《杜纯传》。
④ 《皇宋中兴两朝圣政辑校》卷一二。
⑤ 《艾轩先生文集》卷二《缴奏谢廓然赐出身除殿中侍御史词头》，《全宋文》卷四六五〇。
⑥ 《容斋随笔·三笔》卷一二《侍从两制》。

翰林学士除起草内制外，还是皇帝的智囊、参谋，为君主出谋划策，处理国家大事。中书舍人负责草拟皇帝诏令，签发有关文书，若有不妥之处，可以行使封驳权。所谓二史，即左史、右史，负责记录皇帝言行及皇帝每天所从事的国事活动，以备修史之用。经筵是皇帝听饱学之士讲解经史的场所，经筵官实际上是皇帝的老师。担任上述各职位需要具备很高的文化素养，而绝大多数荫补子弟在这方面明显不中用，因而皇帝只能任命有出身的文人。

据宋代史书的记载，"韩门下维以赐出身，熙宁末，特除翰林学士。崇宁中，林彦振赐出身，用韩例亦除翰林学士。国朝以来，学士不由科第除者，惟此二人"①。也就是说，在此之前，宋代数量众多的翰林学士中只有两人不是进士出身，而是特赐进士出身。李心传则详细记录了宋代两制、台谏官等的渊源："国朝非进士出身除学士，自林彦振始（韩持国已省试合格，但避嫌不赴廷试），除舍人自颜夷仲始，除讲官自吴传正始，除谏官自徐师川始，除台官自曾统始，除史官自邵博始（任申先已先赐出身，除修注后，乃入史院）。"②应该说，上述任命非常特殊，因而李心传才做了如此详尽的考证，这也从一个侧面反映出宋代两制等职位一般不会任用荫补出身的官员。

事实上，宋代除授两制等官是有严格规定的。如负责记录皇帝言行的左右史，"祖宗以来，二史之职，或以科举之高第，或以儒馆之久次，或学术推于一时，或更践由于要地，然后擢而任之。国有旧章，朕不敢易"③，这是吕陶在签发任命书时写的制词，基本上反映了当时任命起居舍人等方面的实际情况。宋英宗时期，"左、右史阙"，于是皇帝询问执政官如何除授，执政官回答说："用馆阁久次及进士高第者。"英宗其实早已物色好对象，便说："第择人，不必专取高科。"④于是以韩维为同修起居注。

至宋徽宗崇宁五年（1106），进一步颁布诏令，严格禁止荫补人担任

---

① 《石林燕语》卷三。
② 《朝野杂记》甲集卷九《非进士除内外制台谏经筵史馆事始》。
③ 《净德集》卷八《秘阁校理试秘书少监王古可起居郎制》，《全宋文》卷一五八九。
④ 《宋史》卷三一五《韩维传》。

翰林学士等要职："诏：翰林学士、两省官及馆阁今后并除进士出身人。"①此令所规定的范围相当广泛，很多官职都不允许荫补官员担任。如果要任命荫补者担任上述职务，一般要临时赐给他们进士出身头衔才行："祖宗以来，两制、二史必以进士登科人为之，其后有以才选者，例赐进士出身。虽徐师川、吕居仁亦然，重科目也。"当然，也有极个别不赐出身的情况，如南宋著名理学家张栻"继除侍讲，亦不赐出身"。②这涉及当时政坛的纷争，而非惯例。

应该说，两制等官均是皇帝身边的重臣，也是掌握权力的核心人物，其影响力之大，自然是不难想见的，因而他们往往很快便升为高官，进而成为朝廷要员。相反，荫补子弟则基本上没有这方面的特权，"祖宗时，执政子弟皆得任内外清望官，但不为台谏、两省耳。自蔡京父子共政，秦熺继之，由是典制大坏"③，但这毕竟是政治黑暗时期的特殊情况。因此，荫补官要进入权力中枢是非常困难的。

第四，荫补官不得担任某些外交使节。两宋时期，周边少数民族政权林立，因而双方之间使节往来非常频繁。作为各自政权的外交代表，使节既代表国家利益，也是国家形象的体现。对个人而言，出外担任使节当然要冒一定的风险，尤其是在双方交战时，使节甚至有生命危险。宋金战争时期，双方便有不少使节被杀，官宦子弟对此当然避之而犹恐不及。而在和平时期，担任使节却是好差事，回国后不仅可以得到奖赏，还能加官晋爵。

正因为如此，一些高官子弟竞相争夺出使机会，引起了一些官员的反对。至宋仁宗庆历七年（1047），在御史何郯的建议下，朝廷下诏加以禁止："自今使契丹，毋得用二府臣僚亲戚。其文臣，择有出身、才望学问人；武臣，须达时务、更职任者充。其引伴西人，亦选差使臣。"④此后依然禁而不止。皇祐元年（1049），监察御史陈旭言："近来所差接伴及入国

---

① 《会要》职官三之一〇；《宋史》卷二〇《徽宗纪二》。
② 《朝野杂记》乙集卷一二《任子赐出身》。
③ 《续编两朝纲目备要》卷六。
④ 《长编》卷一六一，庆历七年八月甲寅。

使、副，多是权贵之家未尝历事年少子弟，或缘恩例陈请。"于是仁宗下诏："今后子细择人。"①由于大部分荫补子弟自身素质低下，估计朝廷是担心他们做出出格的事情，丢国格、人格，因而选拔一些有出身的官员担任使节。至南宋时期，依然如此。宋孝宗淳熙十年（1183），"诏：自今奉使礼物官令吏部差有出身选人一名，其亲从二名许使、副自差"②，宋高宗时期亦颁布了类似的规定。

第五，荫补官不得担任管理学校和主持科举考试的官职。学校是培养和造就人才之所。宋初以来，最重要的学校便是国子监和太学，因而管理学校的官员显得尤为重要。然而，宋真宗天禧五年（1021），"三司使李士衡为其子奉礼郎丕旦求掌国学事，上不许，因诏自今国子监，止差官两员主判。既而卒命丕旦同管勾国子监"③。权贵子弟以各种借口谋求国子监差遣，迫使朝廷下令加以禁止："国子监旧制皆用近臣及宿儒典领。近岁颇任贵游子弟之初仕者，与管库资序略均。壬辰，始命冯元同判国子监，仍诏自今毋得差补荫京朝官。"④

宋仁宗以后，全国各地学校如雨后春笋，迅速发展起来，尤其是官办的州县学，因而逐渐要求有出身者担任学校管理之职。宋神宗以后，推行学官考试制度，凡任州学以上学官，必须经过严格的考试才能担任。宋哲宗绍圣元年（1094），"诏：今后内外学官，选进士出身及经明行修人充"⑤。宋徽宗时期，更进一步颁布诏令："两学博士、正录依元丰旧制选试，朝廷除授。"⑥也就是说，不仅国子监、太学长官要严格考试，此后博士等高级管理官员也要通过考试才能任命，且必须是有出身的官员。

这一制度似早在宋神宗时代便已开始执行，后因元祐更化而暂时中止，至绍圣时又恢复旧制，且将已任命的无出身学官革职。"如后来吴坦

---

① 《长编》卷一六六，皇祐元年三月庚子。
② 《会要》职官五二之二。
③ 《长编》卷九七，天禧五年五月辛丑。
④ 《长编》卷九九，乾兴元年十一月壬午、壬辰。
⑤ 《会要》崇儒二之六。
⑥ 《会要》职官二八之一九。

求等在绍圣中被驳了博士,以无出身故也。彼自布衣中,朝廷以其有学行,赐之爵命,至其宜为博士,乃复以为无出身夺之,此何理也?"[1]由此可见,当时无出身而任学官之人都被剥夺了官职。武学亦是如此,绍兴二十六年(1156),"诏武学博士、学谕各置一员,内博士于文臣有出身或武举出身曾预高选充,其学谕差武学人,后又除文臣之有出身者"[2]。南宋孝宗时期,更进一步规定"宗室不许注学官"[3],宗室即便考中进士,也不能担任学校管理职位。

相对学官,教官的选择更加严格,因为学校教授直接传授知识给学生,若胸无文墨,必然会误人子弟。宋神宗以后,州学以上教官要经过考试才能出任。宋哲宗绍圣二年(1095),"诏:诸州学不置教授处,合选官兼充者,并选本州见任官经义、进士出身及经义兼诗赋出身者"[4]。事实上,宋代教官的选拔相当苛刻,"照得教官自堂除之外,在部格法,非曾试中词科及学官、殿试第一甲、省试、上舍十名前等人,不许差注。盖立法之初,重其选也如此"[5]。这一法令似从宋神宗时期开始执行,至南宋依然如此。也就是说,上述各类人可以直接担任学校教官,而其他有出身的官员必须先担任其他职务后才能出任。

南宋孝宗乾道二年(1166),"诏:有出身选人曾任县令,终满无遗阙,初改官,方许授教官,如不曾任县令,并令依荐举人先注知县差遣"[6]。由此可见,宋代教官地位相当高,必须是担任县令以后改官的有出身选人方能担任。应该说,宋朝此举是非常明智的,考中科举之人都经过层层筛选,绝大多数具有真才实学,由他们担任教授职位,至少可以保证教学质量,提高学生的实际水平。相反,官宦子弟多以荫补为官,其文化素养本身就不高,因而根本不可能胜任教授岗位。若让他们做教官,其结

---

[1]《杨时集》卷一三《语录四》,中华书局,2018年。
[2]《宋史》卷一六五《职官志五》。
[3]《续编两朝纲目备要》卷一。
[4]《会要》崇儒二之六、七。
[5]《尊白堂集》卷六《论郡县学札子》,《全宋文》卷五七一三。
[6]《会要》选举一七之一。

果可想而知，所以禁止他们担任学校教官亦在情理之中。

此外，科举考试的主考官、监试官一般也由有出身的官员担任。宋代中央礼部负责科举考试的出题、主考、判卷等各环节的官员自然非有出身官莫属，各地方主持选拔举子考试的主考官之出身则有一个变化的过程。由于唐末五代国家处于混乱状态，宋朝开国以后有出身的官员数量很少，加之当时各地学校教育不发达，且录取的人数相当少，因而科举并未受到应有的重视。至宋真宗以后，随着社会的稳定，参加考试的举子日益增加，因而政府逐渐对主考官加以限制，要求负责地方考试者必须有出身。大中祥符八年（1015），"诏：自今诸路发解官本处阙进士出身者，令转运司于部内选邻州官充，不得以举人并就他郡试。（先是，怀、卫、滨等州以部内官少进士登科者，乃聚数州进士并试之，因降条约。）"[①] 这些地方缺少进士出身官员，因而将很多地方的举子集中到一起，由有出身的官员主持考试，虽被禁止，但可知至少在此之前很久即已实行以有出身官为地方主考官的制度。

如果地方长官违反这一原则，将受到严厉的处罚。宋高宗绍兴五年（1135），"广南东路漕臣特降两官，以差无出身人陈涣充封州考试官故也"[②]，可见地方科举考试官是不能由荫补官员担任的。如果地方出现有出身官员不足的状况，必须上报中央，然后经主管部门同意后由中央统一协调解决。宋孝宗淳熙四年（1177），"江南西路转运司言：'本路诸州、军合差试官旧例系五十员，计阙一十六员，乞于本路寄居、待阙官内曾经试中宏词及教官，或进士殿试第一甲、省试前十名、曾经升补上舍人内选差一次。'从之"[③]。至淳熙七年（1180），又缺主考官十九人，基本也是差上述各类官员主考。在宋代，各地教育水平并不均衡，因而进士出身者的分布亦是极不平衡，有些地方进士出身的官多，而一些不太发达的地区则要少得多。除主考官之外，地方科举选拔考试还设监试官，通常情况下，监

---

① 《会要》选举一四之二六。
② 《会要》选举二〇之四。
③ 《会要》选举二二之二。

试官为路级官员,也须有出身方能担任。

第六,限制荫补官陈乞差遣。如前所述,尽管荫补子弟享有陈乞差遣的特权,但由于各方面的原因,很多实际职务是不允许官员陈乞的。宋初,高官能够为子弟陈乞的差遣范围很大,至宋真宗以后逐渐开始加以限制。如宋仁宗庆历五年(1045),"诏枢密院,自今翰林司、皇城司不许陈乞"[①]。再如天圣九年(1031),大理寺言:"自今举详断官,须有出身,入令录、幕职官人,曾历录事参军见任二年以上,有监司一人若常参官二人同罪保举者。"[②]至宋神宗以后,禁止陈乞的差遣范围进一步扩大,很多重要职能部门的职务都不允许荫补出身者担任。神宗刚即位便规定,全国十八州知州,"庆、渭、秦、延四州通判,其选并从中书,毋以恩例奏授"[③]。关于宋代官员陈乞子弟差遣的演变情况,笔者拟另文叙述。要而言之,高官子弟能陈乞的差遣范围逐渐缩小,不少要害职位都被严格控制起来,因而荫补子弟陈乞差遣要受到不少的限制。

第七,制定针对各种出身官员的特别限制措施。应该说,宋代对各色特权阶层并非听之任之,而是采取了许多相应的措施加以适当的限制。宋徽宗政和四年(1114),"诏:应自今杂流入仕因功赏推恩,谓吏人、公人、作匠、技术之类,至武功大夫止,不迁横行、遥郡。虽奉特旨许执奏"。其后两年又规定,即便杂流出身的官员升迁至横行武官,"其恩数、请给、奏荐等并依武功大夫法,著为令"[④]。武功大夫仅仅是正七品武官,其官位之低,可以想见。当然,这些人都非常容易控制,而对皇亲国戚等地位甚高的特权阶层,宋代亦有其独特的管理办法。

南宋孝宗即位之初,吏部侍郎彭龟年上书朝廷,认为宋朝自开国以后,对待外戚之法相当周密,"不令务政,不令管军,不许通宫禁,不许接宾客,不惟防禁之,使不害吾治,亦所以保全之,使全吾之恩也"[⑤]。应

---

① 《长编》卷一五七,庆历五年十二月乙亥。
② 《长编》卷一一〇,天圣九年二月庚寅。
③ 《宋史》卷一四《神宗纪一》。
④ 《会要》选举二四之三。
⑤ 《止堂集》卷五《论韩侂胄干预政事疏》,《全宋文》卷六二九九。

该说，宋代基本上还是认真贯彻了对外戚的"四不"原则的。早在宋仁宗皇祐年间，便"诏后妃之家毋得除二府职位"①，也就是不许外戚担任三省、枢密院官职，从而防止他们干政。而且，后妃之家的亲属不能任文官，"祖宗之法，后族戚里不得任文资，恐挠法而干政"②。宋高宗初年，邢焕除授徽猷阁待制，招致朝中官员一片强烈的反对之声，高宗只好放弃这一任命决定，其后又颁布诏令："后族自今不许任侍从官，著为申令。"③由此可见，宋代对外戚的管理相当严格，这也是两宋无外戚之祸的重要原因之一。④此外，朝廷对宗室也有一套自成体系的管理办法，较为有效地防止了宗室擅权。前文已述，在此不做进一步讨论。

综上所述，两宋时期对荫补子弟采取了不少较为严格的限制政策，从而抑制特权阶层势力的无限膨胀，使荫补子弟只能在相对规范的原则下进入仕途，并在政治上谋求与其身份相应的发展。通常情况下，他们不能违背赵宋王朝既定的路线、方针，特殊时期、特定人物当然是例外。正因为如此，荫补子弟在官场受到很大的制约，他们在仕途上要想青云直上几乎是不可能的。事实上，宋代几乎没有门阀社会中那种世代为高官的家族，这恐怕与对荫补子弟的抑制有着密切关系。

结束语

总之，宋代对各个不同的官僚阶层都有其相对独立的具体管理原则，这是中国封建官僚体制日渐成熟的重要表现。这种官僚机制的确立是以门阀士族的崩溃为前提的，随着门阀势力的瓦解，一些新兴的力量粉墨登场。经过唐末五代的武人政治后，宋朝结束了割据局面，如果赵氏皇帝继续重用武将，势必继续上演一幕幕改朝换代的闹剧。宋太祖对此有极清

---

① 《长编》卷一六九，皇祐二年闰十一月己未。
② 《朝野杂记》甲集卷一《宪节邢皇后》。
③ 《会要》后妃二之一、二。
④ 张邦炜：《宋代皇亲与政治》，四川人民出版社，1993年。

醒的认识，认为这是绝对不可取的选择，因而只能重用文人。但如果只重用，而不加以抑制，又必然回到魏晋以来世家大族垄断政坛的老路上去，这对皇权的威胁并不比重用武人小多少，甚至有可能更大。在这种情况下，宋代统治者只能通过控制官僚子弟的办法来遏制文人势力的无限膨胀，从而消除危及皇权的隐患。同时，朝廷也采取种种措施加强对武官的管理，进而严格控制武将子弟，使他们无法世代操纵兵权，拥兵自重。这种对文武官僚双管齐下的办法从很大程度上保障了专制集权体制的正常运转，从而达到了强化君权的目的。

然而，在中国古代君主专制的社会环境下，一切都处于人治状态。为了巩固其统治，皇帝必须依靠文武百官治理、管理国家，因而不得不给予他们适当的照顾，赋予其诸多特权，其中荫补官僚子弟为官便是最为重要的方式。而且，中国自古便有世卿世禄的传统，其残余形态一直存在，对中国封建社会产生了极其不良的影响，宋代自然亦不例外。在这种情况下，官宦之家享有特殊地位似乎天经地义，这种特权意识在中国古代甚为强烈。因而，维护官员的特殊地位和保障官僚的特权成为历代统治者必须要考虑的重大事项。宋朝开国后，继承了前代旧制，允许官僚荫补其亲属为官，以维护官员的既得利益，使得一大批不学无术的官宦子弟顺理成章地进入仕途。由于其父祖辈的地位和权势的影响，官僚子弟自然占有诸多明显的优势，这是不言而喻的。

然而，由于绝大部分官僚子弟自身素质较低，不太可能成为对封建统治起到积极作用的有用之才，而且，过多过滥地荫补官僚子弟为官，势必激化统治者内部和官僚与平民阶层之间的矛盾，并形成日甚一日的冗官危机，进而威胁到统治者自身的利益。因此，采取措施限制官员及其子弟的特权又成为当务之急。有鉴于此，宋代加强了对荫补官员的管理，制定出分别流品和崇文抑武等基本国策，进而逐渐形成一套遏制官员子弟的制度，使他们很难在仕途上与进士出身的官员相提并论。因此，宋代荫补官员既享有普通官员没有的特权，同时又受到极其严格的限制，这也决定了他们在宋代社会中的地位。

中篇：出家人的营生

政府管理法规：宋代有关僧尼的法条初探

自两汉之际佛教传入中国之后，历代封建王朝对佛教的管理体制明显呈现出不同的时代特征。唐朝以前，各朝政府相继出台了一些规范、管理僧尼、道士的法律，多系零散的、临时性的措施，有些甚至超出了法律规定的范畴，属于行政手段的范畴。中国历史上著名的北魏太武帝、北周武帝、唐武宗、后周世宗灭佛运动的性质类皆如此。宋朝以后，中国再也没有出现过这种较为极端的整肃佛教僧团的措施。形成这种现象的原因固然很多，但其中最重要的是政府针对佛教的管理措施日渐完善，宋朝恰恰是这一过程中最为关键的阶段。宋朝政府将很多原本管理僧尼的行政措施法制化，有关僧尼的法条异常严密。从佛教发展史的角度来看，这些针对出家人的法条对中国古代历史产生了巨大而深远的影响，值得认真分析、深入探讨。此前，日本学者高雄义坚著《宋代佛教史研究》，分辟专章论述宋代的度僧制及度牒制、僧官制度、住持制等内容。其他有关宋代佛教史的论著也偶有涉及，但毕竟还是远远不够的。[①] 笔者不揣浅陋，拟对宋朝政府颁布执行的有关出家人的法条进行初步的考察，借以探究中国古代各个朝代对佛教管理制度的变迁历程。

[①] 黄忏华的《中国佛教史》（商务印书馆，1947年）、日本学者镰田茂雄的《简明中国佛教史》（上海译文出版社，1986年）、牧田谛亮的《中国近世佛教史研究》（华宇出版社，1985年）注意到唐宋时期佛教管理制度化的趋向。顾吉辰的《宋代佛教史稿》（中州古籍出版社，1993年）专章探讨宋朝政府对待佛教的政策，论述僧官制度。

第一节　宋代对出家人资格的限制

两宋时期，并非所有信奉佛教之人都可以出家为僧、尼或童行，因而民间普遍存在在家修行的佛教信众。在宋代，出家人是有诸多法定限制的，尤其在出家资格方面，宋朝颁布了诸多法令加以严格控制。宋朝制定诸多限制民众出家的政策和措施，重要的目的之一在于控制佛教势力的过度膨胀。

宋真宗咸平四年（1001）四月颁布的诏令规定："在京并府略［界？］外县僧、尼、道士、女冠下行者、童子、长发等，今后实年十岁，取逐处纲维、寺主结罪委保，委是正身，方得系帐。仍须定法名申官，不得将小名供报。"①由此可知，宋人出家存在严格的年龄规定，无论是僧尼还是道士，在接收行者、童子为徒时，他们的实际年龄必须满十岁，且需要各寺院、道观住持等验明正身，确定其本人身份，要求寺观纲维等上层僧尼、道士和管理者"结罪"担保。若行者等与其本人的实际情况不符，住持等要连坐："诸违令为童行者，杖一百（由同居尊长者，止坐所由），仍改正；本师知情，与同罪；主首知情，杖六十。"②

同时，寺院方面还必须给新出家的童子起定法名，上报官府。在得到祠部下发的公文之后，才能正式剃发为沙弥，否则，童子的师父及寺院的负责人都将会受到严厉的处罚："童行、长发候祠部，方许剃发为沙弥。如私剃者，勒还俗。本师主徒二年，三纲、知事僧尼杖八十，并勒还俗。"③应该说，这种处罚对于童行及其师父应该是具有很大威慑力的，他们不仅要负相应的刑事责任，还要被勒令还俗。

宋朝颁布这些政策，其要解决的主要是限制出家人的年龄问题，这些措施的实施可以保护出家人的利益，使他们不至于在寺院不能自理日常生活；同时，也使得寺院方面得以减少接收童行的风险，实际上是一种对寺

---

① 《会要》道释一之一七。
② 《庆元条法事类》卷五〇《道释门一》。
③ 《会要》道释一之二二。

观和其他出家僧道的保护,使他们有法可依,避免了他们可能的违法犯罪行为。

宋朝政府为使佛教团体保持其纯洁性,陆续颁布许多严格措施,禁止一些人成为出家人。宋真宗天禧二年(1018)三月,朝廷颁布诏令:"祖父母、父母在,别无子息侍养,及刑责、奸细、恶党、山林亡命贼徒负罪潜窜,及曾在军带瑕痕者,并不得出家……其志愿出家者,并取祖父母、父母处分;已孤者,取问同居尊长处分,其师主须得听许文字,方得容受。"① 这条规定是依据大理评事张师锡向朝廷的建议而特意颁发的诏令。可以确定,这些诏令在北宋时期是一直执行的。

按照上述规定,无人赡养祖父母、父母的子孙不能出家,显然是政府出于儒家孝道理念,要求子孙恪尽赡养老人的义务,对于宋朝政府而言,其最终目的无非是维持政权的稳定。而朝廷规定犯罪分子、带瑕痕的军人等不得出家为僧,是为了防止他们逃避刑事责任,目的在于禁止寺院利用其特殊地位庇护犯罪行为,扰乱政府正常的行政事务。

一方面,以上法条是针对某些特殊群体的明文规定,对具体处置涉及这些人案例的各级官员来说,这些诏令条文简易明了,具有极强的可操作性。另一方面,法条实际上针对的是那些自愿出家的普通百姓,他们需征得祖父母、父母的同意,若系孤儿则需其尊长的同意,且必须都获得书面形式的授权;而寺院方面,无论是欲出家者的师父还是住持,都必须得到他们家庭长辈的允许其出家的"文字",方能接受其出家的请求。

从这些规定可以看出,天禧二年诏令的前半部分与后半部分明显存在重叠之处,其中对祖父母、父母在世的出家人有着两种不同的处理方式:前者重点在于让子女尽赡养义务,而后者实际上则是打破了该法条的限制,只要得到长辈的允许,即便长辈无人赡养,子女依然可以出家,这与儒家孝道的理念是完全吻合的。但从法律层面来说,这种规定显然是给某些人留下了钻空子的余地。

可以肯定的是,上述诏令的内容在不同时期逐渐得到了相应的完善和

---

① 《会要》道释一之二二。

充实。其原因固然是多方面的,但其中最为重要的是,很多出家人并不遵守佛教的清规戒律,做出了很多违法犯罪的事情。天圣四年(1026),宋仁宗与宰相王曾等人谈论开封府剃度僧人的情况,王曾对仁宗说:"剃度太多,皆堕农游手之人,无益政化。"① 在他看来,国家允许剃度了很多僧尼,他们都是不务本业的游手好闲之人,他们的存在是无益于政治和教化的。显而易见,作为当朝宰相,王曾对当时国家的剃度僧尼政策是极为不满的,甚至是持全盘否定态度的。

当时参与这次讨论的张知白以自己亲身经历告诉仁宗:"臣任枢密日,尝断劫盗,有一火之中全是僧徒者。"② 天圣三年(1025)十二月,张知白从枢密副使升为同中书门下平章事,担任宰相之职。次年正月,他便告知仁宗其在枢密院任职期间审判打劫的盗贼,其中一伙全部是出家的"僧徒"。这伙犯罪分子是由枢密院审判,与宋代通行的审理刑事案件的制度明显不合。极有可能的情况是,他们此前当过兵,或者他们打劫的对象与枢密院管辖的军事部门或单位有关。张知白升职不到两个月,这是他亲身参与审判的一起"劫盗"案件,因而他不可能在皇帝面前撒谎或道听途说,可见这场刑事案件是真实的。

由此可见,宋代僧人中的确存在一些作奸犯科之人,这种现象应该不是个别的。当然,并不是所有出家人都是如此,但类似的案例毕竟为以皇帝为首的高层统治者所掌握,且引起了社会尤其是士大夫阶层的强烈不满。宋仁宗天圣二年(1024),尚书右丞马亮上奏朝廷,建议在额定数量内剃度僧尼,其所列举的理由是"天下僧徒数十万,多游堕凶顽隐迹为僧,结为盗贼,污辱教门"③。很显然,马亮身为当时的高级官员,他对出家僧尼的看法与前述的王曾、张知白等人的说法明显是相同的,即几乎都是负面的。当然,这种见解无疑是有些极端的,存在言过其实之嫌,毕竟绝大多数僧人并非都是如其所言的"游堕凶顽"之徒。

---

① 《会要》道释一之二六。
② 《会要》道释一之二六。
③ 《会要》道释一之二六。

面对这种严峻的社会现实，朝廷为了整肃佛教团体，尽可能从源头上解决僧人素质低下甚至违法犯罪的问题，势必要制定相应措施加以整治。宋仁宗天圣五年（1027），朝廷根据枢密直学士李及提出的建议，出台了如下措施："自今欲出家者，须父母、骨肉舍施。委本院保明行止，申所属州、军长吏呈验，仍须亲知三二人委保无过犯，委是尊亲听许，即官给公凭，然后得收名入帐……其实无骨肉者，亦召三二人保明，出给公凭，方得收充行者。"①也就是说，出家人在正式进入寺院之前，官府必须按照相应的制度严格审查其是否符合条件。除了重申出家人必须得到父母等的许可外，这条法令还特别强调寺院方面要保证童行出家之前的言行举止，并要求亲戚或了解情况之人二三名担保这些出家人未曾有过错或犯法行为，且将这些情况上报所在州、军的地方行政长官查验，然后才能由寺院接收为行者。毫无疑问，这一规定实际上是为了确保出家人的品质和道德水准。尽管如此，由于存在各种各样的弊端，如寺院弄虚作假或官员审查不严等，上述约束是很难取得实际效果的。更何况，即便是经过了严格的查验，也不能保证出家以后的童行就完全不会出问题。

至天圣八年（1030）三月，朝廷再次颁布诏令："应男子愿出家为僧道者，限年二十已上，方得为童行。若祖父母、父母在，须别有亲兄弟侍养，方得出家。其先经还俗，或曾犯刑责负罪逃亡，及景迹凶恶、身有文刺者，并不得出家。若系帐童行犯刑责者，亦勒还俗……女子限年十五以上，方得出家。虽年幼，其尊长骨肉肯令出家者亦听。"②若将宋仁宗的这条诏令与宋真宗天禧诏令对比，显著区别在于对出家者的年龄要求大大提高，从原来的十岁增加到男二十岁、女十五岁，即必须是成年以后才能出家。虽然也允许在有尊长同意的前提下放宽年龄限制，但毕竟大大提高了普通人出家为童行的年龄。此外还规定，即便已经出家为童行，若有违法行为，亦将被勒令还俗，这是强制性的措施，也是此前未曾明确加以限定的。

---

① 《会要》道释一之二六。
② 《会要》道释一之二七。

至南宋时期，朝廷执行了更为严密而细致的法令："诸男年拾玖、女年拾肆以下，或曾经还俗，或身有文刺，或犯笞刑，或避罪逃亡，或无祖父母、父母听许文书，或男有祖父母、父母而无子孙成丁，若主户不满叁丁，并不得为童行。即经系帐，后有文刺，或犯笞刑，或犯逾滥（自首者同），及私罪徒，虽各遇恩原免，亦准此。"[①]这是南宋宁宗时期宰相谢深甫提举编修的《庆元条法事类》对宋代出家人资格的规定，作为所谓"道释令"之一环，即出家为童行之人都必须满足的前提条件。上述各条款是南宋时期通行的法令。该法条规定了出家人进入寺院之前的资格审查，其中有八种情况是禁止出家为童行的。相较于北宋真宗、仁宗在位时期颁布的诏令，虽然《庆元条法事类》明显继承了北宋时期执行过的若干条款，但其法条更为简明扼要，也增加了不少新的内涵。无论如何，与前引北宋法条相比，南宋时期的法条出现了诸多变化：

第一，禁条的内容逐渐增加。北宋时期的天禧令主要禁止三类人出家，天圣令大体上是五种人不能出家。南宋则增为八类人，法条规定得非常明晰。这种情况表明，政府对出家人的要求越来越高，限制也越来越严格。可以肯定的是，这些禁条的出台反映了宋代社会的现实状况，即宋代出家人中确实出现过不少"五大类"或"八大类"中的人，迫使当政者不得不以法条加以必要的限制。当然，这些应该只是粗线条的分类。其实，南宋时法条的绝大多数内容，在北宋时均以不同方式呈现过，只不过南宋时的法令更加细化和明确而已。更为重要的是，无论对寺院、僧尼，还是对各级政府的管理部门而言，这些法条是具有极强的可操作性的。凡是被发现有过上述法条中所规定的行为，出家人就会被取消出家的资格。

第二，针对北宋时期所颁布的"祖父母、父母在，别无子息侍养"的法条，南宋时期增加了大量内容。其中最为重要的是，对主户家庭的男子出家进行了极为严格的限制，即要求必须家里有三个以上男丁的，方能允许一名男子出家。实际上，这是宋朝政府为了保障赋税收入而特别设定的法条，因为主户是国家赋税收入的主要来源，而客户基本上只是向地主上

---

① 《庆元条法事类》卷五〇《道释门一》。

缴地租，与政府之间基本没有太多直接的经济关系。因此，宋朝必须要严格限制主户家庭的男丁出家，这样才能保障主户家庭有足够的劳动力从事生产或其他经营活动。从现实层面上加以理解，可以合理推论，这一措施可使绝大多数主户家庭的男丁不太可能有出家的机会，毕竟每户要生育四个及以上的男丁并非易事。

第三，南宋法令还强制犯有"逾滥"罪名的出家人还俗。在宋代文献中，这条刑名无从查证其准确的含义。以笔者推测，该罪名似乎更多地指向生活道德等方面的不检点行为。南宋大儒朱熹在弹劾唐仲友时多次使用这一词汇："据沈玉供，三六宣教先与弟子林莹、散乐弟子刘丑逾滥。今年五月内，因宴会，方与三六宣教逾滥，自后往来不绝。"[①]朱熹揭露的是唐仲友之侄"三六宣教"与人通奸的行为。对于佛教徒而言，"逾滥"应当是指违反佛教清规戒律的行为。这一法令在北宋时期的天禧令、天圣令中均未做出明确的规定，南宋时期却对这种行为予以惩戒，表明北宋之后僧道"逾滥"之事频繁出现，迫使政府出台相应的法规加以必要的管制。

宋朝政府颁布了相当严格的法令以限定出家人的资格，其目的当然是净化佛教团体，以使出家人在符合国家法规的前提条件下进入寺院修行。然而，在宋代的现实社会中，很多人并未按照政府的法令行事，在不符合法规的情况下成了出家人。南宋时期，翁浩堂在任职地方期间判决了一桩分家的诉讼案件：何南夫有子三人，名为何点、何大中、何烈，"点有子曰德懋，七岁而父母亡。十二岁而祖亡，藐然孤儿，茫无依归。烈乃德懋亲叔父，壮年当家，所宜抚育犹子，教以诗书，置其家室，以续乃兄宗祀……何南夫身殁才及两年，德懋忽出家，投常山县茗原寺为行童。以十四岁小儿，弃骨肉，礼僧为师。在故家七十余里外，零丁孤苦，至今念之，使人恻然。"[②]这是翁浩堂判案之后书写的判决词。何德懋才十四岁便被其亲叔父送到常山县的茗原寺出家为童行，这完全不符合国家规定的十九岁的法定出家年龄，而且，何德懋之父何点留下了不少田产，系朝廷

---

① 《晦庵先生朱文公文集》卷一九《按唐仲友第四状》，《全宋文》卷五四四一。
② 《名公书判清明集》卷五《僧归俗承分》，中华书局，1987年。

严令规定的主户无疑。若在北宋时,这种情况与天禧令中"已孤者,取问同居尊长处分"与天圣令中的"虽年幼,其尊长骨肉肯舍出家者亦听"的法条并不相悖,何烈具有将其侄子送去出家的正当理由。但南宋法律没有原封不动地沿袭这些北宋时期的条文,而是有针对性地加以修改,因此,不管是从对男丁数量的明文规定,还是关于出家年龄的限制来看,何德懋之出家显然是违法的。

  需要说明的是,这在宋代并非个别的案例。例如,施耐庵在《水浒传》中详细描述鲁达打死郑屠之后被赵员外送到五台山文殊院剃度出家的经过。很明显,他身负命案,为了逃避惩罚而进入了寺院。这虽然是小说家之言,却并非凭空虚构,较为真实地反映了宋代出家人身份的实际状况。由此可见,尽管宋朝政府制定了非常严格的法条限制出家的资格,但在民间,无论是自愿的,还是被迫的,抑或由于其他各种各样的原因,违法违规出家的现象是根本无法禁止的。

第二节 系帐与剃度的法条

  宋朝的法律规定,僧尼、道士、童行的帐籍是有别于普通民众的,他们的帐籍是由寺院逐级上报给朝廷。北宋时期,"凡僧、道、童行,每三年一造帐上祠部,以五月三十日至京师"[①]。实际上,用这种三年一造的帐籍统计各地僧人、道士、童行的总量,显然难以符合真实情况,毕竟每年都会有出家人进入寺观。

  南宋时期,朝廷的规定似乎出现了变化:"诸僧道及童行帐三年壹供,每壹供全帐,三供刺帐。周而复始,限三月以前申尚书礼部。"[②]从法令的内容来看,南宋时期的僧道帐籍至少分为两种:一种名为"全帐",这与前引北宋时期的规定应该是一致的;另一种名为"刺帐",是记录寺院每

---

① 《会要》道释一之一三。
② 《庆元条法事类》卷五一《道释门二》。

年都要上报的数字。然而，刺帐是从何时开始的，史书并无明确的记载。可以确定的是，这种一年一报的帐籍绝非南宋所独有，应是从北宋时期就已经开始执行的。宋神宗元丰二年（1079），"诏：以太皇太后不豫，度在京宫观、寺院，童行年四十、长发童子年三十五以上、三帐及十年者为僧尼、道士。令御药院于启圣院作大会，以度牒授之"①。由于太皇太后身体不适，为了让其病体尽快康复，神宗特地下诏剃度年龄较大的童行为僧尼、道士，其条件之一是"三帐及十年者"。此处所谓"三帐"显然包含每年的僧道帐籍。不同的是，北宋时，政府要求每年五月三十日之前必须将帐籍送达京城开封，而南宋时却是要求每年三月之前送到尚书礼部。

从南宋流传下来的僧道童行等刺帐的法令规定可知，宋代僧尼、童行帐籍的内容包括法名、年龄、籍贯、所拜师父及其姓名、某年某月某日于何处受戒、某年的帐籍由某州某县某寺院提供，等等，可谓相当详细。②宋朝政府对僧道、童行的帐籍管理是非常规范而严格的，其目的在于使政府各级部门能够更加有效地控制寺观和僧尼。

经过各种审查之后，凡是符合相关条件之人便可进入寺院为童行，在寺院里开始修行生活。入寺之后，先要"系帐"，即通过寺院逐级向朝廷申报接收童行的情况："诸收童行，本师申主首。至造帐日，主首保明入帐。"③显而易见，这是针对出家的童行，实际上就是登记造册，以便各级政府如实掌握出家人的数量。更为重要的是，通过这样的措施可以有效地限制出家人的数量。

为了严格执行系帐的法令，宋朝颁布了一系列相关的配套政策。如出家人不登记，将被强制还俗，"诸僧、道不供名入帐者，还俗"④。在造帐过程中，严厉禁止弄虚作假，否则，当事人、寺观等方面都将受到相应的处罚。"诸童行冒帐、买帐并给合引领卖人，各徒二年。甲头同保人并本师、主首及经历干系人知情，与同罪。僧、道仍还俗，并许人告。不知情者，

---

① 《长编》卷三〇〇，元丰二年十月壬子。
② 《庆元条法事类》卷五一《道释门二》。
③ 《庆元条法事类》卷五一《道释门二》。
④ 《庆元条法事类》卷五一《道释门二》。

各杖六十"①，由此可知受罚人包括当事童行、担保人等等。凡是参与伪造帐籍之人，无论知情与否，都将受到严厉的惩罚。由此看来，宋朝政府对寺院、僧尼、童行实行的帐籍制度是相当严格的，对违反法令之人的处罚也是十分严厉的。

宋朝政府还出台措施鼓励他人告发，"诸色人告获童行冒若卖买帐，每名（官、司、吏人、点检见者各减半）钱壹佰贯"。若告发童行冒名顶替或是买卖帐籍之人会得到相应的奖赏，这些钱由与犯人有关的人员平均缴纳，"于犯人同保及本师、本寺观主首、曹司名下均理"。若上报的帐籍不实，童行出家的担保人及其师父、寺观住持、主管机构的官吏都必须缴纳一定的钱财作为告发人的奖金。如果官府的经办人未能细致地审查勘验，相关官吏同样也会受到惩罚，"诸供僧道帐有伪冒，失于验认，并帐不实，经历官司杖一佰，所委官减壹等"。②毫无疑问，这种措施从某种程度上可以促使地方官员认真地办理涉及僧尼、道士的帐籍，使该帐籍与实际情况相吻合。

童行出家之后，仍然需要带发修行，"诸童行并留发，仍于本户收其身丁"③，也就是说，童行是不得剃发的，其家人还得向政府缴纳身丁钱，因而可以肯定，童行的丁籍依然在其本户的户籍之中。但童行已经在寺院生活，其最为重要的职责就是念诵佛经，准备日后的剃度考试。然而，按照宋朝的法律规定，并非所有童行都能成为正式的僧尼，他们中的绝大多数都只能成为沙弥。"凡童行得度为沙弥者，每岁遇诞圣节，开坛受戒。坛上设十座，释律僧首十，阇梨说三百六十戒。授讫，祠部给牒赐之。"④由此可见，童行出家后每年均有机会被剃度为沙弥，但不能成为僧尼。

大体而言，宋朝剃度僧尼有三种不同的形式：一是特恩剃度，宋人称之为"泛赐童行度牒"，即皇帝因某些特殊的缘由下令剃度童行；二是考试经业剃度；三是购买度牒剃度。第一种和第三种属于非正常的剃度行

---

① 《庆元条法事类》卷五一《道释门二》。
② 《庆元条法事类》卷五一《道释门二》。
③ 《庆元条法事类》卷五一《道释门二》。
④ 《会要》道释二之一。

为，只要符合相关条件即可。如宋朝规定，特恩剃度之人必须有"纲维、主首、本师保明无违法"①，也就是要求寺院上层担保这些人未曾有过违法行为，才能将度牒发放给他们。

通常而言，宋代童行的经业考试都是于每年皇帝的生日当天在各地隆重举行的。考试之前，童行还需要履行相关的手续。"诸拨度童行，主首保明行止，具人数、姓名、年甲、乡贯、寺观、师主法名、所习经业。圣节前叁拾日，本州录奏"②，剃度童行之前，政府尚须审查童行的言行举止以及其他相关情况。如州里上报之后出现特殊状况，如童行死亡或因其他缘故不应剃度，还要"乞令尽数缴纳尚书礼部"③。童行在系帐的次年方能参加考试，"诸童行已供帐，次年方许试经。应拨度者，亦如之"④。也就是说，必须在由寺院经各级地方政府将童行的相关情况上报朝廷之后，童行方能有资格参加考试。

如前所述，由于帐籍之中已经将出家童行的各种具体情况登记在册，实际上已经严格审查过他们是否符合参加经业考试的条件了。为了防止童行考试作弊，宋朝颁布法令，严惩由他人冒名顶替考试的行为："诸童行令人代试经及代之者。虽不合格，各徒贰年。甲头同保人并本师、主首及经历干系人知情，与同罪，僧、道仍还俗，并许人告。不知情者，各杖陆十。"⑤一旦发现顶替考试者，凡是与案件有关之人，无论知情与否，都会受到程度不同的处罚。为了维护考试的公正性，宋朝还禁止童行同时在两地参加考试："诸童行两州供帐试经者。徒一年，许人告。本师知情减贰等，主首知情，又减叁等，并还俗。"⑥ 由此可见，宋朝对童行经业考试的过程有严格的法律规定，制定了防弊的诸多政策以保证考试的公正与公平。

宋代童行经业考试的内容，包括念经、读经两部分："行者，念经壹

---

① 《庆元条法事类》卷五〇《道释门一》。
② 《庆元条法事类》卷五〇《道释门一》。
③ 《会要》道释一之三四。
④ 《庆元条法事类》卷五〇《道释门一》。
⑤ 《庆元条法事类》卷五〇《道释门一》。
⑥ 《庆元条法事类》卷五〇《道释门一》。

佰纸或读经伍佰纸。尼童，念经柒拾纸或读经叁佰纸。"[1]念经是记诵佛教经典，读经是以类似完形填空的方式考查童行对佛经的敏感和熟悉程度。南宋时期，洪迈曾对念经与读经的区别进行解释："念经、读经之异，疑为背诵与对本云。"[2]虽然洪迈并未完全确定这两者之间的差异就是记诵或填空，但如果其言属实，便可知宋代童行考试与科举考试的明经科的考试方式几乎完全一致，主要靠死记硬背。按照南宋法令规定，"[考官]所问，通限拾道以上，每问不得过肆字，取通多者为合格。通数同，取先系帐者。帐同，取先出家者。又同，以齿"[3]。由此可见，主考官提问必须在"十道"以上，依据记诵多寡判定是否合格。而且，录取之时是有秩序的，先依据考试成绩，若成绩相同则依次根据系帐时间、出家时间和年龄。

宋朝在不同时期剃度童行为僧尼的比例并不完全一致，有时高有时低，尤其是在北宋前期，但后来逐渐固定下来："僧、尼每壹佰人，各壹名（余数各及柒拾人，更取壹名）。"[4]宋代试经录取比例并不算高，百名沙弥中仅有一个人能获得剃度资格，竞争之激烈可想而知，甚至有很多出家人终身无法成为正式的僧尼。

通常情况下，考试由各地方官员负责。北宋时期规定："州府差本州判官、录事参军于长吏厅试验之。"[5]南宋时期规定："诸试经，差通判以下五员就长史厅（不及五员处，止据所有员数）。"[6]两相对照，北宋似乎没有硬性规定出试考官的数量，南宋则要求五名官员协同参加考试，这应该是为了防止某些官员徇私舞弊而设计的特别法条。这些措施表明，宋朝童行考试依据惯例在州衙门内进行，这对于大多数并不居住在州城的童行而言，明显是极不方便的。

---

[1]《庆元条法事类》卷五〇《道释门一》。
[2]《容斋随笔·三笔》卷九《僧道科目》。
[3]《庆元条法事类》卷五〇《道释门一》。
[4]《庆元条法事类》卷五〇《道释门一》。
[5]《会要》道释一之一三。
[6]《庆元条法事类》卷五〇《道释门一》。

结束语

宋朝对僧尼的管理制度是非常完善的，从中央到地方各级机构都负有其相应的职责。更为重要的是，两宋时期陆续颁布了众多法律，以严格的法律管制宗教团体和出家人。以南宋宁宗时期编定的《庆元条法事类》为例，该书共计八十卷，其中两卷是有关僧尼、道士和寺院、道观的编敕，占所有敕、令、格、式的四十分之一，这些内容应该是由宋朝历代皇帝出台的政策编汇而成，总称之为《道释门》。这些法条与宋代其他领域的法制一样分为敕、令、格、式四种形式，大体上均是两宋时期通行的法律，只是法条名称和各个类型的法律效力不一而已，但无疑都是得到各级政府严格执行的。可以肯定的是，这些法律条文是中国古代历史上最为全面而又系统的有关佛教、道教的管理规章。相较于其他时代，不仅法条数量最多，而且是最为成熟的法律系统。

宋代有关寺院、僧尼法制的逐渐完善，既从很大程度上限制了宗教团体的违法违规行为，也便于政府更加有效地管理出家人。无论对寺院、道观，还是对各级政府部门，都是十分有利的。有了这些法令，各级政府可以依法行政，宗教团体能了解自身的责任和义务，从而从很大程度上避免了以"三武一宗"的极端方式整肃教团的事件。当然，在中国古代"人治"为主的大背景之下，宋朝颁布的这些管理宗教的法律并非毫无漏洞。在现实生活中，这些法条无法完全阻止寺院、僧尼的违法犯罪行为。

原刊于《河南大学学报（社会科学版）》2013年第3期，
题目为《宋代有关僧尼的法条初探》

宋代寺观的田产买卖：
法制与现实之间的差异

史学界普遍认为，宋代是"不抑兼并"的时代，并以此作为宋代的基本国策之一。笔者以前亦深信不疑，最近考察了宋代寺院、道观等机构的占田方式以后，似又不得不改变自己过去的看法。宋朝原则上禁止寺观买卖民田，同时对官僚等阶层的买田也制定了相应的限制措施，这些有待今后做进一步探讨，只有深入研究宋代的土地法规，方能对这一时期的土地制度做出更为科学、合理的认识。诸多事实证明，从某种意义上说，两宋时期始终贯彻了抑制兼并的方针。下文以寺观占地为例，对此做一些说明，不妥之处，请指正。

第一节 基本史实的考订

宋代寺院与道观获得田产的重要途径是利用手中雄厚的资金购置各种田地、山林，将其作为大宗常住物产，从而使之成为隶属于寺观、僧道的私有财产。应该说，宋代寺院与道观典买田产的历史有一个长期发展的过程。宋真宗以前，似乎控制得并不十分严格，就笔者所见资料而言，似乎并无不许寺院、道观购买田产的法律规定。《宋史·食货志》做了这样的叙述："时又禁近臣置别业京师，及寺观毋得市田。初，真宗崩，内遣中人持金赐玉泉山僧寺市田。言为先帝植福，后毋以为例。繇是寺观稍益市田。明道二年，殿中侍御史段少连言：'顷岁中人至涟水军，称诏市民田给僧寺，非旧制。'诏还民田，收其直入官。后承平浸久，势官富姓，占田无限，兼并冒伪，习以成俗，重禁莫能止焉。"①这段文字至关重要，关系到宋代寺观购买田是否合法的问题，因而有必要加以解释和澄清。

关于前一事实，李焘在《续资治通鉴长编》中记载说："初，真宗崩，内遣中使赐荆门军玉泉山景德院白金三千两，令市田，院僧不敢受。本路转运使言：'旧制，寺、观不得市田以侵农。'上谓宰相曰：'此为先帝殖福，其勿拘以法，仍不得为例。'既而寺、观稍益市田矣。"李焘为此还专门做了注解："稍益市田，据《食货志》。"同时说明了皇太后刘氏赐钱给景德院买田的原因："皇太后微时尝过玉泉，有老僧言，后当极贵。既如其言，累召不至，故有是赐。"②刘太后当初穷困潦倒之时，得到了玉泉寺长老的莫大恩惠和帮助，"赠以中金百两"③，才得以到京师开封，成为皇后。邵伯温比较详细地记述了此事的来龙去脉，李焘亦在注解中引述了邵氏的说法。如此大恩，垂帘听政的刘太后当然要报答，于是打破惯例，法外开恩，特许玉泉寺购买田产，同时禁止其他寺观"援例"购买田产。然而，既然当时的最高统治者开了先例，逐渐出现寺院买田的现象也是势所必然。

有关段少连所言，李焘亦同样记录下来："殿中侍御史段少连言：'顷岁，上御药杨怀德至涟水军，称诏市民田三十顷给僧寺。按旧例，僧寺不得市民田，请下本军还所市民田，收其直入官。'从之。"④显而易见，此处记载较《宋史》要详细得多，连前往买田的宦官及买田数量等都一清二楚。然而，两处记载之间也存在不同之处，那就是买田的地方，一说是荆门军，一说是涟水军。这两处地点均为宋代的军级地方行政机构，但荆门军在荆湖北路，而涟水军则在淮南东路。两地之间相差太大，宋代寺院名称多有同名的情况，但地方行政机构之名却是不可能重复的。

通过对基本史实的考订，可以看出：两件事均发生在刘太后统治时期，实质上都是太后本人施舍钱财给某一座有恩于自己的佛教寺院，并

---

① 《宋史》卷一七三《食货志上一》。
② 《长编》卷一〇二，天圣二年七月庚子。
③ 《邵氏闻见录》卷一，中华书局，1983年。
④ 《长编》卷一一三，明道二年八月庚子。

以皇帝诏令的形式特批用这些钱公开购买田产。既然有了这种特例,其他寺观当然会加以效仿,于是才出现了"寺观稍益市田"的局面。然而,大权在握的刘太后特许佛教寺院买田之举似乎进行得并不顺利,为玉泉寺买田时,就招致了地方官的质疑和非议。估计这一地方官曾向朝廷汇报此事,刘太后只好同宰相商议,以"为先帝殖福"为借口。这显然是为了掩人耳目,明明是她为了报答该寺长老的大恩,却要以死去的真宗做挡箭牌,可知当时寺院、道观不许买田的法令执行得非常严格,连权倾朝野的刘太后也同样受到约束。后一买田事估计是在刘太后去世前不久,亦是以皇帝的名义买田,但仁宗亲政后不久,此事即遭到台谏官的责难,很快被纠正过来,将所买之田归还给了原来耕种的百姓。但从中不难发现,太后刘氏统治时期,禁止寺院、道观等买田产的禁令逐渐遭到破坏。从表面上看,两件事都是偶然的,互不相干,实质上反映出了刘太后一直信仰佛教这一基本事实。毫无疑问,这与宋真宗崇尚道教有着本质区别。

然而,问题是,宋朝禁止寺院、道观购买田产的法令是什么时候颁布的,法令包括哪些内容,这些都不清楚。就笔者所见,太祖开国至真宗时期,至少现存资料中尚未发现相关的明确法律条文。在宋仁宗即位以后,颁布诏令,限制公卿占田,之后"又禁近臣置别业京师,又禁寺观毋得市田"[①]。马端临将此令系于乾兴元年(1022)十一月,给人的感觉是限制官僚占田与禁止寺院、道观购买田产为同时颁布的法令,而《宋史》《续资治通鉴长编》都说其为"旧制"或"旧例",时间概念相当模糊。

另外,据《会要》记载,宋仁宗天圣四年(1026),朝廷派遣辛惟庆到福州出卖官田,这些田产原本是出租给佃户耕种的,而佃户中也包括僧户即佛教寺院,究竟如何处理僧户租佃的这部分官田便成了问题。辛惟庆返回朝廷后,提出了以下意见:"又按佃户名亦有僧户。《元条》:僧人不得买田。已牒州出榜告示,许主收买,或僧人元有官田已卸别户承佃者,敢争执妄生词说,即严加勘断,事下三司详定。"[②]其中谈到了僧人不许买田的条令,可知这一法令是认真执行了的。至于这一法令颁布的具体时间,有待进一步求证。

---

① 《文献通考》卷四《田赋考四》。
② 《会要》食货六三之一七六。

第二节 "禁寺观毋市田"新解

在此，需要澄清一个事实，即宋朝政府颁布了禁止寺院、道观购买田产的法令，而且这一禁令似乎并没有被废止过。宋孝宗淳熙十六年（1189），大文豪陆游记述了阿育王山买田的经过。绍兴元年（1131），宋高宗到达会稽，明州阿育王山广利禅寺将宋仁宗赐给高僧怀琏的诗及书信交给高宗。高宗在高兴之余，"念无以镇名山，慰众志。乃书'佛顶光明之塔'以赐，又申以手诏，特许买田赡其徒。逾五十年，未能奉诏。佛照禅师德光以大宗师自灵隐归老是山，慨然曰：'僧寺毋辄与民质产，令也。今特许勿用令，高皇帝恩厚矣，其可弗承？且昔居灵隐时，寿皇圣帝召入禁闼，顾问佛法，屡赐金钱，其敢为他费？'乃尽以所赐及大臣、长者、居士修供之物买田，岁入谷五千石"[①]。很显然，德光禅师是在为广利禅寺买田找借口，但无论如何，从中可以看出，南宋绍兴初年，禁止寺观买田的诏令仍然是生效的，经过高宗皇帝特批，广利禅寺才获得了买田的权利，只是当时因各种原因并未达到买田目的而已。

而且，德光和尚还引述了宋代法令的具体规定，从而表明，依据法律，寺院是不能买民田的。再如南宋时期，陈造猛烈抨击寺观典买田产的现象："寺观不许典买田宅，法也。今也，公然取之，漫无禁止。田入寺观，岂得复为民物？今寺观浸富，民田浸少……僧道而仰食者日以加多，未止也。"[②]可知禁止寺观买田的法令至南宋时期依然执行，而且也表明当时寺观买田的现象相当普遍。

从现存诸多资料来看，寺院、道观购买田产似乎并没有引起争议，更无法律诉讼案件出现，大多数购买田产的记录都名正言顺，大有合法之势。[③]而且，可以肯定，史书保留下来的恐怕只是寺观买田的部分史实，甚至可以说，这些仅仅是相当有限的一部分。宋代寺院、道观数以万计，其买卖田产的史实大部分并没有流传下来，这是不言而喻的。如此看来，

---

① 《渭南文集》卷一九《明州阿育王山买田记》，《全宋文》卷四九四二。
② 《江湖长翁集》卷二四《罪言》，《全宋文》卷五七六〇。
③ 参见笔者：《宋代寺院经济史稿》，河北大学出版社，2003年，第95—106页。

法令与实际情况之间显然是存在矛盾的，不少学者将这一事实解释为宋代法律执行不严，甚至认为法律效力很低，形同虚设。[①] 笔者以为，单单从这一方面加以解释并不全面。毫无疑问，在中国古代专制体制下，有令不行、有法不依是司空见惯的事情，不足为怪，尤其是在政治黑暗时期。虽然用这种逻辑去理解个别或特殊的事实未尝不可，但对带有一定普遍性的现象也用这种逻辑，怕是未必恰当。倘若宋代寺院、道观购买地产均属违法，那么寺院、道观方面千方百计请人将这些事实记录下来，公之于众，彻底暴露其非法行为，不是自找麻烦吗？一旦官府追究起来，这难道不是最具说服力的证据？

笔者以为，宋代禁止寺院、道观购买田产的法令是一直执行的，但田地的范畴受到一些界定和限制，主要是指老百姓所有或耕种的土地，即"民田"，并不包括所有土地。马端临在《文献通考》中将这一诏令明确记载为"禁寺观毋得市田"。如前所引，《宋史》《续资治通鉴长编》有两处说是"民田"。虽然仅一字之差，但诏令的内容和意思完全不同。宋代土地有官田、民田、熟田、荒田等种种区分，政府禁止寺院、道观购买老百姓的田产，无疑是非常重要的举措。由此似可做如下推测：宋代寺观田产交易立法是比较健全的，只是保留下来的法律条文不多而已。尽管寺院、道观有违法买地的事实，但总体上这一法令还是比较认真地得到了执行，并非仅为具文。

第三节 寺院、道观购买田产的合法性

在此，需要简单说明宋代颁布禁止寺院、道观买田这一禁令的基本背景。自从均田制崩溃以后，封建国家征收赋役的方式可以说是发生了翻天覆地的变化，从隋唐以前的重视人丁转变为以家业为依据征收，而土地

[①] 黄敏枝：《宋代佛教社会经济史论集》第二章第四节，学生书局，1989年；王曾瑜：《宋朝阶级结构》，河北教育出版社，1996年，第371页。

则是普通百姓最大宗的产业。百姓只要有土地，便有义务为封建国家缴纳赋税、服徭役。入宋以后，赋役制度基本上继承了两税法颁布以后的唐朝的制度，土地成为百姓纳税、服役的基本依据。除赋税外，宋代徭役相当重，尤其是频繁的差役，使不少百姓倾家荡产，服役之人"才得归农，即复应役，直至破尽家业，方得休闲"[①]，"民被差役，如遭寇虏"[②]，可知百姓服役，如遭强盗洗劫一般。

因此，百姓与其坐等破产，不如将田产通过各种方式转让给享有免役特权之人。而寺观户、形势户等在王安石变法之前是不服徭役的，即便是免役法实施后，寺观户所纳助役钱也只有普通百姓的一半，这无疑是相当优越而又颇具诱惑力的。为了逃避沉重的徭役负担，百姓将田产卖给寺院、道观或名义上捐给寺院、道观也就不足为奇了。宋神宗改革役法时，司农寺上奏："州县百姓多舍施、典卖田宅与寺观，假托官司姓名。欲令所属榜谕，听百日自陈，改正为己业，仍依簿法通供敷纳役钱。"[③]此为役法改革以后的事实，在此之前，这种情况恐怕还要严重得多。

在这种情况下，为了保障政府的赋税和徭役的征收，国家势必对享有免役特权的阶层进行严格限制。乾兴元年（1022），有官员上奏朝廷，提出了一系列建议，"又准敕：应以田产虚立契典卖于形势、豪强户下隐庇差役者，与限百日，经官首罪，改正户名。限满不首，被人告发者，命官、使臣除名，公人、百姓决配"[④]。在颁布这一强硬处罚政策之后，"又禁寺观毋得市田"[⑤]。应该说，这一诏令是与限制官僚阶层等占田的措施相关联的。马端临的记载模糊不清，导致了理解的偏差。显而易见，这是宋朝政府针对寺院、道观户的免役特权而颁布的禁令，其中提到的"田"当然是指能为国家提供赋税、徭役的田地。至此，问题已经比较清楚了，寺观不能买的大概只是"民田"而已。

---

① 《文献通考》卷一二《职役考一》。
② 《栾城集》卷三八《再言役法札子》。
③ 《长编》卷二六二，熙宁八年四月戊寅。
④ 《文献通考》卷一二《职役考一》。
⑤ 《文献通考》卷四《田赋考四》。

事实上，宋代寺院、道观是完全可以合法地买到不少田产的。宋徽宗政和元年（1111），"臣僚言：'私荒田法听典卖与观寺，多以膏腴田土指作荒废，官司不察。而民田水旱，岁一不登，人力不继，即至荒废。观寺得之，无复更入民间，为农者受其弊。欲除官荒田许观寺请佃外，余并不许典卖。'从之"①。姑且不管寺院、道观会千方百计地将民间上好的田地当作荒地来买卖这种违法行径，法律已经明确规定，私有的荒田可以卖给寺院、道观，而普通百姓一旦遇上天灾人祸，便很有可能被迫将耕地抛荒，此时，寺观便可以购买了。尽管此后禁止将私有荒田卖给寺院、道观，但至少这在政和元年以前是不受限制的。这就不难理解宋代寺观通常情况下都是在离寺院很远的地方购买田产了，因为他们购买田产要受到相关法律的制约，只能在其他地方寻找合适的土地购买。

此外，宋朝对新建立的寺观或完全没有常住田产的寺观如何买田也做了相应规定，没有土地的寺观甚至可以合法买到"民田"。"昔前宋咸淳癸酉，分宜民曰宋应槐，讼其乡有田。称梁子思所置，立户为万寿庵长明庄者，崇法院僧正冲之所作伪也。宋《田令》：寺已有常住田，不得买民业。冲违法私买，妄称梁氏所置，故应槐发之。漕使钟某阅实据法罪冲等，而没其田以畀分宜县学养士，士刻石为记。"②僧正冲违法买田乃不争的事实，且是假托他人姓名买的，而田产的所有者是万寿庵。后被人告发，正冲受到了应有的惩罚。按照这一记述，宋朝此时的土地法明文规定没有常住田产的寺院（应该也包括道观）可以合法地买入一些百姓的田产。这与乾兴元年（1022）的诏令相比，很明显是大大放宽了，估计是后来根据实际情况对乾兴诏令进行了一些调整和变通。

第四节　寺院、道观购买田产禁令颁布的背景

经过唐宋社会变革之后，中国封建社会经济出现了极大的变化，随

---

① 《会要》食货六三之一九二。
② 《欧阳玄集》卷六《分宜县学复田记》，岳麓书社，2010年。

着土地私有化进程的发展，赋役制度也相应地有所变化，因而封建国家干预、管理经济的职能不能不做相应的调整，在处理寺院、道观问题上也是如此。由于寺院、道观经济与世俗经济存在明显的差别，加之宋朝以前各朝代就已经赋予寺院、道观不少经济特权，尤其在赋役等方面，所以，在经济基础、社会结构等已经发生巨大变化的宋代，国家对寺院、道观的经济政策必然随之改变。在土地买卖方面，只要向国家纳税服役，宋代民间的土地买卖是完全自由的。但如果允许寺院、道观毫无限制地自由买卖田产，势必严重影响政府的赋税收入，进而大大加重普通百姓的赋役负担，从而加剧政府与百姓之间的矛盾，危及封建政府的统治，因而宋代禁止寺院、道观购买民田的法令是唐宋社会变革的必然结果。

宋朝禁止寺院、道观购买民田的政策是寺观户与封建国家之间矛盾的产物，也是政府限制寺院、道观势力过度膨胀的重要措施。在中国古代历史上，尽管历代统治者尽可能地利用宗教力量来加强对人民的精神束缚，从而强化其统治基础，但世俗政权与宗教势力之间的矛盾和斗争一直未曾停止过，宋代也不例外。宋太宗曾经说过："浮屠氏之教，有裨政治。"[①]宋真宗时，有官员"请减修寺度僧"，但真宗认为，即便是有僧人、道士行为不检点，也不能废除佛教、道教，"至于道、释二门，有助世教"，[②]可知宗教有其服务政治的一面。但宗教势力过强，又会给封建统治造成巨大的威胁，尤其是寺院、道观经济力量过分强大，必然对统治带来很大的负面效应。因此，为了加强专制集权，宋代颁布实施了禁止寺院、道观购买百姓田产的法令。

宋朝自建立以后，总体上采取一种比较平稳的宗教政策，除真宗、徽宗统治时期有短期崇奉道教的政策外，对佛教、道教等都基本上采取不抑不扬的政策。这一国策大体上是从太祖赵匡胤时代开始执行的。自从五代后周世宗对佛教、道教实施严厉打击措施后，北方地区宗教逐渐有衰落之势，而南方地区的佛教、道教，尤其是两浙、福建地区，在各地割据政

---

① 《宋太宗皇帝实录校注》卷二六，太平兴国八年十月甲申，中华书局，2012年。
② 《长编》卷六三，景德三年八月乙酉。

权的扶植下得到很大发展。面对这样的现实，宋初便采取了承认现实、维持现状的宗教政策，既不允许寺院势力过度强大，也不以"三武一宗"式的过激手段抑制寺院、道观。而事实上，自隋唐以来，很多寺院、道观已经通过各种方式取得了大量田产，而且这些田产不少是通过买卖的方式获得的，特别是中唐以后，寺院、道观买地规模大大超过了被施舍土地的规模。[①]可见，宋朝开国时，寺院、道观已经占有相当多的土地，出于维持现状的目的，宋朝政府当然不可能让寺院、道观继续购买田地。因此，禁止寺院、道观买卖民田的措施也是宋代所执行宗教政策的结果。

然而，宋代土地买卖非常盛行，所谓"千年田换八百主"，形象地说明了土地转移的频繁程度，这也正是当时实际情况的反映。"贫富无定势，田宅无定主。有钱则买，无钱则卖"[②]，表明土地是可以自由买卖的，但这种自由恐怕只是针对民间普通百姓而言的。对寺院、道观而言，它们与百姓之间的田产交易却受到了很大的限制，甚至已有常住土地的寺院、道观被严禁购买民田。此外，官僚等特权阶层的田产买卖也同样受到种种制约。由此看来，所谓宋代"不抑兼并"，恐怕需要加以具体分析。笔者以为，这种说法有进一步商榷的余地，至少宋朝对寺院、道观购买老百姓的田产是立法加以禁止的。在影响到国家赋役征收抑或危及封建统治之时，宋朝政府还是采取了种种措施以抑制兼并势力的。

原刊于《中国经济史研究》2002年第4期，
题目为《宋代"禁寺观毋市田"新解》

[①] 荆三林：《〈唐昭成寺僧朗谷果园庄地亩幢〉所表现的晚唐寺院经济状况》，《学术研究》1980年第3期。
[②] 《袁氏世范》，《宋元学案补遗》卷四四，中华书局，2012年。

赋税与徭役：政府调控寺院、道观经济的体制

佛教传入中国以后，历代封建统治者赋予了寺院、僧尼许多政治、经济等方面的特权。在隋朝以前，僧尼"不贯人籍"[1]，尽管寺院占有大量田产，却"寸绢不输官库，升米不进公仓……家休小大之调，门停强弱之丁"[2]。在统治者的大力扶植下，佛教寺院的经济力量迅速发展，严重影响了国家的赋税收入，因而国家不得不采取一些措施限制寺院、道观经济力量的过度膨胀。尤其是中唐以后，均田制的破坏迫使唐代统治者改变赋税政策，施行两税法，而两税法的最基本原则是"据地出税"[3]。这个法令颁布实施以后，"天下庄产未有不征"[4]，佛教寺院的田产当然也不例外。因此，中唐以后，国家逐渐取消寺院、道观的经济特权，把带有浓厚宗教色彩的寺院、道观经济逐步纳入世俗经济的轨道。这一巨大变化既是封建国家同寺院、道观土地所有者之间矛盾的产物，也是中唐以后社会变动的结果。到了宋代，国家除了继承唐以来对佛教寺院的控制措施外，还进一步采取了一些新的措施加强对寺院、道观经济的控制，基本上将寺院、道观经济与世俗经济等量齐观，特别是北宋中叶以后，这种倾向尤其明显。此后，寺院、僧人的赋役负担显然比以前大大加重，至南宋时期，这种趋势似乎更加明显。

---

[1] 《南史》卷七〇《郭祖深传》，中华书局，1975年。
[2] 《徐陵集校笺》卷八《谏仁山深法师罢道书》，中华书局，2008年。
[3] 《唐会要》卷八四《租税下》。
[4] 《北梦琐言》卷一《郑光免税》，中华书局，2002年。

第一节　寺院、道观田产的赋税及其相关问题

宋代的赋役种类繁多。总体说来，宋代继承了唐代两税法以后的赋税制度，凡是拥有土地的主户都必须向国家缴纳赋税。绝大多数寺观是占有土地的，作为土地税的征收对象，宋代将寺院、道观单列出来，称之为寺观户，以下分述其所承担的赋税。

第一，二税及二税的豁免。两宋寺院、道观同世俗土地所有者一样，必须向国家缴纳二税，即土地税，称为夏税秋苗。宋真宗景德四年（1007），河南府永安县永安寺"夏秋二税正输县仓，不得移拨。常赋之外，免其它役"①。此寺系皇帝陵墓附近的功德寺，也照样要缴纳二税。陈光仲担任广南东路转运判官时，"节浮费，却例卷，为官民户、僧寺代输全年夏税及累载畸零，为钱二万三千余缗"②，足见宋代寺院缴纳夏税乃是铁的事实。福建路荐福院的一个住持僧曾经说："院以葺理而兴，以科敷而废。今后除圣节、大礼、二税、兑丁、醋息、坑冶、米面、般甲、翎毛、知通仪从，悉照古例书送。"③此处罗列了当地寺院要负担的各种赋税，其中包括有二税，而且是"古例"，这表明宋代寺院、道观所有的田产都是必须缴纳二税的。

在宋代，就连高级官僚的功德寺，如果没有皇帝特批，也不能免除二税。孙觌家的功德坟寺破败不堪，翻新之后，"又即旁近买田百五十余亩，岁入可得米八十余石，具斋粥，输税赋有赢矣"④。甚至连宋理宗的"御前香火寺"——临安寿圣禅寺，"科敷借占有旨蠲除，寺之田山园其在毗陵、雪川、本邑者为亩四千五百，岁有常赋"⑤。此处的"常赋"，当属二税无疑。又如宋孝宗多次御驾临幸的杭州灵芝崇福寺，"寺本吴越故苑，因产灵芝，创为精蓝，故田亩素薄，僧、行几二千指，多持钵给食。史、郑两丞相当

---

① 《会要》礼三七之二九。
② 《刘克庄集笺校》卷一六五《陈光仲常卿》。
③ 《刘克庄集笺校》卷九三《荐福院方氏祠堂》。
④ 《鸿庆居士文集》卷二三《黄林先墓记》，《全宋文》卷三四八二。
⑤ （咸淳）《临安志》卷八一《寺观七》，四库全书本。

国日,拨赐雪川沈氏户绝产七百亩有奇,上以充神御瓜华之用,下以备寺僧香积之羞,常赋、和役供输之余,在寺廪者亦无几矣"①。尽管史弥远、郑清之等权相专门将官田拨给了寺院,但该寺仍须要纳税。位于临安府的径山兴圣万寿寺,"专为祝圣寿道场……免诸州场务商税,并平江府和义庄除纳正税外,非时科敛悉蒙蠲免,皆异恩也"②。虽然有皇帝的"异恩",但正税还是必须缴纳的。这类跟皇室、高级官僚有着密切关系的功德寺、香火寺尚且如此,其他寺院缴纳二税的情况就可想而知了。宋代著名的洞山聪禅师有诗云:"天晴盖却屋,趁闲打却禾。输纳王租了,鼓腹自高歌。"③足见"输纳王租"乃是必需的。

然而,宋代皇帝经常下诏免除一些寺院的两税负担。宋真宗大中祥符七年(1014),"免扬州建隆寺田租"④。宋神宗熙宁八年(1075),"赐西京昭孝禅院户绝田,仍免其税役"⑤。在宋代,皇帝、皇后陵墓所在的寺院,或与皇帝有关的寺院往往享有免纳二税的特权。太原府资圣禅院"及太宗神御落成……中人营办,冠盖相望。爰田上腴之赐,蠲其国征。邸舍廛纮之布,厚厥缗算,上恩赍予,至于再三"⑥。宋高宗绍兴二十九年(1159),"诏绍兴府会稽县昭慈圣献皇后永祐陵攒宫前后买过民地……可令常平司取见的确买过地段顷亩,合纳税赋,照验簿籍,审实申尚书省除豁"⑦。另外,一些高级官僚的功德寺也可以特恩免除二税。宋真宗天禧五年(1021),"赐故太尉王旦坟侧僧院名曰'觉林',近坟田租悉除之"⑧。当然,官僚功德寺免除二税的情况在宋代并不多见,可知宋朝政府对功德寺征收土地税的政策还是执行得比较严格的。

此外,还有一些特殊情况可以豁免二税。景德二年(1005),"诏庐山

---

① (咸淳)《临安志》卷七九《寺观五》。
② 《松隐文集》卷三〇《径山续画罗汉记》,《全宋文》卷四二〇四。
③ 《禅林僧宝传》卷一一《洞山聪禅师》,四库全书本。
④ 《长编》卷八二,大中祥符七年三月甲辰。
⑤ 《长编》卷二六二,熙宁八年四月戊辰。
⑥ 《彭城集》卷三二《太原府资圣禅院记》。
⑦ 《会要》礼三七之四二。
⑧ 《长编》卷九七,天禧五年二月甲子。

太平兴国、乾明寺田税十之三充葺寺宇经像。令江州置籍检校,选名行僧主之"①。也就是说,免除这两所寺院所有田租的30%,并将这笔钱用于修缮寺院。又如韩琦知太原府时,曾经修建过一所寺院,拥有不少田产,因其官高位隆,"其后庞籍奏蠲地税"②。在宋代,如果皇帝宠信某位僧人,有时会下令免除其所在寺院的赋税,深得皇帝赏识的佛智禅师在担任径山寺住持期间,"旧庄二所,指水为田。东饷按籍索租,害此寺二纪,师为奏免"③。可见,佛智禅师是利用与皇帝的特殊关系上书皇帝而免除了该寺的田租。林景良知兴化军期间,"蠲三县夏税,寺院五之一,第一、第二等户三之一"④,这恐怕只是临时性的措施而已。除了以各种看似合法的手段免除二税外,不少寺院还以非法手段偷税漏税。元丰三年(1080),齐州知州王临上言:"州有灵岩寺,地课几万缗,皆为僧徒盗隐。"⑤可知僧人也经常偷逃国家赋税,且数量不少。当然,这种违法行为若被发现,将受到相应的惩罚。

总之,两宋时期,寺院跟世俗土地所有者一样,必须向官府缴纳二税,其税额估计与政府规定的二税税额一致,这是唐中叶以后社会变动的结果。与此同时,某些寺院又享有免纳二税的特权,有的还尽可能地隐漏二税。宋度宗咸淳十年(1274),侍御史陈坚等人上书朝廷:"邸第戚畹、御前寺观,田连阡陌,亡虑数千万计,皆巧立名色,尽蠲二税。"⑥看来南宋时期与皇帝关系密切的寺院免除二税的情况相当严重。可以肯定,这类享有免税特权的寺院毕竟只是少数,绝大多数寺院的二税负担随着政府二税的增加而日益加重。宋朝高僧惠洪有《七月十三示阿慈》诗云:"寺已余十僧,田不登百数。何以常乏食,强半了租赋。今年失布种,正坐无牛具。"⑦

---

① 《长编》卷六〇,景德二年七月丙寅。
② 《会要》刑法二之四二。
③ 《鹰斋续集》卷二一《径山偃溪佛智禅师塔铭》,《全宋文》卷七七四一。
④ 《刘克庄集笺校》卷一四九《直秘阁林公》。
⑤ 《长编》卷三〇三,元丰三年四月庚申。
⑥ 《宋史》卷一七四《食货志上二》。
⑦ 《注石门文字禅》卷五《七月十三示阿慈》,中华书局,2012年。

由于绝大部分寺院无权享受到减免二税的恩遇，因而会因二税的加重而捉襟见肘。因此，既要看到寺院缴纳二税的一面，也应该认识到不同寺院二税负担轻重各不相同的一面。楼钥有诗云："千古名山大道场，止因赋重遂荒凉。后之君子谁能弛，试向山前问老苍。"① 可见二税不仅对一般老百姓，而且对很多寺院也是相当沉重的一项负担。此外，各地方在征收寺院二税时，尚有各种名目繁多的附加税，如福建路寺院"岁赋则有祠牒贴助，秋苗则有白米撮借"②。

第二，和籴与和买。宋代寺院除了负担二税外，还要承担官府的和籴与和买两种赋税。所谓和籴，名义上是宋朝为了"广军储、实京邑"而收购百姓粮食的一种制度。③ 开始时还有些公平买卖的味道，后来因国家财政日益拮据，官府不再以现钱，而是用银、绢等，甚至以度牒等有价证券作为籴买粮食的本钱，因而逐渐变成百姓的一项额外负担。寺院作为特殊的民户，当然不能豁免。宋人林希逸曾经说过："僧寺之废兴，以吾侪视之，若于事无所损益也。然余观江、湖、浙之和籴、运籴，淮东、西之车驮、夫脚，其为产家害极惨……"④ 这说明寺院承担官府的和籴也是影响寺院兴衰的一个重要因素。颜颐仲知泉州时，前任知州"创上溪和籴之名，且令诸刹抱籴输官，产户、寺院亦苦之"。鉴于这种情况，颜颐仲"革去旧弊"，以至当地人"欢声雷动，为浮屠事以报者数千人"。⑤ 吴泳担任婺州知州时，"就寺院亩头上敷籴，系以市价偿之，自无一毫侵扰，目今米价每升止是四十见钱"⑥。又如兴化军设平籴仓，"寺之产及五贯而籴，民不与也"⑦。由此可见，当地寺院需要负担政府的和籴，而普通百姓则没有这种二税之外的额外负担。

上述所举都是南方的具体情况，北方地区寺院、道观的和籴现象也是

---

① 《攻媿集》卷八一《送一老住庐山归宗》，《全宋文》卷五九七六。
② 《鹰斋续集》卷一〇《重建敛石寺记》，《全宋文》卷七三三七。
③ 《宋史》卷一七五《食货志上三》。
④ 《鹰斋续集》卷一〇《重建敛石寺记》，《全宋文》卷七三三七。
⑤ 《刘克庄集笺校》卷一四三《宝学颜尚书》。
⑥ 《鹤林集》卷二三《与马光祖互奏状二》，《全宋文》卷七二四二。
⑦ 《刘克庄集笺校》卷八八《兴化军造平籴仓》。

相当严重。詹抃在谈到京东东路的寺院、道观时曾经说:"山东朴鲁,非江浙比。俗不为僧道,故寺观绝少。而广济小垒,止定陶一邑、天宁一寺,而籴数与诸州等。"① 可知当时京东东路寺观的和籴数量并不少,且广济军只管辖一县,但和籴数量与其他各州相同,因而引起了当地官员的不满。

和籴作为官府与百姓之间的一种农产品买卖制度,本来是应该平等的,即按照市场价格购买百姓的产品。但由于种种原因,和籴制度逐渐发展成一项二税之外"白配人户"的一种征敛。② 正如林希逸所说:"吾乡地狭人稠,田之大半皆入诸寺。然而谷之食者,邦人也,岂辇而他出乎?籴必以钱,虽在诸寺,犹大家也……数千年来,官病之,吏病之,大家亦病之。僧逃而屋败者过半,其幸存者犹凛不自保,况已废而求复兴乎?"③ 由此可见,尽管福建路寺院占有大量田产,但官府的和籴负担使很多寺院"僧逃而屋败"。寺院作为当地有经济实力的"大家",尚因和籴而败家,其他农户当然就可想而知了。

荆湖南路地区的寺院、道观,"自嘉定十一年以来,逐岁敷抑度牒,勒令籴米,其数已不可胜计。纳米不足,又责令纳钱,寺观缘此倒败者非一,盖有一二年敷下度牒,至今监钱未足者。人户既不可科配,寺观又不堪均敷,委是无所措手"④。可知南宋时期湖南地区的寺院、道观每年都要承担官府的和籴义务。奇怪的是,官府买寺观的米不是花钱,而是发放度牒为籴本,这类事实在宋代史籍中记载颇多,在此不一一列举。很显然,度牒发多了,自然会出现供过于求的问题。如所举史实中,嘉定元年(1208)左右发放的度牒,到嘉定十一年(1218)尚未完全卖出,即十年之后依然未能将度牒全售卖出去,而官方却是以固定的高价格卖出度牒的。在这种情况下,度牒要么根本卖不出去,要么大大贬值,无论出现哪种情况,寺院都会因官府用度牒买米而遭到掠夺。

真德秀担任泉州知州时遇到了同样的问题,"证会准省札:本州措置

---

① 《毗陵集》卷一二《詹抃墓志铭》,《全宋文》卷三七九四。
② 《韩魏公集》卷二〇《论河东税外和籴粮草奏》,《全宋文》卷八四七。
③ 《鬳斋续集》卷一〇《重建敛石寺记》,《全宋文》卷七七三七。
④ 《西山文集》卷一七《申尚书省乞免降度牒状》,《全宋文》卷七一六一。

和籴米一十万石,不得抑科"。尽管朝廷冠冕堂皇地做了上述规定,但各地方政府跟湖南地区一样,"每岁州以度牒科之县,县以度牒抑之民。凡户管田一千亩以上者纳度牒米,一千亩以下者认中籴米。每牒一道,率三四户共之,寺观亦然"。① 由此可见,无论是普通百姓还是寺院、道观,都颇受官府和籴之苦。正因为如此,许多寺观都绞脑汁逃避官府的和籴。例如,杭州灵芝崇福寺在奸相贾似道当政时,请托于贾似道,"遂取和、役蠲除之"②。又如佛智禅师"以和籴病告,穆陵雅敬师,每请必俞"③,从而达到了凭皇帝特恩免除和籴的目的。这种事例在宋代并不罕见。

所谓和买,也称为"和预买",源于宋真宗时期三司判官马元方向朝廷提出的建议:"方春民乏绝时,豫给缗钱贷之,至夏秋输绢于官。"④ 范镇认为宋代和买绢帛的制度起源于此。也就是在每年春天青黄不接时,官府向农户发放贷款,农户秋收缴纳二税时,附带缴纳绢、帛等,以偿还官府的贷款,这种制度逐渐演变成为百姓的重负。宋孝宗乾道年间,右正言程叔达上言"方今民间输纳税赋,惟和买最为流弊之极",其后"户部措置:遂令州县将官户、寺观与编民物力每贯每百随数均敷,是亦务于均平之意也",也就是让寺观与官户、民户一样,随财产的多寡、物力的高低承担官府的和买任务。

然而,当时的实际情况是,"今一缣之直在市不过三数千,而折纳之价乃至七千,又有所谓市例头子钱、朱墨等钱,所费不一"⑤。官府和买绢帛时出价低,故预付给民户的钱少,尔后又将绢帛折变成比原来提高了一倍多价格的钱,再加上其他费用,一匹绢的价格当然比原价高出许多。寺观、民户的负担相应地大大增加。

当然,也有少数寺院可以特恩豁免和买。嘉定五年(1212),"诏令两浙转运司取索上天竺灵感观音教寺并径山兴圣万寿禅寺砧基契,照究见着实

---

① 《西山文集》卷一七《回申尚书省乞裁减和籴数状》,《全宋文》卷七一六一。
② (咸淳)《临安志》卷七九《寺观五》。
③ 《鹤斋续集》卷二一《径山偃溪佛智禅师塔铭》,《全宋文》卷七七四一。
④ 《东斋记事·补遗》,中华书局,1980年。
⑤ 《会要》食货三八之二二、二三。

有无隐寄别人产业，仍截自今降指挥日为限。日后如有增置田产，并在蠲免之数，其两寺得免和买、役钱之额，令所隶官司各与消豁，不得暗于其他人户产上均摊。如违，许被害人户越诉，兼虑其他寺观不体朝廷，以两寺系祈祷去处，及有元降指挥，援例陈乞，源源不已，重为民困。今后如有似此之类，并令给、舍缴驳，户部执奏不得放行。（先是，临安府言：上天竺灵感观音教寺进状，乞下临安、嘉兴、平江府，照绍兴二十四年已降指挥，将本寺和买、役钱、保正役次及科敷并与蠲。既得旨依，而径山兴圣万寿禅寺援以为请，亦复从之。臣僚言：'谓所降指挥但泛然蠲免，初无限，则其弊必至隐寄外人田产，积久不已，所免愈多，则他人受害愈重。'故有是诏。）"① 从这一记载来看，宋高宗绍兴年间，皇帝便特恩免除了上述两所寺院的和买、科敷等赋税。至宋宁宗嘉定五年，重新加以审定，恐怕是朝廷担心这两所寺院隐寄不属于寺院的产业，从而使更多的田地逃避国家赋税。同时也表明，该两所寺院是一直享有免除和买特权的。

更为严重的是，被蠲免的寺院赋税却被摊在百姓身上，这无疑会加重当地百姓的赋税负担。南宋孝宗淳熙九年（1182），由于两浙地区和买负担过重，朝廷下令当地转运使配合朝廷官员加以整顿，调查的结果显示，最大的原因一是豪族大户逃避和买，二是"僧道、寺观之产，或奉诏蠲免，而省额未除。不免阴配民户，此暗科之弊也"②。可知有不少寺院、道观是通过皇帝诏令或其他特殊的恩典而免除了和买负担的，而这些负担又转嫁到了当地民户身上。开禧三年（1207），臣僚上奏："天下所谓占田最多者，近属、勋戚之外，寺观而已。和买、役钱与夫诸色杂科之类，皆因亩头物力起敷，近属、勋戚或有所挟，而寺观亦间出于一时之横恩，乃以特旨而蠲免。"③ 可见当时寺院、道观占田很多，但不少寺院凭借各种势力免除了和买等负担。

针对这种情况，朝廷尽管采取了相应的限制措施，但似乎收效并不

---

① 《会要》道释二之一六。
② 《宋史》卷一七五《食货志上三》。
③ 《会要》食货七〇之一〇四。

大。有一点是可以肯定的，寺院、道观要免除和买，必须得到皇帝的恩准，否则是不行的。当然，不少寺观并不一定直接通过皇帝免除和买，而是通过一些权高位隆的官僚向皇帝上奏，请求减免寺观的赋税。南宋时期，"翰林学士洪公迈还其甲乙住持之旧，免其诸般科买之扰，以厉其成焉"①，可知洪迈在普济禅院免除"诸般科卖"的过程中起到了非常关键的作用。

第三，科配及其他。科配是宋代官府无固定时间、品种、数额的临时性赋税或杂税摊派。两宋时期，寺院、道观同样受到科配摊派的巨大影响。首先是盐的科配，宋代对食盐实行较为严格的禁榷制度。官府牢牢地控制了食盐的生产和销售，但由于种种原因，很多地方私盐盛行而官盐滞销。为了获得稳定的盐利收入，各地方政府不得不千方百计保证食盐的销售数量。然而，官盐不仅价格高，且质量得不到保障，因而广大消费者往往会拒绝食用官盐，政府不得不强制将盐抑配给百姓、寺院、道观等。宋神宗熙宁七年（1074），两浙察访使沈括上奏："泗州都盐务免纳船户，而以官盐等第敷配，并给历抑配居民、寺观。"②元丰六年（1083），琼州知州刘威"相度琼州、昌化、万安、朱崖军民户，乡村、坊廓［郭］第一至第三等每丁逐月买盐一斤，第四、第五等及客户、僧道、童行每丁逐月半斤。不以日月为限，岁终买足"③。很显然，琼州地区官盐销售不好，但地方官为了完成销售任务，不得不由官府出面强买强卖。这种官盐的科配招致了极为严重的结果：其一是科率太多，当地百姓按照户等标准购买食盐，僧、道每人每月必须购买半斤官盐，百姓则是一斤；其二是官盐杂恶，而且价格很高，这对僧道、百姓来说，无疑是又增加了一种额外赋税。如福建路，"卖盐旧法：日产盐以随二税科纳。既而交阑田产，推割税苗，又纳浮盐……僧、道月分则纳食盐，于是民力遂困于盐货矣"④，可见这种抑配大大加重了普通百姓和僧人、道士的经济负担。

其次是酒、醋的科敷。王炎记载荆湖北路苛捐杂税繁多时曾经说：

---

① 《陈亮集》卷二五《北山普济院记》，中华书局，1987年。
② 《长编》卷二五一，熙宁七年三月戊午。
③ 《会要》食货二四之二三。
④ 《会要》食货二六之四三。

"公吏、里正、揽户、僧寺岁敷煮酒钱,四也;僧寺、师巫月纳醋钱,五也……"①庆元三年(1197),臣僚上言:"州县之间害民者莫甚于科罚……以酒税牵连而责其认钱,或科敷于里正、保正长,或横敛于师巫、僧道……"②政府勒令僧道缴纳醋钱的事实,可见于绍兴五年(1135)右谏议大夫赵霈的奏章:"比年以来,郡守更易不常……必责之库官。库官无策,必仰之醋息,醋息不充,必衰之寺观。"③

再次是茶和香的科配。王安石在议论官府垄断茶叶经营时说:"巨商悉系通商南方,尽从官卖。官卖既不堪食,多配寺院、茶坊。茶多弃损,钱实虚敛,是削民之损。"④也就是说,官府垄断茶叶经营后,强制将茶配售给寺院、茶坊。宋朝政府也曾三令五申禁止抑配茶引之类的东西给寺院、百姓等,如建炎二年(1128)诏:"行在都茶场据福建路额合卖茶引……自今州县有敢以招诱为名科率民户、僧寺出卖钱引者,茶事官先坐之。"⑤可见政府是不准强令百姓、寺院买卖茶引的,而实际情况却是禁而不止。绍兴二十二年(1152),殿中侍御史林大鼐上奏:"如湖州产茶诸县各有园户,祖宗朝并无茶税……比年官司又于额外抑配园户茶引、僧人茶钞,武康一县园户买茶引,每亩出钞三百文足,僧人买茶钞,每名出钱三贯六百文足,而元额自若也。"⑥可知僧人茶钞钱比一般园户还要多得多,其纳钱额是相当大的。除抑配茶钞外,官府还抑配香给寺院:"每年省司下出香四州军买香,而四州军在海外,官吏并不据时估实直,沉香每两只支钱一百三十文,既不可买,即以等料配香户,下至僧道、乐人、画匠之类,无不及者。"⑦

最后是其他类型的科配。林希逸谈到福建路寺院的情况时说:"独吾闽之人衣食其田,自二税之外无所与闻。问之僧寺,则上供有银,大礼

---

① 《双溪集》卷一《上刘岳州书》,《全宋文》卷六〇九六。
② 《会要》刑法二之一二九。
③ 《会要》职官四七之二四、二五。
④ 《临川先生文集》卷七〇《茶商十二说》,《全宋文》卷一三八五。
⑤ 《会要》食货三二之二一。
⑥ 《系年要录》卷一六三,绍兴二十二年三月己酉。
⑦ 《长编》卷三一〇,元丰三年十二月庚申。

有银,免丁又有银,岁赋则有祠牒贴助,秋苗则有白米攝借。与夫官府百需,靡细靡大,皆计产科之。"①可知这一地区寺院的赋税负担相当沉重。很多地方只有寺院敷纳银两,一方面说明寺院经济力量强大,另一方面说明官府在利用科敷限制寺院经济力量的过度膨胀。随着银价的日益提高,僧寺上贡银两的压力越来越大:"近年科名日增,银价日倍,州县不复有余矣。故下四州之银取于僧寺,上四州之银取于民户。其取于僧寺者,不过削其徒之食,犹未甚害。"②兹以福州闽县为例制成寺院科敷一览表③:

表一　闽县寺院科敷表

科敷名称	上供银钱	军器物料钱	酒本钱	醋课钱	助军钱	郊祀大礼银	总计
钱（贯）	18443	3166	3323	5916	5657	11528	48033

有关福州地区寺院所负担科敷缴纳的起止时间,《会要》食货七〇之八〇有具体记载。从上表可以看出,仅闽县寺院一年科敷钱额便达 48000 余贯。据淳熙《三山志》卷三三记载,闽县合法的寺院共有 187 所,平均一所寺院每年缴纳科敷钱高达 257 贯,足见其数量是不少的。

在北宋都城东京汴梁,官府还科配寺院、道观制作一些手工业产品。宋神宗元丰五年（1082）,"裁造院言：绣造仪鸾司什物,欲依文思院绣扇例,均与在京诸尼寺、宫院"④。可知朝廷所用绣扇是由寺院、道观的尼姑、道姑们制作的,这种生产是否属于经营性的商品生产尚待进一步求证,但即便是纯粹的商品生产,估计价格也不会高,否则便不会平摊到各寺观了。

南宋时期,政府财政相当拮据,因而大量发行会子,这必然导致会子大大贬值,于是政府就科配寺院收藏会子。福建路兴化军"遣兵马司根刷在城户眼、富室、质库上户俾藏二百,中户一百,下户五十……况所谓

---

① 《鹿斋续集》卷一〇《重建敛石寺记》,《全宋文》卷七七三七。
② 《南涧甲乙稿》卷一〇《上周侍御札子》,《全宋文》卷四七八八。
③ （淳熙）《三山志》卷一七《财赋类》,四库全书本。
④ 《长编》卷三二三,元丰五年二月乙卯。

僧户，产居此邦十分之七，目前数甲院或产百千，或九十千，或八十千，岁入巨万斛，正其多用会子之所……僧户以产钱二十千而上，并使收塌若干数，以备官司不时之点兑"[1]。也就是说，当地政府根据寺院财产的多寡抑配会子，凡是产钱在二十贯以上者，都必须承担相应数量的收藏任务，且官府还要不时检查。

至南宋末期，这种情况似乎更加严重。宋理宗端平二年（1235），政府不仅强制官僚之家向官府缴纳会子，而且"及寺观、僧道并按版籍每亩输十六界会子一贯，愿纳十七界者并从"[2]。与此同时，官府还直接向寺院征敛钱财，义乌县"双林传大士道场岁输供至二百万缗，提点刑狱元积中欲尽以助公，君持不可，犹取七十万，然双林赖是不为墟"[3]。福州每年上元节"必空狱设醮，因大张灯，以华靡相角。为一郡最盛处，旧皆取办僧寺"[4]。诸如此类的横征暴敛尚有许多，在此不一一罗列。

值得注意的是，某些地方官吏还肆意勒索寺院、道观，将各种名目的摊派和额外负担加到寺院、道观头上。符昭寿在成都，"广籴秬稻，未及成熟者亦取之，悉贮寺观中，久之损败，即勒道释偿之"[5]。很显然，符昭寿是将寺院、道观当成了仓库，僧人、道士不仅要负责看管属于官府的粮食，而且必须保证不出问题，否则就要赔偿。又如随州大洪山崇宁保寿禅院，"绍兴二十年，郡守李昌言资贪，凡百须所仰，尽取办焉，僧不堪命"[6]。嘉祐四年（1059），王德恭被贬官，原因之一是"坐前在真定，假寺僧车牛赴廊延路也"[7]，即仗恃权力强行借用僧人的牛车。无独有偶，无为山保福寺长老月公住持期间，"邑之吏假牛车于寺，寺厌苦却之，吏恚，笞主寺僧"[8]。在中国古代社会，官本位乃是一大特色，官吏欺压百姓之事

---

[1]《北溪大全集》卷四四《上赵寺丞论称提会札》，《全宋文》卷六七二三。
[2]《宋史全文》卷三二。
[3]《鸡肋集》卷六七《朝奉郎致仕陈君墓志铭》，《全宋文》卷二七四五。
[4]《夷坚志·甲志》卷六《福州两院灯》。
[5]《宋史》卷二五一《符昭寿传》。
[6]《夷坚志·三志》辛卷四《李昌言贪》。
[7]《会要》职官六五之一九。
[8]《澹斋集》卷一六《无为长老月公塔铭》，《全宋文》卷四九〇六。

比比皆是,寺院当然也不例外。

更有甚者,某些地方官还向寺院借夫。绍兴十一年(1141),宋高宗下令,"应干托州县雇人,辄差科或以官钱应付,及于寺观、人户借夫或以借夫为名收受雇直入己,本罪轻者并以违制论"①。可知当时各地方政府将本该出钱雇募的差役摊派到寺院、道观头上,估计这种情况带有一定的普遍性,否则皇帝也不会特意下令加以禁止了。

此外,某些地方官还向寺院征收浚河开渠、修筑城池之类公共工程的费用,当然也算非泛科敷。《名公书判清明集》记载:"昨因晋江重修县衙,出引监诸寺院纳修造钱,其承引人辄将三植院佃户打缚取者。已将犯人断刺,仍帖县镇。自今非甚不获已,毋辄兴土木之功,其不急兴修,并仰住罢。"②福州疏通河道时,"寺产满百钱者浚三尺,产二百以下皆敷"③。可知宋代各地方的官僚对寺院、道观的骚扰多种多样。针对这种现实情况,某些地方官不得不下令免除寺院、道观的非泛科敷。"昨来约束,寺院乃良民保障,所当宽养其力。访闻诸县科率颇繁,致令重困,浸成不济,自今除依法供输外,自余非泛需索并与除免。今闻诸县视前加甚,若使管下寺院不济者多,则均敷之害必及人户。仰自今照上项约束,毋致违戾"④,这是南宋时期真德秀劝诫地方官的文告。他观察到寺院、道观经济力量强大,因而成为当地百姓的"保障"。尽管真德秀一再要求各州县少摊派,让寺观依法纳税,而实际情况却是寺观负担日甚一日。

总体而言,两宋寺院、道观所承担的各式各样的科敷是相当沉重的,而且各地因具体实际不同而名目繁多,不一而足。有些地区甚至连普通百姓都不负担的科敷,却偏偏落在了寺院、道观头上。前引福建荐福院一主僧的话——"院以葺理而兴,以科敷而废",从某种程度上反映了当时的实际情况,表明科敷对寺观危害之深重。诚然,受科敷之害最深的还是一些中小寺观,因为它们自身经济力量远远不如大寺观雄厚。大寺观经济力量

---

① 《会要》刑法二之一五一。
② 《名公书判清明集》卷一《劝谕事件于后》。
③ 《刘克庄集笺校》卷九〇《福州浚外河》。
④ 《名公书判清明集》卷一《劝谕事件于后》。

强大，科敷和摊派对于它们说来是微不足道的，至少不会造成太大的负担。

不少有势力的寺观可以通过各种途径逃避或蠲免科配，这种记载很多。杭州"六和塔寺僧以镇潮为功，求内降给赐所置田产仍免科徭"，要不是程大昌上奏说"僧寺既违法置田，又移科徭于民，奈何许之？况自修塔之后，潮果不啮岸乎"①，恐怕其阴谋就得逞了。福州开通河道时，"大寺苦敷役，小寺不免敷，而中寺殷实者以贿吏免，强有力者以挟贵免"②。甚至于有些寺院为了免除科敷，巴结权贵，献纳寺院于达官贵人，企求幸免。绍兴三十一年（1161），"诏昭庆军承宣使致仕王继先令于福州居住……又于都城及他处佛寺建立生祠，即嘱州县蠲免科须，凡天下名山大刹常住所有，大半入继先之门"③。

在宋代，皇室、高级官员的功德寺有时享有免除科敷的特权，因而有些寺院为了免除科配而希图成为官员的功德寺。绍兴六年（1136）九月，右司谏王瑨上言："诸寺院之多产者，类请求贵臣改为坟院，冀免科敷，则所科归之下户。"针对这一现实，宋高宗下令，"诏户部申严禁之"。④尽管朝廷颁布了禁令，但根本不可能完全制止这一现象。李心传也曾对宋代寺院豁免科敷而将所免之额归于百姓表示不满："僧寺常住田者，所在多有……今明州育王、临安径山等寺常住膏腴多至数万亩，其间又有特旨免支移、科配者，颇为民间之患焉。"⑤可见寺院免除科配对民间的影响非常之大。又如会稽报恩光孝寺，宋高宗"赐田十顷，科徭悉蠲"⑥。总而言之，享有蠲免科配特权的寺院、道观相对说来比豁免二税的寺观多一些，但大多数寺观是没有权利免除科敷的。

另外，还必须说明一点，即凡是官府所规定的苛捐杂税，寺院、道观都得承担。朱熹曾经记载处州义田的一些情况："如令上户、官户、寺观

---

① 《宋史》卷四三三《程大昌传》。
② 《刘克庄集笺校》卷九〇《福州浚外河》。
③ 《系年要录》卷一九二，绍兴三十一年八月辛亥。
④ 《宋史》卷一七四《食货志上二》。
⑤ 《朝野杂记》甲集卷一六《僧寺常住田》。
⑥ 《絜斋集》卷一〇《绍兴报恩光孝四庄记》，《全宋文》卷六三七六。

出田以充义田，此诚善矣……臣愚欲望圣慈详酌行下处州，止令合当应役人户及官户、寺观均出义田。"① 又如南宋时期的版帐钱，绍定时期一个叫黄崖的县令，"谓此钱出于讼狱之人，恐惹词诉，乃召募前后罢役公吏及群不逞者百余人，充斥吏案，人给一牌，至晚各输五千。诸胥则于县市乡村富家等户、寺观、庵舍每日轮投一牌，牌到立输，无敢违者"②。寺院所负担官府规定缴纳的各种捐税，由此可见一斑。

综上所述，中唐以后，寺院、道观在经济方面的特权逐步丧失，到了宋代，寺院、道观除缴纳夏税秋苗外，还要负担官府摊派的各种苛捐杂税，比如和籴、和买之类。诚然，一些有权有势的寺院、道观竭力规避各种赋税负担，而且皇帝也经常特恩免除一些寺院、道观的赋税，但毕竟只有少数寺院才能享有这种恩惠，而绝大多数的寺院、道观，尤其是一些中小寺观在沉重的捐税剥削下日趋贫困。特别是南宋时期，朝廷偏安一隅，但财政支出并未减少，苛敛百姓的情况更为严重。林希逸记载福建莆田一所小寺院"以僧贫赋重，其寺几废"③，一座寺院差一点因赋税沉重而毁掉，其负担之重，可见一斑。不仅如此，寺院、道观的赋税负担也随着官府科敛名目的增加而日趋加重。林希逸曾说："上而公家，下而巨室，有崇贵其说而求以自托于佛者……为之上者乃因其居而籍之，利其有而赋之，又从而多取以困之，故其居渐废而贫无以自复。"④ 总体说来，唐朝中期以后，寺院、道观免除赋税的特权逐步丧失，但彻底打破寺院、道观免赋特权还是在宋代。

第二节 寺院、道观的徭役负担

北宋开国到宋神宗熙宁四年（1071）免役法颁布以前，寺观是享有免

---

① 《晦庵先生朱文公文集》卷一八《奏义役利害状》，《全宋文》卷五四四〇。
② 《吹剑录外集》，清知不足斋丛书本。
③ 《鬳斋续集》卷一一《莆田方氏灵隐本庵记》，《全宋文》卷七七三八。
④ 《鬳斋续集》卷一〇《重建昆山县广孝寺记》，《全宋文》卷七七三七。

役特权的。正如宋人蔡襄所说:"七闽之地……竞取良民膏腴之田以入浮屠氏。国朝以来,因而不改。故学浮屠者绝无徭役,第食不乏而衣有余耳。"[1]虽然他所谈到的仅仅是福建路的具体情况,但就全国范围而言,僧道是不服差役和杂徭的。宋祁猛烈攻击佛教徒"不徭不役,坐蠹齐民"[2],看来是符合当时实际情况的。正因为如此,很多人为了逃避官府沉重的徭役负担而出家。

宋朝开国后不久,宋太宗便已经意识到了这一问题的严重性:"东南之俗,连村跨邑去为僧者,盖慵稼穑而避徭役耳。泉州奏,未剃僧尼系籍者四千余人,其已剃者数万人,尤可惊骇。"[3]仅仅泉州地区就有数万人为逃避徭役而成为僧尼,这对国家的影响是不言而喻的。由于僧尼等不负担徭役,各地方政府必然将僧尼应该承担的徭役平摊到当地百姓身上,从而大大加重了普通百姓的负担,势必引发他们的不满甚至反抗斗争,危及赵氏皇族的统治。出于政治方面的原因,政府必然要采取措施废除僧尼、道士享有的免役特权。

北宋自仁宗以后,国家的财政危机日益深重,收支严重失衡。为了缓和危机,很多官僚士大夫都在思考解决问题的办法。宋神宗即位以后,为了实现富国强兵的目标,陆续出台了一系列变法措施。免役法是其中重要的一项,也是当时和后世争议最大的变法内容。寺院、道观的僧道缴纳助役钱的政策是宋代财政危机的必然结果。

应该说,征收僧道助役钱也是世俗政权与宗教团体矛盾的结果。自从佛教势力逐渐发展壮大起来以后,可以说世俗政权与宗教力量之间的较量就一直没有停止过。从魏晋南北朝开始,便有"三武一宗"的灭佛运动,这些过激行为的重要原因之一便是佛教势力膨胀,危及了封建统治者的利益。宋代依然存在这样的问题,这从士大夫的排佛议论中便可了解。宋仁宗时期,李觏认为佛教对社会有十大害处,而如果政府消灭佛教,就会带

---

[1] 《蔡忠惠集》卷二四《上运使王殿院书》,《全宋文》卷一〇〇九。
[2] 《宋史》卷二八四《宋祁传》。
[3] 《皇朝事实类苑》卷二《祖宗圣训》,日本元和七年活字印本。

来十大好处：

> 女可使蚕而织妇不辍衣矣，其利一也；男则有室，女则有家，和气以臻，风俗以正，其利二也；户有增口，籍有增丁，徭役乃均，民力不困，其利三也；财无所施，食无所斋，民有羡余，国以充实，其利四也；父保其子，兄保其弟，冠焉带焉，没齿弗去，其利五也；土田之直有助经费，山泽之富一归衡虞，其利六也；营缮之劳悉已禁止，不驱贫民，不夺农时，其利七也；良材密石亦既亡用，民得筑盖，官得缮完，其利八也；淫巧之工无所措手，弃末反本，尽缘南亩，其利九也；宫毁寺坏，不佣不役，惰者猾者，靡所逋逃，其利十也。去十害而取十利，民人乐业，国家富强，万世之策也。①

在他看来，只要消灭佛教，国家就会富强，人民就能安居乐业。这是宋代士大夫典型的排佛观点，其中主要涉及佛教对社会经济的弊端和灭佛的好处。面对如此强烈的呼声，朝廷不能不采取相应的对策，尤其是差役矛盾的日益尖锐，迫使朝廷改弦更张，规定寺观必须出纳助役钱。

唐朝实施两税法以后，国家征税的原则是"唯以资产为宗，不以丁身为本。资产少者则其税少，资产多者则其税多"②。土地无疑就是纳税人最重要的资产，国家的劳役自然也就同样按照土地来摊派了。

宋神宗即位以后，任用王安石进行变法，熙宁四年（1071）十月，颁布免役法（又名募役法）。法令的基本内容包括两部分：一是乡村主户普遍按照物力财产等第缴纳免役钱，即将原来乡村上户所服差役改为募役，主户只需缴纳助役钱，再由政府出钱招募人承担差役；二是针对一些特殊阶层的助役钱，"其坊郭等第户及未成丁、单丁、女户、寺观、品官之家，旧无色役而出钱者，名助役钱"③，也就是说，在此以前没有差役负担的人

---

① 《直讲李先生文集》卷一六《富国策第五》，《全宋文》卷九〇五。
② 《陆贽集》卷二二《其一论两税之弊须有厘革》，中华书局，2006年。
③ 《宋史》卷一七七《食货志上五》。

户必须出一部分钱。其具体办法是："凡坊郭户及未成丁、单丁、女户、寺观、品官之家有产业物力者，旧无役，今当使出钱以助募人应役……若官户、女户、寺观、未成丁减半，募三等以上税户代役，随役重轻制禄。禄有计日、有计月、有计事而给者。"①需要说明的是，免役法将寺院、道观作为一种独立的户籍来处理，而非针对僧人、道士个人，即寺院等按照占有财产的多寡承担相应的助役钱。与乡村户等相比，寺院、官户、女户等特殊户籍在同等条件下只缴纳其他主户的一半，显然是对这些特殊群体的照顾措施。然而，就现存资料来看，很难弄清楚熙宁年间寺院、道观究竟拥有多少财产才缴纳助役钱，各级政府又是如何计算寺院财产的，哪些东西算"产业物力"，寺院、道观的户等是否与普通民户等量齐观，等等。

首先来看寺院、道观等特殊户籍是否应该纳钱助役。在此以前，寺观户与官员之家一样，根本不负担差役。确如司马光所言："又向者役人皆上等户为之，其下等单丁、女户及品官、僧道本来无役。今更使之一概输钱，则是赋敛愈重，非所以宽之也。故自行免役法以来，富室差得自宽，而贫者困穷日甚。"②在他看来，免役法纳钱过多，而且让富裕之家越来越富，加大了社会的贫富差距。姑且不管司马光的看法究竟如何，在此之前宋朝政府的差役基本上都由乡村上户承担，这本身就是不合理的制度：既然都是大宋子民，至少全国的有产阶级都应该有负担赋税和徭役的义务，而不仅仅是部分人。不管颁布免役法的初衷是聚敛钱财，抑或是减轻服役者的差役负担，笔者以为，至少其所体现的服役公平原则是值得充分肯定的。据此，国民都要按照财产的多寡承担国家的徭役，至少它使很多此前没有徭役负担的人户承担了部分差役，尤其是官户、寺观户。很多寺院占有大量田产，僧人过着优裕舒适的生活，官僚家庭更是如此，他们都是相当富裕的阶层。

以前研究免役法的很多学者更多地关注免役法本身对哪些阶层有利，

---

① 《长编》卷二二七，熙宁四年十月壬子。
② 《长编》卷三五五，元丰八年四月庚寅。

对哪些阶层不利（特别是那些并不富裕的家庭）。无论是纳税还是服役，都必须要遵从公平原则，更何况在阶级社会中必然存在剥削现象，如果只考虑个别阶层或集团的利益，社会将会更加不公平，也会更加混乱。从这个意义上说，早在11世纪中叶的中国，便已经产生了类似资本主义纳税原则的社会实践活动，富裕阶层为国家多尽义务，其他有产者依据其财产而确定其相应的义务，社会各阶层基本上都能够接受。免役法能够长期执行，这也是非常重要的原因之一。尽管在专制社会中，君主可以采取各种手段推行某种制度和政策，但如果遭到全社会大多数人的反对和抵制，恐怕是很难执行下去的。而事实上，助役钱的缴纳只是部分地剥夺了寺观、僧尼"不徭不役"的特权，对官户等亦是如此，因而免役法从某种意义上说是执行得不够彻底的。

在任何社会，纳税服役的另一个重要原则是合理性，这是操作实施过程中的问题。究竟哪些人应该缴纳免役钱、助役钱？如前所述，寺院、道观占有不少田地、屋宇等财产，但无论如何，寺院、道观仍然是比较特殊的宗教团体，与普通百姓家庭有别，因而才将它们列入专门的户籍。有一点可以肯定，每座寺院的人口比普通民户家庭的人口要多得多，因而在同等条件下，百姓之家与寺院、道观还是应该区别对待。然而，由于全国各地具体情况不同，寺院、道观的贫富程度千差万别，很难定出整齐划一的标准，这也是官户、寺院等应纳的助役钱很难弄清楚的重要原因之一。客观而言，宋神宗时期颁布的免役法只是规定了大方面的原则，即寺院根据"产业物力"必须缴纳助役钱，至于财产标准的确定，只能由各地方具体执行了。元丰二年（1079），知谏院李定上书朝廷："秀州嘉兴、崇德两县初定役法时，以僧舍什物估直敷钱，恐非法意。请下司农寺行下本路改正，他路有类此者，令提举司依此施行。""从之。"① 由此可知，两浙路秀州（今浙江嘉兴市）的嘉兴、崇德两个县在最早确定役法之时，是依据僧人居住房间内的物件直接征收役钱的。在李定看来，这明显不是朝廷颁布役法的本意，是违背国家役法制度的。嘉兴、崇德缴纳役钱的做法很快就

---

① 《会要》食货六五之二一。

被否定了，政府同时下令禁止其他地区如此计算寺院财产。由此可见，免役法在实施过程中出现了不少问题。

宋哲宗即位后，宰相司马光向朝廷提出了废除免役法的建议，其中列举了免役法的诸多弊端："惟衙前一役，最号重难……若犹以为衙前户力难以独任，即乞依旧，于官户、僧寺、道观、单丁、女户有屋业每月掠钱及十五贯，庄田中年所收斛斗及百石以上者，并令随贫富、分等第出助役钱，不及此数者与放免。其余产业并约此为准。"① 可见司马光在要求废除免役法时尚且留有很大余地。衙前是宋代最为沉重的差役，因而司马光不能不予以变通，继续让寺院等户籍出钱助役。应该说，司马光的意见相当具体，寺院等每月能收入15贯房钱，抑或每年田产收入在100石以上者，才须缴纳助役钱，用以补助承担衙前徭役的役人。

然而，司马光的这一提议招致了朝野上下不少的非议。知枢密院事章惇认为："自免役法行，官户、寺观、单丁、女户各已有等第出纳役钱之法。今若既出助役钱，自可依旧，何须一切并行改变，[且如月掠房钱十五贯，已是下等之家，若令出助役钱，]显见不易。又更令凡庄田中年所收百斛以上，亦纳助役钱，即尤为刻剥。凡内地中年百石斛斗，粗细两色相兼，共不直二十千钱，若是不通水路州军，不过直十四五千而已。虽是河北缘边，不过可直三十来千，陕西、河东缘边州郡四五十千。免役法中皆是不出役钱之人，似此等第官户、寺观送纳，固已非宜，况单丁、女户尤是孤弱，若令出纳，岂不便[更？]为深害？此尤不可施行。"② 章惇几乎是逐条驳斥了司马光关于改免役为差役的主张，特别是司马光针对寺观、官户等制定的缴纳助役钱的标准，更是被视为刻薄之举，断然不可行。

苏辙也认为，坊郭户等出助役钱的办法公平合理，只是所出役钱太多了，坊郭户等负担非常沉重，因而他主张："今来二月六日指挥并不言及坊郭一项，欲乞指挥并官户、寺观、单丁、女户并据见今所出役钱，裁减

---

① 《司马温公集编年笺注》卷四九《乞罢免役钱依旧差役札子》。
② 《长编》卷三六七，元祐元年二月丁亥。《会要》食货一三之一〇，括号内为《长编》所无，据《会要》补入。

酌中数目,与前项卖坊场钱,除支雇衙前及召募非泛纲运外,常切椿留准备下项支遣。所有月掠房钱十五千,及岁收斛斗百石以上出钱,指挥恐难施行。"①由此可知,苏辙并不赞同司马光的意见。

司马光本人似乎也认识到了这一点,随即上书辩解:"臣意以为十口之家,岁收百石,足供口食;月掠房钱十五贯,足供日用。二者相须,此外有余者始令出助役钱,非谓止收一百石即令助役也。若嫌太少,及所收掠课利难知实数,即乞应系第三等以上令出助役钱,第四等以下放免。若本州坊场、河渡等钱自可支酬衙前重难分数得足,则官户等更不消出助役钱。"②

从以上的奏疏中可以看出,司马光与章惇、苏辙的立场完全对立。章惇的意见从某种程度击中了司马光的要害,尤其是官户、寺观助役钱问题,迫使司马光做出让步,放弃了自己原来所定的标准,以模糊的户等取代了原来的具体数额。

元祐元年(1086)三月,朝廷宣布依旧施行差役法,"详定役法所言:'乞下诸路除衙前外,诸色役人只依见用人数定差。今年夏料役钱住罢,更不起催。官户、僧道、寺观、单丁、女户出钱助役指挥勿行。'从之"③。此令颁布即意味着寺观、官户等可以不承担差役负担。然而,这一法令并未真正执行。元祐元年(1086)九月,"诏:诸路坊郭第五等以上及单丁、女户、寺观第三等以上,旧纳免役钱并与减放五分,余并全放,仍自元祐二年为始"④。也就是说,只是部分减免了寺观等的助役钱而已,寺观、官户等本质上依然执行此前的免役法。

从上述讨论中我们似可做出一些必要的推测,熙宁年间执行免役法时,寺观、官户等户等在第三等以上者才缴纳助役钱,但不知寺观等的户等是否单列出来,即寺观、官户等是作为特殊户与普通民户加以区别,还是与当地民户统一计算。官户、寺观等划分户等的基本依据是田产和营利性财产如出租的房屋等,估计远比司马光所定的标准要高,即每月房钱收

---

① 《栾城集》卷三七《论差役五事状》。
② 《长编》卷三八一,元祐元年六月甲寅。
③ 《长编》卷三七一,元祐元年三月庚申,《会要》食货一三之二〇。
④ 《会要》食货一三之二九,《长编》卷三八八,元祐元年九月癸酉。

赋税与徭役:政府调控寺院、道观经济的体制　　227

入 15 贯、一般年份田产收入 100 石左右的寺观在熙宁年间是不出助役钱的，这一点从章惇的议论中可以看出来。因此，有相当数量的中小寺观仍然不负担差役，部分寺观还享有特恩免除役钱。熙宁五年（1072），"诏崇奉圣祖及祖宗陵寝神御寺院、宫观免纳役钱"[①]，即凡是供奉赵宋历代皇帝的寺院、道观，不管拥有多少财产，都不出助役钱。诚然，各地具体情况不同，寺观、官户等的实际差役负担千差万别，贾易就说道："又单丁、女户、官户、寺观出钱助役，比于实役之人所费乃多数倍者，亦有出钱至少，才百分之一者。众口一辞，谓失轻重劳逸之实。"[②] 可见各地缴纳助役钱存在很大差异，有些地方多，有些地方少。

总之，宋神宗时期改革差役法的措施从某种程度上打破了寺观等宗教势力的免役特权，也是对官户等特殊集团承担差役的规范性举措。尽管宋哲宗即位后出现了短时间的调整，但这一政策始终不曾废除，成为此后固定的制度。

南宋时期，政府开始征收僧道免丁钱。绍兴十五年（1145），"敕天下僧道，始令纳丁钱，自十千至一千三百，凡九等，谓之清闲钱"[③]。实际上，志磐的这段记载存在不少错误的地方，下面将会谈到。作为一种人头税，身丁钱源于五代十国。据《文献通考》，"身丁钱者，东南淮、浙、湖、广等路皆有之"[④]，看来在南方地区是普遍存在的。而僧道却享有免纳这种人头税的特权，这引起了官僚士大夫的不满，也成为催生征收僧道免丁钱的契机。其实，从客观上看，南宋初期，战争频仍，军费开支浩大，迫使统治者不得不采取措施广开财源，通过各种渠道聚敛钱财。此外，寺观经济力量日益强大，也迫使政府采取一些措施加以控制。这就是征收僧道免丁钱的原因了。《宋会要辑稿》记载了免丁钱所涉各项具体条文，兹引录于后：

---

① 《长编》卷二四一，熙宁五年十二月戊寅。
② 《长编》卷四〇二，元祐二年六月甲辰。
③ 《佛祖统纪》卷四七，日本大正新修大藏经本。
④ 《文献通考》卷一一《户口考二》。

［绍兴］十五年正月二十七日，臣僚言："州县坊郭、乡村人户既有身丁，即充应诸般差使，虽官户、形势之家，亦各敷纳免役钱。唯有僧道，例免丁役，别无输纳，坐享安闲，显属侥幸。乞令僧道随等级高下出免丁钱，庶得与官民户事体均一。"户部言："今措置到下项，甲乙住持律院并十方教院、讲院僧、散众每名纳钱五贯文省，紫衣、二字师号纳钱六贯文省（只紫衣无师号同），紫衣、四字师号每名纳钱八贯文省，紫衣、六字师号每名纳钱九贯文省，知事每名纳钱八贯文省，住持、僧职、法师每名纳钱一十五贯文省。十方禅院僧、散众每名纳钱二贯文省，紫衣、二字师号每名纳钱三贯文省（只紫衣无师号同），紫衣、四字师号每名纳钱五贯文省，紫衣、六字师号每名纳钱六贯文省，知事每名纳钱五贯文省，住持长老每名纳钱一十贯文省，宫观道士、散众每名纳二贯文省，紫衣、二字师号每名纳钱三贯文省（只紫衣无师号同），紫衣、四字师号每名纳钱四贯文省，紫衣、六字师号每名纳钱五贯文省，知事每名纳钱五贯文省，知观、法师每名纳钱八贯文省（道正、副等同）。"诏依。①

从这段史料可以看出：（1）免丁钱与民间身丁钱一样，是国家从僧尼、道士身上征收的人头税，也是官府力求"事体均一"的必然结果，即将僧道与普通百姓等量齐观。（2）甲乙住持律院、十方教院、十方禅院中的僧尼、紫衣、师号、住持等按照等级缴纳不同数量的免丁钱，最多者达15贯，最少者仅仅2贯。（3）上述法律条文仅仅是法律上的规定，在具体执行时情况又不同。尤其值得注意的是，长老、知事僧等掌握着寺观的经济命脉，因而对于他们来说，免丁钱交得再多，也是从下层僧道或佃户身上剥削来的，于他们个人可以说没有什么妨害。尽管法律规定下层僧道的免丁钱因其级别很低而减少，但对他们来说，也仍然是一项沉重的负担。淳熙十四年（1187），泉州"免丁钱为扰颇甚，亦有癃老无所从出之

---

① 《会要》食贷一二之九、一〇。

僧，不堪催督，至缢死者"①，足见免丁钱使中下层僧侣深受其害。(4)免丁钱的征收虽然有明确的法令规定，但地方官在具体操作过程中往往发生偏差。宝庆《四明志》记载庆元府（今浙江宁波市）僧道免丁钱10116贯600文，"随帐状催发，岁无定额"②。免丁钱没有完全固定，因而便会出现多征或少征的弊端，这大概是由于僧道数量每年都有变化。尽管国家规定了免丁钱的总数，但具体到每个僧人身上就完全不一样了。

另，嘉定《赤城志》记载："[台州]僧道免丁钱六千六百二十三贯五百文，祖额一万二千七百七十四贯文，以乾道三年降卖度牒收最多数为额。淳熙十四年，叶尚书奏：泉、台、婺三州申到免丁钱亏额，皆为乾道初降卖度牒最多，故所收钱亦随之。近年披剃稀少，且有老死游行，难执元额。"③从这段史料来看，官府征收免丁钱是按照僧道人数最多的年份定额，由于种种原因（主要是剃度僧道减少，僧尼自然死亡，或僧道外出游历），免丁钱征收越来越少，亏额就越来越大，台州免丁钱亏损额占了一半左右。为了取足原额，地方政府不得不将僧道免丁钱抑配民间，或将皇帝特恩免除的徭役等均摊到当地百姓身上，如"浙中诸大刹、都城道观多用特旨免徭役、科敷，而州县反以其额敷于民间，大为人患"④。

从绍兴十五年（1145）开始征收的僧道免丁钱到后来又发生了一些变化。上文所举志磐在《佛祖统纪》卷四七的"清闲钱"的记载完全混淆了绍兴十五年（1145）免丁钱与后来变化了的免丁钱，因而是错误的。首先，免丁钱征收差别太大，最高15贯，最低才2贯，甲乙住持律院和十方教院缴纳的免丁钱比十方禅院几乎多出一倍，显然不太公平。另外，免丁钱似乎征收得太多了，招致级别更高的紫衣、师号逐渐卖不出去，国家的财政收入相对减少。至绍兴二十四年（1154），宋高宗又一次调整免丁钱，逐渐改变了这一局面。免丁钱"岁入缗钱约五十万，隶上供，[绍兴]二十四年，以紫衣、师号不售，乃诏律院有紫衣、师号者，输钱

---

① （嘉定）《赤城志》卷一六《财赋门》，四库全书本。
② （宝庆）《四明志》卷六《叙赋下》，宋刻本。
③ （嘉定）《赤城志》卷一六《财赋门》。
④ 《朝野杂记》甲集卷一五《僧道士免丁钱》。

视禅刹，禅僧及宫观道士有之者，输丁钱千三百有奇，至今以为例"[1]，这是南宋著名史家李心传的记载。《宋会要辑稿》也大致记录了这次变化的经过，绍兴二十四年（1154）八月，"户部言：'契勘近承指挥，紫衣、师号依旧给降书填，今相度欲将今来请新法紫衣、师号僧道合纳免丁钱数内，甲乙住持律院、十方教院、讲院并与依十方禅寺僧体例，立定钱数输纳施行，其十方禅寺并宫观道士并依散众钱数……庶几事体稍优，乐于请买。'从之"[2]。实际上，这一规定大大地减少了僧道缴纳的免丁钱，此后似乎没有变化，而《佛祖统纪》所记载的正是绍兴二十四年以后的情况。

其次，宋孝宗乾道元年（1165）下诏规定："僧道年六十以上并笃废残疾之人，并比附民丁，放纳丁钱。自乾道元年为始。"[3] 其后又进一步规定，僧尼、道士七十岁以上才能享受豁免丁钱的特权，可知南宋僧道免丁钱制度是在不断规范和完善的。

应该说，僧道免丁钱的征收是南宋统治者"取民无艺"在僧道身上的反映，但客观上打破了僧道的免丁特权。总体而言，对于一些经济力量相对弱小的寺观来说，免丁钱是一项非常沉重的负担。南宋咸淳年间，有人谈到了当时免丁钱的实际情况："当今输送，免丁为尤重，助贴僧员之钱各壹缗。"[4] 然而，为了笼络人心，统治者有时也豁免僧道的免丁钱。绍兴三十二年（1162），安丰军言："近缘金贼侵犯，未成伦序，僧道免丁钱难以办集，诏权与展免一年。"[5]

此外，各地地方官吏与僧道上下其手，共同作弊，以隐漏或减免免丁钱。绍兴三十一年（1161）至乾道六年（1170），全国共卖出度牒十二万余道，而僧道免丁钱却仅仅增加了几万贯，显然系作弊所致。户部尚书曾怀等言："自放行度牒，给卖过一十二万余道，已剃度披戴僧道数目不少。

---

[1] 《朝野杂记》甲集卷一五《僧道士免丁钱》。
[2] 《会要》食货一二之一〇。
[3] 《会要》食货六六之九。
[4] 《两浙金石志》卷七《增田纪实》，《全宋文》卷八二二〇。
[5] 《会要》食货一二之一四、一五。

今稽考得州县递年所纳免丁钱比未放行度牒以前年分，止增三五万贯，显是州县作弊，公然侵隐。或作僧道云游为名不纳，或当来妄供申年甲入老，规避免纳之数，是致暗失财计。"针对上述情况，曾怀提出了如下建议："望行下诸路提刑司，委官检察括责，从实拘收，尽数入总制帐，每季起发，毋令依前作弊欺隐，仍开具括责到钱数，类聚一路总数保明供申户部驱磨。"①可见在征收免丁钱过程中，地方官营私舞弊的行为相当严重，很大程度上影响了政府的财政收入。

另外，某些地方官吏为了邀功请赏，不按照国家法律办事，多征免丁钱，从而大大加重了僧人、道士的经济负担。宋光宗绍熙二年（1191），"旧法：僧道年六十以上及笃废残疾者，本身丁钱听免。续降指挥，僧道七十以上及笃废残疾，本身并特免放。近来给降度牒，披剃稍多，自合将所收免丁钱尽数起发，访闻州郡将合入老僧道不行依法放免，仍旧照额复行拘催，以致被害，深可怜悯。可令州军照逐岁僧道丁籍实数拘催，仍令提刑司常切觉察，毋致违戾"②。估计这种多收的情况并不罕见，大概是为地方、部门谋取利益，抑或是为中饱私囊。志磐对各地官吏滥征免丁钱表示极为不满："今州家征免丁，则必举常年多额以责之，而不顾僧之存亡去住。既又欲以亏额均赋诸寺者，其为患皆此类。"③此言虽存在失实之处，但也从一定程度上反映了当时的实际情况。无论如何，南宋僧道免丁钱征收过程中存在各式各样的弊端是毫无疑问的。

总之，寺观在徭役方面的特权在北宋时期受到了相当大的限制。北宋中叶，僧道"不徭不役"的局面开始发生变化，助役钱的征收是其开端。到南宋时期，与普通老百姓一样，僧道照样要缴纳人头税，而且比一般老百姓要高得多，"今天下民丁之赋多止缗钱三百，或土瘠民劳而得类免者，为僧反不获齿于齐民"④。僧道最少也要缴纳免丁钱1贯300文，与百姓身丁钱数量之间的差别是相当大的。至此，寺观在徭役方面的特权丧失殆尽。

---

① 《会要》食货一二之一七。
② 《会要》食货六六之一八。
③ 《佛祖统纪》卷四七。
④ 《佛祖统纪》卷四七。

正因为寺观在经济方面特权的取消,寺观经济也就越来越接近世俗经济。恰如宋人胡寅所说,寺院"今乃建大屋,聚徒党,耕良田,积厚货,憧憧扰扰,与世人无异"[①]。也就是说,寺观经济完全纳入了世俗经济的轨道。之所以会出现这种情况,最重要的是因为寺观在其自身的发展过程中,经济力量愈益强大,严重影响了国家的赋税收入。寺观户与国家之间的矛盾愈演愈烈,为了维护专制统治,政府不得不采取措施限制寺观土地所有者,防止寺观经济力量无限膨胀。两宋统治者继承隋唐以来的政策并加以进一步发展,终于彻底打破了此前历代封建统治者赋予寺观的经济特权,从而达到了控制寺观经济的目的。

原刊于《中国经济史研究》1990 年第 1 期,
题目为《关于宋代寺院、僧尼的赋役问题》

---

① 《斐然集》卷二〇《桂阳监永宁寺轮藏记》,岳麓书社,2009 年。

商业与高利贷：出家人极端世俗的一面

在中国古代，除了经营土地以外，不少寺院还经营手工业。作为寺院经济的补充，宋代寺院经营的手工业多种多样。与此同时，随着商品经济的高度发展，寺院、僧人也受到了相应的冲击，这种冲击最明显地表现在寺院、僧人经营的商业和高利贷方面。诚然，寺院、僧人经营的商业和进行的高利贷活动本质上与世俗社会的商业、高利贷无异，都是唯利是图的表现。然而，二者之间在许多方面又存在显著的差别，这大概与寺院经济的特殊性密切相关。

第一节　佛教寺院经营的手工业

宋代佛教寺院的手工业生产大体上可以分为两类：一类是与僧人生活息息相关的产业，除了满足寺院、僧人的基本需求外，兼作商业运营。一类是纯粹的商品生产。就宋代寺院而言，前者所占的比重很大，而后者却相对要小，也就是说，寺院经营的手工业绝大部分是为寺院、僧人服务的行业，而作为商品生产的手工业比较少。

碾坊又称碓坊，碓磨、碾硙是碾坊的工具，有时也指代碾坊。很多寺院都经营碾硙业，这在宋代寺院中是相当普遍的现象。碾硙作为磨米、磨面、灌溉等用途的工具，需要比较雄厚的资本方能置办，至少要有一定数量的牛、马等牲畜作为动力，抑或借用水力等，并非普通农户所能承受，"水磨之法，置车轮于水中，轴高丈余，设板使轴上出以置硙，硙石两层，上层四周绳悬之，使不复动，水从高下卸激轮，则下硙旋转如风，能济千人食"①，可见工程还是很大的。而且，要建水磨，还必须具备良好的自然条件，即充足的水力资源，如香积寺，"寺去县七里，三山犬牙，夹道皆美田，麦禾甚茂。寺下溪水可作碓磨，若筑塘百步，闸而落之，可转两轮，举四杵也。以属县令林抃，使督成之"②，要切断、控制水流，所需人力、物力自不待言。

由于佛教寺院非常特殊，它们是宗教团体，基本上过着集体生活，所以其所需生活资料比普通百姓家庭要多得多，为了满足僧侣们的生活需要，寺院斥资建设碾硙也是势所必然。如明州鄞县华严院，无尽和尚担任住持僧期间，对寺院现有设施进行改造，"既已重建僧堂、钟楼等，比旧加壮。创为舂硙，机轮激水，为无穷之利"③；又如商州福寿寺在清弁住持期间，"垦山田，造水硙。嘉蔬有圃，柔桑垂阴"④，这两例均为寺院出资建造碾硙的实例。此外，也有将碾硙捐献给寺院的记录，当然是实力雄厚的大施主才能办到。宋太宗淳化四年（993）的一篇碑文反映了这方面的情况，淳化二年（991），瀛州防御使安守忠为其父母祈求来生之福，将大量田产施舍给广慈禅院，"守忠于永兴军万年县春明门有庄壹所并硙贰所，泾阳县界临泾有庄壹所。今将两处田土、庄舍并舍与广慈院内，永充常住"⑤，也就是说，安守忠除了施舍数十顷田产外，还将田庄上的设施一并施舍给了广慈院，其中包括碾硙两座。

佛教寺院经营碾（碓）坊由来已久，唐朝时期，拥有碾坊是一种特权，其经营大体上有两种方式，一是寺院自己负责经营管理，二是将碾坊出租给他人，寺院收取一定的租赁费。⑥ 就宋代而言，有关寺院拥有碾坊的资料相当多，但有关碾坊如何经营的记载很少。大体说来，宋代寺院派

---

① 《关中金石记》卷五《栖禅寺修水磨记》，清乾隆经训堂刻本。
② 《苏轼诗集》卷二三《游博罗香积寺》，中华书局，1982年。
③ 《攻媿集》卷五七《安岩华严院记》，《全宋文》卷五九六九。
④ 《小畜集》卷一六《商州福寿寺天王殿碑》，《全宋文》卷一五九。
⑤ 《金石续编》卷一三《舍田庄状》，《全宋文》卷五三。
⑥ 姜伯勤：《敦煌寺院碾硙经营的两种形式》，《历史论丛》第3辑，齐鲁书社，1983年。

商业与高利贷：出家人极端世俗的一面　235

遣僧人管理、经营碓坊，这种现象似乎比较普遍，"福州西禅寺行者名妙心，无父兄弟侄，独母存，患疯疾，累年不能步履。妙心日馈以粥饭，妙心受本寺差监作碓坊。尝用纸糊一球，实以纸钱……妙心还碓坊，掌事者欲纠其夜出，不敢隐，乃以实告。监寺僧从皎验之，不诬，具白长老，达于州"①，显然，西禅寺派遣妙心到碓坊进行监督，此处的"掌事者"身份不明，若是僧侣，即可肯定是由寺院全权经营这一碓坊；若是其他人，则有可能是寺院与他人合作经营，估计是寺院担心碓坊所赚的钱为经营者隐瞒或贪污，否则寺院不会派人监督。另外一种情况是寺院将碓坊出租给他人，"绍兴初，乔贵妃弟某官于袁州。有郭主簿者，居于是邦，亦汴人也，乔以乡里之故，怜其羁穷，拉居官舍旁……又治碓坊于开元寺，日可得千钱之入，并付郭生"②，很显然，乔某在其任满到都城临安报到之前以其官员的身份租用开元寺的碓坊，并交给同乡郭某经营，除去租金外，每天有1000文钱的收入。

1938年，日本学者那波利贞氏发表了《梁户考》③一文，指出"梁户"就是寺院所管辖的制油户，而油坊的所有权则是属于寺院的，可知寺院经营油坊业由来已久。通常情况下，佛教徒乃素食主义者，因而植物油对于僧侣而言就显得格外重要。而且，作为宗教场所，佛教寺院对油的需求远非普通人户所能匹敌，为了渲染宗教气氛，寺院要点长明灯等，都需要大量的油。有些寺院为了解决用油问题，甚至设置灯油司专门负责，如宝藏岩，"本院诸殿堂虽殿主执干，尚阙长明灯。遂募众缘得钱叁拾叁贯入长生库，置灯油司逐年存本，所转利息买油。除殿主、殿堂灯外别置琉璃明灯，仰库子逐月将簿书诣方丈、知事签押，不许去后移易，贵得绵远，然此灯普供十方诸佛、一切圣贤，所集妙利祝延圣寿，保国安民，仍为舍钱檀信作生生之福"。记述这一事实的作者为此还做了按语："普安长明灯输钱叁拾陆贯转利购油，供一年之需也。长生库始于寺院，故有仰库子及签

---

① 《夷坚志》补卷一《妙心行者》。
② 《夷坚志》补卷二《乔郭两贤》。
③ 《支那佛教史学》第二卷第一、二、四号，1938年。

押等语。"①尽管此例并非寺院经营油坊业的实例,但从中可以看出油对寺院而言是至关重要的。慈明禅师"化净檀为油麦库以生财,役力事众未有效劳者,则合众力建度僧之库"②。黄敏枝将这一事例理解为油坊,显然缺乏充分的证据。③这一事实表明,寺院甚至将油作为高利贷资本来放贷,但这些油是化缘而来的,寺院并非生产性的场所。

就目前所见资料来看,很难弄清楚宋代寺院油坊业的具体经营情况,但可以肯定一点,宋代寺院经营油坊业的定然不少,如大觉院便建有油坊一所。④据今人研究,唐代寺院拥有的油坊中有不少是出租给他人经营的。⑤但笔者以为,随着社会经济的发展,尤其是商品货币经济的开展,寺院很自然会更多地考虑自身的利益,因为出租后会有一部分利润落入承租人手中,所以将油坊经营权收归寺院也是势所必然。而且,随着禅宗的兴盛,僧人世俗化倾向愈益普遍,他们不会将巨大的利润拱手让出来。因此,寺院、僧人经营管理的经济实体会不断增加,并逐渐占据主导地位。

总体说来,宋代佛教寺院依然是自给自足的经济实体,尽管商品经济对它的冲击越来越大,但寺院所需的很多手工业产品多数并不来自市场,而是寺院自己生产,尤其是日常生活必需品。也就是说,与世俗家庭手工业一样,寺院手工业生产中有很多是自己消费的东西,只是剩余部分才进入市场流通,如上所述的油坊、碾坊都是如此,其产品首先是为了满足寺院、僧人的生活需求。再如寺院的制茶业等,制作的茶叶作为商品出售仅仅是寺院手工业的部分职能而已。道观的情况也是如此,"会稽天宁观老何道士喜栽花酿酒以延客,居于观之东廊"⑥,此道士可谓酿酒高手,但所酿之酒是用于待客的,并非商品。

当然,也有部分寺院、僧人从事纯粹的商品生产。就所见资料来看,

---

① 《台州金石录》卷七《宋宝藏岩长明灯碑》,文物出版社,1982年。
② 《注石门文字禅》卷二一《重修僧堂记》。
③ 黄敏枝:《宋代佛教社会经济史论集》,第212页。
④ 《山右石刻丛编》卷二六《大觉院兴修记》,《全元文》卷五八六,凤凰出版社,1998年。
⑤ 姜伯勤:《敦煌寺院文书中"梁户"的性质》,《中国史研究》1980年第3期。
⑥ 《老学庵笔记》卷三。

寺院僧人有经营冶金、金属加工业者，僧祖圆发明了一种新的冶炼铁的方法，"自后相继煮铁，一切为上色白金，积贮益富，遂别作大院，仍买蓄田畴，养僧行六七十辈"①。尽管此例有些不真实的成分，铁无论如何也不可能冶炼成金，但此僧依靠冶炼铁而发财，从而创建了一所规模不小的寺院，这说明其所炼之铁肯定是作为商品卖掉的，否则他根本不可能富裕起来。洪迈记录了苏轼的一段逸事："苏东坡为凤翔金判日，好往开元寺观壁画。有二老僧出，揖之曰：'小院在近，能一访否？'坡欣然过之。僧曰：'吾平生好药术，得一奇方，以朱砂化淡金为精金。当传人，而无可授者，知公可传，故愿奉。'坡曰：'吾好此术，虽得之，恐不能为。'僧曰：'此方知而不可为，公若不为，正可传也。'时陈希亮少卿守凤翔，平生溺于黄白，屡从此僧求之，僧不与。"②此僧无疑是掌握了高超的炼金技术。广西僧人制造的铅粉相当出名，"西融州有铅坑，铅质极美。桂人用以制粉，澄之以桂水之清，故桂粉声闻天下。桂粉旧皆僧房卷造，僧无不富，邪僻之行多矣。厥后经略司专其利，岁得息钱二万缗以资经费。群僧乃往衡岳造粉，而以下价售之，亦名桂粉。虽其色不若桂，然桂以故发卖少迟"③，可见广西僧人所造的铅粉名扬天下，僧人由此亦发财致富，后来为官府垄断经营，迫使僧人们到其他地方继续制造。质量虽然不如从前西融州的好，但价格低廉，使官府的产品滞销，从而大大影响了官府的收入。

宋代也有专门从事纺织、刺绣工业的寺院，抚州莲花寺尼姑纺织出来的莲花纱非常有名，深受广大消费者欢迎，"抚州莲花纱，都人以为暑衣，甚珍重，莲花寺尼凡四院造。此纱撚织之妙，外人不可传，一岁每院才织近百端，市供尚局并数，当路计之，已不足用，寺外人家织者甚多，往往取以充数，都人买者亦自能，别寺外纱其价减寺内纱什二三"④，可知此寺纺织的纱质量相当高，尽管价格昂贵，但仍然供不应求，此寺估计是专门从事手工业生产的。尤其是一些尼姑院，很多尼姑都从事纺织业，山阴县

---

① 《夷坚志·支志》癸卷四《祖圆接待庵》。
② 《夷坚志》补卷一三《凤翔开元寺僧》。
③ 《岭外代答》卷七《铅粉》，四库全书本。
④ 《萍洲可谈》卷二。

大庆尼寺下属的显教院，尼姑们"皆以执织罗为业，所谓宝阶罗是也"①，由于此寺所织之罗品质优秀，故其被作为贡品，"越贡宝花罗者，今尼院中宝街［阶］罗是也"②，后来出现了新型产品，尼罗的声名逐渐衰落。然而，山阴尼罗曾经辉煌一时，甚至成为当时罗织品的样板。谈到罗织品，总要与越州尼罗相攀比，据大文豪陆游记载，"遂宁出罗，谓之越罗，亦似会稽尼罗而过之"③，此两例均为全国闻名的纺织品，仅仅是寺院纺织业的佼佼者而已，更多的寺院纺织手工业情况因资料的关系而无法弄清楚，有一点可以肯定，从事纺织业的佛教寺院不会少。

除此之外，刺绣业也是很多尼姑谋生的重要手段之一，大相国寺作为北宋最著名的商业交易场所和宗教场所，"占定两廊，皆诸寺师姑卖绣作、领抹、花朵、珠翠头面、生色销金花样幞头、帽子、特髻冠子、条线之类"④。可见相国寺走廊就是各寺院尼姑卖手工艺品和日常生活用品的场所，估计这些东西多为尼姑亲手制作，也有可能是她们从别人处收购而来的。宋神宗元丰五年（1082），"裁造院言：绣造仪鸾司什物，欲依文思院绣扇例，均与在京诸尼寺、宫院。诏三司：除三院及下西川绣造外，募人承揽"⑤，也就是说，在此之前，文思院的刺绣扇子几乎都是开封府的尼姑和道姑制作的。至此做出规定，允许三所寺院继续制造，其余的可以招募他人承包，可知不少官府的刺绣品是由寺院尼姑制作的。

宋代寺院、僧人也有从事文具制造业的。有专门制作砚台的僧人，"今人制陶砚，惟武昌万道人所制以为极精，余初未信也。庐陵有刘生者，自言传万之法，然最工者不能十年辄败……余顷因歉岁，有野人持一'风'字样求售，易以斗米，涤濯视之，亦陶砚也。其底有万字篆文，意其为万所制，用之今，余三十年，受墨如初。虽高要、歙溪之佳石，不是过也。闻武昌今尚有制者，乃万之后"⑥，尽管很难判断此处的道人是和

---

① （嘉泰）《会稽志》卷七《寺院》，清嘉庆十三年刻本。
② （嘉泰）《会稽志》卷一七《布帛》。
③ 《老学庵笔记》卷二。
④ 《东京梦华录注》卷三《相国寺内万姓交易》。
⑤ 《长编》卷三二三，元丰五年二月乙卯。
⑥ 《独醒杂志》卷八，清知不足斋丛书本。

尚还是道士，但他烧制的陶砚台是相当出名的，其制作技术必然高明，而且世代相传。也有善于制墨的僧人，"川僧清悟，遇异人传墨法，新有名江淮间，人未甚贵之。予与王文甫各得十九，用海东罗文麦光纸，作此大字数纸，坚韧异常，可传五六百年，意使清悟托此以不朽也"[1]。

总体说来，宋代寺院、僧人所从事的手工业范围应该是相当广泛的，远远不只上述所举的几种，如僧人中有善于制漆者，据《宋会要》记载，"后苑烧朱所，掌烧变朱红以供丹漆作绘之用，太平兴国三年置。令僧德愚、德隆于后苑中令炼……天禧五年，僧惟秀省其法，以内侍一人监之"[2]，尽管这些僧人供职于官府所办的手工工场，但毕竟他们掌握了相关领域的技术。限于资料，恐怕很难彻底弄清寺院手工业的实际经营状况，尤其是寺院手工业内部的各种生产关系，例如生产者究竟是雇工，还是僧人，抑或是其他人，这些问题都有待于进一步考察。

第二节 宋代寺院、僧人的商业运营

由于宋代商品经济的发展，相对封闭的佛教寺院同样受到了相应的冲击。货币在人们心目中的地位明显提高，对于宋代的僧人来说，金钱无疑是非常具有魅力的东西，甚至远远胜过佛教的清规戒律，左右着僧人的活动。恰如宋代一位僧人所说："钱如蜜，一滴也甜。"[3]这正是宋代僧人金钱崇拜的典型写照，因而寺院、僧人总是千方百计地赚取钱财。在宋代，许多僧人都积蓄了不少钱财，这就为他们从事商业活动提供了便利条件，据《宋史·刘永一传》记载，有个和尚"寓钱数万于其室，无何而僧死，永一诣县自言，请以钱归其弟子"[4]；又如邢州僧慈演"畜锱

---

[1] 《苏轼文集》卷七〇《书清悟墨》。
[2] 《会要》职官三六之七六。
[3] 《冷斋夜话》卷八《钱如蜜》，中华书局，1988年。
[4] 《宋史》卷四五九《刘永一传》。

千余万"①；再如僧绍光"有金一两，在弟子姚和尚处，并有钱二十千在市上某家"②。像这类拥有数量不等钱财的寺院、僧人不胜枚举。但寺院、僧人并不以此为满足，为了进一步拥有更多的钱财，不惜打破佛教的清规戒律，明目张胆地加入商人和高利贷者的行列。

张方平曾经严厉地指责宋代佛教徒"或贮积谋利，坐列行贩。赋役不及，兼侵农贾"②。从这一议论中可以看出，宋代寺院、僧人从事商业和高利贷活动的前提条件之一便是储积有大量钱财。胡寅也曾猛烈攻击佛教徒的经商行为："既已为僧，而又隳败其业，甚则破戒律，私妻子，近屠沽市贩。"③可知宋代僧人从事商业活动者甚多。就连高僧居简也不得不承认，"僧者，佛祖所自出。今也，货殖、贤不肖无禁"④。事实上，在商品货币经济大繁荣的背景下，要想禁止僧侣"货殖"，简直可以说是痴人说梦。

佛教寺院本来是从事宗教活动的清净之地，而宋代的某些寺院却变成了商人、冒险家发财致富的乐园。北宋时期著名的开封大相国寺，"乃瓦市也，僧房散处，而中庭两庑可容万人。凡商旅交易，皆萃其中。四方趋京师以货物求售、转售他物者，必由于此"⑤。显然，大相国寺乃是当时全国的商品集散中心之一，也是都城开封最有名的商贸市场，商贩往来非常繁忙。孟元老对大相国寺的商业活动描写得更详尽："相国寺每月五次开放，万姓交易，大三门上皆是飞禽猫犬之类，珍禽奇兽，无所不有。第二三门皆动用什物，庭中设彩幕露屋，义铺卖蒲合、簟席、屏帷、洗漱、鞍辔、弓剑、时果、脯腊之类……"⑥从这段记载中可以看出相国寺热闹非凡的盛况：

其一，从事商品贸易之人不计其数，他们来自社会各阶层，来自不同的地方，到大相国寺中谋取利益。赴省试的上官极"累举不第，年及

---

① 《括异志》卷一〇《董中正》，中华书局，1996年。
② 《夷坚志·支志》甲卷六《张尚书》。
② 《乐全集》卷一五《原蠹中篇》，《全宋文》卷八一四。
③ 《斐然集》卷二〇《丰城县新修智度院记》。
④ 《北涧集》卷一〇《夷禅师碑阴》，《全宋文》卷六八一〇。
⑤ 《燕翼诒谋录》卷二。
⑥ 《东京梦华录注》卷三《相国寺内万姓交易》。

商业与高利贷：出家人极端世俗的一面　241

五十,方得解。赴省试,游相国寺,买诗一册。纸已熏晦,归视其表,乃五代时门状一幅"①。又如北宋末年,临安人杨靖贿赂权倾一时的宦官童贯,"积官武功大夫,为州都监",为了进一步往上升官,"造螺钿火柜三合,穷极精巧",本想"以一供禁中,一献老蔡,一与贯",但事与愿违,他的儿子在将这些精美物品送到京城后,"货其二于相国寺,得钱数百千"②。可知到大相国寺从事贸易活动之人来源十分复杂,既有商人、官僚,也有士大夫,等等。不唯大相国寺,宋代其他一些寺院也存在类似的情况。

其二,交易物品种类繁多,从日常生活用品到奇珍物品,应有尽有,甚至连各少数民族常用的物品也很丰富。范成大在《相国寺》一诗的注解中写到"寺中杂货,皆胡俗所需而已",因而吸引了很多少数民族商客前来,"闻说今朝恰开寺,羊裘狼帽趁时新"。③应该说,大相国寺只是宋代寺院作为商业场所的典型,其他一些寺院同样存在类似的情况,如成都大慈寺,"岁以天中、重阳时开大慈寺,多聚人物,出百货。其间号名药市者,于是有于窗隙间呼'货药'一声。人识其意,亟投以千钱,乃从窗隙间度药一粒,号'解毒丸',故一粒可救一人命"④,可见大慈寺是当地有名的药品市场。

其三,佛教寺院作为商业活动的场所似乎有开放时间限制,前面所举的大相国寺和成都的大慈寺都有这种情况。大慈寺每年重阳节最热闹非凡,而大相国寺每月开放五次,可能是交易比较频繁的缘故。这种现象大致上与近代意义上的庙会差不多,属于定期集市。上述三方面大体上反映了寺院作为商业场所的实际情况。

像大相国寺、大慈寺之类作为商业场所的佛教寺院,在宋代不在少数。尤其是在中心城市和地处水陆交通要道的寺院,更是如此,其市场规模也极为可观。绍兴府开元寺,"盖处一州之中,四方远近适均,重阁广殿,修廊杰阁。大钟重数千斤,声闻浙江之湄。佛大士应真之像皆雄峙工

---

① 《青箱杂记》卷三,中华书局,1985年。
② 《夷坚志·甲志》卷一八《杨靖偿冤》。
③ 《石湖居士诗集》卷一二《相国寺》,四部丛刊本。
④ 《铁围山丛谈》卷六,中华书局,1983年。

致，冠绝他刹。岁正月几望为灯市，旁十数郡及海外商估皆集玉帛、珠犀、名香、珍药、组绣、氂藤之器，山积云委，眩耀人目。法书名画，钟鼎彝器，玩好奇物亦间出焉。士大夫以为可配成都药市"①。一方面，开元寺所处的地理位置十分优越，因而颇具吸引力，甚至连海外商人也万里迢迢来此从事贸易活动，大发其财；另一方面，开元寺作为商业贸易的场所，也同样具备了宋代寺院商业活动的主要特征。又如精严禅寺，"寺邻于市，寺亦为市，僧居于市，僧亦为市。既为而久，既久则盛，其分房裂户以百数，而为之徒者且数百人"②，可知此寺邻近市场，于是寺院、僧人都竞相经商，而且大多发了财。

当然，一些地理环境并不优越的寺院为了获利也竞相设置市场。台州东掖山白莲寺，"其倚山临路，乃白莲寺之庄宇也，炊黍未熟，举子亦得而游息焉。其主庄僧颇好事，设为书肆，凡举业之所资用，学者之所宜有者，皆签揭而庋列之。或就取而观之，无拒色，亦不为二价"③，此寺虽然处于山林之间，但也设置了一个开架书市以吸引应试和过往的举子。台州真如院亦类似，"台州临海县上亭保，有小刹曰真如院，东庑置轮藏，其神一躯，素著灵验，海商去来，祈祷供施无虚日"④，可知此寺因神灵有应而成为从事海上贸易的商人常来之地。又如庆元府阿育王山僧寺，"万里之舶，五方之贾，南金大贝，委积市肆，不可数知。陂防峭坚，年谷登稔，呜呼盛哉"⑤。

许多寺院变成商业场所后，为了方便商人或客人，还设置货物堆垛场，创建邸店，以便于商人们的交易。宋仁宗庆历年间，"洪福禅院火，即诏以院之庄产、邸店并赐章懿皇太后家"⑥，可知此寺拥有邸店之类的场所。又如宋哲宗元祐六年（1091），右正言姚勔弹劾礼部郎中叶祖洽，"沿路商

---

① （嘉泰）《会稽志》卷七《寺院》。
② 《至元嘉禾志》卷一八《精严禅寺记》，《全宋文》卷六一八三。
③ 《阆风集》卷一一《重建台州东掖山白莲寺记》，《全宋文》卷八一六三。
④ 《夷坚志·支志》庚卷五《真如院藏神》。
⑤ 《渭南文集》卷一九《明州阿育王山买田记》，《全宋文》卷四九四二。
⑥ 《长编》卷一五九，庆历六年七月辛丑。

贩，并多置芦箔寄炭场，官物及寺院堆垛货卖。又与开宝寺僧交往，钱物不明"①。除了经营堆垛场之类的以外，很多寺院还将多余的房屋出租给商人，从中渔利。湖州德清县宝觉寺有空屋三间，"宗室子赵大诣寺假屋沽酒"②，可知连赵宋皇室远亲都租赁寺院的房产作卖酒之用，寺院方面居然也允许，这不能不令人深思。僧人本来是戒酒戒色的，但为了获得利益，寺院竟然将空余的房屋租给他人贩酒，这对寺院的影响是不言而喻的。

尤其是地处城市或城郊的寺院，房屋租赁业成为寺院的一项非常重要的收入来源。有时皇帝为了照顾某些寺院、僧人，专门将官府所有的房产交给寺院经营。宋仁宗曾经赏赐给护国禅院"近院官舍九十区，僦直充供"③。宋高宗赵构"有旨赐江下房廊、土库等九十间"，给崇先显孝禅院，"以其日入充僧供"④。显而易见，这些房产是用于出租的。寺院不仅将剩余的房屋出租给商人等阶层，还租给习业的举子。官员赵善悉曾经"赁僧房，业举子，夜诵依佛灯"⑤，寺院由于往往环境幽静，便成为举子们潜心读书的好去处。洪迈记载明州一个医生对他讲的故事，"明州医者俞正臣说：其乡里士人王某，当科举之岁，欲往山间习业，得证果寺，绝幽邃，无车马喧，遂谒僧假一室寓止。寺仅有僧行三四辈，尝尽往十里外民家诵经殓死"⑥，可知王姓举子租赁了证果寺的一间房屋作科举考试前的最后冲刺。宋代史籍中记载了许多官僚未及第之前在寺院寒窗苦读的事例，范仲淹就是其中之一。

可以肯定，城市和乡村寺院的房产租赁业存在很大差别。地处城市或交通要道的寺院，因其得天独厚的条件，过往行人、商贩等远比乡村要多，相对而言，房产租赁当然就比乡村发达。司马光元祐年间执政后曾经上奏，对差役问题进行了论述："若犹以为衙前户力难以独任，即乞

---

① 《长编》卷四六八，元祐六年十二月丁巳。
② 《夷坚志·丁志》卷四《郭签判女》。
③ 《文庄集》卷二七《大安塔碑铭》，《全宋文》卷三五四。
④ 《松隐文集》卷三〇《崇先显孝禅院记》，《全宋文》卷四二〇四。
⑤ 《水心文集》卷二一《中大夫直敷文阁两浙运副赵公墓志铭》。
⑥ 《夷坚志·支志》丁卷六《证果寺习业》。

依旧，于官户、僧寺、道观、单丁、女户有屋业每月掠钱及十五贯……并令随贫富、分等第出助役钱。"①在他看来，每月出租房屋能得到15贯钱收入的寺院等是比较富裕的，因而应该出助役钱。由此也可以看出，寺院出租房屋所得租金是相当丰厚的。显而易见，佛教寺院无论是经营堆垛场、邸店，还是从事房产租赁业，都是在从事以营利为目的的商业活动。

既然许多寺院是作为商业活动场所而存在的，寺院、僧人当然也与世俗之人一样追逐钱财。就寺院买卖商品的范围而言，有时寺院会买一些内部需要的必需品。安福兴崇院僧海睿，"走二千里至福唐，市经于开元寺以归，为卷者五千四十有八"②，可能是因为当地印刷业不甚发达，只好派遣僧人到很远的地方去购买。济州众等寺演正大师，"往来京师，市易材植，云委山积。梓川而东，约费用殆数千缗，积岁月几二十稔"③，此寺为了修建而购买木材，前后经历了将近二十年。又如瑞岩院"灯失常运"，为了使"此灯不夜"而不得不"货殖取赢"④，至于他们究竟做了哪些"货殖"活动，就不得而知了。

还有一些经营发达的寺院出卖茶叶之类的商品性经济作物。宋徽宗大观二年（1108），提举福建路茶事司上奏："本路产茶州军诸寺观园圃甚有种植茶株去处，造品色等第腊茶，自来拘籍。多是供赡僧道外，有妄作远乡馈送人事为名，冒法贩卖。"⑤由此可见，寺院园圃种植了很多茶树。按照宋代官方的政策，茶叶是官府的专卖商品，但僧人为了牟取更高利润，以各种名义自行贩卖茶叶。又据《萍洲可谈》记载，江西瑞州地区的寺院所产茶叶质量不高，而当地出产的黄檗茶却是远近闻名，成为士大夫之间相互赠送的上乘佳品，"江西瑞州府黄檗茶，号绝品。士大夫颇以相饷。所产甚微，寺僧、园户竞取他山茶，冒其名以眩好事者。黄鲁直家正在双

---

① 《司马温公集编年笺注》卷四九《乞罢免役钱依旧差役札子》。
② 《杨万里集笺校》卷七二《兴崇院经藏记》，中华书局，2007年。
③ 《小畜集》卷一六《济州众等寺新修大殿碑》，《全宋文》卷一五九。
④ 《北碉集》卷二《瑞岩开田然无尽灯记》，《全宋文》卷六八○四。
⑤ 《会要》食货三二之三。

井，其自言如此"①。于是寺院的僧人和其他种植茶叶的农户便以次充好，伪造黄檗茶，从中牟取暴利。

一些寺院的经商活动还会得到皇帝的特殊恩赐，免除其沿途贩卖应该缴纳的商税。宋太宗时期，婺州开元寺僧人"逮至道初，维旭等始共辇置楮墨之直，肆来京都。诏免关市之征，授以要券"②，可知皇帝亲自下诏免除了该寺商品应交的关税。又如径山兴圣万寿禅寺"为祝圣寿道场……免诸州场务商税……皆异恩也"③，尽管属于特殊恩典，但万寿寺的商业活动得以免除了商税则是无可辩驳的事实。

由此亦可见，宋代寺院、僧人只要缴纳商税，政府是允许其从事各种商业活动的。但是，某些寺院千方百计偷税漏税，逃避征税官员的稽查。宣和二年（1120），宋徽宗下诏："宫观、寺院、臣僚之家为商贩者，令关津搜阅，如元丰法输税，岁终以次数报转运司取旨。""初，元符令：品官供家服用之物免税。至建中靖国初，马、牛、驼、骡、驴已不入服用之例，而比年臣僚营私谋利者众，宫观、寺院多有免税专降之旨，皆以船艘贾贩，州县无孰何之者，故有是诏。"④从这一诏令可以看出，寺院利用免税的特恩，夹带了很多不当免税的商品，因而引起了关注，皇帝于是下诏严令禁止，而且宫观、寺院贸易的规模相当大，"皆以船艘贾贩"。

除了寺院的商业活动之外，宋代僧人经商行为更为普遍，这些僧人商人与世俗个体商人有着共同的特征，简州僧希问"贮缗钱数百，贸易诸物"⑤。而且不少僧人经商者成为富翁，尤其是广南地区，"广南风俗，市井坐估，多僧人为之，率皆致富。又例有室家，故其妇女多嫁于僧"⑥，由此可见，宋代广南地区的商人中有很大一部分是僧人，他们发

---

① 《萍洲可谈》卷二。
② 《武夷新集》卷六《婺州开元寺新建大藏经楼记》，《全宋文》卷二九六。
③ 《松隐文集》卷三〇《径山续画罗汉记》，《全宋文》卷四二〇四。
④ 《文献通考》卷一一四《征榷考一》。
⑤ 《烛湖集》卷九《泰州石庄明僖禅院记》，《全宋文》卷六五九一。
⑥ 《鸡肋编》卷中。

财后娶妻生子,且百姓并不以为怪,甚至当地女子也乐于嫁给经商致富的僧人。当然,从事商业活动的僧人中有资本雄厚的大商人,而更多的则是中小商人,甚至是小商小贩。毫无疑问,绝大部分从商的僧人都是中小商人。

但在宋代,作为大商人的僧人并不罕见。宋仁宗时期,有一姜姓农家子生下来就长了两双眉毛,其中一双各长达三尺,后出家为行者,在当地引起轰动,于是宋仁宗下令将他召入宫中。由于他非常乖巧,深得皇室的宠爱,所以皇帝下诏特许其剃度为僧,"御笔赐名行本",得到了皇室的大量赏赐,"锡赉珍物并后妃所赐金银,数其直数千万贯"。放归山林后,他"以所得货易,创为大寺"①,可以想见,在"每造一宫、建一寺,其费动以数千万计"②的宋代,僧行本经商而建起一座规模宏大的寺院,其商业资本无疑是相当雄厚的。有的僧人为了猎取钱财摇身一变,成为俗世人,密印寺"钟楼乃一僧发心束发为商,走川、广得钱二万缗。凡十年复髡而归",著名诗人范成大为此大发感慨,"志士辛勤十载归"③。此僧为寺院修建钟楼而易服为民,经商十年,赚了两万贯钱。

还有些资财雄厚的僧人专门从事海外贸易活动,借以牟取暴利。苏轼担任杭州知州时,"杭僧有净源者,旧居海滨,与舶客交通牟利。舶客至高丽,交誉之。元丰末,其王子义天来朝,因往拜焉",就连高丽王子来朝时都要去拜访此僧,足见其势力之大。苏轼为此上书朝廷,要求加以禁止,"然庸僧、猾商擅招诱外夷,邀求厚利,为国生事,其渐不可长,宜痛加惩创"。"诏皆从之。"④可知僧人等从事海外贸易可以获得丰厚的利润。无独有偶,南宋时,密印寺为了扩大规模以吸引信徒,"复欲创大厦,不敢化邑人,鬻屋以为资,借贷市珍货,泛海易香药,往返数十年。寇难凡七遭,秋毫无所损,遂足楼所费"⑤,可知此寺动用了相当大的资本从事

---

① 《夷坚志·支志》癸卷七《合龙山小道者》。
② 《耻堂存稿》卷一《直前奏事》,《全宋文》卷七九四六。
③ 《石湖居士诗集》卷四《乌戍密印寺》。
④ 《长编》卷四三五,元祐四年十一月甲午。
⑤ 《至元嘉禾志》卷二六《密印寺钟楼记》,《全宋文》卷三九六九。

海外贸易,历经数十年,且遭遇七次"寇难",并挣得了非常多的钱。

经商僧人之中,更多的是小商小贩,他们要么走街串巷,贩卖各种商品,要么凭一技之长,经营各种生意,从中渔利。"张夫人,平生耽信佛教……郡有僧,鸣铙钹行乞于岸,呼曰:'泗州有个张和尚,缘化钱修外罗城。'",于是张夫人"邀至身所,僧于袖间出雕刻木人十许枚",并声称"此为僧伽大圣,此为木叉,此为善财,此为土地"①。很明显,此僧是贩卖神像之类工艺品的,张夫人用紫纱、皂帛各一匹买了这些"土地""善财"等小玩意儿。又如僧人宗本不择手段地追逐钱财,"殖货不已",而且"尤吝啬,视出一钱如拔齿",甚至还公然声称:"此吾宿业也。"②此僧既贪婪又吝啬,是一个极其典型的商人形象。这些做商贩的僧人贩卖各种商品,所获之利多用于满足其口腹之欲,"金华大师名志蒙……得钱于市,即买猪头以食,故号为猪头和尚"③,这类僧人在宋代并非少数。

有些僧人甚至公然违背清规戒律,从事一些与佛教僧徒身份很不相称的商业活动。张舜民记载了这样一个故事:"相国寺烧朱院,旧日有僧惠明善庖,炙猪肉尤佳,一顿五斤。杨大年与之往还,多率同舍具餐。一日,大年曰:'尔为僧,远近皆呼烧猪院,安乎?'惠明曰:'奈何?'大年曰:'不若呼烧朱院也。'都人亦自此改呼。"④姑且不管此和尚烹饪技艺是如何高明,但在寺院中开了一家远近闻名的烧肉店,总归是不合情理的。僧人本来是素食者,严格禁止吃荤,而此僧却全然不顾自己的身份,经营起了肉食生意,而且甚为火爆,甚至连不少朝廷官员都经常光顾,自然是财源滚滚。

南宋时期,楼钥作为宋朝使节,北上途经宿州时做了如下记载:"大寺数所,皆承平时物,酒楼二所甚伟。其一跨街,榜曰'清平',护以苇席,市肆列观无禁,老者或以手加额而拜。"⑤显然,这两所酒楼北宋时期就经

---

① 《夷坚志·乙志》卷一二《真州异僧》。
② 《夷坚志·甲志》卷九《宗本遇异人》。
③ 《鹰斋续集》卷一〇《慧通大师真身阁记》,《全宋文》卷七七三七。
④ 《画墁录》,明刻稗海本。
⑤ 《攻愧集》卷一一一《北行日录(上)》,《全宋文》卷五九七二。

营发展起来了，为当地大寺院所有无疑。可见宋代有不少僧人经营餐饮业，并以此为谋生和赚钱的手段。更有甚者，有些僧人为了高额利润，居然开设妓院，"南昌章江门外，正临川流。有小刹四五，联处其下，水陆院最富。一僧跨江建水阁三数重，邦人士女游遨无虚时，实为奸淫翔集之便"①，由于此寺臭名昭著，后被火烧得片瓦不存，被视为报应。

在宋代，从事医药行业的僧人也不少，有些僧人甚至成为医术高明的医生。宋徽宗政和七年（1117），"秀州魏塘镇李八叔者，患大风三年，百药不验。忽有游僧来，与药一粒令服"②，服药七天后，疾病便消失了，可知此僧医术相当高明。再如杨崇勋，"七岁时，两足痹不仁，有异僧过门，叹曰：'奇童也！'为出肘后药傅其处，数日趋戏如常。家人具百金为僧谢，访之，卒不获"③。有些僧人甚至成为皇帝的御医，宋初和尚洪蕴出家以后，"习方技之书，后游京师，以医术知名。太祖召见，赐紫方袍，号广利大师。太平兴国中，诏购医方，洪蕴录古方数十以献。真宗在蜀邸，洪蕴尝以方药谒见。咸平初，补右街首座，累转左街副僧录"④，可知洪蕴历经宋初三朝，因医术而为皇帝所用。无独有偶，僧智缘也因医术而受到宋仁宗等三位皇帝的信赖，"时又有随州僧智缘，尝以医术供奉仁宗、英宗。熙宁中，朝廷取青唐、武胜。缘遂因执政上言……上召见后苑，赐白金以遣行。遂自称经略大师，深为王韶所恶，罢归"⑤。

在古代社会，医学与宗教因素是密不可分的。无论是佛教，还是道教，对中国古代医学发展都是有积极作用的。佛教徒在阅读、理解佛经的同时，也要阅读其他方面的典籍，因此，绝不能低估佛教徒在医学上的重要贡献。在佛教中，普度众生、救死扶伤等是极其重要的信条，解除他人疾病等痛苦，也是佛教教义的具体体现，因此有学者推测中国古代医院的

---

① 《夷坚志·三志》壬卷六《滕王阁火》。
② 《夷坚志·甲志》卷一〇《李八得药》。
③ 《宋景文集》卷六〇《杨太尉墓志铭》，《全宋文》卷五二九。
④ 《宋史》卷四六一《沙门洪蕴传》。
⑤ 《东轩笔录》卷七，中华书局，1983年。

起源与佛教有关①,这种看法不无道理。应该说,宋代懂些医术的僧人相当多,一些寺院甚至设有药寮、药局等机构。表面上看,佛教徒行医是为了实践佛家精神,实际上,行医也是一种商业行为,并非完全不求回报。

正因为如此,那些掌握一些医学知识的僧人以此为谋生的手段。其中不乏医术高明、医德高尚的僧人,如常州广化寺"都僧正清立以医药利施一方,所得赀不以厚其藏,而以建大殿"②。然而,如清立一样大公无私的僧人毕竟只是少数,绝大部分僧人行医还是以营利为目的的,如苏州昆山慧聚寺僧如远,"善医,多受谢遗,致富而不守戒律"③,此僧医术高明,但人品极差,其行医无非是为钱而已。又如,"建阳医僧师逸,好负债,尝从县吏刘和借钱十千,累取不肯偿。刘愤曰:'放尔来生债。'"④。此僧虽名为医师,但实质上与无赖无异,他连县衙吏人的钱都敢欺骗,其胆大妄为是不难想见的。

有许多僧人甚至利欲熏心,充当江湖郎中,既替人治病,又贩卖药物,赚取病人钱财。这些僧人本质上与市井小商小贩并无两样,苏舜钦在《赠释秘演》一诗中描述该僧"卖药得钱辄沽酒"⑤,可知此僧以卖药为生无疑。宋人强至在一首诗中辛辣地讽刺了两浙路行医僧人唯利是图的本性:"吴僧甚商贾,嗜利角毫芒。或以医自业,利心剧虎狼……吴僧业医者,十室九厚藏。张口待人哺,喋喋厌酒梁。"⑥这首诗反映了两方面的事实,一是当地行医的僧人相当多,而且都非常富有;二是两浙地区的僧人行医是一种商业行为,僧人完全失去了行善救人的佛家宗旨,成为唯钱是嗜之徒。有些僧人甚至根本不懂医术,完全靠坑蒙拐骗行事,骗取了不少钱财,"僧志缘本不晓医,但以妖妄惑人于江浙之间,称是诊人六脉,能

---

① 全汉升:《中古佛教寺院的慈善事业》,出自陶希圣主编:《食货》(半月刊)第1卷第12期,1935年。
② (绍定)《吴郡志》卷三一《府郭寺》,择是居丛书景宋刻本。
③ 《睽车志》卷四,四库全书本。
④ 《夷坚志·丁志》卷五《师逸来生债》。
⑤ 《苏学士集》卷二《赠释秘演》,四部丛刊本。
⑥ 《祠部集》卷一《送药王圆师》,清武英殿聚珍版丛书本。

知灾福。今亦出入禁庭,叨忝章服。察其疗疾,实无所益"①,此僧在江淮地区以骗术赢得了声誉,后来甚至引起皇帝的重视,自由出入宫廷。

有的僧人还贩卖国家禁榷专卖的物品。五代后周时期,有个和尚奸猾无比,偷偷地将私盐藏入一老太婆的菜筐,企图由她带入洛阳城内,"时禁盐入城,犯者法至死。告者给厚赏。洛阳民家妪将入城鬻蔬,俄有僧从妪买蔬,就筥翻视,密置盐筥中,少答其直,不买而去"②,结果被人发现。在宋代,盐本是国家禁榷之物,僧人们却千方百计地偷偷私自贩卖。宋朝政府牢牢地控制着度牒的发放权,其官方确定的价格也相当高,尤其是宋神宗以后,更是如此。乾道八年(1172),权礼部尚书李彦颖上奏:"处州僧惠京将亡僧度牒改作新度牒,并行货卖,其可见者三十道。"③按规定,僧人死亡后,度牒应由国家收回销毁,但此僧居然将旧度牒伪造成新度牒出卖,如果按照当时官府所定的度牒价格计算,其非法获利高达12000贯左右,可知其利润之丰厚。实际上,有些寺院、僧人为了钱财可以不择手段,比如某些僧人以经商为名,公然行骗,有一商人对同在"县市"的医生讲述了自己的遭遇,"早上遇一僧买我紫罗两匹,酬价已定。置诸袖间,使我相随取钱"④,旋即逃之夭夭。

总之,宋代僧人经商者比比皆是,而且许多僧人经商都发了财。正因为如此,宋代寺院的很多僧人不安心修行,却向往着经商这一行当。苏辙在描述大秦寺的和尚时写道:"山平堪种麦,僧鲁不求禅。北望长安市,高城远似烟。"⑤这些僧人虽然身在寺院,却心在市场,心在赚钱。应该说,宋代经商的僧人中大商大贾是比较少见的,众多的则是或走街串巷或摆摊设点的小商小贩,而无论属于哪一类商贾,他们都唯利是图,不择手段地追逐钱财,其本质与世俗商人无异。此外,还必须看到,僧人们经商所得的钱财大多被消费掉了,尤其是那些小本经营的僧人更是如此,一些从事

---

① 《司马温公集编年笺注》卷二六《医官札子》。
② 《宋史》卷二五二《武行德传》。
③ 《会要》职官一三之三六。
④ 《夷坚志·支志》乙卷七《潘璋家僧》。
⑤ 《栾城集》卷二《和子瞻三游南山九首·大秦寺》。

大宗商业贸易活动的寺院也多把钱财花在修建寺院等宗教活动中去了，并未转化成资本。此外，由于资料记载的限制，宋代僧人从事的商业活动应该远比以上所述要丰富多彩。

第三节　寺院、僧人经营的高利贷

在中国古代，有钱人放贷取息，乃是常有之事。佛教传入中国时，中国封建社会已经相当发达，高利贷资本已然发展起来。为了适应中国的社会环境，寺院、僧人放债取息也在所难免。事实上，佛教经典和戒律是允许寺院、僧人经营高利贷资本的，《大正藏》卷四〇《行事钞》规定："以佛塔物出息，佛言：听之。"由此看来，就连法力无边的佛祖都允许其徒子徒孙放债生息。当然，由于寺院财产的特殊性，即名义上属于僧人共同所有，所以佛教经典又对寺院、僧人的高利贷活动做了很多具体的补充规定："《十诵》《僧祇》，塔物出息取利，还著塔物无尽财中。佛物出息，还著佛无尽财中。拟供养塔等，僧物文中例同，不得干杂。《十诵》，别人得贷塔僧物。若死，计直输还塔僧。《善见》，又得贷借僧财物作私房。……《五百问》云，佛物，人贷，子息自用，同坏法身。"[①]也就是说，用三宝财物放贷取息都是可以的，只是所取之息归属不同、用途不一而已。

正因为如此，宋代寺院、僧人在佛祖许可的幌子下大放高利贷，残酷榨取借贷人。但从另一方面来看，寺院、僧人的高利贷活动也是在商业资本充分发展的前提条件下得到发展的。通常情况下，无论是中国，还是西方各国，高利贷资本的发展与商业资本是密切联系在一起的，同时也与货币资本密切相关；如果商业资本和货币资本没有发展起来，高利贷资本就不可能得到发展。尽管寺院、僧人有其特殊的一面，但寺院经营的高利贷业本质上与世俗高利贷业并无差别。

---

① 《大正藏》卷四〇《行事钞》，参见何兹全：《佛教经律关于寺院财产的规定》，《中国史研究》1982年第1期。

陆游在《老学庵笔记》中曾经猛烈抨击宋代寺院经营高利贷的行为："今僧寺辄作库质钱取利，谓之'长生库'，至为鄙恶。予按梁甄彬尝以束苎就长沙寺库质钱，后赎苎还，于苎束中得金五两，送还之，则此事亦已久矣。庸僧所为，古今一揆，可设法严绝之也。"[①]在他看来，南朝梁朝时期，寺院、僧人设立质库放贷取息，乃是最为卑鄙龌龊之事，自古便是如此，应该设法严加禁止。事实上，这仅仅是陆游一厢情愿而已，根本不可能实现。由此可见，宋代寺院、僧人经营高利贷的现象非常普遍，因其经营手段至为恶劣，招致了世人尤其是士大夫阶层的强烈不满和谴责。

尽管很多人希望政府出面干涉寺院、僧人经营的高利贷资本，但因高利贷有大利可图，而且在当时是一种正常的行为，并没有违背当时的国家法律，所以不可能加以根除。在这种背景下，宋代稍有条件的寺院都会运作高利贷资本，如本觉禅院并不算很大规模的寺院，仅有房屋八十间，但在修建寺院以后，"鼎新长生库庐，捐衣钵所有以营子本之入"[②]。

其一，从现存资料中可以看出，佛教寺院通常以钱作为高利贷的资本，"永宁寺罗汉院，萃众童行本钱，启质库。储其息以买度牒，谓之长生库。鄱阳并诸邑，无问禅、律，悉为之"[③]，也就是说，永宁寺下属罗汉院将寺院童行的本钱集中起来从事高利贷业，并以高利贷所得利息购买度牒。另外也表明，江南西路饶州（今江西鄱阳县）地区各个县里的寺院几乎都经营长生库，看来寺院高利贷是相当普遍的现象。又如福州乾元寺，"住持绍宗与寺僧法珪者，募诸信士得钱六十万有奇，不以供他费，贫不给者悉以贷予，收其赢，度有功于众者二人。将自此始，岁以为常也"[④]，此寺的高利贷本钱很显然是募集而来的，大体上是600贯。虽然不是很多，但长期放贷下去，获利还是十分丰厚的。南宋时期，黄度担任建康府知府时，兴建养济院两所，挑选干练的僧人主持日常工作，以救济流离失

---

① 《老学庵笔记》卷六。
② 《至元嘉禾志》卷二二《本觉禅院记》，《全宋文》卷八〇八八。
③ 《夷坚志·支志》癸卷八《徐谦山人》。
④ 《竹溪先生文集》卷二二《福州乾元寺度僧记》，《全宋文》卷三九五六。

所或贫困无依靠之人,"捐千缗就寺置质库,计其所赢,每三岁买祠牒度营干有劳行者一人为僧"①;又如承节郎薛纯一不仅施田千余亩给能仁寺,而且"别以钱权其子本,以待凶岁"②,由此可见,寺院以钱作为资本收取利息是比较常见的事情。

其二,寺院也有以粮食作为取息资本的。如前所述,寺院占有大量田地,尤其是一些规模较大的寺院,土地收入除了满足僧人的生活需求之外,每年都会剩余很多粮食。相反,很多农户每年土地收入远远不足以维持家人生计,尤其是在青黄不接的时节,借粮糊口乃迫不得已。如果寺院将余粮储藏起来,由于当时的储藏技术、手段并不先进,粮食容易腐烂,也会变成陈粮,既不便出卖,也不便食用。另外,寺院还需要不少人力、物力等保管粮食,看守粮仓。在这种情况下,很多寺院便将余粮借贷给贫穷的百姓,收取一定的利息,如僧允禧,"复为如靖谋,从富人乞谷三百石贷之下户,量取其息,以为其徒目前之供"③。又如刘昌诗记录了庆元府佛教寺院的实际情况:"四明僧庐,在六邑总大小二百七十六所。只鄞一县,城内二十六,城外八十。天童日饭千僧,育王亦不下七八百人,行仆称是。天童岁收谷三万五千斛,育王三万斛。且分布诸库,以罔民利。等而下之,要皆有足食之道。"④很明显,天童寺和阿育王寺都是用收获的粮食作为取息资本的,且设有不少仓库以从事借贷业务。

再如南宋乾道五年(1169),道渊担任溧阳县报恩寺住持,为了延续寺院的香火,剃度童行为僧,他命弟子慧如"循诸方例,募置常产为度僧局。铢积寸累,得膏腴之田若干亩。凡志于学、利于众、劳于寺事,则以岁之入度之。设为科条,至精且密"⑤。很明显是将田产收入积累起来用于剃度僧侣,而且当地寺院大多设有类似的机构。就所见资料来看,南宋时期以粮取息的利率为20%,如景定年间,正真院"应贷火佃之谷谷〔各〕

---

① (景定)《建康志》卷二三《城阙志四》,四库全书本。
② 《渭南文集》卷一八《能仁寺舍田记》,《全宋文》卷四九四二。
③ 《陈亮集》卷二五《普明寺长生谷记》。
④ 《芦浦笔记》卷六《四明寺》,中华书局,1986。
⑤ 《宫教集》卷六《建康府溧阳县报恩寺度僧田记》,《全宋文》卷六〇七四。

叁斗，问舟之日来，请以资其用，是怜其窘匮也，春务易为力矣。秋收来偿，依社仓规增二分息，吾门之夏也"[1]，寺院将粮食借贷给佃农后，在社仓规定的利息之上多收二分作为利息。

其三，寺院还以金帛等物品作为借贷资本，如阿育王山妙智禅师，"增庾入数千斛，施者委金帛创为长生局五所，百需皆备，月施金钱，饭僧以万计"[2]，可见金帛之类的东西也成为寺院生息的重要财产。《夷坚志》记载永宁寺罗汉院长生库"庆元三年四月二十九日，将结月簿，点检架物，失去一金钗。遍索厨柜不可得"[3]。在寺院长生库中有金钗之类的物品，可以肯定，金银、布帛等财物也是寺院高利贷资本之一。

其四，寺院以其他财物充作高利贷资本，慈明禅师"化净檀为油麦库，以生财役力。事众未有效劳者，则合众力建度僧之库"[4]，由此可见，油、麦之类的物品也可以作为寺院高利贷的取息资本。有的寺院甚至将耕牛出租给百姓，从中收取利息或租金，这就是所谓的长生牛，日野开三郎对宋代佛教寺院的长生牛现象做了较为详细的论证。[5]如南宋绍兴元年（1131），有人将一头被违禁杀伤未死的牛牵到绍兴府圆通寺，作为寺院的长生牛，"与常牛无以异，后数年方死"[6]。又如广德军，"管内祠山庙，承前民施牛二百头，并僦与民户，每岁一牛输绢一匹。或经三十年，牛毙而犹纳绢"[7]，尽管此处为祠庙出租牛给农民的事例，但也从某种程度上反映出寺院长生牛的一些实际情况。

其五，寺院高利贷资本除了正常的借贷业务之外，有不少还兼营典当业务，从中渔利。也就是说，寺院的长生库等机构尚具有当铺的功用。寺院经营当铺似乎由来已久，且所当物品种类不一，"王齐翰，建康人，事江南李后主，为翰林待诏，工画佛、道人物。开宝末，金陵城陷，有步卒

---

[1] 《两浙金石志》卷七《增田纪实》，《全宋文》卷八二二〇。
[2] 《魏文节遗书·育王山妙智禅师塔铭》，《全宋文》卷四八七六。
[3] 《夷坚志·支志》癸卷八《徐谦山人》。
[4] 《注石门文字禅》卷二一《重修僧堂记》。
[5] 日野开三郎：《宋代的长生牛》，《东洋学报》第32卷3号，1953年。
[6] 《夷坚志·丙志》卷五《长生牛》。
[7] 《长编》卷九二，天禧二年五月壬申。

李贵入佛寺中，得齐翰所画罗汉十六轴，寻为商贾刘元嗣以白金二百星购得之，赍入京师，于一僧处质钱。后元嗣诣僧请赎，其僧以过期拒之，因成争讼"①，可知此商人是以名画作为当品，从寺院当铺中换了钱。由此可见，寺院高利贷资本经营的业务范围非常广泛，并不限于借贷钱物。

关于宋代寺院高利贷的利率，就所见资料而言，似乎并没有明确的记载。佛教经典规定出贷财物的利率是很高的，"《善生经》，瞻病人不应生厌，若自无物，出求之，不得者，贷三宝物，差已，依法十倍偿之"②，规定借贷三宝财物的利率高达十倍，而且是对病人。这充分暴露了寺院高利贷的残酷性和掠夺性，但估计这只是针对极其特殊的情况规定的，绝大部分寺院高利贷不可能有如此高的利率。如湘山报恩光孝禅寺地处山间，宋理宗嘉熙年间，住持僧"因思山间日用，惟盐为最急。以日而会，所费尤不赀。于是复以其修造之赢余铢积寸累，仅四百缗。创为西库，月收息可十二缗，仅足偿一月市盐之费，成规一定，为之申请于州，给公文以为之据，寻刻诸石"③。从这一事例看来，为了满足寺院的日常生活需要，寺院以400贯作本钱放高利贷，每月取息12贯，月利率为3%，这一利率并不算低，估计这与当时通行的高利贷利率相差无几。就宋代民间高利贷利率而言，袁采说："今若以中制论之，质库月息自二分至四分，贷钱月息自三分至五分，贷谷以一熟论，自三分至五分。取之亦不为虐，还者亦可无词。"④可知宋代高利贷月利率通常在3%—5%，借贷双方都能接受。前引报恩光孝禅寺所收利息正是当时常见的利率水平，估计各地利率的高低存在很大差别，寺院长生库利息也大体如此。

在宋代，通常情况下，寺院高利贷的利率估计与世俗高利贷持平，有些寺院可能比世俗高利贷息还要稍微高一些。寺院高利贷经营者往往借助鬼神的威力来恫吓债务人，比如欠寺院债务如不偿还，债务人来世将变牛变马之类，甚至下地狱，永世不得超生，等等。尽管这些都是无稽之

---

① 《图画见闻志》卷三《王齐翰》，浙江人民美术出版社，2019年。
② 《大正藏》卷四〇《行事钞》。
③ 《粤西金石略》卷一二《湘山报恩寺创库本题跋》，《全宋文》卷七六六五。
④ 《袁氏世范》卷三《假贷取息贵得中》，清知不足斋丛书本。

谈，寺院却能借此获取较高的利率，但估计不会比世俗高利贷利率高得太多，若是利息过高，恐怕难以经营。而且，寺院高利贷的利率同样会受到世俗平均利率的制约，黄震曾经做过如下记载："僧有讼百姓负长生库息者，公谕明日偕头首僧以库簿来，来则阅其簿。示之曰：'然则取息已多……'"[①]这是一个汪姓地方官处理民间诉讼的简单记录，僧人起诉百姓欠寺院长生库的利息，受理此案后，此地方官详细审查了寺院长生库的所有记录，终于发现了问题所在。从这一案例中可以看出，一方面，借寺院高利贷的人相当多，寺院为此专门有文书加以记录，亦可知其管理有方。另一方面表明，这一寺院的高利贷利率高于世俗社会的利率。《宋会要辑稿》中有一段关于寺院高利贷的记载，宋宁宗嘉泰元年（1201）十二月，有官员向朝廷提出了管理寺院、道观长生库的相关建议，兹引全文如下：

  臣僚言：臣闻有丁则有役，有田则有赋。有物力则有和买，今有物力虽高而和买不及者，寺观之长生库是矣。臣询其故，始因缁流创为度增之名，立库规利，相继进纳，固亦不同。今则不然，鸠集富豪，合力同则，名曰斗纽者，在在皆是。尝以其则例言之，结十人以为局，高下资本，自五十万以至十万。大约以十年为期，每岁之穷，轮流出局。通所得之利，不啻倍蓰，而本则仍在。初进纳度牒之实，徒遂因缘射利之谋耳。乞行下诸州县，应寺观长生库并令与人户一例推排，均敷和买，则托名僧局门，纽财本以罔市利者，亦将无所逃矣。[②]

  这一资料表明，其一，寺观高利贷资本经营者利用其免除和买的特权，他们千方百计地勾结世俗高利贷者，垄断经营，从中渔利，进而也大大增强了自身高利贷资本的实力。其二，寺观长生库名义上是通过筹措出家人出家的费用而兴办起来的，因而宋代鬻卖度牒的政策也是有一定积极

[①] 《黄氏日钞》卷九六《知兴化军宫讲宗博汪公行状》，《全宋文》卷八〇五七。
[②] 《会要》食货七〇之一〇二。

意义的，至少可以通过售卖政府控制的度僧道牒解决部分国家财政收入，一定程度上缓解国家愈益严重的财政危机。其三，寺院高利贷利息很高，"不啻倍蓰"，即利率高于100%。其四，在此之前，寺院长生库所得不负担官府的和买，此后，长生库资本也必须负担国家的相关赋税，从而表明宋朝政府对寺院、道观的控制日益加强，其所确立的法规、制度逐渐完善、健全，尤其是在经济方面的措施。

应该说，宋朝对寺院长生库的管理相当规范和严格，如从前文（第一节）所引《宋宝藏岩长明灯碑》中的记载来看，寺院募集施舍设置长生库取息，购买油料来点燃各殿堂的长明灯，设有专门的库子管理，库子每月将往来的借贷文书交给方丈、知事僧过目，并由他们签字画押，可见寺院长生库的管理是多级体制的。

再如祖潮担任湘山报恩禅寺住持后，在寺院已有长生库的基础上，"新创西库一座，今亦揍[凑]足库本钱四百贯文市，除已令管库僧如海、德聪收附库簿，逐月申呈，使府签押外。照得本寺往年之间，动辄欠债叁、伍百阡[仟]"①，此寺也是每月结算，由管库僧人呈报，并由当地地方官签字后生效。尽管这只是具体事例，但估计宋代寺观的长生库大多是以这种模式管理的。虽然寺院长生库的管理机制很健全，但终究还是存在弊端，其中最大的问题是管库僧人、寺院上层人物等侵吞长生库钱财，或暗中挪用长生库钱物，甚至盗窃长生库钱财，等等，从而导致寺院长生库逐渐陷入经营困境，甚至破产倒闭。"主首、知事、库子与库僧通同移易，不时借借，因少积多，侵用库本，向来倒败之由，皆因此弊"②，可见寺院高利贷资本的管理存在不少人为的漏洞。

不仅寺观设置长生库等机构经营高利贷业务，很多富裕的僧侣也利用手中的钱财放债取息，尤其是一些寺院的上层人物，显得更为严重和恶劣。和州乌江县升中寺"寺僧有负主僧金久而不偿。病且革，誓为畜产以

---

① 《粤西金石略》卷一二《创库本记》，《历代石刻史料汇编》第四编，北京图书馆出版社，2000年。

② 《粤西金石略》卷一二《创库本记》。

报"①，可知这是寺院住持僧与普通僧侣私人之间存在种种债务关系。又如景德镇管辖下的回香院，有一老妇借了寺院僧侣的债而被迫入寺服役以抵还债务，此妇哀求僧侣放她回家，"老新妇欠院家钱，逐日旋还了。余欠只七金，乞放此身去"②，其言辞之哀，令人触目惊心。上述两例充分说明，无论谁欠了寺院或僧侣的债务，当其无力偿还时，都免不了受到债权人的奴役。僧侣放债的事例在宋代还有许多，甚至连慈明杨太后在其穷困潦倒之时也向真州长芦寺僧侣借债。当时杨太后一家居住在寺院附近，"主僧善相，适出见之。知其女当贵。因招其父母饭，语之故，且勉之往行都。当有所遇。以无资告，僧以二千楮假之，遂如杭"③，尽管此僧借钱给杨氏大有政治投机之嫌，但借贷事实却是无疑的。宋高宗建炎年间，金军占领了广大北方地区，女真人尽管能征善战，但治理民事并不在行，"燕京留守尼楚赫以战多，贵而不知民政，有僧讼富民逋钱数万缗，通事受贿，诡言久旱不雨，僧欲焚身动天，以苏百姓。尼楚赫许之，僧呼号不能自明，竟以焚死"④。姑且不管此僧如何含冤而死，僧人与富民之间的债务关系是存在的，而且债务额相当高。小数额的借贷亦屡见不鲜，孔目吏范荀为其子娶妻，"贷钱十千于资圣寺长老"⑤。诸如此类的例子尚有不少，此不一一列举。

从上面的叙述中可以看出，宋代寺院高利贷有以下几个特点：

其一，高利贷资本的构成中不仅有钱，还有金帛、粮食、油麦之类的财物。甚至可以说，宋代寺观的高利贷资本是多种多样的，也可以说，凡是能发挥本金作用的东西，寺观、僧道都加以充分利用。这说明宋代商品经济虽然较之前代已有很大发展，但货币关系尚未取得绝对的支配地位，物与物的交换和借贷仍然占有相当大的比重及市场，因而高利贷资本中包括了大量其他种类的物品。

---

① 《泊宅编》卷五，中华书局，1983年。
② 《夷坚志·支志》戊卷一〇《回香院鸡》。
③ 《齐东野语》卷一〇《杨太后》。
④ 《系年要录》卷一八，建炎二年十二月甲子。
⑤ 《夷坚志·支志》甲卷六《资圣土地》。

其二，佛教寺院、道教道观高利贷资本的来源十分复杂而多元。其中大部分并不是商业资本转化过来的，就所见资料而言，寺观高利贷资本主要来自社会各阶层人士的捐施和寺观的田产收入。咸淳《临安志》记载了崇福院的收入情况："田之以亩计者二千有七百，园林之在山而以亩计者千有六百，稻米之以秤若斛计者四百。盖以子本之钱，岁入有差，皆明衣钵之所自营。"① 也就是说，寺观的田产收入同样是寺观高利贷资本的最重要来源之一，这进而决定了寺观高利贷资本的多样化，也是寺观高利贷资本与世俗高利贷资本的重大差异之处。同时还应该看到，寺观利用民间善男信女的施舍来残酷榨取一些贫民下户，足见宋代寺观高利贷资本尽管披着宗教外衣，但本质上与世俗高利贷资本是完全相同的。

其三，寺观长生库等高利贷资本多寡程度不一。一些经济力量强大的寺观所经营高利贷资本相当雄厚。正是因为如此，才会有盗贼垂涎寺观的长生库。陆九渊的记载形象地说明了这个问题："近忽有劫盗九人，劫南境村中软堰寺长生库。迟明为烟火队所捕，敌杀一人，生擒九人，皆勇悍之盗。"② 若不是寺观长生库存有大量钱物，恐也不会招致一伙盗贼的洗劫。

其四，寺观高利贷利率相当高，甚至远远比世俗高利贷要高。如在饶州，"沙棠庵一僧，正据案间阅算簿书，雷挟下而诛之，腰断为二，背上朱刻痕如小斗者十数。此庵素富，度僧七八员，一意牟利。所震者尤贪，专用升斗为轻重，大入小出，故婴天诛。其徒秘不许泄，而里落遍知之矣"③。由此可见，该庵僧人所经营高利贷利率甚高，甚至据说因此惹怒了神灵而遭到报应，当地居民深受其害，因而也渴望这些僧侣遭到天谴。

其五，寺观高利贷所得大多用于度僧道、修缮庙宇等宗教活动，或者是满足寺观僧道们的生活需要，这一点与世俗高利贷资本大多转向投资土地有所不同，也是寺观高利贷与世俗高利贷资本的显著区别之一。由于

---

① （咸淳）《临安志》卷七七《寺观三》。
② 《陆九渊集》卷一七《与邓文范》，中华书局，1980年。
③ 《夷坚志》补卷二五《鄱阳雷震》。

宋朝政府禁止寺观购买百姓所有的田产，所以寺观即便通过高利贷挣来钱财，也不能随意购置田产。当然，也有少数寺观地主将钱投资于土地，张守真在宋太宗时期"赐县官邸店赵〔越〕数百楹，勾日利以充费，法师前后赐赉咸贸易，创田园不啻万亩，立为常住"[①]。但无论如何，在宋代不许寺观买卖百姓田地法令的限制下，寺观买卖田产是有所顾忌的。也就是说，寺观的田地买卖受到了政府的很大限制，从而寺观要想将商业资本、高利贷资本转化为土地所有权很明显也就受到了同样的限制。

原刊于《河北学刊》1990年第6期，
题目为《略论宋代寺院、僧尼经营的商业和高利贷》

---

① 《金石萃编》卷一三四《圣宋崇玄大法师行状碑》，《全宋文》卷一七三。

贫富悬殊：僧人生计的地域差异

魏晋以来，中国佛教的中心差不多一直在北方地区，尤其是北方的一些大都市，如长安、洛阳等。唐末五代时期，南方佛教寺院有了突飞猛进的发展，尤其是五代十国时期，在福建、两浙等地藩镇割据政权的竭力扶植下，寺院发展更快。与此相反，北方地区却经历了周世宗的灭佛运动，经过这次沉重打击，可以肯定，北方地区佛教寺院衰落了不少，至少佛教势力的发展停滞了下来。入宋以后，在宋朝政府的保护下，北方寺院得以恢复，南方佛教寺院得到更进一步的发展。就北宋而言，以东京汴梁为中心的北方地区寺院林立，"京师寺观，或多设徒卒，添置官府，衣粮率三倍他处"[1]，其经济力量依然十分强大。到南宋时期，朝廷偏安一隅，都城临安成为佛教寺院的中心区域。因而就总的情况看，北宋以后，佛教的中心完全转移到了南方地区。嘉定二年（1209），漳州知州薛扬祖上奏："自佛法流入中国，民俗趋之，而南方尤盛。"[2] 从局部范围来看，两宋时期无论从各路僧尼人数的多寡、寺院的分布，还是从寺院经济力量的强弱而言，各地寺院经济发展很不平衡，这是不容否认的事实。

第一节 寺院、僧尼分布的地域差异及其原因

就北宋各路僧尼人数而言，其中以福建、两浙为最多，兹引《宋会要

---

[1] 《宋史》卷二八四《宋祁传》。
[2] 《会要》刑法二之一三六。

辑稿》道释一之一三中所记载宋真宗天禧五年（1021）各路僧尼人数制成下表：

表一　各路僧尼人数

路名	东京	京东	京西	河北	河东	陕西	淮南	江南	两浙	荆湖	福建	川峡	广南	合计
僧尼数	22941	18159	18219	39037	16832	16134	15859	54316	2220	22539	71080	56221	24899	458854

在此，需要说明的是，《宋会要辑稿》道释一之一三所记天禧五年全国僧尼总数为458854人（其中僧397615人，尼61239人）。从上表中可以看出：全国僧尼总数仅为378456人，而两浙僧尼才2000余人，显然与实际情况不符。因此，如将《会要》记载的僧尼总数减去其他诸路僧尼人数，大致就是两浙路的僧尼人数了，其数额为82618人，与福建路相比，估计出入不会太大。据《宋会要辑稿》记载："平诸国后，籍数弥广，江浙、福建尤多。"[①]可知宋初平定各割据政权后，官府完全掌握了各地僧道数量的具体情况，其中浙江、福建为最多。从上表看，福建路僧尼多达71080人，两浙地区僧尼数量不会低于此数，基于此，上述推测估计是合理的。

从表中可以看出，就宋朝全国僧尼的分布情况而言，包括淮南路在内的北方地区僧尼人数为147181人，南方各路为311673人，南方僧尼人数为北方的两倍多，可见宋代南方佛教的发展程度远远高于北方，僧尼的布局也同样说明了这个问题。福建、两浙、江南等路僧尼数均在5万人以上，其数量比其他各路要多得多。川峡地区虽亦在5万以上，但其管辖区域太广，根本无法与两浙等路匹敌。东京开封僧尼多达2万余人，一府的僧尼数量比北方的许多路还要多，其管辖地域却相对要小一些，因而僧尼数量并不逊色于两浙路等，可知都城开封也是北宋的佛教重镇和中心地之一，这大概是由开封特殊的政治、经济地位所决定的。相对而言，京东、京西、河东、陕西等路佛教势力比较薄弱，四路僧尼人数甚至不如佛教发达

---

① 《会要》道释一之一三。

的福建一路的僧尼人数多,这也印证了宋代佛教势力南强北弱的总趋势。

另外也应该看到,同一路中佛教势力具有明显的差异,僧尼人数的分布也存在很大差别。北宋天禧五年(1021),福建地区僧尼数量是71080人,而据淳熙《三山志》载,福州一州便有32795人,占总数的46%强,尚有未剃度童行18548人,①总计出家人达5万多人。也就是说,福建有将近半数的僧人居住在福州,作为五代开始割据政权的政治、经济中心的福州,僧人集中是完全可以理解的。至南宋时期,这种情况尽管有些改变,但福建地区基本上仍然维持了僧尼人数全国最多的状况,当时有人曾经说过,"闽于天下,僧籍最富"②,韩元吉也认为,"诸路出卖度牒,惟福建一路为多"③,可知福建路僧人之多。但其分布很不平衡,其中经济比较发达的福州、泉州、漳州、兴化军等由于寺院经济力量雄厚,僧尼人数众多当然是情理之中。

两浙地区的情况亦大体类似,自吴越国统治这一地区后,佛教势力发展非常迅速。宋真宗天禧年间,越州(今浙江绍兴市)知州高绅说:"瓯越之民,僧俗相半。"④尽管这一说法明显有夸张的成分,但也从侧面反映了两浙地区的一些实际情况,即僧尼人数相当多。两浙尤以杭州僧尼为最多,北宋中叶,苏轼指出:"钱塘佛者之盛,盖甲天下。道德才智之士与夫妄庸巧伪之人杂处其间,号为难齐,故于僧职正、副之外,别补都僧正一员。簿帐案牒、奔走将迎之劳,专责正、副以下而都师总领要略,实以行解表众而已。"⑤可见当时杭州僧尼数量之多,管理制度也很特殊,除了按照规定在州级行政单位设置僧正、僧副外,另设都僧正一人以表率僧尼。相比之下,两浙其他各州的僧尼数量绝不会比杭州多。

再以川蜀地区为例,宋真宗天禧年间,僧尼人数为56000余人,后这一广大地区被分成四路,若按照天禧时期的僧尼数量计算,每路平均大约

---

① (淳熙)《三山志》卷一〇《版籍类一》,四库全书本。
② 《南涧甲乙稿》卷一五《建安白云山崇梵禅寺罗汉堂记》,《全宋文》卷四七九七。
③ 《文定集》卷一三《请免卖寺观趱剩田书(一)》,《全宋文》卷四七六八。
④ 《长编》卷九三,天禧三年二月壬寅。
⑤ 《苏轼文集》卷二二《海月辩公真赞》。

万余人，表面上看远远不及两浙、福建路。但在作为西南最重要都会的成都，僧尼却是相当多，甚至可以说，很大一部分僧尼实际上是集中于成都府路。至宋神宗时期，全国僧尼数量大大减少，仅有 20 余万人，比宋真宗时期少了 25 万人左右，而成都府就有僧尼一万余名，"成都僧统，所治万余人"①，仅成都一地，僧尼人数就占全国的二十分之一。再如成都府附近的简州（今四川简阳市），"西州佛事简为盛。简之诸邑，各以佛祠宇相夸"②，可见简州佛教势力亦相当强，僧尼数量自然也不在少数。

因此，从总体上看福建、两浙等路的僧尼人数远远高于全国其他各路，而在具体分析时还要看到，同一路内，个别地方的僧尼数量相当集中，而其他地方则要少得多。有些总体上佛教势力并不发达的路分，其中个别地区僧尼数量却不比发达路分少，如开封府、成都府等地。宋代佛教发展情况的各地不一致，不仅造成了僧尼人数的众寡悬殊，而且使各地寺院数量分布也存在很大差别（见表二）。

表二　各地寺院数量

路名	县名	寺院数（所）	资料来源
江南东路（徽州）	休宁县	14	《新安志》卷四、五
	祁门县	13	
	婺源县	36	
	绩溪县	21	
	黟县	8	
两浙路	常熟县	38	《琴川志》卷一〇
	丹徒县	30	嘉定《镇江志》卷一三
	晋陵县	7	咸淳《毗陵志》卷二五
	武进县	6	
	无锡县	20	
	宜兴县	26	
	华亭县	46	《云间志》卷中

---

① 《苏轼文集》卷一五《宝月大师塔铭》。
② 《方舟集》卷一一《安乐院飞轮藏记》，《全宋文》卷四五六六。

（续表）

路名	县名	寺院数（所）	资料来源
两浙路	昆山县	32	《玉峰志》卷下
	余杭县	106	咸淳《临安志》卷八三至八五
	於潜县	33	
	富阳县	40	
	新城县	40	
	盐官县	59	
	明州州治	30	宝庆《四明志》卷一一、一三、一五、一七、一九、二〇
	鄞县	90	
	奉化县	74	
	慈溪县	41	
	定海县	31	
	昌国县	21	
	象山县	16	
	会稽县	44	嘉泰《会稽志》卷七至八
	山阴县	45	
	嵊县	37	
	诸暨县	66	
	余姚县	34	
	萧山县	34	
	上虞县	34	
	新昌县	24	
	乌程县	43	《吴郡志》卷一三
	归安县	40	
	长兴县	32	
	武康县	32	
	德清县	30	
	安吉县	27	
	台州州治	23	嘉定《赤城志》卷二七至二九
	临海县	117	
	天台县	72	
	仙居县	46	
	宁海县	46	

（续表）

路名	县名	寺院数（所）	资料来源
两浙路	桐庐县	38	《淳熙严州图经》卷首《县境图》
	遂安县	15	
	寿昌县	18	
	分水县	21	
	州治县	?	《淳熙严州图经》卷一至三
	建德县	?	
	淳安县	37	
福建路	闽县	187	淳熙《三山志》卷三三至三八
	连江县	98	
	侯官县	205	
	长溪县	134	
	长乐县	79	
	古田县	161	
	永福县	71	
	闽清县	90	
	宁德县	48	
	罗源县	61	
	怀安县	154	
	建安县	351	《宋朝事实类苑》卷六一《风俗杂志·建州多佛寺》
	建阳县	257	
	浦城县	178	
	崇安县	85	
	松溪县	41	
	关隶县	52	
	汀州州治	9	《永乐大典》卷七八九二《临汀志》
	长汀县	44	
	宁化县	28	
	上杭县	14	
	武平县	24	
	清流县	19	
	莲城县	17	

贫富悬殊：僧人生计的地域差异　267

宋人吴潜曾经说："寺观所在不同，湖南不如江西，江西不如两浙，两浙不如闽中。"[①]从上述所列各县寺院情况来看，这段话大致是符合宋朝的历史实际的。福建路的寺院数量独占鳌头，居全国之冠。北宋时期，福州寺院数量多达1625所，至南宋时期尚有1280所，建州寺院数量有964所之多。两浙路的临安府、绍兴府、湖州、台州的寺院数量分别是278所、328所、204所、372所，这组数字是南宋时期所修地方志记载的各州府的寺院情况，估计与北宋时期仍然存在一定的差距。以福州的寺院数量为例，南宋孝宗淳熙年间比北宋中期少了345所，可知因各种原因不少寺院被毁坏了，抑或是经营不善而被废弃了，等等。

因此，笔者以为，北宋时期两浙、福建路等南方诸路的寺院数量要比南宋时期多。福建路寺院数量居全国首位，仅福州一州的寺院数量即可与两浙路的几个州府相匹敌，江南东路徽州的寺院数量又明显比两浙路少得多。尽管现存资料十分有限，并不能完全反映宋代各地寺院的实际数量，但就这些记载而言，还是能说明一些问题的。

需要说明的是，同一路中各府州佛教寺院数量也存在很大差异。以福建路为例，自五代开始，佛教势力在地方统治者的大力扶植下迅猛发展。"王氏入闽，崇奉释氏尤甚。故闽中塔庙之盛，甲于天下"，这是针对福建路总体的寺院情况而言的。"家设木偶、绘像、堂殿之属，列之正寝。朝夕事之惟谨，髡其首而散于他州者，闽居十九焉。其崇信如是"[②]，可知福建地区信佛风气之盛，寺院之多，僧人之众。然而，福建路佛教势力又主要集中在下四州。在宋代，福建共有八州军，习惯上分为上四州和下四州，上四州是指建州、南剑州、汀州、邵武军，下四州是指福州、漳州、泉州、兴化军。在宋人看来，福建路上、下四州佛教势力存在很大差别，下四州"俗奉佛惟谨。至上州，虽佛之徒未知有佛也"[③]。不仅如此，下四州寺院经济非常发达，"其下四郡，良田大山多在佛寺，故俗以奉佛为美，而佛之庐

[①]《许国公奏议》卷二《奏论计亩官会一贯有九害》，《全宋文》卷七七六七。
[②]《勉斋先生黄文肃公文集》卷三三《处士唐君焕文行状》，《全宋文》卷六五五八。
[③]《南涧甲乙稿》卷一五《建安白云山崇梵禅寺罗汉堂记》，《全宋文》卷四七九七。

几甲于天下。若上州，则虽有僧舍，类皆空乏不给"[1]。佛教势力在福建路上、下四州之间差别之大，于此可见一斑。

再如泉州"素称佛国，好善者多"[2]，既然泉州享有"佛国"之称，佛教势力自然格外强大。北宋初年，泉州已有僧尼数万人，另有4000余名尚未剃度的童行，其人数之多，令宋太宗赵光义都感到吃惊。相反，上四州之地寺院数量却要少得多，表二引《永乐大典》中《临汀志》的记载表明，汀州有寺院155所，应该说，数量并不多，甚至还不如福州一县多，若与两浙路各州相比，也仍然处于劣势。

再看两浙路，这一地区佛教寺院林立，作为政治、经济、文化中心的杭州首屈一指，"释老之教遍天下，而杭郡为甚。然二教之中，莫盛于释。故老氏之庐，十不及一"[3]，可见杭州佛教之盛况。然而，寺院的分布却极不平衡，以杭州为例，据吴自牧记载："城内寺院，如自七宝山开宝、仁王寺以下，大小寺院五十有七。倚郭尼寺，自妙净、福全、慈光、地藏寺以下，三十有一。又两赤县大小梵宫，自景德灵隐禅寺、三天竺、演福上下、圆觉、净慈、光孝、报恩禅寺以下，寺院凡三百八十有五。更七县寺院，自余杭县径山能仁禅寺以下，一百八十有五。都城内外庵舍，自保宁庵之次，共一十有三。诸录官下僧庵及白衣社会道场奉佛，不可胜纪。"[4]由此可见，仅杭州城内便有大小僧寺、尼寺88所，近郊两县385所，其余七县185所，共有658所寺院，而杭州城及近郊的寺院占整个杭州寺院的72%弱，其所占比例之高，令人吃惊。从表二中可以看出，南宋时期，台州寺院395所，明州305所，常州87所（失载数所），严州为181所，等等。就数量而言，上述各州显然无法与杭州的佛寺数量相比。因此，在分析宋代各路寺院数量时应该充分考虑到其分布的不平衡性问题。

此外，在同一州、府之中，各县寺院数量的多寡差异也特别大，就如表二所列，建州建安县有寺院多达351所，是宋代现存资料中寺院最多的

---

[1]《南涧甲乙稿》卷一五《建宁府开元禅寺戒坛记》，《全宋文》卷四七九八。
[2]《西山文集》卷四〇《泉州劝孝文》，《全宋文》卷七一六二。
[3]《梦粱录新校注》卷一五《城内外诸宫观》，巴蜀书社，2013年。
[4]《梦粱录新校注》卷一五《城内外寺院》。

一个县，估计这是北宋时期的数字。而两浙地区有的县却仅有几所，多数县的寺院数量都在数十所左右，有上百所寺院的县应该是佛教势力很发达的地方。相比之下，建阳县的寺院数量甚至比两浙一州还要多，福建路尚有几个县的情况与建阳类似，如闽县、侯官、古田、浦城等县，这些县的寺院数量都在160所以上，从而表明，宋代各地佛教寺院分布差别相当大。

宋人张守曾经谈到京东东路佛教寺院的情况："山东朴鲁，非江浙比。俗不为僧道，故寺观绝少。而广济小垒，止定陶一邑，天宁一寺而籴数与诸州等。且僧牒数百，将安用之？"①山东定陶县只有寺院一所，当然不能与福建、两浙等路相提并论。又如京东沂州（今山东临沂市），"琅琊之佛祠，在郡治者凡六区，其五为毗尼，其一为禅那"②，从而表明，沂州城内仅有寺院六所而已。再如京西北路的郑州州城，距离都城开封并不远，但佛教寺院却屈指可数，于是有不少人题诗于此，"郑州去京师两程，当川、陕驿路，有纪事诗十余韵。其切当者：'南北更无三座寺，东西只有一条街。四时八节无筵席，半夜三更有界牌。'"③，可知郑州寺院数量之少。再如宰相蔡确被贬到广南东路的新州，"州无它僧寺"④，因而只好居住在新州唯一的寺院中，可见新州寺院比郑州还要少。

总体而言，宋代寺院分布极不均衡。具体言之，经济文化发达的地区寺院往往更为集中，交通便利的通都大邑和人口稠密的地区也是寺院集中之处，作为古都的长安便是如此。"长安，实汉、唐之故都，当西方之冲要，衣冠豪右错居其间……官府、佛寺、道观又将逾百"⑤，长安历来是中西交通重要的枢纽城市之一，因而寺院数量就比较多。再如湖北荆南府（今湖北荆州市沙市区）有550所寺院，⑥尽管荆湖北路地区在宋代属于佛教势力并不算突出的地区，但总体上说，当地人信仰佛教，"江边金碧漫

---

① 《毗陵集》卷一二《詹抃墓志铭》，《全宋文》卷三七九四。
② 《金文最》卷六五《天宁万寿禅寺碑》，中华书局，1990年。
③ 《鸡肋编》卷上。
④ 《默记》卷上，中华书局，1981年。
⑤ 《金石萃编》卷一三七《京兆府香城善感禅院新井记》，《全宋文》卷八九〇。
⑥ 《忠肃集》卷一〇《荆南府图序》。

层层，户口稀疏塔庙增，楚俗不知黄面老，家家香火事湘僧"①。广东韶州"于岭外为望州……故寺最众，僧最多"②，"建刹为精舍者四百余区"③，估计这反映的是北宋前期的史实。

此外，山水秀丽之处也是寺院比较多的地方，在宋代，很多名山胜景都修建了大大小小的佛教寺院，"大抵南方富于山水，号为千岩竞秀，万壑争流。所以浮图之居，必获奇胜之域也"④。谢逸也说："天下佳山水，莫富于东南，有道之士庐其中者，十常七八。"⑤北方的五台山亦因其山水秀丽而集中了大量的寺院。

出现上述现象的原因是多方面的。首先，按照宋人田锡的说法，"民有余财方能施，佛财众，有美利，方能修福利……今公帑有美财，国廪有余积，可以营佛事"⑥，此说可谓一语道破天机。假如老百姓一贫如洗，恐怕不会有人空着肚子来布施供佛。自魏晋以后，南方经济逐渐发展起来，尤其是唐末五代时期，北方广大地区战乱频仍，而南方则处于相对安静的环境中，因而社会经济得到了相当大的发展。

正因为如此，佛教的渗透和寺院的发展才有了雄厚的经济保障。余靖曾经说："［广州］南海，诸越之冠邑也……至天禧中，圣化翔洽逾五十载，国无横赋，民有常业，生聚既众，仓廪既实……时檀越麦延绍等五十余人列名，请今住持僧法宗建刹奠居以奉西方之教。"⑦可见"仓廪实"乃是佛教寺院得以建立和发展最为重要的前提条件。宋人李洪在谈到两浙路盐官县佛教发展的盛况时指出："杭之属邑曰盐官，民淳号易治，风俗简朴，尊儒而崇释。邑东南濒海，斥卤渔盐之乡，皆逐末业牟盆之利，岁成视西三乡为丰歉，农夫深耕，利于早熟，蚕妇织纴，以勤女红。乐岁家给人足，斥其赢奉佛惟谨，故民居与僧坊栉比……不耕蚕而仰给于民者，

---

① 《刘克庄集笺校》卷六《湘中口占》。
② 《武溪集》卷七《韶州开元寺新建浴室记》，《全宋文》卷五七〇。
③ 《武溪集》卷九《韶州善化院记》，《全宋文》卷五七一。
④ 《武溪集》卷八《韶州白云山延寿禅院传法记》，《全宋文》卷五七一。
⑤ 《溪堂集》卷七《上高净众禅院记》，《全宋文》卷二八七六。
⑥ 《常山贞石志》卷一一《大宋重修铸镇州龙兴寺大悲像并阁碑铭》，《全宋文》卷九九。
⑦ 《武溪集》卷七《广州南海县罗汉院记》，《全宋文》卷五七〇。

不知其几千指也。"①一个小县之所以能养活几千僧徒，是因为盐官县民"家给人足"。因此，只有经济发展才能保障寺院的生存和发展。

然而，宋代社会经济的发展呈现出极不平衡的趋势，因而寺院分布不平衡，寺院经济发展的地域差异现象就可以理解了。显而易见，宋代两浙路、福建路寺院经济总体上名列前茅，是与这些地区经济的大发展紧密联系在一起的。如前所述，福建路上四州经济很显然不如下四州，因而寺院数量就远远不及下四州了。总之，宋代僧尼、寺院分布的地域差异是由经济基础决定的。

其次，各地风俗习惯对宋代寺院分布的不平衡性、寺院经济的地域差异的形成有着极为重要的影响。前面所引"山东朴鲁，非江浙比，俗不为僧道"，足以证明风俗习惯对寺院发展的制约作用是相当大的。福建路"其俗信鬼尚祀，重浮屠之教，与江南、二浙略同"②。这三路能成为宋代寺院经济最发达的地区，恐怕与当地人民的风俗不无关系。欧阳修曾经记载福建路佛教发展的情况："闽俗重凶事，其奉浮图，会宾客，以尽力丰侈为孝。否则深自愧恨，为乡里羞。而奸民游手、无赖子幸而贪饮食，利钱财，来者无限极，往往至数百千人。至有亲亡秘不举哭，必破产办具而后敢发丧者。"③由此可见，福建地区在亲人死后，往往都要延请佛教徒，由他们做各种法事，超度亡灵，办理丧事，耗费大量钱财。

福建地区的信佛、供佛之风甚至引起了统治者的恐惧，有些官僚要求朝廷立法加以禁止。宋徽宗大观三年（1109），臣僚言："福建路风俗，克意事佛，乐供好施，休咎问僧。每多淫祀，故民间衣食因此未及丰足，狱讼至多，骎烦州县。"④针对这一严重社会问题，朝廷下令地方官严加管制，否则其将受到相应的处罚。蔡襄既是福建出生，又在福建为官，因而他深知当地风俗，他不得不劝告福州的老百姓："观今之俗，贫富之家多于父母异财，兄弟分养，乃至纤悉无有不校。及其亡也，破产卖宅，盛为酒

---

① 《芸庵类稿》卷六《盐官县南福严禅院记》，《全宋文》卷五三八五。
② 《宋史》卷八九《地理志五》。
③ 《欧阳修全集》卷三五《居士集·端明殿学士蔡公墓志铭》。
④ 《会要》刑法二之四九。

肴，以劳亲知，施与浮图，以求冥福……是不知为孝之本也。"①这是蔡襄担任福州地方官时劝诫当地人的布告，父母在世时不尽孝，死后却不惜重金施舍供佛，显然毫无意义。然而，福建当时的民风一向如此，地方官也只好加以劝诫而已，不可能从根本上予以改变。

又如两浙路，其风俗与福建路相差无几。"浙俗贵僧，或纵妇女与交"②，在这种社会风气下，人们的价值取向便是尊重僧人，因而出家人大量增加乃是不可避免的。欧阳修送给高僧慧勤的一首诗颇能反映两浙地区老百姓信仰佛教蔚然成风的实际状况："越俗僭宫室，倾赀事雕墙。佛屋尤其侈，眈眈拟侯王……南方精饮食，菌笋鄙羔羊。饭以玉粒粳，调之甘露浆。一馔费千金，百品罗成行。晨兴未饭僧，日昃不敢尝。"③可见这一地区不仅佛教寺院建造得金碧辉煌，而且僧人锦衣玉食，百姓早晨若不先将美食施舍给僧人，则不敢吃早饭，足见当地僧人社会地位之高。正是因为僧人享有特殊待遇，所以人们趋之若鹜，以出家为荣。川蜀地区亦大致相似，"东蜀地险且隘，非山即川，间有平原，随其陆之大小以建郡邑。故土地广阔比之他路，盖为少矣。然士民信向释学，多喜其教……由是僧居禅、律相半，亦何盛耶！"④可见四川地区佛教势力也相当强盛，这与当地的风俗是密切相关的。

再次，中国古代佛教史上几次对佛教势力的沉重打击差不多都发生在北方地区，这就是所谓"三武一宗"的"法难"期。由于各种原因，北魏太武帝、北周武帝、唐武宗、周世宗在位时期，对佛教势力采取了极端严厉的打击措施，不仅强制很多僧尼还俗，还毁坏了不少寺院。尤其是五代周世宗的灭佛运动，使北方地区的佛教寺院遭受了很大的打击，这一事件离宋朝时间不算久，因而影响也比较深远。大批僧尼被迫还俗，寺院田产大量被没收。在这种情况下，不少佛教徒逃往南方。而恰恰在此时，广大南方地区，特别是两浙、福建地区割据一方的统治者大力扶植佛教势力，

---

① 《蔡忠惠集》卷二九《福州五戒文》，《全宋文》卷一○○八。
② 《长编》卷一七六，至和元年二月壬戌。
③ 《梦粱录新校注》卷一七《历代方外僧》。
④ 《金石苑·遂宁府蓬溪县新修净戒院记》，《全宋文》卷三七七七。

因而佛教得到了长足的发展。入宋以后，赵氏政权基本上采取维持现状的宗教政策，进而形成了宋代寺院总体上北不如南的局面。

最后，两宋统治者执行了一种相对开明的宗教政策，既对佛教势力加以较多的限制，同时又允许僧尼在一定范围内从事合法的宗教活动，并且利用佛教学说为其统治服务。这种措施比前代"三武一宗"过于激烈的镇压运动无疑要高明得多。显而易见，宋代福建路、两浙路寺院如此发达，与宋朝政府的宗教政策有着密切关系，黄干曾说："王氏入闽，崇奉释氏尤甚，故闽中塔庙之盛，甲于天下。"[1] 五代十国时期，广大南方地区佛教势力的发展非常迅速，僧尼人数大量增加。

入宋以后，宋朝统治者并未加以禁止，反而顺其自然，原来寺院占有的田产基本上未做调整，因而像福建路寺院的田产很多是五代时期遗留下来的，赵氏政权并没有剥夺和没收寺院的财产，仅仅是让寺院承担相应的赋役而已。如福州，"民产钱八千缗有奇。僧寺一千五百，不啻当民八之一。以故州常赋外，一切取给于僧寺，有以也夫"[2]。又如广南东路南华寺，"寺有补钵庄，即公主舍也"[3]，这个公主便是刘氏政权时期的公主，足见寺院在前代领有的田地在宋代依然属于原来的寺院。正因为宋朝政府施行一种开明的宗教政策，加之前面几个因素的共同作用，因此宋代寺院的分布呈现出严重的地域差异。

第二节　寺院经济的地域差异问题

上面从各地僧尼人数、寺院的分布两方面探讨了宋代佛教的地域差异，但仅仅从这两方面来研究寺院经济发展的不平衡性，恐怕还是远远不够的。

---

[1] 《勉斋先生黄文肃公文集》卷三三《处士唐君焕文行状》，《全宋文》卷六五五八。
[2] （淳熙）《三山志》卷一〇《版籍类一》。
[3] 《贵耳集》卷下，四库全书本。

总体说来，宋代寺院经济发展的不平衡性有多种表现，其中之一便是严重的城乡差别。宋人王庭珪一针见血地指出："佛屋遍天下，大率费不赀。泥金缯，示瑰琦，务为不可胜者，多在夫通都大邑。水舟、陆车、珠玑、象犀、百货之所萃，商官争负挈，营营然贪眄不瞬。浮图能一语倾之，则罄橐勿儒。此通都大邑之有刹庙，所以视他处所为最雄侈繁丽。至于荒僻穷绝之所往往土圯木撑，蟀漏不苴，其徒乞丐不能动人，而檀那喜趋阛阓者，且不肯出毫力于此，亦其势然也。"① 这一精彩议论无非是为了说明佛教寺院的城乡差异及其形成的原因，应该是反映了宋代佛教势力的基本情况的。

一般城市都处于交通要道上，如秀州华亭县，"地占三吴胜，名因二陆雄。海村宵见日，江市昼多风。商贾通倭舶，楼台半佛宫"②，正因为华亭县处于海上交通的咽喉之地，所以才形成了"楼台半佛宫"的局面。又如青龙镇，"瞰松江，上据沪渎之口，岛夷闽越交广之途所自出，风樯浪舶朝夕上下。富商巨贾、豪宗右姓之所会也。事佛尤盛，方其行者，蹈风涛万里之虞，怵生死一时之命"③，正因为如此，当地佛教非常盛行，寺院经济力量自然强大。

另外，城市除了人口稠密外，往来行人众多，其中不乏信奉佛教之人，因而僧尼所得到的施舍也就相应地要多得多，这是毫无疑问的。正如陆游所记载的绍兴府法云寺一样，此寺"居钱塘、会稽之冲，凡东之士大夫仕于朝与调官者、试于礼部者莫不由寺而西，饯往迎来，常相属也。富商大贾捩舵挂席，夹以大橹、明珠、大贝、翠羽、瑟瑟之宝，重载而往者，无虚日也……故多施者，寺易以兴"。这类寺院可谓近水楼台先得月，以至于陆游也不得不大发感慨："予游四方，凡通都大邑以至遐陬夷裔，十家之聚必有佛刹，往往历数百千岁，虽或盛或衰，要皆不废。而当时朝市、城郭、邑里、官寺多已化为飞埃，鞠为茂草。过者吊古兴怀于狐嗥鬼啸之区，而佛刹自若也。岂独因果报应之说足以动人，而出其

---

① 《庐溪文集》卷三五《重修东华寺记》，《全宋文》卷三四一三。
② 《潜山集》卷六《华亭县》，四库全书本。
③ （至元）《嘉禾志》卷一九《隆平寺经藏记》，四库全书本。

财力？"①从陆游的议论中可以看出，地处城市的寺院比乡村寺院要富裕得多，原因在于往来城市的人很多，且多为富裕之人，他们更有钱财，可以施舍给寺院和僧侣。

城市作为封建统治的政治、经济、文化中心，居住的达官显贵、富商大贾颇多，至少比农村要多得多。他们财力雄厚，一旦为佛教迷人的学说所诱惑，施舍起来便非常大方，"阎大翁者，居鄱阳。以贩盐致富，家赀巨亿。夫妇皆好布施，诸寺观无不沾其惠，而独于安国寺出力尤多"②。欧阳修对洛阳佛教寺院自古以来由盛至衰曾经做过精彩的评论："河南，自古天子之都，王公戚里、富商大姓处其地。喜于事佛者，往往割脂田沐邑、货布之赢，奉祠宇为庄严。故浮图氏之居与侯家主第之楼台屋瓦，高下相望于洛水之南北，若弈棋然。及汴建庙社，称京师。河南空而不都，贵人大贾废散，浮图之奉养亦衰。岁坏月隳，其居多不克完。与夫游台钓池并为榛芜者十有八九。"③由此可见，达官贵人、富商大贾的施舍与佛教寺院的兴盛是紧密联系在一起的。

在封建时代，这些人在世时享受荣华富贵，想在死后升入天国，继续享受锦衣玉食，奢侈无度。他们相信，只要能在世积德行善，施舍供佛，来世便可同样得到荣华富贵。因此他们求神拜佛，"今世王公大人更相施舍供养，谓能植福"④。在这种为自己及亲属"植福"的理念驱动下，他们自然会毫不吝啬地施舍。如建康钟山寺"富商大贾之所走集，金帛之施无虚日"⑤，这两个例子说明历代王公大臣、富商大贾对寺院的施舍是毫不吝惜的。又如前所引，南宋都城临安不仅寺院数量多，而且其经济实力也比一般乡村寺院雄厚得多。

自从南宋定都临安后，虽兵火连年，佛教寺院却如雨后春笋，兴修得最快。汪藻对此颇有感触，"今道宫、佛刹圮于戎马之余，才几日耳，已

---

① 《渭南文集》卷一九《法云寺观音殿记》，《全宋文》卷四九四三。
② 《夷坚志·三志》辛卷七《阎大翁》。
③ 《欧阳修全集》卷六四《居士外集·河南府重修净垢院记》。
④ 《藏一话腴》甲集卷下，民国刻适园丛书本。
⑤ 《于湖居士文集》卷一三《隐静修造记》，《全宋文》卷五七〇三。

纷然相望于国都，其徒志坚而材足以有立故也"①。与其说这是因为佛教徒矢志不渝，不如说临安虽是当时的都城，但处于战争阴影笼罩下的人们比和平时期更强烈地感到朝不保夕，所以他们更慷慨地施舍供佛，以期求得佛祖的庇护，免遭杀身之祸。因此，当时的寺院比较容易募集钱财，大兴土木。杭州六和塔寺地处钱塘江交通冲要之处，佛教徒在塔上设置航标灯，往来船舶得以停泊，"视塔中之灯光以为指南，则海航无迷津之忧。是致富商大舶尤所归向，而喜舍无难色"②。位于都市的寺院不仅所得施舍多，而且由于过往行人众多，还可以经营商业、房产租赁业等，因而赚钱的渠道和机会也远比乡村寺院要多。苏轼曾经记述西南大都会成都佛教寺院的空前盛况，"成都，西南大都会也，佛事最胜"③。尽管总体上宋代四川佛教寺院经济并不算发达，但成都作为西南最重要的都市，寺院经济还是相当繁荣的。

与都市寺院相比，一些乡村寺院经济力量就显得太微不足道了。宋人孙应时记载了泰州明僖禅院的兴衰历程："石庄在如皋南九十里，大江之濒，空荒穷僻之处也。有明僖禅院者，靖康间所赐名……残僧守之，陋且益隳，主僧至者搜拾囊橐，无何弃去。"④就连寺院住持僧也感到此寺一贫如洗，只好一走了之。又如，"江南一县郊外古寺，地僻山险。邑人罕至，僧徒久苦不足"⑤，这类地僻人荒之处的寺院自然不能与大都市的寺院相提并论。究其原因，一是交通闭塞，往来行人稀少，所得布施就非常有限，如隐静寺，"惟隐静介居繁昌、南陵之间，地瘠民穷，而无大檀施。山又深阻，寻幽好奇之士不至"⑥，人迹罕至的地方当然不会有大施主；二是所处地区老百姓本身就食不果腹，哪里还有多少剩余的东西来供奉佛祖（实际上是僧侣）呢？如富昨寺，"寺介山间，施与不时。炊烟频冷，主席

---

① 《浮溪集》卷一九《镇江府重修州学大成殿记》，《全宋文》卷三三八五。
② 《松隐文集》卷三〇《六和塔记》，《全宋文》卷四二〇四。
③ 《苏轼文集》卷一二《成都大悲阁记》。
④ 《烛湖集》卷九《泰州石庄明僖禅院记》，《全宋文》卷六五九一。
⑤ 《渑水燕谈录》卷九《杂录》。
⑥ 《于湖居士文集》卷一三《隐静修造记》，《全宋文》卷五七〇三。

屡旷。屋且老,将弗支"①,可见此寺因为偶尔才能得到施舍,所以会不时断炊。如明州证果寺,"绝幽邃,无车马喧……寺仅有僧行三四辈,尝尽往十里外民家诵经殓死"②,此寺静则静也,僧徒却不得不外出诵经乞食,而且寺院地处两浙路明州,应该是寺院经济相当发达的地区之一,但寺院里仅有僧人、童行三四人而已,足见其规模之小。黄庭坚曾经到黔南游山玩水,"绕山行竹间二百许步得僧舍,号大悲院,才有小屋五六间。僧贫甚,不能为客煎茶"③,可知这座寺院连招待客人的茶都没有,其生活之艰辛不难想见。再如,"南城县东百余里龙门山,山颠有寺,幽僻孤寂,人迹罕至,独一僧居焉"④。

宋代文人经常写诗描写一些乡村寺院或山林寺院经济上捉襟见肘的悲惨状况,如卫博的《二猫诗》云:"地偏人迹希,斋厨冷如刷。老僧挑野菜,岂识腥与血?饥鼠知自迁,畜猫竟徒设。"⑤就连老鼠都有自知之明,知道这里无油水可捞,被迫迁徙,足见此寺一无所有的困境了。刘克庄的《小寺》一诗也同样说明了这种情况:"小寺无蹊径,行时认藓痕。犬寒鸣豹似,僧老瘦于猿。涧水来旋磨,山童出闭门。城中梅未见,已有数株繁。"⑥地处冷僻荒凉之处的寺院,"僧老瘦于猿"是必然的。曾几的《寓广教僧寺》一诗写得更为生动形象:"似病元非病,求闲方得闲。残僧六七辈,败屋两三间。野外无供给,城中断往还。同行木上座,相与住茶山。"⑦

叶适对乡村寺院僧侣的悲惨际遇寄予了莫大的同情:"麦熟僧常饿,茶枯客谩吞。荒凉自有趣,衰病遣谁言。"⑧很显然,此庵只有一名僧人,经常处于半饥饿状态。宋代高僧文珦曾经描写一个处于山林间的僧人,"禅貌如冰雪,禅心去町畦。休粮烟火绝,养气语言低。空室无关钥,随

---

① 《洺水集》卷一一《富昨寺记》,《全宋文》卷六七九三。
② 《夷坚志·支志》丁卷六《证果寺习业》。
③ 《山谷全书·正集》卷一六《黔南道中行记》,《全宋文》卷二三二三。
④ 《夷坚志·丁志》卷一九《龙门山》。
⑤ 《定庵类稿》卷一《二猫诗》,四库全书本。
⑥ 《刘克庄集笺校》卷一《小寺》。
⑦ 《清波杂志校注》卷五《茶山诗》。
⑧ 《水心文集》卷七《宿觉庵》。

身止杖藜。不曾游聚落，终老只山栖"①，此类在山林间潜心修炼的僧人自然是身无分文了。类似的诗尚有许多，此不一一罗列。总而言之，处于乡村，尤其是穷乡僻壤地区的佛教寺院的境况是相当不尽如人意的，不仅寺院经济力量异常弱小，而且僧人的生活也格外艰辛。

当然，寺院经济的城乡差异也不是绝对的，少数乡村、山林寺院也相当富丽堂皇，甚至比地处城镇的寺院还要强大。尤其是一些处于名山及风景秀丽地区的寺院，香客、游客往来频繁，因而收入颇丰，僧侣、寺院都相当富裕。相反，部分位于城镇的寺院也有因香火不盛而一贫如洗的。因此，对宋代佛教寺院经济的城乡差别不能一概而论，只能做具体分析。如前面所引的当涂隐静寺，"地瘠民穷而无大檀施"，但是后来妙义禅师绍兴年间前来住持此寺，"披荆棘，荤粪秽，由尺椽片瓦之积，至于为屋数百千楹。土木之工，金碧之丽，通都大邑未有也"②。本来穷困潦倒的寺院，住持僧侣一换，寺院面貌便焕然一新，完全可以与大都市的寺院媲美，甚至比通都大邑的寺院更为富丽堂皇。

同时还应该看到，一些偏远地区的寺院也并不是十分贫穷。"弋阳郡居长淮之西，地僻而事少，田良而民富"，正因为如此，当地百姓才有财力大兴佛教寺院，甚至与邻近地区相互攀比，"吾郡既庶且富，所不足者非财也。而浮屠、老子之宫室，貌象庳陋废圮。民不信向，父兄窃议，以不若四邻为愧"③，在这种背景下，当地重修了开元寺大殿。由此可见，弋阳郡（即光州）地处偏僻却相当富庶，但当地人并不信奉佛教、道教，因而佛教、道教的庙宇建筑大多谈不上富丽堂皇，甚至十分庳陋，其建筑远远不如周边地区各地的庙宇。

再如余靖所记述的韶州乐昌县宝林禅院，尽管远离县城，但由于寺院环境优美，既能为香客提供住宿，又免费供应斋饭，所以吸引了众多信徒，"越人右鬼，而刘氏尤佞于佛。故曲江名山秀水，青田沃野，率归

---

① 《潜山集》卷七《休粮僧》。
② 《于湖居士文集》卷一三《隐静修造记》，《全宋文》卷五七〇三。
③ 《栾城集》卷二三《光州开元寺重修大殿记》。

于浮屠氏。郡之属邑曰乐昌，去县郭四十里，有院曰宝林。地灵境胜，一邑之冠。远郊近落，率来瞻仰……幽人奇士所以击节而争往也"[1]，该寺从而成为远近闻名的大寺院，香火之盛，自是不难想见。另外，一部分城镇寺院经济力量也很弱小，在宋代一些地方志中即可以看出，一些城镇寺院竟然没有一亩田产，只能以乞食或其他方式维持生计。因此，所谓寺院经济的城乡差异，只是从总体意义上而言的，而具体到个别寺院，则另当别论。可以肯定一点，大部分城镇寺院比乡村寺院经济实力强大。

佛教寺院经济发展的不平衡性还表现在寺院经济力量强弱不同的差异方面。《夷坚支志》癸卷记载了福建路兴化军九座山和囊山的两所佛教寺院，起初九座山寺院"一杉之杪忽生数花"，寺院方面大加渲染，以为神异，于是"远近施财，不约而集，遂成禅林"，因而盛极一时。然而，后来居上的囊山寺"常住极盛，岁收谷逾万石。往来就食，不以多寡，虽官僚、吏士亦一粥一餐"，而九座山寺院却衰落到"仅有田百亩，弃行化于福、泉、莆、剑四州"[2]。这不仅是"贫富无常势"在寺院经济中的反映，还深刻地说明了寺院经济力量大小之间的天壤之别。从现存的一些地方志中也能看出这个问题（表三、表四）。

表三　明州（庆元府）寺院占田地表

地名	寺院数（所）	占田数（亩）	每寺平均数（亩）	占山数（亩）	每寺平均数（亩）
州治	30	7890	263	370	12
鄞县	90	21565	240	161405	1793
奉化县	74	11012	149	48060	649
慈溪县	41	6239	152	17338	423
定海县	31	8507	274	22256	718
昌国县	23	8652	376	29716	1292
象山县	16	5923	370	14578	911
合计	305	69788	229	293723	963

（资料来源：宝庆《四明志》卷一六至二一《叙县》。）

---

[1]《武溪集》卷七《韶州乐昌县宝林禅院记》，《全宋文》卷五七〇。
[2]《夷坚志·支志》癸卷七《九座山杉兰》。

表四　台州寺院占田地表

地名	寺院数（所）	占田数（亩）	每寺平均数（亩）	占地数（亩）	每寺平均数（亩）	占山数（亩）	每寺平均数（亩）
州治	23	8865	385	1577	69	888	39
临海县	117	35359	302	10689	91	27335	234
黄岩县	91	28995	319	4787	53	5980	66
天台县	72	32875	457	8763	122	71266	990
仙居县	46	12004	261	3409	74	23689	515
宁海县	46	8002	174	5308	115	43544	947
合计	395	126100	319	34533	87	172702	437

（资料来源：嘉定《赤城志》卷一四《版籍门二》。）

从上述两表可以看出，即便是同处两浙路的庆元府、台州，寺院经济也存在明显差距。应该说，嘉定《赤城志》的记载比宝庆《四明志》的记载要详细一些，前者记录了当地佛教寺院占有的田、地、山三项财产，后者只有田、山两类。两相比较，台州各县寺院平均占田319亩左右，占山437亩左右，庆元府平均分别是229亩、963亩左右。不仅如此，台州寺院还占有大量土地，这些应该是可耕地，而非荒地。尽管庆元府寺院占有的平均山林面积是台州寺院的一倍多，但因其多属于未开发的资源，故其经济价值显然不及熟田。其数量再多，利用价值都不会很高。

因此，总体上台州寺院经济要比庆元府强得多。在台州395所寺院中，有25所寺院占田超过1000亩，占总数的6.3%强；庆元府305所寺院中，有11所寺院占田在1000亩以上，占总数的3.6%。此外，台州无田、地、山的寺院为7所，仅占1.8%弱，而庆元府却达到28所之多，占总数的9.2%左右，由此亦不难看出两地寺院经济的巨大差异。

两州寺院财产包括的范围比较广，有的寺院占田多，有的寺院占地多，而更多的寺院占有的山林面积很广，尤其是庆元府，寺院占有的山林之多，令人吃惊。从上述两表中可以看出，寺院经济力量千差万别。显而易见，占有田地多的寺院相对而言是很富裕的，用宋代世俗经济术语来说便是寺院中的上等户。具体而言，两地寺院中占有100~500亩田地的寺院所占比例最大，台州有282所，占寺院总数的71%强；庆元府有133所，占总数的44%弱。因为庆元府没有对耕地的记载，所以比例相对较小，如果加上耕地，估计比例会有很大提高。因此，笔者以为，500亩（包括耕地）大致是宋代寺院占有田地的重要界限，占有100～500亩田地的寺院估计为普通寺院，似可以将其视为寺院中的"中户"阶层，与宋代世俗社会的四、五等户相似，大体上属于自耕农阶层。

应该说，占有100亩左右田地恐怕连维持寺院僧侣的基本生活都成问题。占有500～1000亩者，估计是比较富裕的，台州有46所，占12%弱，庆元府有18所，占6%弱。这些寺院大致上可以衣食有余，与世俗社会的中小地主差不多。占有1000亩以上田地的寺院相对要少些，台州有27所，占总数的7%弱，庆元府仅有9所，占总数的3%弱，估计这些寺院的经济力量是非常强大的，类似于世俗的大地主阶级。

当然，这种划分方法是否符合当时的实际情况，恐怕尚需做进一步思索与考察，主要是因为没有将佛教寺院所占有的山林计算在内，而这些山林究竟有多大经济价值很难说清楚，且寺院占有的山林面积相当广。就台州而言，占有山林面积1000亩以上的寺院有46所，占12%弱，占500～1000亩者21所，占5%强，占100～500亩者97所，占25%弱，占100亩以下者163所，占41%强。在庆元府，占有山林1000亩以上的寺院达54所，占总数的18%弱，占500～1000亩者29所，占10%弱，占100～500亩者70所，占23%弱，占100亩以下者18所，占6%弱。很显然，庆元府寺院所占有的山林比台州寺院所占有的要多得多，尤其是占有上千亩以上山林的寺院占比，庆元府比台州高出六个百分点，而占有100亩以下山林的寺院，台州比例高达41%，而庆元府仅有6%而已，差距之大，不难想见。

尽管对宋代佛教寺院按富裕程度进行划分存在不少困难，但这种区分还是很有必要的，至少可以从总体上更好地把握寺院户的阶级属性，也为更进一步研究寺院经济提供了重要的线索。总的说来，占有田地多的寺院与世俗封建地主阶级的生活富裕程度差不多。不管是庆元府，还是台州，都有相当比例的寺院根本没有田地和山林，这些寺院无异于世俗社会的佃户。但由于佛教寺院的特殊性,僧侣可以化缘得食,还能通过一些宗教活动挣来钱财,所以其寄生性是不言而喻的。然而,对那些无地或少地的寺院而言,僧侣的生活总体上是非常清苦的,在此引录几首宋人的诗,借以说明下等寺院,即占田少的寺院僧侣的实际生活状况。曾极在描写金陵湘宫寺的情景时写道:"数椽败屋湘宫寺,虞愿忠规正凛然。十级浮屠那复有?虚抛贴妇卖儿钱。"①这首诗一方面是下等寺院生活的真实写照,寺院残败,似乎根本没有僧侣,另一方面也说明贫困的百姓为了祈求神灵而卖儿贴妇,足见神权对人民毒害之深。刘克庄的《祺山院》一诗则反映出寺院僧侣负债度日的不幸遭遇:"昔日祺山院,今惟认土丘。有僧逃债去,无主施钱修。野叟樵难禁,岩仙弈未休。何须悲幻境,佛比作浮沤。"②出家的僧侣被债务逼得无家可归,四处流浪,贫穷寺院僧侣生活之窘境由此可见一斑。宋代高僧惠洪有诗云:"老源缚屋矶山侧,庐山对门江水隔。单丁住山二十年,一等栽田博饭吃。诸方说禅如纺车,我口钝迟无气力。屋头枯木自安禅,……面如栀子衣领白,年年江北与江南。"③他的另一首诗写得更为凄婉:"寺已余十僧,田不登百数。何以常乏食?强半了租赋,今年失布种,正坐无牛具……邻家饭早占,我方质袍裤。此生为口腹,梦幻相煎煮。"④此寺有十几个僧侣,而占有的田产不足百亩,土地收入的多半交了租税,因此僧侣经常无饭可食。这一类小寺院的生活与世俗的穷苦百姓并没有多少区别,与那些"华堂何止容千衲,菜地犹堪置万家"⑤的大寺院相比,简直是天渊之别。

就宋代而言,从总体上看,虽然寺院经济力量有相当巨大的强弱差异,但更值得注意的是寺院经济在区域范围内的差别,即地域差异。真德秀在一次上奏中曾经说:"契勘湖南州县寺观大抵产税岑寂已甚,虽名大刹,不足比江浙、福建下等寺观。兼自嘉定十一年以来,逐岁數抑度牒,

---

① 《金陵百咏·湘宫寺》。
② 《刘克庄集笺校》卷三《祺山院》。
③ 《注石门文字禅》卷二《送充上人谒南山源禅师》。
④ 《注石门文字禅》卷五《七月十三示阿慈》。
⑤ 《刘克庄集笺校》卷一《雪峰寺》。

勒令采米，其数已不可胜计，纳米不足，又责令纳钱，寺观缘此倒败者非一。"[①]由此可见，荆湖南路大寺院的经济力量尚不足与福建、江浙地区的小寺院相匹敌，因而宋代各地寺院经济实力差距悬殊。宋人所谓"寺观所在不同，湖南不如江西，江西不如两浙，两浙不如闽中"，除了说明寺观数量和僧道人数多寡外，更重要的恐怕还是指寺院经济力量的差异。

北宋中期，蔡襄曾谈到福建路寺院的情况："七闽之地……土地硗确，所居之地家户联密，有欲耕而无尺土者，有畜积逾年即为陶朱、猗顿之富者，何哉？昔者僭王相继，竟取良民膏腴之田以入浮屠氏，国朝以来因而不改。"[②]福建路佛教寺院占有田产之多在全国范围内是首屈一指的，因而其经济力量自然而然也属全国第一。以漳州为例，"举漳州之产而七分之，民户居其一而僧户居其六。于一分民户之中，上等富户岁谷以千斛计者绝少……以六分僧户言之，上寺岁入数万斛，其次亦余万斛……虽穷村至小之院亦登百斛，视民户极为富衍"[③]，由此可见，漳州的绝大多数田产都掌握在佛教寺院和僧人手中，大型寺院每年的粮食产量远远高于当地的"上等富户"。

在两浙路，寺院占有膏腴之田，衣租食税，寺院一年的田租就达六十万石，[④]因而两浙路寺院经济居全国第二位并非妄语。如庆元府昌国县，"其地瘠卤，不宜于耕，故民多贫。民无常产，而又寺宇居十之一，以民之贫，分利之一以归于释氏，则愈贫矣"[⑤]。其他诸路的寺院经济力量显然是不能与福建路、两浙路同日而语的。周去非在《岭外代答》中谈到广南西路地区佛教寺院的情况："南中州县有寺观而无僧道，人贫不能得度牒，有祠部牒者无几，余皆童行。"[⑥]可以肯定，广南西路就连正式出家的僧尼都很少。可以想见，当地的佛教寺院经济自然是比较弱小的。

---

① 《西山文集》卷一七《申尚书省乞免降度牒状》，《全宋文》卷七一六一。
② 《蔡忠惠集》卷二四《上运使王殿院书》，《全宋文》卷一〇〇九。
③ 《北溪大全集》卷四三《拟上赵寺丞改学移贡院札》，《全宋文》卷六七二一。
④ 《漫塘集》卷九《回平江守吴秘丞渊札子》，《全宋文》卷六八二六。
⑤ 《四明图经》卷一〇《普慈禅院新丰庄开请涂田记》，《全宋文》卷四八九七。
⑥ 《岭外代答》卷三《僧道》。

就一路而言，各州县寺院经济力量差别亦颇大。在两浙路，楼钥认为庆元府寺院经济位居第一，"浮屠氏法盛于东南，而明为最。兰若相望，名德辈起"①。刘昌诗也有同样的看法，他认为庆元府寺院既多且富，"四明僧庐，在六邑总大小二百七十六所。只鄞一县，城内二十六，城外八十"。更厉害的是，"天童岁收谷三万五千斛，育王三万斛"②。事实上，这些看法失之偏颇。据嘉定《赤城志》各卷记载，台州寺院占田数量明显要比庆元府寺院的多，显然要比庆元府寺院更富庶。素称寺院经济最发达的福建路，某些州的寺院依然贫困不堪，"夫闽之八州以一水分上下，其下四郡，良田大山多在佛寺，故俗以奉佛为美，而佛之庐几甲于天下，若上州，则虽有僧舍，类皆空乏不给"③。从前面所谈到的情况来看，福建路漳州寺院经济力量是最雄厚的，福州次之，因而同一路中各州县寺院经济的地域差异仍然是十分严重的。

而某些总体上寺院经济并不发达的路中，个别州县寺院经济却能与发达的福建、两浙路匹敌，如淮南西路的安庆府在本路内寺院经济恐怕是无与伦比的，在全国范围来看也应算是相当发达的，"安庆府寺观最多，田地山林太半皆属寺观。僧、道常住优厚，亦皆肯出力为官司办事"④。又如广南东路的韶州也是很特殊的，"韶之境富于山水，而佛刹占胜，相望于野"⑤。在另一篇文章中，余靖又写道："曲江名山秀水，膏田沃野，率归浮屠氏。"⑥因此，在考察寺院经济的地域差异时，既要注意整体（以路为单位）的比较，同时也应该看到局部（以州县为单位）的优势。

---

① 《攻媿集》卷一一〇《延庆觉云讲师塔铭》，《全宋文》卷六〇〇七。
② 《芦浦笔记》卷六《四明寺》。
③ 《南涧甲乙稿》卷一五《建宁府开元禅寺戒坛记》，《全宋文》卷四七九八。
④ 《勉斋先生黄肃公文集》卷三二《申制置司行下安庆府催包砌城壁事状》，《全宋文》卷六五三二。
⑤ 《武溪集》卷一《游大峒山诗并序》，四库全书本。
⑥ 《武溪集》卷七《韶州乐昌县宝林禅院记》，《全宋文》卷五七〇。

子院：佛教寺院特殊经济关系之一环

第一节　子院与母院的经济关系

关于宋代佛教寺院的子院，石川重雄于1988年发表了几篇相关的研究成果，[①] 笔者自1986年开始研究宋代佛教寺院经济的相关问题，同样注意到了子院现象。[②] 当时对国外学者的研究成果并未加以足够的重视，加之那时不懂日语，更何况国内并无多少日文版的中国史学杂志。后来，石川重雄先生读到了笔者的研究成果，并惠赠其大作数篇，尽管笔者对他的成果不甚了了，却得知他也在从事这方面的研究。无论如何，笔者与石川先生的研究存在很多差异，研究重点是子院与母院之间的经济关系及子院形成的原因等。

所谓子院，就是一座大寺院管辖下的若干小寺院，它们与大寺院之间存在较为严格的隶属关系，为便于叙述，在此姑且将这种拥有子院的寺院称作母院。在宋代，子院有多种称谓，一是子院，如庆元府鄞县开元寺，"寺又有子院六，曰经院，曰白莲院，曰法华院，曰戒坛院，曰三学院，曰摩诃院"[③]；又如雍熙寺，"寺之子院三，曰华严，曰普贤，曰泗洲，皆为讲教之所"[④]。二是下院，如旌忠禅院，"绍兴二十六年，赐额，为秦申王坟寺。

[①] 石川重雄:《宋代的子院及其倾向》,《佛教史学研究》第31卷第2号，1988年；《子院小察》,《立正史学》第64号，1988年；《关于宋元时期的接待、施水庵》,《史正》第17号，1988年；等等。

[②] 参见笔者《略论宋代佛教寺院的子院》,《世界宗教研究》1989年第3期。

[③]（宝庆）《四明志》卷一一《叙祠·十方律院六》。

[④]（元丰）《吴郡图经续记》卷中《寺院》，民国景宋刻本。

今为天禧寺下院"①。三是支院，如华严教院，"旧为太平寺支院，名法华"②。四是属院，"光明庵，兴福寺之属院也"③。五是别院，如承天寺，"寺中有别院五：曰永安，曰净土，禅院也；曰宝幢，曰龙华，曰圆通，教院也"④。六是小院，据《吴郡志》卷三一记载，报恩寺"有小院五，曰文殊，曰法华，曰泗洲，曰水陆，曰普贤"。尽管名称不同，但实际上都是指子院无疑。

大体而言，子院可以分为两类，一类是与母院在一起的小院，这类子院自唐朝开始便已相当多。《长安志》卷一〇记载，唐朝大历元年（766），"作章敬寺于长安之东门，总四千一百三十余间、四十八院"。很多资料都表明，唐代这种类型的子院相当多。宋代也有类似的子院，宋神宗元丰六年（1083），提点寺务司言："已令大相国寺六十二院，以其二为禅院，余为律院。其旧院名及试经恩例，乞并罢。""从之。"⑤也就是说，北宋开封著名的大相国寺分为六十二院，在此之前，各院都有不同的名称。

据《东京梦华录》卷三记载，东京大相国寺，"内有智海、惠林、宝梵、河沙东西塔院，乃出角院舍，各有住持僧官"⑥，这一事实表明，大相国寺原来是分而治之，至元丰六年（1083），官方将其中六十所定为律院，两所定为禅院。寺内各院大小不一，有大有小。黄庭坚说："大相国寺星居院六十区，院或有屋数楹，接栋寄檐。市井犬牙，庖烟相及，风火不虞。"⑦可知子院与母院实际上是在一起的，是房屋相连的，估计是因为寺院太大，房屋太多，僧侣人数众多，为了便于管理而区分出来的，后来逐渐自立门户。再如北宋时期开封著名的开宝寺，"在旧封丘门外斜街子，内有二十四院"⑧。此外，这种子院的形成恐怕也与隋唐以来佛教宗派林立密切相关。同一所寺院中有不同宗派的佛教徒，他们分院居住和修行，于是将

---

① （至大）《金陵新志》卷一一《寺院》，四库全书本。
② （咸淳）《重修毗陵志》卷二五《寺院》，明初刻本。
③ （宝祐）《重修琴川志》卷一〇《叙祠·寺》，清道光景元抄本。
④ （元丰）《吴郡图经续记》卷中《寺院》。
⑤ 《长编》卷三三七，元丰六年七月乙巳。
⑥ 《东京梦华录注》卷三《相国寺内万姓交易》。
⑦ 《山谷全书·正集》卷一七《江州东林寺藏经记》，《全宋文》卷二三二四。
⑧ 《东京梦华录注》卷三《上清宫》。

一寺分为几个不同的院子和区域,从而形成了这种类型和格局的子院。

就实际情况而言,宋代像大相国寺这样的寺院中有很多子院的例子似乎并不罕见。如镇江保福寺,"在府治南一里,旧名本起。宋改今额,内有十院。曰前大圣院、后大圣院、宝公院、新兴院、钟楼观音院、东观音院、北观音院、西观音院、罗汉院、释迦院"①,依据文中"北观音院"下有"以上七院皆在寺内"的注释,可知其中前面七所子院在保福寺内,而后三所则在其他地方。

子院的另一种类型是与母院有一定距离,但又隶属于母院的小寺院,这种情况在宋代也相当普遍,如华严院,"寺久废,后移五云乡。今方广院,乃其子院尔"②。又如宋太宗时期,"诏嘉州峨嵋山白水普光王寺,上下共六处寺院,每年承天节与度五人"③,可知在峨眉(嵋)山上白水寺共有五所子院,似乎并不在一起,各院之间有一定的距离。诸如此类的资料尚有许多,此不一一罗列。由此可见,宋代大寺院拥有子院是比较普遍的现象。

如上所述,宋代子院普遍存在,但仅仅了解有子院现象是远远不够的,还必须弄清楚子院与母院之间的相互关系,尤其是经济关系。

首先,子院是母院的分支机构,名义上是隶属于母院的。说得更形象一点,宋代佛教寺院的子院和母院极其类似于现代意义上的子公司和母公司。《名公书判清明集》为我们提供了这方面极有价值的资料:"开福寺系敕额寺院,其释迦院是开福分房,非是别立寺院。"④这就表明,释迦院是开福寺的子院,它尽管有着与母院完全不同的寺院名称,但本质上并不是独立存在的寺院,而是开福寺的"分房",仍然隶属于开福寺。

其次,子院的财产属于母院,子院仅仅享有经营和管理土地等寺院财产的权利,完全没有土地和其他财产的所有权。子院在僧侣死后,或者因其他原因荒废后,其财产一并归属于母院。杭州龙山崇福禅寺由僧宗明创建,"已而浸至衢、建、泉、福、南剑诸州,为寺者二,为院者四,为庵

---

① (至顺)《镇江志》卷九《僧寺》,清嘉庆宛委别藏本。
② (嘉泰)《会稽志》卷七《宫观寺院》。
③ 《会要》道释一之一七。
④ 《名公书判清明集》卷一一《客僧妄诉开福绝院》。

者二十有三。起衢逮剑，凡山溪之险峻皆平治之，买田种山以赡守者。俾祁寒暑雨之际，倦思憇渴，思饮者各有所之。盖其所接纳，行道之人咸及焉。匪及缁黄而已……厥惠浸广，人多称之。合庵、寺供给之所资，田之以亩计者二千有七百，园林之在山而以亩计者千有六百。稻米之以秤若斛计者四百，益以子本之钱，岁入有差，皆明衣钵之所自营，未尝求诸外也"①，这是南宋著名史家李心传在南宋理宗绍定年间为该寺所作的记文，文中记录了崇福禅寺从兴建到逐渐扩张的过程。

这条资料明白地告诉我们：其一，子院分布的地域范围非常广泛，并不限于母院所在的路、州或县。崇福禅寺地处南宋都城临安，但在福建路的泉州、福州、南剑州等地都有属于自己的子院，且包括两浙东路的衢州等地，足见其势力范围相当广。其二，子院的田产等实际上是属于母院的，从所引史料的统计即可完全看出这一点。崇福禅寺在福州等地拥有大大小小的子院达29所之多，所有这些子院的田产等很明显都是属于崇福禅寺的。宋人黄震曾经记载了普宁寺的具体情况，普宁寺共有18所子院，僧神济在担任医药院（普宁寺子院之一）住持期间，"身之有皆院之有，院之有皆寺之有，而未尝以一毫世利汩其心"②，由此可见，寺院子院的财产名义上是母院所有的。其三，宋代寺院的子院数量相当多，仅崇福禅寺便拥有29所子院。不仅如此，子院尚有大小之别，包括寺、院、庵三种称谓不同的庙宇。

需要重点探讨的是子院与母院之间的经济关系，由于子院所有财产名义上都隶属于母院，所以子院向母院缴纳一定的钱财也就成了情理中的事情。天寿保国接待院在僧大逵任住持期间，由于经营有方，田产迅速增加，"初，其家［僧大逵家］拨水田五十亩资其行……推而广之，为田三百七十亩有奇，内舍一百亩入万寿助经用。余则为本院直下子孙、甲乙住持接待往来之计"③，显而易见，天寿保国接待院是万寿寺的子院，拥有田产370亩，其中100亩的收入上交万寿寺，其余的则为本院日常支用。

然而，由于这方面的资料很少，要具体深入探讨子院究竟向母院上贡

---

① （咸淳）《临安志》卷七七《寺观三》。
② 《黄氏日钞》卷八六《普宁寺修造记》，《全宋文》卷八〇五一。
③ 《本堂集》卷五二《天寿保国接待院记》，《全宋文》卷八一一六。

多少田产收入，无疑是相当困难的。但有一点可以肯定，子院必须向母院纳贡。据《东京梦华录》记载，大相国寺"内有智海、惠林、宝梵、河沙东西塔院，乃出角院舍，各有住持僧官。每遇斋会，凡饮食、茶果、动使器皿，虽三五百分，莫不咄嗟而办"[1]。也就是说，子院平时一般都是分房居住，但遇到重要的佛事活动，子院要向母院缴纳茶果之类的东西，其品种不一而足。前面所提到的普宁寺，"邑之寺盖莫大于普宁，而寺又倚药院为重久矣……初，寺之药院有工……房院星处两廊外者旧十有六"[2]，黄震记载了普宁寺下属的18所子院，而其中的医药院乃是普宁寺的主要经济支柱，这也从侧面说明了医药院上交给普宁寺的财物是相当可观的。

除了缴纳贡物外，某些子院还必须为母院提供一定的劳役义务。据《宋会要辑稿》记载，宋真宗大中祥符七年（1014），"诏兖州延寿寺十九院之中，今后于逐院内从上名轮系帐行者一人，专切看管所贮御书经阁。候一年别无遗阙，特与剃度"[3]。尽管这是很好的差事，只要将皇帝"御书"看管好，便可剃度为僧，但从中也可看出，延寿寺的19所子院都必须轮流派遣行者到母院尽义务，足见子院与母院间存在着一定的劳役关系。

另外，子院尽管在很多方面受到母院的挟制，但仍具有一定的独立性。宋真宗咸平三年（1000），"诏西京白马寺两院，每年承天节时逐院度行者一人"[4]，从而表明，连皇帝的诏书都公开承认了白马寺两所子院存在的合法性，而且，子院剃度行者并不由母院白马寺控制，可知其独立性非常之大。

更重要的是，子院在消费等诸多方面也是自行其是，不受母院的约束，从各种渠道获得的钱财都是子院自行处理。宋神宗元丰三年（1080），提点寺务司上奏："大相国寺僧居虽有六十余院，一院或止有屋数间。檐庑相接，各具庖爨，常虞火患。乞东、西各为三院，召禅僧住持，四院为六院。""从之。后又请分为八院，赐度牒二百，以给修缮之费。从之。"[5]从这一记载来看，大相国寺在元丰三年（1080）以前一共有60余所子院。

---

[1] 《东京梦华录注》卷三《相国寺内万姓交易》。
[2] 《黄氏日钞》卷八六《普宁寺修造记》，《全宋文》卷八〇五一。
[3] 《会要》道释一之二一、二二。
[4] 《会要》道释一之一七。
[5] 《长编》卷三〇三，元丰三年四月丁酉。

由于每所子院都自行生火做饭，官方担心容易发生火灾，所以建议将各子院合并，可知原来的各子院是相对独立的。又如宗本圆照禅师，"乃福昌一饭头（福昌，承天寺子院）。憯无所知，每饭熟必礼数十拜，然后持以供僧"[①]，可见福昌院作为承天寺的子院，有自己专职的伙夫负责做饭，供应院内的僧侣。诸如此类的记载尚有很多，此不一一罗列。

子院独立性的最重要表现是在生产经营方面。《名公书判清明集》中记录了地方官员彭仓方审理僧人诉讼的一个案件，其中比较全面地反映出子院与母院之间的种种关系。在此不厌其烦地将审理案件的判词引录如下：

> 开福之为寺，系敕赐祖额，乃本县圣节祝圣之所。其中分二十三院，各有名目。盖自本朝天禧间以至于今，二十三院之中，废坏者八。八院之中，有一院亦以开福为号。以子房而用本寺之总名，盖犹邵武军之有邵武县，南安军之有南安县，两不相妨也。二十三子院，皆总系开福寺物业。分头佃作，一门而入，则中间殿宇、佛像、法堂，皆诸小院共之。子房徒弟不相接续，以至废坏，则产业并归常住，以为祝圣、焚修、起造、修葺、常住之费，其来已久，岂容外来客僧作绝院，而不由本寺拘桩乎？乾道四年，有保正刘时发者，将本院常住作绝产请佃。僧志珠经转运司陈诉，委官看定。照得开福寺系本额内小房，乃子院，上件物业难作绝产给佃。况本寺系祝圣道场，其田业岂可令外人妄有篡佃。乾道元年朝旨，建、剑等处州县管下寺院田产，为形势、豪富之家妄作绝产请佃，今合尽数给还。本司已照朝旨及转运司所断，持上件田照砧基，尽还开福寺为产，给断由与志珠为照。又乾道七年，有陈祺者入状，请佃释迦院绝产，本司出给公据付志珠，亦明言建阳知县申，照对本县开福寺系敕额寺院，其释迦院是开福分房，非是别立寺院。止系分佃前项物业，即非绝产。合并还开福寺管佃，保明诣实。又本县出给公据，明言开福所管二十三院，居住虽殊，而佛殿、斋堂、三门共一处。若开福俱无僧房，是绝

[①] 《中吴纪闻》卷三《本禅师》，清知不足斋丛书本。

院，若一房无僧，自当并归常住为业，其事可谓明白。今本院有僧四十余人，而四僧之妄诉乃如此，以利动官府，以公报私仇，岂不大为可罪。盖缘宗琦等四人，非本寺徒弟，不合容其窜名住持，故无爱惜常住之心，而但有破坏生事之私意……然诸子房之分裂者，非一朝一夕之故，一二百年之间，兴废、盛衰、多寡已若十指之不齐。今欲比而同之，恐作作扰扰，自此无宁日矣……其八院田业，尽还本寺常住掌管，本县已桩管田租，帖县尽数给还。①

开福寺位于福建路建阳县，看来是当地一所相当有名的寺院。这一案件的起因是开福寺有四名僧人不服建阳县的判决，向上级机关提起诉讼，但其诉状被驳回，主管官员彭仓方依据事实和相关法律、政策而做了上述判决，并决定将提起诉讼的四名僧人逐出开福寺，同时归还寺院田产。

从这一事件中可以看出：其一，开福寺共有23所子院，其中一所子院以开福院为名，与其母院同名。有四名僧人似要将这一子院当作绝院处理，并企图在胜诉后占有此院田产，但未能如愿。其二，判词中所表达的意思非常明确，进一步证明子院田产等本质上是属于母院的，这一点似乎是为法律认可的。按照宋孝宗乾道年间的规定，禁止形势户和豪强之家将寺院田产当作"绝产"租佃。事实上，乾道四年（1168）已经发生过当地保正将开福院田产当作"绝产"租佃的事件，母院僧人志珠等人向转运司提起诉讼，最终夺回了田产。如果子院没有僧人继承经营，抑或因其他各种原因被毁坏，其财产都要归入母院作为常住财产，即子院财产的所有权归母院，并由母院负责处理，他人无权擅自决定或处理。也就是说，子院只有田产等财产的经营权，而没有所有权。其三，子院田产的具体经营是子院各司其职，"分头佃作，一门而入"，因而子院实质上是租佃母院田产，"止系分佃前项物业"，抑或是母院分派到田庄上监督佃农或其他劳动者劳作的机构，而寺院田庄上的农业生产经营均由子院负责。其四，总体说来，宋代法制还是非常健全的，从开福寺田产的几次租佃情况看来，母

---

① 《名公书判清明集》卷一一《客僧妄诉开福绝院》。

院的财产所有权严格受到法律的保护，一旦其所有权受到侵犯或威胁，寺院方面可以通过法律途径加以解决。

不仅农业生产，子院在手工业、商业等方面的经营也是自主的、独立的。在江西地区，"抚州莲花纱，都人以为暑衣，甚珍重，莲花寺尼凡四院造此纱，捻织之妙，外人不可传。一岁每院才织近百端，市供尚局并数当路，计之已不足用。寺外人家织者甚多，往往取以充数，都人买者，亦自能别寺外纱，其价减寺内纱什二三"[①]，由此可知，莲花寺所产的纱质量非常高，深受都城居民的欢迎，由四所子院纺织。更为重要的是，莲花纱是独立经营的，每院每年将织出的莲花纱卖给尚局，可以肯定，所得的收入必须上交一部分给莲花寺。

在高利贷方面，子院也是各自独立经营的。"永宁寺罗汉院，萃众童行本钱，启质库，储其息以买度牒，谓之长生库"[②]，从名称上即可以看出，罗汉院是隶属于永宁寺的子院。总而言之，子院除了对母院有上贡的义务外，其内部农业、手工业、商业和高利贷等经营活动一概是独立自主的。因此，子院实际上也同其他寺院一样，完全是一个个独立的经济实体，只是名义上隶属于母院而已。

综上所述，宋代佛教寺院子院的大量出现是中国古代寺院发展过程中既突出又颇具意义的特点。母院与子院之间存在着一种剥削与被剥削的关系，而且子院财产名义上也属于母院，与世俗封建租佃制度一样，子院只有财产的使用权，因而子院必须负担向母院纳贡的义务；尽管如此，子院在生产、经营、消费等方面是完全独立自主的。

第二节　子院出现的契机

宋代佛教寺院子院的大量出现并不是偶然的，有其复杂的原因和背

[①]《萍洲可谈》卷二。
[②]《夷坚志·支志》癸卷八《徐谦山人》。

景。在经济基础方面，它是中唐以后封建租佃制逐渐确立的产物，因而唐宋之际的社会变革是宋代子院出现的重要契机之一。

中唐以后，随着均田制的土崩瓦解，代之而起的是封建的土地租佃制。魏晋隋唐时期，一方面，佛教寺院建立起来的一个个大大小小的庄园逐渐分崩离析，封建租佃关系在寺院占有的田产上迅速确立起来；另一方面，寺院田产的来源十分广泛，其中包括来自社会各阶层的施舍，如承节郎薛纯一"愿以家所有山阴田千一百亩，岁为米千三百石有奇入大能仁禅寺"①，还有皇室的赐田，寺院、僧侣买来的田产以及巧取豪夺得来的田产，不一而足。如前所述，寺院、僧侣占有大量田产乃是不可辩驳的事实，尤其是一些大寺院，势力非常强大，占有的田产就更多。

正因为寺院田产的来源多元而复杂，所以其是不可能连成一片的，这导致寺院田产往往极为分散，某些占有田产多的寺院甚至位于不同的州县。宋神宗元丰初年（1078），孙觉知福州，"会安福寺僧犯法，籍没其田，请于朝以资养士。凡田占闽、侯官、怀安、永福、长乐五县，收租凡一千二百斛缗"②。安福寺的田产分布在福建地区的五个县，而且数量极多，估计至少有上千亩的田地。如何管理和经营这些离寺院很远的田产呢？宋代佛教寺院顺应了封建租佃制发展的历史潮流，将寺院的田产出租给当地的农民或其他无地少地的劳动者，而寺院则委派一些僧侣到田产中进行监督，负责寺院田产的生产、收获等具体事务。"随州大洪山寺有别墅曰落湖庄，绍兴十二年，庄僧遣信使报长老净严遂师……"③，很明显，此处的庄僧无疑是大洪山寺院派到落湖庄管理和经营田产的。前文所引天寿保国接待院的住持僧大遂原来就是万寿寺的僧侣，后来由于经营有方，加之其家族田产较多，给了大遂不少田地，所以天寿保国接待院的田产不断增加，最后成为一所具有一定规模的寺院，但仍然是万寿寺的子院。

大寺院在委派僧侣的同时，僧侣自然还要从事宗教活动，念经拜佛。为能满足这些僧侣的需求，大寺院便在田产所在地建立一座座小寺院。这

---

① 《渭南文集》卷一八《能仁寺舍田记》，《全宋文》卷四九四二。
② （淳熙）《三山志》卷一二《版籍类三》。
③ 《夷坚志·丁志》卷一〇《大洪山跛虎》。

些小寺院逐渐发展壮大起来,形成一定的规模,这样子院便随之出现了。然而,究竟子院最早出现于何时,由于资料记载缺失,恐怕已很难弄清楚,估计是在唐代以后就渐渐萌芽,入宋以后才大量见诸史籍的。前面所引《名公书判清明集》的记载中所谓"二十三子院,皆总系开福寺物业。分头佃作,一门而入",恰好形象地说明了子院从某种程度上说是封建租佃关系的产物。尤其是那些拥有成千上万亩田地的大寺院,其所管辖的子院就会更多。总而言之,子院与其说是母院的分支,毋宁说是母院管理田产的下属机构。

就实际情况而言,子院在经营上自行其是,不受母院的约束或控制。它们名义上变成了母院的佃客,实际上很多子院的上层僧侣也是不劳而获的,而耕种子院土地的农民、佃户或下层僧侣才是真正的劳动者,并由子院僧侣直接管理和使用,所以他们才是被母院和子院共同剥削的对象。由此可见,作为土地所有者,母院与直接租种寺院田地的劳动者之间差不多没有多少实际的关系可言,母院甚至可能根本不知道是谁在耕种属于自己的田地,这是宋代租佃制下劳动者与土地所有者之间人身依附关系愈益松弛在佛教寺院经济内部的反映。而在母院和劳动者之间的子院则成了名副其实的二地主,它们具体负责经营属于母院的田产。除了将所经营田地上的收获物上交一部分给母院外,其余的则由子院自行支配。同时,子院又将田产出租给农民或驱使下层僧侣具体负责耕种等事务,从中攫取高额地租,这表明,宋代寺院田地经营与世俗封建经济一样,租佃关系越来越复杂,这是不言而喻的。

宋朝政府的宗教政策也是佛教寺院子院大量出现的重要原因。在宋代,政府一方面要利用佛教作为专制主义中央集权统治的精神工具,另一方面又非常担心寺院经济力量的过度膨胀威胁到统治,因而宋朝对佛教采取两面政策,既在某些方面限制寺院经济的无序发展,同时又提倡、推崇佛教。在这一方针的指导下,朝廷制定了一系列限制佛教寺院无限增加的措施,寺院赐额制就是其中最重要的一环。所谓赐额制,就是佛教寺院必须在符合政府相关的严格规定后,由地方政府申报朝廷,经过批准后,由中央政府颁降名额(如万寿、兴圣之类的名号),否则一律视为私自创建寺院，属于非法行为。按照规定，私自建造寺院是要受到严厉惩罚的。这种措施自唐朝开始便已开始执行，唐文宗太和四年（830），祠部上书要求裁减僧尼，"又诸州府及两京除旧寺破坏要修理外，并不创建造寺。仍请具每州县管寺几所，每寺管僧尼几人，并请具寺额、僧尼名申省。如有创造寺舍，委本管长吏切加禁断"[①]，可知唐朝实际上也是禁止私自创建佛教寺院的。

然而，唐朝政府对佛教寺院的管理时松时紧，有时甚至采取非常极端的措施打击佛教势力。而宋朝的情况显然与唐朝不同，总体而言，宋代的宗教政策更趋严密，并一以贯之，因而取得了良好的效果。宋太宗曾经对宰相们说："近日多奏请建置僧院，有十余间屋宇，便求院额，甚无谓也。多是诖惑闾阎，藏隐奸弊，宜申明禁止之。"[②]宋真宗、宋仁宗时期佛教寺院大量增加，因而朝廷又下令采取一些比较强硬的措施禁止私设寺院。天禧二年（1018），"上封者言：诸处不系名额寺院多聚奸盗，骚扰乡间"，于是宋真宗下诏："悉毁之。有私造及一间已上，募告者论如法。"[③]宋仁宗景祐元年（1034）也下诏："毁天下无名额寺院。"[④]

然而，这些措施并未起到多大的作用，私自创建寺院之风也没有因此而得到有效遏制。陈襄曾经说北宋中期，"在京、诸道州军寺观，计有三万八千九百余所……数目极多"[⑤]，可见当时全国寺院、道观数量之多。其后宋朝政府规定：寺院屋宇达到30间以上者可以申请寺额，但毕竟有不少寺院的建筑屋宇不及30间，这类寺院时时刻刻都有可能被废毁，因而许多新建的寺院、僧庵不得不依附于那些祠部有名额的寺院，即政府认为是合法的寺院。《名公书判清明集》一书中反映了无额寺院求庇于有额寺院的史实："照对本县［建阳县］开福寺系敕额寺院，其释迦院是开福分房，非是别立寺院。"[⑥]又如前所引，东京大相国寺的一些子院"或止有

---

① 《册府元龟》卷四七四《台省部一八》，凤凰出版社，2006年。
② 《宋太宗皇帝实录校注》卷三二，雍熙二年二月丙申。
③ 《长编》卷九一，天禧二年四月戊子。
④ 《长编》卷一一四，景祐元年闰六月乙亥。
⑤ 《古灵先生文集》卷一五《乞止绝臣僚陈乞创造寺观、度僧道状》，《全宋文》卷一〇八〇。
⑥ 《名公书判清明集》卷一一《客僧妄诉开福绝院》。

屋数间"。按照政府法令的规定，这种寺院是要被拆毁的，如果不投靠大相国寺之类有名额、有实力的大寺院，恐怕难以存在和维系，因而宋朝寺院赐额制虽是为了限制寺院无限增加，却促成了寺院子院的大量增加。

佛教自身的发展也是子院出现的重要原因之一。隋唐以后，佛教宗派林立，隋代相继出现了三论宗、天台宗、三阶教，唐代产生了华严宗、法相宗、禅宗、律宗、净土宗、密宗等。这些宗派往往是依据各类"师说"而形成的，逐渐发展成为大型宗派。[①] 这些宗派以某些大的寺院为据点，形成各自的势力范围，而信仰各种教派教义的僧侣不仅研究本派教理与教义，还同时教授弟子，从而形成了各具风格的僧侣集团。一方面，各宗派之间相互攻击，具有很强的排他性；另一方面，宗派之间又互相切磋、交流。由于都是佛教徒，他们之间有着很多的共性，至少在信仰等方面还是有很多相通之处，因而能彼此照应。然而，自唐朝开始，官府严格禁止私立寺院，加之僧侣之间的交流融合，不同宗派的佛教徒往来频繁，因而同一寺院中可能居住着不同宗派的僧侣。他们尽管同属相同的寺院，但信仰上存在差别，所以同一寺院便分成若干小的院落，形成了子院。

与此同时，魏晋隋唐时期，佛教寺院经济得到了迅猛发展。寺院的规模很大，成百上千的僧侣长期居住在一起，管理起来当然很困难，尤其是饮食、居住等问题。那种原始共产主义式的教团集体生活已经很难适应数量众多的僧侣，因此将一座寺院划分成若干区，也是势所必然。唐宋时期在同一所寺院中分房管理的子院多半是这样形成的。可以肯定，这种子院出现的根本原因是寺院财产关系的变化，尤其是中唐以后，随着均田制的瓦解，土地私有化愈益显著，佛教寺院当然也不例外。将原来属于寺院的财产分给僧侣个人或几个僧侣经营的情况相当普遍，传世的敦煌文书中留下了不少这方面的资料。[②]

然而，仅仅靠几个僧侣的力量无论如何是不太可能新建寺院的，因而很多僧侣依旧居住在原来的寺院中，成为大寺院的分房。估计是由于僧侣

[①] 参见任继愈主编：《中国佛教史（第二卷）》，中国社会科学出版社，1985年。
[②] 苏金花：《唐后期五代宋初敦煌僧人私有地产的经营》，《中国经济史研究》2000年第4期。

自身的特殊性，他们绝大多数不结婚，没有子孙，因而死后财产大多只能由其弟子继承。分房之后，一些经营有方的僧侣随着经济实力的增强而另立门户，从原来的寺院中分离并逐渐独立出来，但其财产依然属于母院，故成为大寺院的子院。此外，各宗派为了传播佛教，同时为了达到扩张自己势力范围的目的，总是在经济力量允许的前提下尽量在不同地方多建寺院，并派遣本寺僧侣加以管理，进而形成了子院。

还应该看到，子院尽管依附于大寺院，但随着子院经济力量的逐渐强大，子院独立的倾向日趋明显，很多子院渐渐脱离母院的束缚和控制而成为合法的寺院。"定慧寺，在万岁院之西，本子院也。祥符中，改赐今额"①，得到政府的认可即已经完全成为独立自主的寺院，但在此之前，定慧寺无疑是隶属于万岁院的，前面所引诸多资料亦可以证明这一点。这种情况表明，唐宋时期寺院内部已然出现了不少新的因素，在此之前僧侣们共同生活的原始宗教团体遇到了严重的挑战，那种宗教面纱掩盖下的集团利益已经很难维持下去，这就意味着私有制渗透到了寺院内部，并逐渐腐蚀了寺院财产公有制，大寺院分裂出子院也就在所难免。因此，子院也是唐宋以后私有制发展的产物。

尤其是中唐以后，随着禅宗的盛行，僧侣的世俗化倾向日渐加剧。很多僧侣在正式剃度后，便离开原来的寺院，往来于全国各寺院之间参禅问道，因而僧侣的流动性大大增强。为了适应形势的变化，不少僧侣便开始在全国各地兴建为游方僧侣服务的僧庵或者僧堂，即宋元时代非常盛行的接待庵、施水庵，以供往来僧侣之用。

据《夷坚志》记载："二浙僧俗，多建接待庵，以供往来缁徒投宿，大抵若禅刹然。其托而为奸利者，固不少也。淳熙初，越僧祖圆者，倒空钵囊，作舍于天台境上。寝室既成，命工仆剪薙荆棘，拓广基址……自后相继煮铁，一切为上色白金，积贮益富。遂别作大院，仍买蓄田畴，养僧行六七十辈。游僧始至之日，具斋食三品……寻常诸庵，容客不过再宿，惟此处则虽累月亦不厌，以是人乐游趋。庚子岁，蜀僧了祥到彼，阅其

---

① （绍定）《吴郡志》卷三一《府郭寺》。

斋供簿，已满八大帙，计无虑二万员。"①从这一记载看来，两浙地区僧侣等兴建的接待庵数量相当多，都是供僧侣食宿的，其中以营利为目的的庵舍也不在少数，甚至是为"奸利"，大致相当于当时的小型旅店。祖圆因经营金属冶炼而发财致富，不断扩大庵舍的规模，建成了一所具有较强实力的寺院，在不长的时间内便接待了两万名僧侣。相比之下，其他庵舍就不如祖圆的财大气粗了。由于这些庵舍是带有慈善性质的设施，如果没有很强的经济后盾，通常情况下，最多只能住宿两天。这种小型庙宇当然不可能得到国家的认可，更不可能得到政府颁发的寺额，要想合法存在下去，只能依附于国家认定的合法寺院，至少名义上必须如此。

　　上面分析的子院差不多都是无额寺院，但在宋代史籍中经常可以看到一些官方认可的、有名额的子院。宝庆《四明志》卷一一记载："经藏院即太平兴国子院……本甲乙住持，今为十方。常住田一百八十亩。"这一类子院颇令人费解，但若仔细考察，仍然能窥见其形成的原因。其一，它估计是原来属于大寺院的子院，后来发展壮大起来，建筑屋宇等条件符合官方规定标准后政府颁发了名额。其二，一方面，中唐以后，由于均田制的瓦解，封建国家的赋役制度发生了本质性的变化，唐以前封建统治者赋予佛教寺院的许多特权逐渐丧失。入宋以后，寺院、僧侣的赋役负担日益加重。而宋代赋役一般按田亩多寡等标准摊派，占有田产越多的寺院赋役负担越沉重，这迫使一些大寺院将田产分割成若干小块，即将田产化整为零，借以逃避封建国家的赋役。另一方面，一些有额的小寺院也迫于封建赋役的残酷压榨，不得不求庇护于大型规模的寺院，心甘情愿地充当子院的角色，像经藏院这样既有寺额，又有常住田的子院，很可能就是这样形成的。因此，宋代子院与世俗封建经济中诡名挟佃、诡名子户者等颇有相通之处，实际上子院的出现也就是诡名子户之类的逃避赋役的手段在寺院经济中的反映。但由于有关这方面的史料太少，在此仅仅只能做一种推测，想来这种推测不会与宋代实际情况相差得太远。总而言之，宋代子院的出现与中唐以后寺院赋役负担日益加重之间存在着密切关系。

----

① 《夷坚志·支志》癸卷四《祖圆接待庵》。

《碛砂藏》宋人题记的史料价值初探

20世纪30年代初，在陕西开元寺、卧龙寺发现了宋元时期雕版的大藏经，这就是被称为《碛砂藏》的一版藏经。当时这在中国佛教界引起了巨大的轰动，其后朱庆澜与叶恭绰等居士成立了"影印宋版藏经会"。经过多年努力，1936年出版了该版大藏经，印光、虚云、欧阳渐、蔡元培、兴慈、持松、朱庆澜、吴兆曾等八人为该版藏经作了序言。然而，更为值得关注的是，在这版藏经中流传下来总共603条宋人、元人的刊刻记，这些都是弥足珍贵的宋代史、元代史研究的史料。经过笔者多方努力，最终得到了一个抄本的复印件，[1]本文拟以宋代题记为中心探讨这些史料的价值。

第一节　区域史研究的重要文献

应该说，此前学术界对《碛砂藏》的研究更多地集中在对该版本大藏经的探讨，即重点在于该藏经的刊刻、流传过程等，[2]很少有人关注到《碛砂藏》其他方面的论题。日本学者竺沙雅章先生在研究宋、元佛教相关问

---

[1] 这批题记经过抄录和整理后汇编成册，但流传数量极少。笔者是通过中国社会科学院历史研究所的刘晓教授和在日学者王瑞来先生从日本复印回来的。在此，对两位学者表示诚挚的谢意。刘、王二位学者复印的是日本学者屋胜发表在《日华佛教研究会年报》1937年的特辑号上的抄录本，可能是限于当时的条件，该抄本错误较多，但无论如何是聊胜于无的。以下未注明出处者均来源于的屋胜的抄本。另外，凡是括号中带问号的字均系笔者改订，或存有疑问的。

[2] 参见李富华、何梅：《汉文佛教大藏经研究》第七章，宗教文化出版社，2003年。

题之时多次谈及该版大藏经的其他学术意涵，他认为，在流传至今的《碛砂藏》中，"可以见到很多施舍雕版费用的信徒的刊刻记。这些刊记记载了施舍者详细的住处、追荐父母等家族成员的名字，这些作为浙西社会史的资料也是很重要的"①。然而，令人遗憾的是，竺沙雅章先生似乎并未更深入地加以考察。确如竺沙先生所言，《碛砂藏》的宋人题记对于研究以平江府（今江苏苏州市）为中心的区域社会具有极为重要的学术价值，其中所透露出来的历史信息对于推进宋代史某些问题的研究是大有裨益的。

《碛砂藏》宋人题记除了一部分来自官员、僧尼等特殊群体外，大部分是平江府及其附近的普通百姓撰写并流传至今的。众所周知，宋代遗留下来的文献资料绝大多数是官方或士大夫等所谓的社会精英阶层撰写的，而普罗大众书写的文字是很少流传的。正因为如此，这批题记才显得弥足珍贵，其史料价值是不言而喻的。更为重要的是，这些题记的撰写者是为了求得佛教神灵的庇佑，出资帮助延圣院雕刻大藏经，进而获取所谓的功德，他们希望用这些无量功德达成其美好的愿望，题记应该是这些人真实情感的流露。这类史料在宋代文献中是非常罕见的，对于研究南宋时期普通民众的历史有着极为重要的意义。

举例而言，虽然有资料显示宋人的居住地和籍贯，但通常是从某某保或某都到某某里或者坊。最为典型的例子就是宋代官方认可的科举考试者的里贯，按照四库馆臣的说法，就是"列叙名氏、乡贯、三代之类"②。状元王佐的籍贯是"绍兴府山阴县禹会乡广陵里"，第一甲第八人陈闻远的住址是"衢州开化县开元乡衣锦里"，等等，这是标明州、县、乡、里四级组织的实例。如举子来自城镇，则要标注所居城市的里或坊，第三甲第一人索扬的籍贯是"蜀州晋原县尚贤坊"③。毫无疑问，这种形式是宋代官方通行的。然而，问题在于，同里或同坊并非只有一户人家，尤其在人口稠密的地区，这种情形就会愈加混乱，让外人无法准确无误地找到某人的

---

① 竺沙雅章：《宋元佛教文化史研究》第四章《元版大藏经概观》，汲古书院，2000年。本书由作者授权，已由笔者翻译出来，正在进行必要的校对工作。此处所引乃笔者所译。
② 《四库全书总目》卷五七《史部一三》。
③ 《绍兴十八年同年小录》，四库全书本。

具体住址。

那么，宋人又是如何解决这个难题的呢？《碛砂藏》的题记中记录了诸多佛教信徒标注的居住地址，这些史料可以为我们提供线索，那就是明确注明自己房屋所在地附近具有标志性的东西。如"平江府昆山县全吴乡第五保御马院庄后居住奉佛弟子鲁妙清同妻盛氏妙显"，这说明在全吴乡第五保几乎人人都知道"御马院庄"这个地方，这样要找到鲁妙清家就非常方便了。再如"平江府嘉定县乐智乡陶舍里寺沟土地目下将军管界居住奉三宝弟子王显忠"，王显忠住在"寺沟土地目下将军管界"，这种情况与鲁妙清所标明的住址有着相当大的相似性。类似的记载在《碛砂藏》题记中非常常见，如"平江府吴江县范隅乡仙仁里石湖住奉佛贡补进士莫师旦同侄登仕郎汝辑"，等等，而这在宋人的其他记述中是很难见得到的。毫无疑问，这些史料对研究宋代基层社会的某些状况是大有裨益的。

另一种向外人标明居所的方式是明确注明自己房屋的方位，或是配合前一种情况，同时说明住址附近的标志性建筑或其他的东西。如"平江府吴县永定乡升平桥东街北面南毛亭大王管界居住奉佛女弟子杨氏四娘"，杨氏四娘不仅说明了她所住的街道，且以"北面南"注明自家的具体位置。另如"平江府昆山县全吴乡第伍保佳浦东居住奉佛女弟子刘氏八三娘子"，很明显，刘氏八三娘子的家是在一条名为佳浦的河流东边。再如"嘉兴府华亭乡［县？］三十五保邢村广界蟠龙塘东迩慕经南居奉佛弟子张伯成、男张俦佐""嘉兴府华亭县长人乡十六保俞塘南莺窦湖水西居住奉佛弟子鲁未年""嘉兴府华亭县长人乡十九保下砂南场第七灶居住奉佛弟子唐思明同妻瞿氏四十九娘、男大年"。前者的张伯成父子住在"广界蟠龙塘东迩慕经南"，而后者鲁未年的家在"俞塘南莺窦湖水西"，唐思明及其家人的家在"下砂南场第七灶"。这些记录是有其特定含义的，非常便于查询，且非常清楚地确定了各位施舍者的具体住所。类似的例子还有很多，兹列数例如下，"嘉兴府华亭县海隅乡五十保大漕港水南赵府所居奉佛弟子丁道元""嘉兴府华亭县长人乡廿一保玉门塘官路东居住奉三宝弟子须妙明""平江府吴江县久咏乡廿八都长子坝字围田所居弟子奉三宝弟子陆德辉"等。虽然现在已经无法知晓他们居住的准确位置，但从中似乎可以窥出某些蛛丝马迹，如丁道元家大体上应该是靠近船码头，须妙明家大致在玉门塘附近的官方驿路的东面。这些记述不仅提供了平江府附近各地的施舍者生活的场所，更反映了他们平日所思所想的事情。

还有一种情况就是城镇居民，他们的住址与前引各乡村百姓是有所区别的。在此以嘉兴府华亭县城的若干例子进行必要的说明。"华亭县普照寺前街东居住奉佛弟子卢德""华亭县普照寺前街西面东居住奉佛弟子陆兴同妻邵氏二娘""华亭县普照寺桥南街东面居住奉佛弟子干定""临安县凤鹬乡崇敬里，今寄居嘉兴府华亭县普照寺南柳家巷居奉佛弟子沈进德妻郏氏男用之"，上述四条史料记载的都是华亭县普照寺附近居住的信佛弟子，卢德和陆兴夫妇住在同一条街，而干定与沈进德住在普照寺南面的两条名称不同的街。同乡村百姓一样，这些史料也标识自己家的方位，其他施舍的城市居民所登载的居住地址亦大致相同。由此可知，至少在宋代的江南地区，城乡居民在对外介绍自己居住地址时有其特别之处。

与前面所引《绍兴十八年同年小录》的标准官方记述籍贯的方式不同，绝大多数《碛砂藏》宋人题记无疑都是民间性质的记录，因而这些远远较宋代官方的资料来得更为直接、更为真实。那么，江南地区是只有这些奉佛弟子如此记述自己的家庭住址，还是所有的民众都是如此呢？笔者更趋向于后者。然而，需要加以说明的是，所有这些佛教信众捐助延圣院雕刻大藏经都希望获取功德来达成他们的某些愿望。就以干定为例，他出资12贯500文给延圣院，刊刻《佛说正恭敬经》，"施财壹拾贰贯伍佰文入延圣院刊造藏经，功德荐先祖干公、亡祖母阮［阮？］氏县君、先考干二郎、先妣华氏华子、亡丈人秦十二郎、亡母纪氏九三娘、亡前妻秦氏百二娘子、众位灵魂，超升净土"，由此可见，他施舍钱财的目的在于告慰其已经去世的亲人，希望他们的在天之灵能够在佛教神灵的庇佑之下"超升净土"。

事实上，《碛砂藏》中的宋人题记只有少量是祈愿普天之下万物都能得到佛神保佑的。淳祐三年（1243），延圣院僧人善成"谨将舍田花利刊造《放光般若波罗蜜经》第七卷，功德报答四恩三有，法界众生同成种智者"。在佛教用语中，所谓"众生"，不单单是指人类，应该包括世间万物，作为出家人，善成希望全世界的东西都能圆满。实际上，即便在这种题记中，施舍者其实也是有求于佛教神灵的，无非是更加宽泛而已。然而，其他绝大多数宋人都如干定一样祈求佛神保佑施舍者在世或去世的亲属，且大多罗列了具体姓名。由此看来，这些佛教信徒捐助延圣院雕刻佛经从本质上说是为了请求神灵达成他们的愿望。然而，这些虔诚的佛教信徒又完全不了解神灵的世界，因而他们有必要将自己家庭住址告知神灵，否则他们的愿望就难以实现了。这种情况从很大程度上表明宋人信奉佛教的功利主义的想法。笔者以为，这些捐助刻经之人大体上是想将神灵引入家里，以便报答逝去的亲属，同时也守护和庇佑在世的家人。

作为普通人题写的文字，题记虽然短小，字数参差不齐，有些一段才有几十字，有些甚至更少，但其中所反映的历史信息是丰富多彩的。关于这些议题，笔者拟另文讨论，此不赘述。上述所分析的仅仅是一个实例，那就是宋人表述自己的家庭住址时所采用的特殊方式。显而易见，宋代民间标识家庭住址与官方的登记是存在很大差别的。对于官府而言，按期登记百姓的户籍大体上是为了便于政府部门的管理，如租税的征收等事务。如果官府有需要的话，他们随时可以通过更基层的组织加以查询。相反，对普通民众而言，他们平时更多的是与民间其他人相互来往，很少与官府打交道。因此，民间为了便于寻找，便逐渐约定俗成，形成了这种与官方不同的标识方法。在此，还需要说明的是，这些题记表现的特点恐怕不只平江府一地所独有，更为广大的地区都是如此，至少在江南地区是具有典型意义的。因此，分析这一个案从某种意义上说有助于解读南宋时期以平江府为代表的东南地区的历史，至于其他区域，应该是各具特色的。正因为如此，《碛砂藏》题记是宋代民间流传下来的重要文献，其史料价值是非常高的。

第二节　宋代民众日常生活的史料

《碛砂藏》的题记是宋人捐款雕刻经版流传下来的，虽然雕刻佛经的时间不一，但这些题记所涉及的主题有很多是相通的，都是宋人为求得佛教神灵的庇佑而撰写的文字。这些文献无疑是这些人真实情感的流露，因而这些史料从某种程度上反映了这些出资人当时的社会生活状况，尤其表现了他们生存的精神状态。

在中国古代社会，自从佛教传入以后，虽然与中国传统文化存在巨大差异，但为了流传下去，佛教教义便逐渐与本土文化融合起来。而其所提倡的教义在某些方面与在中国古代占主导地位的儒家理念有某些相似性。《周易》中就有"积善之家必有余庆，积不善之家必有余殃"的说法，这与佛教的报应说应该是有些接近的。因此，中国古人一直就有积德行善的良好习惯。正是在这种社会氛围下，宋人继承了这种传统。当延圣院开始刊刻《碛砂藏》之后，大量"奉佛弟子"出于不同的目的捐献雕版费用。宋度宗咸淳八年（1272），丁道元"特发心施十八界官会壹伯阡，入碛砂延圣大藏经院，刊雕《大明度无极经》板第一卷。所集功德，报荐先师长圆明居士窦公尊庵、先考潘细五承事、先妣太君吴氏四四娘子、亡妻沈氏妙果、亡次女丁氏二十娘，同超净域，成就佛果菩提者"。从这一题记可以看出，他如前所述，居住在"嘉兴府华亭县海隅乡五十保大漕港水南赵府所"，其父亲是正九品的文官，极有可能是科举出身，从其官位来看，估计去世得很早。于是丁家再也无人为官，而丁道元也不知何故成了在家修行的居士，其妻也同样皈依了佛门，并取了戒名"妙果"，看来这对夫妻从奉佛之后就严格按照佛教的清规戒律行事，过着与出家人一样的日子，可知他们应该是素食者。尽管如此，丁道元发自内心地深深怀念去世的父母、妻子和女儿，同时，他与自己的师长应该是关系极为密切，他们大概在丁道元的人生过程中起过积极作用。另外，丁道元的第二个女儿已经不在人世，那么，他还有一个长女，但没有提到自己是否有儿子。作为一个普通人，丁道元夫妇究竟因何故而成了虔诚的佛教信徒，尚不得而知。但经过分析，丁道元这个鲜活的宋人形象得以呈现出来。应该说，他的家族成员似乎并不多。为了表达对家人、师长的无尽怀念之情，他捐款100贯刊刻了一卷佛经，希望通过这种方式超度他们的在天之灵。当然，这是丁道元的一种精神寄托，也是他日常生活的重要内容。因此，《碛砂藏》题记记录下来了宋人日常的情感生活，其内涵是值得深入挖掘的。

不仅普通城乡居民具有多姿多彩的生活，就连四大皆空的出家人也同样是有血有肉的人，他们同样无法摆脱世俗世界的束缚。虽然他们与普通人有区别，生活的场所是在寺院里面，与其他僧侣一起过集体生活。他们尽管皈依了佛门，但毕竟也要过现实生活，因而他们并未脱离生老病死，也并未完全依照佛教教义行事。淳祐二年（1242），"嘉兴府华亭县今山永慕庵遗教比丘清月情旨，昨自顷年以来，谨备纸札，摩金亲书，写大乘《妙法莲华经》一部七轴。伏睹碛砂延圣院开置大藏经板之次，遂将此莲经舍入经坊。募四众〔阇？〕枯，所得施利，添助开置经板，永远流通。承须四乙府干在日舍官会壹伯贯，买金书经，仍舍金书经板一副，同结善缘。所将功德，报答所生父母、受度师长、十方信施、供给檀越，洗涤尘劳，庄严报地，仍荐须四乙府干，超升净土。然后上答四恩，下资三有，法界有情，同圆种智"。这是华亭县一个庵堂的清月和尚捐助延圣院刻经时亲自留下的题记，其中较为详细地说明了出资雕刻大藏经的经过。若干年以来，清月便在官员须四乙的资助下，亲手书写了金质的《妙法莲华经》，当得知延圣院刊刻大藏经的消息之后，清月就将书写的经文交给了该寺院的刊经机构。应该说，这是颇具价值的七轴经卷，毕竟是用黄金书写的。此后，清月又四处募集资金，用于雕刻大藏经版。而且，他还用须四乙施舍给他的100贯会子购买黄金，书写一副经版捐赠给延圣院。

从这一刊刻佛经的过程来看，清月对黄金似乎情有独钟，应该非常擅长黄金书法及雕刻。实际上，他自己并未出资，而是将黄金制作的经版和书写的经轴捐了出来，这些东西尽管极有可能具有很高的价值，但无法直接用于刊刻佛经。设若延圣院要用这批东西雕刻佛经，势必要将之卖出去，才能实现清月的愿望，也就是他与买主"同结善缘"。由此看来，清月和尚似乎有营销自己产品的嫌疑，但无论如何，他捐助了延圣院，这是不争的事实。另外，从清月所冀望的功德来看，首先是报答父母养育之恩，以及剃度他的师长和平日帮助过他的人。其次是报答须四乙个人。此时须四乙已然去世，但在生前曾经给过清月100贯钱，这估计是他一生中得到的较大一笔捐助，因而才被特别提及。值得注意的是，须四乙身份比较特殊,极可能是嘉兴府(或平江府)的干办公事,其职位大体上相当于知府的秘书。可以肯定的是,他们之间的关系极不寻常,否则清月是不会如此怀念他的。那么,清月是怎样结识须四乙的,两人又是如何交往的,等等,这些都是需要探讨的问题。最后才是报答所谓的"法界有情"。由此似乎可以得出某些结论,作为出家人,清月并未脱离红尘。在其人生历程之中,他并不是一直生活在寺院之中,成天与僧侣打交道,而是与很多世俗之人有过交往,也得到过许多人的帮助。更重要的是,他掌握了用黄金书写的技法,尽管不知道他的技艺从何而来,但这是十分难能可贵的。

通过对《碛砂藏》题记中一僧一俗的分析,我们不难发现,他们都是南宋时期两个再普通不过的民间百姓,其生活经历各不相同。他们虽然没有史书中记载的那些人物的经历,却是这一时期普通人生活的缩影,也正是这些细微的元素构成了南宋时代的历史。应该说,从这些个体的身上可以看到宋人日常生活的某些状况,同时也能窥测出一些他们在社会上的交际往来,尤其是精神层面的多姿多彩。

第三节 宋代民间宗教信仰的佐证

《碛砂藏》宋人题记是南宋民间人士与宗教界之间往来而流传下来的第一手材料,因而其中有很多涉及宗教信仰的史实,有些是此前罕为人知的历史现象,也是宋代民间宗教信仰的真实反映。其一是宋代有相当数量的佛教信众拥有法名、戒名,这种现象表明,在民间有很多几乎与出家人一样的在家佛教徒。淳祐元年(1241),"平江府资寿禅寺比丘尼慧晓大显回施长财壹伯贯文恭入本府碛沙[砂]延圣院,刊造《百佛名经》壹卷。所集功德,专用追荐先妣太君郑氏六八娘子法名善修、亡媳[嫂?]孺人陈氏八一娘子法名正慧,洗涤各人根尘,超升佛土。然乞自身向去修行有庆,进道无魔",这个名叫慧晓大显的尼姑的母亲名郑氏六八娘子,同时还有法名为善修。而题记中的"亡媳"显然不合情理,慧晓本人是出家尼姑，不可能有"媳妇"，若从其母亲方面来说倒是说得过去的，即是尼姑慧晓的嫂嫂，其法名为正慧。除了法名之外，也有称戒名的。淳祐五年（1245），"平江府吴江县久咏乡廿八都长子坝字围田所居弟子奉三宝弟子陆德辉情旨，发心施财刊《佛语经》一卷。所集功德，报荐亡父陆三九承事戒名觉缘、先妣俞氏戒名觉明。然后保扶现生之内安心乐，临命终时正念往生者"，由此可知，陆德辉的父亲应该是官员身份，为正九品文官承事郎（元丰官制改革前的大理评事）。陆德辉的父母都取有颇具佛教意味的戒名，分别是觉缘、觉明。虽然这些有法名的信众并未正式剃度为僧尼，但其他题记中大多数使用的是"奉佛弟子"的称谓，并无戒名、法名之称，不知两者之间是否存在区别。可以确定的是，按照佛教相关教义规定，"又戒名为制，能制一切不善法故"①，也就是说，作为一种制度，戒名实际上是为了制止所有不善言行。正式出家的佛教徒"具戒"是十分严肃的事情，通常是由品德高洁的僧人主持仪式。然而，对于如郑氏六八娘子之类的普通人而言，他们是通过何种方式获得戒名的，等等，这些都是值得深入探讨的。

在宋代，似乎很多人都拥有戒名，这种现象在以平江府为中心的地区相当普遍。绍定五年（1232），辑善庵僧人文戒与其徒弟宗显捐款雕刻《碛砂藏》两卷，"发心回施长财九十五贯文恭入延圣院，雕造《佛说无量寿经》上、下卷。所生功德，先用上答四恩，下资三有，法界有情齐成佛道。仍用庄严先和尚瀛讲师、徒弟茂阇黎、亡考王大承事净日、妣杜氏二娘子净月、继考陆三五承事觉希、继妣太君李氏十三娘觉度、亡过梅二道人了德、金二道人妙行、兄王卅一郎、门中先远三代宗亲，承兹善利，忏涤罪愆，俱出苦轮，同登彼岸。愿文戒袈裟之下，道果圆成，他世之中，二严克备"，可见，其中提到的除了两个僧人之外，其余七人中有六人有戒名。应该说，文戒所要追悼的父辈无疑都是虔诚的佛教徒，这种情况在宋朝并非只是个案。淳祐元年（1241），"华亭县长人乡廿乙保南竞子西居住奉佛弟子陈普兴同妻孙氏三十二娘发心施财，恭入延圣院经局刊大藏

---

① 《天台四教仪注》卷七上。

《缘起经》。功德追荐亡翁陈净善、亡婆孙氏二娘子佛进、先考陈佛智、先妣潘氏廿三娘子善勤、亡丈人孙廿二承事、亡丈母姜佛遇,承此经缘,同生净土",捐助人陈普兴罗列出来的需要悼念的亲人当中,除了其丈人孙廿二承事外,他的爷爷、奶奶、父亲、母亲、丈母娘都有法名。一些人甚至直接使用戒名,而不用自己的本名,前引陈普兴的爷爷、父亲就是如此。再如嘉熙三年(1239),杨普清为追悼去世的亲人而捐资刊刻了《了本生死经》,其题记中有"先妣金氏普妙""亡丈母王氏戒定",这种情况明显与宋人的称谓不符。通常而言,宋代妇女的称谓多按行第排列,如前引陈普兴的奶奶名为孙氏二娘子,母亲名为潘氏廿三娘子。《碛砂藏》宋人题记中也基本上是这种称谓形式,如"亡出嫁女杨氏八一娘子""亡母张氏廿二娘子""先妣太君费氏九娘子觉果"等。然而,杨普清母亲、丈母娘都未按照当时的惯例写作某某娘子,这是颇为令人惊异的情形。

　　《碛砂藏》宋人题记中还有一个值得探讨的现象,这在宋代官方文献中很少加以载录。宋人尤其重视星神,这与政府祭祀神灵的方式存在某些区别,宋朝官方虽然也有星神之祭祀,但其仪式并不是十分隆重。[①]而在《碛砂藏》宋人题记中,很多人祈求的神灵之中都出现了星神。咸淳六年(1270),居住在常熟县的女性佛教信众张子(氏?)妙因捐资100贯给延圣院,雕刻一卷佛经,"所集功德,先用庄严来报,福慧二严。次伸献诸天三界、十方真宰、家堂香火圣贤、自己本命星君、吉凶星斗。伏冀保庇身躬康泰,福寿延洪。凡在时中,吉祥如意者",这个妇女用功德请求的神灵中就有"自己本命星君、吉凶星斗",可知宋代民间是极为崇拜星神的,无非是崇敬的方式存在差别而已。淳祐元年(1241),住在华亭县的方必先捐资1800贯雕刻佛经,其目的是"专用追荐先考六十一府千方公尊灵,承此良因,超升佛界。仍祝在堂母亲夏氏己亥星君,伏乞保扶,福寿增崇,门庭光显,吉祥如意者",除追悼其父亲外,还将功德奉献给了其母亲夏氏出生年份的星神。显而易见,方必先之母尚且在世,他祈求母亲的星神庇佑自家"门庭光显"。可知其家应该十分富有,其父去世后,

---

① 参见笔者等著《中国民俗史》(宋辽金元卷)第六章第一节,人民出版社,2008年。

其母掌管家庭，继续维持了家族的地位，因而其母的星辰是非常幸运的。

事实上，在《碛砂藏》题记中，有些宋人甚至将星神的地位放在了其他神灵之前，这足以表明其重视程度。嘉熙三年（1239），住在华亭县的唐佑与其妻沈氏十四娘捐助90贯钱雕刻《一切法高王经》一卷，这对夫妇提出的请求是，"功德祝献甲午星君、丁亥星君。仍荐先考唐十八承事、先妣太君潘氏廿三娘子、圆寂弟僧周寺主，伏此良因，往生净土。仍乞保扶身宫康泰，寿算延长，吉祥如意者"。很明显，甲午、丁亥无疑是他们夫妇出生年，只是无法求证具体时间罢了。在他们看来，自己本命年的星神是保佑他们吉祥如意的最重要的神灵。当然，宋人祈祷星神的方式是不一致的，淳祐四年（1244），居住在昆山的季礼与其妻张氏廿二娘捐出470多贯钱刊刻《碛砂藏》，他在题记中写道："自身行年六十三岁，六月建生，同妻张氏六十八岁，四月建生。思夙何片善，生处中华，幸衣食而粗周，荷龙天而叶赞。"很显然，这对夫妇用年龄来表示他们所祈求的本命年星神。类似季礼祈祷的题记在《碛砂藏》中尚有若干条，此不一一罗列。由此看来，宋代民间无疑是存在本命年崇拜这种历史现象的。至于这种崇拜的其他问题，需要留待以后加以考察。

总之，关于宋代民间的宗教信仰，学术界虽然已有很多研究成果问世，然而类似戒名、星神崇拜的现象却很少有人触及。更何况《碛砂藏》的题记多数是捐助者撰写的，也有延圣院僧人依据捐助者的意愿代笔的。但无论如何，所有这些文字都是宋朝人、元朝人真实情感的流露，因而其史料价值是值得充分肯定的。

原刊于《史学史研究》2011年第4期

佛性与人性：宋代民间佛教信仰的真实状态

宋朝民间的佛教信仰是相当普遍的，而普通民众信教的方式是多种多样的。除了烧香拜佛等之外，宋人施舍钱财雕刻佛教经典也是非常重要的方式之一。本文拟以20世纪20年代末30年代初发现并出版的《碛砂藏》的题记为中心探讨宋代雕刻佛经的相关问题，进而尽可能地还原宋人佛教信仰的真实状况。

第一节 捐资人的身份与区域分布状况

国内外关于《碛砂藏》本身的研究已可谓相当深入，其中更多的是围绕佛教经典的刊刻及流传等问题而展开的。[①]可以肯定的是，《碛砂藏》中保留下来的宋朝人、元朝人的题记为研究当时的佛教信仰、社会经济等多方面的历史提供了很多相当有价值的史料，也是当时人物质和精神生活的真实写照。[②]毫无疑问，重新审视这些当事人的记录有助于进一步深入

---

① 李富华、何梅：《汉文佛教大藏经研究》第七章。竺沙雅章：《宋元佛教文化史研究》第二部。
② 这批题记经过抄录和整理后汇编成册。笔者是通过中国社会科学院历史研究所的刘晓教授和在日学者王瑞来先生从日本复印回来的。写此文之际要对两位学者的帮助表示诚挚的谢意。然而笔者所用的是日本学者的屋胜发表在《日华佛教研究会年报》1937年的特辑号上的抄录本，可能是限于当时的条件，该本错误很多，凡是引文中带括号者均为笔者所改正或是存疑的，但无论如何是聊胜于无的。以下未注明出处者均来源于的屋胜的抄本。

探究宋代普通人的世界。从日本学者的屋胜抄录下来的题记来看，总共有603条与雕刻大藏经相关的记录，其中除了部分难以确定具体年代的之外，还存在一些同一人捐助钱财刊刻若干卷佛经的情况。

大体上说，元朝刊刻的题记数量较宋朝要多一些。经笔者统计，完全可以确定为宋代刊刻的佛经题记为199条。如果将《碛砂藏》中宋元时期的题记进行较为简单的分类的话，大体上可以分为两种不同的类型。

一是出家人施舍钱财雕刻的，总共有34条明确的记录。其中捐助最多的是平江府延圣院的僧人，如"当院比丘慈存""大宋国平江府城东碛砂延圣院徒弟比丘惟勉"等，这表明为了刊刻大藏经，延圣院的出家人率先垂范，充分发挥了以身作则的作用。其次就是华亭县超果寺，如"嘉兴府华亭县超果寺寓广福教院比丘师安""华亭县超果寺比丘德询""华亭县超果寺比丘可权"等，由此似乎可以看出超果寺与延圣院之间有着非常特别的关系。除此之外，还有其他寺院僧人的捐助。"华亭县长仁[人？]乡十八保六磊塘北朱坡水西崇庆庵尼僧祖楷、了宗、了元、了龙"，这是四个尼姑共同捐刻佛经的记载。"临安府嘉会门里梵天寺住持比丘宗印"，这是都城临安僧人的捐施。从这些僧尼的捐助来看，可以肯定，他们都拥有相当数量可供自己支配的私人财产。

从上述史实来看，绝大多数捐刻《碛砂藏》的是本地僧人。也就是说，宋代捐刻《碛砂藏》的僧人几乎都集中在平江府及其周边地区。而到了元朝，大量远离平江府的僧人前来捐助。元成宗大德十年（1306）的题记有"大元国陕西巩昌路陇西县草市镇广严禅寺比丘义琚""本贯关西泰州观音禅院嗣讲、持衣比丘海云"①"前泉州路僧录加瓦八"，元仁宗延祐二年（1315）有"福建道建宁路建阳县后山报恩万寿堂嗣教陈觉琳"，等等。这些事实表明，随着时间的推移，延圣院刊刻佛经的消息在更大范围内传播开来，同时这一浩大的文化工程也得到了更多人的支持与帮助。然而，出现这些结果的缘由却是不得而知了。设若进行推测的话，无非是以下几种

---

① "关西泰州"恐系的屋胜的误抄，笔者以为当作"秦州"。《元史》卷五十九《地理志二》中的泰州一在江南，一在东北地区，都与关西不吻合。

情况：一是延圣院雕刻的佛经通过各种方式逐渐流传开来。远在苏州刊刻的《碛砂藏》20世纪30年代在陕西的开元寺、卧龙寺被发现，此后在国内外不同的地方陆续发现了或多或少的残本，从而确定了该版本大藏经的存在。[①] 这说明宋元时期延圣院刊刻的大藏经流传范围相当之广。二是因为延圣院刊雕佛经的巨大工程得到了更多人的认同，他们相互之间会以不同的方式传播这一消息，于是才出现了参与者不断增加的现象。

另外，上述现象也说明，虽然僧人隶属于佛教寺院，应该是过着集体式的教团生活，但他们似乎存有不少的私人财产，而这些财产无疑是不属于寺院方面的。这种情形自然与他们生活的寺院之间是存在矛盾的。也就是说，寺院财产与僧人个人财产之间究竟是怎样区隔的，寺院与僧人之间出现财产纠纷时通过哪种途径解决，僧人是否需要向寺院方缴纳部分必要的生活费用，等等，这些问题都是需要厘清的。

二是宋代世俗之人捐刻的。这些人来自不同的地方，他们的身份和社会地位也各不相同。首先，就地域而言，平江府及其周边各县的捐助者是最多的。下表显示捐刻者的分布情况：

表一　世俗捐刻者地域表

常熟县	长洲县	昆山县	吴江县	吴县	嘉定县	姑苏	华亭县	其他
3	8	19	14	4	3	2	78	8

从上表可以看出，捐助刻经最多的首推华亭县（今上海市松江区）。此县并不隶属于平江府，而是归嘉兴府管辖。相对而言，该地距离这一区域带的政治、经济、文化中心平江府较昆山等地要远。然而，无论是华亭的僧人，还是世俗之人，他们参与延圣院刻经活动的积极性远远高于平江府下辖的各个县的居民，这是颇值得探讨的论题。

就捐刻大藏经的人来说，他们绝大多数都是普通民众。应该说，除了出家人外，《碛砂藏》题记所记录的绝大多数人都是信奉佛教的民间人士，

---

① 《汉文佛教大藏经研究》第七章。

如"大宋国平江府长洲县道义乡临顿桥南街东面西居住奉三宝弟子周康年同妻辛氏百八娘、男文炳、媳妇陆氏二娘、孙男真郎""大宋国嘉兴府华亭县长人乡十九保下沙南场第七灶居住奉佛弟子唐思明同妻瞿氏四十九娘、男大年""大宋国嘉兴府华亭县长人乡十六保砂门塘南路西居住奉佛弟子朱氏百八娘同男褚仲茂、仲文,息妇宋氏九娘、朱氏五三娘,孙男友直、友德,玄孙安仁",等等。显而易见,这些都是以家庭所有成员的名义捐钱刊刻大藏经的,这种情况在所有题记中所占比例总体上还是比较高的,只是其表现方式存在很大差异。

很多题记并未罗列施舍者家庭所有成员的姓名,而是以夫妻来代表整个家庭,如"平江府碛砂延圣院大藏经坊:今据嘉兴府华亭县修竹乡四十二保钱盛里居住奉佛弟子盛璿同男孙二位家眷等""大宋国平江府吴县利娃乡李公桥东郭面南居住奉三宝弟子阮大异与家眷等""平江府昆山县全吴郡[乡?]第伍保顾宣浦东居住奉佛弟子陈宝同妻薛氏二十八娘"①"大宋国平江府常熟县双凤乡三十二都沙荣信王土地境界奉三宝弟子张彦琦同妻陈氏百十四娘""大宋国平江府嘉定县乐智乡陶舍里寺沟土地目下将军管界居住奉三宝弟子王显忠叶家眷等",等等。这类题记反映出宋代很多家庭都信仰佛教,至少江南地区的情况是如此。不难想见,这些人除了向佛教寺院和出家人捐赠钱物之外,家中应该还供奉着各种不同的佛教神灵或是与佛教有关的其他物品。也就是说,这些人的现实生活是与佛教紧密相连的。

当然,《碛砂藏》题记中也有不少以个人名义捐助的记录。如"大宋国嘉兴府华亭县修竹乡四十二保望湖田东居住奉佛弟子朱氏八娘戒名妙宗""大宋国嘉兴府华亭县长人乡十九保住奉佛女弟子陆氏四十一娘""大宋国嘉兴府华亭县长人乡十九保牛场泾居住奉佛女弟子陶氏六四娘",等等。大体而言,这类记载所反映的基本上都是个人的意愿,其动机和目的似乎也与全体家庭成员共同捐助的存在某些区别。

细致分析《碛砂藏》题记中所记录的各色人等,他们的身份和社会地

---

① 抄录者将"乡"字误录为"郡"字。

位各不相同,这种现象从某种程度上也反映出宋代社会的一些特征。

这些题记中有文武官员,既有在职的,也有离任的。如"大宋国平江府昆山县市邑望山桥北潘家巷内水西面东居住奉佛承直郎、新江阴军司法参军范传家同妻安人赵守真",范传家所题时间是嘉熙三年(1239),他是即将担任江阴军司法参军的现任官员。再如方密祖所题官衔是"从事郎、监建康府户部赡军中酒库",也是在职官员。也有离职官员,如叶贲的官称为"大宋国平江府吴江县同里居住奉佛儒林郎、前嘉兴府户部亭林桥赏酒库",可知其已经卸任并居住在乡里。仅叶贲一人便出资刊刻了《佛说大乘无量寿经》一部三卷。虽然这些人所担任的职务并不高,但其官员的身份是确凿无疑的。

除了官员,也有吏人参与其中。为延圣院刊雕《道行摩诃般若波罗蜜经》一部十卷的"后庇溪檀越张税院名璿"①,从他的头衔"税院"来看,其吏人的身份是可以确定的。

施舍者中也有大量商人和城市市民。他们中有些是以个人或单个家庭的名义捐助的。如"大宋国平江府昆山县市邑进贤桥西水南面北居住奉三宝弟子范显同男应成",很显然,范显居住在昆山县的"市邑",虽然不清楚其身份,但可确定其为城市居民。除此之外,宋代市民也有集体捐助的情况。《碛砂藏》题记中保留下来绍定五年(1232)和六年(1233)的两份详细捐赠名单,兹录其中之一于后:

> 平江府碛砂延圣院刊造大藏经板局,伏承昆山县市邑诸家施主舍钱芳衔开具子〔于?〕后:钱胜、严惠、诸谦、陈寔、张佐、周椿、沈祐、耿镐、石崇福、吴兴祖、王烨、洪棣、唐新、谢晖、杨贵、王显、顾镐、顾宽、郑珍、吴士龙、吴松年、严鼎、沈清、王烨、邹信、薛伟、姚水成、沈安国、陆德与、徐兴祖、袁惟忠、洪天德、祈贵、陈寔故孙筠〔筦?〕宝郎□□、俞氏一娘、徐氏三七娘、杨氏四

---

① 此经若干卷都是由张璿出资刊刻的,而抄录者误抄了他的住址。准确的应该是"大宋国平江府吴江县久咏乡念染〔廿柒?〕都后庇溪居住奉佛三宝弟子张璿"。

娘、陈氏六娘、李氏千三娘、唐氏十四娘、吕氏廿八娘、郑氏十三娘、万氏三娘、葛氏百一娘、吴氏千三娘、沈氏细一娘、叶氏百八娘、洪氏千十娘、王氏十三娘、龚氏百七娘、翁氏五三娘、倪氏百一娘、陈氏六四娘、张氏三六娘、丁氏三乙娘、郑氏九娘、吴氏百四娘、史氏廿八娘、许氏百娘、顾氏百四娘、朱氏十娘、柳氏百四娘、周氏百三娘、高氏八三娘、杨氏廿五娘、潘氏八三娘、许氏百三娘、吴氏六六娘、俞氏一娘。

上述名单除了有两个字脱漏外，其他人均有名有姓，人数多达70人左右，几乎是男、女市民各占一半。他们每户人家施舍钱财1贯200文给延圣院，刊刻《文殊师利般若经》1卷，可知总共捐助了80多贯才完成雕版。应该说，这些人都是居住在昆山县城的普通市民，尽管不知道他们从事的职业，更无从得知他们日常的营生手段，但可以肯定的是，他们对并不在昆山当地的延圣院刊刻佛经一事有着浓厚的兴趣，且以实际行动加以支持。

需要说明的是，即便上述这些人都是虔诚的佛教信徒，也不太可能有如此多人集中起来亲自前往平江府城。因此，昆山市邑的集体捐助无疑是有人组织的，而那些往来于昆山与平江府之间的人究竟有着怎样的面相，他们是出家人，还是昆山县城的当地人，还是来自其他地方的什么人，这些都不得而知了。从已知的情况来看，大体上可以确定的是，上述罗列出来的普通市民与佛教之间存在某种关系，且他们的捐款并不是很多，只有区区1贯多而已，可知他们未必十分富有，但他们有着发自内心的佛教信仰，这也是宋代普通市民重要的精神生活之一。

第二节　利己与利他之间的神界与现实

如此多宗教人士和世俗之人热衷于捐助延圣院的刻经事业，当然与他们的信仰密切相关。不过，他们的信仰却更多地反映出社会的现实状况。

宋人之捐助刻经有着各式各样的理由，概而言之就是祈求佛教神灵消灾纳福。捐助延圣院的题记中，记载了许多捐助者的愿望，其中追荐各种亡灵进入极乐世界的题记所占比例最高。嘉熙三年（1239），华亭县一位妇人与其全家捐款刻经一卷，其题记如下：

> 朱氏百八娘同男褚仲茂、仲文，息妇宋氏九娘、朱氏五三娘，孙男友直、友德，玄孙安仁施财陆拾贯文入碛砂延圣院，刊造大藏《仁王护国般若波罗蜜经》一卷。功德追悼先考朱五十一承事、先妣何氏八娘子、亡弟朱百十四郎、亡弟朱四郎、亡妹朱氏百十二娘子、亡公褚十八郎、亡婆王氏十六娘子、亡晚婆王氏廿三娘子、亡夫褚小十三郎、亡姑褚氏八娘子、亡姑夫张十二郎、亡姑褚氏八娘子、亡姨夫黄阿十郎、亡妹孙氏四三娘子、七［亡？］媳妇黄氏七娘子、亡故［兄？］朱百一郎、嫂王二十娘子、孙朱廿九郎、弟僧知阇、亡男僧憝知、亡女褚氏廿一娘子，遇此良因，超升佛土，受胜快乐。亡姑夫家百九承事、亡兄朱百三郎、亡外甥妇王氏百三娘子。①

由此基本上可以对褚家与朱家的情况做出一些初步判断。朱氏百八娘应该是年事已高的一个老妇人，所在的褚氏家族至少现有八个人，她的父母、公婆、丈夫等众多娘家人、夫家人均已去世，她是这个家族的长辈。应该说，这是两个很大的家族，而朱氏百八娘夫家、娘家的同辈人恐怕已经所剩无几，因而已至暮年的她自然十分思念去世的亲人。加之她一直是佛教信徒，其弟弟、儿子虽然已经亡故，但都是正式出家的僧人，可知其娘家、夫家都有着浓厚的佛教氛围。因此，她希望通过刊刻大藏经所获的功德来使亲人的亡魂得以超升，即在人世以外的世界过得幸福安宁。

---

① 的屋胜的抄录本作"亡男僧憝知亡女褚氏廿一娘子遇此良因超升亡姑夫家百九承事佛土受胜快乐亡兄朱百三郎亡外甥妇王氏百三娘子"，文义不通，殊不可解。考《碛砂大藏经（影印宋元版）》（第15册，线装书局2005年，第285页）可知，应是辑录这段史料时，阅读顺序出错，现已更正。至于"亡姑夫家百九承事、亡兄朱百三郎、亡外甥妇王氏百三娘子"三人为何出现于全篇末尾，笔者推测此三人应是后来才被写入题记中的，故格式混乱。

佛性与人性：宋代民间佛教信仰的真实状态

实际上，宋人利用佛教法事追悼亲属亡灵似乎是较为普遍的现象。在北宋都城东京，"道士、僧人罗立会聚，候人请唤，谓之罗斋"[①]，即道士、僧人集中在开封城内的某个固定场所等待市民召唤前去做法事。这种情况表明，"罗斋"已然是宋代城市非常普遍的现象。南宋都城临安府也基本相同，"杭州市肆有丧之家，命僧作为佛事"[②]。城市如此，乡村地区也不例外。正因为宋代城乡都有着以佛教法事超度亡灵的习俗，华亭县的朱氏百八娘才出资为延圣院刊刻佛经，以期其所有去世的亲属都能在佛教神灵的庇佑下脱离苦海。

应该说，《碛砂藏》题记中有不少是类似的单独用来追荐祖先的。嘉熙三年（1239），张氏百一娘捐助刊刻《般若波罗蜜多心经》，"功德追悼先考张六郎、先妣李氏九娘、亡前夫董四十二郎，同生净土"。端平元年（1234），张应麟刊刻佛经一卷，"所集功德，专用拜荐先考张五四官人、先妣陈氏二娘子不滞冥途，往生净土者"。端平二年（1235），"耿氏千八娘同男徐兴祖、荣祖与家眷等情旨，谨发诚心，施净财贰拾贯文恭入碛砂延圣院大藏经妨［坊？］，命刊造《称赞净土佛摄受经》一卷。永远流通圣教，所集功德，伏用拜荐亡婆胡氏百十娘子、亡夫徐百十郎，承兹功德，超升净土者"。很明显，这类题记都明确了要以佛教功德追悼的对象，其中基本上都是关系非常近的亲属。这种情况显示出在世的人对去世亲人的思念之心，同时也是传统中国社会忠孝节义的重要表现。

当然，也有少量是以刻经功德祭奠列祖列宗的，这是宋人祖先崇拜的方式之一。如绍定四年（1231），在昆山县城居住的范显"刊造《宝积经》一卷，集兹功德善利，资荐范氏门中祖祢、宗亲阖属神仪伏此胜因，超升净域"；又如"叶伯安洎合家等发心，刊造大藏《佛说龙施女经》一卷。所集功德，用荐门中三代、内外宗亲，仗此良因，起［超？］升佛界"。这两条记述有着共同的特点，就是将自己祖宗排在前面，而将宗族其他亲属放在后面，这种亲疏秩序的排列实际上既反映了他们利己的内心世界，同

---

① 《东京梦华录注》卷四《修整杂货及斋僧请道》，中华书局，1982年。
② 《古杭杂记》，《说郛》卷四，中国书店，1986年。

时也说明他们有着利他的想法。

除了追荐逝去亲人的亡灵之外，这些题记中还有一些是专门用刻经功德庇佑某些特定的人和事的。毫无疑问，这些文字是宋人真实想法的流露。宋理宗淳祐三年（1243），长洲县的金铸捐款刊刻佛经一卷，"所集功德，保祐花男龙寿聪明日进，福寿增崇者"。金铸专门捐款150多贯刻经，为其儿子龙寿向佛教神灵祈祷，保佑其既聪明又增延福寿。这充分展现了他的爱子之心，同时也说明，他的儿子身上极有可能出现了某些难以言说的棘手问题。

景定五年（1264），"大宋国平江府昆山县全吴郡［乡］漳潭里居住奉佛弟子戴文昌妻吕氏三娘意者为男观寿行年一十二岁，正月十六日建生。发心施财，雕刊大藏经板五卷。所生功德，专为小男观寿增延福寿，灾障消除。凡在时中，吉祥如臻集者"。戴文昌夫妇雕刻了五卷佛经，应该是捐助了很大一笔钱，其所祈求的与金铸相差无几，不过是为其子消灾祈福。淳祐三年（1243），儒林郎叶贲捐出366贯780文给延圣院，刊刻《佛说大乘无量寿经》一部上中下三卷，"所集功德，保祐花男玉麟易长易养，集福消灾者"。由此可见，无论是官员，还是普通民众，似乎都存在重男轻女的想法，所有题记中都没有出现为某个女儿祈福的文字。

此外，也有很多人捐刻佛经只是考虑自身的利益，将所获的功德用于为自己祈祷。淳祐五年（1245），从事郎、前绍兴府嵊［嵊?］县尉、巡捉私茶盐矾监催纲叶崴施舍钱财472贯700文，"刊造《光明童子因缘经》一部四卷"，"所集功勋，用伸保扶崴身宫康泰，禄善增崇。早生福德智慧之男，俾获富寿康宁之址"。他所希望的是通过刊刻四卷佛经的善举，保佑自己健康，官职能越做越大，更重要的是，尽快生下聪明智慧的男孩，并给他带来福祉。毫无疑问，叶崴作为一名官员，他平日最为忧虑的恐怕就是身体、官位、儿孙这三样了，因而捐出一大笔钱给延圣院，冀望达成这些目的。又如淳祐六年（1246），"平江府吴江县久咏乡廿八都长子坝字围田所居弟子奉三宝弟子陆德辉情旨，谨发心施财，刊《金色经》一卷。所集功德，唯愿早悟无生，无诸疾娄，身心安乐，修行进道，无魔无障，临命终，已如若禅定者"。陆德辉希望通过刊刻《金色经》的功德，能使

佛性与人性：宋代民间佛教信仰的真实状态　　319

自己身心安乐，在修行佛道方面日益精进，并在临终之时得以善终。应该说，陆德辉本人就是潜心于佛教的在家修行者，他当然希望其所有付出的修为都能得到某些回报。健康而又无病痛自然是人人都十分渴望的，陆德辉自然也不例外，只不过其所追求的方式不同而已。

在《碛砂藏》题记中，有些人捐资刻经是出于无奈，尤其是面对病痛折磨时，很多人都愿意祈求佛教神灵保佑他们拥有健康的体魄。淳祐三年（1243），从事郎、监建康府户部赡军中酒库方密祖出资刊刻宋初僧人法天翻译的《佛说大乘圣无量寿决定光明王如来陀罗尼经》，就是因为其兄方述祖突然双目失明："密祖归依三宝，虔控丹忱。伏为兄奉议郎、新改羌［差？］通判无为军、赐绯鱼袋方述祖年越六旬，忽盲两目。切恐业通三世，冤禽求偿。又虑入仕以来，居家处己，或隐或显，获罪多端，定业难逃，遂成重厄。密祖以情关同气，力为求哀，至心亲书此经。仍施财入局，镂板代伸忏悔。恭望佛慈，摄受之下副懴祷，使兄述祖除障难，决定光明，全赖施罗尼，是真归依处。"由此可见，方密祖本人是一个虔诚的佛教信徒，其兄长突患眼疾，在他看来，这是三世冤业所致，于是他亲自书写佛经并捐助延圣院雕刻佛经为其兄祈祷。这一记述可谓情真意切，充分展现了方氏兄弟之间的手足之情，同时也表明宋朝的佛教徒信奉佛教是具有浓厚的实用主义和功利主义色彩的。

无独有偶，淳祐二年（1242），一个赵姓司户的妻子张氏百七娘同样患了眼病，于是她出资刊刻《法苑珠林》一卷："大宋国平江府长洲县凤池乡官太尉桥南水西面东居住奉三宝弟子张氏百七娘法名妙净意者，自身行年五十一岁，二月十五日建生。昨于二月以来为患目疾不安，至今未得全。可特发诚心施净财，恭入碛砂寺经坊，刊大藏《法苑珠林》第三十九卷。所集功德，用作保扶所患目疾速赐瘥安平善者。"宋度宗咸淳元年（1265），居住在平江府城的吕颐仲"为女使施氏千四娘臂疾不安"，出资雕刻《放光摩诃般若波罗蜜经》第八卷，其目的之一是"祈福保佑施氏疾病安愈，增延福寿者"。众所周知，女使乃是宋朝大户人家中的女性仆人，主要在家内劳动，通常认为她们身份卑微、地位低下，然而，此处的女使施氏千四娘生病后，其主人吕颐仲专门为其刻经祈福，俨然如同对自己的家人一般加以照顾、关心。施氏的际遇看来是可以颠覆此前学界对女使的固有认知的，但不知这是否带有普遍意义，抑或是与吕颐仲为佛教信徒有关，毕竟行善积德是佛教徒深信不疑的信条之一。

不仅世人在疾病之时祈求佛神，宋代的出家人也是如此。咸淳五年（1269），延圣院比丘惟晟出资刊刻佛经的题记写道："自身为患气疾，不能安瘗［瘥］，发心施财，刊雕《摩诃般若波罗蜜经》第二十七卷。所集功德，解释宿世冤雠，乘此殊勋，超生佛土。乞保扶身位气疾清除，增延福寿者。"在他看来，自己所患"气疾"（极可能是肺病），是前世冤孽所致，通过刻经所生功德就能解除这些疾病的诱因，进而达到祛除疾病的目的。

大多数的宋人题记都是综合性的祈愿，也就是更多地与现实生活结合起来，他们虔诚地向佛教神灵祈祷以期达成各种美好的愿望。淳祐三年（1243），"承信郎、新特差充御前修内司勘给受给［"给"为衍字］、权两淮浙西发运司准遣陈镕同弟铁、媳妇赵氏、乳母茅氏、花男归孙谨发诚心，捐己资入碛砂寺大藏经坊，刊《大方广总持宝光明经》一部五卷。功德用伸追悼先考领阁陈公、先妣恭人韩氏、先叔九宣教、先婶婶王氏，同乘善果，早超天界。更冀胜因保扶门户荣昌，家眷平安。四时之内，永无不测之灾，阖宅室中，悉保多来之庆"。这是宋人在《碛砂藏》中具有典型意义的题记。陈镕与陈铁兄弟居住在昆山县全吴乡第六保漳潭里。其父曾经担任"知阁门事"，是南宋皇宫中有着较大权力的六品武官。其叔叔为文官，最终官职是从八品京官宣教郎，估计是通过科举考试入仕为官的。按理说他们应该居住在都城临安或是临安附近，但不知何故迁到了昆山。此一记述表明，陈镕为奉佛弟子，其官职是从九品的承信郎，其弟陈铁尚未婚配，可知其父母、叔婶都应该是岁数不大便去世了。这种情况极有可能导致陈氏家族家道中落，这对兄弟两人及其家人的打击可想而知，此或许是他笃信佛教的重要原因之一。他们十分怀念父母、叔婶，冀望他们在天之灵"同乘善果，早超天界"，因而他与家人捐资雕刻五卷佛经，应该是付出了不少金钱。然而，对陈镕兄弟而言，虽然沉浸在失去至亲的痛苦之中，但现实生活还要继续下去，因而他们更希望借神佛的庇佑，"保扶门户荣昌"，使自己的家人免去不测之灾厄，这应该才是他们想要达成的最为重要的愿望和目的。

事实上，利用捐助延圣院刻经以祈求福报者并不在少数，他们都是从美好的愿望出发，希望通过施舍来消除自己或家人的各种灾难。从某种意义上说，这似乎更像是一种商业行为，这些捐助人将消灾祈福的愿望很大程度上寄托在了金钱之上。这固然与信众深信佛教学说有着密切关系，但同时也是那个时代及民众的生存环境等诸多因素共同导致的结果。淳祐十一年（1251），"大宋国平江府吴县永定乡升平桥东街北面南毛亭大王管界居住奉佛女弟子杨氏四娘发心，施十八界官会壹伯贯文，恭入碛砂寺大藏经坊，刊造《法苑珠林》第五十七卷。所集功德，上悼妈妈安人夏氏往生佛界，乞回阴力，保扶身心安泰，寿命延长，宅门光显，眷爱团圆者"。这是一个乡村妇女捐助 100 贯钱雕刻《法苑珠林》时书写的发愿文，一则追悼其母夏氏亡灵，这说明她与其妈妈之间关系极为亲密，二则祈求神灵保佑自身健康长寿，阖家都能幸福团圆。类似的例子在《碛砂藏》宋人题记内容中所占比例远远超过了单纯为某人或某事而进行的捐助，这表明宋人祈愿多是多重用途的。也就是说，宋人信仰佛教的目的并不单一，而是与现实世界的诸多利益相互结合的。嘉熙三年（1239），"大宋国嘉具［兴？］府华亭县长人乡十九保牛阳［场？］泾居住奉佛女弟子康氏三八娘同男五［王？］恩臻家眷等发心，施财柴［柒？］拾贯文会，恭入平江伏碛砂延圣院，刊造大藏《金刚般若波罗蜜经》一卷。集兹功德，用伸追悼亡考康细七承事、亡妣王氏一娘、亡夫王五十一承事。更愿氏及男生生与佛为因眷，世世菩提结善缘，见存眷属各保安宁，已往先亡超升净域土，法界有情同成佛果"。康氏三八娘捐刻了一卷佛经，她想要祈求佛教神灵的愿望包括四项，即追悼父母与亡夫，让自己与儿子世世信奉佛教，在世与去世的眷属都能得到幸福与安宁，信仰佛教的众生都能修成佛果。实际上，康氏的种种愿望反映了她悲天悯人的佛教情结，既是利己的诉求，也是利他的关怀。

应该说，佛教是讲求普度众生的，无论是出家人，还是在家修行或奉佛的弟子，他们不仅希望自身脱离苦海，同时也相信能够通过自身的努力使世界上的所有众生都能超越生与死。"大宋国嘉具［兴？］府华亭县修竹乡四十一保仪凤里居住奉佛弟子陈文之情旨，发心施官会柴［柒？］拾阡入碛砂延圣院，刊造《金刚能断般若波罗蜜经》一卷。所集善利，专伸回向真如实际、无上佛果菩提，上答四恩，下资三宥［有？］，法界众生同成种智，有情同成佛果。随彼愿心，悉诸圆满。"陈文之刊刻佛经的目的，表面上是回报佛教神灵的庇佑，而实际上，所谓"四恩"，按照佛经的解释，具体就是君主恩、父母恩、师长恩、施主恩，"三有"是指有情、有识、有缘，几乎是涵盖了所有需要报答之人。也就是说，他要回馈的重点在于人世间的人和事，而不在于虚幻的神灵。

在《碛砂藏》的宋人题记中，有很多与陈文之所祈求的内容相似的文字。嘉熙三年（1239），"平江府昆山县全吴郡［乡］第伍保顾宣浦东居住奉佛弟子陈宝同妻薛氏二十八娘家眷等发心，施官会壹拾五贯，恭入碛砂延圣院，刊大藏《九色鹿经》一卷。功德上答四恩，下资三宥［有？］，法界冤亲，同生净土"，这种宽泛的祈愿对于祈祷者而言应该是有所指向的，但能否发挥他们想象中的作用却是无法知晓的。无论如何，这些人因此宣泄了思念亲人或是其他方面的情感，进而得到了心灵的慰藉。

这些捐助延圣院刻经的佛教信众在他们的题记中很多并未直接说明需要祈求的神灵，但也有部分题记是有明确的指向的。嘉熙二年（1238）九月，"嘉兴府华亭县郭邑西门博洞桥东街北面南居住奉佛三宝弟子马俊、妻朱氏百十一娘、男显祖、媳妇陈氏十二娘、孙男阿龙与家眷等发心，施财叁拾贯文，恭入平江府碛砂延圣院宝藏经坊，刊造《大乘遍照光明藏无字法门经》板一卷，流通印诵。所集功德，祝献三界龙天、十方真宰、家堂侍奉香火、一切福德圣贤、合家十命吉凶星斗，保扶家门清吉，长幼咸安。然后四恩俱报，三宥［有？］齐资者"。马俊及其家人要将刻经所得的功德献给五种神灵，并请求这些神灵保佑其家人安宁。端平元年（1234），阮大异刻经时在题记中写道："所集功德，祝献诸天三界、十方真宰、行年本命元辰升［星？］君、宅堂香火、福德聪明、当州城隍、土地常受香火、一切圣贤，伏乞保扶宅庭光显，卷［眷？］爱安宁，凡在时中，吉祥如意者。"可知他与马俊虽然同为佛教信众，但并非只供奉佛教神灵，同时还信仰城隍、土地神，且经常前往城隍庙进奉香火。应该说，此二人所奉的

佛性与人性：宋代民间佛教信仰的真实状态　　323

几乎包括了各路神仙，这不仅体现了宋人的泛神论倾向，且从很大程度上透露出了宋人信仰神灵的功利目的。

绍定六年（1233），延圣院僧人志圆为昆山县城捐过款的市民写下了这样的祈福文："专为诸家施主拜献诸天三界、十方真宰、各人家堂侍奉香火、福德圣聪、行年本命元辰吉凶星斗，乞伏保扶宅门清吉，人口常安，吉祥如意。仍忏悔三业六根之重罪、十恶五逆之过愆，俱凭无上之良因，洗涤一时之清净。然后四恩普报，三有同资，随彼愿心，功德圆满者。"看来这是宋代佛教界较为通行的敬神方式，就是请来他们能够想象到的各路神仙庇佑家人吉祥如意，同时忏悔人生的种种罪孽，并凭借神力加以消除。

综上所述，就宋人祈愿的情形来说，基本上还是按照中国传统的儒家理念行事的。然而，由于儒家缺少类似佛教、道教、基督教等宗教的神灵系统，为了实现孝道之类的理想，中国古人借用了很多本土或外来的神灵，构建起了颇具中国特色的神道体制。具体而言，宋人似乎并不是十分清楚究竟哪些神能对自己和亲属或是其他事物起到切实有效的作用，因而更多地是以行动表明其美好的愿望，而不是很在乎各种神的职能。

另外，宋人捐资刻经有着各种不同的目的，毕竟每个人和家庭的情况千差万别，但无论哪种类型的题记，无疑都是捐助者真情实感的流露。《碛砂藏》中的宋人题记除了追荐祖先这一主题之外，更涉及捐助者的现实利益，其最重要的表现就是绝大多数题记都在祈求神灵庇佑自身及家庭成员，即便是为亲属的亡灵祈祷，其最终目的也是在世者的安宁吉祥，因而宋人的佛教信仰具有浓厚的功利主义和利己主义的色彩。当然，捐助刻经客观上促进了佛教文化的传播，扩大了宗教界与民间的交流与沟通，也极大地丰富了广大民众的精神生活。

结束语

在区域史研究过程中，似乎很难绕过普通百姓的生活状况。以《碛砂藏》宋人题记为例，这些各色人等题写的文字从很大程度上真实地再现了以平江府为中心的区域社会的某些特质。更为重要的是，这些看似零散而碎片化的点往往意味着更大范围的相似性。也就是说，与南宋时期的平江府相对应的是整个江南地区。如若再推而广之，从这个具有典型意义的点或可窥视某些局部或整体。当然，不同的区域有着不同的历史内涵，在没有厘清具体问题之前就进行某些不合适的类比，显然是行不通的。然而，在佛教深入民间并得到广大信众发乎内心的信仰这一进程中，宋代无疑是非常重要的阶段。如果说唐朝以前的佛教带有某种程度的贵族性格或者说更多的是社会精英享有的精神食粮的话，那么，宋朝以后的佛教已然完全平民化了，可以说是当时社会各阶层共有的重要精神财富之一。平江府城乡居民与延圣院之间的各种关系的构建，从某种程度上可以说是宋代社会宗教界与民间交流的缩影。

首先，佛教在当地具有极大的影响力。围绕雕刻大藏经这一巨大的文化工程，延圣院通过多种方式成功地将各种类型的民间信众的力量充分调动起来，使民众心甘情愿地出资出力，以获得功德来满足他们的各种不同的愿望。应该说，这是一个相当漫长的过程，无论是佛教界，还是民间人士，都付出了艰辛的努力。正是佛教界与普通民众之间的互动，使佛教得以深深地植根于民间，这不仅有利于寺院举办各种法事活动，不断扩大佛教的影响，也有助于民众愈加深入理解佛教的各种主张，进而从很大程度上满足了宋代普通百姓的精神需求。

其次，宋代社会有许多普通百姓信奉佛教，他们并未出家，而是在家修行的教徒。虽然尚不清楚他们是否严格按照佛教戒律行事，但从他们"奉佛弟子"的称谓来看，至少绝大多数人都是十分虔诚的。这些人无论是在城市，还是在乡村，他们的言行不仅影响自己及其家人，同时也会对邻里或其他人产生不同程度的影响。他们的存在，在宗教界与民间之间架起了相互沟通的桥梁，使多姿多彩的宋人生活画卷得以呈现。

再次，宋人之热衷于佛教信仰和其他各种宗教活动，实际上是与他们的现实生活息息相关的。在日常生活中，他们会有各种不同的情感，也会遇到生离死别之类的人生大事。当他们无法解脱这些困惑之时，会采取多种多样的途径祈求于神灵,以捐资刻经求取功德只是其中之一。毕竟,他们希望通过各种可能的途径实现其美好的愿望。

> 原刊于《北京师范大学学报(社会科学版)》2011年第5期,题目为《佛性与人性:宋代民间佛教信仰的真实状态》

宋代地方官与佛教界之间的关系论考

—— 以范成大蜀地任职为例

在宋代，随着佛教在民间的传播，其对整个社会的影响力日渐扩大，各地地方官员势必要花费很多的时间和精力来处理与宗教相关的各种事务。而在现实生活中，佛教是宋代民间最为普及的宗教信仰，因而地方官员与佛教界之间的关系变得愈加密切而复杂。这种情况在宋代具有典型意义，是宋朝官员治理地方的政治常态，因而值得加以深入探索。南宋孝宗淳熙元年（1174）十二月，"新四川制置使"范成大被朝廷改任命为"管内制置使"，[①]名义上成为当地最高军政、行政和民政长官，一直到淳熙四年（1177）五月二十九日离开成都。除去其到任途中所需时间，他在四川任职的时间大约是两年半。其间，他留下了大量有关自己在四川地区从事各种活动的诗作。迄今为止，对于这些作品，绝大多数学者都是从文学史研究的角度加以考察，取得了相当丰硕而深入的成果。然而，作为文学作品的诗歌毕竟有实有虚，融入了作者个人的情感或想象力等，因而将其视为直接史料是难以令人信服的。尽管如此，范成大的这些诗作依然留下了非常丰富而真实的历史线索和信息，这些诗篇从很大程度上反映出南宋时期四川地方政府与佛教寺院、僧侣之间的某些特殊关系，也较为真实地再现了两宋时期人们丰富多彩的社会生活。

---

① 《宋史》卷三四《孝宗纪二》。《宋史》卷三八六《范成大传》记载："除敷文阁待制、四川制置使。"

第一节　参与其间：宋代地方官员与民间佛事活动

应该说，佛教寺院在中国古代似乎从来就不是单纯的宗教场所，而是有着各种不同功能的地方。范成大在四川任职期间曾经去过很多佛教寺院，尤其是成都及其周边地区的庙宇。实际上，古代的佛教寺院是举办各种活动的公共场所。作为四川地区的政治经济中心，成都既是四川地区高级官员办公、居住的所在地，亦是西南、西北地区的重要都市。因此，范成大在四川任职期间写下了大量关于当地佛教寺院举办各种活动的诗作。

南宋孝宗淳熙三年（1176）正月初一，大体上应该是范成大初次在任职地过新年。他创作了《丙申元日安福寺礼塔》一诗，虽然诗作中并未涉及多少该寺院"礼塔"活动的盛况，但其诗下的注释说："成都一岁故事始于此。士女大集，拜塔下。然香挂幡，以禳兵火之灾。"[①]在范成大看来，成都每年的"故事"就是从安福寺礼拜塔开始的。然而何谓"故事"，他并未交代清楚。元朝人费著系华阳人，他著有《岁华纪丽谱》一卷，其中记载说："凡太守岁时宴集，骑从杂沓，车服鲜华，倡优鼓吹，出入拥导。四方奇技，幻怪百变，序进于前，以从民乐。岁率有期，谓之故事。"[②]也就是说，凡是当地最高行政长官参与的岁时节日，大体上是有固定日子的，所以称为"故事"。

由此看来，在新年的第一天，人们穿着华丽的服装，有的骑马，有的乘车，在仪式中有精彩的演出，也有来自各地奇技、魔术之类的表演。从表面上看这是官员与普通百姓同乐，实际上是地方官员为维护其统治重要且更为有效的手段之一。这就意味着宋朝的地方官需要同范成大一样积极地参与当地的各种宗教活动，以便拉近与民众之间的距离。这样既有利于安抚民心，又有助于官方政策的实施。由此看来，安福寺当天应该非常热闹，很多人会到该寺内的一座塔下去焚香，并在上面悬挂"幡"以祈祷消除"兵火之灾"。这与宋末元初人费著的说法几乎是完全一致的："正月元

[①]《范石湖集》卷一七，上海：上海古籍出版社，2006年。
[②]《岁华纪丽谱》，四库全书本。以下所引费著记述皆出本书，不再一一标注。

日，郡人晓持小彩幡，游安福寺塔。粘之盈柱，若鳞次然。以为厌禳，惩咸平之乱也。塔上燃灯，梵呗交作，僧徒骈集。太守诣塔前张宴，晚登塔眺望焉。"这一记载较之费著自己解释成都"故事"时的说法更完整、清晰，也更多地透露出这一活动的诸多真实的历史信息。

首先，从上述史料可以推断出来，安福寺礼拜塔的各种活动看来是从宋朝开始兴起的，该寺举行这一法事活动应该是宋真宗以后的事情，至于兴起的确切时间就不得而知了。咸平三年（1000），成都发生了王均之乱，王均不仅改了年号，还建立了大蜀政权。这对于赵宋王朝来说是出现了一个国中之国，于是朝廷出兵平定了叛乱。加之宋初平定后蜀的战事，宋太宗时期又出现了王小波、李顺反抗朝廷的事件，短短几十年间，成都及其周边地区多次经历战火，这给生活在当地的居民带来的痛苦而负面的影响可想而知，因而他们对战火的恐惧远远超出了宋朝境内其他地区的民众，于是逐渐出现了在安福寺祈求平安的活动。这一佛教法事活动的影响此后变得越来越大，成为成都地区新年第一天最为重要的民间祈福消灾活动。对宋王朝统治者而言，在同样的时间内益州（今四川成都市）多次建立非赵姓政权，对朝廷的统治构成了巨大的威胁，因而朝廷除了大力增强统治力量之外，顺应民间的意愿也成为其笼络政策的重要层面。于是，管辖成都地区的朝廷官员到安福寺的塔前设宴会，显然有着某种政治含义，而不是单纯的祈祷法事。

其次，宋朝出现在安福寺的礼塔活动何以不在其他场所举办，其背后一定有着很多不为人知的秘密。以常理而论，成都及其周边地区在宋代应该有数量众多的佛教寺院，活动何以偏偏要在安福寺塔周围举办？宋人祝穆引用《成都志》的记载说，安福寺塔"大中间建塔十有三级，李顺之乱，塔毁于火。祥符间重建，仍十有三级。初，取材岷山，得青石中隐白画浮图像十有三级，梁柱栏楯，皆历历可观，此建塔之神异也"①。可知安福寺塔建于唐代大中年间，毁于李顺反叛，重建于宋真宗大中祥符年间，并且建塔初期就曾经出现过神异之事，因而颇具特点。南宋陆游作了《雨

---

① 《方舆胜览》卷五一《成都府·佛寺》，中华书局，2003年。

中登安福寺塔》一诗,并注释说"俗谓之黑塔"①,这应该就是指北宋新建的那座塔了。可能是王均之乱后,当地人祈求平安,常常前往礼拜,久而久之便形成一种民间普遍认可的重要习惯,进而该寺成为专门祈祷消除"兵火之灾"的庙宇。问题在于,民间流传这种习俗的背后应该存在某些不为人知的推动力,这些因素既有客观的,也有主观的,无疑是相当复杂的,后人已经很难了解其中的奥秘了。

最后,对于佛教寺院和僧侣而言,由于当地地方行政长官的到来,礼塔仪式很大程度上变成了一种官方举办并参与的重大活动。为了办好这一年之中最为隆重的节日,迎接以范成大为首的地方官,安福寺塔除了要燃灯之外,还"梵呗交作,僧徒骈集",即所有僧侣集中起来诵唱经文,这应该是相当隆重而庄严的佛教法会。按照费著的说法,太守会在安福寺停留整整一天,晚上登上安福寺塔眺望美景。而事实上,范成大是否直到晚间仍然在安福寺,现已无从考证,但其诗作最末用了"与民同处且逢场"一句,表明他无非是为了展现自己的亲民态度而逢场作戏罢了。

同年正月初三,范成大来到了成都东郊的碑楼院,这也是一座佛教寺院。他解释说:"故事祭东君,因宴此院。蜀人皆以是日拜扫。"②也就是说,这一天是当地人扫墓拜祭祖先的日子。按照范成大的理解,这应该是当地行政官员要参与的祭祀活动。祭祀仪式之后,在碑楼院设置宴会。然而,费著在记述这天的仪式时却说:"二日出东郊,早宴移忠寺(旧名碑楼院)。"费著记述的时间与范成大所述并不一致,一是初二,一是初三,其中必定出现了问题。若按照费著关于"故事"的说法,范成大前往成都东郊的碑楼院参加相关活动应该是固定的日子,而范成大当年是亲自来到该寺院,因而其诗作记述的时间很难说是错误的,抑或是他并未按照惯例前去,这是无法考证的事实。同样,目前也无资料能够充分地证明,费著对成都碑楼院法事活动具体时间的记忆性叙述是否准确。但无论如何,范成大的确象征性地参与了该寺院主办的"蜀人"祭祀先祖的活动,其诗作

---

① 《剑南诗稿》卷七,岳麓书社,1998年。
② 《范石湖集》卷一七《初三日出东郊碑楼院》。

云:"远柳新晴暝紫烟,小江吹冻舞清涟。红尘一哄人归后,踮踮饥鸢攫纸钱。"①这首诗非常形象地描绘了当时"蜀人"在烟雾缭绕中给死去的先祖焚烧纸钱的场景。

对于担任地方长官的范成大而言,他的祖先远在平江府(今江苏苏州市),因而他可以不参加碑楼院祭祖仪式。然而,范成大按照惯例来到了碑楼院,出席了"蜀人"祭祀其祖先的法事活动。实际上,这不仅仅是范成大个人的行为,而是每个宋代地方官都必须面对的事情。他们为官一方,从某种程度上说必须尽可能地融入当地社会,顺应当地民心,否则会给他们的执政带来不必要的麻烦。因此,宋代地方官员参与任职地的宗教活动甚至可以说是极为重要的行政过程。至于"蜀人"何以在碑楼院举行"拜扫"仪式就不得而知了,抑或该寺院寄放了很多"蜀人"祖先的灵位,抑或在该寺院祭祖特别地灵验等等,这些都有待于今后研究的深入。

范成大在成都任职之后写过一首《丁酉重九药市呈坐客》的诗,应该是作于淳熙四年(1177)九月初九。此时范成大已经离开任职地,因而此诗应该是他回忆成都药市而作的。②显而易见,即便是离任了,范成大对成都大慈寺的药市依然留下了深刻的印象。可以肯定,他参加过在大慈寺举办的药市活动,因而才会产生恋恋不舍的情感。"成都故事,岁以天中、重阳时开大慈寺,多聚人物,出百货。其间号名药市者,于是有于窗隙间呼'货药'一声。人识其意,亟投以千钱,乃从窗隙间度药一粒,号'解毒丸',故一粒可救一人命。"③毫无疑问,每年大慈寺在天中节(五月五日)、重阳节(九月九日)这两天都要进行各种商业活动,这也是"故事",属于有固定时间的活动,也是需要地方行政长官参加的。

在此之前,范成大似乎并未去过药市,至少在其诗作中不曾反映出来。然而,这种情况似乎是难以想象的,毕竟范成大在蜀地任职已经到了

---

① 《范石湖集》卷一七《初三日出东郊碑楼院》。
② 《范石湖集》卷一七有该诗诗序云:"余于南北西三方,皆走万里,皆遇重九。每作《水调》一阕,燕山首句云'万里汉家使',桂林云'万里汉都护',成都云'万里桥边客'。今岁倦游甚矣,不复更和前曲,乃作此诗以自戏。"
③ 《铁围山丛谈》卷六。

第三年。而大慈寺既是当地非常重要的佛教庙宇，在普通民众心目中是极具影响力的，同时又是成都最为重要的商业贸易场所之一，更是当地举办各种世俗和宗教活动的著名寺院。范成大曾经创作过一首题为《会庆节大慈寺茶酒》的诗："霜晖催晓五云鲜，万国欢呼共一天。澹澹暖红旗转日，浮浮寒碧瓦收烟。衔杯乐圣千秋节，击鼓迎冬大有年。忽忆捧觞供玉座，不知身在雪山边。"[1]可以肯定，这是庆祝当朝皇帝宋孝宗生日而由范成大在大慈寺内主持的盛大而隆重的活动。[2]由此可知，当地官方的不少政治活动也是在大慈寺内举行的。正因为如此，范成大在写作《丁酉重九药市呈坐客》之前极有可能已经多次去过大慈寺，无非是没有留下相关诗句为证据而已。

从现存范成大的诗作可以发现，他留下了三首关于海云寺的诗，其名分别是《十二月十八日海云赏山茶》《三月二十三日海云摸石》《十一月十日海云赏山茶》。作为成都东门外最为著名的风景之一，海云寺有着特殊的地位，也是游人如织的寺院之一。"东门之胜，禹庙、大慈寺、散花楼、合江亭、薛涛井、海云寺，其最著者。"[3]该寺距离城区相对较远，但寺中的一株山茶树可谓闻名全国。施宿系南宋时期湖州人，并未亲自去过四川，但他在纂修吴郡（今浙江绍兴市）的地方志时专门设了"草部"一门，其记述吴郡的风土时竟然谈到了蜀地的山茶树："蜀地乃绝少，成都海云寺仅有一树。每岁花发，则蜀帅率郡僚开燕赏之。邦人竞出，士女络绎于路，数日不绝。"在施宿看来，会稽（今浙江绍兴市）有很多山茶树，"今会稽甚多，昌安朱通直庄有树高三四丈者"[4]，但其声名远远不及成都海云寺的这株山茶树，可知其在宋朝是相当有名的，就连远在江南的官员都称赏不已。著名诗人陆游在一首诗的注释中写道："成都海云寺山茶花一树千苞，特为繁丽。"[5]陆游曾经在四川任职多年，与范成大几乎同时在任，

---

[1] 《范石湖集》卷一七《会庆节大慈寺茶酒》。
[2] 《挥麈录·前录》卷一云："今上皇帝十月二十二日生，为会庆节。"
[3] 《蜀中广记》卷二《名胜记》，四库全书本。
[4] （嘉泰）《会稽志》卷一七《木部》。
[5] 《剑南诗稿》卷一六《人日偶游民家小园山茶方开》。

只是较范成大晚一年左右回到东南地区而已。后来，他是在一户人家见到山茶树时触景生情，回忆起了海云寺极为繁盛美丽的山茶树。可以肯定，陆游与范成大一样也观赏过海云寺的山茶树，否则他不会留下如此深刻的印象。

事实上，海云寺之所以闻名，是因为唐代的一位高僧。据费著记述，"[三月]二十一日出大东门，宴海云山鸿庆寺……盖开元二十三年，灵智禅师以是日归寂，邦人敬之，入山游礼，因而成俗"。可知鸿庆寺延续了唐朝后期开始逐渐形成的习俗，每年三月二十一日都要纪念灵智禅师。随着时代的变迁，该寺的民俗活动变成了求子，这实际上成为海云寺香火鼎盛的重要原因。北宋人吴中复作《海云寺唱和诗》，而王霁为该诗作序时写道："成都风俗，岁以三月二十一日游城东海云寺，摸石于池中，以为求子之祥。"①费著也记述说："山有小池，士女探石其中，以占求子之祥。"可知这种习俗至少在元代依然在传承，甚至一直流传到了明清或近代时期。显而易见，在中国古代极为重视传宗接代的儒家文化背景下，据传在海云寺"摸石"之后便能生育男孩，人们自然而然就会大加信奉。因而不难想见，该寺院在宋朝之后的历代王朝一定是异常热闹的，来往的香客应该是源源不断的。至于从何时开始形成这一习俗，现已很难加以求证了。

为了顺应民间的这种需求，宋朝的地方官往往都要参与类似在海云寺举办的求子活动，这是维系当地社会秩序的重要环节之一，范成大自然也不会例外。从其诗作看来，范成大至少去过三次海云寺，两次观赏山茶树，一次观看"摸石"活动。至于他是以个人名义还是以官员身份前去的，这些都并不是十分明确。但无论如何，范成大是四川制置使，他去参加在海云寺举办的活动，更多的应该是代表官方出席的，其仪仗之威严，引得沿途百姓夹道观看："太守出郊，建高旆，鸣笳鼓，作驰骑之戏。大宴宾从，以主民乐。观者夹道百重，飞盖蔽山野，欢讴嬉笑之声，虽田野间如市井，其盛如此。"②作为当地的最高行政长官，范成大多次前往海云

---

① 《蜀中广记》卷二《名胜记》。
② 《蜀中广记》卷二《名胜记》。

寺主持"民乐"仪式，其用意是不言而喻的。从表面上看，宋代官员积极参与民间大型的宗教活动，是与民同乐、尊重当地人的风俗习惯。而实际上，不论是参加在哪座佛教寺院举办的宗教或世俗活动，其强化在区域社会的统治的目的是难以掩盖的。

第二节　游历佛教寺院：真实再现宋代地方官的业余生活

在四川任职两年半之后，范成大从成都经由水路返回南宋都城临安（今浙江杭州市）。从某种意义上说，对于出身于东南地区的官员而言，要到西南地区担任相应的职务，本身就是非常困难的抉择，毕竟是远离故土和亲人，在任职期间与他们原来的关系网络的联系自然不如以前频繁。然而，为了未来仕途的发展，他们又不得不前往非常遥远的任职地，这无疑是宋代官僚制度设计的进步之处。在交通并不便利的情况下，范成大的归途是遥远而艰辛的。

范成大在淳熙四年（1177）五月二十九日离开成都，从此暂时离职，他的归程似乎变成了游览各地美景的旅途，其中相当重要的游览场所就是佛教寺院。虽然此前范成大一行曾在青城的罗汉院停留过，但严格说来，他在回程中真正游历的第一所佛教寺院是中岩，此处"号西川林泉最佳处"[①]，为西川地区风景最为优美的地方，同时也是非常重要的佛教道场。据范成大记述："去眉州一程，诺讵罗尊者道场。相传昔有天台僧，遇病僧，与之木钥匙，云：'异时至眉州中岩，扣石笋，当再相见。'后果然。今三石屹立如楼，观前两楼纯紫石，中一楼萝蔓被之。傍有宝瓶峰，甚端正。山半有唤鱼潭，慈姥龙所居。世传雁荡大小龙湫，亦诺讵罗道场，岂化人往来无常处耶？"[②]显而易见，范成大对眉州（今四川眉山市）的诺讵罗道场似乎是有所怀疑的，毕竟宋代有两处非常出名的同名佛教神灵的道场。其实，关

[①]《吴船录》卷上，《范成大笔记六种》，中华书局，2002年。
[②]《范石湖集》卷一八《中岩》。

于诺讵罗,中土的佛教典籍曾经有过说明,传说释迦牟尼传法给大迦叶,几经传授,"以无上法付嘱十六大阿罗汉并眷属等。令其护持,使不灭没",其中排在第五位的尊者就是诺讵罗,他与其属下八百罗汉"多分住在南赡部洲"①。姑且不管中岩佛教寺院传说的真实性,历经多年的不懈努力,中岩的这所寺院俨然已经成为远近闻名的佛教庙宇之一,于是范成大等人才慕名而至。

范成大一行于六月十四日早晨离开眉州,经过半天水路行程,中午抵达中岩。在游览了寺院奇石林立的山水之后,范成大写下了一首诗:"赤岩倚玲珑,翠逻森戍削。岑蔚岚气重,稀间暑光薄。聊寻大士处,往扣洞门钥。双撑紫玉关,中矗翠云幄。应供华藏海,归坐宝楼阁。无法可示人,但见雨花落。不知龙湫胜,何似鱼潭乐。夜深山四来,人静天一握。惊看松桂白,月影到林壑。门前六月江,世界尘漠漠。宝瓶有甘露,一滴洗烦浊。扪天援斗杓,请为诸君酌。"②若将这首诗与范成大所作的诗序结合起来看,他在中岩寺院应该是一直停留到了晚上,因为该诗中出现了"夜深""月影"等从很大程度上说是写实的词句,且其自述了当夜的情形:"初夜,月出东岭,松桂如蒙霜雪,与诸人凭栏极谈。至夜分,散。"③由此看来,上述诗句应该是当晚创作的,这短短数句所述的情境与上引诗句描述的景色是相互吻合的。具体而言,他们当晚住在该寺院中,大概是因为当夜雾气很重,他们在寺院的楼阁中多次看到了忽隐忽现的山峦。他们还来到了传说中天台僧人叩击石笋并与诺讵罗尊者相见的洞门前,寻找遗留下来的痕迹。范成大感触良多,于是创作了称颂中岩景致的诗篇。

根据其相关诗作甚至可以进一步推测,范成大一行人在游玩过程中似乎遇雨,因而在中岩多停留了一天。六月十五日,原本范成大应该与为其送行的人在中岩的寺院相互道别,"早食后,与送客出寺,至慈姥岩前徘

---

① 《法苑珠林》卷四〇《罗汉部》,四库全书本。
② 《范石湖集》卷一八《中岩》。
③ 《吴船录》卷上。

徊，皆不忍分袂"，因而他们一行又在岩下"小饮"，恰恰之后不久，风雨大作。"慈姥岩与送客酌别，风雨大至，凉甚。"于是范成大与送他的人一道"清饮终日"，吟诗作赋，"诸贤用中岩韵各赋饯行诗，纷然孿笺"。在不得已的情况下，范成大一行只好下山，"复入宿寺中"①，可知他们在寺院多停留了一天。由此可知，尽管范成大已然卸任四川制置使的职位，但其亲朋故旧仍然陪同他一起到了距离成都很远的地方，这是宋代政治生活中非常特殊的现象，值得高度关注。若仅仅是按照儒家传统的情义观来加以理解，恐怕只是表面文章，是难得要领的。

六月十六日，范成大一行从中岩出发，"与送客先归者别"②，即一部分送别之人离开了范成大。次日，他们一行来到了嘉州（今四川乐山市），游览著名的凌云寺。在其诗作《凌云九顶》之下有注释说："即大石佛处。初登山时，岩壁上悉劂为小佛，不知其数。山前佛头滩受雅江之冲，最为艰险。"③可知范成大登山之时，在大佛周边的岩壁上尚能清楚地看到前人雕刻出来的无数小型佛像。当他们一行登上凌云寺后，范成大描述了他所见到的大佛及其相关情况："寺有天宁阁，即大像所在。嘉为众水之会，导江、沫水与岷江，皆合于山下，南流以下犍为。沫水合大渡河由雅州而来，直搪山壁。滩泷险恶，号舟楫至危之地。唐开元中，浮屠海通始凿山为弥勒佛像以镇之。高三百六十尺，顶围十丈，目广二丈，为楼十三层。自头面以及其足，极天下佛像之大。两耳犹以木为之。佛足去江数步，惊涛怒号。汹涌过前，不可安立正视，今谓之佛头滩。佛阁正面三峨，余三面皆佳山，众江错流诸山间。登临之胜，自西州来，始见此耳。"④

归纳其所记述，一是该佛像是天下最大的佛像；二是修建该佛像的目的在于镇住激流汹涌的江水，以避免舟楫翻覆；三是该佛像开凿于唐玄宗开元年间，是由海通和尚主持修建的；四是该佛像位于高达十三层的天宁

---

① 《范石湖集》卷一八；《吴船录》卷上。
② 《吴船录》卷上。
③ 《范石湖集》卷一八《凌云九顶》。
④ 《吴船录》卷上。

阁之内,即有巨大的楼阁罩住了大佛像。然而,唐朝开凿大佛时的楼阁并非如此,"沙门海通于嘉州大江之滨凿石为弥勒佛像,高三百六十尺。覆以九层之阁,扁其寺曰陵云"①,可知唐朝该寺院名曰陵云,而非凌云。更为重要的是,唐朝所建的楼阁是九层,而非十三层。至于是何时、何人改名,又是何时、何人重建为十三层楼阁,等等,这些问题都是有待加以细致考证的。

事实上,范成大一行到达嘉州之后很快便去游历了凌云寺,大体上应该是正午时分参观的。其诗作《凌云九顶》云:"聊为东坡载酒游,万龛迎我到峰头。江摇九顶风雷过,云抹三峨日夜浮。古佛临流都坐断,行人识路亦归休。酣酣午枕眠方丈,一笑闲身始自由。"②从诗句描述的情境来看,这首诗基本上属于写实性质。其中尤其值得注意的是"酣酣午枕眠方丈,一笑闲身始自由"两句,表明当天中午范成大是在凌云寺住持的住所午休的,明显抒发了摆脱政事烦扰的愉悦之情。更为重要的是,从此诗的内容几乎可以肯定,当时凌云寺住持应该是接待了范成大一行人,甚至是陪同他们参观了大佛及寺院,因而该寺住持才能将自己的卧室让给已经离职的地方长官作暂时的休息之所。

从九顶下山之后,范成大一行来到了一所名为广福院的寺院,"中有水洞,静听洞中,时有金玉声,琅然清越。不知水滴何许作此声也"③。陆游也有类似的记述:"汉嘉城西北山麓有一石洞,泉出其间,时闻洞中泉滴声。良久一滴,清如金石。"④此寺院原本因为有泉水发出的金玉之声而得名东丁院,北宋著名文学家黄庭坚被贬黜蜀地时将其更名为方响洞,并为该洞题诗云:"古人名此东丁水,自古丁东直到今。我为更名方响洞,要知山水有清音。"⑤

---

① 《佛祖统纪校注》卷四一《法运通塞志》,上海古籍出版社,2012年。
② 《范石湖集》卷一八《凌云九顶》。
③ 《吴船录》卷上。
④ 《老学庵笔记》卷六。
⑤ 《吴船录》卷上。

然而，该诗存在多种版本，且文字存在差异。[①]至少从南宋以后，一直到明清时期，几乎所有人都以为此诗为黄庭坚所作。然而，在黄庭坚的文集中却不见此诗，因而笔者以为，此诗并非黄庭坚的作品，而应该是其他人的附会之作，只是利用了黄庭坚的声名而已。由于后世之人极为爱慕黄庭坚，加之时人口口相传此一诗作，致使范成大、陆游等人也信以为真。尽管如此，广福院作为嘉州城内著名的寺院，且有黄庭坚之类的大文豪为其更名，因而吸引了来自各地的游客，范成大便是其中之一。

此后，范成大在嘉州连续休整了五天，主要原因是频繁的迎来送往，确如其记述："遣近送人马，归者十九。"也就是说，在此数日内，大部分为范成大送行之人陆续离开，无论是出于某些政治原因，还是他们之间的确存在着难以割舍的情感，很多故旧都在范成大离开成都的途中来与他道别。实际上，有不少人并非从当时四川地区的政治、经济中心成都来的，而是从各地赶到范成大所乘船只沿途停泊之处，其游记中出现了某人从某处来之类的记述，如六月七日，范成大从青城县出发，"同年雅州守何正仲子方来见，招游其群从园林"[②]何正仲与范成大是绍兴二十四年（1154）同年考中的进士，[③]应该是早就相识。虽是同年进士，但他们仕途的差别显然是巨大的，已然完全变成了上下级关系。更为重要的是，何正仲并非自己前来青城送别，而是带着数量不少的随从。这些人出于何种缘由从雅州（今四川雅安市）前来青城，是奉上司何正仲之命，抑或是专程前来为范成大送行，这两种动机显然会导致截然不同的解读，也能从某种程度上反映出这些人与范成大之间或私或公的关系。他们与范成大一同乘船离开青城，至于何正仲一行何时离船就不得而知了。然而，至嘉州，四川地区的官员恐怕该来的都来过，同时也离开了，因而仅留下少数人陪同范成大前往峨眉山游览。

[①] 《老学庵笔记》卷六："古人题作东丁水，自古东丁直到今。我为改名方响洞，要知山水有清音。"《蜀中广记》卷一一《名胜记》："古人题作丁东水，自古丁东直至今，我为更名方响洞，信知山水有清音。"

[②] 《吴船录》卷上。

[③] 《宋史》卷三八六《范成大传》。

六月二十五日，范成大一行从峨眉县城西门出发开始攀登大峨山，其沿途经过了慈福、普安两座寺院。他们在华严院稍做休息，便来到了中峰院，这是当时峨眉山中相当重要的寺院，"院有普贤阁，回环十七峰绕之。……下有茂真尊者庵，人迹罕至，孙思邈隐于峨眉，茂真在时，常与孙相呼、相应于此云"①。由此可见，南宋时期，峨眉山就已经有了数量众多的佛教寺院，且每所寺院都有其自身的特色。诚然，所有这些故事无疑都是无从查证的传说，其真实性是很难经得起检验的，但正是有了药王孙思邈、茂真尊者等历史名人曾经隐居峨眉山的传说，峨眉山在当地的影响力和知名度方能不断扩大。

离开中峰院之后，范成大一行来到牛心寺、白水寺，前者是颇具传奇色彩的僧人继业开创的，"牛心寺三藏师继业，自西域归过此。将开山，两石斗溪上，揽得其一，上有一目，端正透底，以为宝瑞。至今藏寺中"②。也就是说，继业准备在峨眉山建立佛教寺院之时，出现了相当神异的现象，两块石头相互争斗于溪流之上，继业抓到了其中一块，石头上还有一只眼睛，于是继业在此创建了牛心寺。可以肯定，这种说法是无法让人信服的。

然而，继业前往西域取经则是真实的。据南宋史家李焘记载，宋太祖乾德四年（966），"僧行勤等一百五十人请游西域，诏许之。仍赐钱三万遣行"。而且，这些僧人的确到达了西域各地，甚至还去了大食国。开宝元年（968），即行勤等人离开宋朝两年之后，大食国派遣使者到宋朝贡献"方物"，其原因就在于宋太祖让行勤携带了宋朝的国书，行勤应该是交给了大食国王。"先是，僧行勤游西域。上因赐大食国王书，以招怀之。"③可知宋初官方曾经派遣过多达150名出家人游历西域各地，而继业就是其中之一。"业姓王氏，耀州人。隶东京天寿院。乾德二年，诏沙门三百人入天竺，求舍利及贝多叶书，业预遣中。至开宝九年，始归寺。"④这是范

---

① 《吴船录》卷上。
② 《吴船录》卷上。
③ 《长编》卷七，乾德四年三月癸未；卷九，开宝元年十二月乙丑。
④ 《吴船录》卷上。

成大所记述的继业的简历，应该是他在牛心寺搜集到的重要资料。显而易见，范成大的记述与李焘以及其他人的记述之间存在很大差别，[①]一是宋朝派遣和尚的人数，一说150人，一说300人，一说157人；二是行勤等人出发的时间，一说乾德二年，一说乾德四年；三是两者对行勤等人游历西域的目的予以了不同的叙述。

但不能否认的是，不管是哪种说法，宋太祖派遣的西行僧人数量众多，可以肯定，这是中国历史上官方派出的规模最大的取经使团，其在中国佛教史上是值得大书特书的重大事件。然而，遗憾的是，这些僧人回到中土之时，宋朝政局已然发生了重大的变化，太祖之弟宋太宗赵光义登上了皇位，因而他是决然不会重视太祖派遣出去取经的这批僧人的。更为重要的是，太宗以不正当手段取得大位，这在当时的政治局势之下是格外忌讳的话题，此后，这些僧人的行踪便消失在宋代官方的记录之中了，他们的命运也随之沉浮，四散而去。作为陕西出身的和尚，或许是逃难而来，抑或是为了躲避祸害，继业来到峨眉山，并在此定居下来，经过百般努力，终于建立了牛心寺。

然而，范成大记述了另外一种说法："牛心本孙思邈隐居，相传时出诸山，寺中人数见之。小说亦载招僧诵经，施与金钱，正此山故事。"[②]也就是说，在继业来到之前，此处已然存在一些孙思邈隐居的遗迹，且寺院中的人多次见到过他，甚至有小说家言其举办过招集僧人念诵佛经的活动。当然，这些都无从确证，基本可以肯定是荒诞不经的。然而，不可否认的是，这种情况实际上是古代人们祈求身体健康的一种反映。毫无疑问，峨眉山及其更远的区域大体上都流传着这些或真实或虚假的各种故事，且传播的范围愈发广泛，于是使该山在民间的声名和影响力都大为提升。而继业等人便逐渐开始在峨眉山传播佛教，其所利用的就是这种十分

[①] 《佛祖统纪校注》卷四四《法运通塞志》："[乾德]四年，诏：'秦凉既通，可遣僧往西竺求法。'时沙门行勤一百五十七人应诏。所历焉耆、龟兹、迦弥罗等国。并赐诏书、谕令，遣人前导。仍各赐装钱三万（行装钱三十贯文）。"可知对行勤等人西域求法的记述多有矛盾之处。

[②] 《吴船录》卷上。

有利的自然和人文环境。

白水寺成为峨眉山最为重要的佛教寺院,似乎是从宋朝开始的。虽然该寺院早就建立起来,但在宋朝之前似乎并不是非常出名,其在当地的影响力是相当有限的。宋朝开国以后,白水寺作为普贤的道场而受到赵宋皇室的高度重视,几乎每代宋朝帝王都曾经派人前往白水寺,或修建寺院,或铸造佛像,或从事其他佛事活动。乾德四年(966),由于嘉州地方官多次上奏朝廷说白水寺出现了普贤的身影,于是宋太祖赵匡胤"敕内侍张重进往峨眉山普贤寺庄严佛像"。宋太宗太平兴国五年(980)"敕内侍张仁赞往成都铸金铜普贤像,高二丈。奉安嘉州峨眉山普贤寺之白水,建大阁以覆之。诏重修峨眉五寺,即白水普贤、黑水华严、中峰、乾明、光相也"[①]。宋真宗咸平三年(1000)正月,"有中使自峨眉山还京师"[②],这说明此前宋真宗就派遣宦官前往峨眉山,尽管不了解其具体任务,但可以肯定他是奉命去了峨眉山并于此时回到了京城。

据范成大记载,他参观普贤寺并拜谒了普贤的铜像。如上所述,该铜像是宋太宗派人在成都用金、铜浇铸而成的,高达两丈之多,应该是非常沉重的,它是如何从成都搬运到峨眉山的,这是一个需要弄清楚的问题。更为重要的是,范成大在白水寺中游览参观时发现,"有太宗、真宗、仁宗三朝所赐御制书百余卷,七宝冠、金珠璎珞、袈裟、金银瓶钵、奁炉、匙箸、果垒、铜钟、鼓、锣、磬、蜡茶、塔、芝草之属。又有崇宁中宫所赐钱幡及织成红幡等物甚多"。很显然,这些物件应该是范成大亲眼所见。宋初三朝皇帝赏赐给普贤寺的御制、御书就多达百余卷,每个皇帝平均三十多卷,还包括众多的金银珠宝和寺院日常生活用品,以及代表祥瑞的宗教用品等,其数量之多,不难想见,几乎每年都会有不同类型的赏赐。这种情况对于宋代寺院而言是非常罕见的殊荣,从很大程度上也反映出白水寺在宋代宗教界所占有的重要地位。

可以肯定,这些东西在历史上一直藏在白水寺中应该是真实可靠的,

---

① 《佛祖统纪校注》卷四四《法运通塞志》。
② 《长编》卷四六,咸平三年正月己卯。

至少到南宋时期还在。范成大见到了这些物品就是确凿的证据，尤其是御书，寺院、僧侣无论如何是不敢轻易伪造的。范成大甚至还引用了宋仁宗亲自书写在赏赐给普贤"红罗紫绣袈裟"上的发愿书中文字："佛法长兴，法轮常转。国泰民安，风雨顺时。干戈永息，人民安乐。子孙昌盛。一切众生，同登彼岸。嘉祐七年十月十七日，福宁殿御札记。"[①]仔细分析这些文字就不难发现，此时宋仁宗正因为无子嗣继承皇位而烦恼不已，因而特别渴望能够"子孙昌盛"，这其实道出了仁宗皇帝内心深处真实的情感。不难想见，宋仁宗将当时最为忌讳也最为敏感的话题写在看似祈求国泰民安的冠冕堂皇的文字当中，足以证明白水寺及普贤信仰在宋朝皇家心目中的崇高地位。令人万分遗憾的是，这些珍贵的赵宋皇帝赏赐在后来的岁月中逐渐散失了，至今不见任何踪影。

事实上，范成大是在迫不得已的情况下才停留于白水寺的，由于当天下大雨，不能登山，所以他有闲暇时间更加充分地参观该寺院的各种建筑。该寺经藏"亦朝廷遣尚方工作宝藏也。正面为楼阙，两傍小楼夹之。钉铰皆以碣石，极备奇靡。相传纯用京师端门之制"[②]。由此可见，白水寺的藏经楼修建得极为豪华，是朝廷派遣御用工匠修造的，完全是按照北宋都城东京（今河南开封市）的样式制作的。端门为皇城的正南门，《宋史·地理志》载"皇城周回十八里二百五十八步，南面三门，中曰端门，东西曰左、右掖门"。通常而言，这种情形是违背宋代礼仪制度的。显而易见，白水寺藏经楼的建设应该是得到宋朝最高层特许的，其规格之高不难想见。

更为重要的是，该楼所藏佛教经典都是经过特殊处理的，"卷首悉有销金图画，各图一卷之事。经帘织轮相铃杵器物及'天下太平''皇帝''万岁'等字于繁花缛叶之中，今不复见此等织文矣"[③]，可知其所藏佛经与赵宋皇室之间有着千丝万缕的联系。正因为如此，宋代白水寺及其所

---

① 《吴船录》卷上。
② 《吴船录》卷上。
③ 《吴船录》卷上。

供奉的普贤和尚的影响力得以大幅度提升,甚至可以说,经过以宋代皇室为首的各级政府和官员的大力推崇,峨眉山作为普贤道场的崇高地位才最终确立起来,此后便成为中国远近闻名的佛教四大名山之一。而范成大当时见到白水寺的情境为后人提供了大量珍贵的史料佐证,尤其是这些都是他实地考察的见闻,其价值是不言而喻的。

在白水寺滞留一天后,范成大一行为了尽快登上峨眉山顶,专门在白水寺设斋供,"祷于大士,丐三日好晴以登山"。这表明,范成大当时的心情应该是非常急切的,极可能是希望节省时间,早一些踏上归乡之途。但在四川的雨季,他担心出现连绵不断的雨天,因而只好向普贤和尚祈祷。次日,天气放晴,范成大等人从白水寺侧门出发开始登顶行程,"自此至峰顶光相寺七宝岩,其高六十里"。然而,就是这短短的六十里山路,却相当艰险,于是范成大一行提前做好相应的准备,"斫木作长梯,钉岩壁,缘之而上。意天下登山险峻,无此比者"。

由此可知,至少在南宋之前,峨眉山似乎并无较为完善的登山梯级,而是要依靠诸多辅助工具才能登上山顶,同时也需要很多人力加以协助。"余以健卒挟山轿强登,以山丁三十夫,曳大绳行前挽之。同行则用山中梯轿。"[①]尽管不知道范成大是否付给这些"山丁"相应的费用,但从其描述来看,登山的过程应该是非常艰难的。更为重要的是,曾经在蜀地担任过行政长官的范成大,此番离任旅行显然并不是凭其一己之力就能够顺利实现的,而是得到了外力的强烈支持,尤其是当地官员的精心协调与安排。由此看来,范成大之游历峨眉山,明显是发挥了他在当地的政治影响力,这应该是宋代地方政治运作的常态表现,也是宋代官员之间各种复杂关系的重要层面之一。

经过一整天时间,范成大一行终于登上了峨眉山顶峰。"淳熙四年六月二十七日,登大峨之巅,一名胜峰山,佛书以为普贤大士所居。"这说明范成大对这一天的记忆是非常深刻的,因为其诗作中很少出现具体的某年、某月、某日的记述,足见这一天在其一生中是具有特殊意味的。由于

---

① 《吴船录》卷上。

"连日光相大现",于是范成大"赋诗纪实",并"属印老刻之,以为山中一重公案"。[①]在范成大看来,这首记录自己登上峨眉山顶的诗作是有其纪实性质的,因而他嘱咐峨眉山的和尚加以刊刻,以流传后世,作为他曾经留下足迹的重要证据。应该说,这首宋代极为罕见的描绘峨眉山顶景致的长诗,对于中国的佛教重地而言,是具有特殊价值的。

事实上,与范成大一道游历峨眉山的人并不是很多,包括他的幕僚简世杰、杨光、周杰德。很明显,他们的身份十分特殊,其职责当然是帮助范成大处理各种事务,极为类似于清朝时期的师爷,这一群体在宋代颇为值得关注。此外,还有进士虞植和范成大的弟弟范成绩。在他们登顶之后,"复有同年杨瑟伯勉、幕客李嘉谋良仲自夹江来"[②]。也就是说,与范成大同年考中进士的杨瑟和他的另外一个幕僚李嘉谋从夹江来与他们会合,其目的应该是为范成大送行的。由此可知,范成大在成都任职期间,至少有过四个为其出谋划策抑或是承担其他使命的"幕客",其数量之多着实令人瞠目结舌。更何况,其他三名幕客都跟随在范成大身边,而杨瑟却单独前往夹江,其中定有特殊的缘由,只是缺乏具体史实而难以探究而已。这些情况都折射出宋代政治的复杂性,同时也大体上勾勒出了以范成大为代表的宋代各级官员任职期间的人际关系网络。

结束语

姑且不论四川地区佛教在宋代所占有的位置,但从某种意义上说,范成大在蜀地任职期间与佛教界之间的往来经历的确是宋代地方官员具有较为典型意义的个案。依笔者愚见,宋代在其他地区任职的官员恐怕也会有着类似的行政经验,无非是因地域差异而从事不同的宗教活动而已。总体而言,尽管宋代各地存在具有当地特色的宗教信仰,但可以肯定的是,佛

---

① 《范石湖集》卷一八。
② 《吴船录》卷上。

教无疑是宋代民间最为普及的宗教,这一点从现存宋代地方志所记述的各种庙宇的数量即可得到充分的证明。范成大在治理蜀地的过程中,多次参与佛教寺院举办的各种民俗活动。实际上,并非范成大一人在任职期间有过如此作为,自北宋起,就职于四川的其他官员也采取过类似的做法。因此,从某种意义上说,范成大是延续前人的"故事"而已。显而易见,无论是范成大,还是其他在蜀地任职的宋代地方官,他们都积极地参与各个寺院主办的佛事或其他活动。这些无疑是其行政过程的重要环节之一,也就是说,他们出席活动的政治意味非常浓烈,肯定有远远高于宗教活动本身的意义。

另外,对于远离宋朝统治中心的西蜀地区而言,范成大之类的地方官员与其他宋朝疆域内的朝廷命官一样,是代替以皇帝为首的朝廷行使职权,可以说是万民之上的最高主宰,他们在当地几乎拥有至高无上的权力和地位。当然,宋代地方官的责任也是巨大的,他们的职责就是要维护所辖地区的稳定,否则是很难保住官位的。更何况,按照宋代政治制度的设计,他们是有任期限制的,不太可能长期在某地任职,因而为了未来的仕途,宋代地方官势必要尽可能处理好与当地各种势力的关系。佛教作为宋代民间非常重要的力量,范成大等宋朝的地方官员不得不频繁莅临佛教寺院参加各种活动。

还有值得注意的一点是,西蜀之地历来为宋朝中央政府所重视,加之自北宋初年开始该地区多次出现反抗朝廷的事件,因而朝廷在任命当地行政长官时格外审慎。费著记述说"宋朝以益州重地,尝谋帅,以命宋公祁。宰相对曰:'蜀风奢侈,祁喜游宴,恐非所宜'"。由此可见,两宋朝廷一直精心挑选该地的高级官员,其目的在于防患于未然。范成大之任四川制置使恐怕也是宋孝宗君臣权衡各种因素以后做出的决定,加之他本人是当时朝野上下非常著名的文人,其未来的仕途和影响力是不同于普通地方行政长官的。正因为如此,范成大在任职期间利用各种手段和机会累积人脉,结交各色人物。因此,他与佛教界之间的交往就不难理解了。关于这一点,从他离职之后的种种活动是完全可以得到证明的。甚至可以说,对于范成大而言,这不单单是归乡行程,更是一次对其影响巨大的政治活动。虽说迎来送往乃是人之常情，宋代官员自然也无例外，但这一过程中明显透露出了相当丰富的政治信息。

最后需要指出的是，宋朝皇室对峨眉山的特殊情感，以及他们对普贤菩萨的竭力崇奉和丰厚的供养，给白水寺等寺院留下了精美的宫廷用品以及宋朝皇帝的墨宝等。更为重要的是，这些举措使峨眉山在中国佛教界的地位和影响力在两宋时期得以大大提升，并逐渐固定下来。此后峨眉山声名远播，成为中国佛教史上的四大名山之一。

原刊于《四川大学学报（哲学社会科学版）》2013年第3期

传说与事实之间：道教与宋代社会的融合

在宋朝，除了宋真宗和宋徽宗在位时期有过短暂的异常崇奉道教的政策和措施以外，朝廷大体上采取两手政策，一方面，逐渐加强对道教的有效控制和管理，消除道教势力对朝廷的潜在威胁；另一方面，适当地利用道教来为赵宋政权服务，充分发挥其神权的作用。宋人王栐对自宋初以来朝廷对道教的管理措施的演变做了以下记述：

> 黄冠之教，始于汉张陵，故皆有妻孥。虽居宫观，而嫁娶生子与俗人不异。奉其教而诵经，则曰"道士"。不奉其教不诵经，惟假其冠服，则曰"寄褐"，皆游惰无所业者，亦有凶岁无所给食，假寄褐之名，挈家以入者，大抵主首之亲故也。太祖皇帝深疾之。开宝五年闰二月戊午，诏曰："末俗窃服冠裳，号为'寄褐'，杂居宫观者，一切禁断。道士不得畜养妻孥，已有家者，遣出外居止。今后不许私度，须本师、知观同诣长吏陈牒，给公凭，违者捕系抵罪。"自是宫观不许停著妇女，亦无寄食者矣。而黄冠之兄弟、父子、孙、侄犹依凭以居，不肯去也，名曰"亲属"。大中祥符二年二月庚子，真宗皇帝诏道士不得以亲属住宫观，犯者严惩之，自后始与僧同其禁约矣。[①]

从这一记载来看，首先，宋太祖时期，禁止道士、道姑婚嫁。开宝五年（972）以前，道士与世俗之人并无太大差别，只要"奉其教而诵经"，

[①]《燕翼诒谋录》卷二。

就算是道士、道姑了。他们虽然居住在道观之中，却与出家的佛教僧侣不一样，可以结婚生子，拥有家庭。更为严重的是，很多居住在道观的人只是穿戴道士的服装、冠帽而已，根本不是入道之人。宋太祖对此深恶痛绝，于是下令加以"禁断"，同时勒令已有妻室的道士离开道观。

其次，严禁"私度"道士，要成为道士，必须由师父、道观的观主一起去当地行政长官处申请，然后再由官府颁发相应的"公凭"，否则就是犯罪行为。

最后，宋真宗又进一步下令禁止道士的亲属在道观居住，凡是违反规定者，都将受到严厉的惩罚。这些措施具有巨大而深远的历史意义。对于道观来说，清除了诸多闲杂人等，使之成为真正清静无为之地；而对求道之人来说，这些政策也能使道士、道姑们潜心道家的学问，专心致志地诵经修炼，进而纯洁了道士队伍，这对道教的发展无疑会产生持久而至关重要的影响。

然而，自宋初以来的这些举措本质上是世俗权力控制道教的重要环节，事实上是将道教及其信徒纳入了规范管理的范畴，基本上取消了原来道教徒享有的种种特权。这就迫使道教徒更多地接受行政体制的管束，而不是道教上层人物的统治，因而大大削弱了道教的势力。应该说，宋朝政府对道教采取的策略大体上是一以贯之的，这也是宋代的"祖宗之法"之一个侧面。

宋代道教与人们的日常生活息息相关。下面论及的诸方面虽然未必能涵盖所有道教与宋代社会的联系，但可能帮助我们从另类思路去理解中国古代的道教及其神权。

第一节　供奉道教神像

在信奉道教之人看来，谨慎侍奉道教神像会给他们带来好运，或是可以逢凶化吉，或是能出现意想不到的结果。道观内神像庄严，自是不在话下，在此要说明的是民间供奉道教神的事实。其中有在外行走的道士，

"绍兴初,湖州卞山之西,有沈崇真道人者,得真武灵应圣像,因结庵于彼奉事之。仍持符水治祟疗病,效验殊异,而民俗皆呼为真人。后增建一堂,买度牒为道士,其徒从之者数十辈"①。所谓"真武",又称为"北极佑圣真君",是北方天庭的主宰。传说朱雀、玄武、青龙、白虎为分别掌管"四方之神"②,宋真宗崇奉道教,为避赵氏祖先赵玄朗之讳而将玄武改为真武。玄武系北方之神,乃是道教极为重要的神,普通的道观都设有供奉其神灵的真武殿。宋真宗时期,"加号真武将军曰真武灵应真君"③,于是成为官方认可的正神。相传真武君出生于阴历三月初三日,每年这一天,各道观都要举行纪念仪式。

南宋时期,陈淳叙述民间真武形象居然是披头散发之人,"画真武作一人,散发握剑,足踏龟、蛇"④,只是脚下踏着龟、蛇而已。正因为真武在道教中享有崇高的地位,所以沈崇真才供奉其像。沈本人后来虽然购买了朝廷的度牒,正式冠巾成为道士,但在他供奉真武像之时,仍然只是信奉道教的民间人士。

事实上,宋代民间供奉的道教神灵多种多样,并不是单一的。"江陵傅氏,家贫,以鬻纸为业。性喜云水士,见必邀迎……舍后小阁,塑吕翁像……朝暮焚香敬事。拜毕,扃户去梯,虽妻子不许至",此人生性就对道教极感兴趣,很显然,他在自己的房舍后面建了一个小阁塑造了一个仙翁的像,供奉的是吕洞宾的神像。后来傅氏的真挚信仰,终于感动了神祇。"一客方巾布袍入,共语良久,起曰:'吾适有百钱,能过酒垆饮否?'傅从之。自是数日一来,或留饮,或与饭。傅目昏多泪,客教取生、熟地黄切焙,取椒去目及闭口者,微炒。三物等分,炼蜜为丸,每五十丸空心服,以盐米汤饮下之。傅如方治药,一月目明,夜能视物,……享寿八十九,耳聪目明,精力如少年,今尚存。"⑤ "方巾布袍"大概是宋代较

---

① 《夷坚志·支志》丁卷三《卞山佑圣宫》。
② 《云麓漫钞》卷九,中华书局,1996年。
③ 《长编》卷九二,天禧二年六月己未。
④ 《北溪字义》卷下,中华书局,1983年。
⑤ 《夷坚志》补卷一二《傅道人》。

为典型的道士形象。事实上，此人酷信道教乃是毫无疑问的，但他并不是因为虔诚信奉道教而得到了神灵的关爱，而是遇到了一位精于治疗眼睛疾病之人，对症下药，给他开了一剂有效的药方而已。

无独有偶，"台州仙居民王三入市，逢乞子卖泥塑吕先生像，买归供事之，香火甚肃。小儿年十岁许，亦每日敬拜"。此人所供奉的是泥塑的吕洞宾像，其子也同父亲一样每天虔诚地朝拜，后来居然亲眼见到了几乎无处不在、无所不能的吕仙翁本人。"尝牧牛山坡，见白衣道人过前。亟从牛背跃下，挽其袍，呼为吕先生。道人曰：'汝安得以此见称，且何为识我？'儿云：'你便是我家供养的，面目衣裳一般，只是身体长大不同耳。'道人笑，将一钱置儿手，戒之曰：'汝要买物吃时，但用此，尽取尽有，惟不得向人说。'儿喜，归家。密白其父，开手示之，才用一钱毕，又有一钱在手。经月余，父忽起无厌之心，施竹畚于傍，命儿伸手拂之不已，钱随而坠下。至三日，所得十余千。明日，不复有矣。"① 王三之子的奇遇固然经不起任何推敲，无论多么高明的"神仙"（实际上是道士）也不可能有这等本事，但从中可见宋代民间供奉吕洞宾神像者不乏其人，甚至包括少不更事的孩童。

除了吕洞宾外，也有供奉何仙姑神像的。"邢舜举者，大观间由武举入官，为虢州巡检。平生耽好道术，凡以一技至，必与之友"，其后外出遇一道姑模样的妇人，并赠送他"还少丹"仙药，于是"邢亟还舍。审厥象，盖所事何仙姑，道貌与适妇人无少异。怏怏自失，取水吞药，且如方治丹，谨服之。觉精力益壮，颜色润好"②。邢舜举乃是一武官，平生嗜好道术，虽然延请过很多道士，但最后报答他的竟然是家中供奉的神像——何仙姑。这从一个侧面反映出宋代信奉道教之人所供奉的道教神因人而异，并不整齐划一。

在信奉道教之人心目中，供奉道教神灵或神像是能够得到庇佑和回报的。毫无疑问，这大体上是吸收了佛教之因果报应的学说，并将其与道

---

① 《夷坚志》补卷一二《仙居牧儿》。
② 《夷坚志·丁志》卷一三《邢舜举》。

教教义结合起来，形成道教式的报应。就宋代来看，佛家之报应通常是虚无缥缈的，而道教的报应往往都是有着实实在在利益的。"常州天庆观真仙堂，塑吕洞宾象。有小儿卖豆，日过其前，见其仪状，敬仰之。每盘旋不忍去。一日，瞻视叹息间，象忽微动。引手招之，持一钱买豆，儿不取钱，悉以畚中豆与之。象有喜色，以红药一粒授焉，使吞服，即觉恍惚如醉。还家，索纸笔作文章，词翰皆美，至于天文地理，无所不通。不茹烟火食，唯饮酒啖枣，如是岁余。"[1] 该儿童因为每天朝拜吕洞宾的神像，终于得到仙人所赐的"仙药"，服用后居然天文地理无所不通。虽然这不过是人们的美好愿望而已，也是宋代社会重视"文章"的反映，但这种神话般的故事在民间广为流传，有利于道教的传播，大大增强了道教在民间的吸引力和影响力。

第二节　治病与"驱鬼"

在中国古代，由于人们对某些疾病的认识水平极为有限，更严重的是，古人对多数疾病的病因及其相关问题完全不了解，于是"恶鬼邪神"便被当作导致人类生病的最重要原因。"德安府应城县集仙观，罹兵火之后，堂殿颓圮。乾道初元，南昌法录吴道士自淮南来领观事，用符水治人疾，不择贫富，不受馈谢。或持办施常住，则一切桩籍，专充修造，十年之间，里外一新。县民无不信悦，相率诣之，请为民建黄箓大醮。"[2] 吴道士为人治病所用者为"符水"，显然与道教的"仙术"有着密切的关系。大概他的医术是比较高明的，更难能可贵的是，该道士医德高尚，病人无论贫富贵贱，都能得到相应的治疗，因而他得到了当地百姓的信赖，很快便将一所颓败的道观修葺一新。

的确，宋代不少道士精于医术，尤其在治疗某些疾病方面有着过人之

---

[1] 《夷坚志》补卷一二《真仙堂小儿》。
[2] 《夷坚志·三志》壬卷八《集仙观醮》。

处,但他们所使用的药物及其配制方法往往笼罩着一层神秘的色彩。"南城毛道人者,不得其名,少年不娶。父母既终,翩然远引,三十年后乃还乡……生时自言,因到济北,遇异人,授制雄黄成汁之法,炼为丹,可疗传尸痨瘵。今郡人唯丘子安得之。"① 此道士离乡背井三十年,大概掌握了治疗"传尸痨瘵"的方法,但他声称自己是"异人"所授,估计是为了抬高身价。而且,其炼制药物的手法颇类似于道教传统方法,药品也是以丹药的形式呈现的,这大概是为了切合其道士出身的背景。

然而,在中国古代,巫术和医术乃是一对孪生兄弟,巫术之出现固然有其相应的社会背景,但不可否认,人类的生老病死,古人是无法理解的,只能将其归入鬼神之影响。宋代亦是如此,人们在面对难以治愈的疾病时,便会以巫术取代正常的医疗。应该说,巫医是一种职业,而道士则是其中重要的组成部分。"京师安氏女,嫁李维能观察之子,为祟所凭,呼道士治之,乃白马大王庙中小鬼也。用驱邪院法结正斩其首,安氏遂苏。越旬日复作,又治之。"② 其后,"小鬼"变本加厉,道士根本无法驱除。安氏女"病势愈炽",实际上表明该道士已然江郎才尽,其掌握的医术看来不能治愈安氏所患之病,于是他只好不辞而别。

又如,"婺州浦江方氏女,未适人,为魅所惑。每日过午,则盛饰插花就枕,移两时乃寤,必酒色著面,喜气津津然。女兄问其故,曰:'不可言,人世无此乐也。'道士百法治之,反遭困辱,或发其隐慝曰:'汝与某家妇人往来,道行如此,安得敢治我?'或为批颊抵冠,狼狈而出。近县巫术闻之,皆莫敢至。其家扫室焚香,具为诉牒,遣仆如贵溪,告于龙虎山张天师"③。方氏无疑是当地相当富有且颇具影响力的家族,居然能打发仆人从婺州到信州去请有名的道士作法。经过张天师施行法术后,此女恢复如常人。实际上,宋代社会有关"张天师"的传说甚多,相传他在贵溪龙虎山传道,"信州贵溪龙虎山,世为张天师传正一教箓之地"④。很多宋

---

① 《夷坚志·三志》壬卷一《南城毛道人》。
② 《夷坚志·丙志》卷七《安氏冤》。
③ 《夷坚志·丙志》卷一〇《方氏女》。
④ 《夷坚志》补卷二〇《董氏子学法》。

人相信他道术精湛,能擒拿各种"妖魔"。然而,从历史的眼光来看,张天师很明显只是道教法力的化身之一,不太可能是一个人,或许多数"张天师"是冒牌货。

上述两个故事存在某些共同之处,两个妇女都患上了怪病,传说都是由"鬼魅"所致。这大概属于非常罕见的疾病,以当时的医学水平,人们还难以认识。于是请来道士捉拿"妖魔鬼怪",但普通道士法力有限,很难奏效。之后又请道行高明的道士,方才制服了"小鬼"。可能是某些道士医术更为精湛一些,能够对症下药,抑或由于其他原因,病人得以康复。显然,故事里的那些鬼神、法术都不存在,然而,人们对这些怪病患者身上出现的"奇迹"感到好奇,他们对此加以大肆渲染,便成为历史资料中医疗神话的源头。因此,这些传说中既有巫医夸大其词的一面,又有世人添油加醋的成分。

不仅道士如此,民间也有学习道教法术替人驱鬼治病的。"宗室赵善蹈,少时遇九华周先生传灵宝大法,行持多显效。奉化士人董松妻王氏,美而荡,为祟所凭。初于黄昏间,见少妇盛饰,从女仆张青盖自外来。稍近,则变为好少年,著皂背子,便出语相嘲戏。王氏倾挹之,自以为适我愿,与之同寝……其家良以为苦,人教之备礼邀致赵君。赵至,王略无惧色,乃以法印印其胸。俄若醉醒,言方与少年共饮,忽赤衣使者持剑直前来,少年敛避,遂从使者归。是夜祟不至。越三日复来,赵始筑坛行法,焚香禹步,令董家子弟于香烟起处熟视物象。盖其术能于烟中摄光景如镜,渐阔如箕,至极大如桌,鬼神器物悉现,可与通言语。"① 作为赵宋宗室,赵善蹈年轻时显然跟从九华山道士学会了一些道术,估计他曾经使用过这些"驱鬼之术",在当地算是较为知名的人物,具有相当的社会影响。因此,董松之妻为"鬼"所困时,才会有人要董松去请赵善蹈来作法驱赶,经过多次与"鬼"较量,他才最终降服了这一从黑狗幻化出来的"精灵鬼"。

又如,"福州海口巡检孙士道,尝遇异人,授符法治病。甚简易,神

---

① 《夷坚志》补卷二三《天元邓将军》。

应响答。提刑王某之弟妇得疾，为物冯焉。斥王君姓名，呼骂不绝口。如是逾年，禳祀祷逐，无不极其至，不少瘥。闻孙名，遣招之。孙请尽室斋戒七日，然后冠带焚香，亲具状投天枢院"①。从记载来看，该妇人患有严重的精神病，经过多方求医问药，甚至"禳祀祷逐"等迷信活动，依然无效，于是只好邀请用"符法治病"的孙士道。显而易见，此处孙士道所用之法是道教的法术，但孙本人并非道士，而是一名低级武官。他因得到"异人"的指点，学会了用道家符法治疗疾病的方法。

第三节　斋醮仪式

总体说来，宋代民间信仰是多元化的。虽然信仰道教的人数远远不及信奉佛教的多，但大体说来，佛教、道教两种不同的宗教并存于民间。因此，宋代民间道教仪式也相当流行。宋代社会盛行各种各样的"醮"，又称为"斋醮"，既有佛教的，也有道教的，实际上就是举办斋会、法事。通常而言，官方主办的斋醮是僧人和道士混在一起，②他们以各自的方式念经作法。而民间则通常是分开的，也有混合的。就斋醮场所来看，既有各道观主办的，"七月十五日，道家谓之'中元节'，各有斋醮等会"③，也有如下所述在民间举行的斋醮。

就道教的斋醮而言，宋人真德秀做了这样的评价："道家之法，以清净无为为本，修斋设醮，特教中之一事耳。然自汉以来，传习至今，不可废者，以其用意在于救度生灵，蠲除灾厄而开人悔过自新之路故也。世之辟道教者，或谓上帝至尊，惟国家可以郊祀。而以臣庶行之，则几于僭，

---

① 《夷坚志·丁志》卷二《孙士道》。
② 宋真宗在位时期，崇奉道教，因而斋醮仪式有时只用道教。《长编》卷一〇〇，仁宗天圣元年二月庚申条记载："初，自祥符天书既降，始建天庆、天祺、天贶、先天、降圣节，及本命三元用道家法，内外为斋醮，京城之内，一夕数处。"可知这些节日几乎都用道家之法进行斋醮。
③ 《武林旧事》卷三《中元》，浙江古籍出版社，2011年。

或谓祸福有命，不可以求而致，不可以幸而免。今之斋醮，其名曰禳灾集福，是福可求，而祸可免也，则几于妄。此皆儒者正大之论，安得而非之？"① 显而易见，真德秀是站在儒家正统立场上来看待道教斋醮的。在他看来，"修斋设醮"本身只是道教的教义、仪轨之一，其目的是超度生灵，清除灾厄。

而宋代道教的斋醮似乎受到了诸多士大夫的排斥甚至抨击。在他们看来，只有以皇帝为首的朝廷和国家才有权力和资格祭祀至尊至灵的"上帝"。这从侧面说明道教之斋醮乃是祈祷"上帝"的仪式。更重要的是，宋代斋醮完全变成了一种"禳灾集福"的手段，这无疑是宋代社会实际情况的反映。另外，也有一些士大夫从浪费钱财的角度批判佛教、道教的斋醮。南宋后期的阳枋指出："民俗之靡敝，极矣，穷奢于寺观之金碧而莫为之节，极靡于斋醮之虚浮而莫为之节。"② 可见，斋醮与建立金碧辉煌的寺院、道观一样，是整个社会奢侈糜烂的重要表现之一。

尽管遭到了很多士大夫的非议，但宋代民间依然非常盛行道教的斋醮仪式。宋人举行斋醮有着各种不同的目的，这不仅仅是迷信鬼神的重要表现，同时也是宋人真实感情之流露。咸平年间，宋真宗的次子赵玄祐生病，于是他多次下令设醮，以期其子尽快康复。"左卫上将军、信国公玄祐，孝悌敏悟，上所钟爱。及被病，司天言月犯前星、庶子星。上忧之，屡设斋醮祈禳。"③ 姑且不论真宗的皇帝身份，即使作为一个普通人，举行斋醮也无疑表达了炽烈的爱子之情，这是典型的为子祈祷而设斋醮。连高高在上的皇帝都如此，民间百姓在遇到困难或无可奈何之际，自然也会邀请道士设醮祷告。

宋高宗绍兴二十一年（1151），参知政事魏良臣的夫人离世，其女婿在不同的祭日邀请道士做斋醮。"魏道弼参政夫人赵氏，绍兴二十一年十月十六日以病亡。至四七日，女婿胡长文元质延洞真法师黄在中设九幽

---

① 《西山文集》卷四九《代周道珍黄箓普说》，《全宋文》卷七一七九。
② 《字溪集》卷一《上洪中书论时政书》，《全宋文》卷七四七七。
③ 《长编》卷五四，咸平六年四月辛巳。

醮，影响所接，报应殊伟。魏公敬异之。及五七日，复命主黄箓醮。先三日，招魂入浴。"①这是魏家为其女主人办丧事过程中所设的道教斋醮，即所谓的"七七斋"，与佛教法事大概没有太大区别，只是主办丧事之家各自的好恶不同而已。"沈端叔，姑苏人也。年过三十，未有子。其家颇丰腴，求嗣之意弥切。数招道士设醮祷于天帝。"②显而易见，这是富裕人家为求得子嗣而进行的斋醮，且多次邀请道士做同样的法事，看来沈家是非常虔诚的道教信仰者。

上述所有这些事实都存在一些共性，主持斋醮的都是道士，可知宋代无论民间，还是社会上层，信奉道教之人并不在少数。通常说来，斋醮法事规模比较大，多数百姓是无力承担其费用的，如"华亭邬道士……有豪民邀诣其家启醮，邬令道童钟大宥先往铺设，行次半道，为虎所食"③。民间普遍传说邬道士法力颇高，于是便有"豪民"请他去做斋醮，可知道教的斋醮仪式并非所有人都有能力为之。

另外一种情况是斋醮由所有居民共同出资举办。"淳熙元年，道州宁远县民萧淳礼与故吏欧阳暄等数人，共率邑里钱，就九疑观建黄箓醮。仍约以余赀作钟楼坛屋，往往虚数乾没，众莫得稽考。后五岁间，主事者多死。"④可见这一仪式是当地人集资举行的，但主事之人由于贪污了剩余的钱财，所以多不得善终，这也从反面证明了斋醮费用之巨大。同时，无论道士外出举办斋醮，还是民间组织类似的仪式，似乎都成为某种意义上的经济活动，这是宋代斋醮非常重要且值得关注的一个层面。

而且，斋醮持续的时间似乎有长有短。如前所引的吴道士在德安府应城县为当地百姓治疗疾病，深受爱戴，"县民无不信悦，相率诣之，请为民建黄箓大醮。吴深怖罪福，坚拒弗许。明年再请，乃勉从之。醮中百役，加意检勘，至六年甫就。遍访它郡邑黄冠有道行者十四员，到观清斋

---

① 《夷坚志·丙志》卷一〇《黄法师醮》。
② 《夷坚志》补卷一一《姑苏颠僧》。
③ 《夷坚志·三志》壬卷八《华亭邬道士》。
④ 《夷坚志·支志》甲卷五《舒嫩四》。

沐浴，课诵经文。两月之间，备极诚悫，及入醮筵，七日七夜始罢"[1]。可知斋醮乃是相当浩大的工程，既要邀请数量不等且道行高洁的道士，还要建立相关的设施，仅道士诵读经文的准备时间就达两个月之久，而正式的斋醮仪式则长达七天七夜，耗费之巨，不难想见。

总体来说，斋醮是道教最为重要的外在表现形式之一，其目的是祈求上帝"禳灾集福"。

第四节　丹药与长生

在中国古代，追求长生似乎是永恒的主题之一，这当然是由当时的人们对生老病死的迷惑与不理解导致的。长生这一人生追求的理想状态，中国土生土长的道教也将其视为信奉之人的终极目标之一。为了实现这个目标，道教及其信徒可谓不遗余力。为了达成长生不老的目的，道家与道教发明了炼丹术，虽然这只是道教追求长生的手段之一，但它对中国古代社会产生了极为巨大的影响。在他们看来，服食丹药对人有各种益处。宋人吴曾引述唐朝人慎微所著《证类本草》的记载，对丹砂的功能做了近乎神话般的评价："丹砂伏火，化为黄银。能重能轻，能神能灵。万斤遇火，轻速上腾。鬼神寻求，莫知所在。"在唐朝人看来，丹砂炼制成黄银以后，神奇异常，而宋人实际上是继承并沿袭了这样的观点，认为丹砂有着无与伦比的功效。更为不可思议的是，"丹砂、雄黄、雌黄，皆杀精魅、恶鬼、邪气"[2]。在古人心目中，"精魅、恶鬼、邪气"等是导致人患病、死亡最重要的原因，因而人们格外看重炼丹术。

在宋代，炼丹术相当发达，从事这个行业之人通常被称为方士或术士。"宣和中，蔡鲁公闲居京师，有方士持阴阳丹一两许，如弹子大。色正红，以献之。"此丹丸极为神奇，"置之水中，随十二时上下，六阳时则

---

[1] 《夷坚志·三志》壬卷八《集仙观醮》。
[2] 《能改斋漫录》卷一五《黄银》。

浮上，六阴时则沉。仍各准其方位，不差晷刻"①。此方士显然是为了巴结蔡京而献上了自制的丹药，并声称每服用一粒，就能延长寿命一百岁。面对这一巨大诱惑，蔡京最终还是不敢服用。这些人除了自己炼制丹药出售外，也受雇于人，那些有钱有势之人为了延年益寿，往往会雇用或邀请一些炼丹之人。

宋徽宗政和末年，王稱担任殿中监一职，"眷宠甚渥，少年贵仕，酒色自娱"，颇受徽宗赏识。"一日，忽宣召入禁中。上云：朕近得一异人，能制丹砂，服之可以长生。久视炼治，经岁而成。色如紫金，卿为试之。"徽宗非常青睐的"异人"炼制了丹砂，徽宗自己却不敢服用，于是命令王稱先服食。"欣跃拜命，即取服之，才下咽，觉胸间烦燥之甚。俄顷，烟从口中出。急扶归，已不救。既殓之后，但闻棺中剥啄之声，莫测所以。已而火出其内，顷刻之间，遂成烈焰，室庐尽焚。开封府尹亟来救之，延烧数百家方止。"②结果丹药引起一场大火，烧毁数百户人家的房屋，损失惨重。上有所好，下必甚焉，连皇帝都有邀请"异人"炼制丹砂以求长生之举，宋代民间便可想而知了。"寇莱公准少尝为淮漕，有方士为治丹砂，用竹百二十尺而通其节，以器盛丹置其上，而立之半埋地中，于时才得六十尺，竹接而用之，始于岁之朔旦。尽岁而止，丹已融而堕器矣。"③由此可知，北宋一代名臣寇准至少年轻时曾经延请方士为自己炼制丹砂，此处仅仅介绍了方士炼丹的方法，不知寇准是否服用，这是宋代官员请人炼丹的例子。

那些稍微富裕的人家也有类似情况，也就是说，宋代普通人家同样存在不少炼制丹药的现象。"豫章杨秀才，家稍丰赡，有丹灶黄白之癖。凡以此术至，必行接纳。久而无所成，则听自去，由是方士辐凑。"④秀才看来并不是十分富足，却格外嗜好"黄白"之术，甚至成癖。凡是声称掌握炼丹技术的方士都可以受到他的接待，如若炼不成丹药，也可以自动离

---

① 《夷坚志·支志》癸卷三《方士阴阳丹》。
② 《挥麈录·余话》卷二。
③ 《后山谈丛》卷二，中华书局，2007年。
④ 《夷坚志·支志》甲卷九《宋道人》。

去。如此优厚的条件，自然吸引了众多方士前来。更有甚者，一些富人为了获得长生之灵丹妙药而倾家荡产，贵溪人桂缜对洪迈谈过其叔祖雇人炼丹的经历，此人"好道尤笃，常欲吐纳烟霞，黄冶变化，为长生轻举之计"，可见他对道教、道术之痴迷，"有客过之，自云能合九转大丹，信之不疑，尽礼延纳。倾身竭家，听其所取，费不可胜计。逾年，丹成，客举置净室，封以朱泥，外画八卦、列宿、十日、十二辰，极其严秘"①。从这一史料来看，桂缜的叔祖为了得到"九转大丹"而"费不可胜计"，耗费了巨额家产，这种情况在宋代似乎并非个别现象。

除民间方士外，道士从事这一行当者更为常见。"饶州天庆观道士陈元龄，素有炉火癖好，无日不从事于斯。仅能得点茅一二小技，至于冶炼黄金，莫能测涯涘也。"②诸如此类的资料尚有很多，此不一一罗列。

宋代社会之所以盛行炼丹之风，是因为存在巨大的社会需求。从某种意义上说，炼丹术与丹药需要有相当大的市场空间，即有很多人服食丹药，否则炼丹术是难以维持下去的。"张中书悫，壮岁时无日不服丹砂。暮归福州，身体充腯，饮啖加人十倍，家人困于供亿。独一侄与妇竭力祗事，张命以官。每中夜苦饥，但击床屏，巫以馒头至，非五十杖［枚］不饱。茹蔬必十盘，常食羊肉必五斤。经年之后，侄家为之枵空。"③张悫为宋哲宗元祐六年（1091）进士，于宋高宗赵构在位时期官至中书侍郎，④这与洪迈在《夷坚志》中所记述的事实完全吻合。《宋史》本传对这位宰相着墨不多，根据上述记载，张悫壮年时期每天都要服用丹砂，以至于到晚年仍胃口奇好，居然将侍奉他的侄子家吃得"枵空"，因为他食量太大了，吃羊肉必须吃到五斤才够。这种情况无论如何都是罕见的，大概与张悫本人身体强壮有关。

严格说来，炼丹术从某种程度上对中国古代科技的发展起到了积极的推动作用，尤其在物理学、化学、医学等方面。因此，丹药对某些疾病应

---

① 《夷坚志·丙志》卷一八《桂生大丹》。
② 《夷坚志·支志》庚卷一〇《天庆观道人》。
③ 《夷坚志》补卷一八《张中书》。
④ 《宋史》卷三六三《张悫传》。

该还是有治疗作用的。"豫章丐者李全,旧隶建康兵籍,绍兴辛巳之战,伤目折足,汰为民。而病废不能治生,乃乞于市。披二拐以行,目视荒荒,索涂甚苦。每过王侍郎宅门,必与数钱。忽连日不至,谓必死矣。经半月复来,则双目瞭然,步行轻捷,自说:'逢道人授药方,且戒我:"服之有效,当货以济人。勿冒没图利,日得七百钱便足。"问其姓,不肯言。我积所丐金,便成药,服之十日,眼已见七分,而脚力如旧矣。'即用其方卖药,持大扇,书'李家遇仙丹',揭二拐于竿,服者皆验,然所得未尝过七百钱。"[1]这个故事应该具有相当强的真实性,所叙述的事实大体上符合宋代社会的实际情况。这个"道人"显然是一位精于医术的出家人,他为受伤士兵开出的药方非常有效。在治愈自己的疾病后,李全依据原来的药方制成"李家遇仙丹",明显有夸张甚至虚构的成分,大概是为了吸引患者。由此可见,宋代道人研制出来的药物的确有独到之处,这也从一个侧面证明了道教对中国古代医学之贡献。

然而,道教炼丹术也有其重大的弊端。由于道教的最终目的是追求长生,他们往往会用非常手段或是奇特的物质来研制新的丹药,而且多是通过书本知识甚或自己的想法去制作。限于当时的科技水平,所有这些都不可能得到科学的验证,因而炼制出来的药品具有相当大的危险性,服用之后会对人体产生不同程度的危害。宋代很多人似乎也认识到了这样的事实,叶梦得亲眼见到过两个士大夫因服用丹药而送命。"士大夫服丹砂死者,前此固不一。余所目击,林彦振平日充实,饮啖兼人。居吴下,每以强壮自夸。有医周公辅言,得宋道方炼丹砂秘术,可延年而无后害。道方,拱州良医也。彦振信之,服三年,疽发于脑。始见发际如粟。越两日,项颔与胸背略平,十日死。方疾亟时,医使人以帛渍所溃脓血,濯之水中,澄其下。略有丹砂,盖积于中,与毒俱出也。谢任伯平日闻人畜伏火丹砂,不问其方,必求之服,唯恐尽。去岁亦发脑疽,有人与之语,见其疾将作。俄顷,觉形神顿异,而任伯犹未之觉。既觉,如风雨,经夕死。十年间,

---

[1] 《夷坚志·丁志》卷二《李家遇仙丹》。

亲见此两人，可以为戒矣。"①林彦振、谢任伯二人均是因服用丹砂不当而送了命。尽管叶梦得记录这些事实的目的是让后人引以为戒，但应该说，这两例仅仅是宋代类似事件的九牛一毛。很多人因误服丹药而导致身体出现各种不适症状，或是身体机能受到严重损害，或是严重至危及性命。

第五节　符水与咒术

符水、咒术是道教最重要的外在表现形式之一，早期道教即以此为病人治疗疾病，进而赢得民众的支持。"太平道者，师持九节杖为符祝，教病人叩头思过，因以符水饮之。得病或日浅而愈者，则云此人信道，其或不愈，则为不信道。"②太平道在传播过程中，道士通常要进行"符祝"，同时让病人饮用符水，并以病人是否痊愈作为信奉道教与否的标准。后代的道教基本上继承上述传统，因而符咒之术便逐渐发展成道教的重要元素。

在宋代，无论是道教本身，还是民间，通常都相信符咒的神奇功效。在道教中，道士或其他人依据教义所画的符能够克制邪气、妖魔、恶鬼等，而正是这些人们想象出来的因素影响抑或决定着人的生老病死。另外，当人们遇到无可奈何之事，或是无法理解的现象时，他们很容易将人世间发生的事情归结于神灵。这样，道教之神自然也就成为理解自然、社会等事物的重要法门之一。以下一例就是具有典型意义的事例：

> 刘道昌者，本豫章兵子。略识字，嗜酒亡赖，横市肆间。尝以罪受杖于府，羞见侪辈，不敢归。径登滕王阁假寐，梦道士持一卷书置其袖。曰："谨秘此，行之可济人。虽父兄勿示也。"戒饬甚至。既寤，书在袖间，顿觉神思洒落。视其文，盖符咒之术。还家即绘事

---

① 《避暑录话》卷二，上海古籍出版社，2012年。
② 《三国志》卷八《魏志·张鲁传》，中华书局，1959年。

真武像，为人治病行醮。所书之符与寻常道家篆法绝异。凡所疗治，或服符水，或掬香炉灰，或咒枣，殊为简易……以治牛疫，亦皆愈。郡人久而知敬，共作真武堂居之……今其术盛行，而道书不可得见，但以符十许道刻石云。①

这一事例显然并不是信奉道教的道士施行"符咒之术"，而是一个士兵从道士处学到了画符的方法。按照上述说法，学会这种符术之人似乎要供奉道教的真武神像。更为重要的是，道教符术的目的是为人"治病行醮"，治疗的手段或是以画过的符调制成水，或是用香炉灰等，不一而足。病人饮过符水后便可治愈疾病。毫无疑问，这不可能是事实的真相。估计是受过杖刑的士兵离开军营后卧薪尝胆，不知从何处学得了较为高明的医术，为了让人相信，他便杜撰出了神乎其神的求学经历，再经过民间有意无意地不断添枝加叶，于是他的故事逐渐流传开去。但基本上可以肯定一点，刘道昌并非庸医，否则是难以长期欺骗民众的。通常而言，宋代此类神话故事基本上都是通过这种方式流传于民间的。

除了普通百姓之外，不少官员也学习道教的符咒法术。无论是文官、武官，还是诸如宦官之类的特殊群体，有不少人都对道教及其法术存在相当的兴趣。他们信奉道教与其他社会群体存在不同之处，因为这些人拥有特殊的身份和地位，所以在民间产生的影响远远要比普通民众大。陈桷"天资好道"，仕途上为秦桧排挤，遂无意为官，在句容之大茅峰买田筑庐，"每岁春二月，大茅君生朝，士庶道流辐辏。凡宫观十七所，供醮无虚席，惟山北元符万宁宫香火最盛，陈日往致敬"，足见其虔诚。后来陈桷得到大名鼎鼎的道士吕洞宾指点，"因教以服气炼真、飞符治疾之法，且约三十年复相见。陈既寤，绝不茹荤饮酒，习行天心正法。奇祟异疢，得其符水立愈。又为人行持斋醮，效验甚多。山居历岁，步武轻健如飞，道俗翕然归重"②。无论鬼祟还是异疢，只要得到陈桷的符水，就能迅速

---

① 《夷坚志·丁志》卷二《刘道昌》。
② 《夷坚志·支志》景卷九《陈待制》。

被祛除。以上数例都是道士将符咒术传授给他人,还有很多是道士亲自画符施咒,这样的事例在宋代的史料中俯拾即是,限于篇幅,此不一一罗列。

实际上,符水、咒术对疾病不太可能起到治疗作用,对病人来说无非是心理慰藉而已。一个姓王的人擅长画符,并用道教的"天心正法"为他人治疗病患,"王君善书符,行天心正法,为里人疗疾驱邪",大文豪苏轼"尝传此咒法,当以传王君","其辞曰:汝是已死我,我是未死汝。汝若不吾祟,吾亦不汝苦"[①]。姑且不管苏轼出于何种目的要将这一咒辞传授给王君,但从中不难发现,宋代道士、巫师、方士等使用的咒语居然如此简单,无非是祈祷、祝愿的语句而已。

结束语

道教是中国土生土长的宗教,自从佛教传入中国后,有关儒家、道家、佛家三大派系之间关系的记载便不绝于书。就整个中国古代社会来说,道教之影响远远不及儒教、佛教。然而,道教自成体系的学说依然占有极为重要的地位。经过所谓的"唐宋变革"以后,道教世俗化色彩愈益浓厚,其教义、教规以及崇奉的各种神灵等已然深入民间,这也是道教融入宋代社会生活各层面的重要表现。总体而言,道教对宋代社会的渗透和影响是多层面的,作为构成中国古代神权的重要元素,其神灵系统有别于佛教等。有趣的是,道教为了适应宋代社会的实际状况,也不断吸收佛教及中国古代传统民间巫术等内容,进而形成独具特色的民间信仰。

具体而言,传统道教特有的斋醮、驱鬼、符咒、炼丹等外在形式在宋代民间非常盛行,因而有关道教、道士的传说口口相传,再经过一些文人的整理加工并记录,便形成诸多传说与神话。应该说,现在能看到的文献资料中所记述的道教及其信徒的故事仅仅是流传于宋代社会极少的一部

[①] 《东坡志林》卷三《技术·记天心正法咒》,中华书局,1981年。

分,绝大多数类似的神话传说并未被保存下来。然而,剥离这些故事的神秘色彩,这些资料呈现出来的是宋人丰富多彩的现实生活状态,尤其是精神信仰方面的状态。

姑且不论这些道术是否真的如此灵验,也不管它们如何神奇而不可思议,这些故事在宋代社会广为流传所产生的巨大影响是不言而喻的。普通百姓通过这些离奇的传说加深了对道教的认识,进而不加怀疑地相信道教无边无际的"法力"。这对道教而言,无疑是最佳的宣传广告。正因为如此,为了扩大道教的影响力,道教信徒会挖空心思地杜撰一些似是而非或子虚乌有的神话传说,并竭力地加以渲染。

而对于民众而言,由于民间通常在婚丧嫁娶等大型活动时邀请道士作法,所以他们所认知的多半是道教外化的形式,而非道教的教义等理论层面的内容。更为有趣的是,绝大多数普通民众未必亲眼见过道教的神奇魔力,但会听到很多动人的故事。他们可能完全分辨不清这些故事中存在多少真实成分,抑或是彻底的虚构,于是有意无意之间便认同了道教神灵,甚而至于加以实践,进而使林林总总的道教仪式融入了宋人的社会生活。

原刊于《清华大学学报(哲学社会科学版)》2006年第3期

下篇：士兵与国家政权

"优升"与"劣汰":北宋军队将校与士兵的拣选制度

在宋代兵制的运作过程中,拣选制度存在着地域差异,并随着战争或和平的环境变迁而存在执行力度加强或者松弛的现象。而且,拣选制度与募兵制下的各种制度都存在着直接而紧密的关系。拣选制度确立于太祖朝,历经诸多复杂的变迁过程,至北宋末年快速崩溃。事实上,太祖建立拣选制度的初衷是要形成强干弱枝、内重外轻的兵力分布,并且努力实现兵精用足,避免冗兵伤财误国。而且,为了防止年老士兵流离失所,还设立了剩员制度。可以说,宋初拣选制度的确立总体上是成功的。但在北宋的大部分时间里,拣选制度的立意与现实效果之间形成了巨大反差。北宋军队中存在着士兵多上不堪战、下不堪役的现象,国家一直面临着冗兵冗费、积弱不振的难堪局面等,这些都与拣选制度执行不力有着很大的关系。而拣选制度执行不力的原因,主要是战争及和平环境的影响,特别是制度执行过程中各种无形但十分重要的人事关系所起到的负面作用。

第一节 北宋军队拣选制度的确立

(一)惩五代之弊

自唐中叶安史之乱至北宋初年,中原地区一直处于藩镇割据、兵连祸结的混乱局面。其间五代,"国擅于将""将擅于兵"[1],"大帅、宿将拥兵

---

[1] 《水心别集》卷一一《兵总论二》。

跋扈,而天子之废置如奕棋","偏裨卒伍徒手奋呼,而将帅之去留如传舍"①,故其政局之混乱、享国之短促,②在历史上是比较少见的。直到后周世宗时,中原地区才开始了由乱入治、由分裂走向统一的进程。显德七年(960)正月,后周大将赵匡胤由陈桥兵变,黄袍加身,成为宋代的开国之君,是为宋太祖。宋太祖成为自五代以来由兵士拥立而为皇帝的第四人,也是因兵士拥立而开国的第二人。③如何革除自唐末五代以来藩镇势力强大,骄将悍卒敢于杀逐将帅、变易天子的积习,不致使宋朝成为继五代之后的又一个短命王朝,成为宋太祖想方设法要解决的中心问题。因此,兵制改革就成为北宋初年一系列制度改革中关键的一环。

> 太祖起戎行,有天下。收四方劲兵,列营京畿,以备宿卫。分番屯戍,以捍边圉。于时将帅之臣入奉朝请,犷暴之民收隶尺籍。虽有桀骜恣肆,而无所施于其间。凡其制,为什长之法,阶级之辨,使之内外相维。上下相制,截然而不可犯者。是虽以矫累朝藩镇之弊,而其所惩者深矣。④

这是《宋史·兵志》对太祖建立兵制的经过和用意的陈述,其中的"收四方劲兵"很大程度上是通过整顿禁军,并将天下骁勇部送阙下以补充禁旅来实现的。这也是宋初确立军队拣选制度的开端。

早在建隆元年(960),宋太祖便着意通过拣选制度整顿和加强中央禁军:"诏殿前、侍卫二司,各阅所掌兵,拣其骁勇,升为上军。老弱怯懦,

---

① 《宋大事记讲义》卷三《太祖皇帝·严阶级》,四库全书本。
② 后梁享国16年(907—923),后唐享国13年(923—936),后晋享国10年(936—946),后汉享国3年(947—950),后周享国9年(951—960)。此据《新五代史》本纪。
③ 后唐明宗李嗣源、废帝潞王李从珂、后周太祖郭威,皆由兵士所拥立。其中,郭威是因兵士拥立而开国的皇帝。据《资治通鉴》卷二八九,后汉隐帝乾祐三年(950),镇州、邢州奏契丹入寇,郭威领兵抵御,师至澶州,为兵士所拥立,"裂黄旗以被威体",高呼"万岁",遂即帝位。
④ 《宋史》卷一八七《兵志一》。

置剩员以处之。"八月,"诏诸州长吏选所部兵送都下,以补禁旅之阙"①。

二年五月,宋太祖进一步颁布诏令整军,只不过这次拣选的范围扩大到了地方军队:

> 令殿前、侍卫司及诸州长吏阅所部兵,骁勇者升其籍,老弱怯懦者去之。②

这样,一方面,隶属于殿前、侍卫二司的中央禁军以及藩镇辖属的地方军队经过兵级调整,裁汰了老弱病残之人,将骁勇精壮之士升籍,有效地保证了整个国家军队的质量;另一方面,地方将拣选后升籍的兵数及裁汰数上报中央,中央了解了各地方的兵力情况,并掌握了地方所蓄精兵的数量,这就为此后下令命地方将其军队中骁勇之士部送京师以补禁军做了充分的准备。

五代以来,"兴亡以兵"③,"兵权所在,则随以兴,兵权所去,则随以亡"④的历史教训,以及地方藩镇拥兵跋扈敢于反叛中央王朝的现实,特别是建隆元年四月昭义军节度使李筠、九月淮南节度使李重进皆以其所掌地方军队起兵反叛赵宋政权,⑤使宋太祖不得不慎重考虑削夺藩镇之兵权的问题。

《长编》卷二,"建隆二年七月戊辰"条载:

> 初,上既诛李筠及重进。一日,召赵普问曰:"天下自唐季以来,数十年间,帝王凡易八姓,战斗不息,生民涂地。其故何也?吾欲息天下之兵,为国家长久计,其道何如?"普曰:"陛下之言及此,天地人神之福也。此非他故,方镇太重,君弱臣强而已。今所以治之,亦无他奇巧,惟稍夺其权,制其钱谷,收其精兵,则天下自安矣。"语

---

① 《文献通考》卷一五二《兵考四》。
② 《长编》卷二,建隆二年五月甲戌。
③ 《新五代史》卷二七《康义诚传》,中华书局,1974年。
④ 《范香溪文集》卷四《五代论》,《全宋文》卷四二七五。
⑤ 《宋史》卷一《太祖纪一》。

未毕,上曰:"卿无复言,吾已喻矣。"①

赵普"收其精兵"的建议得到了宋太祖的高度认可。有了先前"诸州长吏阅所部兵,骁勇者升其籍"的铺垫工作。建隆四年(963),宋太祖便开始"遣使者行诣诸道,选择精兵。凡其材力技艺有过人者,皆收隶禁军"②。乾德三年(965)八月,朝廷正式发出了拣选收编地方军队的命令:

> 令天下长吏择本道兵骁勇者,籍其名送都下,以补禁旅之阙。又选强壮卒,定为兵样,分送诸道。其后又以木梃为高下之等,给散诸州军,委长吏、都监等召募教习。俟其精练,即送都下。③

这一措施具有加强中央禁军和排除藩镇拥兵构乱可能性的双重目的。命令下达一个多月后,从地方拣选到中央的骁勇之卒就达万余人,"上御讲武殿,阅诸道兵,得万余人,以马军为骁雄,步军为雄武,并属侍卫司"④。

此后,通过拣选对地方藩镇"收其精兵"的工作就按部就班地铺展开来。一方面"令诸州召募军士部送阙下",由军头司"覆验等第",分送禁军各部,⑤另一方面由朝廷"数遣使者分诣诸道,选择精兵"⑥。

渐渐地,朝廷所辖地区的所有精壮士卒都被纳入中央禁军体系,地方上所剩之兵多为老弱怯懦之人。他们虽为地方镇兵,但其军事职能已经大大衰退,进而发展成宋代的另一种常备军——厢军。其"虽或戍更,然罕教阅,类多给役而已"⑦,可知厢军在很大程度上仅仅属于劳役兵而已。地方

---

① 《长编》卷二,建隆二年七月戊辰。
② 《山堂群书考索·后集》卷四二《兵制门》。司马光《涑水记闻》卷一也认为,宋太祖"数遣使者分诣诸道,选择精兵。凡其才力伎艺有过人者,皆收补禁军"的举措,是"纳韩王之谋"的结果。
③ 《长编》卷六,乾德三年八月戊戌。
④ 《长编》卷六,乾德三年九月己巳。
⑤ 《宋史》卷一九四《兵志八》。
⑥ 《涑水记闻》卷一。
⑦ 《文献通考》卷一五二《兵考四》。

上设若需要军队戍守,便由京师派禁军前往,有屯驻、驻泊、就粮之名。①这样,"诸镇皆自知兵力精锐非京师之敌,莫敢有异心者"②。更为重要的是,即便是派遣禁军到地方戍守,也十分重视内外兵力的分布状况,以京师兵力能控制各地屯戍兵为准。"京师十万余,诸道十万余。使京师之兵足以制诸道,则无外乱;合诸道之兵足以当京师,则无内变。内外相制,无偏重之患"。③

这样的兵力分布,从全国范围来看,可以做到内外相维;从京师和某一区域的兵力对比来看,可以做到内重外轻。并且,实行更戍法,不令各禁军指挥专在某一固定的地方戍守。专在一地易于成为地方禁军,令其不断更换屯戍的地点,以使"兵无常帅,帅无常师"④,自然可以避免地方势力和将帅势力的泛滥滋长。这样,自中唐以来地方藩镇拥兵自重、专横跋扈的局面从根本上得到了改观,中央控制地方的能力得以大大增强。

冗兵是自五代以来军政的另一个大患,也是政治、经济、社会的大问题。它使国家国威不振、民生凋敝、社会混乱。宋太祖早就发现了这一问题的严重性,故在加强军事训练的同时,十分注重士兵的拣选,对士卒不务量多而务质精。这也是太祖确立军队拣选制度的重要初衷之一。建隆三年(962),太祖曾对大臣说:"晋、汉以来,卫士不下数十万,然可用者极寡。朕顷案籍阅之,去其冗弱。又亲校其击刺、骑射之艺。今悉为精锐,故顺时令而讲武焉。"⑤那时,拣选甚严:"自厢军而升禁兵,禁兵而升上军。上军而升班直者,皆临轩亲阅。"⑥并且重视士兵的招募:"选强壮卒,定为兵样,分送诸道。其后又以木梃为高下之等,给散诸州军。委长吏、都监等召募教习。俟其精练,即送都下。""上每御便殿亲临

---

① 关于屯驻、驻泊、就粮的区别,参见《山堂群书考索·后集》卷四〇《兵制门》:"备征戍而出戍边或诸州更戍者,谓之屯驻。非戍诸州而隶于总管司者,谓之驻泊;非屯驻、驻泊而以籴贱留便廪给,谓之就粮。"
② 《涑水记闻》卷一。
③ 《长编》卷三二七,元丰五年六月壬申。
④ 《文献通考》卷一五二《兵考四》。
⑤ 《长编》卷三,建隆三年十一月甲子。
⑥ 《宋史》卷一九四《兵志八》。

试之"①，这都是五代时常常忽略的强干弱枝之策略。

太祖皇帝出身戎马，目睹了五代时期士卒骄惰难制、常有擅杀主帅的现实，他们动辄另立新帅，乃至拥立主帅变易天子，所以宋太祖对军人有着很深的防范心理，生怕他们聚众造反。建立拣选制度时，对于老弱士卒，也不敢直接罢遣。因为募兵制度下，当兵很大程度上成为一种职业，四方游手者及很多"无赖不逞之人"②为生计投军，如将其罢遣，因"衣食于官久"③，"惰游之卒不复安于南亩"④，所以其"不愿为农"，于是直接面临着失去收入来源的危险。而这些士卒以往又"皆习弓刀"⑤，所以困顿饥寒之下，很可能啸聚山林、变为盗贼，乃至起而作乱，对抗朝廷。

这于国家、于社会都是很危险的事情。如果朝廷完全置老弱士兵于不顾，那么就会增加社会的不稳定因素。于是，宋太祖设立剩员制度，以安置老弱退兵。⑥按照后来的史料记载，剩员一般会拿原来军俸的一半或者更少。宋太祖初设剩员，大概就是出于为老弱之兵养老、免其流离失所的考虑。而在保证社会稳定的前提下，将其原来的军俸削减一半或者大半，也是权宜之下最为节省财政的做法。故而陈傅良说："剩圆之置，不但以仁羸卒，亦以省冗食也。"⑦

由上可见，宋初太祖建立拣选制度的初衷是惩唐末五代之弊。其主要目的是形成强干弱枝的兵力分布，由此也就决定了拣选制的性质是以加强中央禁军为中心，其他兵种的拣选多是作为禁军拣选的附属或者补充，是不占主导地位的。这也是《宋史·兵志》以及《文献通考·兵考》等相关史籍对拣选制度的记载详禁军而略其他兵种的原因。而宋太祖制定军队拣选制度的另一个初衷，是务求精锐以去冗兵，不使有不堪征役、冗食冗费之患。同时初创剩员制度，使士兵"老有所养"，以期军心安定、社会稳

---

① 《长编》卷六，乾德三年八月戊戌。
② 《长编》卷三二七，元丰五年六月壬申。
③ 《涑水记闻》卷五。
④ 《宋史》卷一九三《兵志七》。
⑤ 《涑水记闻》卷五。
⑥ 《长编》卷二，建隆二年五月甲戌；《宋史》卷一八七《兵志一》。
⑦ 《文献通考》卷一五二《兵考四》。

定。故太祖拣选士兵的主要原则可以归纳为以下四方面：

一、收四方精兵，萃于京师，形成强干弱枝、内重外轻之势。

二、尽得骁勇之士，使其上则堪战，下则堪役。

三、务去冗兵，不使有伤财冗食之弊。

四、设立剩员，以处老弱废疾之兵。

从结局上看，北宋初年军队拣选制度的确立是相当成功的。首先，通过"收四方劲兵"，"萃精锐于京师"[1]，从很大程度上扭转了自中唐开始的藩镇割据、内轻外重的不利局面，中央集权有了军事上的绝对保障。

其次，太祖时兵皆精锐，其战斗力确实比较强。开宝三年（970）十月，契丹以六万骑兵攻定州（今河北正定县），田钦祚领兵三千拒之，获捷。[2] 所以后来苏辙称太祖时"士卒精练，常以少克众"[3]，应该不全是夸大之辞。

再次，五代时，特别是贯穿于有宋一代的冗兵问题在此时并不严重。太祖时期的士兵数量并不多。庆历年间，张方平上言中屡称，太祖蓄兵不及十五万人，[4] 并追溯太祖时禁军数量的变化说："国初得周兵十二万。后平蜀，拣其精兵，止留一百二十人。及乾德中，选练中外之兵，止存十万，盖极精锐也。后乃稍增，及十五万人尔。"[5] 这与曾公亮的说法是一致的。[6] 嘉祐七年（1062），枢密院所上太祖以来兵数，其中，"开宝之籍，总三十七万八千，而禁军马步十九万三千"[7]。神宗称："艺祖养兵止二十二万，京师十万余，诸道十万余。"[8]《玉海》所载为二十三万，[9]《曲

---

[1]《宋史》卷一八七《兵志一》。
[2]《长编》卷一一，开宝三年十一月甲寅。
[3]《栾城集·后集》卷一五《元祐会计录叙》。
[4]《乐全集》卷一八《对手诏一道》、卷二三《再上国计事奏》，《全宋文》卷七八二、七八九。
[5]《乐全集》卷二三《再上国计事奏》，《全宋文》卷七八九。
[6] 曾公亮《上仁宗答诏条画时务》中说：建隆、开宝时，"所蓄禁兵止十二万而已。至乾德中，……又减二万"。见《国朝诸臣奏议》卷一四七《总议门·总议三》。《长编》卷一五九，庆历六年七月甲申条载，王拱辰语，也称"太祖时兵十二万"。
[7]《文献通考》卷一五二《兵考四》；《宋史》卷一八七《兵志一》。
[8]《长编》卷三二七，元丰五年六月壬申。又见《山堂群书考索·后集》卷四一《兵制门》。
[9]《玉海》卷一三九《兵制》。

洧旧闻》则说是二十万。①大概所见诸书中，记载太祖禁军数目最多的是《挥麈余话》，认为是三十多万。②

上面几种说法虽并不相同，但应该都是对的。十二万是建隆初年从后周继承过来的禁军数，十万是乾德年间拣选之后的兵数，十五万、二十万、二十二万、二十三万、三十万似乎都是乾德后逐渐增加之后的兵数。大概后来又有拣汰，所以到开宝年间禁军数减为十九万三千。总之，较之后世，太祖时确实并不存在冗兵的现象，冗食的问题自然也不会出现。

最后，从现有史料看，太祖时并未见因拣选而导致士兵哗变或者谋乱的事例，应该说太祖一朝，在保证社会稳定的前提下，比较有效地贯彻了拣选制度。

（二）承继五代

一种制度的创立，不能凭空而来，一定有旧的根据，再冠以新的精神。宋代的兵制中承继五代兵制的形式很多，如禁军分隶殿前、侍卫二司，其将帅之名有都检点、都指挥使、都虞候等，但其精神与五代相比则是截然不同的。③宋代的拣选制度也是如此。

对士兵"优升劣降（汰）"的拣选，在五代时就大量存在，只不过当时多称为"选练"。其实，"选练"也包含两层含义：一是指禁军本身的整顿，"精锐者升在上军，怯懦者任从安便"；一是指从藩镇军队中选择骁勇精壮者补入禁军，以淘汰禁军中的老弱者。④这一措施早在后梁时就开始实行了。如史弘肇在梁末隶郑州开道都，后被选入禁军。⑤后唐末帝清泰初，曾下诏令诸道"选骁果以实禁卫"⑥。后周太祖广顺元年（951）五月，"诏诸州于州兵内选勇壮并家属赴京师"⑦。到世宗朝，由于大规模对外兼并

---

① 《曲洧旧闻》卷九，中华书局，2002年。
② 《挥麈录·余话》卷一。
③ 罗球庆：《北宋兵制研究》，《新亚学报》1957年第3卷第1期。
④ 齐勇锋：《后周的军制改革》，《文史哲》1989年第5期。
⑤ 《旧五代史》卷一〇七《史弘肇传》，中华书局，1976年。
⑥ 《旧五代史》卷一二四《刘词传》。
⑦ 《册府元龟》卷一二四《帝王部·修武备》。

战争的开展，对士兵的选练更加重视。显德元年（954）十月，周世宗鉴于侍卫亲军"老少相半，强懦不分"，以致高平之战"临敌有指使不前"[1]，险以败退，"乃命大简诸军，精锐者升之上军，羸者斥去之。又以骁勇之士多为藩镇所蓄，诏募天下壮士，咸遣诣阙，命太祖皇帝选其尤者为殿前诸班"[2]。这些选练士兵的措施，特别是后周世宗的整军，大大加强了中央禁军，并使地方藩镇的势力有所削弱，这都为北宋初年太祖进一步整军提供了宝贵的经验。宋太祖将上述措施进一步制度化，使以禁军为中心的拣选作为一种军事制度被确立下来。

拣选制度从形式上继承了五代时期对士兵的选练之策，但二者在本质上是有区别的。五代时期的选练重点是通过中央禁军内部的优升劣降（汰）来加强其实力。即便有时也会从民间和藩镇军队中选募骁勇者补充禁军，但多是一时权宜之计，并未将其程式化，因此不可能从根本上改变地方藩镇兵强马壮、恣意跋扈的局面，骁勇之士仍多为藩镇所蓄。而宋初的拣选制度则是从整顿中央禁军和削弱藩镇兵权两个方面着手，不仅对禁军本身进行拣选，还大量从藩镇军队中拣选骁勇者补充禁军。在拣选制度下，定期或是不定期地对军队进行拣选，较为有效地保证了禁军在质和量上的绝对优势，从根本上消除了藩镇割据的隐患。因此，《宋史》评价太祖兵制说，"太祖鉴前代之失，萃精锐于京师，虽曰增损旧制，而规模宏远矣"[3]。

当然，从确立军队拣选制度的角度来看，宋太祖能惩五代之弊，除了自身高明的政治远见和军事谋略，以及对五代选练士兵政策的继承和发展外，客观原因也是不容忽略的。首先，中唐以来各大藩镇之间的兼并战争，使得藩镇的总体实力有所下降。这就在一定程度上牵制了其政治野心，为宋初收其精兵提供了有利条件。其次，长期以来，各藩镇内部争斗不已，骄将悍卒为了自身利益常常杀逐藩帅，"变易主帅，有同儿戏"[4]，这样就使得很多藩镇存在既要倚仗兵卒，又不敢统辖太多兵力的心理。再次，

---

[1] 《五代会要》卷一二《京城诸军》。
[2] 《资治通鉴》卷二九二，显德元年十月己酉，中华书局，1956年。
[3] 《宋史》卷一八七《兵志一》。
[4] 《旧五代史》卷一四《罗绍威传》。

五代时期，随着各大藩镇入主中央，大批地方军队转化为中央禁军，累朝相积，就使得中央禁军的实力在总体上渐渐超过了地方藩镇的总体兵力。这就为宋初进一步收夺地方精兵，迫其就范，提供了有效保证。[①]

此外，宋初相对稳定和平的环境，也为拣选制度的确立提供了非常有利的条件。应该说，拣选制度是伴随着募兵制度的出现而出现的。以士兵自愿应募和当兵职业化为特征的募兵制度自唐朝后期就逐渐成为兵制的主流，对士兵的招募开始侧重武艺水平而非以前的重视士兵身份和家庭经济条件。[②]但唐末五代时期，藩镇割据，战争不已，无论是国家还是各个割据势力，都忙于战争和扩军，根本无暇对士兵进行选练，即便偶有选练，也多是以裁汰老弱为重心。随着冗兵问题的加剧，士兵数量多但战斗力不强的情况迫使统治者开始着手士兵的选练。

后周世宗在位时期，中原地区逐渐开始了统一的进程。统一战争的需要使得统治者更加重视士兵的选练，而较之前代混乱纷争的格局来说，这一时期的局势也使得兵制改革成为可能。通过整军，后周军队实力大增，后来宋太祖登基开国，继承了这些军队，其为宋初的统一战争立下了汗马功劳。相对稳定的局面的出现，也使得士兵拣选的程式化成为可能并且变得必要。于是，太祖在惩五代之弊和继承五代政策的基础上，建立起一套以"优升劣降（汰）"为核心的士兵考核机制，即军队拣选制度。

第二节　拣选制度在北宋军事中的具体表现形式

军队拣选制度的核心是"优升劣降（汰）"，故其包括升补和降退两个层面。"大抵有疾患则选，有老弱则选，艺能不精则选。或由中军拣补外军，或拣外边精锐以升禁卫"[③]，禁军是北宋最为重要的正规军，因此北

[①]　关于宋初收夺地方精兵的拣选制度得以顺利执行的客观原因，参见王育济、孔德灵：《论"收其精兵"》，《山东大学学报（哲学社会科学版）》1995年第2期。
[②]　张国刚：《唐代兵制的演变与中古社会变迁》，《中国社会科学》2006年第4期。
[③]　《宋史》卷一九四《兵志八》。

宋时期的军队拣选制度是以强化中央禁军为中心的,广泛存在于禁军、厢军、乡兵及蕃兵等兵种之中。①

在论述拣选制的具体表现之前,十分有必要来谈谈宋代军队内部的等级。如前所述,北宋初年,太祖建立兵制的一个重要思想就是构建强干弱枝、内重外轻的兵力分布,因此会有将天下精兵会聚于京师的举措。这些精锐士兵构成了中央的军队,即禁军,负责内守京师,外备征伐,戍边讨叛。各地方的军队,或用以供役使,如厢军;或用以备盗贼、固边防,如乡兵、蕃兵及后来的保甲民兵等。较之禁军,虽然乡兵、蕃兵的战斗力往往更占优势,但因其不是正规军的缘故,受重视程度常常不及禁军。因此,从兵种上来说,以禁军地位最优,这不仅体现在军人的俸廪及平时各种名目的补助上②,更多还体现在精神层面的某种荣誉感。

在各个兵种内部也有等级的差别,这种差别尤以禁军最为明显。诸班直乃天子扈从,故其地位高于普通禁军。而普通禁军又按照身高和俸廪的不同,分为上、中、下三等。其中,上禁军乃捧日、天武、龙卫、神卫四军,即所谓的上四军,月俸1000文;俸钱700文至500文者为中禁军;"不满五百文料钱见钱并捧日天武第五第七军、龙卫神卫第十军、骁猛、雄勇、骁雄、雄威为下军"③。

在厢军中,根据俸钱和所服劳役轻重程度的不同,也存在不同的等级,只是不像禁军那样划分得比较明确。如宋神宗熙宁年间,京师役兵不足,常调发诸路士兵。但因其"远行趋役",水土不服,故"疾患者多"。于是枢密院建议,"在京及开封府界、京东西、河北招少壮军士及召募厢

---

① 本书对宋代兵种和军种的定义,采用白钢主编《中国政治制度史》第八章"宋代政治制度"之六"宋朝的军事制度"中朱瑞熙和张其凡两位先生的说法,即宋代兵种分为禁军、厢军、乡兵、蕃兵等,军种则分为步军、骑兵和水军。
② 宋代军队内部士兵的补助,主要有招刺利物、郊祀赏赐、因屯戍或调发而给的特支钱和口券、雪寒钱、柴炭钱、银鞋钱、军赏等名目。一般说来,以禁军所得为最高,而某些名目的补助还曾一度为京师禁军所专有。参见王曾瑜:《宋朝兵制初探》,中华书局,1983年,第228—235页。
③ 《宋史》卷一八七《兵志一》。关于宋代的上、中、下禁军的番号,比较明确的是上禁军,即捧日、天武、龙卫、神卫四军。中禁军和下禁军的番号则因史籍语焉不详而大多不得而知。而且中、下禁军的军俸屡有调整,这样就可能导致兵级的变动。因此,很难根据一时的俸钱规定或调整,而断定某一番号的禁军属于中禁军还是下禁军。

军本城、牢城愿投换者,并配缺额壮役指挥"。理由就是京师"东西八作司壮役指挥最为得力",而其廪给又较本城、牢城稍优,定有人乐意投换改刺。① 又如元丰五年(1082)诏:"殿前、马步军司,军前逃回首身人免决。尝出界,降料钱,填开封府界、京东西将下,节级降长行,仍押赴军前宣效、六军分配车营、致远务、东西窑务。未尝出界人,并分配陕西五百里外,内禁军充本城、宣效、六军充牢城。"② 可见,厢军中的宣效和六军是高于车营、致远务、东西窑务、牢城等军的。③

至于乡兵和蕃兵,并非国家正规军,因此没有禁军、厢军那样的正规

---

① 《长编》卷二二八,熙宁四年十一月癸未。
② 《长编》卷三二三,元丰五年二月丙辰。按:"宣效""六军"在元丰时为侍卫步军司属下厢军(详见下文"诸州厢兵及香药递铺兵"的注释),而中华书局本《长编》此条断句为,"殿前、马步军司,军前逃回首身人免决。尝出界,降料钱,填开封府界、京东西将下,节级降长行,仍押赴军前宣效;六军分配车营、致远务、东西窑务。未尝出界人,并分配陕西五百里外,内禁军充本城宣效,六军充牢城。"将"宣效"误作动词,理解为"效命"之意,当误。
③ 据《宋史》卷一八九《兵志三》,车营、致远务、东西窑务皆为京师厢军。至于"六军",考《会要》职官三三之六,六军乃左右龙武军、左右羽林军、左右神武军之总名,掌郊祀、朝会仪仗,其官署有六军仪仗司。《宋史》卷一八九《兵志三》厢军"建隆以来之制"载其为京师厢军,"熙宁以后之制"载其隶属侍卫步军司(可见侍卫步军司亦有厢军),而六军仪仗司隶属于卫尉寺(《宋史》卷一八九《兵志三》、卷一六四《职官志四》)。而《宋史》卷一八七《兵志一》禁军"建隆以来之制"载侍卫步军司有拣中六军,其番号亦为左右龙武、左右羽林、左右神武,不知其与六军有何关系,大概拣中六军乃拣选六军中强壮者立。同书卷一八九《兵志三》厢军"熙宁以后之制"载其与左右龙武、左右羽林、左右神武等六军同为侍卫步军司厢军。大概是熙宁以后降为厢军。据《文献通考》卷一五五《兵考七》、《宋史》卷一八七《兵志一》,宣和五年(1123),将拣中六军、六军指挥并改为广效,"内拣中六军作第一指挥,左龙武第二,左羽林第三,左神武第四,右龙武第五,右羽林第六,右神武第七"。又:宣效,据《宋史》卷一八七《兵志一》禁军"建隆以来之制",其为侍卫司步军,按照同卷所载"诸军资次相压",其大概属于下禁军。同书卷一八八《兵志三》禁军"熙宁以后之制",禁军番号中未载其名。而卷一八九《兵志三》厢军"熙宁以后之制"载其为侍卫步军司厢军。据卷一九四《兵志八》:"是岁(治平元年),诏京畿并诸路拣龙骑、壮勇、归远、本城、牢城、宣效、六军、河清、车营、致远、窑务、铸钱监、屯田务隶籍三十年胜铠甲者,部送京师填龙猛等军;其自广南拣中者,就填江西、荆湖归远阙额。"(按:中华书局本《宋史》断句为"诏京畿并诸路拣龙骑、壮勇、归远、本城、牢城、宣效六军;河清、车营、致远、窑务、铸钱监、屯田务隶籍三十年胜铠甲者,部送京师填龙猛等军",其将"六军"误认为是指前述"龙骑、壮勇、归远、本城、牢城、宣效"六个禁军番号,当误)由此处可见,此时宣效大概已为厢军。但其降为厢军的具体时间不详。

番号，只是根据地域的不同，有着不同的名称而已。如河北、河东强壮，河东、陕西弓箭手，河北、河东、陕西义勇，川峡、广南西路土丁，广南东路枪手，福建、江南西路枪仗手等。而蕃兵，则特指在西北边区由羌人等少数民族内附者组成的军队。因此，在不同的乡兵之间、不同地域的蕃兵部族之间，很难说有等级高下之别。

（一）士兵和军官的拣选

就拣选制而言，不同兵种之间，主要存在厢军、乡兵等升补禁军，乡兵升补厢军，禁军降为厢军几种情况。

宋太宗淳化四年（993），拣阅"河北诸州忠烈、威边、骑射等兵"，选其材勇者立为骁武。"又选川峡威棹、克宁兵部送京师者"，升补川效忠、川忠节及桥道指挥。宋真宗咸平三年（1000），"选京师诸司库务兵"，立神威。"选六军、窑务、军营务、天驷监效役、店宅务、州士"，立宣效。"选诸州厢兵及召募者"，立威猛。咸平六年（1003），"选诸州厢兵及香药递铺兵"[①]，立雄略。以上是厢军升为禁军的事例。

再看乡兵升补禁军的事例。宋太宗时，曾拣乡兵"选充神勇、宣武"；雍熙三年（986），又"拣其次等者"立步武；至道元年（995），选河东忠烈、宣勇"能结社买马者"立广锐。[②]宋真宗咸平四年（1001），诏陕西沿边选乡兵保毅升充禁军保捷指挥。[③]而现实中，亦有乡兵升补厢军的事例。据《宋史·兵志》，厢军中的忠烈、宣勇和保毅等军皆是由乡兵升补而立的。[④]

不同兵种间的降退，主要是指禁军降为厢军，"禁军有退惰者，降为厢军，谓之'落厢'"[⑤]。又如宋神宗熙宁元年（1068），曾令"诸路监司察

---

① 《宋史》卷一八七《兵志一》。《宋史》卷一八九《兵志三》厢军"建隆以来之制"：忠烈（本河北乡兵，后改为府军，不知何时）、威边、骑射、威棹、克宁等兵皆为厢军。
② 《宋史》卷一八七《兵志一》。《宋史》对广锐军的记载为："广锐，本河州忠烈、宣勇能结社买马者，马死则市补，官助其直。至道元年立。"其后校勘记认为，熙宁以前河州尚未入宋，此时当无河州之广锐兵，《会要》兵二二之一、二四之五都记有河东广锐结社买马事，疑"河州"乃"河东"之误。从校勘记。
③ 《长编》卷四九，咸平四年九月庚寅；《宋史》卷一八七《兵志一》。
④ 《宋史》卷一八九《兵志三》。
⑤ （嘉泰）《会稽志》卷四《军营》。

州兵拣不如法者按之",其中"不任禁军者降厢军"①。

在同一兵种内部,禁军的拣选主要表现为上禁军与班直、中下禁军与中上禁军、地方禁军与京师禁军②间的升降,以及老弱怯懦者降为小分③或剩员乃至削除军籍为民。

上禁军升补班直。"班直等皆自三衙旧司指挥人兵及皇城司亲事官拣中等之人充之,如捧日拣过东三班,天武拣过御龙直,骁骑拣过骑御马之类"④。按照宋人的说法,宋代皇帝的卫兵被称为禁军,"其最亲近扈从者,号诸班直"⑤,也就是说,诸班直是最为接近皇帝的"扈从"卫士,大体上相当于赵宋帝王的贴身保镖,其地位之重要是不言而喻的。因此,诸班直必须是精挑细选的,是从宋代所有禁军中万里挑一选出来的。

中下禁军升为中上禁军。如宋真宗咸平五年(1002),选广德、神威等军以补广捷。⑥宋仁宗嘉祐六年(1061),曾"拣四百料钱近下禁军填近上禁军"⑦,这是从月薪400文钱的下禁军中挑选士兵补充为广捷军。宋英宗治平四年(1067),"拣选拱圣、神勇以下军分,以补捧日、天武、龙、神卫阙数"⑧,显然,将拱圣以下的兵种上升至所谓的"上四军",说明此时

---

① 《文献通考》卷一五三《兵考五》。
② 北宋建立之初,州郡是没有禁军的。禁军仅作为中央军队,出屯地方,有屯驻、驻泊、就粮三种名目。其中"就粮者,本京师兵,而便廪食于外"(《文献通考》卷一五二《兵考四》),属于经济性的屯驻。但渐渐地,出于维持地方治安的考虑,很多州、府、军也开始设置常驻禁军,这些禁军不再回驻京师,实际上成为地方禁军。为了区别于开封府的中央禁军,往往称其为就粮禁军。其实,地方设军的时间很早。如侍卫马军司的万捷军,早在太祖开宝时,大概就已经属于赵、相、沧、冀等州的地方禁军(参见《宋朝兵制初探》,第58—59页)。后来,"三边之兵,间因事宜升为禁军者,则所谓四十四处禁军是已,是为就粮"。如咸平四年(1001)升陕西诸州选中保捷、庆历元年(1041)升河北教阅本城为禁军等。特别是仁宗朝,西夏李元昊反,西北设保毅军;王伦反,东南设宣毅军。于是列郡稍置禁军,至神宗朝,悉以教阅厢军如"雄节之类升同禁军,由是禁军始遍天下"(《止斋先生文集》卷一九《赴桂阳军拟奏事札子(三)》,《全宋文》卷六○二六)。
③ 小分,即支领原来一半军俸的士兵,故又称半分、半粮,与大分、全粮相对。大分是指拿全俸的士兵,故又称全粮。
④ 《朝野类要》卷五《拣班》。
⑤ 《宋史》卷一八七《兵志一》。
⑥ 《宋史》卷一八七《兵志一》。据本书同卷所载禁军"诸军资次相压",广捷高于广德、神威。
⑦ 《长编》卷一九三,嘉祐六年六月癸酉。
⑧ 《宋史》卷一九四《兵志八》。

上四军极度缺人，亟须补充兵员。

地方禁军升补京师禁军。如宋哲宗元祐三年（1088），令拣选京东、西路就粮禁军，以发遣上京添补在京禁军缺数。①

以上是从低等禁军上升为高等禁军的情况，再看降退的情况。较高军分降为较低军分，如"诸班卫士中年多者"，置看班外殿直（后改称外殿直）以处之，后来也常将其派到地方州军权摄军校管理厢军，熙宁五年（1072）废置。②大中祥符中，以骁武、云骑退兵隶万捷；五年（1012），以宁朔退兵隶云捷；③等等，这些都是高级军分降为低级军分的例证。

禁军大分降为小分，甚者降为剩员，乃至削除军籍。依据司马光的说法，旧法："每岁拣禁军，有不任征战者减充小分；小分复不任执役者，放充百姓，听其自便，在京居止。"④宋太祖建隆元年（960），"诏殿前、侍卫二司，各阅所掌兵"⑤，置剩员以处老弱怯懦者。宋仁宗庆历五年（1045），拣选福建等路就粮禁军及本城兵士，"如病患可医者减充半分；剩员久或不堪，与给放停公据"⑥。皇祐元年（1049），"拣河北、河东、陕西、京东西禁厢诸军，退其罢癃为半分，甚者给粮遣还乡里。系化外若以罪隶军或尝有战功者，悉以剩员处之"⑦，可知此次拣选的范围相当广泛，几乎涵盖了除京师开封府之外的所有地区，且包括了禁军、厢军两个主要兵种。

厢军的拣选亦主要表现为较优军分与较差军分间的升降，以及老弱者拣退为小分、剩员乃至放停。厢军内部的升补如前述熙宁四年（1071），朝廷下令在京及开封府界、京东西、河北本城、牢城的厢军投换填补壮役指挥缺额的事例。⑧厢军内部的降退如天禧二年（1018），拣选在京诸司军人、库子等，其中"二万三千九百二十一人仍旧充役，一千九百五十四人

---

① 《长编》卷四一九，元祐三年闰十二月丙辰。《宋史》卷一九四《兵志八》。
② 《宋史》卷一八七《兵志一》、卷一八八《兵志二》。
③ 《宋史》卷一八七《兵志一》。
④ 《司马温公集编年笺注》卷四一《乞不拣退军置淮南札子》。
⑤ 《文献通考》卷一五二《兵考四》。
⑥ 《云麓漫钞》卷一二，中华书局，1996年。
⑦ 《宋史》卷一九四《兵志八》。
⑧ 《长编》卷二二八，熙宁四年十一月癸未。

"优升"与"劣汰"：北宋军队将校与士兵的拣选制度　381

放停，五百一十三人减衣粮之半"①。

乡兵和蕃兵的拣选则简单得多，主要体现在武艺精熟者升补优等或者升为节级等下级武官。如熙宁五年（1072），择秦凤路"诸州土番义勇材武者以为上义勇"②，老弱者军俸减为半粮以及放免。河北、河东的忠烈、宣勇最初皆属乡兵，③其老病者若无人承替，"虽老病不许停籍"。咸平五年（1002），诏改为"委无家业人代之，放令自便"④。大中祥符五年（1012），又诏："河北河东忠烈、宣勇、广锐军士。自今老病者，即放归农无勒，召人承替。"⑤天禧元年（1017）再次下诏申明，废除河北、河东忠烈、宣勇军老疾半俸者召人承替之制，"自今老疾者并即放停"⑥。

北宋的军种主要有步军、骑兵和水军。不同的军种之间，应该也存在着等级差别。由于北宋时期水军在国家军队中所占比重远不及步军和骑兵，因此军种间的等级之别主要体现在步军和骑兵之间。一般而言，骑兵高于步军。骑兵若在规定期限内学艺不精，则要降为步军。步军若武艺精熟，亦可以升充骑兵。如嘉祐八年（1063）诏："其龙骑军士戍还，即选填龙猛。"⑦元丰元年（1078）正月，令拣选广固军士内及等者，"给群牧司马教习武艺，俟有精熟，引见。填配管城武骑、白马宁朔指挥阙额"⑧。

---

① 《会要》职官二七之四四。考《长编》卷九一，天禧二年四月己巳条载"二千九百五十四人放停"，不知孰是。且据《会要》此条，以充役、放停及减衣粮之半三种人数相加，计三万六千三百八十九人，比原额多一人，当有误字。而《长编》三数相加，计二万七千三百八十八，与原额相差甚远，亦当有误。

② 《会要》兵二之八。

③ 考《宋史》卷一八九《兵志三》"建隆以来之制"，忠烈，"河北乡兵，名神锐，后改是军"。宣勇，"河北、河东。本乡兵，旧名忠勇"，不知其何时改为厢军。《会要》兵一之二、三"乡兵"将大中祥符四年（1011）、五年（1012）及天禧元年（1017）时的诏令列入，可见此时其尚属乡兵。据《长编》卷一〇五，"天圣五年十月辛未"条"诏河北忠烈、宣勇等指挥，年六十以上者，听自便"，此时其应该也还属于乡兵。之后《会要》《长编》等书就再未见有关其为乡兵的记载。大概两军是在天圣五年（1027）以后变为厢军的。

④ 《长编》卷五二，咸平五年八月戊子。

⑤ 《长编》卷七八，大中祥符五年七月丁亥。

⑥ 《长编》卷九〇，天禧元年十月戊辰。

⑦ 《宋史》卷一九四《兵志八》。考《宋史》卷一八七《兵志一》禁军"建隆以来之制"，龙骑乃殿前司步军，龙猛乃殿前司马军，且龙猛高于龙骑。

⑧ 《长编》卷二八七，元丰元年闰正月戊寅。

十一月，规定"马军教习不成，退充步军"[①]。六年（1083），诏："马军兵级年五十以下，武艺生疏，给限教习不成，或体肥及指臂有病，可以教习步军武艺者，并改刺步军。"[②]

对于士兵的拣选，在绝大多数情况下，朝廷应该是出于军事和财政两方面的考虑。一方面，在宋朝的募兵制度下，士兵大多出于自愿从军，要保证士兵素质和数量，势必要对其进行选拣。招募之初的拣选，是为了从根源上保证士兵素质及其日后的可塑性。而军队中常规的拣选，更是对保证特定数量下军队的整体素质起着至关重要的作用。将军队中的精壮士兵升补到较高的兵种或兵级，并裁汰年老体弱或病患士卒，有效地保证了军队战斗力及堪役使能力。同时这种"优升劣降（汰）"的选拔机制，对士兵有所激励，其用意在于使士兵人人有上进之心，而且还能防止军队中充斥羸弱之人——这些人不但影响军队的整体素质，还浪费国家廪粮，导致朝廷的冗食危机。另一方面，从现有兵士中选拔素质较高者填补较高兵种或兵级的缺额，其久经训练，很快便能用于征役，不必像新兵那样需耗费时日和经费加以严格的训练。在这种情况下，拣选成为最为省财、省事的军事政策与举措。

除士兵拣选外，军员和节级也必须进行与之相应的拣选。宋代禁军、厢军等兵种，自军士到军官，常有三级通称。一是将校，也叫军校、列校、军员、人员，其范围包括从厢一级的都指挥使到都一级的副兵马使、副都头；二是节级，大体上相当于宋朝军队的基层或者下级军官，其范围包括都的军头、十将、将虞候、承局和押官；三是长行，即军兵，也就是普通士兵。[③]

节级内部依次升迁，或长行升充承局、押官等，称之为排连。而将校依次升迁，或由节级升迁为将校，则称转员。转员的范围包括自都一级的副兵马使、副都头，至厢一级的都指挥使；也包括军头、十将升迁为副兵

---

① 《长编》卷二九四，元丰元年十一月戊戌。
② 《长编》卷三四一，元丰六年十二月癸酉。考《宋史》卷一八八《兵志二》禁军"熙宁以后之制"，广固乃侍卫司步军，武骑、宁朔乃侍卫司马军。
③ 参见王曾瑜：《宋朝兵制初探》，第247页。

"优升"与"劣汰"：北宋军队将校与士兵的拣选制度　　383

马使、副都头等。①排连和转员的过程中皆伴随着升补和拣汰。其中，升补主要体现在长行因节级有缺升充承局、押官，节级因将校有缺而升迁为将校。降退则主要体现在将校、节级因年老而被拣为下级军官，甚而拣充剩员乃至放停。如熙宁四年（1071）枢密院札子，②令拣选本城、牢城的节级、兵士老病稍堪征役者充剩员，"若年六十五以上并病患久远、不任医治者，不问年甲，即使给公凭放停讫奏"③。又据《元丰令》规定："诸拣军：将校稍堪部辖、军人稍堪征役及年六十者减充剩员，内节级仍依旧职例。惟军头改十将，其病假满不堪医治及年七十者并放停。厢军、剩员年六十五准此。"④由此可见，无论是将校，还是军人，年满六十岁者都要拣退为剩员。此外，还有一些特殊的拣选，如剩员、小分及配军的拣选等。这些情况将在下一节具体论述。

（二）特殊的拣选

剩员制度，早在太祖建隆元年（960）就创置了。⑤自宋初起，剩员日渐增额，如何处理剩员的问题被提上日程，于是就有了剩员内部的分化和组织化，也可以看作对剩员的再次拣选。据《宋史·兵志一》，侍卫司步军的雄胜，"开宝中，以剩员立"。拣中雄勇，"开宝中立，以常宁雄勇、效顺等军剩员中选其强者立为拣中"⑥。可见，开宝年间，随着剩员军额的增加，便拣拔剩员中的强壮者另立军队，而剩员中亦有了拣中剩员的分化。开宝以后，又有带甲剩员⑦，如侍卫司骑兵云骑、龙卫、广锐及步军神

---

① 《中国历史大辞典·宋史卷》，上海辞书出版社，1983年，第422、266页。
② （淳熙）《三山志》卷一八《兵防类一》皆作"熙宁二年"。
③ （淳熙）《三山志》卷一八《兵防类一》。
④ （淳熙）《三山志》卷一八《兵防类一》。
⑤ 《文献通考》卷一五二《兵考四》、《宋史》卷一八七《兵志一》。
⑥ 《宋史》卷一八七《兵志一》。
⑦ 带甲剩员，大概主要存在于北宋前期。神宗朝对剩员进行整备，带甲剩员被大量裁并。之后的史料中，就很少见带甲剩员这一名称了。按照日本学者小岩井弘光的理解，带甲剩员的衰退主要是因为其有用性的丧失，但对其具体用途、有用性丧失的原因及时代背景等问题，他并没有做进一步的论述（《宋代兵制史の研究》附篇第一章：《北宋剩员制管见》，汲古书院，1998年，第506—508页）。从其名称来看，带甲剩员大概是负责城池、仓库等的防卫工作，或者作为某些级别较低的正规军的候补，必要情况下还有可能参加战争。

锐等军。云骑，"开宝以后……选本军年多者为带甲剩员"；龙卫，"淳化三年，选剩员堪披甲者为带甲剩员"；广锐，"大中祥符五年，以其退兵为带甲剩员"；神锐，"大中祥符五年，以本军及神虎兵年多者为带甲剩员"。①

宋真宗大中祥符以后，剩员进一步分化，并且出现了具体的役使内容。参见侍卫司步军神卫的事例："大中祥符后，剩员又有带甲、看仓草场、看船之名。凡四等，皆选本军年多者补。"②之后，随着役使的多样化，剩员又有进一步的分化。其中，有担任官员随从的，有在宫观、寺院中洒扫、守卫的，还有在官府、各机关部门、祭祀场所、仓草场等处巡逻值班、洒扫及看管房屋、官物、公文的，等等，名目繁多，不一而足。

在特定的情况下，还会拣拔剩员升充禁军、厢军等正规军。如前述太祖开宝年间以剩员立雄胜、拣中雄勇等军的事例。又如大中祥符元年（1008），"释诸军老者为剩员"，"以常经行阵者别置名额处之"，③立为保宁指挥。元丰三年（1080），减放京东路剩员，其中身体强壮且仍愿充军者，"选充厢军"④。六年（1083），令河东、陕西路拣选逐州军"年四十五巳下、堪披带"剩员，"虽有小疾，不妨挽张弓弩等武艺，于元降指挥大分收管，据见今武艺降等教习"⑤。元祐八年（1093），令陕西诸路拣选诸将下剩员，"年六十以下精力不衰，依旧充军，以补阙额"⑥。

上述所见剩员分化的事例，大概是因为剩员日渐增额，国家出于财政等方面的考虑而不得不采取的措施。而以剩员补充正规军的特殊拣选，则大概主要是出于军事和财政两方面的考虑。如太祖、太宗两朝，因统一战争的需要，对外征战频繁，为确保战事的顺利进展，必须保证军队的质和量。因此，一方面，需要对军队中的年老患病士卒进行裁汰，以保证军队

---

① 《宋史》卷一八七《兵志一》。
② 《宋史》卷一八七《兵志一》。
③ 《长编》卷六八，大中祥符元年三月丁丑。
④ 《长编》卷三〇五，元丰三年六月丙辰。
⑤ 《长编》卷三三三，元丰六年二月壬戌。
⑥ 《长编》卷四八〇，元祐八年正月癸卯。

作战能力；另一方面，将较高兵级中拣汰下来的较为强壮、尚可供征役的剩员编入级别较低的军队指挥，或是另外成立一支级别较低的军队，就能在较短时间内组织起数量充足的士兵。而且，这些士兵在军中服役多年，具备一定的军事素质，调入较低级的军队中便可投入使用，不像新兵那样，还需要投入一定的人力、物力和精力对其进行训练。拣选剩员补充正规军，还有效地控制了剩员数量，不致使其过度膨胀，并且在一定程度上减轻了给养新兵同时还要供养剩员所带来的财政负担。

而神宗、哲宗两朝所出现的拣选剩员充禁军、厢军的现象，除了出于财政方面的考虑外，剩员的年轻化也是一个不容忽视的因素。按照正常情况，士兵到六十岁左右年老患病不堪役使，方可拣下为剩员。而元丰四年（1081），燕达曾对神宗说，"神卫剩员中甚有年三十五以下少壮之人"①。前述元丰六年（1083）的事例中，也提到河东、陕西两路有年龄在四十五岁以下堪披铠甲战袍的剩员。所以将这些年富力强的剩员选补入正军是必要的。否则，大量青壮年士兵搁置于剩员之中，既是人才浪费，又对国家财政造成巨大压力。虽然剩员只拿原来俸禄的一半，但将其从壮年养到年老也是一笔不小的费用。而且，这一举措与元丰后禁军缺额日益严重的现象紧密相关。这将在后面的章节中详细论述。

至于小分，前面已经提到，旧法："每岁减禁军，有不任征战者减充小分；小分复不任执役者，放充百姓。"②如皇祐元年（1049），曾"拣河北、河东、陕西、京东西禁厢诸军，退其罢癃为半分，甚者给粮遣还乡里"③。同年十二月，又将陕西保捷兵"年五十以上及短弱不任役"、又"无田园可归"者，"减为小分"。④除正常拣退外，士兵病假满一百天，也可降为小分。如有的士兵因教阅武艺"不能尽应格法，便遭鞭朴驱逼。不免告假百日，求为小分"⑤。而这里特别要讲的是，也有小分复升为大分的事

---

① 《长编》卷三一四，元丰四年七月戊申。
② 《司马温公集编年笺注》卷四一《乞不拣退军置淮南札子》。
③ 《宋史》卷一九四《兵志八》。
④ 《长编》卷一六七，皇祐元年十二月壬戌。
⑤ 《长编》卷三九七，元祐二年三月辛巳。

例。如熙宁四年（1071），"手诏拣诸路兵半分，年四十五以下胜甲者并为大分，五十以上愿为民者听之"①。

每年常规拣退士兵时，那些不任征战、役使的老弱怯懦及病患者常被拣退下来。所不同的是，年高体弱及久病不愈的士兵，往往会被拣汰为剩员，乃至放免为民。而那些因患病、短时间内不堪征役的士兵，则常会被拣为小分。②如庆历五年（1045），拣选福建等路就粮禁军及本城士兵，"如病患可医者减充半分"③。当然，并非所有的小分都是尚处壮年、病愈后即可再次投入到军事服务中去的士兵，并不能排除小分中亦有因年老或自身体质差而不任役使的情况。

一般情况下，小分病愈后，多可以恢复到生病前的身体状态。那么，再次将其选入正常士兵中服役也是可能的。但实际的情况恐怕是，宋朝兵额冗繁的现状、官员对于职责得过且过的态度，使得大多数情况下对小分只有拣汰而无回归为正规军的举措。当小分数量达到一定的数额，渐渐成为国家财政的一项负担时，国家才会对其进行整顿，主要表现则是对年老小分的罢弃，以及将小部分人升为大分。这主要是前述熙宁四年（1071）宋神宗手诏所反映出的情况。④

宋代士兵的来源除了招募和征调以外，另一个重要来源就是配军。⑤罪犯被判决后被赋予军籍，在军中服役，即称为配军。配军在禁军、厢军

---

① 《长编》卷二二五，熙宁四年七月。
② 这大概只是其中一种状况，至于何种情况下士兵被拣为小分、何种情况下被拣为剩员，尚需要进一步研究，但据现有史料来看，恐怕还是难搞清楚。因为如前文所引司马光之言及皇祐元年的事例，宋代也有很多因年老或身体素质差而被拣为小分的士兵。但大概可知，小分高于剩员。如元丰二年（1079），殿前、步军司虎翼十指挥赴顺州及机榔县太平寨戍守归营，神宗悯其"瘴疠死亡之余"，于是下诏将其"升补神勇指挥，仍免两季简选，内已减为剩员者，与免减为小分"（《长编》卷二九九，元丰二年八月丁未）。
③ 《云麓漫钞》卷一二。
④ 《长编》卷二二五，熙宁四年七月辛亥。此条在神宗手诏后，还有一句话，"旧制：兵至六十一始免，犹不即许也，至是免为民者甚众"，即可作为佐证。
⑤ 王曾瑜《宋朝兵制初探》认为，宋军兵源来自招募、配隶和抓伕（第207—210页）。但也承认宋代在一定程度上保留和恢复了征兵制，这主要指的是乡兵（第73页）。这一观点还有待商榷。其实，宋代的士兵主要来自出于自愿的招募、带有强制色彩的征调，以及强制罪犯隶于军籍充当役卒的配军。抓伕不过是招募或征调不足时的极端政策而已。

中皆有存在，①而以厢军中数量最多。此外，士兵犯下过错，也时常被降配他军，或是由禁军降为厢军，或是由京师士兵降为地方军兵。这也当属于配军的一种情形。

出于对罪犯为兵的考虑，朝廷对其拣选存在种种限制，但为了使"负罪者不终废也"②，也时常下诏对其选补或者拣放。其中，在地方上服刑态度良好者，多会被量移近地，少壮者还有可能被选编入禁军，甚至被部送阙下，以补在京禁军之缺。如大中祥符二年（1009），拣选江南、广南东西路诸州杂犯配军，"移配淮南州军牢城及本城；有少壮堪披带者，即部送赴阙，当议近上军分安排"③。八年（1015），拣选诸路杂犯配军人，"量移近地，取其少壮者至京以隶禁军"④。康定元年（1040），"拣诸路牢城及强盗、恶贼配军，年未四十壮健者，隶禁军"⑤。熙宁四年（1071），曾拣选诸路配军为陕西禁军强猛。⑥

而配军到了一定年龄，如年老有疾不任征役，或者服役达到一定年限，只要不是罪大恶极，判决时不属于"永不移放"的犯罪类型，⑦即有机会被放免为民，解除军籍。《宋史·刑法志三》即称："凡应配役者傅军

---

① 配军主要存在于厢军中，而厢军中的牢城营更是配军的集中场所。但禁军中也有配军。且不说有地方厢军中的配军拣选入补禁军的事例，禁军本身也有配军的存在。禁军中的配军主要是杂役卒。"时犯罪法应配流者，其罪轻得免配行，尽以隶禁军营为杂役。"例如，元丰七年（1084），澶州观城县保甲三百余人，持梃入旧县镇夺攘民财，结果为首者郭万领处斩、吕皓依法判决，其余人等皆刺配本州禁军指挥杂役。同年，鄜延路军士崔皋为避免出战，"自截手指"，被配为本处禁军杂役（《长编》卷三三四，元丰六年三月辛丑；卷三四五，元丰七年四月辛未；卷三四八，元丰七年九月己未）。
② 《宋史》卷一九四《兵志八》。
③ 《宋史》卷一九四《兵志八》。
④ 《长编》卷八五，大中祥符八年十月癸未。
⑤ 《长编》卷一二七，康定元年四月壬子。
⑥ 《宋史》卷一九四《兵志八》。
⑦ 《庆元条法事类》卷七五所载的宋代诸州《断狱式·编配人籍册》的格式中，对接收的配军登记注册时，即要注明"有无永不移放指挥"（《庆元条法事类》卷七五《刑狱门五》）。天圣九年（1031），仁宗所降要求量移配军的诏书中说讫，"元奉宜敕［疑当作"敕宜"］永不放停及情理巨蠹，累行恶迹，搅扰州县，豪强欺压良善，恐吓钱物，并借词论诉，不忏已事，伪造符印，或持杖惊劫，伤杀人命，及不受尊长教训，父母陈首人等，不得移配，亦不得以老患为名放停"（《会要》刑法四之一七）。

籍，用重典者黥其面。会赦，则有司上其罪状。情轻者，纵之。重者，终身不释。"① 具体来看，有以下两种情形：

其一，服役达到一定年限而被拣放。宋代的配军除了"永不移放"者之外，一般都有一定的服役年限。② 如神宗时期的《元丰刑部格》，对诸编配人员规定了不移、不放及移放的条限。徽宗朝《政和编配格》又将配隶分为情重、稍重、情轻、稍轻四等。情重者黥面，"用不移、不放之格"；稍重者只刺额角，"用配及十年之格"；稍轻者免黥刺，"用不刺面、役满放还之格"；最轻者则降为居役，"别立年限纵免之格"。③ 由此可知，情节稍重的配军大概至少要服役 10 年。但是情重、稍重、情轻、稍轻四等配军各自具体的适用范围无法确知，而罪行稍轻的配军的服役年限亦不是很清楚。

而从现有史料来看，配军服役的年限，或者说放停的年限，往往与其配隶后所经赦免次数有关。自宋太祖时，就有命官犯罪"经恩三四，或放任便"的惯例，其中就包括犯赃私罪重而被配隶者。④ 宋徽宗宣和二年（1120），中书省曾建议朝廷"立定纽计地里远近、随赦数量移条"，以避免对命官犯罪编配、遇赦应量移者的量移出现"远近轻重不伦之弊"。规定每经历一次恩赦，即量移一分。其中对"一分"的界定为："合二赦放，元系三千里，以一千五百里为一分。合三赦放，以千里为一分。"⑤ 这里所说的"合二赦放""合三赦放"，指的就是拣放年限。而很多情况下，拣放

---

① 《宋史》卷二〇一《刑法志三》。
② 戴建国《宋代法制初探》一书认为，宋代的配隶法分为有刑期和无具体刑期两种。前者主要适用于在军事体系外服役的配隶者，而后者主要适用于配军。随着太祖、太宗两朝法制建设的发展及全国统一、疆域的扩大，为了更好地与募兵制相契合，配隶的形式逐渐统一为无具体刑期的配隶方式，以地理远近分为若干等级。以役年为刑期的配隶刑罚逐渐消失（参见第 140—141 页，黑龙江人民出版社，2000 年）。
③ 《宋史》卷二〇一《刑法志三》。
④ 《长编》卷八乾德五年二月癸酉。宋官府对犯人执行配刑，使之隶属于一定地点或部门管制服役，称为配隶。其中，被断刑配隶军籍，在军中服役者，称配军（《中国历史大词典·宋史卷》，第 371 页）。因此，此处所言命官犯赃私罪重而被配隶者，应该有被配军的情况。
⑤ 《会要》刑法四之三八。

年限会因皇帝表示恩宥的恩赦制度而缩短。①

其二，因年老病患而被拣放。如前述大中祥符八年（1015）的事例，拣选诸路杂犯配军人，除将其"量移近地，取其少壮者至京以隶禁军"外，还令"老疾者听从便"②，即将其放停。也有仅因疾病而被放停的。皇祐年间，有放停军人高继安，"先因罪犯配鼎州，寻隙入京，托病放免"③。元祐年间，杭州亦有"第一等豪户"颜巽，"先充书手，因受赃虚消税赋，刺配本州牢城。寻即用幸计构胥吏、医人，托患放停。又为诈，将产业重叠当出官盐，刺配滁州牢城，依前托患放停归乡"④。由此可知，颜巽第一次犯罪被刺配杭州牢城，第二次被刺配滁州，但均被他钻了法律的空子，假装患病逃脱了服刑，回到了故乡。

由此可见，宋代的配军并非都是在一个固定的配所服役终身。而常常误导学者使其误以为配军都是终身服役的，大概是缘于宋人张方平的一段论述。而张氏所言，恐怕是事出有因。⑤实际上，即便是法定"永不移放"的配军，遇赦，偶尔也可根据一定的条件予以移放，而年龄、身体状况和服役年限往往是必要条件。例如元祐三年（1088）曾有诏旨规定："应刺

---

① 如熙宁八年（1075）曾有诏旨，规定"近经南郊赦，未该停放人并减三年，理为简放年限。南郊赦后，至今月壬寅赦前编配人，量元犯轻重简放。命官、使臣，今刑部以经南郊人，各具已经赦数，并壬寅赦与理一赦，申中书、枢密院移放冲替。命官系事重者，减作稍重；稍重者减作轻；轻者与差遣。使臣比类施行"。宣和七年（1125）十一月《南郊制》规定："应刺面、不刺面配军、编管人等，除谋叛以上，缘坐入强盗已杀人外，并特与减三年，理为检放年限。"（《长编》卷二六九，熙宁八年十月甲寅；《会要》刑法四之四〇）
② 《长编》卷八五，大中祥符八年十月癸未。
③ 《包拯集》卷五《论妖人冷清等事奏（一）》，《全宋文》卷五四二。
④ 《苏轼文集》卷二九《奏为法外刺配罪人待罪状》。
⑤ 《乐全集》卷二四《请减刺配刑名奏》："皇朝建隆四年，太祖皇帝神智英武，自立一王之法，始建折杖之制，一百折二十，以次为差。杖制用木而大于棰，各有轻重之令。犯徒者，加杖免役。犯流者，加杖配役。其情罪尤重者，更为加杖刺配之法。逮今百年，虽累圣以慈恕御天下，钦恤惨怛，留神刑典，而科禁条章，其实烦密。……其刺配之条，比前代绝重。前代加役流，既不加杖，又役满即放，或会赦即免。今刺配者先具徒、流、杖之刑，而更黥刺，服役终身。其配远恶州军者，无复地里之限。"（《全宋文》卷七九一）对配军的量移和放停自太祖时即有，张方平不可能不知。他在此处的说法，恐怕是为了说明宋朝刺配法条之繁密、严苛而引用的极端事例，即因罪行深重而在配隶时被宣布"永不放还"的配军的情况。

面、不刺面配本城、牢城编管,经明堂赦恩不该放人。通今年德音已前,年月已及格令,其缘坐编管、羁管人亦通及十年以上,听依赦移放。"①宣和七年(1125)《南郊制》规定:"其配军、编管、羁管人系永不移放者,年五十五以上至今及十二年,年六十以上及七十,其余缘坐编管、羁管人至今及七十。并具元犯闻奏,当议量轻重移改,或放逐便。若笃疾并年七十以上,编配及五年,验实特与放逐便。"②由此可知,决定对配军放停,既是统治者表示宽宥以缓和社会矛盾、收买人心的手段,也是由配军溢额这一社会现实所决定的。当时配法苛繁、配隶过滥,导致配所遍及全国各地,而很多地区依然出现牢城等营人满为患的情况。为了接纳新的配军,势必要对某些符合条件的配军进行拣放。

第三节 拣选制度运行的具体程序

前文已对拣选制在北宋军事制度中的具体表现形式有所介绍,但要比较全面地认识该制度,单纯研究表象显然是不够的,还必须对其在现实中的具体运作进行充分的考察。本节即将对北宋拣选制度运行的具体程序做探讨性的研究。

(一)负责拣选的机构和人员

枢密院作为全国最高的军事机关,"掌军国机务、兵防、边备、戎马之政令,出纳密命",故侍卫诸班直、内外禁军的招募、阅试、迁补、屯戍、赏罚等事,皆由其负责,并"以升拣、废置揭帖兵籍"。③按《两朝国史志》的记载,除禁军外,厢军、乡兵、蕃兵的"拣选补之政",也由枢密院掌管。④虽然枢密院有时会派官员与相关部门共同拣选士兵,如景德

---

① 《会要》刑法四之三〇。
② 《会要》刑法四之四〇。
③ 《宋史》卷一六二《职官志二》。
④ 《文献通考》卷一五二《兵考四》。

三年（1006），宋真宗曾"遣枢密都承旨韩崇训等与殿前司、侍卫马步军司拣阅诸军兵士"①，但其一般只是将内外禁军需要拣选的情况上奏朝廷，或者下达对士兵进行拣选的命令。②北宋前期，同为"二府"之一的中书门下，时常也会介入商讨军队拣选的行列。③具体的拣选事宜，则是由殿前司、侍卫司以及诸路的监司、知州、通判及相关将官等负责。

厢军、乡兵、蕃兵等地方军队的兵籍、选募、迁补、拣选等事，在元丰改制后，名义上是由尚书省兵部掌管的。④京师禁军、厢军等军拣退下来的剩员，一度也由其管理。⑤但事实上，这些事宜都是由具体部门和官员负责的，兵部大概只负责记录厢军、乡兵等拣选后的兵籍变更等情况。

在京师，负责禁军拣选的机构有殿前司、侍卫司、军头司及相关军校等。京师禁军大多隶属于殿前司、侍卫亲军马军司、侍卫亲军步军司三衙，故其拣选也多是由这三个部门负责。⑥如建隆元年（960），"诏殿前、

---

① 《宋史》卷一九四《兵志八》。
② 参见《长编》卷二二八，熙宁四年十一月癸未；卷三七四，元祐元年四月癸巳；卷四一一，元祐三年五月癸酉；卷四一九，元祐三年闰十二月丙辰；卷四六七，元祐六年十月丙子；卷四九七，元符元年四月癸巳；卷四九八，元符元年五月庚申。
③ 如至和元年（1054）吕景初在奏章中就说，"望诏中书、枢密院，议罢招补而汰冗滥"（《长编》卷一七六，至和元年四月庚申）。嘉祐中，司马光也说，"每遇大段招拣兵士，并须先令两府臣僚同共商量，度财用丰耗及事之缓急，若须至招拣，方得闻奏施行"（《司马温公集编年笺注》卷一八《拣兵》）。
④ 厢军旧隶枢密院，元丰新制改隶兵部。新制后，厢军分隶户、兵、工三部，于兵部、工部置籍揭贴。元祐二年（1087），因文彦博建言，遂下诏，令"逐部自今进册，以其副上枢密院，仍更互揭贴"（《长编》卷三九五，元祐二年二月辛卯）。可见，元丰改制后，兵部只是掌管了大部分厢军的兵籍，工部属下的厢军兵籍是由本部造册掌管的。并且，兵部、工部所造的厢军兵籍，都要做副本送枢密院。因此，实际上还是由枢密院掌握了所有厢军兵籍的具体情况。
⑤ 剩员在中央由步军司或差使剩员所等机构统辖，地方上则由知州、都监等管辖。熙宁以前，中央剩员隶属步军司。熙宁年间，置差使剩员所，后亦命步军司兼领。元符年间，置步军司差使剩员所，隶属兵部。政和年间也规定，步军司所管厢军剩员，由兵部郎官措置差拨（参见［日］小岩井弘光《宋代兵制史の研究》附编第一章《北宋剩员制管见》，第513—515页）。也就是说，元符以后，中央剩员名义上归兵部统辖。
⑥ 宋初，殿前司与侍卫司合称两（二）司。侍卫司又分置马军都指挥使、步军都指挥使，分别主管马军、步军。真宗景德二年（1005）正月，王超罢侍卫马步军都虞候，"自王超罢职，无复任者，而侍卫司马军、步军遂分为二，并殿前号三衙"（《宋大诏令集》卷九四《责王超诏》，《山堂群书考索·后集》卷四七《兵门·三衙》）。可见，两司演变为三衙，始于太祖，而完成于真宗时（《宋朝兵制初探》，第6页）。

侍卫二司各阅所掌兵，拣其骁勇升为上军，老弱怯懦置剩员以处之"[1]。大中祥符元年（1008），命侍卫步军司拣阅保宁军士。[2]而军头司主要负责引见、拣选地方诸州选拔上来的精壮士卒，并按照其等第，将其分隶诸军。

大中祥符五年（1012），宋真宗告谕知枢密院王钦若等，若在京军校差充外处人员，军队人数不足，则诏示殿前、侍卫马步军司"于下次军营升填"，并令军头司"于诸处招拣到人内选填"。[3]京师厢军也多是由其隶属的官署拣选，如嘉祐二年（1057），"诏提举在京诸司库务司，汰诸司人老疾不堪执役者"[4]。熙宁四年（1071），令权判将作监范子奇提举招换在京及开封府界、京东西、河北少壮军士，及"召募厢军本城、牢城愿投换者"，填补东西八作司壮役指挥缺额，并拣选"在京诸司配杂犯罪人情理不至深重者"，填杂役指挥。[5]

负责地方厢军、乡兵以及在本地屯驻、驻泊、就粮的禁军（包括后来作为地方禁军的就粮禁军）拣选事宜的机构和人员则比较多，各种情况也比较复杂。

大规模的或朝廷特降诏旨的拣选中，皇帝时常会派遣武臣、宦官或者军头司官员等到地方具体负责。如咸平六年（1003），命西京左藏库副使张延禧"乘传料简"[6]州兵。景德三年（1006），遣供备库使、带御器械綦政敏等"分往京东、西路拣阅"[7]兵士。庆历二年（1042），命"军头司择沙门岛放还罪人之伉健者，隶近京归远、壮勇指挥"[8]。庆历三年（1043），"遣使陕西、河东简阅诸军。六宅使、带御器械邓保信，永兴军、环庆、

---

[1]《宋史》卷一八七《兵志一》。
[2]《长编》卷六八，大中祥符元年三月丁丑；《宋史》卷一八七《兵志一》。据《宋史》同卷禁军"建隆以来之制"，保宁为侍卫步军司禁军。
[3]《宋史》卷一九四《兵志八》。
[4]《长编》卷一八六，嘉祐二年十一月丙子。
[5]《长编》卷二二八，熙宁四年十一月癸未。东西八作司，先后隶三司、提举在京诸司库务司、将作监，其属下厢军有广备、杂役、效役、状役等。不知其隶属将作监的具体时间，由《长编》卷二二八"熙宁四年十一月癸未"条可知，至少此时已隶将作监。
[6]《长编》卷五四，咸平六年四月乙丑。
[7]《宋史》卷一九四《兵志八》。
[8]《长编》卷一三五，庆历二年三月己未。

鄜延路；左藏库副使王怀政，泾原、秦凤路；西京作坊使、带御器械李知和，河东路"①。庆历五年（1045），"分遣内臣往诸路选汰赢兵，宫苑使周惟德京西路，北作坊使武继隆淮南路，东染院使任守忠两浙路，供备库使陈延达江南东路，左藏库副使王怀正江南西路，内殿承制张志福建路，黄元吉荆湖南路，供备库副使卢道隆荆湖北路"②。庆历八年（1048），又"遣内侍往诸路简兵为上军"③。

通常这种情况下，朝廷也会令地方官员介入，同朝廷的使臣一同拣选。如大中祥符二年（1009），"遣使分诣昇、洪、桂州，集诸州军监杂犯配军人，与长吏、监军同料简之"④。大中祥符五年（1012），"遣使驰驿分诣广南、荆湖、福建、江南、京西诸路，与转运、提点刑狱司、知州、通判、钤辖、都监，简选杂犯配军人"⑤。元祐三年（1088），差内殿承制刘子方、左藏库副使王修已，往京东西路"与长吏、当职官拣选"⑥就粮禁军发遣上京，添填在京诸军缺额。

除朝廷"差臣僚、军头赴外处拣人"⑦外，地方军队的拣选还包括地方官员应命拣选骁勇之士部送京师，以及对所辖军队的常程拣选。负责的机构和官员主要有：

诸路监司，如经略安抚使、经略使、安抚使、转运使、发运使、提点刑狱、提举常平司等，或者都部署司（英宗即位后改为都总管）、都钤辖司、路分都监等地方统军官司人员，亲临或者派遣官员往本路诸州拣选士兵。如景德三年（1006），"令诸路转运副使，所至拣阅州兵老疾

---

① 《长编》卷一四二，庆历三年七月戊寅。
② 《长编》卷一五四，庆历五年二月戊子。
③ 《长编》卷一六三，庆历八年二月壬申。
④ 《长编》卷七一，大中祥符二年四月丙戌。按：《宋史》卷一九四《兵志八》则载遣使往昇、洪、桂州，与本路转运使共同拣选诸州杂犯配军。"若地里远处，即与转运使同乘传就彼，依此拣选。"不知孰是。但无论是诸路转运使，还是诸州长吏、监军，都属于地方官员则无疑。诸州长吏当指知州。监军乃军职差遣，宋初在河北、河东、陕西沿边府州、川峡、广南州军皆有设置。
⑤ 《长编》卷七九，大中祥符五年十月庚子。
⑥ 《长编》卷四一九，元祐三年闰十二月丙辰。
⑦ 《宋史》卷一八九《兵志三》。

者"①。景德四年（1007），"令河北、河东路部署等巡视军中"②，阅习士卒并拣选之。天禧二年（1018），"令河北提点刑狱官简阅诸军"③。皇祐元年（1049），"委诸路转运使，等第选退州郡老弱兵士"④。熙宁七年（1074），令京东西、淮南等路经略安抚、钤辖司"常务拣选填补"⑤本路就粮禁军并教阅厢军缺额。元祐六年（1091），"委都总管、安抚、钤辖司选官，与当职官于厢军兵级拣选年四十以下者"⑥，依等样添填就粮禁军缺额。

州县级的官员则主要负责本州县军队的拣选。知州、通判、知县等亲民官⑦以及幕职官⑧以外，州兵马部署（总管）、兵马钤辖、州县兵马都监、兵马监押、州县巡检等统兵官员也时常参与士兵的拣选事宜。如乾德三年（965），"令天下长吏择本道兵骁勇者，籍其名送都下，以补禁旅之阙"；又委长吏、都监等招募教习士兵，"俟其精练，即送都下"。⑨元符元年（1098），令诸县冬教，委提举保甲司于本州通判、职官内选差官员下诸县"躬亲提举监教及同共拍试拣选"⑩。

然而更多的情况是，路级官员与州县官员一同对所属辖区的军队进行拣选。按王安石的说法，"自来拣兵员须是监司、知州及兵官，若不如法，自监司以下严责降"⑪。如大中祥符四年（1011），"敕诸路转运使、副巡行属郡，同知、通、都监、监押拣选本城、牢城人员、节级、兵士"⑫。元祐三年（1088），规定诸路不系将兵屯驻、驻泊、就粮禁军，其"岁首拣选

---

① 《长编》卷六三，景德三年六月己卯。
② 《长编》卷六六，景德四年七月庚辰。
③ 《长编》卷九一，天禧二年二月丁丑。
④ 《长编》卷一六七，皇祐元年十二月壬戌。
⑤ 《长编》卷二五六，熙宁七年九月庚子。
⑥ 《长编》卷四六七，元祐六年十月丙子。
⑦ 治理的地方官，自州、府、军、监，至县、镇、寨，凡长吏、属官，即知州、通判、知县、主簿、县尉、监镇、知寨等，均为亲民官。
⑧ 宋朝的幕职官乃州、府、军、监一级官员，简称"幕官""职官"等，有签书判官厅公事，两使、防、团军事推、判官，节度掌书记，观察支使，各州府判官、推官，军、监判官等。
⑨ 《长编》卷六，乾德三年八月戊戌。
⑩ 《长编》卷四九八，元符元年五月庚申。
⑪ 《长编》卷二六五，熙宁八年六月戊申。
⑫ 《云麓漫钞》卷一二。

及排连、转补公事"①，应由本路钤辖、都监与驻扎处知州等共议。元符元年（1098），"委都总管、安抚、钤辖司，于十月上旬选官，分诣逐处。与当职官于厢军内拣选年四十以下者"②，依军分等样添填本路就粮禁军缺额。

（二）拣选的时间

战时等特殊情况下，多对士兵进行临时拣选，如元丰时对夏作战，熙河兰会经略安抚制置使李宪就曾奏请："其蕃兵下供赡人数内，有壮勇堪充出战者，许临时拣选，抵替不得力蕃兵。"③这当属于因时因事的权宜之计。此处所要重点考察的是常程下士兵拣选的时间。

先看禁军。禁军有驻扎还日拣选之法，即禁军自外地屯驻、驻泊等限满回京，要对其进行拣选。"在京差出者，候替回拣选"④，也就是说，从京城开封派遣出去的士兵，在轮替回还之时是要经过拣选的。每上军遣戍代还，则"拣拔精锐升补之，或退其疲老者"⑤，即每遇派遣上禁军出外戍守，在他们轮替回还之时都要进行拣选，"疲老者"将被淘汰出去。如庆历八年（1048），"诏自今戍兵回，拣充捧日、龙卫、天武、神卫等军"⑥。嘉祐八年（1063）诏："其龙骑军士戍还，即选填龙猛。"⑦由此可知，这两次主要是从普通戍守的军兵中挑选护卫皇帝的御林军，即宋朝所谓的"上四军"，他们无疑都是百里挑一的武艺高强之人。

京师禁军调发地方或边境地区戍守，出军之时，也时常对其进行一次拣选。"旧制，遣戍陕西、河北、河东、广南被边诸军悉拣汰，余路则无令。"嘉祐八年（1063）诏："自今诸军调发，悉从拣法。"⑧

至于平时，禁军节级、兵士等多为每年拣选一次，常常在岁首（即

---

① 《长编》卷四一一，元祐三年五月癸酉。
② 《长编》卷四九七，元符元年四月癸巳。
③ 《长编》卷三三七，元丰六年七月壬戌。
④ 《宋史》卷一九四《兵志八》。
⑤ 《文献通考》卷一五二《兵考四》。
⑥ 《长编》卷一六四，庆历八年四月辛卯。
⑦ 《宋史》卷一九四《兵志八》。
⑧ 《宋史》卷一九四《兵志八》。

初春）举行。"祖宗时，三衙军兵，每年拣汰，下诸郡养老，皆优其禄。"①"其退老疾，则以岁首，或出军回。"②由此可见，在宋朝开国之后的"祖宗"时期，隶属于三衙的士兵，每年都要拣选，被淘汰下来的士兵要下放到各州县。通常情况下，拣选的时间是在每年年初，或者是士兵更戍时间结束即将返回原地之时。元丰三年（1080）春首，宋神宗令殿前、侍卫马步军司，"缘旧例，以不该移降过犯简退诸军。有年三十五以下武艺及本军中等以上者，并可依旧名次收管"③。元祐三年（1088）规定，诸路不系将兵屯驻、驻泊、就粮禁军"岁首拣选及排连、转补公事"④，由本路钤辖、都监与驻扎处知州等共议。元祐四年（1089），诏令中也说"今后岁拣禁军节级"⑤。

但禁军的拣选不仅限于每年岁首，有时还会在秋冬之时进行。如景德二年（1005），澶渊之盟已经签订，宋朝亦与西夏议和休兵，朝廷打算趁息兵之时对久从征戍的殿前、侍卫司禁兵进行拣选。但是又怕军心不稳，于是真宗宣谕大臣"先于下军选择勇力者次补上军。其老疾者，俟秋冬慎择将臣令拣去之"⑥。哲宗元符元年（1098）规定："就粮禁军阙额，委都总管、安抚、钤辖司，于十月上旬选官，分诣逐处。与当职官于厢军内拣选年四十以下者，依军分等样添填，限至正月终拣遍。"⑦

对特定的禁军指挥，有三年一拣选的情况。"龙猛、龙骑，系杂犯军额。其阙并不招人，止是三年一次，于归远、壮勇人兵内依等样拣到。"⑧上四军军校转员，似乎也是三年一次拣选。"转员皆拣汰，上军以三岁。"⑨另外，还有五年一次拣选的禁军指挥。如嘉祐二年（1057），诏"神卫水

---

① 《云麓漫钞》卷七。
② 《宋史》卷一九四《兵志八》。
③ 《长编》卷三〇三，元丰三年四月丁酉。
④ 《长编》卷四一一，元祐三年五月癸酉。
⑤ 《长编》卷四二七，元祐四年五月庚寅。
⑥ 《宋史》卷一九四《兵志八》；《长编》卷六〇，景德二年六月壬寅。
⑦ 《长编》卷四九七，元符元年四月癸巳。
⑧ 《长编》卷四八九，绍圣四年六月壬寅。
⑨ 《宋史》卷一九四《兵志八》。

军等以五年……一拣"①。

再看厢军。厢军有每年一次拣选的制度。如庆历五年（1045），"差内臣往福建等路拣选其就粮禁军及本城兵士……自后岁委监司分拣"②。在特定的情况下，甚至每季都拣选。如元丰元年（1078），军器监请令诸州壮城兵，"除修葺城橹外，并轮上下两番，教习守御……仍籍所习匠名，每季委本州比试升降"③。宋朝各地壮城兵的职责是修建、完善城池，因而厢军在很大程度上属于役兵，其拣选次数远不如禁军来得频繁，执行力度也远不如禁军严格。因此，比较常见的应该是三年拣选一次，也多是在岁首执行。仁宗嘉祐二年（1057），"诏提举在京诸司库务司，汰诸司人老疾不堪执役者，仍自今三年一汰之"④。嘉祐八年（1063），右正言王陶奏章中即称"天下厢军以岁首拣"，同年，诏"自今本城、牢城悉三年一拣，著为令"⑤。可知宋代厢军士兵每三年一次拣选从嘉祐八年开始已经上升为国家的法律，是所有宋人都必须遵守的，更是无法变更的条令。

而另一个兵种乡兵，有每季的拣选，如元丰三年（1080），诏秦凤路勇敢"每季升降"⑥；也有每年的拣选，如元祐五年（1090），诏委监司"每年分诣逐处"，与当职官拣巡检下土兵，年四十以下愿充禁军者，"依逐指挥等样添填"⑦。

以上即是对不同兵种拣选时间及相关制度的考察。但拣选的具体执行与拣选条例之间往往存在一定的差距。明明应当对士兵进行拣选，但由于官员的玩忽职守或朝廷的特定指令等种种因素，拣选未能够如期进行。如天圣五年（1027），臣僚上言中即称，"秦州保捷五指挥人内有年老及十年以上者［当作"未"或"不"］曾拣选者，诏就差陕西同提点刑狱崔淮

---

① 《宋史》卷一九四《兵志八》。
② （淳熙）《三山志》卷一八《兵防类一》。
③ 《长编》卷二九三，元丰元年十月壬戌。
④ 《长编》卷一八六，嘉祐二年十一月丙子。
⑤ 《宋史》卷一九四《兵志八》。
⑥ 《长编》卷三〇二，元丰三年正月戊子。
⑦ 《长编》卷四四九，元祐五年十月丁酉。

拣选"①。嘉祐八年（1063），王陶在奏章中也说："禁军虽有驻扎还日拣法，或不举。"②宣和四年（1122），擒虎等一十指挥人兵在严州戍守满一年，当回军。缘旧例，当年岁首合依条拣选。但严州知州李邈上言称"虑多有托以老病及愿要减粮，自在归营，损折元额。欲乞权免拣选"③，即下令对其权免拣选。由此可见，宋代士兵拣选法条并非依据国家规定而严格实施，往往会因为特定的人或事而未能执行。

（三）拣选的标准及条件限制

在宋朝的拣选制度下，对士兵的"优升劣降（汰）"主要考虑年龄、身高、身体健康状况以及武艺高下等极为复杂的因素。"大抵有疾患则选，有老弱则选，艺能不精则选，或由中军拣补外军，或拣外边精锐以升禁卫"④，而对边军、配军等的拣选还有诸多限制，对域外人士或少数民族士兵的拣选也存在某些特殊的政策。

1. 年龄及身体健康状况

身体健康状况与年龄有着密切关联。一般说来，士兵年轻时多是身强体健的，一旦年老，就会变得疲弱，不堪征役。因此，拣选时，年龄和身体健康状况多作为同一因素被考虑。

按照《宋刑统》的记载，"男年二十一为丁，六十为老"⑤。至于一般士兵，苏轼称："凡民之生，自二十以上至于衰老，不过四十余年之间。勇锐强力之气足以犯坚冒刃者，不过二十余年。今廪之终身，则是一卒凡二十年无用而食于官也。"⑥由此推断，当是二十一岁开始当兵，至六十岁被拣退。其间四十年，前二十年（二十一至四十岁）属于勇锐强力之

---

① 《会要》兵一之三。
② 《宋史》卷一九四《兵志八》。
③ 《会要》兵五之一五。
④ 《宋史》卷一九四《兵志八》。
⑤ 《宋刑统》卷一二《户婚律·脱漏增减户口》。
⑥ 《苏轼文集》卷九《策别训兵旅二》。

时，能披甲执锐，堪战斗与役使。在此期间，士兵有可能被升补为近上军分。后二十年（四十一岁至六十岁）则开始衰老，不管是战斗能力还是劳动能力都开始日渐衰退，渐渐地就被降为下等军分，或者被拣为剩员，或者被放免为民。但这也只是一般情况，至于士兵在什么年龄可能被升补、什么年龄可能被拣退，不同时期不同事例下也是不同的。如"方兵盛时，年五十已上皆汰为民。及销并之久，军额废阙，则六十已上复收为兵"①。

先看关于升补的场合。比较常见的是二十岁至四十岁间被升补的事例。元祐五年（1090），诏拣巡检下土兵年四十以下愿充禁军者，"依逐指挥等样添填"②。元符元年（1098），规定就粮禁军缺额，"于厢军内拣选年四十以下者，依军分等样添填，限正月终拣遍"③。但偶尔也会有特例。如治平元年（1064），"诏京畿并诸路拣龙骑、壮勇、归远、本城、牢城、宣效、六军、河清、车营、致远、窑务、铸钱监、屯田务隶籍三十年胜铠甲者，部送京师填龙猛等军"④。若按士兵自成年之时即隶军籍算，也就是二十一岁从军，隶籍三十年以后也五十一岁了，此时隶属于禁军的龙骑、壮勇、归远，隶属于厢军的本城、牢城、宣效、六军、河清、车营、致远、窑务、铸钱监、屯田务等兵，只要还能披甲上阵，尚能升补京师的禁军指挥龙猛，这当是对其年劳的肯定。

而且，一般情况下，士兵排连节级时年限也可能会放宽，尤其是在有战功的情况下。如宋哲宗元祐六年（1091）规定，排连长行充承局、押官，"先取年五十五以下，有战功公据者。仍以战功多少、得功先后、伤中轻重为次。事等而俱无伤中，则以事艺、营名第之"⑤。按照这一史料的记述，宋代士兵要晋升为下级军校，国家是以下面的条件顺序来执行的：一、年龄；二、战功证明；三、战功多寡；四、获得战功的先后；五、受

---

① 《宋史》卷一九四《兵志八》。
② 《长编》卷四四九，元祐五年十月丁酉。
③ 《长编》卷四九七，元符元年四月癸巳。
④ 《宋史》卷一九四《兵志八》。
⑤ 《长编》卷四六〇，元祐六年六月丁未。

伤的轻重；六、所学所用的武艺，如刀、枪、剑、戟等；七、所在兵营（以指挥为单位）的等级。由此可知其升迁条例之琐细与缜密。

至宋哲宗元符元年（1098）又规定，排连长行充承局、押官，"先取年五十以下、有两次以上战功人填阙。六人以上，填阙不足，即取一次战功人一名。每阙六人，更取一名。余取年四十以下，武艺高强无病切人。试两眼各五次，二十步见者选补。内步军以阙六分为率，先取弓手一分，次取弩手三分，次取枪、牌、刀手二分。更有零分者，依六分为率，资次取拣。周而复始"①。可见，元符年间，普通士兵上升为下级军校，较元祐年间的年龄要小五岁，要求先录用五十岁以下的士兵。

此外，元符条令更注重士兵两只眼睛的视力，同时也规定了录取承局、押官所用武器，弓手六分之一，弩手二分之一，枪手、牌手、刀手合计录用三分之一。实际上，这一诏令内容与元祐年间的法条本质上是相通的，但在某些方面更为具体化（如士兵使用的武器类型）。这些情况都在表明，宋代从普通士兵到军校的制度与法规是非常明晰而缜密的。更为重要的是，宋代将校、士兵的拣选制度的相关律令与法条是逐步完善起来的，其间无疑经历了漫长而复杂的变迁历程。

再看有关降退的场合。天圣五年（1027），"诏河北忠烈、宣勇等指挥，年六十以上者，听自便"②。庆历八年（1048），钱彦远在奏疏中曾建议，兵士"七十以上一例放停"③。皇祐元年（1049），"诏陕西保捷兵年五十以上及短弱不任役者听归农"④。可知宋仁宗在位时期，陕西地区保捷士兵退伍大体上需要符合三个条件，一是年龄过大，二是身材矮小，三是身体衰弱。元丰四年（1081），令河北东、西路拣选义勇、保甲，规定"有年高病患，年五十五以上，有弟、侄、儿、孙及得等样，令承替名粮"⑤。宋神宗时期，河北东、西路的乡兵、保甲"年高病患"，或是年

---

① 《长编》卷五〇〇，元符元年七月庚申。
② 《长编》卷一〇五，天圣五年十月辛未。
③ 钱彦远：《上仁宗乞拨并诸路军额放停老弱》，《国朝诸臣奏议》卷一二二《兵门·州郡兵》。
④ 《长编》卷一六七，皇祐元年十二月壬戌。
⑤ 《长编》卷三一二，元丰四年四月己卯。

五十五岁以上者，若有符合国家招募军队身材要求的弟、侄、儿、孙等，就可以让后者继承自己的名分和俸禄粮食。

由此可见，北宋士兵有可能升籍或排连为节级的年龄段比较明晰，一般在二十一岁至四十岁之间。但某些特定场合如奖励年劳或者战功时，升籍或者排连的年限则可以放宽，但一般也在五十五岁以下。其被放停除籍的年限则不固定，除了六十岁以外，还有五十岁、五十五岁、六十五岁、七十岁等不同的情况。

节级和军员排连、转员的年限从现有史料来看，并不是很清楚，据推测，应该比士兵升籍的年限宽泛，而身体状况则是主要考虑因素。"凡列校转补，有司先阅走跃、上下马；次出指二十步，掩一目试之，左右各五，占数为见物。武艺，弓射五斗，弩弽一石五斗，枪刀手稍练。负罪不至徒，年未高，或虽年高而无疾、精力不耗者，并取之。"①再看其降退的情况。据《嘉祐编敕》，本城、牢城节级、兵士"老病久远、不堪征役者即减充剩员，若年七十以上，或患病不任医治，即给公凭放停讫奏"②。熙宁四年（1071）枢密院札子提到，拣选本城、牢城的节级、兵士老病稍堪征役者充剩员："若年六十五以上，并病患久远、不任医治者，不问年甲，即使给公凭放停。"③又《元丰令》规定："诸拣军：将校稍堪部辖、军人稍堪征役及年六十者减充剩员。内节级仍依旧职例，惟军头改十将。其病假满不堪医治及年七十者并放停。厢军、剩员年六十五准此。"④元祐四年（1089），诏："今后岁拣禁军节级，筋力未衰者，年六十五始减充剩员。"⑤可见，一般将校、节级六十或六十五岁左右即被降为剩员，六十五或七十岁以上即放免。

2. 身高

身高也是拣选过程中一个非常重要的标准。这多体现在招募之初对

---

① 《宋史》卷一九六《兵志十》。
② （淳熙）《三山志》卷一八《兵防类一》。
③ （淳熙）《三山志》卷一八《兵防类一》。
④ （淳熙）《三山志》卷一八《兵防类一》。
⑤ 《宋史》卷一九四《兵志八》。

应募者的拣选，以及厢军添填禁军或中下禁军升补近上禁军的场合。具体执行起来，则主要以国家颁发的等杖（也被称为等样）为准。"初，太祖拣军中强勇者号兵样，分送诸道，令如样招募。后更为木梃，差以尺寸高下，谓之等长杖。委长吏、都监度人材取之。"① 一般而言，招兵或者拣选时，应募者或者被拣选者的身材高矮，是确定其隶属某一兵种或兵级的首要参考因素。如元祐元年（1086），"诏河北保甲愿投军人，及得上四军等仗、事艺者，特许招填"②；元祐二年（1087），规定上四军缺额"今后并依等杖招拣人添填"③。对各军军士身高标准的要求，或者说招拣等杖并非一成不变，而是在不同时期多有修订。但一般说来，上禁军士兵的身高要求最高，中、下禁军的身高标准各有等差。厢军的身高标准则更低，一般情况下，或者与下禁军标准相同，或者根本不设等杖。④

3. 武艺高下

武艺水平是拣选时参照的一个很关键的因素。宋仁宗天圣年间，"尝诏枢密院次禁军选补法"，即规定了各级禁军选补的武艺标准。具体内容如下：

> 凡入上四军者，捧日、天武弓以九斗，龙卫、神卫弓以七斗，天武弩以二石七斗，神卫弩以二石三斗为中格。……凡员僚直阙，则以选中上军及龙卫等样、弓射七斗合格者充，仍许如龙卫例选补班直。
>
> 凡选禁军，自奉钱三百已上、弓射一石五斗、弩踏三石五斗、等样及龙卫者，并亲阅，以隶龙卫、神卫。凡骑御马直阙小底，则阅拱圣、骁骑少壮善射者充。凡弓手，内殿直以下选补殿前指挥使，射一石五斗；御龙弓箭直选补御龙直、御龙骨朵子直，东西班带甲殿侍选补长入祗候，御龙诸直将虞候选补十将，射皆一石四斗；东西班、散

---

① 《宋史》卷一九三《兵志七》。
② 《长编》卷三七一，元祐元年三月辛未。
③ 《长编》卷四〇二，元祐二年六月甲辰。
④ 参见《宋史》卷一九三《兵志七》、卷一九四《兵志八》所载诸军招简等杖的叙述。

直选补内殿直,捧日、员僚直、天武、龙卫、神卫亲从选补诸班直,御龙骨朵子直、弓箭直将虞候选补十将,御龙直长行选补将虞候,射皆一石三斗;员僚、龙御、骑御马直小底选补散直,射皆一石二斗。凡弩手,东西班带甲殿侍选补长骑祗候,射四石;御龙弩直将虞候选补十将,射三石八斗;长行选补将虞候,射三石五斗。其捧日、天武、龙卫亲从选补弩手班、御龙弩直者,亦如之。其次别为一等,减二斗。自余殿前指挥使、诸班直以岁久若上名出补外职者,所试弓弩斗力皆遽减,弓自一石三斗至八斗,弩自三石二斗至五斗各有差。①

禁军选补的标准也不是固定不变的。如元丰元年(1078),规定"马军选充上军、上军选充诸班,并马射一石弓"②;元丰二年(1079),诏:"转补诸军用黄桦阔闪弓、马黄弩,上四军弓八斗,弩二石七斗,中下军弓七斗,弩二石七斗。"③"诸班换前班、前班简行门及引试武学生,用促张弓、减指箭,射二石以上者,减一斗。"④由此可见,宋代将校、士兵的拣选制度是不断完善起来的。宋代不同帝王在位时期大多出台过相应的制度,进而使拣选制度越发细密,也越来越符合宋代社会的实际状况。

4. 军功、年劳

除年龄、身高、身体状况及武艺等因素外,军功和年劳也是拣选时时常考虑的因素。《宋史·兵志》即称:"其升军额者,或取少壮拳勇,或旌边有劳。"⑤这里的"旌边有劳",估计既可以指功劳,也可以指年劳。《朝野类要》也说:"内外诸军兵并班直、军头司等人,年劳或有功得官皆是。"⑥

---

① 《宋史》卷一九四《兵志八》。
② 《长编》卷二九二,元丰元年九月癸未。
③ 《长编》卷二九八,元丰二年五月乙未。按:中华书局本《长编》卷二九八,"元丰二年五月乙未"条所载,上四军与中下禁军要求弩的标准皆为二石七斗,似乎不太可能,而文后校勘记未注。考诸文渊阁、文津阁《四库全书》本《长编》,皆载为"二石四斗"。
④ 《长编》卷二九八,元丰二年五月乙未。
⑤ 《宋史》卷一九四《兵志八》。
⑥ 《朝野类要》卷三《军班》。

因战功而被升补或者免放停的事例有很多。仁宗皇祐元年（1049）曾下诏规定："将帅麾下兵，非有战功毋得请迁隶上军。"[1]哲宗元祐六年（1091）规定，排连长行充承局、押官，"先取年五十五以下，有战功公据者，仍以战功多少、得功先后、伤中轻重为次"[2]。元符元年（1098）也规定，排连长行充承局、押官，"先取年五十以下、有两次以上战功人填阙。六人以上，填阙不足，即取一次战功人一名"[3]。而兵级尝有战功应放停者，"减充看营、不管事剩员，其衣粮等各得元来之半，终其身"[4]。

因年劳而被升补的事例主要见于前述治平元年（1064）的场合。治平元年，曾有诏令规定，龙骑、壮勇、归远禁军及本城、牢城、宣效、六军、河清、车营、致远、窑务、铸钱监、屯田务厢军，"隶籍三十年胜铠甲者，部送京师填龙猛等军"[5]。

5. 军队的级别

前面已经提及，宋代禁军甚至是厢军内部都存在不同的兵级，有的指挥（营）[6]级别高，有的指挥级别低，而区别兵级的最明显的标志恐怕就是所谓的军队番号了。很多情况下，番号本身就是一种身份的象征。它不仅代表着身高、武艺、军俸的高下，往往也代表着服役的多寡轻重、是否要出战戍守，乃至拣选时应该转入的等级。这在军队排连及转员时多有表现。如元祐六年（1091）规定，排连长行充承局、押官，如军功相等，而"俱无伤中"，"则以事艺、营名第之"[7]。看来，营名即所谓番号，也是

---

[1]《宋史》卷一九六《兵志十》。
[2]《长编》卷四六〇，元祐六年六月丁未。
[3]《长编》卷五〇〇，元符元年七月庚申。
[4]（淳熙）《三山志》卷一八《兵防类一》。
[5]《宋史》卷一九四《兵志八》。
[6] 宋代军队编制单位。其上为军、厢，其下为都，都百人，五都为一指挥。统兵官为指挥使、副指挥使。每指挥均有番号，如捧日左厢第六军第三指挥、云翼第八指挥等。一般情况下，每指挥兵力规定为500人，但亦有特例。如《长编》卷二六四，"熙宁八年五月辛巳"条载，神宗曾令雄州云翼两指挥"自今更不招填，候人数减及四百人，并为一指挥"。该事例中就是400人为一指挥。
[7]《长编》卷四六〇，元祐六年六月丁未。

一个考虑因素了。又如，宋初，捧日军员多由龙卫军转入，天武军员多由神卫军转入。大中祥符四年（1011），将殿前、侍卫二司转员的规定改为："其捧日、龙卫阙［军员］，于拱圣内隔间取人，分头充填。其拱圣阙［军员］，即将骁骑、云骑分头转入。其天武、神卫阙［军员］，于神勇内隔间取人，分头充填。其神勇阙［军员］，即将宣武充填。其宣武阙［军员］，取殿前、步军司虎翼充填。"①

上述诸多拣选条件中，一般以身体状况和武艺作为最先考虑的因素。身体不好或者残疾，以及武艺屡试不中格者，即便正当年轻之时也会被降退或者拣汰。具体有如下情况：

其一，士兵尚未达到拣选的限定年龄，因身体状况不好而被拣退。庆历五年（1045），范仲淹奏疏中即建议，笃疾、废疾弓手兵士"更不问年甲，便与拣停归农，不须要家人并顾人充替"②。元丰三年（1080），拣选京东路剩员，"年虽未及五十五、羸病怯弱者，并听减放"③。元丰四年（1081），令河北东、西路拣选义勇、保甲，"有年高病患，年五十五以上，有弟、侄、儿、孙及得等样，令承替名粮"，其中"不堪征役之人"，年四十以上即许令承替。④

其二，士兵年龄未到拣选年限，因武艺屡不中格而被降退。元丰元年（1078）规定，"马军教习不成，退充步军，又不成，退充厢军"⑤。元丰八年（1085），规定殿前、马步军司新招拣到的禁军士兵，给限三次，武艺依旧不入等，"马军改充步军，步军改充厢军"⑥。

反之，如果身体强健及武艺精熟，即便身高不及等杖，或者到了被拣汰的年龄，一般也会予以招拣升格或者被保留下来。太祖招军格，即"不全取长人，要琵琶腿、车轴身，取多力"⑦。而且禁军、厢军拣选时，"非疾

---

① 《宋史》卷一九六《兵志十》。
② 《范文正公年谱补遗·乞笃疾废疾弓手兵士不问年甲拣停归农奏》，《全宋文》卷三七九。
③ 《长编》卷三〇五，元丰三年六月丙辰。
④ 《长编》卷三一二，元丰四年四月己卯。
⑤ 《长编》卷二九四，元丰元年十一月戊戌。
⑥ 《长编》卷三五四，元丰八年四月丁丑。
⑦ 《画墁录》。

病或衰老不任战御,视岁数有减切法"①,如普通士兵本应六十岁放停,则改为六十五岁。列校转补,"年未高,或虽年高而无疾、精力不耗者,并取之"②。具体情况如下:

其一,身长不及等杖而被招拣。这种情况不管是在招募时还是在拣选时都时常存在。招募时,有条格许令减指。拣法虽无减指明文,但也时常采用。即便是禁军中的上四军,也常存在减指拣选中禁军以补本军缺额的情况。③英宗治平元年(1064)规定,"河东、陕西等路就粮禁军年五十五以上者,有子孙弟侄、异姓骨肉年三十以下,虽短本指挥等样一两指、壮健堪征役之人许以为代"④。哲宗元祐元年(1086)规定,"河北保甲愿投军人,及得上四军等仗事艺者,特许招填",若"比等仗短一指,射保甲第一等弓弩,并许招刺"⑤;又规定,"招拣禁军,年二十五已下,短一指,许刺填"⑥,"承代保甲教阅之人,愿投军者"⑦,若"年二十六已上、中等弓弩",则允许"减一指招刺"⑧。上述这些英宗、哲宗时期"减一指"或"短一指"的史料实际上是降低了国家招募士兵的身高要求。

其二,本应拣汰而未被拣选下来。如元祐四年(1089)诏:"今后岁拣禁军节级,虽年六十已上,筋力精神壮健,武艺不退,堪任披带部辖者。许依旧存留。"⑨也就是说,那些精力充盈、精神饱满且武艺依旧的禁军士兵,尽管年龄已经超过法定退休的六十岁,政府依然可以允许他们留下来继续服兵役。

此外,在军队排连、转员之时,军功时常作为年龄之外供参考的第一要素。如熙宁六年(1073)的诏旨即规定:"诸军排联长行迁节级,应取

---

① (淳熙)《三山志》卷一八《兵防类一》。
② 《宋史》卷一九六《兵志十》。
③ 《长编》卷四〇二,元祐二年六月甲辰。
④ 《长编》卷二〇〇,治平元年二月辛未。
⑤ 《长编》卷三七一,元祐元年三月辛未。
⑥ 《长编》卷三八一,元祐元年六月甲寅。
⑦ 《长编》卷三八三,元祐元年七月丁丑。
⑧ 《长编》卷三八三,元祐元年七月丁丑。
⑨ 《长编》卷四二七,元祐四年五月庚寅。

功劳者，取两次以上人。功劳等，以先后；先后等，比轻重；轻重等，以金疮多者为先。"①元祐六年②、元符元年③也有类似的诏令。即便是在此过程中被拣汰下来的军校、节级或兵士，其待遇也会因是否有军功而有差别。一般说来，没有战功的普通士兵到了年老病患、不堪役使之时，就会被直接放停归农，即便是节级等有低级军职者，甚至包括一些低级军校也不例外。例如《张行婆传》中记载，张行婆之父为虎翼军校，因失女之痛哭瞎一只眼睛，于是被除落军籍为民。④但是有战功则不一样了。"兵级尝有战功应放停者"，多"减充看营不管事剩员，其衣粮等各得元来之半，终其身"⑤。又如咸平五年（1002），真宗下令将因讨蕃部而致"支体废堕"的三十三名军士隶属剩员，"廪给如故，自是遂为定例"⑥，即给全俸。神宗熙宁七年（1074）规定，在熙河路因战争而致重伤不任征役的士兵，"且给全分衣粮"⑦。而对于较高级别的军校，如厢都指挥使、军都指挥使等，因年老病患而被拣汰者，多赐官名令其致仕。

同一级别的军校，所赐官名相同，只是因有无军功而略有等级差别。一般说来，有军功者级别较高。如元祐元年（1086）规定："诸军年七十，若病患假满百日或不堪医治差使者，诸厢都指挥使除诸卫大将军致仕；诸军都指挥使、诸班直都虞候带遥郡除诸卫将军致仕；诸班直、上四军除屯卫，拱圣以下除领军卫；仍并以有功劳者为左，无功劳者为右。"⑧

6. 对特定群体的特定政策

（1）限制河北等沿边地区士兵拣选的相关措施

按照北宋时期制定颁布的《军马格》，河北等边地拣选上来的禁军，

---

① 《长编》卷二四七，熙宁六年十月癸酉。
② 《长编》卷四六〇，元祐六年六月丁未。
③ 《长编》卷五〇〇，元符元年七月庚申。
④ 《司马温公集编年笺注》卷六七《张行婆传》。
⑤ （淳熙）《三山志》卷一八《兵防类一》。
⑥ 《长编》卷五二，咸平五年五月乙巳。
⑦ 《长编》卷二五三，熙宁七年五月戊戌。
⑧ 《长编》卷三六五，元祐元年二月庚申。

即便等样、事艺达到选补班直的标准，也只能填补上四军中的捧日、天武的缺额。[1]这一规定大概是出于安全的考虑。班直乃是天子的扈从队伍，是与皇帝接触最为亲近、对皇帝宿卫负责的近卫军，因而对其士兵的选补相当严格而且十分慎重。河北等地地处边境，与各少数民族政权接壤，可能会有对方间谍混入本朝。[2]若有人混入禁军，借军队拣选进入班直的话，不仅可能造成国家机密的外泄，还会对皇帝个人的人身安全构成巨大的威胁。但是负责班直拣选的殿前司并未如一地对此规定认真执行。元符二年（1099），宋哲宗就曾对殿前司拣选班直时对河北、河东、陕西等三路边兵不曾有所限制而表示过质疑，见到《军马格》条文后，即命"渐次厘革"[3]。可见，除了相关军司对条格执行不力的情况，北宋朝廷对边境地区的士兵拣选班直是严令禁止的。

（2）配军拣选的限制政策

第二节已经提到配军的拣选。作为军队中的特殊群体，他们皆因犯罪而隶军籍或降配他军，故朝廷对其拣选是格外慎重的，有着诸多限制政策。

虽然朝廷为了对罪犯表示激励与劝诫，常常会对在地方上服刑态度良好的配军进行拣选，将其量移近地，甚至将少壮者部送京师补填在京禁军之阙，有的时候还会给予近上军分的安排，但那恐怕只是在某个特定时刻或者时期，为了激励配军安心在军中服役、显示皇恩浩荡的特殊政策，或者是由当时的社会形势决定的。如康定初宋夏对战，朝廷需要大量士兵支援前线。在将大量厢军拣升为禁军的同时，又"拣诸路牢城及强盗、恶贼配军，年未四十壮健者，隶禁军"[4]，以满足对外战争的需要。而很多情况下，配隶厢军的配军是没有资格拣补禁军的，更不要说拣补在京禁军。即便有资格，所受限制也应该是相当严格的。

---

[1] 《曾公遗录》卷七，元符二年五月乙卯，中华书局，2016年。
[2] 如绍圣四年（1097）进驻平夏城时，"曾捉到细作一名，系投换在兰州定远城逃亡军人郭亨"（《长编》卷四九三，绍圣四年十二月癸未）。
[3] 《曾公遗录》卷七，元符二年五月乙卯。
[4] 《长编》卷一二七，康定元年四月壬子。

按照曾布的说法，"常法：刺配人不许拣填禁军"①，由此可见，按照宋朝正常的法律规定，"刺配"之人是禁止在被拣选之后纳入禁军序列的。这一条法估计就是针对配隶为厢军的配军而定的。熙宁三年（1070），本系京师亲从官②，因过犯降配郓州（今山东东平县）的士兵朱信等三人，大概是因为平时表现良好，又身强体健，枢密院以为应该对其升拣。但神宗以为，"配填龙猛、龙骑，盖是在京禁旅，于理不便"，于是只令其"选于极边效用"。③元丰四年（1081），神宗进一步下诏规定，"诸班直、上四军毋得简尝有罪改配人"④，即曾经犯过罪而被改配之人不能进入负责皇帝近身护卫的班直、上四军。元符二年（1099），因"广东钤辖司发遣归远卒李诚就［京师］上四军"，而致使广东经略安抚使柯述罚金二十斤，枢密院法司罚金二十斤，其人吏理为第一等至第三等过。原因是李诚本来为京师禁卫行门⑤，后因过犯"徒配岭外"，隶属广东钤辖司辖下的禁军归远军。按照常法，"杂犯人不得拣上四军指挥"，广南东路的做法因为违反了"常法"而究责其长官。而枢密院法司及其手下吏人受罚则是因其在修订条法时，误删"杂犯人不得拣上四军指挥"条款。⑥不知道这一条款产生于何时，但有过犯者选填上四军要受严格限制的原则应该早就有了。如皇祐三年（1051），韩琦在奏章里就曾建议，河北就粮禁军愿为上四军者，可以在大阅时陈请。"若等试中格，旧无罪恶"，方能部送京师，

---

① 《曾公遗录》卷七，元符二年八月辛未。
② 亲从官，禁军士卒，隶属于皇城司，职掌宫殿门管钥契勘，皇宫内巡察、宿卫及洒扫诸殿之事（《宋代官制辞典》，第415—416页）。
③ 《长编》卷二一七，熙宁三年十一月癸丑。
④ 《长编》卷三二一，元丰四年十二月庚辰。
⑤ 行门，禁军士卒，当隶属殿前司，殿前司兵案负责其拍试、换官等事宜。其职掌大概是负责皇宫宿卫，及朝会、祭祀、皇帝外出时迎驾和仪卫之事。据《长编》卷二九八，"元丰二年五月乙未"条所载"诸班换前班、前班简行门"，可推知其地位当高于皇帝近卫骑兵的殿前诸班（以上据《会要》职官三二之一；《文献通考》卷五八《职官考十二》、卷七二《郊社考五》，卷七五《郊社考八》、卷九八《宗庙考八》、卷九九《宗庙考九》、卷一〇七《王礼考二》、卷一一八《王礼考十三》、卷一二二《王礼考十七》）。
⑥ 《曾公遗录》卷七，元符二年八月辛未。按：《曾公遗录》此段史料并未指出柯述时任何职。据《广东通志》卷一五《职官表》，可知其在元符二年（1099）任广南东路经略安抚使。归远，据《宋史》卷一八八《兵志二》禁军"熙宁以后之制"，为禁军番号。

"量材升补"。①

此外，对配军的拣选绝不像普通的禁军、厢军，一年或者三年一次定期进行，而是随朝廷临时的政策而定。而出于其乃犯罪从军的考虑，朝廷不可能在其配军短期内就对其进行拣选。因此，即便一个配军有机会、有能力被拣选升补，恐怕也应该是在其服役很多年以后。按照《宋史·兵志》的说法，"牢城配军亦间下诏选补"②，也就是偶尔下诏对其进行选补，肯定就不能确定拣选时隔的长短。而前述朱信等人的例子，更是能够说明这一问题。此三人原为京师亲从官，因有过犯配隶郓州，当其应当被拣选升补他军之时，京东转运司申明，朱信等人"非庆历八年殿内作过配到"，由此可推断朱信等人很可能是在庆历八年（1048）前后降配到郓州的，否则没必要特别申明。③那么从那时到熙宁三年（1070），已经有二十多年的时间了。

对于罪行较为严重的配军，拣选的条件更加严格。很多时候，犯盗罪④以及被判徒刑以上的配军是不在拣选范围之内的。如元祐六年（1091），枢密院曾提到，诸路拣选厢军填补就粮禁军缺额，而"曾犯徒经决"及"强盗配到者""并不在拣限"。⑤元符二年（1099）规定，如果诸路有将要移配到其他州军的马军禁军，仔细检验其等状，如"年少壮及

---

① 《宋史》卷一九四《兵志八》。
② 《宋史》卷一九四《兵志八》。
③ 《长编》卷二一七，熙宁三年十一月癸丑。"庆历八年殿内作过"，当是指庆历八年闰正月在崇政殿宿卫的皇城司亲从官四人谋乱之事。据《长编》卷一六二，"庆历八年闰正月辛酉"条："是夕，崇政殿亲从官颜秀、郭逵、王胜、孙利等四人谋为变。杀军校，劫兵仗，登延和殿屋。入至禁中，焚宫帘，斫伤内人臂。其三人为宿卫兵所诛，王胜走匿宫城北楼，经日乃得，而捕者即支分之，卒不知其始所谋。"按:《长编》载庆历八年闰正月初一乃庚子日，据此可推辛酉乃二十二日。《宋史》卷一一《仁宗纪三》与其所载同。但《国朝诸臣奏议》卷一二二《兵门·禁卫》，大臣何郯等所上奏章《上仁宗论卫士之变乞黜责皇城司及当直臣僚》《上仁宗论卫士之变乞责睥杨怀敏》，称此事发生于闰正月十八日，且作乱士兵为皇城司亲事官。不知孰是。
④ 为了维护统治阶级的财产所有权和统治秩序，自李悝创制《法经》立"盗法篇"，历代统治者一直将"盗贼"列为立法的重点和主要打击目标。而有宋一代，"盗贼"犯罪始终是一个非常突出的社会问题，因此宋代的盗法更加详备，对盗贼特别是强盗的惩罚尤为严酷（郭东旭:《宋代法制研究》，河北大学出版社，2000年，第158—171页）。
⑤ 《长编》卷四六七，元祐六年十月丙子。

格，不犯徒刑"，则允许其"选补刺充本处马军"。①

配军必须达到一定的服役年限，或者年老病患不任征役才有可能被考虑放停。前一节已经提到。这里要说的是，在某一地区配军尚未超额或者尚未达到一定数量的时候，一个配军很难会被放停回乡。神宗时，大臣金君卿就曾在奏疏中说"经年岁间，得减放还乡者，百无一二"，他认为"虽因罪犯，本非巨蠹。自配充军二十年，而年六十五已上者，可尽行减放"，希望朝廷可以考虑他的意见，"委监司体量配军罪犯轻者闻奏"。②

在一定时期内，对某一地区的配军的放停，可能有着特定的政策。例如，一般说来，配军放停后是可以返回原籍的。但仁宗时期，对四川配出川界而又因老疾需要放停的配军，始终限制或者禁止其返乡。天圣四年（1026），因有诏旨规定"两川犯罪人配隶他州，虽老疾得释者，悉留不遣"，许其于所配州军居住，不放归乡。知益州薛田建议，"自今请无放停"。仁宗认为，"远民无知犯法，而终身不得还乡里"，薛田"意欲羁縻，又非钦恤之旨"，于是要求"察其情有可矜者，听遣还"。③也就是说，只有那些情有可悯的配军，才有可能获准返回故乡。明道元年（1032）又规定，"自今两川配隶军籍之人，其元犯凶恶者，不得还乡里"④。皇祐五年（1053）十一月《南郊赦》规定，东西两川配隶出川界、永不放还乡里之人，"其间有情轻、偶被诖误之人，宜令所在件析以闻"。也就是，这些人要返回原籍必须要经过朝廷的核实和批准。十二月，朝廷又发布诏令，要求"川峡人刺配为内地军者，遇拣停，毋得放归"⑤，并常令关津稽查。

对四川的这一特殊政策，应该与宋初以来四川的政治气候有关。乾德三年（965），北宋消灭后蜀政权后，蜀人并未对宋朝政权表示欣然归附。同年即爆发了以全师雄为首的降卒叛乱，直到乾德四年（966）才被镇压下去。淳化四年（993）爆发了王小波、李顺领导的农民起义，咸平

---

① 《长编》卷五〇七，元符二年三月己巳。
② 《历代名臣奏议》卷三八《上神宗言三事疏》，《全宋文》卷一八二四。
③ 《长编》卷一〇四，天圣四年正月己亥；《会要》刑法四之一三。
④ 《长编》卷一一一，明道元年七月壬申。
⑤ 《会要》刑法四之二三。

三年（1000）又有王均起义，声势都十分浩大。再加上其地四塞，江河纵横，与外地联系较为困难，形成一个封闭而完整的政治经济区域，对该地的控制远比对其他内地州军困难。因此，限制四川地区配出的配军放停后归乡，也是出于政治防范的考虑。

（3）对域外人士或少数民族士兵的特殊政策

宋朝禁军中，除了绝大部分为中原地区的汉人外，亦有契丹、渤海、女真、吐蕃等外族士兵。据《宋史·兵志》记载，其中甚至还有来自海外的日本士兵[①]等。至于这部分士兵平时在待遇、拣选升补等方面与普通士兵是否有不同，据现有史料已经不得而知。从《宋史·兵志》和《长编》零星的记载来看，对这些士兵中应当放停的老疾者，宋廷并没有拣退，而是采取了将其拣隶剩员、支与半俸而奉养终身的政策。如大中祥符五年（1012），宋真宗曾宣示知枢密院事王钦若等，将捧日、天武的第七、第九、第十军中之老病者放停归农，其中契丹、渤海、日本等外国人，"恐无依倚，特与收充本军剩员"[②]。同年四月，又下诏旨令拣选剩员，将疲老者拣下使归农，"内契丹、渤海、日本外国人虑无所归，且依旧"[③]，即令其依旧在本军充剩员。可见，对其采取这种永不放停、老疾隶剩员半俸奉养终身的政策，主要是出于避免这些外族士兵放停后无家可归的考虑，而在某种程度上恐怕也是为了吸引外族士兵为我所用，以及防止其放停后走投无路而改投原籍，可能向他国泄露本朝机密。

（四）拣选的具体执行程序

通过前面的考察，结合其他相关史料，基本上可以勾勒出北宋军队拣选制度具体执行过程的脉络。

---

① 关于宋代军队中有日本士兵的记载，据笔者所见，仅有《宋史》卷一八九《兵志三》两处，即下两个注释所引内容。至于是否可信，当考，姑从其言。而《长编》所载为女真士兵，似乎更为可信。宋军中的契丹、渤海、女真等人，多来自内附及战俘。
② 《宋史》卷一八九《兵志三》。
③ 《宋史》卷一八九《兵志三》；《长编》卷七七，大中祥符五年四月辛丑。按：《宋史》所载为"内契丹、渤海、日本外国人虑无所归"，而《长编》所载为"内契丹、渤海、女真本外国人，停之虑无所归，可依其旧"。

首先要说明的是，作为一种制度，拣选应该有其既定原则和法律条款。虽然就现有的史料来看，已经无法还原其全貌，但从零散的史料记载中，依然可以窥见其一斑。这些条格的规定随着制度本身的演进而日益完善，应该是相当详细而具体的。它们对拣选的各种情况做出了相应规定，如被升补或者拣退的士兵的年龄、身高、身体健康状况、武艺高下以及军功、年劳、有无过犯等。在某一个考虑因素中，应该还会有很多更为细致的规定。如按照常例，士兵六十岁时应当被放停，但如果到了六十岁依然身体强健、精神未衰、尚堪征役，则有减切法，规定其可以六十五岁被放停。反之，如果士兵尚处壮年，但身体孱弱不堪或者武艺屡不中格，也会被拣下。又如，禁军各个兵级都有一定的身高标准，但对于那些身高不及某军分等杖但身体精壮、武艺精熟的士兵，拣法虽无减指明文，但也往往会采用招兵时所用的减指条法，即允许其比等杖短一两指。此外，对于边军、配军、外族士兵等特殊群体还有特殊的政策。而且，拣选条例并非一成不变，会随着不同时期的特定需求而调整或改变。

一般说来，负责修订拣选条法的应该是枢密院下属的相关法司。如大中祥符五年（1012），差臣僚、军头赴外处拣兵，因"军分指挥及出入次第名目体例甚多"，"令枢密院具合行条约及施行事件，并画一处分，令遵守施行"①。元符二年（1099），枢密院法司及其吏人在修订条法时，因误删"杂犯人不得拣上四军指挥"②条款而被处罚。具体来看拣选的执行程序：

其一，朝廷特降诏旨的大规模拣选，多会派遣使臣如宦官、武臣等，到地方与当地路、州级的文武官员共同负责；或者诏令地方官员对其统属军队进行拣选，将老弱怯懦之人拣汰下去，或将骁勇之士部送京师，以补在京禁旅缺额。这两种情况多属于朝廷因时因事而采取的政策，故而没有固定日期，外出负责拣选的使臣也多是由皇帝临时委派的。

在前一种情况下，在拣选范围内的军队，往往以指挥为单位，由本指挥的指挥使根据现管士兵的具体情况，综合考虑年龄、身高、身体健康

---

① 《宋史》卷一八九《兵志三》。
② 《曾公遗录》卷七，元符二年八月辛未。

状况、武艺高下以及军功、年劳、有无犯罪历史等种种因素，按照拣选条格，将那些应该被拣退或者升补的士兵"籍其名，供申次第"。本指挥最终"看详定夺"后，将该名单缴申上级官司，京师一般是殿前司、侍卫马步军司，地方上多是都部署（总管）司或者钤辖司、监司或知州等。然后由上级官司与朝廷差去的使臣共同拣选，"连书其状，具当去留之数"，最终确定被拣选的士兵名单。如在此过程中，二者意见不一致，"即具始末以闻"。拣选名单确定之后，为了保证拣选的公平公正，朝廷时常还会另派官员复验。例如，在京师，"殿前、马步军司有所升退，即时具名籍申枢密院，未当者悉改正之"①。

嘉祐年间，因拣兵官拣选不实，司马光上《拣兵》札子，建议以后拣选完毕后，"朝廷别差不干碍官覆拣，得却有不及等样及羸弱病患之人，其元拣军臣僚，伏乞重行贬窜"。宋仁宗下旨将该札子送往枢密院，戒令拣兵官复验。②复验之后，老疾当放停者，给公凭放停；当部送阙下者，由从京师随拣军使臣同来的"殿侍数员"将其分番次押送赴阙。③这些从地方上拣选来的士兵到达京师后，由军头引见司④分拨引见，呈试刺枪、打刀、相扑及射弓、踏弩等武艺，定出等第后，将其分配在京禁军诸军指挥等。⑤很多时候，皇帝要"临轩亲阅"这些从地方上拣选来的士兵，此时就不需要军头引见司等相关部门考试武艺了。据《宋史》的记载，"自厢军而升禁兵，禁兵而升上军，上军而升班直者"⑥，皇帝都会亲临按阅。这大概主要是宋初的情况。

在后一种情况中，如果是朝廷令地方官员拣选所部军队中的强勇之卒送往京师，则先由知州、知县或者都监等地方文武官员负责拣选，然后派

---

① 《宋史》卷一八九《兵志三》。
② 《司马温公集编年笺注》卷一八《拣兵》；《长编》卷一九四，嘉祐六年七月壬寅。
③ 《长编》卷一二四，宝元二年九月丁巳。
④ 宋初称军头引见司。端拱二年（989）正月，改军头司为御前忠佐军头司，引见司为御前忠佐引见司。真宗朝以后，二者名为二司，实为一司（《宋代官制辞典》，第416—417页）。
⑤ 《会要》职官三六之八一。
⑥ 《宋史》卷一九四《兵志八》。《文献通考》卷一五二《兵考四》所载，则称"升上军及班直者，皆临轩亲阅"。

遣吏人将其押送阙下。如前所述,"军头司覆验等第引对,使坐隶诸军"①,或由皇帝"御便殿亲临试之"②。如果是朝廷命令地方某一官司人员,如转运使、提点刑狱等监司官员、知州,或者部署(总管)、钤辖、都监、监押等统兵官等拣选所部军队,则上述诸司官员综合考虑士兵的种种状况,按照常规条例拣选完毕后,应该将拣选的结果,即"简退若干,见管若干"③上报朝廷。

在这种情况下,负责拣选的部门亦多是朝廷临时委派的。④ 有时,朝廷会直接委派监司官员分头到下属诸州、府、军、监拣选士兵,如宋仁宗皇祐元年(1049),"委诸路转运使,等第选退州郡老弱兵士"⑤;或者派某一指定监司官,如转运副使、提点刑狱、安抚使等亲自或遣官到地方上负责拣选,如宋真宗景德三年(1006),"令诸路转运副使,所至拣阅州兵老疾者"⑥。有时,朝廷则会直接下令给都部署(都总管)、都钤辖等统兵官司⑦,

---

① 《文献通考》卷一五二《兵考四》。
② 《长编》卷六,乾德三年八月戊戌。
③ 《长编》卷六三,景德三年六月己卯;卷二一六,熙宁三年十月癸亥。
④ 《长编》卷二一六,熙宁三年十月癸亥。神宗曾令陕西监司拣选本路就粮禁军,但至十月,其尚未将拣选结果上奏。于是神宗又改令陕西、河东诸路都总管司,据本路就粮禁军缺额数,"选兵官往诸州军速招简及额"。
⑤ 《长编》卷一六七,皇祐元年十二月壬戌。张方平:《乐全集》卷一八《对手诏一道》:"令逐路转运使,提点刑狱更出,分按所部州郡,拣选疲老,便与放停。"(《国朝诸臣奏议》卷一四八《总议门·总议四》;《长编》卷一六三,庆历八年三月甲寅,也都有载。)熙宁元年(1068),"诏诸路监司察州兵拣不如法者按之,不任禁军者降厢军,不任厢军者免为民"(《文献通考》卷一五三《兵考五》)。熙宁三年(1070),亦曾令陕西监司拣选本路就粮禁军(《长编》卷二一六,熙宁三年十月癸亥)。
⑥ 《长编》卷六三,景德三年六月己卯。又如,天禧二年(1018),"令河北提点刑狱官简阅诸军"(《长编》卷九一,天禧二年二月丁丑)。天圣五年(1027),诏差陕西同提点刑狱崔淮拣选秦州保捷(《会要》兵一之三)。元丰六年(1083),"令河东、陕西路安抚司遣官往逐州军验,年四十五已下,堪披带,兵士"虽有小疾,不妨挽张弓弩等武艺,于元降指挥大分收管"(《长编》卷三三三,元丰六年二月壬戌)。
⑦ 如熙宁七年(1074),令京东西、淮南等路经略安抚、钤辖司"常务拣选填补"其近年增置就粮禁军并教阅厢军(《长编》卷二五六,熙宁七年九月庚子)。元祐六年(1091)、元符元年(1098),都曾令"都总管、安抚、钤辖司选官,与当职官员于厢军兵级拣选年四十以下者",依军分等样填就粮禁军缺额(《长编》卷四六七,元祐六年十月丙子;卷四九七,元符元年四月癸巳)。元符二年(1099),令诸路总管、钤辖司拣择应移配到他州马军禁军,选补刺充本处马军(《长编》卷五〇七,元符二年三月己巳)。

或者知州、通判等民政官。而很多时候，为了保证拣选的公正，防止某一官司锐意专行，则命路级官员与州县官员一起，对所属辖区的军队进行拣选①，或者命知州等民政官与本州钤辖、都监等统兵官共同负责。

其二，最常见的拣选应该是，相关部门在一定的时限内、按照一定的拣选条格对部下的军队进行拣选。一般说来，禁军每年拣选一次，厢军每三年拣选一次，都常在岁首（即初春）举行。这应该是宋代军队拣选的大多数情况。至于禁军秋冬之时进行的拣选，特定禁军指挥三年或五年一拣选的情况，以及特定情况下厢军每年或每季都进行的拣选，前文已有考察。

在京师，负责禁军拣选的主要官僚机构包括殿前司、侍卫司、军头引见司等。在常规程序下，殿前司、马步军司对本司禁军按照优升劣降（汰）的原则进行拣选，其等第有所升退，应"即时具名籍申枢密院，未当者悉改正之"②。这大概是为了保证拣选的公平公正，同时也为了及时调整士兵的数量等。京师禁军调发到地方或边境戍守，出军及回军之时，也时常对其进行拣选。范仲淹就曾建议，如朝廷调发在京及畿内诸军往边上戍守时，殿前及马步军司"并须逐指挥依次勾来，本司子细拣选。小弱不堪披带之人，更不令发往边上"③，即由殿前及侍卫马步军司等，以指挥为单位，对所部军队进行拣选。回军日，还要对其进行拣选，挑出其中应该升补军分的精锐之卒，以及"不堪披带"的老疾者。④

---

① 如大中祥符四年（1011），"敕诸路转运使、副巡行属郡，同知、通、都监、监押拣选本城、牢城人员、节级、兵士"（《云麓漫钞》卷一二）。皇祐元年（1049），朝廷曾委派诸路转运使拣汰州郡老弱士兵，边臣多有论奏，批评其拣汰过多。侍御史知杂事何郯即认为这是由于"转运使锐于专行，不与群帅协议所致"，于是建议朝廷"特降指挥，约束逐路转运使，所至州郡，并令先与帅臣、长吏同议，然后选择"（《长编》卷一六七，皇祐元年十二月壬戌）。元祐元年（1086），令逐县知县、都监招募畿内弓甲"事艺成就"者，添填在京及开封府界禁军缺额，"仍委提刑司提举管勾"（《长编》卷三七四，元祐元年四月癸巳）。元祐三年（1088），规定不系将兵屯驻泊就粮禁军"岁首拣选及排连、转补公事"，由本路钤辖、都监与驻扎处知州等共议（《长编》卷四一一，元祐三年五月癸酉）。
② 《宋史》卷一八九《兵志三》。
③ 《长编》卷一四二，庆历三年七月戊寅。
④ 《长编》卷一一二，明道二年七月甲申。

而上四军出戍,"皆本司整比,军头司引对便殿,给以装钱。代还,亦入见,犒以饮食。拣拔精锐升补之,或退其疲老者"①,即上四军外派戍守,先要在本军内部通过比试武艺等方式拣选出精壮士兵,再由军头司引见,覆验其是否合格,合格者给行装钱遣发出戍。上四军自外地回军后,军头司依旧要引见,以酒食犒劳,并对其进行优升劣降(汰)的拣选。大概是因为其为上军的缘故,所以赐犒特厚。在京厢军的拣选,多是由其隶属的官署负责,这一点前文已有提及。

地方上,军队的常程拣选多是由监司、知州与统兵官共同负责的。"自来拣兵员须是监司、知州及兵官,若不如法,自监司以下严责降。"②据笔者目前所见的史料,大体上只能看出,地方军队拣选之时,禁军、厢军一般是以州为单位,似乎弓箭手也是以州为单位校阅、拣选,而保甲则是以县为单位。蕃兵及其他乡兵是以州还是以县为单位拣选则不得而知。

嘉祐四年(1059),宋仁宗曾下诏,令诸路转运副使、提点刑狱诸臣"先行移文往本路州、府、军、监,取索赦前杂犯应配军人事,与知州、通判、钤辖、都监、监押拣选及量移"③。从这一对配军的拣选诏令中可以看出,拣选过程似乎是先由路级监司官员移文诸州,下达拣选命令,然后其下州郡,与州县官员一同去拣选士兵。但是下达拣选命令后,具体的拣选过程是上述路级官员亲历州治下属的各个县、镇、寨、堡,对驻扎当地的禁、厢、乡兵进行拣选;还是州级官员将拣选命令下达属下各县、镇、寨、堡,由其将所属士兵拣选后将结果上报,最终由路、州级拣兵官确认签字,而知州等实际负责的只是驻扎在州治的士兵的拣选;抑或是拣选命令下达后,本州境内同一番号的禁、厢军指挥分别由各下属县镇等聚集于州,由路、州级官员拣选,都是无法弄清的。

在宋代,监司官员每年都要下州、县巡历,按举境内官员治理状况。

---

① 《文献通考》卷一五二《兵考四》。
② 《长编》卷四七八,元祐七年十月戊寅。元祐七年(1092),规定:"今后逐年因教阅时,委知州军并将官拣选弓箭手……"可见弓箭手的拣选当以州为单位。
③ 《宋大诏令集》卷二一六《裕享赦后拣贷杂犯刺面配军诏》。

其中也包括同州官一道拣选士兵的具体事务,及覆验州郡拣选的相关结果。按照《庆元条法事类》的记载:"诸转运、提点刑狱司岁首巡历所至州,以见管诸事并急脚、马递铺兵级与当职官同拣。若春季巡历未到,或虽到而应拣人有故未及拣者,并令本州当职官拣,仍别项收管。候巡历到点检,依新招人法(三路帅府禁军及剩员,总管司拣)。禁军自京差至者,报所属,余报住营处。"而对于拣选结果的覆验,除监司官员外,安抚、总管、钤辖等统兵官司也时常负责。"诸将兵安抚、总管、钤辖司所在,每岁量勾一、两指挥覆拣,其转运、提点刑狱司巡历所至准此。"[①]

从南宋时期执行的上述法条来看,依据《庆元条法事类》的规定,宋朝境内各路级官员转运使、提点刑狱的重要职责之一就是每年年初巡行辖区内的各个州、府等,与当地各级官员一道拣选当地的所有士兵,包括急脚、马递铺兵士等,几乎涉及所有辖区内的军事部门。然而,由于各地驻扎了很多军兵,所以不管是路级行政官员,还是军政官员,几乎是很难到达所有军政单位及其驻地的,尤其是转运使之类的行政官员,他们想要在一年时间内巡行过其辖区的每个角落,这几乎是很难想象的事情。正因为如此,宋朝才制定出了非常弹性而人性化的制度和政策,"每岁量勾一、两指挥覆拣,其转运、提点刑狱司巡历所至准此"。

显而易见,这些负责拣选将校和士兵的各级官员,尤其是直接管理的政府工作人员,他们只需要随意抽查军队的一两个营而已,转运司、提点刑狱的官员也同样如此。这种走马观花式的拣选,可大大缓解宋朝各级官员的工作压力,从某种程度上降低了国家的行政成本。但不可否认的是,过于简单的行政和军事拣选很难将宋朝政府制定的各项复杂而缜密的拣选政策落到实处,因而更难防范各级官员上下其手、弄虚作假,甚至行贿受贿等贪污腐败行为。

这里需要特别指出的是,宋神宗施行将兵法以后,负责地方军队拣选的官司主要分为两大系统。其中,系将禁军及系将蕃兵、弓箭手的拣选,

---

[①]《庆元条法事类》卷七《职制门四》。

"优升"与"劣汰":北宋军队将校与士兵的拣选制度　　419

自然是由所属将官负责，州县官及总管以下守兵官不得干预。①而不系将禁军及各地厢军等仍由路、州级官司负责。如元祐三年（1088）就规定，诸路不系将的屯驻、驻泊、就粮禁军，由本路钤辖、都监与知州共同负责其"岁首拣选及排连、转补公事"②。

施行保甲法后，保甲的拣选往往以县为单位。如元符元年（1098）规定："诸县冬教，委提举保甲司于本州通判、职官内选差，分定县分，躬亲提举监教及同共拍试拣选，不得过两县。……如县分数多，听于以次官内选差。其倚郭县，上委知州同当职官，依此提举拍试拣选。仍逐次具所选差官职位姓名及分定县分，申枢密院。即所选非其人，致教阅拍试拣选有不如法，并元选差官司取勘施行。"③

在拣选过程中，时常会考虑士兵自身的意愿，这主要体现在升补情况下。如景德四年（1007），令河北、河东路部署等巡视军中，如有材勇士卒愿隶在京诸军者，"听其自陈，州给装钱部送阙下"④。天圣五年（1027）诏："修河兵夫，候功毕日，其少壮愿隶禁军者，听之。"⑤元祐元年（1086），诏："河北保甲愿投军人，及得上四军等仗、事艺者，特许招填。"⑥"河北州、军寄招保甲填在京禁军阙额，其间有愿就本处充军者"，于是下诏许其"依逐州军见招等状例招填本处禁军"⑦。元祐五年（1090），诏："应巡检下土兵如愿充禁军者，委监司每年分诣逐处，与当职官拣年四十以下依逐指挥等样添填。"⑧即便是配军，在对其量移或拣选、放停时，有时也会参考其意愿。如大中祥符二年（1009），拣选江南东西路、广南东西路诸州杂犯配军，将其移配淮南州军牢城及本城，其中"有少壮堪披

---

① 《司马温公集编年笺注》卷四七《乞罢将官状》、卷四九《革弊札子》、卷五二《乞罢将官札子》。
② 《长编》卷四一一，元祐三年五月癸酉。
③ 《长编》卷四九八，元符元年五月庚申。
④ 《长编》卷六六，景德四年七月庚辰。
⑤ 《长编》卷一〇五，天圣五年十月戊寅。
⑥ 《长编》卷三七一，元祐元年三月辛未。
⑦ 《长编》卷三七七，元祐元年五月戊午。
⑧ 《长编》卷四四九，元祐五年十月丁酉。

带者，即部送赴阙，当议近上军分安排。如不愿量移及赴阙者，亦听"①。皇祐四年（1052），也曾有诏令规定："川、峡四路配军元犯情轻合拣放者，押送本营，其不愿者亦听之。"②

而拣退或裁汰的情况，有时也会参考士兵的意愿。例如，"外州军士当降以次军分者，所隶州郡听自择"③。庆历年间，张方平曾建议，如有禁军羸弱惮于教阅，乐意退就厢军，则"听从便"；其马军无马，愿意填补步军者，可"稍与补充近上衣粮优处军分"④。又如治平元年（1064）曾规定，"河东、陕西等路就粮禁军年五十五以上者"，许子孙弟侄、异姓骨肉承代，但如果本人年龄虽在五十五岁以上，但无疾病，且乐在军中，武艺能达到射弓七斗、弩两石，则听依旧。⑤

此外，士兵在转补其他军分之时，要进行改刺，表明其已由某一番号的士兵改为另一番号的士兵。如元丰六年（1083）规定："马军兵级年五十以下，武艺生疏，给限教习不成，或体肥及指臂有病，可以教习步军武艺者，并改刺步军。"⑥转军时，政府往往还要支付其转军钱或者转军例物。如嘉祐六年（1061），枢密院奏："近拣四百料钱近下禁军填近上禁军，所有转军分例物，即三分特支一分。"⑦仁宗下令将其改为支一半。绍圣四年（1097），泾原路经略使章楶就曾建议，若诸路"新建城寨阙人戍守，须合创置军营，猝急未有人投刺者"，及诸路诸军指挥士兵自愿投换不足，则"于诸军拣选改刺拨填，各优支转军例物"。⑧给士兵发放转军钱

---

① 《宋史》卷一九四《兵志八》。
② 《长编》卷一七三，皇祐四年八月丙申。
③ 《宋史》卷一八九《兵志三》。
④ 《长编》卷一六三，庆历八年三月甲寅。
⑤ 《长编》卷二〇〇，治平元年二月辛未。
⑥ 《长编》卷三四一，元丰六年十二月癸酉。
⑦ 《长编》卷一九三，嘉祐六年六月癸酉。
⑧ 《长编》卷四九三，绍圣四年十二月癸未。章楶奏章中就说："勘会诸路就粮、驻泊禁旅万数不少，破坏军制，无甚于投换之弊。""欲乞朝廷特降指挥，今后诸路新建城寨，不许投换逃亡作过之人，如违，所由官司，并重立刑名。若新建城寨阙人戍守，须合创置军营，猝急未有人投刺者，委逐路经略都总管司，于诸军指挥，取自情愿投换。若或不足，即于诸军拣选改刺拨填，各优支转军例物。"

"优升"与"劣汰"：北宋军队将校与士兵的拣选制度　421

或转军例物大概只适用于拣选升补的情况。而对于降退的情况，转军或者放停大概是给行装钱或者给粮，①以便其在转军路中或回乡途中不至饱受饥寒。按照真宗时的规定，"当徙者给装钱，在道只给粮；当停者给一月奉粮，勿复奏裁"②。

第四节　不同时期的拣选制度

宋太宗同宋太祖一样出身戎马，亦曾目睹五代政治混乱和军队专横的局面。太祖针对这些弊端建立的兵制，太宗自然也有同感。因此，对太祖所定的制度，太宗是有意恪守的。太平兴国二年（977），太宗便对侍臣说："朕以凉德，继守鸿图。凡机务边事，皆奉行先帝成规，不敢辄有改易。"③对于拣选制度，也是如此。太宗亦十分重视士兵的拣选，据《长编》记载：

[太宗]每朝罢，即于便殿或后苑亲阅禁卒，取壮健者隶亲军。罢软老弱，悉分配外州。自是藩卫之士益以精强。④

雍熙元年（984）二月，太宗"御崇政殿，亲阅诸军将校"，"按名籍参考劳绩而升黜之"，并对近臣说："兵虽众，苟不简择，与无兵同。先帝训练之方，咸尽其要。朕因讲习，渐至精锐，倘统帅得人，何敌不克。"⑤

---

① 《长编》卷三四五，元丰七年四月甲午。在宋代，某一番号的士兵被调遣或自愿投到其他番号下，称为"投换"。一般情况下，被朝廷调遣或允许改投他军的投换，会给转军钱。如神宗时，陕西保宁六指挥出现缺额，令团结厢军进行投换，"依例给转军钱"。但某些情况下，士兵或者逃兵出于个人利益考虑而偷偷进行的投换，则是违法的，是被禁止的。
② 《宋史》卷一八九《兵志三》。
③ 《长编》卷一八，太平兴国二年正月丙寅。
④ 《长编》卷一八，太平兴国二年九月丁未。
⑤ 《长编》卷二五，雍熙元年二月壬午。

但太宗朝全国的士兵数量也开始增加。到太宗末年的至道年间，全国之总兵力"总六十六万六千，而禁军马步三十五万八千"。考太宗兵籍，比太祖开宝时增加了288000人，而禁军数增加了近一倍。①

冗兵伤财的问题大概自太宗末年就出现了。至道三年（997）五月，真宗即位不久，②知扬州王禹偁上疏言事时就提道："乾德、开宝以来，国家之事，臣所目睹。当时东未得江、浙、漳、泉，南未得荆湖、交、广，朝廷财赋可谓未丰，然而击河东、备北虏，国用亦足，兵威亦强，其义安在？所蓄之兵锐而不众，所用之将专而不疑故也。自后尽取东南数国，又平河东，土地、财赋可谓广矣。而兵威不振，国用转急，其义安在？所蓄之兵冗而不尽锐，所用之将众而不自专故也。"并认为："今日之所急，在先议兵，使众寡得其宜，措置得其道。"③其中"所蓄之兵冗而不尽锐"应该说的就是太宗末年的事情，但此时冗兵的问题尚未严重，军队拣选制只露出偏离太祖本意的端倪。到真宗、仁宗时，冗兵冗费之患才日渐凸显。从兵制角度考其原因，主要是因为从这两朝开始，拣选制的执行开始动摇，拣选制日益遭到破坏。

（一）北宋拣选制度的动摇和破坏

真宗、仁宗时，拣选制的执行开始动摇，并日益遭到破坏。考其原

---

① 《文献通考》卷一五二《兵考四》；《宋史》卷一八七《兵志一》。曾公亮说："太宗尽有天下，所添之兵才三十余万。"（《上仁宗答诏条画时务》，《国朝诸臣奏议》卷一四七《总议门·总议三》）按嘉祐七年（1062）枢密院所上开宝兵籍"总三十七万八千"（《文献通考》卷一五二《兵考四》；《宋史》卷一八七《兵志一》）的说法，太宗朝又增兵三十多万人，那么太宗朝的兵数当为六十七万八千多人。这与嘉祐七年枢密院所上至道年间兵籍全国之兵"总六十六万六千"相差不大。仅就禁军来看，按张方平的说法，太宗蓄兵四十万人（《乐全集》卷一八《对手诏一道》、卷二三《再上国计事奏》，《全宋文》卷七八二、七八九），与嘉祐七年枢密院所上至道年间禁军数三十五万八千也没有太大出入，应该也是符合当时实际的。庆历中，王拱辰说太宗时只有禁军十八万，大概是太宗初年的情况（《长编》卷一五九，庆历六年七月甲申）。

② 至道三年（997）三月太宗崩，真宗即位未改元。见《宋史》卷五《太宗纪二》、卷六《真宗纪一》。

③ 王禹偁：《上真宗论军国大政五事》，《国朝诸臣奏议》卷一四五《总议门·总议一》；《长编》卷四二，至道三年十二月甲寅。

因，大概有二：

一是边患。自太宗太平兴国四年（979）以后，北宋频繁与契丹交兵；淳化年间，西夏李继迁或叛或降。真宗即位，也屡为二边所困扰。至景德元年（1004）冬，北宋与契丹议和于澶州，订立盟约；景德三年（1006），西夏称臣。北宋这才得到喘息的机会。仁宗宝元元年（1038），西夏李元昊又叛，西边用兵不已。其间，国家疲于用兵，无暇亦不敢大规模拣汰老弱，而士兵久从征戍，故未能认真执行拣选制度。咸平五年（1002），"遣使往邠、宁、环、庆、泾、原、仪、渭、陇、鄜、延等州，保安军选保毅军［乡兵］"，"号振武，升为禁军"。当时，真宗皇帝即说："当今边防阙兵，朝廷须为制置，盖不得已也。俟疆场宁静，乃可消弭耳。"① 景德二年（1005），真宗宣示辅臣拣选殿前、侍卫二司禁军，就是因为之前其"久从征戍，失于简练"，以致"老疾者众"。②

为了应付边患，非但不能裁汰老弱，以致军队战斗力欠佳；为了保证士兵在数量和心理上的优势，还要不断招募新兵。而此时为了充数，招拣的标准大大降低，以致招募太滥，士兵素质欠佳。如康定初，西夏李元昊反，西边用师，"诏募神捷兵，既而易名万胜"，"所募多杂市井之人，选便不足以备战守"。③

庆历元年（1041），新添虎翼兵"自南中选填，材质绵弱。而云不知战斗，见贼恐死，传者皆以为笑"，大概在拣填之初，便是当地官员为了搪塞朝廷凑数的，而朝廷苦于无兵也只好熟视无睹，"但且以塞数为名而

---

① 《长编》卷五二，咸平五年五月丙辰。按：《文献通考》卷一五六《兵考八》注文："咸平五年五月，命使臣分往邠、宁、环、庆、泾、原、渭、陇、鄜、延等州，于保安、保毅义军内，与逐处官吏选取有力者二万人，各本州置营，升为禁军，号曰振武指挥。"据此则知保安与保毅同为乡兵（他书未见有载。考《宋史》卷一八九《兵志三》厢军"建隆以来之制"，保安乃厢军。若其初果为乡兵，不知何时升为厢军），《宋史》同其载（参见卷一八七《兵志一》）。而《长编》"咸平五年五月丙辰"条所言，乃是于保安军与邠、宁、环、庆、泾、原、仪、渭、陇、鄜、延等州境内选取保毅乡兵共二万人。考《宋史》卷八七《地理志三》，保安军属永兴军路。不知孰是。
② 《长编》卷六〇，景德二年六月；《宋史》卷一九四《兵志八》。
③ 《文献通考》卷一五五《兵考七》。

已"。[1]而战时情况下,国家为鼓励官员募兵,对兵官募兵多者,往往给予迁官转资等旌赏。[2]于是,募兵者"急于数足以邀旌赏"[3],"只知召募,取其虚数,不论疲软,无所施用",[4]难免招拣不精。庆历二年(1042),欧阳修所上《准诏言事上书》中即说:"数年以来,点兵不绝,诸路之民半为兵矣。其间老弱病患、短小怯懦者不可胜数,兵额空多,所用者少。是有点兵之虚名,而无得兵之实数也。"[5]为了保证作战禁军的数量,加之现有的禁军战斗力有限,这一时期还大量拣厢军[6]、乡兵[7]乃至配军[8]升补禁

---

[1] 田况:《上仁宗兵策十四事》,《国朝诸臣奏议》卷一三二《边防门·辽夏四》;《长编》卷一三二,庆历元年五月甲戌。

[2] 《长编》卷二〇四,治平二年正月壬午。《司马温公集编年笺注》卷三三《招军札子》载:"赵元昊叛,西边用兵,朝廷广加招募,应宿州都监、监押募及千人者,皆特迁一官。"《长编》卷一三三,"庆历元年八月乙酉"条载,庆历元年(1041)规定:"都监、监押等能召募五百人以上,特与酬奖。知州、通判,岁终委本路转运使具所募人数以闻。"

[3] 《包拯集校注》卷二《论宣毅军》。

[4] 《司马温公集编年笺注》卷三三《招军札子》;《长编》卷二〇四,治平二年正月壬午。

[5] 《欧阳修全集》卷四六《居士集·准诏言事上书》。

[6] 如咸平三年(1000),"选京师诸司库务兵",立神威军;"选六军、窑务、军营务、天驷监效役、店宅务、州兵",立为宣效;"选诸州厢兵及召募者",立威猛。六年(1003),"选诸州厢兵及香药递铺兵",立雄略军(《宋史》卷一八七《兵志一》)。明道二年(1033),曾令选天下厢军中有材勇者,教以武技,以升补禁军(《长编》卷一一三,明道二年十二月乙未)。宝元初,"选陕西、河东厢军之伉健者",置清边弩手(《宋史》卷一八七《兵志一》)。康定元年(1040),"拣在京诸坊监及宫观杂役、修仓、备征、措事、河清、马递铺卒升补禁军"。庆历二年(1042),"诏府州择建安指挥之材勇者,为拣中建安指挥,以隶禁军"(《长编》卷一二六,康定元年二月庚子;卷一三五,庆历二年正月乙丑。考《宋史》卷一八九《兵志三》厢军"建隆以来之制",建安乃解州、府州厢军)。

[7] 如咸平四年(1001),令陕西沿边选乡军保毅升充保捷指挥。五年(1002),"遣使往邠、宁、环、庆、泾、原、仪、渭、陇、鄜、延等州,保安军选保毅军","号振武,升为禁军"。庆历元年(1041),"诏河东诸州所籍强壮……(朔云:仍以所招到勇斗兵士改作禁军,隶宣毅指挥)"(《长编》卷四九,咸平四年九月庚寅;卷五二,咸平五年五月丙辰;卷一三二,庆历元年七月己巳)。

[8] 如大中祥符二年(1009),拣选江南、广南东西路诸州杂犯配军,"移配淮南州军牢城及本城,有少壮堪披带者,即部送赴阙,当议近上军分安排"(《宋史》卷一九四《兵志八》)。八年(1015),拣选诸州杂犯配军人,"量移近地,取其少壮者至京以隶禁军"。康定元年(1040),"拣诸路牢城及强盗、恶贼配军,年未四十壮健者,隶禁军"(《长编》卷八五,大中祥符八年十月癸未;卷一二七,康定元年四月壬子)。

军，甚至将整支厢军队伍直接升为禁军①。于是拣选制度下"优升""劣降（汰）"并行的原则发生了变化，开始单方面重视士兵的升补。而此时迫于边患的威胁，"优升"的原则也难以落实，禁军升补的标准降低。嘉祐六年（1061），朝廷令拣选诸指挥兵士补填近上军分。而各主兵之官，"惟务人多，不复精加选择。其间明知羸弱，悉以充数"②。这样一来，禁军和厢军、乡兵的性质和能力就相差不远了。

乡兵的素质相对较高，而且在很多情况下，作战能力远强于作为国家正规军的禁军。康定初，西夏反叛，"是时禁兵多戍陕西，并边土兵虽不及等，然骁勇善战；京师所遣戍者，虽称魁头，大率不能辛苦，而摧锋陷阵非其所长"③。将这些骁勇善战的乡兵选入禁军，无疑是有意义的。但实际上，各地乡兵素质差别很大，多数乡兵有名无实④。就是同属陕西的乡兵，也有天壤之别。如康定、庆历之间，因官军作战不力，朝廷籍陕西之民以为乡弓手，而后将其全部刺充禁军保捷指挥，令于边州屯戍。"其平生所习者，惟桑麻耒耜，至于甲胄弩槊，虽日加教阅，不免生疏。而又资性戆愚，加之畏懦，临敌之际，得便即思退走，不惟自丧其身，兼更拽动大阵。自后官中知其无用，遂大加沙汰"⑤。这种情况下的选拔，只能是徒增士兵数量，对于对外战事的进展毫无助益。

---

① 如咸平三年（1000），"诏定州等处本城厅子、无敌、忠锐、定塞指挥，已并升充禁军马军云翼指挥，依逐州军就粮，令侍卫马军司管辖"；五年（1002），"以河东州兵为神锐二十四指挥、神虎十指挥，又升石州厅子军为禁军，又以威虎十指挥隶虎翼"。庆历初，升相州厢军厅子，保州厢军威边、招收，府州厢军威远、麟州厢军飞骑为禁军。二年（1042），升河北厢军无敌、广信厢军忠锐、府州厢军建安为禁军（《宋史》卷一八七《兵志一》）。

此处所引将整支厢军队伍升为禁军的事例，主要将时间限定在真宗即位至仁宗庆历三年（1043）西夏请和之前。之后仁宗朝出现的这类事例，如庆历四年将陕西厢军定功、五年（1045）将并州厢军骑射、八年（1048）将秦州厢军建威升为禁军等（《宋史》卷一八七《兵志一》），则不在此限。神宗朝亦有将整支厢军升为禁军的事例，但情况略有不同。神宗时所升厢军，乃为教阅厢军。其平时多习武艺，作战能力与禁军应该不相上下，素质相对较高。教阅厢军在仁宗时即有，但当时应该主要是作为禁军的补充力量，虽训练、征役并同禁军，但仍属厢军。
② 《司马温公集编年笺注》卷一八《拣兵》；《长编》卷一九四，嘉祐六年七月壬寅。
③ 《宋史》卷一八七《兵志一》。
④ 参见《宋朝兵制初探》第三章第二节《乡兵》，第77页。
⑤ 《司马温公集编年笺注》卷三一《乞罢陕西义勇第二札子》。

而大量厢军的掺入，更是大大影响了禁军的质量。因为宋初以来，厢军很大程度上是作为役兵存在的，一般不进行或者很少进行教阅，其军事素质不会太高。将一部分精锐厢军选入禁军尚有一定积极意义[1]，但将整支厢军队伍升为禁军的举措，很大程度上则只能起到滥竽充数的作用。

二是和议。可以说，真宗时与契丹议和以及西夏称臣，乃是北宋拣选制执行开始动摇的一个关键时间段。和议既为拣汰老弱、加强拣选提供了千载难逢的合适契机，也为上下习于苟安、不思兵事拉开了公开而明晰的帷幕。边患缓解之初，朝廷着实花了一些精力来拣汰士兵。景德元年（1004）十二月澶渊之盟签订，第二年年初宋廷便开始裁减边防。正月，罢河北诸路行营，"合镇、定两路都部署为一"，省减军员290余人，河北戍兵减去十分之五，缘边减三分之一。[2] 六月，真宗又宣示辅臣说，殿前司、侍卫司诸禁军"宜乘此息兵，精加选拣"[3]，而且有"边将占兵自固者，辄罢之"[4]。景德四年（1007），朝廷命环庆路遣放神勇戍兵还营。邠宁环庆都部署周莹称"本道兵数非多，不敢奉诏"，真宗认为其"无心息民"[5]，遂以曹玮代之。可见，起初真宗尚不忘边备，要求精简士兵。虽然其统治后期的天禧二年（1018），亦因"边奏甚稀，疆陲肃静"[6]而兵数未减，下令裁减京师禁军以省冗费，并对宰臣说："天下兵马之数虽不少，精锐者鲜。……今皆坐待衣食。国家经费至广，不可不慎于选练。"[7]但其注意力早就在和议后不久，渐渐转向天书符瑞、东封西祀等事情，以致整个社会

---

[1] 很多情况下，厢军中材勇之卒的作战能力与禁军不相上下，甚至强过禁军。如咸平五年（1002），缘边禁旅缺乏，于是真宗命六宅使刘承硅往环、庆等州，"选厢军之材勇者得四千五百人，付诸寨城，易禁旅归部署司，使悉充行阵，咸以为便云"（《长编》卷五二，咸平五年七月丙辰）。仁宗时，与夏作战，张亢为并代都钤辖，管勾麟府军马事。因禁军"皆畏怯无斗志，乃募役卒取敢战者得数百人，使击贼，有以首级献者，亢以锦袍衣之。禁卒惭，始请效死"（《东都事略》卷六一《张亢传》，四库全书本）。
[2] 《宋史》卷七《真宗纪二》。
[3] 《宋史》卷一九四《兵志八》。
[4] 《乐全集》卷二三《再上国计事奏》，《全宋文》卷七八九。
[5] 《长编》卷六五，景德四年六月己酉。
[6] 《长编》卷九一，天禧二年三月壬寅。
[7] 《乐全集》卷二三《再上国计事奏》，《全宋文》卷七八九。

的事势、人心亦开始向苟安之途发展,国家逐渐边备废弛,人不知兵。

仁宗即位之初的天圣年间,曾诏令枢密院编订《禁军选补法》,对各级禁军选补班直和上四军,以及各军长行选补指挥使、将虞候、十将等军官做了武艺上的规定。①虽然制定了拣选的政策和措施,但当时的社会风气还是因循真宗朝的苟安言行,军队的拣选未必能真的如规定那样进行。如天圣五年(1027),臣僚上言时就称"秦州保捷五指挥人内有年老及十年以上者曾拣选者"②,而十多年的时间就追溯到真宗天禧年间了。

结果,西夏李元昊起兵叛宋,朝野上下震惊。欧阳修说:"自真宗皇帝景德二年盟北虏于澶渊[按:盟约事当在景德元年十二月],明年,始纳西夏之款,遂务休兵。至宝元初,元昊复叛,盖三十余年矣。天下安于无事,武备废而不修,庙堂无谋臣。边鄙无勇将,将愚不识干戈,兵骄不识战阵。器械朽腐,城郭隳颓……所以用兵之初,有败而无胜也。"③朝廷为了兴师讨伐,不得已只能沿袭前朝做法,采用募兵和刺民兵来应对,更无大规模拣选、裁汰羸弱之事。其时,地方上纷纷设立禁军,以致刺义勇、点民兵,将地方上的厢军和乡兵大量升格为禁军。拣选制度进一步遭到破坏。庆历三年(1043),李元昊纳款顺服,朝廷重蹈前朝覆辙,于是"上下安然,器械城壁,治葺稍缓。主兵之官,备边长吏,皆以次补用,不复铨择。士大夫高冠侈服,耻言军旅"④。

赵翼曾说:"统宋一代论之,燕云十六州沦于契丹,太祖、太宗久欲取之,自高梁河、岐沟关两败之后,兵连祸结,边境之民烂焉。澶渊盟而后,两国享无事之福者且百年。元昊跳梁,虽韩、范名臣不能制,亦终以岁币饵之,而中国始安枕。"⑤西夏不能制,主要是因为北宋的兵将不能战;兵将不能战,主要是因为和议使上下习于苟安氛围之中。而习于苟安的一个重要表现就是拣选不精、拣选制度的进一步动摇和破坏。

---

① 《宋史》卷一九四《兵志八》。
② 《会要》兵一之三。
③ 《欧阳修全集》卷一一四《言西边事宜第一状》。
④ 钱彦远:《上仁宗答诏论旱灾》,《国朝诸臣奏议》卷四〇《天道门·灾异四》。
⑤ 《廿二史札记校证》卷二六《和议》,中华书局,1984年。

总之，边患导致国家招募仓促，招拣之时唯求数量多而未能精加拣择，以致士兵数量骤然增加，而作战能力断然难以快速增强。和议之后虽或有拣汰冗兵之举，但朝野上下已渐习于苟安的环境，加之统治者担心大规模的拣汰士兵会招致社会的动乱，故拣选的执行日渐松弛。而裁汰之数远不及当初招募之数，故国家士兵总数虽有减少，但相比于之前，仍是有增无减。加之训练松弛和缺乏良将，士兵素质不佳乃是必然之事。拣选制度渐渐偏离了太祖创立之时的精神。

其一，各地方纷纷设置禁军，太祖收四方精兵萃于京师以形成强干弱枝、内重外轻之势的本意遭到破坏。太祖置兵，禁军最为精锐，多驻防于京师。地方上除必要的屯驻、驻泊之外，很少设置禁军。而作为地方禁军的就粮禁军，其数量并不是很多，且大概是在宋太祖晚期的开宝年间才出现的。此乃强干弱枝之道，前面已经论及。所以真宗、仁宗时期，全国各地纷置就粮禁军，多已失去太祖之本意。[1]

其二，禁军的作战能力持续下降，太祖欲使士兵特别是禁军能堪征役、尽得骁勇之士的本意遭到破坏。真宗、仁宗之世，禁军的数量大大增加，士兵的质量却并未明显地提高。恰恰相反的是，禁军多表现出怯懦不善战斗。康定初，张亢上疏即说："国家承平日久，失于训练。今每指挥艺精者不过百余人，其余皆疲弱不可用。"[2] 如果按照宋朝步兵每指挥500人计算，其中有近400人为"疲弱不可用"之人，由此不难想见其战斗力之差劲。庆历时，也是"兵数虽多，疲懦者众"[3]。例如，"如新添虎翼兵，自南中选填，材质绵弱，而云不知战斗，见贼恐死，传者皆以为笑……沿边屯戍骑兵，军额高者无如龙卫。闻其间有不能被甲上马者。况骁胜、云武、武骑之类，驰走挽弓不过五六斗，每教皆望空发箭，马前一二十步即已堕地"[4]，这样的士兵素质势必导致对外战争的屡战屡败。

庆历年间，曾公亮《上仁宗答诏条画时务》将自太祖以来士兵质量和

---

[1] 参见罗球庆：《北宋兵制研究》。
[2] 《长编》卷一二八，康定元年七月癸亥。
[3] 《长编》卷一三一，庆历元年二月丙戌。
[4] 田况：《上仁宗兵策十四事》，《国朝诸臣奏议》卷一三二《边防门·辽夏四》。又见《长编》卷一三二，庆历元年五月甲戌。

数量的反比关系十分明晰地指了出来：

> 臣计今疆塞未多于建隆、开宝之年，是时外捍夷狄，内有河东、西蜀、江南、岭南之戍，而所蓄禁兵止十二万而已。至乾德中，两川、江、岭已平，则又减二万。太宗尽有天下，所添之兵才三十余万。真宗初年亦止三十八万。至乾兴中，始及八十余万。以此知兵少则训习齐一，所向无敌。兵多则杂冗难齐，所施寡效，其理甚明也。今乃自庆历以来，既广招募，又升厢军为禁军，凡总一百余万。然而用之罕闻成功者，非独将佐之不武，由所用之卒不精尔。①

仁宗末年，司马光也曾痛惜地说："今天下兵数……窃闻比于太祖皇帝时，其多数倍。然元昊，羌戎之竖子；智高，蛮獠之微种，乃敢倔强河西，横行岭表。国家发兵讨之，士卒或望尘奔北，或迎锋沮溃，毁辱天威，为四夷笑。"②正兵不可用，作为补充的乡兵、蕃兵逐渐得到重视，③这与太祖兵制更是背道而驰的。

其三，冗兵冗食之弊日益凸显，背离了太祖确立拣选制度力去冗兵、不使有伤财之患的本意。按照曾公亮的说法，真宗初年国家禁军只有三十八万人④，但咸平年间，为了解除来自西夏和辽朝的边患，朝廷搜募士兵，渐至五十多万人。⑤陈傅良说咸平年间禁军增至六十万人，⑥大概是当时士兵最多

---

① 曾公亮：《上仁宗答诏条画时务》，《国朝诸臣奏议》卷一四七《总议门·总议三》。
② 《司马温公集编年笺注》卷一八《拣兵》。
③ 《长编》卷一二七，康定元年四月乙巳记述：康定初，王拱辰使契丹还，见河北父老，皆云"契丹不畏官军而畏土丁"。《文献通考》卷一五五《兵考七》亦载，康定初，西边用师，"禁兵多戍陕西，陕西并边土兵虽不及等，然骁勇善战，而以京师所遣戍为东兵。东兵虽魁硕，大率不能辛苦，而摧锋陷阵，非其所长"。
④ 曾公亮：《上仁宗答诏条画时务》，《国朝诸臣奏议》卷一四七《总议门·总议三》。按照嘉祐七年（1062）枢密院所上禁军数，太宗至道年间有禁军马步兵三十五万八千人（《文献通考》卷一五二《兵考四》；《宋史》卷一八七《兵志一》），故曾公亮称真宗初年有禁军三十八万人，应该是符合实际的。
⑤ 《乐全集》卷二三《再上国计事奏》，《全宋文》卷七八九。
⑥ 《历代兵制》卷八《宋》，清静观堂刊本。

时的数量。范镇称宋真宗景德年间禁军不足五十万人，①当是与契丹订立盟约后，边患渐缓，宋廷自景德二年开始裁汰冗兵的结果。大中祥符以后又稍稍裁汰冗兵②，故天禧中，国家禁军马步兵总数减少到四十三万二千③。但到乾兴元年（1022），国家禁军数目又渐渐增加到八十多万。④

仁宗景祐以前，禁军数大概只有四十万或五十万。⑤但宝元以后，为了应对西夏李元昊的进攻以及国内的动乱，朝廷只好不停地大量增兵。"向因夏戎阻命……始籍民兵，俄黜黩以补军籍，升诸州厢军以充禁旅，增虚名以受实弊。至于陕西、河北、京东、京西增置保捷一百八十五指挥、武卫七十四指挥、宣毅一百六十四指挥。庆历三年，因王伦、张海等狂贼数十人，更于江、湖、淮、浙、福建诸路又添宣毅一百二十四指挥。凡内外增置禁军约四十二万余人，通三朝旧兵且八九十万人。其乡军义勇，州郡厢军，诸军小分、半分、剩员等，不在此数。"⑥曾公亮也说，"自庆历以来，既广招募，又升厢军为禁军，凡总一百余万"⑦。八九十万、

---

① 范镇：《上仁宗论益兵困民》，《国朝诸臣奏议》卷一二〇《兵门·兵议上》。
② 《乐全集》卷一八《对手诏一道》、卷二三《再上国计事奏》，《全宋文》卷七八二、七八九。又见张方平：《上仁宗答诏条画时务》《上仁宗论民力大困起于兵多》，《国朝诸臣奏议》卷一四八《总议门·总议四》、卷一〇一《财赋门·理财上》。
③ 《文献通考》卷一五二《兵考四》；《宋史》卷一八七《兵志一》。
④ 曾公亮《上仁宗答诏条画时务》称："真宗初年亦止三十八万，至乾兴中，始及八十余万。"按：真宗乾兴年号只有一年，故此处将其写作乾兴元年的事情。按《宋史》卷八《真宗纪三》、卷九《仁宗纪一》，乾兴元年二月，真宗崩，仁宗即位未改元。所以此处所言八十余万的数目，也可以看作是仁宗初年的禁军数。
⑤ 《乐全集》卷一八《对手诏一道》、《上仁宗答诏条画时务》中均说"景祐已前，兵不及四十万人"，但《乐全集》卷二三《再上国计事奏》、《上仁宗论民力大困起于兵多》中则称"景祐以前兵五十万"，不知孰是。但不论是不足四十万，还是五十万，从乾兴元年（1022）到景祐元年（1034）大概十二三年的时间里，从史料中并未看出有大规模的裁减兵员的事件，不知为何禁军数量骤减了三四十万。或是曾公亮关于乾兴中禁军数有八十多万的说法有误，也或是史料缺载。
⑥ 《乐全集》卷一八《对手诏一道》；张方平《上仁宗答诏条画时务》，《国朝诸臣奏议》卷一四八《总议门·总议四》；《长编》卷一六三，庆历八年三月甲寅。而张方平在庆历六年（1046）所上奏疏中称："凡内外增置禁军，约四十二万余人，通三朝旧兵且百万。"（《乐全集》卷二三《再上国计事奏》，张方平：《上仁宗论民力大困起于兵多》，《国朝诸臣奏议》卷一〇一《财赋门·理账上》）与此处所言"通三朝旧兵且八九十万人"略有出入。
⑦ 曾公亮：《上仁宗答诏条画时务》，《国朝诸臣奏议》卷一四七《总议门·总议三》。

一百余万大概是庆历中兵籍最多时候的禁军总数。

较之太祖、太宗两朝，真宗、仁宗之世禁军数量大增，故民生颇受影响，冗兵冗费之患日渐凸显。冗兵对于国家财政的影响无疑是巨大的，它使国计日窘、赋敛日重、民力大困、国无余财。庆历中，田况曾明确指出："役敛之重，由国计之日窘；国计之日窘，由冗兵之日蕃。今天下兵已逾百万，比先朝几三倍矣。自古以来，坐费衣食，养兵之冗，未有如今日者。虽欲敛不重，民不愁，和气不伤，灾沴不作，不可得也。"① 张方平也说："顷来七年之间，天下大困，生民之膏泽竭尽，国家之仓库空虚。三边税赋支赡不足，募客人入中粮草，三司于在京给还钱帛，加抬则例，价率三倍，以此度支大计日窘。外则划刷诸道之物，中则侵用内帑之财，厚赏聚敛之人。贱立鬻官之令，苟徇目前之急，莫为经久之虑。天下之事可忧者，无大于此也。凡此冗兵，非惟困天下之财用，方且成天下之祸阶。若不早图，后无及矣。"②

从现有史料看，真宗至仁宗景祐以前宋人讨论冗兵的文章或奏疏还不算太多，只有朱台符、向敏中、宋祁等人。③ 仁宗庆历年间，关于冗兵伤财致使冗费大增的论调达到前所未有的高度，除了上面提到的田况、张方平外，韩琦、鱼周询、钱彦远④ 等人都纷纷上疏论述冗兵冗费之弊，要求汰兵省费。可见，冗兵问题已达到宋初以来最为严重的局面。⑤

其四，裁汰剩员，偏离了太祖设置剩员制度安置老弱士兵的本意。前

---

① 田况：《上仁宗乞汰冗兵》，《国朝诸臣奏议》卷一二〇《兵门·兵议上》；《长编》卷一五四，庆历五年正月丙戌。
② 《乐全集》卷一八《对手诏一道》，《全宋文》卷七八二。
③ 《长编》卷四四，咸平二年闰三月庚寅；卷九一，天禧二年三月壬寅；卷一二五，宝元二年十一月癸卯；宋祁：《上仁宗论三冗三费》，《国朝诸臣奏议》卷一〇一《财赋门·理财上》。
④ 韩琦：《上仁宗论西北议和有大忧者三大利者一》，《国朝诸臣奏议》卷一三六《边防门·辽夏八》；鱼周询：《上仁宗答问条画时务》，《国朝诸臣奏议》卷一四八《总议门·总议四》；钱彦远：《上仁宗乞拨并诸路军额放停老弱》，《国朝诸臣奏议》卷一二二《兵门·州郡兵》。
⑤ 马玉臣、杨高凡《"易进难退"的兵制与北宋前期之冗兵》一文认为，北宋冗兵之患在太祖时已露端倪，太宗朝有加剧趋势，但至真宗，因为经济和财赋的快速增长以及和议以后的拣汰而使冗兵问题有所缓解。仁宗朝这一问题再次加剧，至英宗朝，冗兵问题达到最为严重的局面，参见《烟台大学学报（哲学社会科学版）》2003年第2期。

面已提到，太祖设立剩员制度，既是出于仁政的考虑，不致使老弱士兵在年高病患之时流离失所，更重要的也是保证社会稳定、不致使士兵心怀仇怨的有效政策。而且，将老弱士兵降为剩员为其养老，也是为了给正在替国家效命的精壮士卒一种宽慰。在宋初士兵数量不多的情况下，剩员数量也应该不是很多，所以国家尚未感到剩员制度危及财政。但从开宝时起，随着剩员军额的增加，为防止冗食，国家便拣拔剩员中的强壮者另立军队。

开宝以后，又有了带甲剩员等其他各种名目的剩员，大概多是用于看守仓库，"祖宗时，三衙军兵，每年拣汰，下诸郡养老，皆优其禄，诸郡亦得以守仓库"①。据现有史料推测，太祖、太宗两朝的剩员大概是由国家一直供养直到去世的，很少有被放停的情况；但也可能与后世相同，即剩员到了放停年限就会被放停，只是缺乏有关这两朝剩员放停的史料而已。笔者更倾向于前一种推测，因为如果剩员有放停年限，这样一来，国家所谓保证老弱士兵不致困顿失所，以及保证社会稳定不致士兵怨怼的意图就几乎成为一句空话。"是未停之前，大蠹国用，既废之后，复伤物情"②，英武如太祖，大概不会想不到这一点。

但真宗、仁宗之世，士兵数量激增，冗兵冗费之弊日趋严峻，国家在考虑减兵省费的同时，也开始考虑将剩员放停。剩员人数日众，即便只给一半军俸，也是一笔不小的开支。大中祥符五年（1012），真宗曾宣示辅臣说："殿前、侍卫马步军司自来拣下披带禁军，量减衣赐、月粮充剩员，并无定额。散在逐营拘系，不获营生。官中所给岁计不少，可乘此时一例拣选。"③要求将其中的老病之人拣放归农。七月，又命缘边州军将本处禁军老弱当停者拣为本州剩员，但"如闻侵费边储，烦于转送。宜令转运使阅验，咸遣归农"④。也就是说，原本是要将北宋沿边地区的老弱禁军拣放为所在地的剩员，但因为他们会消耗边境地区的后勤物资，而这些东西的转运

---

① 《云麓漫钞》卷七。
② 《长编》卷一一二，明道二年七月癸未。
③ 《宋史》卷一八九《兵志三》。
④ 《长编》卷七八，大中祥符五年七月癸酉。

输送需要耗费大量的钱财,所以只能在转运使查验后让他们回乡务农。

庆历五年(1045),仁宗曾差内臣往福建等路拣选就粮禁军及本城兵士,如果"剩员久或不堪,与给放停公据"①。按《嘉祐编敕》,"转运、提点刑狱巡历,与当职官据本处本城、牢城节级、兵士当面拣进[当作"选",据文渊阁四库全书本改],其老病久远、不堪征役者即减充剩员。若年七十以上或患病不任医治,即给公凭放停讫奏"②。而这些年七十以上、久病不愈、给公据放停的士兵中,肯定有相当一部分属于剩员。可见此时将剩员放停已经很常见。③

自真宗朝以后,大概只有曾经立有战功者以及域外少数民族士兵中的无家可归者,被拣选为剩员后可以由国家一直供养,其他的普通剩员兵士则无一例外地面临着被放停。这样一来,太祖设立剩员制度以奉养老兵的本意就遭到扭曲。士兵被淘汰降为剩员,由国家给半俸供养十多年之后,最终面临着被放免为民的窘境。此时,士兵年老体衰,若没有家人抚养更是难以生存下去,故而对放免一事很可能心存不满或者有抵触心理,设立剩员制度所起到的稳定社会的作用也变得极为有限。至此,绝大多数士兵年老时都面临被拣放的命运,而汰兵的过程中出现士兵产生抵触乃至怨恨心理甚或作乱的情况,也主要发生在真宗朝及以后。

除了对士兵拣选和裁汰采取十分谨慎的态度外,出于朝野上下历来对军人的恐惧和防范心理,朝廷对放停老弱士兵的控制也比较严格。一般说来,士兵放停后不许归乡,只许居住于从军时所在州,而且本州要"岁申

---

① 《云麓漫钞》卷一二。
② 神宗以后,也多有将剩员拣放的事例。如熙宁二年(1069),枢密院札子规定:拣选本城、牢城的节级、兵士,"其老病稍堪征役者,即减充剩员。若年六十五以上并病患久远、不任医治者,不问年甲,即使给公凭放停讫奏"。《元丰令》规定:"诸拣军:将校稍堪部辖、军人稍堪征役及年六十者减充剩员,内节级仍依旧职例,惟军头改十将。其病假满不堪医治及年七十者,并放停。厢军、剩员年六十五准此。"参见(淳熙)《三山志》卷一八《兵防类一》。而且,熙宁十年(1077)开始了将全国剩员定额化的举动,《文献通考》卷一五二《兵考四》引陈傅良语:"熙宁十年十月,诏诸路州军,以逐州就粮禁军、厢军,通计十分,立一分为额。剩圆立额自此始。"这对于控制剩员数量无限制增长、防止剩员过多以致冗食伤财有着十分重要的意义。
③ (淳熙)《三山志》卷一八《兵防类一》。

上其籍"①，以便朝廷随时掌握他们的情况。至于司马光所说的，旧法"每岁拣禁军，……小分复不任执役者，放充百姓。听其自便，在京居止。但勿使老病者尚占名籍，虚费衣粮"②，应该说的是宋初只有京师有禁军时的情况，士兵放停后只能居住于京师。若放停士兵愿意回乡，必须经由政府允许。大中祥符元年（1008）八月十三日敕规定，放停士兵愿还乡者，需所在州军"移牒会问其骨肉，仍奏取进止，方遣之"。大概此敕文过于苛刻，后来又有大中祥符五年（1012）敕文。天禧三年（1019）五月，诏："自今放停军士愿还乡里者，并依大中祥符五年诏，验认得实，即遣之。"③大概士兵回乡之后，也是要受当地政府监控的。

此外，将剩员放停虽在一定程度上减轻了国家财政负担，裁减了部分冗费，但并不能从根本上解决冗兵伤财的问题，因为募兵制的一个最难以去除的弊害，足以使冗兵冗费的现象发生。苏轼曾将其明白地指出来：

> 凡民之生，自二十以上至于衰老，不过四十余年之间。勇锐强力之气足以犯坚冒刃者，不过二十余年。今廪之终身，则是一卒凡二十年无用而食于官也。④

由此可见，一个士兵二十岁被招募了来，轻易不脱行伍之列，一直养到六十多岁，其间大概只有二十岁到四十岁之间可用，之后的二十年，他渐渐老了，而且在军中已二十多年，精神也疲了。"这样的军队，有名无实，于是只有再招新的"⑤，而又不能立即裁汰老兵，因为害怕他们造反，于是只好将其降为剩员养着，等到达一定年限或者剩员数量危及国家财政，才会将其解除军籍。于是军队越养越多，国家的财政负担也越来越

---

① 《宋史》卷一八九《兵志三》；《长编》卷七七，大中祥符五年四月辛丑。
② 《司马温公集编年笺注》卷四一《乞不拣退军置淮南札子》。
③ 《会要》刑法七之八。
④ 《苏轼文集》卷九《策别训兵旅二》。
⑤ 《中国历代政治得失》第三讲《宋代》之《宋代兵役制度与国防弱点》，生活·读书·新知三联书店，2001年，第97页。

重。况且士兵被降为剩员后,国家养之一二十年,官中所费亦是不少。而剩员六七十岁才被放停,"人方五十之时,或有乡园骨肉怀土之情,犹乐旧里",但是到了七十岁后,"乡园改易,骨肉沦谢,羸老者归复何托?"因此,"是未停之前,大蠹国用。既废之后,复伤物情"。①

(二)拣选制度的变革:裁兵运动②

拣选制度到真宗、仁宗时已经步入破坏的阶段。仁宗庆历中,士大夫都自觉兵制和军政被破坏到不足以御外侮的地步,纷纷要求改变兵多费冗的现状。其中最重要的问题包括三方面:一是冗兵(国家养兵的数量),二是募兵(招募士兵的费用),三是弱兵(供养老弱或残疾之士兵)。而加强"优升劣降(汰)"的拣选,无疑对这三大问题的解决有着十分重要的意义。拣选制度的执行,到了仁宗庆历四年前后有了逐步加强的趋势。由于冗兵问题日趋严峻,真宗及仁宗前期由重视"招募与升等"开始向重视"拣选与裁汰"的方向转变。

庆历三年(1043),西夏请求息兵议和,宋朝得到了喘息的重要机会,于是开始着手减兵。七月,范仲淹同韩琦上书,要求朝廷派遣使者分往陕西、河东路等北部边境地区,与各经略部署司一同拣选其管下屯驻、驻泊、就粮军员。

---

① 《长编》卷一一二,明道二年七月癸未。由剩员的被放停,以及前文所述对老弱士兵的直接放停,可以看出以前很多学者的观点是值得商榷的。比如,有学者认为宋代募兵制度下,士兵一旦被招募入伍,便终身仰食于官,即便老弱病患也不会被淘汰,属于终身制的职业兵(邓广铭:《北宋的募兵制度及其与当时积弱积贫和农业生产的关系》,《邓广铭治史丛稿》,北京大学出版社,1997年,第83页),或者认为至少禁军是属于终身之职的(关履权:《有关宋代兵制的几个问题》,《两宋史论》,中州书画社,1983年,第129页)。又如,周鍪书《宋代养兵政策剖析》[《江西师范大学学报(哲学社会科学版)》2000年第3期]、王育济《北宋"冗兵"析》(《文史哲》1989年第2期)也认为,宋代当兵乃是"有进无退"、是"终身化"的。孙远路《北宋兵制评议》(《安阳师范学院学报》2006年第6期)也提到宋代募兵制度下,当兵已经"职业化、终身化"。

应该说,宋代士兵特别是禁军终身为兵、国家对其奉养终身的情况有但只是宋初的普遍现象。真宗以后,由于冗兵问题的加剧,士兵达到一定年限便会被放停。国家支付其下月军俸之后,便不再负责其生活,由其自谋出路。

② 此一节主要参见《北宋兵制研究》第四章第一节《裁兵运动》。

如内有年高、手脚沉重并疾患尫弱不堪披带，及愚戆全无精神，不能部辖者，并开坐申奏。内屯驻、驻泊人员，一面发遣赴阙，别与安排。所有就粮指挥人员，即更于逐人名下，各令指射愿管厢界去处闻奏。仍勒在本营听候朝旨。候拣选毕，即据指挥见阙人数，便于诸军十将以上，拣选曾有功劳者并武艺高强得力之人，升一两资，给帖权管，候将来转员，却依本资叙迁。①

此后不久，范仲淹进一步进言，要求对全国范围内的士兵和军员进行拣选：

欲乞指挥，下殿前、马步军司，应在京及畿内诸军，今来并向去合起发往边上兵士，并须逐指挥依次勾来，本司子细拣选。小弱不堪披带之人，更不令发往边上。其拣下小弱人数内，元系在京诸司库务并外路厢军，如却愿归本处旧指挥者，并令送还。内有身材比旧等样小三两指，却少壮得力者，即不得拣下。所有年老患病之人，即等第与剩员安排。其逐指挥人员年老疾患不得力者，亦便拣下，别与安排。却于本指挥向下人员十将内，拣选得功并武艺高强人，升一两资，权管勾当。候转员日，依本资施行。如本指挥人员十将内无可选拣，即于以次指挥内选拣，令权管补填勾当。所贵在路便有干了军员部辖，各得齐整，不至依前作过。他所兵士，本营在外府军者，即委逐处长吏、都监、监押，依此拣选起发。仍乞指挥诸路部署司，将去年秋后差到屯驻、驻泊并今后差到兵士，并依此拣选施行讫，逐旋开坐闻奏。②

于是朝廷做出非常重要的决定，从中央派遣使者前往陕西、河东等地拣选诸军，拉开了北宋第一次大规模裁兵的序幕。

---

① 《长编》卷一四二，庆历三年七月戊寅。
② 《长编》卷一四二，庆历三年七月戊寅。

当年十二月，陕西宣抚使韩琦因"民力久困"，乃蠲免当地农民的赋役，"察官吏能否者升黜之。又以兵数虽多而杂以疲老，耗用度，选禁军不堪征战者，停放一万二千余人"①。庆历四年（1044）六月，韩琦、范仲淹又奏陕西、河北画一利害事。其中所言"陕西八事"中即称"新刺保捷土兵内，有尪弱不堪战阵者"②，要求将其减放归农。庆历五年（1045）正月，韩琦建议减少宣毅军兵额，"欲乞除河北、河东外，其京东、京西、淮南、两浙、江南、荆湖、福建等路，每指挥可减以三百人为额，后有阙即招填之"③。又以"天下兵冗不精，耗蠹财用，陕西、河东、河北、京东州军已曾差官拣选"，要求对其余路分"亦请选近上内臣分往拣选"，"上悉施用其言"。④ 田况也上书要求拣选诸路宣毅、广捷等军，将"其不堪战者并降为厢军，厢军之不堪役者并放停"⑤。二月初，朝廷又用韩琦等人之言，"分遣内臣往诸路选汰羸兵"⑥。之后，张方平⑦、鱼周询⑧、曾公亮⑨、钱彦远⑩、包拯⑪、何郯⑫等人都曾上疏要求拣放老弱。

仁宗朝第二次大规模的裁兵运动发生在皇祐元年（1049）十二月，由枢密使庞籍和宰相文彦博具体负责主持该项工作：

---

① 《长编》卷一四五，庆历三年十二月。
② 《长编》卷一五〇，庆历四年六月辛卯。
③ 《长编》卷一五四，庆历五年正月丙子。
④ 《长编》卷一五四，庆历五年正月丙子。
⑤ 田况：《上仁宗乞汰冗兵》，《国朝诸臣奏议》卷一二〇《兵门·兵议上》；《长编》卷一五四，庆历五年正月。按：《国朝诸臣奏议》将其奏系于庆历三年七月，李焘《长编》认为当误，并有比较有力的考辨。今从《长编》。
⑥ 《长编》卷一五四，庆历五年二月戊子。
⑦ 《乐全集》卷一八《对手诏一道》，《全宋文》卷七八二；《长编》卷一六三，庆历八年三月甲寅。
⑧ 鱼周询：《上仁宗答诏条画时务》，《国朝诸臣奏议》卷一四八《总议门·总议四》；《长编》卷一六三，庆历八年三月甲寅。
⑨ 曾公亮：《上仁宗答诏条画时务》，《国朝诸臣奏议》卷一四七《总议门·总议三》。
⑩ 钱彦远：《上仁宗乞拨并诸路军额放停老弱》，《国朝诸臣奏议》卷一二二《兵门·州郡兵》。
⑪ 《长编》卷一六六，皇祐元年三月庚子。
⑫ 何郯：《上仁宗乞拣放保捷指挥》，《国朝诸臣奏议》卷一二三《兵门·民兵上》；《长编》卷一六七，皇祐元年十月丙戌。

壬戌，诏陕西保捷兵年五十以上及短弱不任役者，听归农，若无田园可归者，减为小分。凡放归者三万五千余人，皆欢呼反其家……

初，枢密使庞籍与宰相文彦博以国用不足，建议省兵，众纷然陈其不可。缘边诸将争之尤力，且言兵皆习弓刀，不乐归农。一旦失衣粮，必散之间阎，相聚为盗贼。上亦疑焉。彦博与籍共奏："今公私困竭，上下皇皇。其故非他，正由养兵太多尔。若不减放，无由苏息。万一果聚为盗贼，二臣请死之。"上意乃决。于是简汰陕西及河北、河东、京东、西等路赢兵，无虑八万有余人。其六万有余，悉放归农。其二万有余，各减衣粮之半。[①]

除前述张方平、何郯、包拯等人外，此时亦有大臣吕景初[②]、范镇[③]、吴及[④]、司马光[⑤]、薛向[⑥]等唱和裁兵之议，倡导务实地对士兵进行相应的拣选。

英宗治平年间，亦有蔡襄[⑦]、司马光[⑧]等大臣上疏请求省兵。神宗即位后，张方平[⑨]、王陶[⑩]等纷纷请求汰兵。而神宗亦"患兵冗不继，始议销并。乃亲制选练之法，靡不周悉"[⑪]。北宋第三次大规模的裁兵运动积极铺展开来。这大概也与当时朝野上下要求变革的政治气候有关。这次裁汰冗兵、减省冗费主要从两方面着手，一是裁汰老弱，二是省并军营。裁汰老弱的工作始于熙宁元年（1068）：

---

① 《长编》卷一六七，皇祐元年十二月壬戌。
② 《长编》卷一七六，至和元年四月庚申。
③ 范镇：《上仁宗论益兵困民》，《国朝诸臣奏议》卷一二〇《兵门·兵议上》。
④ 《宋史》卷三〇二《吴及传》。
⑤ 《司马温公集编年笺注》卷一八《拣兵》；《长编》卷一九四，嘉祐六年七月壬寅。
⑥ 《长编》卷一九六，嘉祐七年二月癸卯。
⑦ 《蔡忠惠集》卷一八《论兵十事奏》，《全宋文》卷一〇〇三。
⑧ 《司马温公集编年笺注》卷三三《招军札子》。
⑨ 《乐全集》卷二四《论国计事奏》，《全宋文》卷七九〇。
⑩ 《东都事略》卷八五《王陶传》。
⑪ 《文献通考》卷一五三《兵考五》。

熙宁元年，诏诸路监司察州兵拣不如法者，按之。不任禁军者降厢军，不任厢军者免为民。①

[四年]七月，手诏："拣诸路小分年四十五以下胜甲者，升以为大分，五十已上愿为民者听。"旧制，兵至六十一始免，犹不即许。至是免为民者甚众，冗兵由是大省。②

当时，军队中编制严重不满员，"额存而兵阙，马一营或止数十骑，兵一营或不满一二百。既不成部分，而将校猥多，赐予、廪给十倍士卒，递迁如额，不敢少损"③。编制不满员的现实不但严重影响了军队的作战能力，而且更为严重的是，"额存"则朝廷仍须支付每营四五百人的钱粮，"兵阙"则其相应的军俸落入将校的囊中，蠹用国财。于是，神宗下诏要求省并军营，整顿编制、撤销番号、缩编指挥。省并军营始于熙宁二年（1069）：

二年，诏并废诸军营。陕西马步军营三百二十七，并为二百七十，马军额以三百人，步军以四百人。其后，总兵之拨并者，马步军五百四十五营，并为三百五十五。而京师之兵，类皆拨并，畿甸、诸路及厢军皆会总畸零，各定以常额。④

这样通过上述措施，陕西路兵营从 327 个合并为 270 个，大体上裁并了约 17.4%。表面上看合并比例不是很高，但不难想见的是，此前宋朝军营的空置率还是很高的。从士兵数量上来说，至少从某种程度上缩小了兵籍虚数与实数的差距，兵籍数量大大减少而军费大省。

总的来看，北宋这三次裁兵运动还是颇见成效的。前面已经提到，庆

---

① 《文献通考》卷一五三《兵考五》；《宋史》卷一九四《兵志八》。
② 《宋史》卷一九四《兵志八》；《长编》卷二二五，熙宁四年七月。按：《文献通考》卷一五三《兵考五》将此手诏系于熙宁元年七月，似误。
③ 《文献通考》卷一五三《兵考五》；《宋史》卷一九四《兵志八》。
④ 《文献通考》卷一五三《兵考五》；《宋史》卷一九四《兵志八》。

历年间，兵籍最多的时候禁军大概有100万人左右。庆历三年（1043）裁兵之后，士兵数量确实有较大幅度的减少。据嘉祐七年（1062）枢密院所上兵籍载，庆历中士兵总共有125.9万人，而禁军有82.6万人①，比庆历兵籍最多时少了17万有余。皇祐元年（1049）又有第二次裁兵。陈傅良说"皇祐之初，兵已一百四十一万"②，当是指全国士兵的总数。但不知为何，明明之前庆历中有大规模的裁军，而士兵总数却有增无减，不知是不是陈傅良的记载有误。嘉祐七年（1062），朝廷考察前朝及本朝庆历年间的兵籍，发现目前"视前募兵浸多"，于是"自是稍加裁制，以为定额"。③按蔡襄的说法，英宗治平元年（1064）全国禁军总数约为70万，厢军总数约为50万④，全国总兵数约为120万。比之庆历之籍，兵籍减少并不是太多。若陈傅良所记皇祐兵籍数属实，则较之皇祐之籍，确有较大幅度的减少。

英宗治平年间应该是继承了仁宗时的省兵惜费政策，兵籍又有所减省。按蔡襄和陈襄的记载，治平元年和二年全国的士兵数大约是120万。⑤治平四年，神宗即位之初⑥，全国的士兵总额为116.2万，而禁军马步总额为66.3万。⑦神宗锐意富国强兵，即位不久便大刀阔斧地裁汰冗兵、省并军营，故熙宁时禁军总数比治平四年减少了近10万，共有568688人。⑧

但几次大规模裁兵行动的最终结果是，终北宋一代，冗兵误国伤财的问题始终存在，即便是在裁兵执行力度较大的仁宗、神宗两朝，朝野上下要求裁汰冗兵、消减冗费的呼声也一直存在。考其原因，主要是裁兵措施未能始终贯彻如一，兵数屡增屡减。而其原因大概有三：

其一，边事未了，尽管朝廷上下有很多官员主张裁减兵员，但持相反

---

① 《文献通考》卷一五二《兵考四》;《宋史》卷一八七《兵志一》。
② 《历代兵制》卷八《宋》。
③ 《文献通考》卷一五二《兵考四》;《宋史》卷一八七《兵志一》。
④ 《蔡忠惠集》卷一八《国论要目十二事疏·强兵》,《全宋文》卷一〇〇三。
⑤ 《蔡忠惠集》卷一八《国论要目十二事疏·强兵》,《古灵先生文集》卷一八《论冗兵札子》,《全宋文》卷一〇〇三、一〇八一。
⑥ 治平四年正月丁巳英宗崩，神宗即位。见《宋史》卷一三《英宗纪》、卷一四《神宗纪一》。
⑦ 《文献通考》卷一五三《兵考五》;《宋史》卷一八七《兵志一》。
⑧ 《文献通考》卷一五五《兵考七》;《宋史》卷一八七《兵志一》。

想法的边臣屡屡陈请增兵。今日虽减兵,明日又增兵,于是,"本欲减冗兵,而冗兵更多。本欲省大费,而大费更广"。司马光曾将此点明确指出:

> 使边陲常无事则已,异日或小有警急,主兵之臣必争求益兵。京师之兵既少,必须使者四出,大加召募,广为拣选,将数倍多于今日所退之兵。①

边境屡请增兵,而朝廷多是有求必应,主要是大臣们出于政治上明哲保身的考虑:

> 盖边鄙之臣庸愚怯懦,无他材略,但求添兵。在朝之臣又恐所给之兵,不副所求,他日边事或有败阙,归咎于己。是以不顾国家之匮乏,只知召募,取其虚数,不论疲软,无所施用。②

边境地区的守臣才能不足,因而只好要求朝廷增加兵力,以求保证所在地区的稳定。而朝中的官员又担心所派遣的兵力不足,一旦边境战事失败,自己会承担相应的责任。

其二,上述裁兵措施的推行遇到了极大的阻力。首先是边臣为保住自身的官位,往往借口大量裁兵会导致退兵作乱。庆历五年(1045),田况议汰兵,就曾说:"议者必曰:兵骄日久,一旦遽加澄汰,则恐致祸乱。此虑事者之疏也。"③皇祐元年(1049),庞籍、文彦博议裁兵,"众纷然陈其不可。缘边诸将争之尤力,且言兵皆习弓刀,不乐归农。一旦失衣粮,必散之间阎,相聚为盗贼"④。其次是拣汰老弱士兵过程中,的确出现过士兵怨恨及作乱的情况。如嘉祐四年(1059)七月,"河北都转运使李参简退诸

---

① 《司马温公集编年笺注》卷四一《乞不拣退军置淮南札子》。
② 《司马温公集编年笺注》卷三三《招军札子》。
③ 田况:《上仁宗乞汰冗兵》,《国朝诸臣奏议》卷一二〇《兵门·兵议上》;《长编》卷一五四,庆历五年正月丙戌。
④ 《长编》卷一六七,皇祐元年十二月壬戌。

军老羸者万余人,军士颇出怨言",甚至还有骁骑张玉"突入三司诟[包]拯"。①熙宁时,"并省诸军,迫逐老病"②,以致年近五十的士兵人人忧虑,且心生怨恨。而苏辙也说:"拣兵并营之策,其害先见,武夫凶悍,为怨最深,为患最急。"③熙宁五年(1072),"有军士深诋朝廷,尤以移并营房为不便。至云今连阴如此,正是造反时。或手持文书,似欲邀车驾陈诉者"④。

由此,统治者十分担心拣汰"动众害事,弊未除而乱先作也"⑤,故对士兵的拣选非常谨慎。如景德二年(1005),真宗命辅臣拣选殿前司、侍卫司诸禁军,他虽然说"虽议者恐其动众,亦当断在必行",但又害怕军旅之情以为国家甫得安宁便谋"去兵惜费",人心不安,于是"命先于下军选择勇力者次补上军;其老疾者,俟秋冬慎择将臣令拣去之"⑥。皇祐元年(1049),庞籍、文彦博要求省兵之时,"众纷然陈其不可",而仁宗"亦疑焉"⑦。熙宁时,"初议并营,大臣皆以兵骄已久,遽并之必召乱,不可。帝不听,独王安石赞决之"⑧。而当拣兵并营的工作大规模铺展开来时,士兵多生忧愤情绪,甚至有士兵想造反为乱,神宗只好命"多支月粮,复收退卒,以顺适其意"⑨。熙宁三年(1070),枢密副使韩绛与文彦博、吕公弼争议拣退禁军,"彦博、公弼曾言其不便,上命且依旧制。是日,绛亦称疾在告"⑩。就连锐意进取的神宗都如此谨慎,那么其他守成之君主和臣僚的态度更是可想而知了。

而力主减省冗兵的田况、张方平、何郯、蔡襄、苏辙等大臣,在奏疏

---

① 《长编》卷一九〇,嘉祐四年七月甲辰。
② 《苏轼文集》卷二五《再上皇帝书》。
③ 《栾城集》卷三五《陈州为张安道论时事书》。
④ 《长编》卷二二九,熙宁五年正月丁未。
⑤ 《水心别集》卷一二《厢禁军弓手土兵》。
⑥ 《宋史》卷一九四《兵志八》;《长编》卷六〇,景德二年六月壬寅。
⑦ 《长编》卷一六七,皇祐元年十二月壬戌。
⑧ 《宋史》卷一九四《兵志八》;《文献通考》卷一五三《兵考五》。
⑨ 《栾城集》卷三五《陈州为张安道论时事书》。
⑩ 《续资治通鉴长编拾补》卷七,熙宁三年三月壬辰。

中也纷纷说,"请密料边兵"①,"令依常例,旋行拣放,频作番次拣选,少作人数放停,使由之而不知"②,"伏乞特降指挥,约束逐路转运使,所至州郡,并令先与帅臣、长吏同议,然后选择,仍不得过有张皇,使众疑惧"③,"今之兵不可暴减,固当有术以消之"④,"去之以渐,而行之以十年,而冗兵之弊可去矣"⑤。由此可知,很多主张裁汰兵员的官员实际上是忧心忡忡的,也是相互矛盾的。一方面他们力主简省兵员和军费,力争消除冗兵之弊。另一方面,他们又格外担心裁撤兵员会引发社会的不稳甚至混乱,因而他们几乎都是畏首畏尾,根本不可能下定决心改变宋代日甚一日的冗兵危局。显而易见,在这种状况下,无论如何是无法彻底解决宋代兵冗费广的现实的。

熙宁年间,司马光上疏反对朝廷"拣在京禁军年四十五以上微有程功者,尽减下请给,兼其妻孥徙置淮南,以就粮食",其中一个重要的原因就是他担心"诸军之内,沙汰甚多,必恐人情惶惑,大致愁怨"⑥。元符年间,殿前司违背《军马格》中班直"不取边人"的规定,将河北等边地之人拣选上来,等样事艺达到班直标准的禁军直接升充班直。哲宗"谕以不可遽改,但呼管军密谕似此法意。令渐次厘革,恐人情不安"。而曾布进一步建议:"此令诚不可下。盖旧人中有似此等人,则必不自安,但当密谕之尔。寻召管军至密院,谕以此意,令虽人吏不可使豫闻,但有似此边人,渐渐暗斥去可也。"⑦其君臣之谨慎可见一斑。

对社会改革持审慎的态度固然是必要的,但若是一直畏首畏尾,不敢大刀阔斧,改革就无法执行下去。加之反对之声一直存在,主张裁兵的人

---

① 田况:《上仁宗兵策十四事》,《国朝诸臣奏议》卷一三二《边防门·辽夏四》;《长编》卷一三二,庆历元年五月甲戌。
② 《乐全集》卷一八《再对御札一道》,《全宋文》卷七八三;《长编》卷一六三,庆历八年三月甲寅。
③ 《长编》卷一六七,皇祐元年十二月壬戌。
④ 《蔡忠惠集》卷一八《国论要目十二事疏·强兵》,《全宋文》卷一〇〇三。
⑤ 《栾城集》卷二一《上皇帝书》。又有奏议,请求"选厢军以补禁军"(《长编》卷一六七,皇祐元年十二月壬戌)。
⑥ 《司马温公集编年笺注》卷四一《乞不拣退军置淮南札子》。
⑦ 《曾公遗录》卷七,元符二年五月乙卯。

偶一松弛或者有所犹豫，朝廷便随即增募新兵。如皇祐元年（1049），用庞籍、文彦博之议减兵八万余人，但到至和年间，王德用为枢密使，许怀德为殿前都指挥使，在他们的主导下，宋朝政府又被迫不断扩充兵员。在这种情况下，宋朝军队的数量始终难以大幅度地减少便是必然的事情，而冗兵伤财的弊端也就成为断然无法消除的现实了。

其三，北宋国家特别是都城汴梁的地理形势，也使宋代的冗兵难以减省。宋朝建立之初，太祖为防止冗兵问题的出现，初步确立了军队将校和士兵的拣选制度。同时，他还有迁都洛阳或长安之意，"欲据山河之胜而去冗兵，循周、汉故事，以安天下"。太宗和大臣李符等人极力反对，加之西京（长安和洛阳）确实存在京邑凋敝、宫阙不完、军食不充、壁垒未设等问题，而"东京有汴渠之漕，岁致江、淮米数百万斛"，可给养京师十万士兵，于是迁都之议只好作罢。但太祖深知汴京无险可守，要维持强干弱枝的局面，不得不常年驻守重兵，因而宋代士兵的数量就很难减省了。正因为如此，他料到"不出百年，天下民力殚矣"①，日后的局面果如宋太祖赵匡胤所言，宋朝因为定都开封而导致了"天下民力殚矣"的困窘局面，这无疑是北宋灭亡的原因之一。

综括言之，北宋的裁兵活动始自仁宗庆历年间，历英宗朝，至神宗熙宁中而不辍，可以算作拣选制度执行过程中一次较大的变革。主要表现是由之前的一度重视"升补"（很难做到"优升"），转而强调"降汰"（主要是裁汰）。但是，它并没有扭转拣选制度向背离太祖拣选制度精神的方向发展的趋势。首先，裁兵活动只是从强调"升补"转向强调"降汰"，并没有遵循太祖拣选制"优升""劣降（汰）"并行的原则。其次，裁兵活动在解决冗兵问题上一度发挥过一些成效，但因为未能贯彻持久，尤其是不能一以贯之，所以起到的作用是非常有限的。而且裁兵政策的重点是裁汰军队中的老弱者，故对北宋的"弱兵"等问题几乎没有太大的影响，甚至是完全不起作用。拣选制度仍旧朝着偏离太祖拣选制度的方向发展，最终的结果便只能是两宋王朝武功之不振的局面了。

---

① 《长编》卷一七，开宝九年四月癸卯。

（三）宋代军队将校拣选制度的崩坏

大概是熙宁年间的裁兵措施矫枉过正，以及朝廷欲以保甲制民兵渐渐取代作为正兵的禁军，封桩缺额禁军请受以为保甲训练及教阅将兵之费，而对于禁军缺额则不再招补新兵或者只是招补其中一小部分，所以到神宗元丰时，已出现禁军大量缺额的现象。① 而随着保甲制度弊端的日益显现，朝廷意识到民兵不可能完全代替禁军。加之元丰四年、五年间对夏战争的需要，于是又开始大规模填补禁军缺额。除了招募新兵之外，② 还有将整支整支的教阅厢军队伍大量升为下禁军的举措，③ 甚至还将被拣汰为剩员的士兵重新编组为正规军。④ 据推测，拣选制的标准应当是放宽了。至此，执行拣选制的目的发生了很大的变化，即由之前的务求精锐以去冗兵转而变

---

① 这一现象的出现很大程度上是因为封桩禁军钱粮而不补缺额，或者只补其中一小部分，如熙宁九年（1076），"诏选补捧日、天武以下诸军阙，马军三分补一，步军十分补五"（《宋史》卷一九三《兵志七》）。封桩库设于太祖时，本意是备款以恢复燕云（《渑水燕谈录》卷一《帝德》），神宗时будуш缺额禁军请受封桩，以作训练保甲及按阅将兵之费。但渐渐地，逐渐重其为上供之费，而忽略了禁军的招补。徽宗建中靖国元年（1101），张舜民在论述定州缺兵状况时，将这一弊病说得尤为透彻："本朝自南北通好已来，定州路兵额常及十万。尔后日见销耗，至熙宁、元丰以前，定州犹不减二三万人。后因封桩禁军阙额钱粮，朝廷唯务封桩数多，转运司利于销兵省费，更不切招填，因致边兵日少。即今春秋大教，尽数不及六七千人。定州最为河北屯兵之处，尚乃如此，其它州军即可知矣。"（张舜民：《上徽宗论河北备边五事·添兵额》，《国朝诸臣奏议》卷一四〇《边防门·辽夏十二》）。当然，禁军缺额的现象，还有一个十分重要的原因，那就是禁军逃亡。逃兵问题在北宋一直是个很严重的问题，太宗以下各朝都有发生，不过在徽、钦时显得最为严重（参见《宋史》卷一九三《兵志七》）。

② 如元丰二年（1079），募充、郓、齐、济、滨、棣、德、博州饥民为兵，"以补开封府界、京东西将兵之阙。三年，又诏：'府界诸路将下阙禁军万数，有司其速募之'"。元丰五年（1082），"诏一岁内能募及百人者，加秩一等"（《宋史》卷一九三《兵志七》），同年四月，也曾有诏令规定："招军军员，一年内招将下就粮兵士及五百人，转一资。"（《长编》卷三二五，元丰五年四月甲戌）。

③ 元丰二年（1079），将川峡四路教阅厢军武宁升为禁军。元丰四年（1081），"诏升南京、青、登、邓、郓、曹、济、洺、濮州有马教阅厢军，及真定府北寨劲勇、环州下番落未排定指挥并为禁军"。元丰五年（1082），诏："诸路教阅厢军，于下禁军内增入指挥名额，排连并同禁军。"于是排定"有马厢军二十二指挥，无马厢军二百二十九指挥"（《长编》卷二九六，元丰二年二月丁巳；卷三一五，元丰四年八月壬午；卷三三〇，元丰五年十月甲寅）。

④ 如元丰六年（1083），曾令河东、陕西路安抚司遣官往逐州军拣"年四十五已下，堪披带"剩员，"虽有小疾，不妨挽张弓弩等武艺，于元降指挥大分收管，据见今武艺降等教习"（《长编》卷三三三，元丰六年二月壬戌）。

为大量招拣、升补以补禁军缺额。故元丰年间，天下禁军总共有612243人，①比熙宁年间增加了四万多人。李纲说："当熙、丰盛时，合中外禁卒，凡九十五万人。而土兵、厢兵不在数焉。"②这大概是夸张的说法。

宋哲宗在位时期，西北地区用兵频繁，增戍益广，禁军缺额现象应该更加明显，因此招拣的标准进一步放宽。此时，保甲制度弊端更甚，于是有了允许保甲投刺禁军的规定。如元祐元年（1086）三月诏："河北保甲愿投军人，及得上四军等杖、事艺者，特许招填。合给例物外，更增钱五千，中军以下三千。比等杖短一指，射保甲第一等弓弩，并许招刺。"③四月，令招募畿内保甲"事艺成就"者添填在京及开封府界禁军缺额。④五月，因"河北州、军寄招保甲填在京禁军阙额，其间有愿就本处充军者"，于是下诏许其"依逐州军见招等状例，招填本处禁军"。⑤元祐二年（1087）六月，诏："河北保甲投充在京上四军，如呈试弓弩不合格者，许令再试。不中及不愿者，拣填次军。"⑥而且，这时也有将剩员充正兵以补禁军缺额的现象⑦，并以招募禁军数额的多少确定对官员的赏罚⑧。于是又出现了招拣不精、唯务充数的现象。"诸路军兵经累次凋沮之余，虽诸将招填，略充旧数。而新人眇少，未堪战斗。朝廷但知兵籍数目，而未知士卒之气全未振奋。"⑨

徽、钦二宗之时，内忧外患，用兵不已，加之地方唯务将封桩禁军钱粮以为上供之费，役使禁军的情形日渐频繁，以致其大量逃亡，禁军缺额

---

① 《长编》卷三五〇，元丰七年十二月癸巳；《太平治迹统类》卷三〇《神宗》；《山堂群书考索·后集》卷四〇《兵门》；《宋史》卷一八七《兵志一》；《文献通考》卷一五五《兵考七》。
② 《梁溪集》卷一四八《迂论四 论兵》，《全宋文》卷三七五四。
③ 《宋史》卷一九三《兵志七》。
④ 《长编》卷三七四，元祐元年四月癸巳。
⑤ 《长编》卷三七七，元祐元年五月戊午。
⑥ 《长编》卷四〇二，元祐二年六月丙午。
⑦ 《长编》卷四八〇，元祐八年正月癸卯："泾原路经略司奏：乞拣选诸将下剩员，年六十以下，精力不衰，依旧充军，以补阙额。从之。仍诏陕西诸路准此。"
⑧ 《宋史》卷一九三《兵志七》："绍圣元年，枢密院乞立招禁军官员赏格，如不及数。罚亦随之。"
⑨ 《长编》卷三七二，元祐元年三月壬申。

臻于极致。徽宗好大喜功，为显示国力强大，曾不断向周边少数民族政权耀武扬威，屡次轻启战端。宋朝接连对西夏、河湟吐蕃以及四川夷人发动战争，虽有一定胜利，但亦耗费了大量财力，损折了大量兵员，加重了禁军缺额的状况。但其尚无悔改之意，进一步想收复燕云地区，完成自太祖以来历代宋朝帝王都未能实现的梦想，于是确立了联金灭辽、光复燕云之举。

而与此同时，宋朝国内政治腐败，导致民不聊生。人民反抗不已，更是有宋江、方腊起义等大规模抗争，国家只能派兵镇压。之后，金人南侵，北宋朝廷疲于应付，而禁军等士兵战斗力极差，往往遇见敌人就溃逃，因此缺兵现象达到宋朝最为严重的地步。建炎初，李纲所上《乞募兵札子》中就说：

> 臣窃以祖宗建国，以兵为重。熙、丰盛时，内外禁卒马步军凡九十五万人。承平既久，阙额三分之一，失于招填。比年西鄙丧师，江浙、山东寇作，继之以燕山陷没，所亡失者又半。重以靖康之变，金人再犯都城，诸路禁军往往溃散，流为盗贼。天下之兵所存者无几矣。[1]

据《建炎以来朝野杂记》的记载，宣和年间，三衙士兵仅有三万人，"京城之破，多死于狄"[2]。徽宗时京师禁军仅存三万人，也许是夸张的说法。但从现有史料来看，钦宗靖康初，京师禁军至多也不足十万人，而且多老弱不能战。靖康元年（1126）正月，金人完颜宗望军至东京城西北，《靖康传信录上》云：

> 方治都城四壁守具，以百步法分兵备御。每壁用正兵万二千余人，而保甲、居民、厢军之属不与焉。……又团结马步军四万人，为

---

[1] 《梁溪集》卷六一《乞募兵札子》，《全宋文》卷三六九九。
[2] 《朝野杂记》甲集卷一八《三衙废复》。

前、后、左、右、中军,军八千人,有统制、统领、将领、步队将等,日肄习之。[①]

每壁兵各一万二千余人,四壁兵为五万人左右;再加上前、后、左、右、中军四万人,共约九万人。而《靖康要录》所载靖康元年(1126)闰十一月的情况,亦称"京师之兵不满十万"[②]。这大概就是靖康初年京师禁军的数量。再由用保甲、居民等守城也可看出当时京师确实缺兵。京师兵力犹且如此,一般地方的禁军之少更可想见。

因此,徽宗、钦宗两朝在军事上的重点就是一再降低标准,大量招募士兵[③],甚至强刺平民为兵。[④] 汰去老弱、务求精锐的拣选已经完全不可能实现。靖康元年(1126)二月,钦宗曾下诏说,"军兵久失教习,当汰冗滥",并要求于招兵之际"精加拣择"。"然不能精也。方兵盛时,年五十已上,皆汰为民。及销并之久,军额废阙,则六十已上,复收为兵。"[⑤] 由此足见当时时政得失及缺兵之严重。

哲宗至徽、钦二朝的兵籍数量,由于史料的缺失,至今已经不得而知。从现有史料看,这三朝在兵籍调整上的重点承继了神宗元丰以来的趋势,即由原来的省减冗兵转向填补禁军缺额。特别是到徽、钦二帝时,国家已经陷入进退维谷的窘境之中:一方面,由于士兵逃亡、战争损耗以及现有士兵战斗力不强等原因,士兵始终处于缺乏的状态,于是国家不得不大量募兵;而另一方面,国家多于仓促之间招募士兵,无暇拣择,士兵良莠不齐甚至是良少莠多。即便这样,国家兵力尚嫌严重不足,哪里还会有

---

① 《靖康传信录》卷上,《全宋笔记》第三编(五),大象出版社,2008年。
② 《靖康要录笺注》卷一三,靖康元年闰十一月五日,四川大学出版社,2008年。
③ 具体情况参见《宋史》卷一九三《兵志七》。
④ 《宋史》卷一九三《兵志七》,宣和四年(1122)三月,臣僚言:"窃闻道路汹汹相怖,云诸军捉人刺涅以补阙额,率数人驱一壮夫,且曳且殴,百姓叫呼,或啮指求免。日者,金明池人大和会,忽遮门大索,但长身少年,牵之而去,云'充军'。致卖蔬茹者不敢入城,行旅市人下逮奴隶,皆避藏恐惧,事骇见闻。"靖康元年(1126)六月,开封府尹聂山奏:"招兵者,今日之急务。近缘京畿诸邑例各招刺,至于无人就募,则强捕村民及往来行人为之。遂致里氓奔骇,商旅不行……"
⑤ 《宋史》卷一九四《兵志八》。

"优升"与"劣汰":北宋军队将校与士兵的拣选制度　449

裁汰老弱的举动？甚至某些早就被拣汰的六十岁以上的老兵又被重新选入军队。而此时国家财政已濒于崩溃，故而冗食问题比前朝更甚。

政和年间，童贯、王黼等用燕人马植之谋，建议联金灭辽，徽宗听从了他们的建议。京师的禁军大多调往前线。自宣和北伐起，很多宋朝军队用于开边。宣和四年（1122）四月十日，以太师领枢密院事童贯为陕西、河东、河北路宣抚使，"勒兵十万巡边"[①]。六月，辽耶律淳死，七月王黼再议兴师，"于是悉诸道兵二十万，期九月会三关"，又诏令欲回河间府的童贯、蔡攸等部勿归，异议者斩，"于是伐燕之议成矣"[②]。三个多月的时间里，开往前线的士兵已达三十万人。正兵大量戍边，故京师守备空虚。而童贯、谭稹等人尚嫌士兵不足，加之原有的士兵不堪征役，招募的新兵良莠不齐，故国家正兵战斗力之差可想而知，因而朝廷又有接纳常胜军和置义胜军之举。边境大量驻兵，而京师守备空虚，形成外重内轻的危险局面。太祖兵制力求强干弱枝、内重外轻、内外相维的立国立军的意图遭到了彻底的扭曲和改变。至此，太祖拣选制度固有的裁汰老弱的原则和精神完全丧失，整个国家的兵制包括拣选制度已陷入彻底崩溃的局面，北宋朝廷危如累卵。

常胜军乃宣和四年（1122）宋军攻辽，辽涿州留守郭药师带领来降的军队。[③]在宋廷扶植下，势力日益壮大。后宋廷又以其骄横难制，募燕云之人所谓山后汉儿者，在河东置义胜军，以牵制之。[④]但二者乃一丘之貉，皆为边境燕云之民，有着同一气质，虽勇悍善战，但反复无常，不忠不义。有事时非但不能倚靠，反为所害。然而，宋廷将河北等地区的边防守御和抵抗金人的希望都寄托在他们身上，这使国家的边防形势更为恶化。国家对其待遇优厚，倍于他军，又加重了冗兵冗费的局面。而此时经济已濒于崩溃，国家对其赡给常常是疲于应付，有时亦难以赡足，于是其常

---

① 《三朝北盟会编》卷五。
② 《三朝北盟会编》卷九。
③ 《宋史》卷四七二《郭药师传》。
④ 《三朝北盟会编》卷一九；《系年要录》卷一，建炎元年正月辛卯。

"以饥而怒，出不逊语"①。而内地所派遣戍守北部边境的士兵，因"衣粮既为常胜军所先，皆饥寒失所"②，义胜军请粮皆新，而"我军所请皆腐"③，亦生离异之心。这样的结果，就是遇敌时有兵不能战亦不想战，新招兵迎降投敌，而后者更是对北宋军事和政治的致命打击。

早在宣和七年（1125）十二月，金完颜宗望（斡离不）率领东路军进攻燕山时，常胜军即在郭药师率领下投降金人。④"凡宋事虚实，药师尽知之。"⑤故此后金人入宋，势如破竹，"金人兵至，径趋其所，实药师导之"⑥。就在郭药师投降的前一天，金人南犯朔州（今山西朔州市），守将孙翊出兵与之战，战未决，汉儿即开门献之。金人至武州（今山西神池县），汉儿亦为内应，遂陷朔、武二州。金人长驱至代州（今山西代县），守将李嗣本率兵据守，汉儿擒李嗣本以降。而郭药师投降当日，金将完颜宗翰（粘罕）⑦所部至石岭关，义胜军守将耿守忠启关以献。⑧靖康元年（1126）正月，金人至平阳府（今山西临汾市），义胜军守将刘嗣初领汉儿四千人迎降。⑨

徽宗重视燕云之民，多用其防守边要。而其易于投降，金人便很容易长驱南下，直捣汴京。京城藩篱尽撤，不得不靠本城力量防御。但那时重兵在外，京师守备废弛，缺乏兵将。前面已经提到，当时京师禁军不足十万人，且多是怯懦不善战的，故京师不能坚守。所以北宋亡国也就成为必然之事。北宋灭亡，宋室南渡，很大程度上是因为军队的"内重外轻"转变为"外重内轻"。

而作为国家主力军的禁军素质极差、不堪征伐，也是导致北宋迅速灭

---

① 《三朝北盟会编》卷二三。
② 《三朝北盟会编》卷二四。
③ 《三朝北盟会编》卷二三。
④ 《三朝北盟会编》卷二三；《宋史》卷四七二《郭药师传》。
⑤ 《金史》卷八二《郭药师传》。
⑥ 《靖康传信录》卷上。
⑦ 完颜宗翰，本名粘没喝，汉语讹为粘罕，乃金国国相撒改之长子（《金史》卷七四《完颜宗翰传》)，后又译名"尼堪"等。
⑧ 《三朝北盟会编》卷二三。
⑨ 《三朝北盟会编》卷三〇；《靖康要录笺注》卷九，靖康元年七月十日。

亡的一个很重要的原因。北宋的禁军自真宗、仁宗两朝便表现出怯懦不善战斗的严峻问题，故乡兵日渐受到重视。仁宗庆历以降至神宗元丰之前，朝廷虽屡有大规模裁汰冗兵之举，神宗朝更是有加强禁军训练的将兵法，但禁军早已经缺失了原本突出的勇武精神，这已是积重难返的事情，加之将兵法在实施过程中又暴露出很多弊病，以致士兵的训练多成空谈；而元丰以后，朝廷一直在极力应对禁军缺额严重的问题，对其招募难以保证素质，这一趋势到徽、钦二帝时臻于极致。故终北宋一代，禁军的战斗能力始终处于有限的水平，特别是到了北宋末年，禁军可以说是不堪一击。及至靖康之变，"金人再犯都城，诸路禁军往往溃散，流为盗贼"①。南宋时，洪迈修《靖康实录》，也曾"窃痛一时之祸，以堂堂大邦，中外之兵数十万，曾不能北向发一矢，获一胡。端坐都城，束手就毙！"②，以这样的士兵来抗击外侮，丧权辱国乃是必然的结果。

综上所述可见，北宋亡国很大程度上是因为兵制的破坏。而作为兵制一环的军队拣选制度，在北宋末年也已陷于崩溃。《宋史·兵志》将元丰以来兵制大坏及拣选制度日渐崩溃的局面十分精练地总结出来：

> 自元丰而后，民兵日盛，募兵日衰。其募兵阙额，则收其廪给，以为民兵教阅之费。元祐以降，民兵亦衰。崇宁、大观以来，蔡京用事，兵弊日滋。至于受逃亡，收配隶，犹恐不足。政和之后，久废搜补，军士死亡之余，老疾者徒费廪给，少健者又多冗占，阶级既坏，纪律遂亡。童贯握兵，势倾内外。凡遇阵败，耻于人言，第申逃窜。河北将兵，十无二三，往往多住招阙额，以其封桩为上供之用。陕右诸路兵亦无几，种师道将兵入援，止得万五千人。故靖康之变，虽画一之诏，哀痛激切，而事已无及矣。③

---

① 《梁溪集》卷六一《乞募兵札子》，《全宋文》卷三六九九。
② 《容斋随笔》卷一六《靖康时事》。
③ 《宋史》卷一八七《兵志一》。

总体来说，北宋军队拣选制度确立于太祖朝。太祖时，拣选甚严，故兵寡而精，且严守强干弱枝、内外相制之道。太宗时恪守太祖成规，拣选制度的执行比较严格，但已显现出冗兵的端倪。真、仁两朝以后，军队拣选制度的贯彻力度大打折扣，拣选不实的现象日渐普遍，且拣选的重点在于强调"升补"，禁军已表现出不堪征伐的弊端，冗兵问题也日显严重。地方纷纷设立禁军，违背了太祖拣选制的强干弱枝之道。拣选制开始动摇，并日益遭到破坏。

故仁宗庆历中，开始务实拣选，裁汰冗兵。裁兵措施一直实施至神宗熙宁时。大概是由于矫枉过正，元丰年间已出现禁军普遍缺额的现象。自此朝廷执行拣选制的重点发生变化，由原来的务去冗兵逐渐转向填补禁军缺额。至哲宗朝，这一趋势继续发展，招募和升补禁军的标准一再降低，甚至发展到鼓励义勇、保甲等乡兵投刺禁军。徽宗、钦宗时，由于大量开边、与辽金作战等，禁军缺额达到极致，于是募兵无度，再也无心无力致力于军队的拣选，即便如此，战士尚嫌不足。拣选制度至此完全陷于崩溃。直至南宋初年，才有了重建制度的举措。

结束语

关于拣选制度，还有很多问题可以研究，比如拣选制度执行过程中存在的地域差异问题、拣选制度与其他相关军事制度（招募之制、校阅之制、廪给之制、屯戍之制及迁补之制等）的关系问题、拣选后士兵的境遇问题，以及广大士兵对军队拣选制度的态度问题，等等。

原刊于《暨南史学》第七辑，
题目为《北宋军队拣选制度研究》

剩员制度：宋朝安置退伍职业兵措施透析

剩员是宋代出现的特殊军队。它是均田制瓦解以后，替代府兵制的募兵制的产物之一，并且曲折地反映了唐宋之际中国封建社会内在的重要变化。因此，对剩员军队的研究也就成为宋代兵制研究中的一个重要课题。然而，国内外对此问题尚缺乏全面的论述。本文拟就剩员军队的产生和演变进行必要的探讨。

第一节 剩员制度的创置

唐朝中叶以后，随着均田制的瓦解，以均田制为基础的府兵制也不得不随之土崩瓦解，代之而起的是具有职业军人性质的募兵制。对这一转变的历史过程，永嘉学派代表人物之一叶适曾做过如下论述："唐之中世，始尽废民兵而为募兵。夫兵既尽出于召募，于是兵与民始为二矣。"[①]一方面，随着均田制的崩坏，原来附着在国有土地上的农民被排挤出来，成为失去土地的流民，从而使社会日益动荡不安。恰恰在这个时候，又爆发了"安史之乱"。为了应付战乱的局势，不但唐王朝被迫大量招募流民为兵，以加强中央统治力量，而且各地藩镇也竞相招募，以壮大自己的势力。经过五代，募兵制度完全确立起来了，"唐自天宝以来，内外皆募兵也"[②]。这些

---

① 《文献通考》卷一五四《兵考六》。
② 《文献通考》卷一五四《兵考六》。

职业兵虽然曾为统治者卖过命,但是一旦成为老弱病残便被统治者一脚踢开,进而演变为一个严重的社会问题。从唐末到五代的封建统治者对老弱残兵都没有提出任何解决办法,这一历史遗留的问题就成为宋代统治者立国后必须解决的问题,剩员制度就是在这种情况下产生的。

另一方面,均田制崩坏以后,土地私有制特别是封建大土地所有制迅速发展,从而出现"豪富兼并,贫者失业"[①]的局面。宋朝实行"不抑兼并"[②]的国策,进一步助长了兼并之风,失去土地的农民越来越多。在宋太宗淳化年间,江浙等路"民多流亡"[③],流民"小则去为商贾、为客户、为游惰……大则聚而为贼盗"[④],严重地威胁了专制统治的根基。面对这种严峻的局面,北宋从开国之始又制定了另一国策——养兵政策,把养兵当作"可以利百代"之策,尤其是逢行"凶年饥岁,有叛民而无叛兵"[⑤]的对策,于灾荒之年大量招募流民为兵,以遏制农民的革命。赵匡胤的后代继承了这一政策,神宗熙宁元年(1068)十二月下诏,"京东路募河北流民,招置教阅厢军二十指挥,以忠果为额"[⑥],一次招募流民为兵就达一万人左右!宋代募民为兵次数之多,人数之众,在中国古代历史上可以说是绝无仅有的。大量募集无业或失业之民为兵的恶果之一,便是士兵老来无依无靠,生活无着,因而朝廷只好将"无家可还者,隶诸州为剩员"[⑦]。

宋朝是中央集权高度发展的朝代,因而它本身所执行的各种政策都是以维护中央集权体制为前提的。宋代创置剩员制度同样与中央集权有不可分割的密切联系。早在周世宗柴荣在位时,其为了加强中央集权,强化皇帝的专制职能,就针对"侍卫兵士,累朝已来,老少相半,强懦不分"的状况,实行"精锐者升在上军,怯懦者任从安便"[⑧]的政策,淘汰老弱残

---

① 《新唐书》卷五一《食货志一》,中华书局,1975年。
② 《挥麈录·余话》卷一。
③ 《会要》食货一之一六。
④ 《长编》卷二二四,熙宁四年六月庚申。
⑤ 《嵩山文集》卷一《元符三年应诏封事(下)》,《全宋文》卷二七九九。
⑥ 《宋史》卷一八七《兵志一》。
⑦ 《宋史》卷一八七《兵志一》。
⑧ 《五代会要》卷一二《京城诸军》,中华书局,1998年。

兵。宋太祖赵匡胤开国伊始就下令:"殿前、侍卫二司各阅所掌兵,拣其骁勇,升为上军;老弱怯懦,置剩员以处之。"① 很明显,赵匡胤创置剩员制度,一方面是为了安抚那些失去升迁机会的老弱怯懦之兵,以严格控制他们,消弭其反抗能力;另一方面则是为了将大量精锐之师牢牢地控制在自己手中,以镇压其他士兵或农民的反抗。又如,赵匡胤在戡平荆南后,处置那些亡国破家士兵的办法是:愿意归农者归家,"愿留者分隶复、郢州为剩员"②,同样说明宋朝创置剩员制度完全是为了加强中央集权。

赵宋王朝倚恃军队作为维护统治的暴力基础,同时下大力气防范军队中各种危害专制统治的因素。在军队中创置剩员制度正是为了达到笼络士兵,以防其铤而走险,从而加强中央集权的目的。马基雅维里曾指出:"谁若企图将国家建立在雇佣军身上,它永远不会稳定或巩固,因为这种军队是分崩离析的,野心勃勃的……不忠实的……在敌人面前怯懦。"③ 总之,要使宋朝不再成为继五代之后的又一个短命王朝,如何处理好这些职业军性质的"雇佣军",就成为统治者的重要课题。宋朝君主采取了两面措施,在严格控制的同时给以优厚的待遇,使这些"雇佣军"即便在垂暮之年亦老有所养,从而削弱甚至消弭其潜在的反抗因素。统治者用少量俸禄来养活大批的老弱残兵,这就是宋朝政府所创置的剩员制度。

宋朝统治者虽然"以兵为险"④,招募大量士兵作为它的统治支柱,可是政策实施的结果总是与皇帝的主观愿望相悖。士兵的起义和暴动此起彼伏,次数之多是历史上少见的。这些起义给宋朝统治者以沉重的打击。宋朝建立之初,宋太祖赵匡胤就提出"不幸乐岁而变生,则有叛兵而无叛民"⑤ 这样的问题,足以说明他对士兵暴动的恐惧。因此,防范士兵造反,就成为宋朝统治者的一项重要任务。仁宗皇祐年间,枢密使庞籍上疏建议裁减冗兵,然士大夫"纷然陈其不可",其理由是"兵皆习弓刀,不乐归

---

① 《文献通考》卷一五二《兵考四》。
② 《长编》卷四,乾德元年六月乙未。
③ 《君王论》第十二章《论各种军队,兼论雇佣军队》,湖南人民出版社,1987年。
④ 《淮海集》卷一三《安都》,《全宋文》卷二五七九。
⑤ 《嵩山集》卷一《元符三年应诏封事(下)》,《全宋文》卷二七九九。

农。一旦失衣粮,必散之闾阎,相聚为盗贼"。不仅文臣反对裁减军队,武将也纷纷呶呶,"缘边诸将争之尤力"。庞籍、文彦博只好用自己的项上人头担保,"万一果聚为盗贼,二臣请死之"[①],仁宗这才同意裁减冗兵。在所裁汰的八万余人中有两万多士兵无家可归,其中自然也包括剩员。李焘在《续资治通鉴长编》中对司马光的《涑水纪闻》不提剩员问题的做法给予批评,说明剩员比重之大、问题之严重。可见,宋廷豢养具有战斗力的士兵,抑或供养丧失战斗力的剩员等老弱残兵,都是从防范"盗贼"的目的出发的,从而说明创置剩员制度是加强中央集权、达到长治久安的一项重要政策。

第二节 剩员的职能及管理机构

宋代剩员的具体数量已无从考证。但是,"诸路剩员猥多"[②]是一个不可否认的事实。宋真宗大中祥符七年(1014)二月诏:"仓草场神卫剩员以三千人为额。"[③]据《宋史》卷一八七《兵志》记载,神卫军"宋初指挥四十六"。然而,此处的"仓草场神卫剩员"仅仅是神卫剩员中的一类。神卫步军剩员"大中祥符后,剩员又有带甲、看仓草场、看船之名,凡四等,皆选本军年多者补"[④]。如果按每指挥500人计算,单是看仓草场的神卫剩员就达6指挥,相当于整个神卫步军的1/8强。要是将其他三类剩员合计起来,剩员所占的比重还要大很多,这是毫无疑问的。估计剩员所占比重的大小与兵种有极大关系,恐怕禁军的剩员比重要超过其他兵种。又如南宋时夔州路的"涪、忠、万等州厢禁军多者不过四五百人,少者二三百人,归州所管止百余人,其间又有剩员、半分、瘫老疾病者居其半"[⑤]。从这条

---

① 《长编》卷一六七,皇祐元年十二月壬戌。
② 《长编》卷三三三,元丰六年二月壬戌。
③ 《会要》食货六二之六。
④ 《宋史》卷一八七《兵志一》。
⑤ 《梅溪王先生奏议》卷四《再论马纲状》,《全宋文》卷四六一九。

史料推测,剩员至少占各军的1/5,可见宋代军队中剩员比重之大。

由上面所举神卫步军一例即可以窥见宋代军队剩员之多,那么,宋朝政府养这么多老弱残兵都做些什么呢?

在特殊的情况下,剩员是要用于战争的。靖康之难中,"金之再围城也,何㮚等得殿前司剩员"①,显然是将剩员用于同金人的战争。在宋代,剩员也有被派往边防地区轮番更戍的。宋哲宗元祐元年(1086)枢密院言:"剩员上番,日破口食。若数多可以分番,即不须别支,缘未有明文。""诏剩员数多处,许差二人当兵士一名,仍分番。"②

然而,绝大多数的剩员是用于劳役和杂务。马端临《文献通考》一书说:"剩圆给官符宫观、园苑、寺庙、卢廪之役。"③这一点的确是事实。《东京梦华录》中有"诸宫观、宅院各有清卫厢军、禁军剩员十指挥"④,表明仅东京汴梁城的宫观等就有5000名剩员服役。又如华州华阴县西岳庙"只有剩员一十四人,尽是老年病患,供应洒扫不前"⑤。然而,马氏之论未免偏颇,实际上,宋代剩员士兵的劳役范围是很广泛的,"其后禁军或降剩员,或升补,皆以备厢军诸路力役之事"⑥。由此可见,禁军剩员在诸路同厢军一样服各种杂役,其性质基本接近于厢军,但又不完全一样。

宋朝高级官员、皇族等外出时无一例外地带一大群侍卫或随从,以显示其与众不同的身份和地位。很多剩员就被差作侍卫、随从。宋仁宗嘉祐七年(1062)谏院进言"本院谏官二员,从人至少",嫌谏官没有更多的跟班尾随以壮声势,甚至以"虑辱国体"相要挟,仁宗被迫给每名谏官增派神卫剩员两名。⑦宋神宗元丰三年(1080),三院御史每名增派剩员四名。⑧外戚向传范一人就有享用80名剩员的优遇。⑨其他一些皇亲国戚也

---

① 《系年要录》卷一,建炎元年闰十一月己酉。
② 《长编》卷三九一,元祐元年十一月辛未。
③ 《文献通考》卷一五二《兵考四》。
④ 《东京梦华录注》卷四《军头司》。
⑤ 《范文正公政府奏议》卷上《奏乞差官陕西祈雨》,《全宋文》卷三七三。
⑥ 《宋史》卷一八九《兵志三》。
⑦ 《会要》职官三之五三。
⑧ 《长编》卷三〇五,元丰三年六月己亥。
⑨ 《长编》卷二三三,熙宁五年五月癸未。

同向传范一样役使大量剩员士兵。宋神宗曾对王安石说："剩员乃至八万人，多为官员冗占。"①可见，剩员劳役的一大宗便是做官僚亲贵等特定群体的侍从人员。

中央政府各机构、祭祀场所、仓草场等重地也用剩员充当巡逻值班人员，并从事洒扫等杂务。宋真宗大中祥符三年（1010）诏："裁造院于步军司抽剩员二十人巡宿看管官物，递相觉察，每季一替。"②大中祥符七年（1014）又诏："步军司差剩员五人于御史台洒扫。"③国子监也同样差派剩员士兵打扫卫生，大中祥符七年（1014），"诏步军司选神卫剩员十人、节级一人赴国子监洒扫，不得别有占役。月给酱菜钱二百文"④。又如前面所举仓草场有神卫剩员3000人。此外还有提印剩员⑤、看管案牍剩员⑥、看营剩员⑦、马递铺剩员⑧等，名目繁多，不一而足，从而进一步说明宋代剩员的劳役范围是非常宽泛的。

上述两类杂役中，除了看管仓草场等是有益于国家的以外，其余大多都属于浪费人力。因此，剩员所承担的这些劳役意义不大。然而必须承认，相对来说，役使剩员总比差派禁军、厢军服役好得多。剩员士兵所负担的意义较大的劳役是州县差役等徭役。我们知道，差役是宋代徭役中争论最激烈、引起矛盾最尖锐的问题。因此，将剩员用于差役，无疑是大有好处的。此外，诸路剩员也用于其他各式各样的州县差役。司马光在议论将兵法时曾说："其逐州总管以下及知州、知县皆不得关预，及有差使，量留羸弱下军及剩员以充本州官白直及诸般差使。"⑨姑且不论司马光对将兵法的驳议是否成立，他所谈到的州县杂役多由剩员承担确是事实。苏辙

---

① 《长编》卷二四八，熙宁六年十二月乙亥。
② 《会要》职官二九之八。
③ 《会要》职官五五之六。
④ 《会要》职官二八之二。
⑤ 《会要》职官四之三。
⑥ 《会要》职官五五之二五。
⑦ 《会要》礼二五之八。
⑧ 《会要》兵二八之三九。
⑨ 《司马温公集编年笺注》卷四七《乞罢将官状》。

在议论王安石变革役法时曾提到"如坛子之类，近例率用剩员"①。从他们两人的议论中完全可以看出，王安石变法时期抽差剩员服劳役及差役是相当普遍的现象。

其实，王安石变法之前和之后也存在差派剩员服各种徭役的现象，虽然其不够普遍。宋太宗雍熙二年（985）都进奏院在各州差承符传递文件，宋太宗令"步军司以剩员军士代之"②。宋仁宗嘉祐三年（1058），"其增逐县弓手，减散从、承符、脚力，代以剩员"③。宋徽宗时权知开封府吴居厚上奏请求诸路设置将理院，"兵马司差拨剩员三人，节级一名，一季一替，管勾本处应干事件"④。大观二年（1108），魏宪上言："诸路学费房廊止是科差剩员一名收掠。"⑤诸如此类的州县役很多都差派这些"白食者"承担，这对缓和差役所引起的矛盾是有益的。

这里还要简单谈一谈剩员士兵的隶属和管理问题。宋代皇帝历来对军人都怀有"恐惧症"，哪怕对老弱残兵，因此宋朝政府对他们的控制是相当严格的。宋初至宋神宗熙宁年间，剩员直接隶属于三衙中的步军司，由步军司管辖。熙宁年间，"专置所以拘辖差使"⑥剩员。这说明剩员数量越来越多，也说明剩员更多地用于差役和徭役了。在此后不久，"亦命步军司兼领"⑦。官僚机构重床叠屋、官吏互相牵制这一宋代官制的特点得到充分的体现。宋哲宗元符元年（1098），"差文臣升朝官二员专切管勾步军、差使剩员，仍以管勾步军、差使剩员所为名"⑧。此时剩员隶属于六部中的兵部。从剩员管理机构的变迁中也可以看出，宋神宗以后剩员士兵负担的劳役、差役的比重大大增加了，因而才有了"差使剩员所"这一专职机构的出现。而宋哲宗则继承了神宗未竟之业，进一步完善了剩员服役的制度。

---

① 《宋史》卷一七七《食货志上五》（参见《栾城集》卷三七《论差役五事状》）。
② 《会要》职官二之四四。
③ 《会要》职官四八之一二八。
④ 《会要》食货六〇之三。
⑤ 《会要》崇儒二之一三。
⑥ 《会要》职官三二之三〇。
⑦ 《会要》职官三二之三〇。
⑧ 《长编》卷五〇一，元符元年八月己卯。

第三节　剩员的编制及宋神宗对剩员制度的整顿和改革

宋代创置剩员制度以处置老弱怯懦的士兵,因而剩员也有自己的一套编制系统,这套编制系统既有别于禁军,也不同于厢军。

剩员的基本编制是以指挥为单位的。宋神宗熙宁八年(1075)三月,"陈留县置龙卫带甲剩员两指挥,雍邱县置云骑带甲剩员一指挥,各以四百人为额"①。宋代兵制,一指挥以500人为定额,而此处的剩员指挥以400人为定额,可见剩员一指挥的人数与禁军、厢军不同。剩员编制与禁军编制最显著的区别是没有厢一级的编制。同厢军相比,剩员指挥的地位比厢军指挥的地位似乎更高。《宋会要辑稿》记载:"云骑带甲剩员指挥使至长行二十千至五千,凡七等。"②从皇帝给指挥使至长行的赏赐来看,虽然剩员指挥不及正规禁军的多,但总要比厢军指挥多得多。又如,"澧、复、郢州就粮剩员,并永城诸处剩员,及诸本城剩员指挥使至长行不带甲自七千至二千,凡五等"③。

从这些史料来看,剩员指挥的地位是相当高的。还必须注意到另外一个事实:剩员指挥仍驻扎在所处各军的营房之内,它与各军的关系若即若离,没有直接的隶属关系,更无上下级关系。如"诸军看营剩员指挥使至副都头自十千至七千,凡三等"④,从宋朝政府对看营剩员指挥使至副都头单独列出来的赏赐来看,剩员指挥又具有很大的独立性,它直接受步军司管辖,不受诸军指挥官的约束,剩员也有都一级的编制,从上文所出现的"副都头"一职完全可以看出来,限于篇幅,不再赘述了。

一部分剩员在指挥之上还设有军一级的编制。《宋会要辑稿》记载:"拣中看仓草场神卫剩员,并在京看仓草场剩员都虞候至长行四十千至五千,凡六等。(旧式有看船神卫剩员,数同。)"⑤"都虞候"一职,只有军一级的

---

① 《长编》卷二六一,熙宁八年三月庚申。
② 《会要》礼二五之三七。
③ 《会要》礼二五之三九、四〇。
④ 《会要》礼二五之三九。
⑤ 《会要》礼二五之三七。

编制才会有,"每军各有都指挥使一员,都虞候副之"[①]。另外一些材料中也有剩员"都虞候"的字样,[②]这就说明剩员是存在军一级编制的。宋真宗大中祥符七年(1014)"仓草场神卫剩员以三千人为额",也正好印证了前面所引的"在京看仓草场剩员都虞候"的说法。据宋代兵制,5指挥为1军,1军当只有2500人,而大中祥符七年(1014)的诏令却以"三千人为额",溢额500人,也同样说明剩员军一级编制的人数与其他军种不同。

上面把剩员的编制大体做了勾勒,下面将要讨论宋神宗对剩员制度的整顿和改革。

从宋太祖建隆初裁减殿前、侍卫司士兵,"老弱怯懦,置剩圆以处之"以后,其嗣君遵其旧制,也大量裁汰老弱士兵充剩员。宋太宗淳化三年(992),龙骑军"选本军年多者为带甲剩员"[③]。宋真宗大中祥符五年(1012),"遣使取内外军中疲老者,咸给俸粮之半,以隶剩员"[④]。总而言之,一旦发现老弱怯懦之卒,均予以裁汰,使之充剩员。然而,淘汰士兵充剩员是没有定额的,"殿前、侍卫马步军司自来拣下披带禁军,量减衣赐月粮充剩员,并无定额"[⑤]。正因为这样,剩员数量迅速增加,因此在宋真宗时就有人提出对剩员实行定额限制的建议。

宋神宗为了节省军费,熙宁十年(1077)正式颁行剩员定额制。《文献通考》引陈止斋(傅良)的话说:"熙宁十年十月,诏诸路州军,以逐州就粮禁军、厢军,通计十分,立一分为额。剩圆立额自此始。"[⑥]这条史料说明:其一,在宋神宗以前剩员猥滥,引起了最高统治者的重视;其二,宋代财政危机日益严重,冗兵、冗食的问题越发突出,因而宋神宗不得不对剩员实行定额限制;其三,剩员不专指禁军剩员,其中也包括厢军甚至土军剩员,《宋会要辑稿》引神宗《正史职官志》的话说,"厢、禁、土军因

---

① 《东斋记事》卷二。
② 《会要》礼二五之三八。
③ 《宋史》卷一八七《兵志一》。
④ 《长编》卷七七,大中祥符五年四月辛丑。
⑤ 《宋史》卷一八九《兵志三》。
⑥ 《文献通考》卷一五二《兵考四》。

老疾而裁其功力之半为剩员"①，因而可以说剩员是来自不同级别、良莠不齐的混合军；其四，这一史料从反面说明了宋神宗以前剩员在各军中所占的比重远远不止 1/10，这与前面所得的剩员占各军士兵总数的 1/8 或更多完全吻合。从总体情况看，宋神宗实行剩员定额制是成功的，这一制度减省了许多不必要的开支，也防止了剩员的冗滥。

宋神宗对剩员制度的另一项改革措施是把剩员从军营中剥离出来，使他们大规模地参加社会的各种劳役、差役活动，从"白食者"转变成为社会劳动者的一部分。宋初至宋神宗以前，剩员"散在逐营拘系，不获营生。官中所给岁计不少"②。很明显，剩员散居在各军营之中，国家白白地花钱供养他们，这对本来就困难重重的宋朝政府来说无疑是一项沉重的负担。因此，宋神宗改革时，就要求他们服各种劳役，以减轻国家的一些负担，前面已大体上谈到了这一点。同时，从司马光、苏辙的奏议中也完全可以看得出来。

宋神宗改革和整顿剩员制度的另一措施就是大量合并、废除原来的剩员指挥。宋神宗改革和整顿剩员制度的另一措施就是大量合并、废除原来的剩员指挥。如熙宁元年（1068），废除骁捷军的带甲剩员；③ 熙宁九年（1076），"以雍丘带甲剩员一隶云骑带甲剩员，共为一"④；元丰元年（1078），"陈留带甲剩员阙，勿补"⑤；等等。因此，宋神宗对剩员制度的改革和整顿，矫正了宋初以来剩员制度的一些弊端。

第四节　宋代裁军充剩员的得与失

首先，裁汰老弱残兵为剩员，对宋朝军队战斗力的提高和士兵素质的

---

① 《会要》职官一四之二（参见《玉海》卷一三九《兵制》，四库全书本）。
② 《宋史》卷一八九《兵志三》。
③ 《宋史》卷一八八《兵志二》。
④ 《宋史》卷一八八《兵志二》。
⑤ 《宋史》卷一八八《兵志二》。

改善是大有裨益的。冗兵问题是宋代朝野上下都非常关注的焦点之一，更是关乎国计民生的重要问题。宋朝士大夫每每谈论国事，无不以冗兵为切肤之痛，裁减冗兵的呼声日益高涨。宋祁曾说："用兵未及六年，天下之财已告匮竭，良由边将不知休兵，朝廷不授成算，亿万之费耗散而不计，若更十年未知多少财用可济其艰。"① 由此可窥冗兵耗费国家财富甚巨之一斑了。冗兵一是指兵员众多，蠹国殃民；二是指军队战斗力甚弱，无力抵御西夏、契丹的入侵。欧阳修对此深有感触，他在庆历元年（1041）的上疏中说："今沿边之兵不下七八十万，可谓多矣；然训练不精，又有老弱虚数，则十人不当一人，是七八十万之兵不当七八万人之用。"② 不仅大臣对"老弱虚数"痛恨不已，就连皇帝也颇感老弱士兵太多，军队战斗力下降，宋真宗就曾发出过"老病之兵渐多"③的感叹。由此可见，老弱士兵对军队战斗力有很大影响。

漆侠先生曾指出，缺乏战斗力的老弱士兵的存在，是宋代军队在其百年来演变过程中的三大积弊之一。④ 庆历三年（1043），范仲淹曾对宋仁宗提出裁减老弱残兵为剩员的建议，"去年以来，自京差拨禁军往陕西边上屯戍……逐指挥内有小弱怯懦之人，道路指笑"，要求仁宗把"所有年老病患之人即等第与剩员安排"。⑤ 老弱之兵"大不堪战，小不堪役"⑥，徒耗国家养兵之费，又削弱了宋军的战斗力，因此裁汰老弱之兵为剩员对提高宋军战斗力和改善士兵素质确有不可低估的积极意义。

其次，宋朝养兵数量之多，耗费了政府大量财物，导致封建国家的财政危机一日比一日深重。三司使张方平曾说："连营之士日增，南亩之民日减……天下耕夫织妇莫能给其衣食。"⑦ 因而裁减养兵之费便成为宋代君主的当务之急。裁汰老弱之兵为剩员便是一项削减军费开支的重要

---

① 《宋景文集》卷二八《减边兵议》，《全宋文》卷四九〇。
② 《欧阳修全集》卷四六《居士集·准诏言事上书》。
③ 《宋史》卷一八九《兵志三》。
④ 漆侠：《王安石变法》（增订本），河北人民出版社，2001年。
⑤ 《范文正公政府奏议》卷下《奏乞拣选往边上屯驻兵士》，《全宋文》卷三七五。
⑥ 《宋史》卷一九四《兵志八》。
⑦ 《乐全集》卷二三《再上国计事奏》，《全宋文》卷七八九。

措施。《文献通考》引止斋陈氏的话说："剩员之置，不但以仁羸卒，亦以省冗食也。"① 可见在宋人看来，宋代设置剩员的目的之一就是节省"冗食"。除了特殊情况外——《长编》卷六〇景德二年秋七月辛未条载："军头司引对员僚直二十九人，年老当隶剩员。上以其尝经战阵，特令月给钱五百。"——剩员的军俸仅为原来的一半，"其衣粮等各得元来之半，终其身"②。毋庸讳言，宋代剩员制度的创置为政府节省了一大笔军费，对缓和宋代财政困难和减轻国家养兵负担是有益的。

再次，剩员制度的创置对稳定社会秩序、加强中央集权有难以估量的重要作用。宋代招募大量"无赖不逞之人"③为兵，"四方游手者无不窜名军中"，为自身种下了祸根。④ 中国古代民间有句俗话"好男不当兵"，也同样说明古代很多当兵之人是在走投无路的情况下才进入军营的。固然，当兵只是为了混一碗饭吃，一旦饭碗被打破，士兵就会惹是生非。宋徽宗崇宁四年（1105），洪中孚上言："惰游之卒不复安于南亩，今一旦罢遣，强者聚而为盗，弱者转徙，则重为朝廷忧。"⑤ 政府如果要完全置老弱残兵于不顾，就会增加社会的不安定因素。因此，政府创置剩员制度为他们养老送终，对社会安定是有一定积极意义的，而这种安定的环境对宋朝社会经济的高度发展无疑是有促进作用的。同时，大批剩员用于差役、徭役等领域，减轻了人民的负担，也缓解了统治阶级与被统治阶级的矛盾，达到了加强中央集权的目的。

虽然剩员制度的创置对宋朝政府和人民有不少积极影响，但不可否认的是，剩员制度必然也会出现种种弊端，不能从根本上解决宋代的冗兵问题。

剩员日益增加，耗费大量钱财。宋代养兵数量众多，因而剩员问题的严重性就越发突出。随着剩员人数的递增，出现了"诸路剩员猥多"的情

---

① 《文献通考》卷一五二《兵考四》。
② （宝庆）《四明志》卷七《禁军厢军》。
③ 《长编》卷三二七，元丰五年六月壬申。
④ 《浮溪集》卷一《行在越州条具时政》，《全宋文》卷三三七八。
⑤ 《宋史》卷一九三《兵志七》。

况，即使只给一半的军俸，也是一笔不小的开支。宋真宗时，"缘边禁兵老病当停者，诏隶本州剩员。如闻侵费边储，烦于转送"，于是只好将这些本来可以"坐享衣粮"的禁军"咸遣归农"。①虽然这些"被抛弃者"不无遗憾，但国家的确没有更好的办法来缓解巨额军费开支的压力，只有委屈他们了。又如前面所引史料，国家供养剩员，"官中所给岁计不少"，看来赡养剩员确确实实耗费了国家大量钱财。章如愚也说："疲老而坐食者，皆兵也。"②南宋宁宗时有识之士慨然叹息，"州县之力困于养退兵矣"③。就连枢密院也承认剩员"日破口食"④，无补于国计民生。

此外，还有一个事实必须说明：在一般情况下剩员的军俸是原来的一半，特殊情况下则是全俸，其中较为普遍的一种情况是，士兵如因戍边负伤致残也是全俸。《通考》对这一宋真宗时确立的制度做了说明："咸平五年七月，戍卒有苦寒废支体者。真宗念其劳，不欲遽弃。令隶剩圆，廪给如故。自是率以为例。"⑤这些因伤残而隶为剩员的士兵从此便享用原来的全部军俸，这无疑给政府增加了更大的负担。因此，从某种意义上说，剩员制度加深了冗兵、冗食的危机。

还有一个人为造成的弊端，即剩员的年轻化和官僚执行裁汰政策的教条化。本来剩员是处置"老疾而裁其功力之半"⑥的老弱残兵的，但由于种种原因，宋代剩员年轻化现象相当严重。元丰四年（1081），燕达对宋神宗说："神卫剩员中甚有年三十五以下少壮之人，欲乞自京选一千人，分擘与将下充樵汲诸般差使。"⑦仅开封府就可以从神卫剩员中挑选出"少壮派"1000人，甚至更多，如果将其他各类剩员的"少壮派"累计起来，肯定不是一个小数字。又如宋真宗时，"诏河东诸军，昨简隶剩员，如闻尚

---

① 《长编》卷七八，大中祥符五年七月癸酉。
② 《山堂群书考索·别集》卷二一《兵门·古今兵制总论》。
③ 《文献通考》卷一五二《兵考四》。
④ 《长编》卷三九一，元祐元年十一月辛未。
⑤ 《文献通考》卷一五二《兵考四》。
⑥ 《宋史》卷一六三《职官志三》。
⑦ 《长编》卷三一四，元丰四年七月戊申。

多强壮,可并为带甲剩员,以便给使"①。

与此同时,有些虽然符合隶属剩员的条件,但尚有战斗力的士兵也一概退充剩员,进行死板的"新陈代谢"。按照宋朝兵制,"兵至六十一始免"②,宋代官员执行上司命令向来以死板著称,不敢越雷池一步,在裁军充剩员问题上照样如此,一到退役年龄便行减退之策。元祐四年(1089),宋哲宗诏令相关的官僚,"今后岁拣禁军节级,筋力未衰者,年六十五,始减充剩员"③,从反面说明官员把一些符合剩员条件但"精力不衰"④的士兵也统统纳入剩员之列。事实上,裁减越多,招募补充就越多,周而复始,形成极其有害的恶性循环。毫无疑问,这更加重了冗兵之患。

结束语

剩员是宋代特殊历史条件下的产物,也是唐宋之际封建社会随着土地所有制变化而引起的兵制变化的直接后果。剩员制度对宋朝有着一些不同程度的积极影响,但它毕竟是募兵制和集权政治的产物。总体说来,剩员制度的创置加深了国家日益严重的冗兵危机。最近几年,有不少学者对宋代募兵制提出了许多颇具见地的新看法,但必须承认,宋代军队战斗力的削弱与募兵制有极大的关系。宋人罗大经认为:"本朝兵费最多,兵力最弱,皆缘官自养兵。"⑤因而只有全面地对募兵制做出评价,才能更清楚地认识宋代"积弱"这一历史事实。

原刊于《中国史研究》1991年第1期

---

① 《长编》卷七八,大中祥符五年八月庚戌。
② 《宋史》卷一九四《兵志八》。
③ 《宋史》卷一九四《兵志八》。
④ 《长编》卷四八〇,元祐八年正月癸卯。
⑤ 《鹤林玉露》甲编卷一《民兵》,中华书局,1983年。

士兵逃亡：法律制度的完善与制裁机制

士兵逃亡法不仅是宋代应用范围最为广泛，而且是法律条文最多、最严密的军法。宋初，骄兵悍将难以控制，因而统治者将阶级法立为最重要的法律（范围仅限于军法）。其后，随着士兵逃亡事件不断增加，宋代士兵逃亡法也日趋细密，逐渐完善健全起来。"逃亡之法，国初以来各有增损"①，因此士兵逃亡法成为管理和约束宋代士兵的最重要法律。苏轼就认为，宋代法律中最严酷的是军法，而军法中最严酷的是士兵逃亡法。"且今法令莫严于御军，军法莫严于逃窜，禁军三犯，厢军五犯，大率处死。然逃军常半天下，不知雇人为役，与厢军何异？"②在此，苏轼对禁军、厢军逃亡后的处罚叙述得模糊不清，令人费解。事实上，研究宋代士兵逃亡法最困难的地方亦在于此，没有完整的士兵逃亡法法令保存下来，因而诸多问题只能依靠现存的一些零星记载来进行分析。正因为如此，本文可能不可避免地会出现一些错误，请大家一一指正。

第一节　宋代士兵逃亡法的逐步健全

在宋代，士兵逃亡法主要是针对禁军而言的，这与对武人严加防范的国策有密切关系。当然，厢军、乡兵、弓箭手等兵种也各有逃亡法，但

---

① 《宋史》卷一九三《兵志七》。
② 《苏轼文集》卷二五《上神宗皇帝书》。

制定颁布逃亡法的具体时间早晚不一。其中弓箭手逃亡法是在宋哲宗元祐元年（1086）修订完成的；[①] 元符元年（1098）颁布逃亡军人捕获断罪法，"逃亡军人捕获断罪条，乞著于法。从之"[②]；宋徽宗政和五年（1115）颁布"钱监兵匠逃走刺手背法"[③]。其余各兵种逃亡法的颁布时间不得而知。就禁军逃亡法而言，宋初的法律条文看似比较简单，实则非常严厉。"国初，禁军逃亡满一日者，斩。"[④] 这一条文出自北宋中叶文彦博之口，也许只是宋初禁军逃亡法的基本内容，其依据的资料是否可靠而具有权威性，有待于进一步求证。

就所见资料而言，北宋在王安石变法以前，禁军逃亡法是粗线条的。宋真宗时期，有关禁军逃亡的法律条文逐渐增多，而且越来越规范化。咸平年间，宋朝政府提出了按军俸多寡来处置逃亡禁军的原则："诏陕西振武军士，逃亡捕获，曾为盗及情理蠹害、罪至徒者，所在处斩讫奏。杖罪部送阙下，首身如旧法。振武兵皆取自乡民，俸钱惟五百，而他物给半，及其逃亡，则依禁军罪至死。上以其禄廪颇殊，而条禁太重，故有是命。"[⑤] 曾巩曾谈到过陕西振武军，说该军是宋朝政府"令刘承珪取环、庆诸州役兵，升为禁兵，号振武军以益焉。自此募兵之法益广矣"[⑥]。正因为振武军刚从厢军升为禁军，军俸较其他正规禁军要少，所以振武军士兵逃亡后按照禁军的处罚条例进行处置，显然有失公平，于是宋朝政府下令修改了振武军士的逃亡法。从这条史料也可以看出，在宋真宗咸平之前早已颁布实施了禁军逃亡"首身法"（即自首法），但法令的具体内容已不可考。宋真宗时期开始的禁军逃亡按军俸多寡进行处罚的法则后来逐渐成为定制。

宋代禁军按军俸多寡分为三等，俸钱一千文者为上禁军，五百至七百

[①]《长编》卷三七二，元祐元年三月乙亥。
[②]《长编》卷四九四，元符元年二月癸巳。
[③]《宋史》卷一九三《兵志七》。
[④]《宋史》卷一九三《兵志七》。
[⑤]《长编》卷五三，咸平五年十一月壬子。
[⑥]《曾巩集》卷四九《添兵》。

文者为中禁军，五百文以下者为下禁军。自真宗咸平年间对振武军士逃亡的特殊诏令颁布后，禁军逃亡法越分越细，按照俸钱的多寡区分为上禁军法、下禁军法。哲宗元祐年间，刑部言："配军逃亡捕获者，元犯情重，依上禁军法。情理不至凶恶者，依下禁军法。""从之。"①这里姑且不论此条所针对的是"配军"，其中就有所谓"上禁军法""下禁军法"的明显差别，显然"上禁军逃亡法"比"下禁军逃亡法"更为严酷。

至宋真宗景德年间，大理寺进言："定禁军逃亡条，其下等禁军，月给酱菜钱满二百，随军壕寨而亡命者，请如禁军例决遣，自余悉准厢军。"但宋真宗本人对大理寺的意见持反对态度，他认为"俸少而法重，是深文也"，于是"令自今下等禁军差为壕寨者，并增俸及三百，有犯论如法"。②也就是说，禁军每月的酱菜钱达到三百文后被派遣驻守而逃亡者才按禁军逃亡法处置，否则就依厢军逃亡法论处。

在宋代，禁军逃亡法似乎只有上禁军法和下禁军法两种，并未按禁军三等制定三类逃亡法令。恐怕主要是由于上禁军人数很少，只有捧日、天武、龙卫、神卫四军才是上禁军，他们都是皇帝的侍卫，俸禄优厚，社会地位也比较高，因而他们一般不会逃亡。因此，禁军逃亡法中的"上禁军法"主要针对中禁军以上的士兵，也就是俸钱在五百文以上的禁军。欧阳修曾分析过一个宋代禁军逃亡的案例："右臣访闻岢岚军，昨于四月中捉获逃走万胜长行张贵，虎翼张贵、李德等三人，并系禁兵。本军勘正，法司检用编敕：'禁军料钱满五百文逃走捕捉获者处斩讫奏。'其张贵等并依法处斩讫。本路转运司检会先降令敕：'春夏不行斩刑，合决重杖处死。'纠驳本军不合斩断，见差岚州团练判官刘述取勘岢岚军使米光濬等。窃缘岢岚军地接西北二虏，正是秋冬大屯军马之处。若管军将率斩一逃军，却遭勘罚，则无由统众，渐启兵骄。况重杖与处斩俱是死刑，无所失入。"③欧阳修的奏折说明，逃亡禁军俸钱凡是在五百文以上者判死刑，只不过行

---

① 《长编》卷四八〇，元祐八年正月辛丑。
② 《长编》卷六四，景德三年九月庚子。
③ 《欧阳修全集》卷一一五《米光濬斩决逃军乞免勘状》。

刑方式有杖杀和砍头的区别而已。据《庆元条法事类》中有关禁军逃亡的法律条文规定："诸禁军兵级逃亡,上军斩,在柒日内者流叁仟里,配仟里,首身杖壹佰。下军第壹度徒叁年,首身杖玖拾。"①由此可见,上禁军逃亡处斩,下禁军只处"徒刑"而已。

需要说明的是,《庆元条法事类》的记载大概是王安石变法时期所制定的法律条文。在变法期间,王安石与文彦博、蔡挺等人就逃兵首身期限问题进行了激烈的争论,最后由宋神宗钦定为七天,其他条文并未做多少修改,关于这一点,下面将要谈到。总之,宋代禁军逃亡法的宽严是与禁军俸钱直接相关的,也就是说,禁军俸钱的多寡是各级政府执行士兵逃亡法的重要尺度之一。如仁宗天圣年间,"贷拱圣卒王美死,杖配海州本城。美逃走,法当斩,上以其新隶军籍,未尝请月给。思母而逃,特贷之"②。王美正因为"未尝请月给",才得以从轻发落,否则必死无疑。

第二节　禁军逃亡法的演变

宋仁宗时期,进一步调整了禁军逃亡法的内容,在禁军逃亡后判死刑的时间问题上做了一些改革。在此之前,"禁军逃亡满一日者斩,仁宗改满三日"③,也就是说,禁军逃亡者三天内被捕获或投案自首均可免除死刑,这是宋代禁军逃亡事件不断增加的必然结果,同时也是统治者所谓"仁政"的具体表现。但这一改革的具体时间没有记载,大概应该是天圣以后的事情。河北缘边安抚副使宋守约在宋仁宗至和元年（1054）上奏朝廷："比岁河北军士数逃入契丹,良由捕逃军法轻。请复天圣旧制,去三日内捕获贷死之法。"④从宋守约的议论来看,宋仁宗改革禁军逃亡法应在天圣

---

① 《庆元条法事类》卷七五《刑狱门五》。
② 《长编》卷一〇〇,天圣元年五月辛巳。
③ 《宋史》卷一九三《兵志七》。
④ 《长编》卷一七六,至和元年二月辛丑。

士兵逃亡：法律制度的完善与制裁机制　　471

年间。由于河北地区禁军逃往契丹者甚多,且禁军逃亡后三日内可免死刑,显然是太宽松了,于是宋守约建议朝廷恢复"天圣旧制",即在天圣之前,禁军逃亡满一日者处斩。朝廷批准了宋守约的动议,禁军逃亡到边境地区满一日者处死,"诏禁军逃至缘边,经一宿捕获者,斩"①。按照这一诏令的规定,似乎只有边境地区的逃亡禁军才按"天圣旧制"处罚,而内地逃亡禁军似仍是三天后捕获才处斩刑。这一事实表明,宋代禁军逃亡法存在地域差异,朝廷担心边境地区的禁军逃入敌境后泄露军事情报,因此才对他们处以重刑。

宋神宗时期,更进一步放宽了禁军逃亡后处斩的期限,改为七天。据《鸡肋集》记载,在神宗时期首先提出放宽禁军逃亡法建议的是杜纯,"又论禁军亡,律疏敕密。律:从军征讨而亡,十五日绞。敕:上禁军逃三日,斩。若三路[河东、河北、陕西]沿边征戍及他征戍与化外接者,皆以敕从事。而平居亡伍,稍附律。疏其期,岁可活壮夫命数千,因收其用。后敕期满七日斩,自公启之也"②。从杜纯的议论来看,宋朝禁军逃亡法的确存在边境与内地禁军逃亡后处罚各不相同的重大差别。在边境地区逃亡的禁军处罚很重,而内地禁军逃亡则处罚较轻,而且他还主张大大放宽对逃亡禁军的处罚。至于杜纯的建议是否直接影响了宋朝政府改革禁军逃亡法的政策,恐怕很难说。但有一点可以肯定,杜纯所谈到的禁军逃亡法的内容是比较客观的,下面我们将要谈到这个问题。

姑且不论是谁首倡改革禁军逃亡法之议,宋神宗时期,变革禁军逃亡法的意见引起了朝廷上下的强烈反响。蔡挺主张"沿边而亡满三日者,斩"③;王安石主张禁军逃亡十日后捕获者斩首;文彦博则力主应该继续实行祖宗之法:"祖宗时,才逃走一日即斩。仁宗放改作三日,当时议者已恐坏军法。"④由此可见,文彦博对放宽禁军逃亡法持相当坚决的反对态度,

---

① 《长编》卷一七六,至和元年二月辛丑。
② 《鸡肋集》卷六二《朝散郎充集贤殿修撰提举西京嵩山崇福宫杜公行状》,《全宋文》卷二七四一。
③ 《宋史》卷一九三《兵志七》。
④ 《长编》卷二三五,熙宁五年七月庚寅。

而且还进一步认为，宋仁宗改革禁军逃亡法，大大放宽了禁军逃亡斩首的时间，从一日变为三日，已产生很多严重的不良后果，遭到朝野上下的非议。在文彦博看来，应该恢复宋初的祖宗之法，即严刑峻法，逃亡一日即处死的法条。经过反复争论，宋神宗对王安石和文彦博等人的意见进行了折中，提议改为七日。从此禁军逃亡后七日内免除死刑的制度固定下来，成为宋朝的法律："诸禁军逃走捉获，斩。在七日内者，减一等，刺配广南牢城；首身者杖一百。"①

甚至在南宋时期，禁军逃亡法依然执行宋神宗改革后的制度。高宗建炎年间，朝廷颁布新军法："祖宗禁军逃亡，上军处斩。在七日内者，流三千里，首身杖一百。下军第一度三年，首身杖九十。第二度流三千里，配邻州本城，首身徒二年。自今可常切遵守，过七日者不许自首，许人告捕，每获一名赏钱十贯文。"②这里所谓的"祖宗之法"，就是神宗时期的法制。但问题是，神宗时期的禁军逃亡法与建炎年间的新军法内容并不完全一致。前者笼而统之，仅有简单的两句话，而后者却十分详尽；前者似针对所有禁军，而后者却将禁军逃亡法区分成"上军法"和"下军法"两类，处罚轻重一目了然。我们认为，建炎新军法直接起源于神宗熙宁五年（1072）颁布的军法，至少与禁军逃亡法的基本精神是一致的。

苏轼在《上神宗皇帝书》中说："禁军三犯，厢军五犯，大率处死。"③也就是说，禁军若逃亡三次，必死无疑，可见苏轼之说是当时执行的法律。而且，神宗时期的禁军逃亡法很可能也分为"上军法"和"下军法"，前面所引《长编》记载的禁军逃亡法仅仅是"上军法"，即上禁军逃亡后七天之内可以减一等处罚。可以肯定，下禁军要宽松得多，前面所引《庆元条法事类》的法律条文即可说明这一点，且《庆元条法事类》的条文与《宋会要辑稿》所载建炎新军法内容大致相同。而生活在神宗时期的苏轼说，"禁军三犯"才处死，显然不是指"上禁军"，而是针对"下禁军"

---

① 《长编》卷二三五，熙宁五年七月庚寅。
② 《会要》刑法七之二九。
③ 《苏轼文集》卷二五《上神宗皇帝书》。

的。苏轼是在给皇帝上书时提到这一点的，不可能有错误。此外，从建炎新军法的内容来看，上禁军第一次逃亡，如在七天内捕获，处以"流三千里"的刑罚，第二次逃亡肯定要处死；而下禁军第二次逃亡的处罚才与上禁军第一次逃亡的处罚相同，即"第二度流三千里"，第三次逃亡才处死，这与苏轼的"三犯"之说是完全吻合的。

由此看来，两宋禁军逃亡处斩的法令逐渐放宽，从宋初一日到仁宗时期三日，再到神宗时期七日。自神宗以后似乎并没有多少变化，甚至可以说，南宋时期一直执行着宋神宗时期的法制。至于说神宗对禁军逃亡法的变更是否有益，其本质上是宋朝政府无可奈何之举。宋朝禁军逃亡现象自北宋中叶以后愈益严重。如果不放宽禁军逃亡处斩的法令，势必会有更多的禁军被斩首，这就会引起一系列社会问题，如服役禁军感到失望、军人家属的生计无着，等等。

更重要的是，宋朝统治者担心禁军逃亡后转而成为"盗贼"，直接危及宋王朝的统治。于是，宋朝政府被迫放宽对禁军逃亡的处罚。在改革禁军逃亡法时，宋神宗与王安石有一段精彩的对话，宋神宗认为王安石的禁军逃亡十日处斩的意见太宽松了，唯恐逃兵造反，"祖宗立法恐有意，盖收拾天下无赖，教之武艺，若不重法绳之，即生乱故也"。王安石回答说："所以重法绳之，惧生乱也。今所惧者，相结逃亡为乱而已。缘二者又已有重法，若不相结逃亡，又非逃亡为乱，而逃者虽贷其死，必不能生乱。况又满十日即不免死耶？且禁军所以逃走，欲免为军也，其心必不欲止逃十日而已。然则，虽加七日然后死，军人必不肯以此竞逃走；而臣愚以谓无生乱长奸之实，且足以宽可矜之人。"[①]可见，神宗君臣之改革禁军逃亡法，主要是出于弭乱的目的，而且尤其注重禁军成群结队地大批逃亡，个别禁军逃亡是造不出多少乱子的。只要逃亡禁军不为非作歹，即"为乱"，不威胁到赵宋王朝的统治，那么，逃亡禁军就不会引起神宗君臣的恐慌了。

---

① 《长编》卷二三五，熙宁五年七月庚寅。

第三节　将官的责任

宋神宗时期对禁军逃亡法的另一重大改革是对将官的处罚。在此之前，士兵逃亡后，如果是因为领兵将官任意役使士兵而导致士兵逃亡，领兵将官将受到一定的处分。《宋刑统》规定："若镇戍官司役使防人不以理，致令逃走者，一人杖六十，五人加一等。罪止徒一年半。"[1]假如士兵逃亡并非由于领兵将官无理役使，那么，领兵将官无须负任何责任。因此，很多将官对逃亡士兵不闻不问，放任自流，这就大大助长了士兵逃亡之风。一些将官甚至目无法纪，公然违抗朝廷命令，随意奴役士兵，克扣士兵军饷，士兵不堪其苦，被迫逃亡。

就连宋高宗也不得不承认这一点。绍兴二十九年（1159），宋高宗对当朝宰相说："内外诸军，朝廷未尝辄有役使。而为主兵将佐运材营造，非理致怨。又回易物货，本收其赢，以助军用。今乃虚饰增直，折与军人，掊敛百端。所谓月给，十不得二三。又有纳直卖工，坐防教阅。奸弊如此，何以使其不窜而为盗？"[2]宋高宗在此所列举的仅仅是宋代军政中的一部分弊端，足见各级军官营私舞弊的现象比比皆是，这样奴役士兵，势必会招致士兵不断逃亡。

宋神宗为了改变这一现状，于元丰五年（1082）颁布了新的法律条文，规定各级军官对士兵逃亡必须承担一定的责任，按照各军士兵逃亡的比例对军官实行相应的处罚。当然，这一法令主要是针对宋军出征时大量逃亡而制定的，大概只限定在宋朝北部边境地区执行，"诏环庆路经略司：昨出界将领官所部兵，除死事及因伤而死外，会计亡失数，如及二分，追一官；二分半，二官；[三分，三官；]三分半，四官；四分，五官；四分半，六官。免勒停，差遣依旧。其降官至奉职，各罢将、副差遣。令曾布据出界时分隶将领官所部及失亡数，并应夺官人名位以闻。其鄜延、泾

---

[1]《宋刑统》卷一六《擅兴律·出给戎仗》，中华书局，1984年。
[2]《系年要录》卷一八一，绍兴二十九年四月丙子。

原、秦凤、熙河、河东路取会亡失数，准此"①。也就是说，将官领兵出征，除正常死亡外，逃亡人数在 20% 以上就要受到降级处分，如果降级到三班奉职（从九品武官，政和后改称承节郎），将官就失去了领兵的资格。这一法令颁布后，确实对一些领兵将领进行了不同程度的惩罚。但这一法令仅仅在陕西、河东路推行，主要是由于宋神宗时期，宋夏之间连年交兵，宋军士兵逃亡现象越来越严重，而各级将官对此熟视无睹，没有丝毫责任感，致使士兵逃亡愈演愈烈。朝廷为了控制士兵逃亡，增强将官的责任意识，被迫对将官采取适当的惩罚措施。

这一法令颁布后，不少将官因率军出征后士兵逃亡超过法定 20% 的比例而受到降级处罚，如元丰五年（1082）十一月，宋神宗下诏降了不少武将的官职。

> 诏：皇城使张勉、如京副使石温其、内殿崇班赵潜各追五官；文思使高政、文思副使乐进各追四官；供备库副使潘定、刘青各追三官；皇城使桑湜，供备库使任端，内殿崇班、阁门祗候宋球各追两官；皇城使、沂州团练使李详，左骐骥使、阁门通事舍人孙咸宁，左藏库使杨进，内殿崇班、阁门祗候孙文各追一官；东上阁门使狄咏，西上阁门使张守约，皇城使、昌州刺史、带御器械梁从吉各降一官。并坐出界将领计失亡所部兵，用十分法追夺也。②

上述史料表明，一方面，自宋神宗颁布将官亡失士兵按百分比处罪的法令后，各级政府还是认真执行了的，至少把各级将官亡失士兵的实际人数上报到了朝廷；另一方面，宋军出征后逃亡现象很严重，将官所率军队的逃亡率最高达 40%，最低也达到 20%，这还不包括战死或因伤而亡的士兵。

---

① 《长编》卷三二三，元丰五年二月甲寅。《会要》刑法七之一八作"三月二日"，括号内内容为《长编》所无，据《会要》补。
② 《长编》卷三三一，元丰五年十一月辛巳。

有一点还须说明，这一法令不仅适用于禁军，也适用于厢军、弓箭手等兵种，即按全部随军出征人员的比例来计算。元丰五年（1082）三月，"泾原路经略都总管司上诸将出界所部正兵、汉蕃弓箭手亡失分数。诏：'除刘昌祚、姚麟已降官外，赵定、高栋、种诊、孙咸宁、戴嗣良、贾办[辨]、李详、刘玉各追一官，徐镇、任端、桑湜、贾德用各两官，俱千、刘珣各追四官，张免、成恭各五官。'"[1]。由此可见，按逃亡士兵十分追官法的规定，凡是出征人员均应计算在内，甚至连负责运送粮草等军用物资的"人夫"逃亡也要计入逃兵比例，对将官进行相应的处分。

元丰六年（1083），"大理寺言：'河东转运司上部夫官逃死三分、五分以上，合该德音原免。然以属军制，乞更取旨裁断。'诏绛县王君陈等八人各罚铜三十斤，殿直张整等十人各二十斤，供奉官焦清等十三人各十斤，供职胡奭八斤"[2]。相对而言，率领后勤部队的将官所受的惩罚要轻得多，无非就是惩罚他们缴纳数量不等的铜而已，对那些受处罚的武官而言，实际上是没有实质性影响的。实施对将官的制裁措施，迫使领兵将官出征时加强对逃亡士兵的防范，同时对稳定军心、提高军队战斗力也有一定的积极作用。

但执行法令的过程中也免不了各种各样的失误，如前面所引戴嗣良等人就是如此。元丰五年（1082），"诏泾原路第八将戴嗣良、贾辩免所追官。先是，嗣良等出师亡失二分一厘，当追一官，既而嗣良自陈计数不及二分，故诏免之"[3]。然而，这仅仅是统计亡失士兵人数时出现的错误而已，并不足以说明士兵逃亡之十分追官法有什么弊端。相反，这一措施会大大增强各级军官的责任感和使命感，对限制宋代士兵大量逃亡起到了积极作用。

遗憾的是，北宋末年，士兵逃亡追官法遭到了严重的破坏。徽宗崇宁五年（1106），尚书省鉴于"今所在逃军聚集，至以千数。小则惊动乡邑，

---

[1]《长编》卷三二四，元丰五年三月己亥。
[2]《长编》卷三三五，元丰六年六月丁未。
[3]《会要》刑法六之一八。

大则公为劫盗"的严重情况,建议朝廷严格控制士兵逃亡。朝廷根据各级军官所统帅士兵逃亡的程度对他们予以奖赏或处罚,"参详修立赏罚十数条"①。从立法的角度看,徽宗时期,对所部士兵有逃亡现象的军官的奖惩法肯定比神宗时期更为严密,制度也更加完善,但其具体内容却不甚了了。

尤为严重的是,由于北宋末期政治腐败,即使有了健全的法制,也不可能很好地执行。因此,宋神宗立法之意走向了它的反面。士兵大批逃亡,而领兵将官为了保住自己的乌纱帽,往往并不将逃亡士兵的人数如实向上汇报,抑或是千方百计地招诱逃兵,填补逃兵的缺额,使自己统领军队的逃亡率低于20%的最低限度,关于这一点,笔者将具别文论述,此不赘引。

南宋初年,似乎并未执行神宗时期颁布的十分追官法。吕颐浩任相时,建议宋高宗让各大将如实上报所部兵马,绍兴二年(1132),"诏内外诸军并各供具人马、衣甲、器械总数及开坐统制、统领官所辖数以闻,自今每军月具籍申枢密院"②,但这一法令并未彻底执行下去就流产了。高宗统治末年,一些有识之士又上奏朝廷,要求在招诱逃兵的同时,对那些不称职的将领予以惩罚。"诏杨存中多出榜文于两淮诸处,不以是何军分,逃亡之人并与免罪。别作一项招收,专充御前使唤。既而言者以为恐隳军政,且聚逋逃之卒为御前之军,殆非佳名。望止令于元旧军分自陈,仍限两月。其主兵官不加抚循,致使士卒逃亡,亦乞重置典宪。如此则诸军被国家宽大之恩,不违祖宗立法之意,小人知惧,纪律可行矣。从之。"③自此后,朝廷对将官所部士兵逃亡才予以相应的处罚。南宋中期,统制官解彦详等率三千名士兵镇压"茶寇","军兵亡殁者一百四十四人,陛下特降睿旨将彦详等递追官资,勒停自效"④。从这一事件来看,南宋政府似乎并

---

① 《宋史》卷一九三《兵志七》。
② 《系年要录》卷五一,绍兴二年二月庚辰。
③ 《系年要录》卷一九七,绍兴三十二年二月壬戌。
④ 《周文忠公奏议》卷五《论军士纪律札子》,《全宋文》卷五〇六〇。

未按照十分追官法处置将官，而是大大加重了处罚。

然而，这一事例有些特殊，当时有不少大臣攻击解彦详等人，如周必大、李椿等，因而朝廷对解彦详等人加重处罚也是势所必然。但有一点是可以肯定的，南宋时期，将官或地方官所部士兵逃亡后，将官将受到一定的处罚。如绍定四年（1231），有士大夫上书朝廷，认为朝廷兵籍多成具文，"比年尺籍多虚，月招岁补，悉成文具。盖州郡各养兵之费，所招无二三，逃亡已六七。宜申严帅臣，应郡守到罢，具兵额若干、逃故若干、招填若干，考其数而黜陟之"①。虽然这些措施并不能有效地防止士兵逃亡，也并未原样执行宋神宗时期颁布的十分追官法，但其意义比较重大，南宋王朝继承了神宗立法之意，只是执行不力而已。

第四节　宋朝政府对士兵临阵脱逃的处罚法条

宋代士兵逃亡法中最严厉的是对临阵脱逃士兵的处罚。宋初，军法规定："临对寇贼而亡者，斩。主司故纵与同罪。"②负责军事的各级官员纵容士兵临阵脱逃也将被判死刑。宋朝统治者似乎一直在执行这一法律，真宗咸平年间，"诏西路将士临阵巧作退避者，即按军令，不须以闻"③。王安石变法期间，他与文彦博争论改革士兵逃亡法时也曾谈到这一点，"临阵而亡，法不计日，即入斩刑"④。《武经总要》共记载了宋军的《罚条》72项，其中有不少是针对临阵脱逃士兵的，如第十条规定"临阵先退者，斩"，第十六条规定"将校、士卒临阵诈称病者，斩"⑤，等等，不一而足。正因为有这些严厉军法的约束，宋初士兵临阵脱逃的现象还是比较罕见的。

---

① 《宋史》卷一九三《兵志七》。
② 《宋刑统》卷二八《捕亡律·征人防人逃亡》。
③ 《长编》卷五二，咸平五年五月己酉。
④ 《宋史》卷一九三《兵志七》。
⑤ 《武经总要》前集卷一四《罚条》，四库全书本。

但好景不长，至北宋中叶，尤其是宋仁宗时期，宋夏之间的战事如火如荼，士兵临阵脱逃事件越来越多，甚至一些将帅的卫兵也公然不护主帅，带头先逃。"比者用兵西鄙，有临阵先退、望敌不进之人。及置狱邻郡，而推劾之际，枝蔓淹延，启幸生之路，稽慢令之诛。将何以励众心而趋大敌乎？"① 又如韩琦曾对宋仁宗说："庆州驻泊神卫军，昨随刘平救延州，战没者才十一二。本军右厢都指挥使刘兴与众皆遁归，比令分屯邠、宁。缘系近上禁军，不能力战，以致陷覆主将。若朝廷一切不问，则无以励众心。"② 由此可知，宋夏战事期间，驻扎在庆州（今甘肃庆阳市）的神卫军右厢都指挥使刘兴尚未到达指定的作战地点，就率领手下将士逃跑了。

至北宋末年，宋军简直就不堪一击，他们无视军纪军法，遇敌则逃。如徽宗宣和年间，"江、浙盗起，攻陷州邑。东南将兵望风逃溃，无复能战"③。宋金战争过程中，宋兵更是大量逃亡，根本不愿为宋朝统治者卖命，宋初以来对临阵逃亡士兵的严刑峻法已荡然无存。鉴于这些情况，著名抗金将领李纲向宋高宗建议改革军法，"凡军政申明改更者数十条"④。这次军法改革包括两方面内容：一是重申旧制，严格按有关军法执行；二是改变原来军法中不合理的法律条文。宋高宗接受了李纲的意见，在全国范围内推行新军法二十一条，⑤ 其中就临阵脱逃的士兵的处罚问题做了新的规定，第三条规定："禁军出战，遇贼敌进前用命者赏，辄退不用命者斩。贼众我寡，力不能胜，因致溃散不归本部、本寨聚集者斩，因而逃归住营去处及作过者家族并诛。"第十条规定："全军胜则全军推赏，全队胜则全队推赏，同退走者尽斩。"第十六条规定："守纪律，保护其上者赏，违犯者斩。"⑥ 事实上，李纲的这次军法改革，远不如北宋时期军法之细密，只要

---

① 《长编》卷一二六，康定元年三月癸未。
② 《长编》卷一二七，康定元年六月丁酉。
③ 《文献通考》卷一五三《兵考五》。
④ 《宋史》卷三五八《李纲传》。
⑤ 《系年要录》卷六，建炎元年六月壬申（《会要》刑法七之二八至三〇仅记载20条，略不同）。
⑥ 《会要》刑法七之二九、三〇。

将《武经总要》中的"赏条""罚条"与《宋会要辑稿》所载南宋初年的新军法对比一下即可知道。但有一点是值得肯定的,那就是这次军法改革的针对性极强,主要军法条文大都属于两军对阵时宋军必须遵守的纪律,而对宋军和平时期的约束则比较少,这恐怕并非李纲的疏忽,而是基本上沿袭了北宋以来的各项制度。

总体上说,李纲军法改革不过是权宜之策,其中大大加重了对临阵脱逃士兵的处罚。而且,李纲新军法的不少条文直接起源于北宋,如关于士兵逃亡的规定就直接继承了王安石变法时期颁布的士兵逃亡法。李纲的军法改革还是有一定积极意义的,至少使北宋末年以来士兵毫无纪律可言的现象改变了一些。李纲认为:"军之所以积少为众,联属不散。可恃以胜敌者,以其有纪律也。"[1] 因此,他下大力气对北宋末年以来腐败而混乱的兵制进行了必要的改革和整顿,并将士兵的纪律问题视为决定战争胜负的关键性因素,主张用严厉的军法来约束士兵,迫使他们为宋朝统治者卖命。同时,李纲的军法改革也大大提高了宋军的战斗力,从某种程度上暂时扭转了北宋末年以来宋军一触即溃、兵无斗志的局面。

第五节 宋代士兵逃亡的首身法及其期限规定

宋代士兵逃亡法还包括首身法。所谓首身,即自首之别称。首身法即士兵逃亡后可以在规定的期限内向政府投案,逃兵因此可以得到减刑。在宋代,士兵逃亡的多寡及其影响的大小等因素直接影响到官府首身法等法律条文的颁布与实施。因此,在宋代的不同时期,不同地区、不同兵种等均有特殊而较为固定的首身条文,而这些法律条文大多是针对各地的特殊情况颁布的。多数情况下,首身法律仅仅适用于某一地区(见表一)。

---

[1]《梁溪集》卷六二《乞修军政札子》,《全宋文》卷三七〇〇。

表一 士兵逃亡首身期限表

时间	首身期限（日）	适用地区	兵种（若未注明即包括所有兵种）	资料来源
雍熙四年	30	河北路		《宋大诏令集》卷一八五
端拱二年	60	河北路		《宋大诏令集》卷一八五
咸平六年	100	北部边境		《长编》卷五五，咸平六年冬十月己巳
景德元年	60	澶州		《长编》卷五八，景德元年十一月丁卯
天禧四年	60	滑州	厢军	《长编》卷九五，天禧四年二月壬寅
天圣七年	90	镇戎军	弓箭手	《会要》兵四之三
庆历四年	30	河东路	禁军、厢军	《范文正公年谱补遗》
至和元年	365	河北边境	禁军	《长编》卷一七六，至和元年四月庚申
嘉祐六年	60	全国		《长编》卷一九五，嘉祐六年十一月辛未
熙宁十年	60	京东、河北		《会要》兵一二之三
元丰四年	15	延州		《长编》卷三一九，元丰四年十一月乙酉
元丰四年	20	陕西	马递、急脚铺兵	《长编》卷三一九，元丰四年十二月己亥
元丰四年	30	陕西		《长编》卷三二二，元丰五年正月戊子
元丰五年	30	开封府、京东、京西、河东		《长编》卷三二一，元丰四年十二月戊午
元祐二年	60	河北、河东、陕西、京东、京西、淮南		《长编》卷三九八，元祐二年四月戊戌
元符二年	100	熙河、秦凤路		《长编》卷五一八，元符二年十一月己卯
宣和二年	100	开封府、陕西、京西、河东		《宋史》卷一九三《兵志七》
宣和七年	100	全国		《长编拾补》卷五一，宣和七年二月壬戌
靖康元年	无限	泗州	勤王兵	《宋史》卷一九三《兵志七》

（续表）

时间	首身期限（日）	适用地区	兵种（若未注明即包括所有兵种）	资料来源
建炎元年	7	全国	禁军	《会要》刑法七之二九
绍兴三十二年	60	两淮地区		《系年要录》卷一九七，绍兴三十二年二月壬戌
乾道七年	30	沿海地区		《会要》兵一三之二八

从表中所列两宋不同时期士兵逃亡首身法的期限、适用地区、兵种等情况来看，这些数据及其相关规定、法条基本上反映出了宋代士兵逃亡之后投案自首的林林总总。

其一，逃亡士兵并非任何时候都能向官府投案自首，一般是从官府令下之日开始计算，只能在规定的期限内自首。如宋神宗元丰四年（1081），由于陕西地区"诸路州军自边逃来厢、禁军，汉蕃弓箭手，蕃兵，义勇，保甲，人夫等甚众"，所以朝廷颁布了一道诏令，要求陕西地区鄜延路、环庆路、秦凤、熙河等路逃兵"限一月，许令自首免罪。厢、禁军令纳器甲复本营，义勇、保甲、人夫等听归所属"，①同时还要求各级地方政府和官员接纳逃亡士兵，妥善安排善后事宜。

然而，并非所有逃亡士兵都享有首身的权利。在宋代，士兵若逃亡三年以内遇官府颁布首身法，可以根据相关条例规定向官府自首；若逃亡时间在三年以上，即使自首，各级地方行政机构也无权予以处理，必须上报朝廷，然后由朝廷提出相应的处理意见。这一规定是从宋真宗时期开始执行的，大中祥符七年（1014），"诏自今军士亡命及三年已上，虽自首，悉具所犯赴阙论决之。从知亳州李迪之请也"②。此处，士兵逃亡后，只能在官府颁布第一次首身令的期限内投案自首，如果士兵逃亡后在第二次首身令颁布后才去自首，那他将受到与逃兵一样的处罚，"刑部请依元丰敕，

---

① 《长编》卷三二一，元丰四年十二月戊午。
② 《长编》卷八三，大中祥符七年十月甲子。

军人赦前逃走,经恩不首者,虽再经恩不得原减。从之"①。

其二,宋代士兵逃亡首身法大都只适用于某一地区。就表一所列出的诸多史实来看,宋朝政府只颁布过三次全国性的士兵逃亡首身法。大多数情况下,首身法只适用于边境地区,尤其是北部边境,因而宋代士兵逃亡首身法具有极强的针对性,这恐怕主要是由于边境地区驻军数量多。假如边境地区士兵大量逃亡,而官府又听之任之,不对这些逃兵采取适当的笼络手段,必定会动摇军心,使未逃亡的士兵不能安心为国戍边,一旦边境发生战争,势必危及宋王朝统治。加之边境地区的逃兵多属贪生怕死之徒,抑或是从战场上溃逃下来的士兵,设若宋朝政府不允许他们自首,这些士兵又都是职业兵,他们谋生无路,必然会铤而走险。一旦他们转而为"盗贼",或逃入敌国,这对宋朝产生的影响将更为不利。因此,宋朝政府不得不对边境地区的逃兵网开一面,允许他们悔过自新。

其三,逃亡士兵自首后,一般可以免予追究逃亡之罪。大多数情况下,逃亡士兵投案自首后还可以回到原来所属的部队。熙宁十年(1077),河北、河东地区"应逃亡在两路未首获军人,欲限两月内,随所在官司首身。特与放罪,依旧收管"②。又如元丰五年(1082),京西路转运判官唐义问上言:"比闻多有陕西军前亡卒首身,乞降指挥招谕。令随所在自陈,给券送归所属。"于是宋神宗下诏:"已降指挥,令开封府界、京东、京西路军前士卒因寒冻阙食逃归者,依陕西、河东首限施行。"③逃兵即使于在逃期间犯了死罪,如在规定期限内自首或被捕获,似乎也可以免除死刑。

宋真宗景德二年(1005),大理寺在审理禁军逃亡案件时按照"在赦限内捉获者斩,赦限外即准律减等"的原则进行处理,真宗对此大为不满:"此刑名殊非允,当令赦限内不首者重,去赦远不首者轻。"④于是宋真宗下令修改了法律,诏令全国,"亡命军人及劫盗,赦限内捕获,罪至死者,奏裁;限外劫盗,准法。亡卒罪至死者,杖脊黥面,流沙门岛,情

---

① 《长编》卷四四八,元祐五年九月丙戌。
② 《会要》兵一二之三。
③ 《长编》卷三二二,元丰五年正月戊子。
④ 《长编》卷六一,景德二年八月丙申。

重者奏裁，罪不至死者，不以赦限内外，并依常法"①，也就是说，在政府规定的期限内，逃兵被捕或自首，即便按法律应该判处死刑，也可免于一死；若逃兵逃亡后继续犯罪，情节十分恶劣，必须判处死刑，也要先上报朝廷，获得批准后方可执行。

更为有趣的是，一些逃兵自首后还能受到奖赏。宋仁宗庆历三年（1043），"自今蕃落军人首身与免罪。其经陷阵或因取薪水为敌捉去者，禁军长行与淮南勇截押官、节级、十将以上，递迁一资。厢军以下送淮南本军，仍与迁资。元走投外界者，止隶江南、荆湖本城，并不许差出"②。又如贾昌朝对逃亡契丹后归来的宋军也予以晋升，"归者辄迁补"③。诚然，这些都只是特殊情况，其中所涉及的士兵逃亡事件几乎都不是士兵主动做出的行为，而是在不得已的情况下被迫逃亡的，如因为领取薪俸而在途中被地方捉拿等，这些士兵都不能视为逃亡之人。

其四，宋王朝容忍士兵逃亡，并颁布首身法以笼络逃兵，主要是出于巩固专制主义统治的目的。两宋统治者一直对"盗贼"作乱十分恐惧，总是千方百计地加以防范。而逃亡士兵与普通农民不一样，他们完全是职业兵，没有多少后顾之忧。他们有武艺在身，一旦转而为盗贼，就会直接威胁到赵宋王朝的统治，且宋朝逃兵反抗官府的事件屡屡发生。因此，为了防患于未然，宋朝政府不得不实行逃兵首身法。从表一所列情况来看，多数情况是由于逃兵数量过多，甚至于已经出现了诸多"犯罪"或反抗官府的迹象，宋朝政府才颁布士兵逃亡首身条例。

此外，从逃兵首身法大多只适用于某一地区这一点也看得出来，首身法的颁布大多是宋朝政府担心逃兵转而为盗而采取的将之分化、瓦解的临时措施。宋高宗绍兴三十年（1160），"三司申明逃亡军人首身之限"，宋高宗对宰相们说："朕始见此法，未深晓其意，使出人主一时恩宥。人犹不测，著为定法，是教之逃也。"④也就是说，高宗刚即位时认为逃兵首身

---

① 《会要》兵一一之五。
② 《长编》卷一三九，庆历三年二月乙巳。
③ 《宋史》卷二八五《贾昌朝传》。
④ 《系年要录》卷一八五，绍兴三十年六月壬戌。

法有纵容、教唆士兵逃亡之嫌。然而，宋高宗刚说完这些话，突然话锋一转，对王纶说："卿解之否，盖不如此，即此曹聚而为盗，始知祖宗用意深远。"①可谓一语道破天机，足见两宋统治者用心之良苦。

其五，宋朝统治者颁布逃兵首身法，着眼于防范"盗贼"为乱，从某种意义上说对赵宋统治者是有益的，有利于巩固宋王朝的统治，对稳定社会秩序的确有防患于未然的功效。然而，正是因为实施了逃兵首身之法，士兵才有恃无恐，动辄逃亡。更为严重的是，士兵逃亡后，隔几年便有自首的机会，在社会上实在混不下去了，逃兵们还可以通过首身法回到兵营，何乐而不为呢？事实上，作为一种临时性的特殊措施，逃兵首身法是宋朝政府在不得已的情况下而实行的对逃兵的妥协政策。虽然宋朝政府颁布了严厉的士兵逃亡法，但由于逃兵首身法的推行，士兵逃亡法遭到了严重破坏。宋军因而目无法纪，纪律松弛，军心涣散，这样的军队，无论如何也不会有很强的战斗力，更不会献身保家卫国，为宋朝统治者卖命。他们在宋辽、宋夏、宋金、宋蒙战争中的诸多败绩即可以说明这一点。

南宋时期，魏了翁指出，宋军之所以"所至辄败"，主要就是因为宋军临阵溃逃，"中外之军往往相谓，战不如溃，功不如过。风声相挻，小则浮言诽语以扇其类，大则拥众称兵以凌其上。而欲恃此以为守，臣知其不可也"②。宋朝政府对逃兵的纵容态度很大程度上影响了宋军的战斗力，使宋军在战争中往往处于被动挨打的地位，因而造成了宋朝"积弱"的严重局面。

第六节　士兵从军出征逃亡法

宋朝政府对在从军出征时逃亡的士兵也制定了具体的处罚条例，宋初军法规定："从军征讨而亡者，一日徒一年，一日加一等，十五日绞。"③相对

---

① 《系年要录》卷一八五，绍兴三十年六月壬戌。
② 《鹤山先生大全文集》卷一九《被召除礼部尚书内引奏事第四札》，《全宋文》卷七〇五八。
③ 《宋刑统》卷二八《捕亡律·征人防人逃亡》。

而言，行军途中逃亡的士兵比临阵脱逃的士兵受到的处罚要轻得多。《文献通考》记载宋真宗咸平四年（1001）诏令说："禁军非征行而因役亡者，止决杖流配。"[1] 可见，禁军若非在征战期间逃亡，所受处罚就比较轻。从法律的角度来看，宋朝政府对行军途中逃兵的惩罚并不重。然而，《宋刑统》的记载与《宋史》"禁军逃亡满一日者，斩"的记载大相径庭，完全背离了宋朝法律，即便是与后来宋仁宗、宋神宗时期三天、七天的规定相比也相去甚远，令人难以理解。

现在看来，合理的解释是宋初边境地区的禁军逃亡法与内地不太一致，政府对边境地区逃兵的处罚要比内地重得多，也就是说"禁军逃亡满一日者，斩"的法令是针对边境地区逃兵的，驻守内地的逃兵则是按《宋刑统》的法律条文执行。又据《鸡肋集》记载，内地逃兵"十五日绞"这一条文属于"律"的范畴，与《宋刑统》的记载是吻合的。但宋朝统治者又不断以"编敕"的形式补充法律。

事实上，前面所谈到的禁军逃亡一日、三日、七日处斩的原则属于"敕"的范围，也具有法律效力。"律：从军征讨而亡十五日，绞""平居亡伍稍附律"[2]，也就是说，晁补之在《鸡肋集》中为杜纯写"行状"时所谈到的情况是王安石与文彦博等人争论军法改革之前的法律条文。这一法律规定，从军出征时逃亡的士兵满十五日处绞刑，而"平居亡伍"与"从军征讨而亡"的士兵所受处罚基本上是一致的。这样，问题就很清楚了，《宋刑统》的法律条文主要是针对从军出征时逃亡的士兵，抑或不从事战争的士兵，即常年驻守内地的禁军等。

据《鸡肋集》记载："敕：上禁军逃三日，斩。若三路［河东、河北、陕西］沿边征戍及他征戍与化外接者，皆以敕从事。"[3] 也就是说，凡是边境地区驻守或征讨的士兵逃亡均按"三日斩"的编敕条文来处理，凡是驻

---

[1] 《文献通考》卷一五二《兵考四》。
[2] 《鸡肋集》卷六二《朝散郎充集贤殿修撰提举西京嵩山崇福宫杜公行状》，《全宋文》卷二七四一。
[3] 《鸡肋集》卷六二《朝散郎充集贤殿修撰提举西京嵩山崇福宫杜公行状》，《全宋文》卷二七四一。

守内地的士兵逃亡或从内地征调到边境征戍的士兵尚未到达目的地前逃亡则按"十五日绞"的法律条文处罚。由此可知，《宋史·兵志》的记载仅仅是"敕"的内容，"敕"的条文只适用于宋朝的边境地区，即"与化外接者"的地区，抑或有战事的地区。

问题在于，晁补之在《鸡肋集》中所记载的"敕""律"属于宋仁宗以后的规定，这是显而易见的，前面已有论及，此不赘引。宋仁宗以前禁军逃亡的处罚条例是否也有边境和内地的区分则没有明文记载，但据《宋史·兵志》和《宋刑统》的有关记述来看，宋初禁军逃亡法的确存在边境与内地的重大差异。另外，尚有一些零星史料可以说明这个问题，《宋史·贾昌朝传》记载："边法：辛亡自归者，死。"[1] 所谓"边法"，即边境地区的军法。由此可见，宋朝边境地区的士兵逃亡法是自成体系的，似有一套对付逃兵的特殊政策，与内地士兵逃亡法迥然异趣。至少可以肯定的是，边境地区对逃兵的处罚比内地要严厉得多。当然，这仅仅是宋神宗熙宁五年（1072）之前的法律，熙宁五年以后，宋代士兵逃亡法似乎开始整齐划一，逐渐取消了边境与内地的处罚差异。关于这一点，前面所引的诸多史料已足以说明，熙宁五年后主要按"上禁军"和"下禁军"的区别加以处罚。

此外，宋朝士兵逃亡法还包括许多具体的法律条文，如"押送逃军格"。在宋朝，各地捕获或投案自首的逃兵均要由各地方机关派人押送到指定地点，一般是每二十名逃兵"差使臣一员"[2]，有时也差禁军负责押送，"部送罪人、配军者，皆不使役人，而使禁军。军士当部送者，受牒即行"[3]。但多数情况下，还是由各县、镇、寨的官员负责派人将逃兵押解到上级州军，"凡逃军在外，依限首身者，并于所在日破米二升，其县、镇、寨并限当日解本州军，每二十人作一番，差职员管押。仍沿路给破口食，交付前路州军，转送住营去处"[4]，如各地地方官招诱逃兵人数多，还可以

---

[1] 《宋史》卷二八五《贾昌朝传》。
[2] 《宋史》卷一九三《兵志七》。
[3] 《苏轼文集》卷二六《徐州上皇帝书》。
[4] 《宋史》卷一九三《兵志七》。

受到嘉奖。

另外，禁军逃亡被捕后未经审讯，或官府尚未彻底调查清楚，逃兵便主动自首伏法，坦白交代自己的罪行，可以免去死刑，"至死者减一等"[1]。如果士兵逃亡被捕后再逃亡，将加重处罚，"诏军士逃亡，捕获未断再逃亡，止一次科罪。已断未决而再逃亡者累科之"[2]。士兵逃亡后为非作歹，将加重处罚，禁军逃亡后，"初犯强盗，赃满伍贯者虽不曾伤人，一切断以极刑"[3]。这大概是南宋时期的法律。北宋时期，"大理寺言：军人逃亡后强盗、放火、谋杀人，若持仗窃盗满二贯捕获者，配千里。即因强盗、谋杀人配充军而犯者不以赦前，徒罪皆配广南，流罪配沙门岛"[4]。由此可见，宋代士兵逃亡法的法律条文是相当严密的，针对士兵逃亡的各个环节都颁布制定了相应的法律。

宋朝政府对禁军逃亡的防范和制裁远远超过了其他各兵种，因而士兵逃亡法的实施大多是围绕禁军逃亡而展开的，"立法之意，欲惩禁军逋逃"[5]。当然，其他各兵种也有相应的逃亡法，但无论是法律的严密程度，还是执法的宽严尺度，都远远不及禁军逃亡法。就所见资料而言，明确记载厢军等兵种逃亡法内容的只有《庆元条法事类》，"诸厢军兵级及刺面人逃亡者不以有无料钱，第壹度杖玖拾，刺每度逃走字，首身者各减叁等"[6]。然而，《庆元条法事类》所载的法律条文是否为两宋时期厢军等兵种的逃亡法很难说，因为厢军逃亡法的颁布执行比较早，至少在宋真宗之前就已出现了。景德三年（1006），大理寺"定禁军逃亡条，其下等禁军，月给酱菜钱满二百，随军壕寨而亡命者，请如禁军例决遣，自余悉准厢军"[7]，可见厢军逃亡法在此以前早已存在，但此时厢军逃亡法的具体内容却未见诸史籍。

---

[1] 《会要》刑法一之九。
[2] 《长编》卷一七五，皇祐五年十二月戊申。
[3] 《庆元条法事类》卷七三《刑狱门三》。
[4] 《长编》卷四六五，元祐六年闰八月戊辰。
[5] 《庆元条法事类》卷七三《刑狱门三》。
[6] 《庆元条法事类》卷七五《刑狱门五》。
[7] 《长编》卷六四，景德三年九月庚子。

一般情况下，对厢军等兵种士兵逃亡的处罚比禁军要轻得多，正因为如此，才出现了一些禁军逃亡后钻法律的空子，诈为厢军以求从轻发落的案例，"禁军逃亡，诈为厢军投换，或却投禁军捕获。或因事败露，乞依本军法"，"从之"[1]。也就是说，如果禁军逃亡后诈称厢军，一经查出来，必须按禁军逃亡法论处。当然，厢军中也有一些士兵逃亡后要按禁军逃亡法治罪，比如属于厢军范畴的"配军"，"逃亡捕获者，元犯情重，依上禁军法。情理不至凶恶者，依下禁军法"[2]。至于厢军等兵种的逃亡首身法，大致与禁军相同，前面所列史料已说明了这一点。至于厢军等兵种逃亡法的具体法律条文，由于史载阙如，在此不敢妄加臆测。

原刊于《宋史研究论文集》，云南民族出版社，1997年，
题目为《宋代士兵逃亡法考述》

---

[1] 《长编》卷三三五，元丰六年六月戊申。
[2] 《长编》卷四八〇，元祐八年正月辛丑。

逃兵与国家财政：正常军费之外的负担

宋代士兵逃亡现象甚为严重，逃兵给宋代社会带来了多方面的不良影响。本文拟就士兵逃亡与宋代财政之间的关系进行一些探讨，不妥之处，尚祈指正。

第一节 逃兵与国家的额外支出

从表面上看来，士兵逃亡与宋朝国家财政之间是风马牛不相及的，但事实上，士兵逃亡本身对封建国家而言就是巨大的财政损失。在正常情况下，国家就负担着相当沉重的军费开支，既要支付募兵的一切费用，又要为士兵（主要是禁军、厢军）准备衣粮、武器、住房等，长期供养这些职业兵。一旦士兵逃亡，募兵费用、武器等士兵应用之物将全部损失。宋徽宗宣和年间，陕西、河东、河北三宣抚使司上奏朝廷："勘会诸边遇事调发军马，其军人随身衣甲、器械悉从官给，事毕还纳。比来堕卒关请器甲、衲袄之类，避免征役，多是逃走。或托疾拖后，并将元请衣甲、器械、衲袄擅行货易。或典质钱物，自知逃亡罪重。又已破货器甲之类，理不可还。遂绝自新之意，兵额由此顿阙。"① 又如宋神宗元丰六年（1083），"闻廊、延诸州昨走散兵卒，带官器械，私易于民间，委转运司立限首纳，量支价钱，即限满藏匿，依私有禁兵器告赏法"②。可见，逃兵毁坏或卖掉

---

① 《会要》刑法七之二六。
② 《长编》卷三三三，元丰六年二月戊申。

官府发给他们的应用之物，给国家造成了很大损失。同时，宋朝政府还得不断花钱制造这些东西，以备募兵之用，这无疑是双重的财政支出。

此外，对于逃跑的士兵，宋朝政府给他们规定了向官府自首的期限，而在规定的期限之内，政府还得支出逃兵的军俸。更为有趣的是，一些逃兵只要在官府规定的期限内自首，官府不进行追究，反而予以适当的奖励，允许他们继续当兵。如宋真宗天禧四年（1020），"应缘滑州役卒亡命者，限两月首罪。优给口粮，送隶本军"①，诸如此类对待逃兵的特殊政策在宋代史籍中还有很多，此不赘举。事实上，这些费用都是国家养兵费用之外的额外财政负担。

士兵逃亡后，按照宋朝政府的规定，应停止供给逃兵的一切费用。但是，各级军官利用职权，营私舞弊，即使士兵逃亡，他们也不及时上报，而是将官府发给逃兵的军俸、特支钱等中饱私囊。宋徽宗宣和三年（1121），户部尚书沈积中上奏朝廷："夫禁军逃亡，罪亦重矣。然将、副则迁就岁终赏罚之格，军校则利其每月粮食之入，往往逃亡者并不开落，获者亦不行法。至有部辖人纠率队伍，公然私窜其中，冒名代充者比比皆是。因循玩习，恬不为异。"②按律，军官下属士兵逃亡率及20%时，这些军官将以渎职罪受到降级处分，因此，各级军官为了保住乌纱帽，不得不通过各种非法手段故意隐瞒士兵逃亡的事实，而一些低级军校则觊觎逃兵的军俸收入。总之，他们各怀鬼胎，对士兵逃亡的事实熟视无睹，不闻不问，而一些利欲熏心的不法分子，见有士兵逃亡，则冒名顶替，暗中勾结军官支取逃兵的军俸。

此外，有些不法军官还与逃兵合谋，共同作弊，"兵官军典，上下叶谋，私纳逋逃，谓之暗投。中分衣粮，号曰鸿沟。名更姓易，不可致诘"③。上述各种弊端在北宋末年、南宋时期尤为严重。朱熹对此颇有感触："且国家经费，用度至广，而耗于养兵者十而八九。至于将帅之臣则以军

---

① 《长编》卷九五，天禧四年二月壬寅。
② 《会要》刑法七之二六、二七。
③ 《胡澹庵先生文集》卷二七《广东经略余公墓志铭》，《全宋文》卷四三二八。

籍之虚数而济其侵欺之奸，馈饷之臣则以簿籍之虚文而行其盗窃之计。苞苴辇载，争多斗巧，以归于权幸之门者，岁不知其几巨万！"①南宋中叶，员兴宗在他的《议节财疏》中曾算过一笔账："诸军逃亡而额存，有虚为请给者，厢军羸幼不堪众役，有滥为请受者。异时两项并核其实，以百万之众淘汰一二万，不致他虑矣。若以二万为数，他日一兵岁减百千，一年即减二百万缗矣。"②事实上，员兴宗的这一计算还是比较保守的。南宋时期，士兵逃亡现象相当严重，一年绝不止一两万人。姑且按他的估计，仅仅按2万名逃兵计算，若是各级军官不上报，每年国家就得多支出200万贯钱财，而这些额外支出完全落入了各级军官的腰包。

鉴于上述严重情况，南宋一些有识之士在任职期间竭力矫正这一积弊。如陈谦担任湖广总领所总领期间，以节俭为本，"器用崇侈者还之金银，以市军储"，同时还"分遣官属，士卒逃死者，求其隐占，以正军籍，皆昔所未有"。③从这段记载可以看出，宋朝各级地方官员对士兵逃亡后兵籍不实、虚耗国家军费的事实根本未予足够的重视，陈谦试图加以改变，以减少国家的军费开支。但像陈谦这样精明干练的官员在宋朝毕竟是凤毛麟角，大多数情况下，士兵逃亡后，政府还得支付逃兵的一切开支。

更为严重的是，一些军官在逃亡或战死后，各级军事领导机构也隐瞒不报，而军官的俸禄显然要比普通士兵高得多。且隐匿不报的数量之多，令人瞠目。南宋时期，李大性任荆湖南北路制置使时曾处理过这类事件，"边郡武爵，本以励士，冒滥滋众。大性劾两路戎司冒受逃亡付身，凡三千四百九十有七道。率缴上毁抹，左选为之一清"④。由此可见，各地逃亡军官的官诰也有人冒名顶替，支取俸禄。上述种种弊端大大增加了朝廷的养兵之费，而所增加的部分大都为各级官吏私吞了。

---

① 《晦庵先生朱文公文集》卷二六《上宰相书》，《全宋文》卷五四七三。
② 《九华集》卷七《议节财疏》，《全宋文》卷四八三五。
③ 《水心文集》卷二五《朝请大夫提举江州太平兴国宫陈公墓志铭》。
④ 《宋史》卷三九五《李大性传》。

第二节　重新招募之费用

士兵大量逃亡后，宋朝统治者为了保证有足够的兵力对内镇压，对外御敌，不得不重新招募士兵。而重新招募新兵，不仅需要大笔招募之费、训练之费，还得重新为新兵准备衣、粮、甲、胄等应用之物。如宋高宗绍兴二年（1132），韩世清率五千军队戍守宣城，"招纳亡命万余，岁费县官钱十万缗、米十八万斛"[①]。宋代兵员损耗的途径大致有三类：自然死亡或退役、战死、逃亡。士兵逃亡越多，政府相应招募也越多，所支出募兵之费也就越多。蒋芾清楚地认识到了这一点，"又招兵耗蠹愈甚，臣考核在内诸军，每月逃亡事故，常不下四百人。若权停招兵一年有半，俟财用稍足，招丁壮，不惟省费，又得兵精"[②]。仅仅"在内诸军"每月就有400人逃亡，按此估算，一年就有5000名士兵逃亡，其余各军或在前线戍守的士兵逃亡事件就更可想而知了。蒋芾将逃兵与国家财用结合起来考虑，无疑是颇有见地的。然而，他的建议仅仅是一厢情愿而已，宋朝统治者为了保证充足的兵员，总是千方百计地招募士兵，这样循环往复，士兵逃亡后又招募，招募后又逃亡，宋代募兵之费大量增加就是情理之中的事情了。

北宋后期，由于现役军人大批逃亡，兵员不足的问题愈加突出，而招募新军也愈加困难。宋朝政府为了限制士兵脱离兵营，接受了陕西路提点刑狱吴安宪的建议，即所谓"招诱逃亡厢、禁军之法"[③]，其中除了下令让各级地方官尽可能招诱逃兵外，最重要的是允许士兵投换改刺，也就是说，士兵如果感到在原来所属部队混不下去了，可以自由地选择别的部队服役。一些将官因担心逃兵超过20%而自己受到处罚，也很愿意从别的部队接纳投换而来的士兵，"请如主兵官旧曾占使书札、作匠、杂技、手业之徒；或与统辖军员素有嫌忌，意欲舍此而就彼；或所部逃亡数多，欲避谴责，辄将逃军承逃亡之名便与请给。既避谴责，又冒请受，上下相

[①]《系年要录》卷五一，绍兴二年正月丁巳。
[②]《宋史》卷三八四《蒋芾传》。
[③]《宋史》卷一九三《兵志七》。

蒙，莫之能革。致使军士多怀擅去之心者，良以易得擅住之地也"①。虽然投换之制并未执行多长时间，但其后果是十分严重的，因为宋代兵制从此大乱。崇宁五年（1106）八月，宋徽宗被迫下令停止执行投换改刺之制："近来官司多有奏请，乞许军兵投换，遂致军制隳紊，纪律不严。慵惰军兵巧避征役，公然逃窜投换，往来借请衣粮，叠支例物。惠奸坏法，莫甚于斯。已许投换去处，并限一月结绝。今后官司辄申请军兵投换，以违制论。其厢、禁军逃亡并系元丰法。"②由此可见，由于朝廷允许士兵投换改刺，导致北宋晚期军制大乱，不仅大大浪费了国家的钱粮，增加了财政负担，还致使军纪涣散，这给宋王朝造成的恶劣影响是难以估量的。

令人遗憾的是，吴安宪所提出的招诱逃亡厢军、禁军之法虽然在宋徽宗崇宁年间被明文废止，但实际上仍然未被彻底根除。宋徽宗大观四年（1110），"诸路及京畿逃亡军数居多，虽赦敕立限许首，终怀畏避。若诸路专委知州、通判或职官一员，京畿委知县，若招诱累及三百人以上，与减一年磨勘，五百人以上一年半，千人以上取旨推恩，于理为便"③。正因为招诱逃军有赏，于是各级官僚竞相招诱，蔚然成风。宋徽宗宣和七年（1125），童贯到燕山犒赏郭药师及其常胜军，"奏请河北路置四总管，中山府辛兴宗、真定府任元、河间府杨惟忠、大名府王育各为逐路副都总管，皆与招集逃亡军人。及招刺诸处游人充军，以为备边之画"④。更为严重的是，南宋时期各级将领互相招诱对方军队的逃兵，如"辛企宗兵不满三千人，其间多冗滥者，势须汰去。又以吉州官吏并漕司不支钱粮几半月，逃亡者数百人，皆为韩军以钱绢招收，军政之坏极矣"⑤。辛企宗所部士兵逃亡后，韩世忠将这些逃兵招入自己的部队。南宋初年，这种从这个将领率领的军队转而投向另一个将领的军队的现象是相当普遍的，这一时期的士兵几乎都是"有奶便是娘"的状态。显而易见，这些士兵是很难效

---

① 《宋史》卷一九三《兵志七》。
② 《会要》刑法七之二四、二五。
③ 《宋史》卷一九三《兵志七》。
④ 《三朝北盟会编》卷二二，上海古籍出版社，2019年。
⑤ 《梁溪集》卷一一八《与秦相公第十二书别幅》，《全宋文》卷三七三五。

忠于统兵将领的，当然也就更不会为国家卖命。

针对这种情况，南宋政府三令五申，严禁各军之间互相招诱逃兵。高宗绍兴二年（1132），"累降令行在诸军，毋互相招收。及将别军人拘执，违者行军法"①。尽管朝廷屡次下令禁止各军之间互相招收逃兵，然而，禁者自禁，招者仍招。南宋时期，各军之间互相招诱逃兵的事件层出不穷，而逃兵见哪里军俸较高，哪里有油水可捞，就往哪里跑。同时，宋朝政府还得重新支付一次募兵费用。非但如此，招募逃兵时的费用比正常募兵的还要多，否则逃兵是不愿应募的，前面所举韩世忠招纳辛企宗所部逃兵，即是典型的例子。再者，逃兵原来所在部队军官并不将逃兵数量如实上报，因而宋朝政府仍然继续支付给逃兵原来所属部队各项军俸。事实上，宋朝政府对一名逃兵至少要支出两倍以上的军俸，这最终导致宋朝养兵之费一增再增。宋代逃兵的大量存在，大大加重了宋朝政府的财政危机。

第三节 捕捉逃兵的费用

前文讨论了逃兵使宋朝政府募兵、养兵之费大量增加等问题。在宋代，捕捉逃兵开销甚巨，而且是一项相当艰难的工作。宋代逃兵大量转化为"盗贼"，如元符年间，"陕西州县多盗贼，内有逃军者，见今号州贼徒，惊扰一方"②。这样的事例还有很多，笔者将另具文讨论。

通常情况下，宋代捕捉逃兵由巡检、县尉具体负责，但随着逃兵数量的增加，其影响愈益严重，因此，宋朝从中央到地方各级政府，往往都鼓励各级官吏或普通百姓捕捉逃兵，并以此作为考核官吏政绩的重要依据之一，"诸巡尉每考批书：有无获到逃亡军人。如有，具姓名、数目、月日，批上印纸，任满赴部稽考"③。而巡检、县尉属下士兵捕获逃兵都有不同程

---

① 《宋史》卷一九三《兵志七》。
② 《会要》刑法四之三一。
③ 《吏部条法残本》，《永乐大典》卷一四六二六。

度的奖赏，而且奖赏金额越来越大。宋真宗时期，巡检兵士"获亡卒一人，赏钱二百"[1]。南宋初年，"每获一名，赏钱十贯文"[2]。可见，宋朝政府对捕获逃军者的赏金大幅度地增加了。

除了巡检、县尉外，宋朝政府还经常调动正规军追捕逃兵。神宗元丰七年（1084），"虎翼卒郝贵等捕获逃亡未获，守城有功。诏依例给赐银、绢，以守城功除其罪"[3]，也就是说，正规军捕获逃军者有赏，未获者有罪，将受到制裁。又如神宗熙宁年间，"逃散军贼解吉等六百余人尚在乾、耀州界，诏泾原、环庆路遣将官招捕，毋得贪功务杀。招降一人，依斩获一级酬奖"[4]。一般情况下，在逃兵集中的地区，宋朝政府会采取招降政策，而招降逃兵的人也同样会受到奖赏。

在宋代，任何人捕获逃兵似乎都有赏金，而且政府规定有固定的赏金金额。在一些特殊地区，捕获逃兵的赏金似乎要比规定的数额高得多，如广南西路的部分地区，"郴州宜章、桂阳县并桂阳军临武县管下民性顽犷，好武喜动，其逃走军兵既无生业，往往为盗。今来郴、桂境内捉获逃军，乞与倍他州之赏。敕令所重，别参酌立法"[5]，其他地区也有增加赏钱捕捉逃兵的情况。具体而言，逃兵的影响越大，赏钱就会越多。神宗元丰六年（1083），"诏：闻陕西诸路逃亡兵卒尚有未投首人数……宜令永兴军、秦凤等路提刑司，除督责当职官司速收捉外，仍依近指挥，增立赏钱，晓示诸色人搜捕，早令净尽"[6]。

宋代最基层政权组织——保甲的重要职责之一，就是搜捕逃兵，如"福建路保正副、大小保长唯管缉捕逃亡军人及私贩禁物、斗讼、桥路等事"[7]。宋朝政府还经常下令鼓励捕捉逃兵。神宗元丰五年（1082），朝廷规

---

[1] 《会要》职官四八之一二六。
[2] 《会要》刑法七之二八。
[3] 《长编》卷三四三，元丰七年二月甲午。
[4] 《长编》卷二二一，熙宁四年三月辛丑。
[5] 《会要》刑法一之五四。
[6] 《长编》卷三三六，元丰六年闰六月癸未。
[7] 《会要》食货一四之二二、二三。

定:"自今逃走兵员,乞许人告捕,或斩级支赏,不立首限。"[1]也就是说,任何人都可以向官府告密或直接捕获逃兵,均可论功行赏。

捕获逃兵得赏钱物最多的是边境地区各少数民族。宋朝政府十分担心士兵逃亡敌国后泄露军情等,往往重奖边境地区归顺于宋的少数民族,让他们捕捉宋朝的逃兵。早在真宗天禧年间,宋朝政府就已有明文规定:"蕃部获逃卒,给绢二匹、茶五斤。"[2]咸平年间重申:"缘边军卒亡匿蕃部者……募蕃部收捉送官,厚赏之。"[3]正因为宋朝政府给予"蕃部"人以特别优厚的奖赏,所以各少数民族部落中才出现了专门捕捉宋朝士兵以邀功行赏的人,甚至将一些根本没有逃亡的士兵当成逃兵来捕捉。例如真宗大中祥符年间,"西鄙戍卒叛入蕃族者,许本族擒献而厚赏之,亦有妄擒堡壁军士以邀赏者,官司不为详究,枉置于法"[4]。相比而言,蕃部人捉得逃兵比宋朝本土军民捕获逃兵的报酬要高得多(真宗时内地人捉拿逃兵一人才赏钱二百文)。总而言之,宋朝政府为了追捕逃兵,浪费了大量人力、物力,同时还要支付给捕捉逃兵者大笔赏金。这些开支都是宋朝政府正常养兵用度之外的额外负担,对加剧宋代财政危机无疑起了推波助澜的作用。

原刊于《中州学刊》1993年第6期,
题目为《略论士兵逃亡与宋代财政之关系》

---

[1]《长编》卷三二二,元丰五年正月甲午。
[2]《宋史》卷三二四《刘文质传》。
[3]《长编》卷五五,咸平六年十月己巳。
[4]《长编》卷七〇,大中祥符元年九月己巳。

"常胜军"：北宋末年一支雇佣军的始末

第一节 辽朝的怨军

常胜军起源于辽朝末年天祚皇帝时期，其初创时被称为怨军。关于怨军的创置时间，史书记载略有不同。《辽史·天祚皇帝纪》载："[天庆七年]九月，上自燕至阴凉河，置怨军八营。募自宜州者曰前宜、后宜。自锦州者曰前锦、后锦。自乾自显者曰乾曰显，又有乾显大营、岩州营。凡二万八千余人，屯卫州蒺藜山。"[1]《契丹国志》则记载："[天庆六年]天祚乃授燕王都元帅，萧德恭副之，永兴宫使耶律佛顶、延昌宫使萧昂并兼监军，听辟官属。召募辽东饥民得二万余，谓之怨军。"此书同卷的史料也清楚地表明，怨军设置于辽朝天庆七年（1117）之前："天庆七年夏，天祚再命燕王会四路兵马防秋。九月初发燕山府，十月至阴凉河。闻怨军时寒无衣，劫掠乾州，都统萧幹一面招安。初，怨军有八营，共二万八千余人……"[2]《辽史》将不同时间发生的事情杂糅在一起，显然是错误的。

辽朝末年，处于白山黑水之间的女真族逐渐崛起，阿骨打领导女真族人民反抗辽朝的残暴统治，辽朝统治者为此屡次派兵弹压。然而，辽朝军队屡战屡败，伤亡惨重。因此，天祚帝下令招募这些死难将士的后裔及一些流离失所的老百姓充军，组成了怨军。"常胜军，本谓之怨军。辽人始以征伐女真，为女真所败，多杀其父兄，乃立是军。使之报怨女真，故谓

---

[1]《辽史》卷二八《天祚皇帝纪二》，中华书局，1974年。
[2]《契丹国志》卷一〇《天祚皇帝上》，中华书局，2014年。

之怨军。然怨军初未尝报怨,每女真兵入,则怨军从以为乱。女真退,则因而复服,常以为苦。"①辽朝统治者企图雇佣这些人为亲人报仇雪恨,攻打女真族。而事实恰恰相反,这支雇佣军反倒变成了辽朝统治者一个极为沉重的包袱。供养这支军队的费用姑且不论,怨军经常打家劫舍,犯上作乱,弄得辽朝统治者非常头疼。前面所引《契丹国志》的史料便是一例。再如天庆十年(1120),"金人苦于用兵,经岁不出。诸路军马依旧屯备,有东南路怨军将领董小丑因差讨平利州贼,坐逗留不进,贼平被诛,本部队长罗青汉、董仲孙等倡率怨军作乱。[耶律]余睹统兵讨之,贼势稍窘。郭药师等内变,杀罗青汉等数人,遂就招安"②。郭药师接受招安后,都统萧幹将怨军精锐部队移往辽朝南部边境的军事重镇涿州(今河北涿州市)驻防,其目的无非是让他们离开本土,去抵御北宋军队的进攻,以避免辽军腹背受敌。

由于怨军在辽朝作奸犯科,劣迹昭著,所以天祚帝曾一度"与群下谋杀怨军,除其患"③。但辽朝统治者内部意见存在分歧:耶律余睹曾经亲自率军平定过怨军的叛乱,对这些人的底细应该是非常了解,因而主张"遣兵掩杀净尽,则永绝后患";招安都统萧幹则坚持保留此军。天祚帝经过反复权衡之后,最终还是采纳了萧幹的意见,"选留二千人为四营,擢郭药师、张令徽、刘舜仁、甄五臣各统将领,余六千人,悉送燕、云、平三路充禁军。或养济,实欲分其势也"④。这一措施仅仅保留了两千名怨军,分别由郭药师等四人负责统领,实际上是将怨军加以分化瓦解,以便于严加控制,以防止其危害朝廷的统治。

怨军在辽朝危急存亡之际不但不积极抵御金军的进攻,反而上演了一出另立新君的丑剧。在金军的乘胜追击下,天祚帝狼狈逃入夹山,"数日命令不通"⑤。也就是说,天祚帝在长达数天的时间内与朝中群臣完全失去

---

① 《三朝北盟会编》卷一○。
② 《三朝北盟会编》卷九。
③ 《三朝北盟会编》卷一○。
④ 《契丹国志》卷一一《天祚皇帝中》。
⑤ 《三朝北盟会编》卷五。

了联系，于是守卫南方的宰相李处温"欲图佐命恩倖，外假怨军声援，潜结都统萧幹，劝进燕王僭号。燕王者，秦晋国王耶律淳，兴宗之孙、道宗洪基弟"①。宋徽宗宣和三年（1121），辽朝燕王耶律淳称帝，号称天锡帝，下令："改怨军为常胜军。"②常胜军的名称自此才正式确立。

作为职业军队，常胜军的确具有很强的战斗力，在驻守涿州期间，屡次挫败宋朝军队。"俾守涿州，屡以胜我"③，甚至可以说，常胜军是辽朝末年防御宋朝军队的中流砥柱。"郭药师领常胜军万人驻涿州，虏中最号劲兵"④，就连南宋史学家徐梦莘也不得不承认："常胜军实反覆之徒，然虏中号健斗者也。"⑤辽朝统治者企图仰仗这支军队据守燕云地区，防御和抵抗宋朝军队的进攻。

自从宋金之间签订海上之盟后，北宋统治者为收复燕云之地，屡遣大军进攻辽朝。但在辽朝军队的顽强抵抗面前，宋军的攻击力黯然失色，因而宋军始终未能收复燕云之地。宣和四年（1122），宋朝又大兵压境，宦官童贯"悉诸道兵二十万"⑥，再度准备收复燕云之地。恰恰在此时，天锡帝耶律淳去世，萧太后摄政，燕云之地的局势骤然发生变化。金朝军队在辽朝北边节节胜利，南边宋军声势浩大，已兵临城下。常胜军首领郭药师自知燕山府难以防守，于是率部投降宋朝，"童贯以大兵驻高阳关，药师因涿州刺史萧庆云，先遣团练使赵鹤寿奉表降于贯。将精兵八千，铁骑五百并一州四县，皆归于朝廷"⑦。涿州历来就是宋辽双方必争的战略军事重镇，"系燕山咽喉之地"⑧，宋朝不费一兵一卒，轻而易举地收复了涿州，辽朝失去燕山之地就意味着失去了南方边境地区的最后一个据点。在宋、金的联合夹攻下，辽朝很快便灭亡了。

① 《三朝北盟会编》卷五。
② 《三朝北盟会编》卷五。
③ 《三朝北盟会编》卷一〇。
④ 《三朝北盟会编》卷一六。
⑤ 《三朝北盟会编》卷一〇。
⑥ 《三朝北盟会编》卷九。
⑦ 《三朝北盟会编》卷四六。
⑧ 《续资治通鉴长编拾补》卷四六，宣和五年四月乙巳，中华书局，2004年。

综上所述，常胜军非但未能抗击女真的进攻，反而成了辽朝统治者的一大负担。常胜军的投降加速了辽朝灭亡的进程；同时，宋朝能收复燕云之地（尽管是短暂的收复），恐怕常胜军的叛变是其中一个不可忽视的重要原因。常胜军长期驻守燕云之地，既熟悉当地的山川地理，又了解辽朝的内部情况。郭药师率领常胜军投降后，童贯"令隶刘延庆军为乡道［向导］，药师献入燕之策。延庆从之"①。虽然这次奇袭燕山府的计划因萧幹的及时赶到而未能成功，但对辽朝统治者的震动无疑是相当大的。很显然，辽朝已陷于捉襟见肘、首尾不能相顾的困境之中，这就为金军攻克燕山府打下了良好的基础。可以肯定，没有常胜军的投降，宋朝要收复燕云之地恐怕会困难重重。

第二节　常胜军的壮大及影响

辽朝灭亡后，按照宋金之间海上之盟的约定：宋、金联合夹攻辽朝后，宋朝收复燕云六州之地，燕云之地的汉族归属宋朝，契丹、奚等少数民族则迁徙到金朝的统辖区内。"金人约燕地人民尽归南朝，契丹、奚、渤海等人民，皆属金国。"②常胜军士兵均系少数民族，理应归属于金朝。但在常胜军的归属问题上，北宋、金朝两国统治者出现了两种截然不同的态度和政策。昏庸的宋徽宗听信童贯的逸言和偏见，以燕云六州的汉族富民、工匠等同常胜军做交换。《大金吊伐录》记载："爰念有宋，航海遣使，起初结好，请复幽燕旧地。即时割与，惟少摘官吏、强族、工巧并不满万数，徙之东行，良不得已，乃常胜军相易之故。"③

在这番冠冕堂皇的外交辞令的背后，我们可以看出，金朝统治者无疑是十分明智的，他们早就从辽朝灭亡的过程中吸取了惨痛的教训，知道常

---

① 《三朝北盟会编》卷四六。
② 《三朝北盟会编》卷一六。
③ 《大金吊伐录校补》卷三二《次事目札子》，中华书局，2001年。

胜军实乃一群乌合之众、反复无常的败类。虽然其战斗力十分强大，但金朝统治者宁愿不用他们。与此相反，宋徽宗在童贯等人的竭力怂恿下，轻易地答应了这一交换条件，史料记载童贯"为群下所误，谓不若以燕地富户税产多者，皆与金人去。却得其田宅，足以赡常胜军，则不烦朝廷钱粮，又得留常胜一军为用"①。这种一厢情愿、异想天开的盘算完全是错误的。宋朝统治者却自以为得计，换来一群亡命之徒，并给予他们丰厚的待遇，重用他们捍边卫国，将防御金军的重任交给这支雇佣军。其实这是养虎遗患，后来的事实即能证明这一点。

常胜军镇守辽朝涿州时，应该属于辽朝的精锐部队，其军事实力极为强大，但士兵数量有限，"其[郭药师]下又有四将，号彪官，每彪五百人，则常胜军本二千人"②。郭药师到达涿州后，又招募了不少人马。至归顺宋朝时，常胜军大约有一万人。郭药师投降后，宋徽宗"礼遇甚厚，赐以甲第姬妾"③。因此，常胜军在北宋统治者的竭力扶植下，力量迅速壮大起来。

宋朝统治者放手让郭药师在燕山地区招兵买马，因而常胜军人数很快增加，"本朝收复之后，因增至二万。其后又增，号五万。实燕人之先以城降者，故朝廷宠异之"④，也就是说，宋朝统治者考虑到他们是很早奉献城池投降宋朝的，因而对之恩情有加。与此同时，宋朝政府还将燕山府的政治、经济、军事大权毫无保留地交给了降将郭药师。虽然宋朝政府曾派遣王安中出任燕山府知府，但他大权旁落，燕山府的实权被牢牢掌握在郭药师之手。

《三朝北盟会编》引用《北征纪实》的资料谓："药师遂以检校少保副安中焉。然上下政令，实出药师。安中但效平时态诣事之。骄药师者，此也。我又倾意以结之，凡良械精仗，莫不以往。谓若须马则尽括内官马委与之……及其得志，自擅燕山一路，有常胜军五万，食粮乡兵号三十万。

---

① 《三朝北盟会编》卷一六。
② 《三朝北盟会编》卷一〇。
③ 《宋史》卷四七二《郭药师传》。
④ 《三朝北盟会编》卷一〇。

中国虽有戍兵，唯九千人，无能为也。"[1] 由此可见，常胜军投降后，宋朝政府竭尽笼络之能事，使常胜军不仅人数大增，而且装备精良，战斗力也日益强大，颇有尾大不掉之势。"时人窃比之安禄山"[2]，足见郭药师势焰之嚣张。有不少士大夫上书宋徽宗，要求对常胜军严加控制和管理，但宋徽宗根本没有接受这些完全正确的意见。

常胜军势力的膨胀对北宋末年的历史产生了非常重大而具有决定性的影响。

首先，宋朝政府对常胜军的宽容甚至放纵态度使常胜军更加骄横跋扈，肆无忌惮。他们在燕山地区大肆劫掠百姓财产，使当地民不聊生，于是这些地区的人民对宋朝政府大失所望。《北征纪实》记载："时王安中为宣抚，以抚燕既无纲领。所谓富户田宅，皆为常胜军即日肆意占据，略不问官司，安中坐视而已。因是多侵夺民田，故人益不聊生。"[3] 宋朝政府原来用燕山地区的富户交换常胜军，无非是想利用这些富户的田产养活常胜军，因而金朝将这些富户迁徙完毕后，其田产迅速为常胜军所霸占。这些富户被强行迁移后，又大量逃归故里，但他们的田园、屋业已完全被常胜军占据，致使他们流离失所，无所适从。据《建炎以来系年要录》记载："童贯以常胜军为重，乃奏以燕地六州富民与之对换。盖利其田宅以赡常胜军，比富民归而资产已散，皆流离困踬。遂重失燕人心。"[4]

非但如此，"常胜军所至豪横，四邻不能安居，此燕民之尤怨者"[5]。显而易见，常胜军控制下的燕山地区民怨沸腾，而宋朝统治者不闻不问，更助长了常胜军的势焰，从而使宋朝政府在当地失去民心，而民心的向背乃是决定战争胜负的极为重要的因素。不难想见，后来金军能顺利收复燕山府，恐怕与宋朝政府大失民心不无关系。

其次，宋朝统治者将防御和抵抗金军入侵的希望完全寄托在常胜军身

---

[1] 《三朝北盟会编》卷一七。
[2] 《三朝北盟会编》卷一七。
[3] 《三朝北盟会编》卷一六。
[4] 《系年要录》卷一，建炎元年正月辛卯。
[5] 《三朝北盟会编》卷二四。

上，使河北地区边防形势更为恶化。这对北宋来说，无疑是致命的失误。《秀水闲居录》记载：自从郭药师击败辽朝残余势力的进攻后，"遂加节钺，专付兵柄。三四年间，所领常胜军等至十万，皆给家口食。河北诸郡收市牛、马殆尽，至四万余骑。朝廷竭力应副……内地所遣戍兵，初亦数万人。衣粮既为常胜所先，皆饥寒失所。或逃或死，不能久驻。于是药师一军独擅边柄"①。北宋历朝皇帝为了防止契丹等少数民族的入侵，往往在河北投入重兵。但是，自从常胜军驻守燕山府后，宋朝统治者满以为可以高枕无忧了，因而放松了对河北地区的战略防御。"宣和末，金人谋入寇，药师亦点集常胜军。贯既在太原，惟仗药师。谓必能与之抗，不足忧也。故内地略无防御"②，由此看来，宋朝统治者一厢情愿地以为，常胜军有能力抵御女真军队的进攻，因而将河北路几乎全部的防御任务都交给了常胜军，在常胜军防区以外的地方基本上没有相应的防备。

斡离不率领的金军在郭药师投降后势如破竹，长驱直入，围困东京汴梁，乃宋朝政府军事上疏于防守的必然结果。金军成功地渡过黄河天堑后，一军官大发感慨："南朝可谓无人矣，若有一二千人，吾辈岂能渡哉？"③与斡离不相比，粘罕却一直受阻于太原地区，根本不能南下。因此，北宋之亡国，与常胜军的确有很大的干系。

再次，常胜军的存在加重了宋朝的经济负担，使朝廷的冗兵冗费问题更加严重，同时使河北、河东、京东地区社会经济遭到罕见的破坏。原来童贯计划用燕山地区富民田宅养活常胜军，事实上是不可能的，宋朝为此而付出了巨大的代价。单是养活常胜军就耗费了巨额钱粮，"常胜军月费县官粮犹十余万斛，率自山东、河朔运至燕。由是齐、赵、晋、代之间，民力皆竭，而群盗蜂起"④，也就是说，仅粮食一项，宋朝政府每年就必须支付一百余万石，而这些粮食大多出自河北、河东、京东地区，因而这一巨大开支对这些地区的人民无疑是一项极为沉重的负担。"常胜军五万，

---

① 《三朝北盟会编》卷二四。
② 《三朝北盟会编》卷二四。
③ 《三朝北盟会编》卷二七。
④ 《系年要录》卷一，建炎元年正月辛卯。

月给人二斛。戍兵九千，月给人六斗，则已十余万斛。又有食粮军及诸州官吏不在数也。故悉出河朔、山东、河东之力以应办，才一年而诸路皆困矣"①，足见支付常胜军的费用对河东、河北等地区的社会经济的破坏是相当严重的。

此外，仅靠这些地区养活常胜军是完全不行的，宋朝政府还必须从内地运粮食等后勤补给物资到燕山地区，耗资更为巨大。据史书记载，宋朝政府为供养常胜军，不得不"自京师漕粟泛大河，转海口以给之"②。从汴梁运粮至燕山，路途险阻，往往得不偿失，"道阻且长，率费十余斛，多至二十余斛，始能运一斛至燕山"③。再加上其他费用，常胜军耗费掉宋朝政府的钱财是难以计数的，这势必加重宋朝政府的经济压力和冗兵开支。不唯如此，首当其冲的燕山地区社会经济更是凋零不堪。"燕地号沃壤，用兵既久，加金人残毁，桑柘生具为之一空。我得之仅三年，曾无斗粟尺帛之助"④，可知燕山地区本为沃野千里的富庶区域，但由于女真军队多次蹂躏，短短数年时间，燕地几乎变成了荒凉的不毛之地，其前后落差之大是不难想见的。

当然，不能否认常胜军曾在防御金兵及契丹残余势力的过程中起到了一些积极作用。宋徽宗宣和五年（1123），辽朝残余势力萧幹领兵出卢龙岭，接二连三地攻破景州（今河北遵化市）、蓟州（今天津市蓟州区），"寇掠燕城，其锋锐甚。有涉河犯京师之意。人情汹汹，颇有谋弃燕者"⑤。在这种危急情况下，郭药师率常胜军"大破其众，乘胜穷追，过卢龙岭，杀伤过半"⑥，从而有效地阻止了萧幹率领的辽军的入侵，这是不能抹杀的功劳。尤其值得注意的是，在宋金对峙时期，金朝不敢在辽朝灭亡后迅速挥师南侵，惧怕常胜军应该是一个很重要因素。马扩在《茅斋自叙》中记载

---

① 《三朝北盟会编》卷三一。
② 《三朝北盟会编》卷二四。
③ 《三朝北盟会编》卷三一。
④ 《三朝北盟会编》卷三一。
⑤ 《三朝北盟会编》卷一八。
⑥ 《三朝北盟会编》卷一八。

了他与童贯关于常胜军问题的讨论,童贯云:"吾窃虑常胜军将来为患,欲与削了,如何?"马扩回答道:"某至愚亦知常胜军他日必为患;然而自今女真顾虑未敢辄肆举兵者,盖忌此项军也。"① 金军南侵是必然的,但从某种意义上说常胜军的存在对金军构成了一定的威胁,推迟了金军南侵的时间。

第三节 汴京被困与常胜军的末日

宋徽宗宣和七年(1125)年底,斡离不率军南侵燕山府,常胜军高级将领张令徽等人不战而降,临阵倒戈。随即郭药师也率部背叛宋朝,投入斡离不的怀抱。自此,宋金对峙的短暂局面便彻底打破了。斡离不在短短的十几天里,不费吹灰之力便占领了宋朝北方军事要地燕山府。不仅如此,他还得到了实力雄厚、装备精良的数万常胜军。《金史》记载:"郭药师降,遂取燕山府。尽收其军实,马万匹、甲胄五万、兵七万。州县悉平。"② 这就大大增强了斡离不的军事力量,为其进一步长驱南下提供了充分的物质条件。

燕山六州失守后,宋朝统治者如惊弓之鸟,惶惶不可终日,要想迅速组织对金军进行有效抵抗已经很难实现了,前面已谈到过这一点,此不赘述。金军在降将郭药师的引导下,轻车熟路,很快便将北宋都城汴梁围了个水泄不通。斡离不能顺利地推进到汴梁,与常胜军的背叛是分不开的。

首先,燕山府的地理位置对宋朝来说至关重要,金军一旦越过燕云六州,骑兵的优势就完全显现出来了。《大金国志》谓:"燕云之地,易州西北乃金坡关,昌平之西乃居庸关,顺州之北乃古北口,景州东北乃松亭关,平州之东乃榆关。榆关之东乃金人之来路也,凡此数关,乃天造地设以分番汉之限,一夫守之,可以当百。"③ 这些极端重要的军事要塞被常胜

---

① 《三朝北盟会编》卷一九。
② 《金史》卷七四《完颜宗望传》,中华书局,1975年。
③ 《大金国志校证》卷二《太祖武元皇帝下》,中华书局,1986年。

军拱手奉送给了金朝，这为金军骑兵长驱直入创造了良好的条件。

其次，斡离不攻克信德府（今河北巨鹿县）后，宋徽宗急忙禅位于宋钦宗，于是金朝"军中大惊，犹豫未敢行，恐南朝有备，意欲还师"[①]。恰恰在此时，熟知宋朝内幕的降将郭药师力劝斡离不南下："南朝未必有备，言汴京富庶及宫禁中事，非燕山之比。今太子郎君兵行神速，可乘此破竹之势，急趋大河。将士必破胆，可不战而还。苟闻有备，耀兵河北，虎视南朝，以示国威，归之未晚。"于是斡离不"决意长驱"[②]。《金史·完颜宗望传》也谓："自郭药师降，益知宋之虚实。"[③]不但如此，郭药师还充当了南侵的先锋官，率领两千常胜军迅速攻克军事重镇濬州（今河南滑县）。由此可见，金军第一次围困汴梁，实乃常胜军引领下的杰作。

其后宋金签订和约，但金军退兵时，所过之处无不进行一番惨烈的洗劫。河南、河北之地惨遭劫难，这些计策都出自常胜军降将郭药师，"大金退师，每用药师陷河北诸州"[④]。金军对河北、河南的洗劫刺激了金朝统治者的贪欲。金王朝还从和约中勒索了一大笔财富，为金军的第二次南侵创造了极为有利的条件。更为严重的是，金军毁灭性地破坏了河北、河南的各种军事防御设施，探到了宋军布防的虚实。几个月后，金军再度南侵，北宋宣告灭亡。

北宋王朝定都汴梁，因而历朝皇帝都以河北为最重要的军事基地，河东、河北地理条件好，是北宋王朝的两道天然屏障。历史告诉我们，北宋军队虽然进攻能力很差，但凭借这两道屏障，与强大的西夏、辽朝周旋了一百多年。而西夏、辽朝始终奈何不了宋朝，足见宋朝军队在防守方面还是游刃有余的。尤其是河北地区，的确是宋王朝性命攸关的军事重地。宋代有不少士大夫都认为："凡君天下者，得河北则得天下矣，失河北则失天下矣。凡有国者，得河北则其国兴，失河北则其国弱，又有其国虽不

---

① 《三朝北盟会编》卷二六。
② 《三朝北盟会编》卷二六。
③ 《金史》卷七四《完颜宗望传》。
④ 《三朝北盟会编》卷四六。

正,得河北则强,其国虽正,失河北则弱。"① 足见河北对北宋王朝是至关重要的。当然,我们并不是地理环境决定论者,但应该承认,在冷兵器时代,地理环境对战争的胜负会产生至关重要的影响,有时甚至起到决定性的作用。自从常胜军投降后,金军围困汴梁,宋朝失却了河北这一天然屏障,使金朝骑兵得以为所欲为地驰骋于中原地区,北宋王朝的灭亡就在所难免了。

这里还有必要对常胜军的最后归宿做一些交代。自从金军退回河北后,斡离不就着手处置这帮反复无常的乌合之众了。《金史·兵制志》的记载非常隐晦:"郭药师降,有曰长胜军者,皆辽水侧人也。以乡土归金,皆愁怨思归。宗望[斡离不]及令罢还。"② 事实并非如此,《三朝北盟会编》为我们提供了这方面的珍贵史料:"常胜军官不欲行,千人长、百人长等数十人往见斡离不,辞其行。斡离不曰:'天祚待汝如何?'曰:'天祚待我等厚。''赵皇如何?'曰:'赵皇待我等尤厚。'斡离不曰:'天祚待汝厚,汝反天祚,赵皇待汝厚,汝反赵皇。我无金帛与汝等,汝定亦反我,我无用尔等。'于是皆惶悚而退,既行,遂遣女真四五千骑以搜检器甲为名,于松亭关路,无问老幼,皆掊杀之,并取其财物。由是常胜军之起义八千人皆尽,而药师平日所谓牙爪者,无遗类矣。"③ 至此,曾活跃于宋、辽、金三朝的常胜军以全军覆没而告终。

结束语

常胜军对于宋辽两朝的历史有着极其深远的影响,尤其是北宋王朝。汴梁第一次被围困与北宋亡国,同常胜军有着极为密切的联系。常胜军为什么会投降金朝?封建史家总以为常胜军是由少数民族组成,即所谓"终

---

① 《三朝北盟会编》卷三八。
② 《金史》卷四四《兵志》。
③ 《三朝北盟会编》卷四六。

不改其左衽"①，因而他们必然会投降金朝。殊不知常胜军也曾投降过宋朝。事实上，常胜军的投降乃是由雇佣军的性质决定的。雇佣军本身就是一种"有奶便是娘"的军队，他们不会真正为任何国家或政权效力，一旦发生战争，他们不是逃跑，便是倒戈，宋朝无数的历史事实足以证明这一点。

原刊于《河北学刊》1993 年第 4 期，
题目为《"常胜军"对辽宋灭亡的影响》

---

① 《三朝北盟会编》卷一七。

后　记

说起来，我研究宋辽西夏金史已经 37 个年头了，回头看看走过的路，感铭之余，难免有些汗颜。这些年来，见过不少人，经历过诸多事情，似乎将自己率直的一面逐渐包裹起来，学得"乖巧"了许多。原因其实很简单，有些场合容不得你真诚，或许是因为说话办事太过缺少心眼，吃了大苦头，栽过大跟头，于是索性少些言语。然而，江山易改，本性难移，说不定什么时候在何种场合又会犯起"傻"来。

这本书实际上是我历年来所撰写的宋代研究的论文的一部分。作为一个"不学无术"之人，我天性愚钝，但还算努力，毕竟，笨鸟需要先飞。于宋史研究而言，我完全是个门外汉，无论如何是把握不了什么的。然而，我还是要感谢漆侠等先生，特别是日本早稻田大学的恩师近藤一成先生，他们都给了我无限帮助。

虽然我没有出息，且因个人原因给老师们带来了诸多麻烦，但可以肯定一点，人之初，性本善，甚至善良得有些傻。老师们看到、听到的关于我的诸多"不良"言行，都源于我之未能谨言慎行，或许是误会，或许是某些人之心计，毕竟这个世界太小。现在，我自己也带了不少学生，当然我会尽我所能去帮助他们完成学业，但如果学生有问题，我会毫不客气地当面痛批，师生之间，还是坦诚一些好。

本书稿一直未能再次出版过，幸得后浪出版公司的贾启博编辑慧眼，数年来一直与笔者联系出版事宜。因此，经过大半年的修改，最终成稿。坦率地说，修订得极为辛苦。但无论如何，还是要感谢亦师亦友的贾启博编辑。

此书得以尽快付梓，研究生孙健同志帮我录入了四篇旧稿，杨甲同志录入一篇，且校对了大量史料，发现了不少错谬之处并加以纠正。我完全能想象他们在狭窄又闷热的寝室里挥汗如雨的样子，在此，对他们在盛夏季节的辛勤劳作表示万分感谢。校样出来后，研究生陈汝娜、王鹏、赵海梅三位同学帮助校对了五篇稿子，对他们的劳动亦表示诚挚的谢意。

匆忙成书，难免存在不周全甚至错误之处，希望得到大家善意的批评。

2024 年 1 月 18 日于北京师范大学茹退居

出版后记

2014年，我考入北京师范大学历史学院，攻读硕士。虽然我的专业方向是清史，师从倪玉平老师，但在校期间亦颇受游彪老师照顾。每学期我必去听游老师的宋史课。游老师的授课风格别具一格，一个学生站在讲台上，游老师则与其他同学坐在讲台下。在讲台上的学生要为听众们读《文献通考》的一章，并对史料进行剖析解释；游老师则会随时提出问题，犀利地"拷问"学生："这句话是什么意思？解释吧！"学生经常被"拷问"得汗流浃背（包括我）。如果学生解释不清楚，游老师就会讲给大家听。遇到有意思的问题时，游老师会发动全班同学讨论，大家一起"头脑风暴"，有时说到兴奋之处，老师会从椅子上跳起来，手舞足蹈，冲到黑板前，给大家写起板书，并滔滔不绝地讲着。这种读书班加沙龙式的授课方式，很受学生们喜爱。游老师说，这也是他当年在日本读书时的上课方式，只是有一点不同——日本教授会一边喝着清酒，一边和学生们研读史料。

我能明显地感受到，游老师的这种授课模式，是在用心地训练学生历史研究的基本功。我在课上读的是《文献通考》中的《市籴考》，为此，我基本要提前数天温习，认真地做笔记，查阅大量论文资料，然后做成课件，在上课时演示。可想而知，若是有一丝马虎，便会被老师和同学们看出来；若是在解读史料时犯了低级错误，便会被游老师毫不客气地批评。但我纵然万般仔细，还是经常会被老师"刁钻"的问题问倒。

"读史料一定要认真，要一个字一个字地'抠'，哪怕是句读的标点符号也不能放过。"这是游老师经常对学生们强调的，只有一字字地"抠"史料，才能"抠"出问题来。毕业后，我虽未能从事历史研究工作，但游老师的教诲仍使我获益匪浅，因为编辑同样要"抠"稿件上的每一个字，审校稿件自不必说，有不少选题思路，也是从稿子里"抠"出来的。

工作后，游老师依然对我关爱有加，时不时叫我去吃饭、打牌，其间对我的生活、工作嘘寒问暖，有时也会高兴地跟我分享他最新的学术发现。师恩难报，我也一直想为游老师做点什么，既然干的是编辑，那索性就给老师出书吧。不过，我一直从事大众历史图书的策划出版工作，要面临市场和利润的压力，学术著作的出版需要有经费支持，而我工作的单位是无法接受这种出版模式的。因此，游老师想出版的许多学术著作，我无能为力。

但我发现，游老师的《宋代特殊群体研究》一书，行文并不晦涩，即使是大众读者亦能阅读。同时，本书也很具体地从宋代的几个群体切入，为读者形象地阐释了教科书上对宋朝特点的概括："冗官冗兵冗费""积贫积弱""商业发达"。

宋代的皇族和高官的子嗣，是可以不经过科举而直接获得官位的，这被称为"荫补"。这种制度是皇帝为了笼络贵戚官僚而设的，它是宋代"冗官"的原因之一。许多"二代"们仗着父祖荫补，不学无术却忝列朝堂。许多官员为了能让自己的孩子获得特权，丑态百出，比如书中提到了一个故事：官员致仕（退休）时，可以让自己的孩子获得荫补，但如果在任上病逝，就不能享受这种待遇了，于是有的官员在致仕前去世，家人便秘不发表，就是为了等朝廷的致仕诏命送到；还有的官员行将就木，但在床上吊着一口气，硬撑了数月，等到朝廷的致仕诏书发到，才肯"瞑目"。读到此处，我哭笑不得。

宋朝是从晚唐五代藩镇割据的乱世中建立起来的，因此统治者极为惧怕武人作乱，这不仅体现在崇文抑武的国策上，也体现在国家有关士兵的各项政策上。游老师在书中提到，宋朝皇帝对于军人有一种"恐惧症"，不仅对高级的将官怀有这种心态，对低级士兵也是如此。宋朝本着应对"凶年饥岁，有叛民而无叛兵"的思路，将大量无业游民纳入军队，但出于"军人恐惧症"，宋朝"养兵"极为阔绰，很多士兵进入军队系统中，朝廷就会供养其终身，可谓拿到了"铁饭碗"。久而久之，国家财政不堪重负,原本宋太祖设计的对士兵考核的拣选制度也逐渐失效,士兵素质下降,宋朝军队的战斗力可想而知。通过对贵胄子嗣和士兵的观察,我们就能理解为何宋朝会"冗官冗兵冗费""积贫积弱"了。

至于宋朝的商业如何发达,游老师从一个非常有意思的角度为读者呈现出来:僧人和道士。按说,这些出家人应该是潜心修行、远离尘世的,但游老师在书中告诉我们,至少在宋代这完全是"刻板印象"。僧人、道士多从事各种商业活动,售卖商品、行医、开店、放高利贷,有些僧道甚至是当时知名的大商人。这种现象无疑是宋代商业发达的见证,同时背后也体现出宋朝国家权力的渗透:相比前朝,僧人、道士的许多免税特权被取消,成为须纳税的"寺观户",出家不出国,于是僧道自然也逃不出"世俗"的掌控。

除了通过本书对宋代的历史能有深刻了解外,我认为大众读者也能鉴古知今,对于中国人的一些文化精神有所体悟。宋朝面临"三冗"困境,进行了数次变法,其本意无非是为了减轻财政负担、加强统治;将僧道纳入征税对象,也是皇权加强对民间汲取力度的表现。诚然,这些举措都是为了维护赵宋帝制。而我们以今日的现代价值观角度来看,从这些历史中看到的,应该是对于公平的追求。游老师在本书中多次提到"公平"二字:仕宦子弟通过荫补就能当官,这对于通过科举晋升的寒门子弟来说,显然极不公平,科举出身的范仲淹等人极力反对荫补特权,并推动改革将之在一定程度上进行削减。僧道拥有免税免徭役的特权,这在当时也被士大夫诟病,也是推动对他们的特权进行改革的因素之一,游老师对此评价:"既然都是大宋子民,至少全国的有产阶级都应该有负担赋税和徭役的义务,而不仅仅只是国民的部分人。"士兵也应凭自己的武艺本领,优者晋升、劣者降汰,而不应统统吃着"大锅饭",只有维持选拔制度的公平,才能保持军队战斗力。可见,在一千年前的中国,人们就已经开始孜孜不倦地追求社会公平,而这一点,才应该是我们从历史中继承下来的精神。

因而,我觉得本书别开生面,从三个切面观察宋代的社会,能为大众读者形象、深入地剖析宋代社会的本质。故而经过游老师的同意,将主书名改为"宋代社会的切面"再版,为有别于原版,我还建议老师增补一些新的内容。游老师爽快地答应了，并拒绝了一家很有名的学术出版社的邀约，赐稿于我。

能将这本学术著作以面向大众市场的角度出版，也要感谢我供职的工作平台后浪出版公司，尤其是主编张鹏老师的支持。能够在当下的环境中，投入时间和精力，将学者的学术著作推向大众，无疑是需要情怀和勇气的。

而在书稿的出版过程中，一个意外的事件影响到了我。从2024年8月开始，游老师就时不时催促我能否快速将书稿出版，我答应后加速审稿，但游老师一直不肯告诉我他为何那么急切。直到11月7日，倪玉平老师才告诉我，游老师病重，他现在唯一的愿望是能看到这本学术专著付梓。

这如同晴天霹雳般的噩耗可把我急坏了，由于出版流程烦冗费时，书稿在短期内不可能正式出版，如何能让游老师看到书？我心急如焚，早就听一些前辈编辑老师说过，有些年纪很大的作者由于身体欠佳，为了能让他们看到书稿出版，编辑日夜加班。但我万万没想到，我也会遇到这种情况，我更不愿意相信的是，这种事情竟会发生在正值壮年的游老师身上。

在这关键时刻，我的同事们无私地帮助了我。编辑王晓晓、李文晋加班加点，帮我一同审校了书稿的文字。设计师陈威伸在15日的晚9点做出了封面初步的设计方案，并加班到12点进行修改。排版肖霄用了两天的时间就把书稿完全上版。随后印制祖静静在两天内完成了调纸、联系印厂等工作，做出了两本样书。

11月29日，我拿到样书后，火速赶往医院。游老师此时已不能说话，但意识清醒，他看到了样书，双眼放着光，一只手竖着大拇指，一只手对着我比画。我从老师的口型中得知，他打算把书送给朋友，我对着老师的口型一一记下。走出病房，我坐在地上哭了半个小时。

12月8日凌晨，老师仙逝。

特别感谢我的同事们，如果没有他们施以援手，我是绝无可能了却老师的心愿的。同样要感谢的，还有游门的诸位师兄弟。刘云军教授、孙健副研究员审核了书稿审校中的一些修订，张新焱博士、李寒箫博士帮我找到了日本的参考文献，方便了我对稿件进行校对，并解答了我在审校稿件时遇到的一些疑问。游老师性情任侠，老师的学生们同样讲义气，再次感谢他们的帮助。

另外，还要感谢天津古籍出版社的编辑老师，他们认真细致，审校了稿件的内容，消灭了不少文字差错。

"历史研究不应该是庙堂之上的学问，更不应该是专门为学术而学术的研究，抑或是大学里的教材和参考书，而应该是让每个中国人都了解的常识，至少从事研究的学者有义务朝着这样的方向努力。任何国家、民族，如果对自己的历史都缺乏基本认识，恐怕是难以持续发展的。"

这是游老师的《赵宋》(《正说宋朝十八帝》再版)一书序言中的一段话，他在给我赠书时将其中一部分写在了扉页上。我将这段话置于本书的扉页上，既是为了纪念老师，也是为了实现此次将老师这本学术著作推向大众的出版初衷。

就在我写就这篇出版后记时，老师的论文遗稿《论清代民间社仓制度的实践及其变异——以重庆市合川区涞滩二佛寺碑刻为中心的考察》在《中国经济史研究》2025年第2期发表。

斯人已逝，文章千古。本书的出版，也是我这个学生和编辑唯一能为老师做的事了。

学生 贾启博
2025年3月20日晚于纳福胡同

發都射二人騎領
來故天敕厳為來
唐諸衛折衝都尉
都尉率遁利府中
二重引推
在左
在右
曰風師曰雨師為
淮南子曰泰一星
將軍許惧曰電師
攝提曰霽室烈缺
願勁注辟歴出也
霊眠也
二
曰大角者天王命
各有三足之句之
怪在上亀謀其処
至在北斗杓端主
並作七達掲之含